DEBATES EM DIREITO NATURAL

CIP-BRASIL. CATALOGAÇÃO NA PUBLICAÇÃO
SINDICATO NACIONAL DOS EDITORES DE LIVROS, RJ

D332

Debates em direito natural / Angela Vidal Gandra da Silva Martins ... [et al.]. - 1. ed. - São Paulo: Noeses, 2024.recurso digital ; 2 MB

832 p. ; 23 cm.
Inclui bibliografia
ISBN 9788583102168

1. Direito - Filosofia - Brasil. 2. Direito natural - Brasil. I. Martins, Angela Vidal Gandra.

24-93501 CDU: 34.01

Meri Gleice Rodrigues de Souza - Bibliotecária - CRB-7/6439

Organizadoras
Angela Vidal Gandra da Silva Martins
Ana Luiza Rodrigues Braga
Maria Victória Saorini
Rebeca de Almeida Fachardo

DEBATES EM DIREITO NATURAL

2024

editora e livraria
NOESES

Fundador e Editor-chefe: Paulo de Barros Carvalho
Gerente de Produção Editorial: Rosangela Santos
Arte e Diagramação: Renato Castro
Revisão: Microart Design Editorial
Designer de Capa: Aliá3 - Marcos Duarte

2024

editora e livraria
NOESES

Editora Noeses Ltda.
Tel/fax: 55 11 3666 6055
www.editoranoeses.com.br

SOBRE AS ORGANIZADORAS

Angela Vidal Gandra da Silva Martins

Pós-doutora em Filosofia do Direito da Universidade Presbiteriana Mackenzie - SP. Doutora em Direito pela Universidade Federal do Rio Grande do Sul. Presidente do Instituto Ives Gandra. Mestra em Filosofia do Direito pela Universidade Federal do Rio Grande do Sul (UFRGS). Bacharel em Direito pela Universidade de São Paulo (USP). Presidente do Instituto Ives Gandra de Direito, Filosofia e Economia (IIG). Sócia do Escritório Gandra Martins Law Advogados Associados. Diretora do Departamento Jurídico e Internacional da FAESP (Federação de Agricultura de São Paulo). Ex-Secretária Nacional da Família do Ministério da Mulher, da Família e dos Direitos Humanos.

Ana Luiza Rodrigues Braga

Doutora em Direito pela Universidade de São Paulo. Professora da Faculdade Belavista.

Maria Victória Saorini

Doutoranda e Mestra em Direito Político e Econômico pela Universidade Presbiteriana Mackenzie. Membro do Grupo de Estudos em Filosofia do Direito do Instituto Ives Gandra.

Rebeca de Almeida Fachardo

Pós-graduada em Processo Civil pela Escola Paulista de Magistratura. Membro do Grupo de Estudos em Filosofia do Direito do Instituto Ives Gandra.

SOBRE OS AUTORES

André Borges Uliano

Mestre em Direito pela Universidade do Vale do Rio dos Sinos. Professor de Direito Constitucional. Procurador da República.

André Gonçalves Fernandes

Pós-doutor em Filosofia e História da Educação pela Unicamp. Professor do CEU Law School.

Bruno Irion Coletto

Doutor em Direito pela Universidade Federal do Rio Grande do Sul. Diretor Acadêmico do Núcleo de Filosofia Política do Instituto Ives Gandra.

Daniel Damasceno

Mestre e Bacharel em Direito pela Universidade Federal do Ceará. Coordenador do Díkaion – Grupo de Estudos em Filosofia do Direito (CNPq).

Gabriella Cabral Gomes

Bachaleranda em Direito na Universidade Estadual Paulista. Membro do Grupo de Estudos em Filosofia do Direito do Instituto Ives Gandra.

Gustavo França

Doutor em Filosofia pela Universidad de Navarra. Professor da Graduação em Filosofia da Academia Atlântico/ Uningá.

Iara Gubert

Bacharel em Direito pela Universidade Federal do Paraná. Mestranda em Direito na Universidade Federal do Rio Grande do Sul.

Ives Gandra da Silva Martins

Professor Emérito das Universidades Mackenzie, UNIP, UNIFIEO, UNIFMU, do CIEE/O ESTADO DE SÃO PAULO, das Escolas de Comando e Estado-Maior do Exército - ECEME, Superior de Guerra - ESG e da Magistratura do Tribunal Regional Federal-1a. Região; Professor Honorário das Universidades Austral (Argentina), San Martin de Porres (Peru) e Vasili Goldis (Romênia); Doutor Honoris Causa das Universidades de Craiova (Romênia) e da PUC-Paraná, e Catedrático da Universidade do Minho (Portugal); Presidente do Conselho Superior de Direito da FECOMERCIO - SP.

Laura Gandra Laudares Fonseca

Bacharel em Direito pela Universidade Federal de Minas Gerais. Mestranda em Direito pela Universidade Federal de Minas Gerais. Membro do Grupo de Estudos em Filosofia do Direito do Instituto Ives Gandra.

Leandro Cordioli

Doutor em Filosofia pela Pontifícia Universidade Católica do Rio Grande do Sul.

Lucas de Souza Lima Campos

Bacharel em Direito pela Universidade Federal de Juiz de Fora. Mestrando em Direito pela Universidade Federal de Minas Gerais. Membro do Grupo de Estudos em Filosofia do Direito do Instituto Ives Gandra.

Luís Guilherme Netto Andrade

Mestre em Direito pela Universidade Federal Fluminense. Membro do Grupo de Estudos em Filosofia do Direito do Instituto Ives Gandra.

Marcelo Pichioli da Silveira

Mestre em Direito pela Universidade de Londrina/Paraná.

Marcos Paulo Fernandes de Araújo

Doutor em Direito pela Universidade Federal do Rio Grande do Sul. Diretor Pedagógico do Instituto do Bem Comum – IBC (Curitiba-PR).

Marcus Paulo Rycembel Boeira

Pós-doutor na Pontificia Università Gregoriana, Roma. Doutor em Direito pela Universidade de São Paulo. Professor-adjunto da Faculdade de Direito da Universidade Federal do Rio Grande do Sul.

Pablo Antonio Lago

Doutor em Filosofia e Teoria Geral do Direito pela Faculdade de Direito da Universidade de São Paulo– Largo de São Francisco. Professor substituto da Universidade Federal de Minas Gerais.

Paulo Emílio Vauthier Borges de Macedo

Pós-doutor pelo Instituto Histórico e Geográfico Brasileiro. Doutor em Direito pela Universidade do Estado do Rio de Janeiro e em Filosofia pela Universidade Federal do Rio de Janeiro. Professor Associado da Universidade Federal do Rio de Janeiro (UFRJ) e da Universidade do Estado do Rio de Janeiro (UERJ).

Pedro da Silva Moreira

Doutor em Filosofia do Direito pela Universidade Autônoma de Madri. Diretor Acadêmico do Núcleo de Filosofia Política do Instituto Ives Gandra.

Rafael Cronje Mateus

Mestre em Direito pela Universidade Federal do Ceará.

Renato José de Moraes

Doutor em Filosofia pela Universidade Federal do Rio de Janeiro. Professor da Uningá – Paraná. Coordenador da Academia Atlântico.

Rômulo Expedito Gomes Leite

Bacharelando em Direito pela Pontifícia Universidade Católica de Minas Gerais. Membro do Grupo de Estudos em Filosofia do Direito do Instituto Ives Gandra.

Venceslau Tavares Costa Filho

Doutor em Direito pela Universidade Federal de Pernambuco. Professor Adjunto da Universidade de Pernambuco (UPE) e do Centro Universitário Frassinetti do Recife (UNIFAFIRE). Advogado.

PREFÁCIO

O Instituto Ives Gandra de Direito, Filosofia e Economia nasceu inspirado por um gigante, ainda que à sua revelia. Sua logo, hoje estilizada, é uma montanha nevada, que ao degelar, rega os vales, analogamente ao pensamento intelectual acadêmico, que pode trazer água saudável ou insalubre, influenciando a sociedade, manipulando ou promovendo uma reflexão racional e relacional, que leva às boas práticas, por meio da excelência profissional.

Entre grupos de estudos, seminários, eventos e debates, as publicações são também um objetivo – já que *scripta manent* –, de modo a plasmar ideias que possam iluminar e beneficiar a conformação social ao longo dos tempos, pois, com o crescimento qualitativo de nossa entidade, percebemos sua vocação e missão de se tornar um *think thank*, como, *mutatis mutandis*, tem sido o Professor Ives Gandra para o país, ainda que em voo solo. Como bem ressaltou o saudoso Ney Prado, fundador, "Ele é uma pessoa jurídica!" De fato, uma instituição... Nós, juntos, esperamos fazer o mesmo, a partir da racionalidade cultivada e criativa de cada um dos que desejam, livremente, participar desta empreitada.

Nesse sentido, como organismo bastante vivo, nossas publicações vão acompanhando as necessidades – e, também, lacunas – acadêmicas e, consequentemente, sociais. Nosso primeiro livro editado, coordenado pela Professora Amanda Flávio e alunos, apresentou o "Liberalismo Econômico" de forma profunda e prática, em homenagem a Roberto Campos.

Tendo em conta a busca e questões que se levantam para compreender os fundamentos dos direitos constitutivos do ser humano e do próprio Direito como instrumento de justiça, vimos muito conveniente trazer para o debate uma compreensão mais profunda do Direito Natural, que sofreu tantos reducionismos e más-interpretações ao longo dos últimos séculos, suprindo, dessa forma, a carência intelectual e moral que pode ocasionar o déficit nessa área.

Por essa razão, no final de 2022, organizamos um seminário para trabalhar o tema, de acordo com os princípios, valores e objetivos de nossa instituição, de forma que os alunos refletissem, em clima de liberdade e responsabilidade.

Como um de nossos propósitos é lançar nossos alunos à redação, para que possam ir também crescendo academicamente, recolhemos neste estudo, tanto as conclusões dos debates como os artigos que nos foram ofertados a partir dele, já que almejamos não só que pensem por conta própria, mas que possam impactar com suas propostas, crescendo em maturidade jurídica e social.

Esta nova publicação, que inclui os debates iniciados no ano anterior e artigos em torno dos temas, nasceu como preparação das Jornadas de Direito Natural, que o Instituto tem a honra de promover em nosso país, após os anos de pandemia, visando aprofundar em tema absolutamente necessário para a fundamentação real do verdadeiro Estado Democrático de Direito com o qual sonhamos.

De fato, só se pode construir um sistema político-jurídico humano se respeitarmos seus direitos fundamentais, a serem reconhecidos, defendidos e promovidos, premissa que alicerçará um saudável pluralismo no que se refere ao relativo e opinável. Quando os direitos humanos são banalizados ou colocados em pauta de decisão para sua extinção, a tirania ou ditadura se instaura, ainda que camuflada de progresso ou respeito à liberdade.

Por outro lado, tendo em conta a profunda crise jurídica que assola o país, bem como o continente, devido ao ativismo judicial, vimos especialmente salutar trabalhar o tema a partir da segurança jurídica, demonstrando o elo entre lei e natureza compartilhada, de forma que o direito tenha um intrínseco poder de adesão, conexão e projeção ao longo dos tempos, sustentando as devidas mudanças benéficas para a sociedade.

O desafio externo alia-se ao desafio interno, a partir da questão tecnológica – uma conquista que, porém, não pode nos conquistar, suprimindo o elemento humano – sendo também tema de nossas Jornadas, trabalhado à luz do direito natural e preliminarmente preparado por meio deste estudo, que apresenta *in crescendo*, em sequência histórica iluminada também pelo Direito Natural Clássico, desde nosso processo cognitivo, passando pelo fundamento da normatividade, para desembocar nas questões práticas, a partir do papel do juiz, tocando temas instigantes como a objetividade e a subjetividade; o livre-arbítrio; a moralização, também tratada sob o enfoque do perfeccionismo – que pode sufocar o espírito –, culminando nos direitos humanos e no justo político, sempre em diálogo com teorias, como a tridimensional, e autores, tais como Leo Strauss, Kant, Pierre Mannent, John Finnis etc., apresentando a perenidade real e atual do Direito Natural. De fato, uma riqueza!

Ressalto, ainda, que o trabalho segue a racionalidade – e relacionalidade! – própria do Instituto, que não fala *ex cathedra*, desde a vaidade intelectual – que na Academia pode ser quimicamente pura –, mas do desejo de compartilhar conhecimento, aprender dos demais e poder viver efetivamente o que se ensina.

Termino agradecendo profundamente a cada um dos que tornaram possível esta publicação, desejando que possa promover boa reflexão a partir da lei que nos rege a todos como luz de nossa razão, gravada em nosso coração.

Angela Vidal Gandra da Silva Martins

APRESENTAÇÃO

Este livro é produto dos dois dias de debates que se passaram no II Seminário de Filosofia do Direito do Instituto Ives Gandra, que ocorreu em 02 e 03 de dezembro de 2022, em São Paulo. O principal objetivo desse inesquecível evento, que reuniu alguns dos mais importantes pesquisadores em Filosofia do Direito no Brasil, foi suscitar reflexões em torno de um fenômeno notório no ambiente jurídico contemporâneo: o interesse renovado no direito natural e o crescente recurso a razões de natureza moral em decisões judiciais.

O seminário teve um formato inovador. Do evento, participaram presencialmente cerca de vinte professores, reunidos para refletir e debater acerca de quatro perguntas norteadoras. Cada pergunta foi acompanhada de um ensaio escrito pelo respectivo relator da questão, cujo objetivo era levantar pontos capazes de impulsionar a discussão posterior entre os pares. As questões formuladas e seus relatores foram as seguintes:[1] 1) *"Há, hoje, espaço para o Direito Natural? Se sim, em qual aspecto? Se não, por quais motivos?"*, relatada por Pedro Moreira; 2) *"O locus filosófico e teórico do Direito Natural é só acadêmico ou pode ser, também, prático,*

---

1. Agradecemos especialmente a Marcelo Pichioli da Silveira pelo auxílio na elaboração das perguntas.

dogmático e jurisprudencial? Se a última resposta é positiva, como devemos operar no dia a dia forense?", relatada por André Borges Uliano; 3) *"Qual é a diferença entre o Direito Natural e as teorias modernas como a "teoria tridimensional" e/ ou outras perspectivas, como a neokantiana?"*, relatada por Marcus Paulo Rycembel Boeira; e 4) *"No Brasil, qual é o futuro do Direito Natural, em todos os aspectos, a curto, médio e longo prazo? Qual é o nosso papel daqui em diante?"*, relatada por Marcelo Pichioli e Rafael Cronje.

Nos debates acerca das questões formuladas, duas inquietações se destacaram: em primeiro lugar, entender as razões deste novo despertar para o direito natural e, em segundo lugar, circunscrevê-la entre os muitos movimentos que marcam o cenário jurídico atual. Entre os professores, restou evidente a preocupação em distinguir as abordagens próprias do direito natural – notadamente do direito natural clássico – de certa inclinação atual a justapor direito, moral e política que não leva em consideração os fins próprios do direito, tampouco as exigências da lei natural.

Em um momento posterior, as discussões se direcionaram a uma profunda reflexão em torno de um possível *locus* institucional para o direito natural. Nesse sentido, os debates apresentaram múltiplas visões a respeito de como o direito natural, se bem compreendido, pode ser um importante freio a atuações extravagantes do Poder Judiciário, especialmente da Suprema Corte. Afinal, se, de um lado, o direito natural pode ser um antídoto em face do voluntarismo judicial, de outro lado a visão objetiva de justiça que ele incorpora nos permite visualizar claramente quando há um problema na forma como os poderes estão distribuídos no interior do Estado de Direito.

Por fim, também foi objeto de reflexão o papel acadêmico que nós, enquanto pesquisadores da Filosofia do Direito, podemos dar para a correta compreensão do direito natural, bem como para a sua difusão. Mais do que uma reflexão de nicho, estamos certas de que o direito natural deve permear o estudo de todas as áreas do direito, sendo possível contribuir com um olhar jusnaturalista nas diversas vertentes jurídicas.

Toda a riqueza das discussões desses dois dias de Seminário pode ser atestada nas transcrições presentes na segunda seção deste livro. Delas, buscou-se preservar o máximo possível o tom despretensioso e ágil que os debates tiveram. Com as transcrições, teremos atingido o nosso objetivo se o leitor, ao saboreá-las, sentir-se assistindo a uma verdadeira conversa e for capaz de identificar o tom inteligente e cordial com que os debates, de fato, se deram. A fim de facilitar a compreensão das discussões e também em razão de seu grande valor acadêmico, foram inseridos, no livro, os ensaios dos relatores das perguntas, que precedem a transcrição de cada ciclo de debate. Optamos por manter esses ensaios nos formatos originais em que eles foram apresentados – o que comporta alguma dose de informalidade – e acrescentemos apenas as referências bibliográficas ao final, para facilitar a pesquisa daqueles que se desejarem se aprofundar.

Também, na segunda seção, o leitor é presenteado com a Conferência Magna proferida pelo Mestre Ives Gandra da Silva Martins. Em relação a esta transcrição, buscou-se, igualmente, preservar o máximo possível a fluidez da comunicação oral e da eloquência única de Dr. Ives, bem como do seu bom humor.

Na primeira seção do livro, por sua vez, estão presentes os valiosos artigos escritos pelos professores em torno de diferentes recortes temáticos do direito natural. Nela, encontram-se as contribuições pessoais de muitos dos debatedores que estiveram presencialmente no Seminário e que, nos meses subsequentes à sua realização, aproveitaram para ampliar as suas investigações, especialmente em virtude das ideias proporcionadas pelas discussões. Nesta seção também estão presentes as contribuições de outros pesquisadores, que enriqueceram os nossos debates em direito natural por ocasião do livro.

Por fim, também compõem o livro, em sua terceira seção, os artigos de estreia de membros do grupo de estudos em Filosofia do Direito do Instituto Ives Gandra, que realizaram uma pesquisa séria e minuciosa e nos enchem de esperança quanto à nova leva de estudiosos em direito natural que tem se formado.

Precisamente porque acreditamos que o pensamento acadêmico só se consolida com a contraposição de ideias e o debate, esperamos que o conteúdo desta obra seja uma contribuição importante para o direito natural no Brasil.

Ana Luiza Rodrigues Braga

Maria Victória Saorini

Rebeca de Almeida Fachardo

São Paulo, 9 de janeiro de 2024

SUMÁRIO

SEÇÃO I

ARTIGOS

SEÇÃO II

TRANSCRIÇÕES DO II SEMINÁRIO DE FILOSOFIA DO DIREITO DO INSTITUTO IVES GANDRA

PRIMEIRO CICLO DE DEBATES

HÁ, HOJE, ESPAÇO PARA O DIREITO NATURAL? EM QUAL ASPECTO? SE NÃO, POR QUAIS MOTIVOS?

SEGUNDO CICLO DE DEBATES

O *LOCUS* FILOSÓFICO E TEÓRICO DO DIREITO NATURAL É SÓ ACADÊMICO OU PODE SER TAMBÉM PRÁTICO, DOGMÁTICO E JURISPRUDENCIAL? SE A ÚLTIMA RESPOSTA É POSITIVA, COMO DEVEMOS OPERAR NO DIA A DIA FORENSE?

TERCEIRO CICLO DE DEBATES

QUAL A DIFERENÇA ENTRE O DIREITO NATURAL E TEORIAS MODERNAS COMO A TEORIA TRIDIMENSIONAL E/OU OUTRAS PERSPECTIVAS, COMO A NEOKANTIANA?

QUARTO CICLO DE DEBATES
NO BRASIL, QUAL É O FUTURO DO DIREITO NATURAL, EM TODOS OS ASPECTOS, A CURTO, MÉDIO E LONGO PRAZO? QUAL É O NOSSO PAPEL DAQUI EM DIANTE?

SEÇÃO III
ARTIGOS ESTREANTES

SEÇÃO I
ARTIGOS

DIREITO CIVIL E RAZÃO PRÁTICA: CONSIDERAÇÕES SOBRE O *LOCUS* PRÁTICO, DOGMÁTICO E JURISPRUDENCIAL DO DIREITO NATURAL NA CIVILÍSTICA CONTEMPORÂNEA

Venceslau Tavares Costa Filho

1. A FILOSOFIA CLÁSSICA DO DIREITO NATURAL PODE CONTRIBUIR PARA A OPERATIVIDADE DO DIREITO CIVIL. O PRIMADO DO SER SOBRE O DEVER SER. O ARGUMENTO DA NATUREZA DAS COISAS NO DIREITO CIVIL CONTEMPORÂNEO

Este trabalho é fruto de reflexões desenvolvidas a partir dos debates realizados por ocasião do II Seminário de Filosofia do Direito promovido pelo Instituto Ives Gandra nos dias 02 e 03 de dezembro de 2022, sob a liderança das Professoras Doutoras Angela Gandra da Silva Martins e

Ana Luiza de Morais Rodrigues Braga, bem como todos os que fazem parte deste Instituto agregador da *intelligentsia* jurídica nacional.

Uma das perguntas feitas aos participantes motivou a escrita deste breve artigo, e foi formulada nos seguintes termos: "*O locus filosófico e teórico do Direito Natural é só acadêmico ou pode ser, também, prático, dogmático e jurisprudencial? Se a última resposta é positiva, como devemos operar no dia a dia forense?*"

Justamente, acreditamos que a tradição jusnaturalista é apta a oferecer elementos valiosos para a operatividade do direito civil. Um dos grandes males do direito civil na atualidade é sua excessiva abstração e seu encastelamento no Código Civil. A proposta inerente à Codificação do Direito Civil tem a pretensão de ofertar uma normativa jurídica completa, central e unificadora; o que costuma levar "a uma veneração exagerada à legislação e ao esquecimento da causa em razão da qual todo o direito é constituído: o homem".[1]

Este "esquecimento" do homem pode ser identificado na passagem para a modernidade, com o abandono da ideia de bem comum aristotélica (predominante até a Escolástica tardia espanhola de Suárez, Vitória e Molina) e o destaque dado ao bem individual a partir de filosofias individualistas como a de Jean Jacques Rousseau e de outros intelectuais do chamado Século das Luzes. Os códigos civis surgem na esteira dessas filosofias individualistas, de modo que – apartados do ideal de bem comum –, terminam por ficar "obsoletos em muitas matérias, fragilizando, em certa medida, a sua pretensão de completude posto que a realidade que pretendem regular não mais corresponde aos fatos do mundo".[2]

1. CARNEIRO FILHO, Humberto João. *De persona a pessoa:* o reconhecimento da dignidade do nascituro perante a ordem jurídica brasileira. Dissertação (Mestrado) – Recife: UFPE 2012. p. 100.

2. *Ibidem.*

Esta defesa do primado da pessoa (*o ser*) sobre o direito (*o dever ser*) demanda também uma atitude na praxe jurídica que se afaste das excessivas abstrações dos civilistas e um retorno ao justo concreto. No direito de família, por exemplo, a ideia abstrata de que todas as famílias são iguais termina por ignorar as diferenças entre entidades familiares tais como o casamento, a união estável, a família monoparental etc. No julgamento do Recurso Extraordinário n. 878.694-MG, que terminou por equiparar o casamento à união estável em relação à sucessão *causa mortis*, o Ministro Luís Roberto Barroso afirmou que a igual dignidade das entidades familiares deve resultar também na equiparação plena dos direitos sucessórios.

Ora, tal argumento pressupõe um conceito abstrato de família e ignora as especificidades de entidades familiares tais como as famílias monoparentais (integradas por qualquer dos pais e seus descendentes), as famílias anaparentais (formadas por parentes colaterais tais como irmãos, tios e sobrinhos, primos) etc.[3] Os colaterais (irmãos, tios, sobrinhos, primos etc.) passarão a ser herdeiros necessários em virtude dessa suposta igualdade? Um sobrinho que resida junto com um tio que acabou de falecer poderá invocar direito real de habitação (a semelhança do que ocorre no casamento e na união estável) em relação ao imóvel pertencente ao tio? Primos poderão pleitear pensão alimentícia entre si? Parece-nos que a resposta a todas essas perguntas deve ser negativa, sob pena de se cometer grave erro motivado na ignorância da natureza das coisas.

Na vida em sociedade, os homens inserem-se em diversas relações existenciais recíprocas: pai e filho, credor e devedor, médico e paciente, marido e esposa, locador e

---

3. COSTA FILHO, Venceslau Tavares. Equiparação de efeitos de união estável a casamento está em debate no STF. *Consultor Jurídico*, 2017. Disponível em: https://www.conjur.com.br/2017-abr-03/direito-civil-atual-equiparacao-efeitos-uniao-estavel-casamento-debate. Acesso em: 14 maio 2023.

locatário etc. Tais relações concretas são dotadas de qualidades e funções diferentes; não consistindo em "manifestações d'uma 'essência' ou 'natureza' humana, mas de atividades existenciais, única realidade ontológica e único fundamento possível das normas jurídicas".[4] No interior das relações humanas, cada integrante "tende correlativamente em torno do outro, depende do outro", de modo que o pai não existe sem o filho, nem o credor pode existir sem o devedor. Esta interdependência existencial ontológica implica reciprocidade da conduta das partes, de modo que cada um mantém expectativas em relação a seu par de acordo com seu papel na relação concreta, e é "dessa 'espera' que nasce a noção d'um interesse 'natural' exigência vital que o outro cumprisse a função que lhe é imposta pela 'natureza das coisas' a reciprocidade da conduta imanente a uma relação dada".[5]

Assim, cada parte deve se comportar na relação de acordo com as exigências ontológicas de seu papel de pai, irmão, tio, sobrinho, marido etc. Nessa toada, pode-se afirmar que: "essas condutas prescritas pela 'natureza' da relação concreta, implicariam que todo homem no mesmo papel em uma mesma relação jurídica deveria se comportar d'uma maneira idêntica".[6] No direito civil contemporâneo, este dever de se comportar de acordo com as exigências ontológicas de sua posição na relação jurídica poderia ser fundamentado na chamada tutela da confiança,[7] ou na proteção das expectativas legítimas.[8]

---

4. DELLA SANTA, Vera. Da natureza das coisas. *Revista Acadêmica,* Recife: Faculdade de Direito do Recife – UFPE, n. LXXIII, p. 168, 1986.

5. *Ibidem*, p. 168.

6. *Ibidem*, p. 169.

7. COING, Helmut. *Grundzüge der rechtsphilosophie.* Berlin: Walter de Gruyter & Co., 1950. p. 146.

8. COSTA FILHO, Venceslau Tavares. Contornos doutrinários e jurisprudenciais da boa-fé objetiva. *In:* MARINONI, Luiz Guilherme (dir.). *Precedentes jurisprudenciais:* direito contratual. São Paulo: RT, 2014, p. 99.

É a peculiar posição do filho em sua relação com o pai, ou da esposa em relação ao marido que permite, por exemplo, a jurisprudência nacional presumir dano moral pela morte do pai ou do marido, de modo a dispensar a dilação probatória para a comprovação do prejuízo efetivo, tendo em vista a presunção que decorre da natureza das coisas. Confira-se, nesse sentido, um precedente do Superior Tribunal de Justiça:

> O deferimento da indenização pelo dano moral sofrido com a morte do marido e pai dos autores independente de prova do efetivo sofrimento, *que decorre da natureza das coisas*. O decurso de mais de 17 anos entre o fato e o ajuizamento do pedido é fator a ponderar na fixação do "*quantum* indenizatório".[9]

Note-se que esta é uma hipótese de dano moral *in re ipsa*, construção doutrinária e jurisprudencial que permite ao julgador dispensar a prova do efetivo prejuízo desde que comprovada a violação a direito da personalidade; o que não significa admitir a possibilidade de responsabilidade civil sem dano, posto que a presunção de prejuízo não afasta a possibilidade de prova em sentido contrário.[10]

O apelo à concretude, contudo, não pode ser confundido com uma completa rejeição das categorias abstratas e gerais, posto que a consideração das espécies concretas pressupõe a existência das categorias abstratas e gerais.[11] A visualização da pessoa concreta em suas concretas circunstâncias traz consigo a necessidade de considerar a

---

9. REsp 153.155/SP, Rel. Min. Ruy Rosado de Aguiar, Quarta Turma, julgado em 10/12/1997, *DJ* 16/3/1998, p. 167.

10. COSTA FILHO, Venceslau Tavares; FLUMIGNAN, Silvano José Gomes. STJ exige comprovação do dano como pressuposto do dever de indenizar. *Consultor Jurídico*, 2018. Disponível em: https://www.conjur.com.br/2018-mar-26/direito-civil-atual-stj-exige-comprovacao-dano-indenizacao. Acesso em: 14 maio 2023.

11. MARTINS-COSTA, Judith. *Comentários ao novo Código Civil*, tomo I: do direito das obrigações, do adimplemento e da extinção das obrigações. Rio de Janeiro: Forense, 2005, v. V, p. 9.

diversidade de fases das relações obrigacionais; o que demanda a adoção de uma tutela jurídica adequada às diversas situações. A análise da situação concreta enseja também a verificação da presença eventual de sujeitos dotados de poder em relação a outros sujeitos (poderes privados, por exemplo); a exemplo de grandes empresas em relação a consumidores.[12]

Foi o olhar sobre a situação concreta que nos motivou (junto com a Profa. Dra. Regina Beatriz Tavares da Silva) a contribuir para o aperfeiçoamento do Projeto de Lei que depois foi convertido na Lei Federal n. 13.894, de 29 de outubro de 2019. Ora, a doutrina civilista costuma realçar a igualdade entre homem e mulher no que toca ao exercício dos direitos e deveres referentes à sociedade conjugal, assegurada pelo § 5º do art. 226 da Constituição Federal. Tal igualdade abstrata, contudo, tende a aprofundar as desigualdades entre homens e mulheres quando ignora a circunstância concreta da vulnerabilidade da mulher vítima de violência doméstica.[13] É por isso que, a partir do reconhecimento dessa realidade concreta, o Código de Processo Civil após as modificações introduzidas pela Lei n. 13.894/2019 assegura à mulher vítima de violência doméstica a prerrogativa de ajuizar ação em seu domicílio (art. 53, I, *d*) e determina a intervenção do Ministério Público nas ações em que figure como parte vítima de violência doméstica (art. 698, parágrafo único).

Essa atenção à realidade concreta também encontra eco na jurisprudência do Superior Tribunal de Justiça. Ainda com referência ao argumento da "natureza das coisas", esta Corte reconheceu que uma escritura jurídica de

---

12. *Ibidem*, p. 15-16.

13. COSTA FILHO, Venceslau Tavares; MORAU, Caio. O novo procedimento protetivo de dissolução das uniões conjugais. *Consultor Jurídico*, 2019. Disponível em: https://www.conjur.com.br/2019-out-28/procedimento-protetivo-dissolucao-uniao-conjugal. Acesso em: 13 maio 2023.

compra e venda havida por nula (e, portanto, desprovida *a priori* de qualquer efeito) pode gerar "direito à posse", uma vez que a nulidade impede os efeitos que são próprios do ato, "não havendo empeço a que, em razão da própria *natureza das coisas*, outro efeito a ele possa ser atribuído, desde que não afronte lei imperativa. Assim, mesmo que se considere nula a escritura pública de compra e venda, o documento pode ser considerado à conta de ato particular apto a gerar direito à posse".[14]

Também em atenção à natureza das coisas, o Superior Tribunal de Justiça reconheceu ser desnecessária a demonstração de que a perda de uma perna gera grande sofrimento e prejuízos econômicos, posto que "essa consequência é da *natureza das coisas*, de ciência comum".[15]

A atenção a tal realidade concreta guarda relação com o princípio ético da veracidade. Aquele que age de forma contrária à veracidade é denominado mentiroso; é uma pessoa que não tem respeito pelos valores. O mentiroso "nega a dignidade que o existente possui em confronto com o nada, recusa-lhe reconhecimento e resposta. O direito originário que todas as coisas têm de serem reconhecidas na sua integridade, o dever de não ter por branco o que é preto, de não ocultar um fato – tudo são coisas que o mentiroso não se entende. Comporta-se com o existente como se não existisse".[16]

---

14. REsp 1.273.955/RN, Rel. Min. Luis Felipe Salomão, Quarta Turma, julgado em 24/4/2014, *DJe* 15/8/2014.

15. REsp 17.073/MG, relator para acórdão Ministro Eduardo Ribeiro, Terceira Turma, julgado em 28/9/1992, *DJ* 23/11/1992, p. 21883.

16. VON HILDEBRAND, Dietrich. *Atitudes éticas fundamentais*. 2. ed. São Paulo: Quadrante, 1995. p. 32-33.

2. O DIREITO NATURAL NÃO PRESCINDE DO DIREITO POSITIVO

Enquanto setor específico do conhecimento humano, o direito é tributário das experiências humanas ao longo dos séculos. As experiências sensíveis são fragmentárias e falíveis. Em razão disso, segundo Santo Tomás de Aquino, faz-se necessário investigar permanentemente a realidade natural, as cidades e as diversas comunidades humanas em um trabalho incessante, conquanto se dirige a um objeto movediço e deve lidar com o fato de que "o homem livre, vê-se constantemente lançado em situações novas e, ante essas situações cambiantes, as regras jurídicas deveriam ser perpetuamente readaptadas".[17]

Esta consciência de que a propriedade e outros institutos de direito civil sofreram transformações ao longo do tempo nas diversas experiências jurídicas deve nos conduzir a uma atitude metodológica que, apesar de reconhecer as experiências jurídicas anteriores, não ignore as rupturas e dinâmicas das ordens jurídicas. Deseja-se evitar, assim, um modo de proceder que se assenta:[18]

> sobre o postulado de que existe para o casamento e a propriedade características essenciais, imutáveis e incorruptíveis (características, em verdade, estipuladas pela doutrina que se erige em para-legislador): o casamento é, sempre foi e sempre será, a união de um homem e de uma mulher; a propriedade é, desde Roma, o direito individual, perpétuo e absoluto do homem sobre as coisas. Longe de ser neutra, essa pesquisa sobre constantes apresenta o risco de transposições anacrônicas. Essa exaltação

---

17. VILLEY, Michel. *A formação do pensamento jurídico moderno*. Tradução Cláudia Berliner. São Paulo: Martins Fontes, 2005. p. 192-193.

18. THÉNARD, Nicolas Cornu; LAURENT-BONNE, Nicolas. Desafios de uma crítica fundada na História do Direito e no Direito Comparado. Tradução Alan Wruck Rangel e Alfredo de Jesus Flores. *Revista da Faculdade de Direito da UFRGS*, n. 45, p. 21, abr. 2021. Disponível em: https://seer.ufrgs.br/revfacdir/article/view/113354. Acesso em: 25 maio 2021.

da continuidade convida, sobretudo, a negligenciar as rupturas e a dinâmica das ordens jurídicas.

O direito brasileiro é legatário da tradição jurídica ocidental; fruto da moral cristã, do direito romano e da filosofia grega. A filosofia aristotélico-tomista sintetiza bem este caldo cultural onde se formou o pensamento jurídico ocidental e nos fornece indicações interessantes para a compreensão do direito civil em nossa tradição jurídica. Tradicionalmente, três institutos "dominam" os Códigos Civis: a família, o contrato e a propriedade.[19]

Em certa medida, parece-nos que as discussões patrimoniais (afetas ao direito de propriedade, portanto) tendem a predominar na civilística. Se o contrato é um instrumento que se presta a legitimar a transferência do direito de propriedade, é de se notar que as relações de família também terminam por interferir na transmissão do direito de propriedade tendo em vista questões relacionadas aos diversos regimes de bens no casamento ou na união estável.

Nas pegadas de Aristóteles, Santo Tomás de Aquino exalta o direito de propriedade, e – contrariamente à posição de Platão na *República* e de todas as utopias socialistas – afirma a necessidade da partilha dos bens entre as pessoas, de modo que cada um tenha suas próprias coisas, com liberdade para dispor e dirigir a gestão de seus bens.[20] Esta é uma questão da justiça distributiva (ou justiça particular), que deve tornar possível para cada pessoa a aquisição dos bens externos de que necessita para viver como deveria. Contudo, como já

---

19. FACCHINI NETO, Eugênio. O bicentenário da morte de Napoleão Bonaparte e seu principal legado jurídico: o Código Civil francês e a proteção dos direitos da burguesia. *Revista Jurídica Luso-Brasileira*, ano 7, n. 5, p. 781, 2021. Lisboa: Faculdade de Direito da Universidade de Lisboa. Disponível em: https://www.cidp.pt/revistas/rjlb/2021/5/2021_05_0757_0816.pdf. Acesso em: 12 maio 2023.

20. VILLEY, Michel. *Filosofia do direito:* definições e fins do direito; os meios do direito. Tradução Márcia Valéria Martinez de Aguiar. 2. ed. São Paulo: Martins Fontes, 2008. p. 116-117.

disse Hugo Grócio, não podemos simplesmente atribuir às pessoas os objetos externos que acreditamos ser necessários. Esta só seria uma empreitada viável teoricamente em uma sociedade assemelhada a uma família ou a um mosteiro, com poucas pessoas e boas relações entre elas.[21]

Entretanto, isso não significa que os governos devam confiscar as riquezas das classes abastadas ou de qualquer outra classe social e dividi-las entre os demais. Existe uma razão pela qual não se deve adotar esse tipo de proceder que foi apresentado por Aristóteles (e reforçado por Santo Tomás de Aquino) como objeção à proposta platônica de eliminar a propriedade privada: tal solução terminaria por gerar conflitos intermináveis e as pessoas não teriam nenhum incentivo para trabalhar ou cuidar de seus bens.[22]

O reconhecimento do direito à propriedade privada não redunda em absoluto na chancela a uma administração egoística dos bens, posto que o "uso" dos bens continua a ser comum. Ora, a prática da caridade mediante a doação de certos bens supõe a propriedade e a liberdade de dispor deles. Isso implica a ausência de contradição entre o direito romano (que garante o direito de propriedade) e o ideal de Justiça evangélica: "Não se encontra no Novo Testamento uma só palavra contra o direito romano; e no direito romano uma só palavra sobre o modo como o proprietário deve usar de sua coisa".[23]

Nessa toada, parte-se aqui da compreensão do direito de propriedade como direito limitado ou condicionado, sujeito a diversas modalidades restritivas; o que se encontra em harmonia com a ideia de que a pressão de fatores econômico-sociais institucionaliza imperativos de determinado povo, reconhecendo-se, por conseguinte, que o legislador

---

21. GORDLEY, James. Los fundamentos morales del Derecho Privado. *Revista Ius et Veritas*, n. 47, p. 18, dez. 2013.

22. *Ibidem* p. 18.

23. VILLEY, Michel. *Filosofia do direito* cit., p. 117.

detém apenas papel de regulamentar necessidades de determinada sociedade.[24]

Sob a perspectiva aristotélico-tomista, pode-se afirmar que a vida humana em sociedade demanda a necessidade do Direito e do Estado. Como já afirmamos, o reconhecimento do direito de propriedade individual não exclui o uso comum dos bens, ou seja, o exercício do direito de propriedade deve visar a realização do bem comum. Santo Tomás de Aquino argumenta que em todas as coisas que visam determinado fim, mas que se realizam por modos diversos, é necessário que alguém guie para que se alcance o objetivo almejado. Dessarte, a causa final seria a mais importante, pois dela dependem as demais causas. Assim, de acordo com a causa final, a causa eficiente (ou agente) ajusta a causa formal à causa material; organizando a forma de acordo com a matéria na qual se converte.[25] Ao Estado é permitido fazer uso de diversos meios a fim de proporcionar a realização dos fins do direito de propriedade, ou seja, para a realização do bem comum.

Ou ainda, não se deve perder de vista que a lei humana (*lex humana*) deriva da lei natural (*lex naturalis*), conforme conhecida definição de Santo Tomás de Aquino: "*Participatio legis aeternae in rationali creatura*". Tal derivação pode se dar *per conclusionem* ou *per derivacionem*. Será *per conclusionem* quando a regra de direito positivo é extraída da lei natural em virtude de um processo lógico necessário. Assim, por exemplo, a vedação ao falso testemunho é uma conclusão necessária da lei natural que obriga a dizer a verdade. E será *per determinationem* "quando a lei natural é muito geral (e genérica) correspondendo ao direito

24. GOMES, Orlando. *Contratos*. Rio de Janeiro: Forense, 2007. p. 8.

25. BEUCHOT, Maurício. Santo Tomás de Aquino: del gobierno de los príncipes. *Revista Española de Filosofía Medieval*, v. 12, p. 101-108, 2005, p. 103.

positivo determinar o modo concreto segundo o qual essa lei deva ser aplicada".[26]

Nesse sentido, a lei natural estabelece que o direito de propriedade deve ser protegido, mas cabe ao direito positivo determinar a medida e as formas de punição aos delitos cometidos contra o direito de propriedade. É por isso que a aplicação dos preceitos de direito natural demanda "adaptações à multiplicidade de condições de vida, segundo os lugares, as épocas e as circunstâncias".[27] É necessário afirmar, portanto, que o direito natural necessita, portanto, do direito positivo, posto que a *lex humana* terá vigor "apenas por força do legislador que a põe ('*vigorem legis ex sola lege humana*')".[28]

3. O PENSAMENTO DA ESCOLÁSTICA TARDIA ESPANHOLA (ESCOLA DE SALAMANCA) FORNECEU AS BASES DOUTRINÁRIAS DO DIREITO PRIVADO CONTEMPORÂNEO NO OCIDENTE

É interessante notar que, em matéria de direito privado, os sistemas jurídicos ocidentais – ou seja, os sistemas da *Common Law* (a exemplo da Inglaterra e dos Estados Unidos) e os sistemas da *Civil Law* (a exemplo da França, Alemanha e Itália) –, têm uma estrutura doutrinária muito parecida e baseada em conceitos jurídicos similares. Normalmente, os direitos desses países organizam o direito privado a partir de categorias amplas tais como propriedade, responsabilidade civil e contratos; e as analisam com certa uniformidade.

---

26. BOBBIO, Norberto. *O positivismo jurídico:* lições de filosofia do direito. Tradução Márcio Pugliesi, Edson Bini e Carlos E. Rodrigues. São Paulo: Ícone, 2006. p. 20.

27. PONTIFÍCIO CONSELHO DE JUSTIÇA E PAZ. *Compêndio da Doutrina Social da Igreja*. § 141 Roma: Libreria Editrice Vaticana, 2004. Disponível em: https://www.vatican.va/roman_curia/pontifical_councils/justpeace/documents/rc_pc_justpeace_doc_20060526_compendio-dott-soc_po.html#SECRETARIA%20DE%20ESTADO. Acesso em: 11 maio 2023.

28. BOBBIO, Norberto. *O positivismo jurídico* cit., p. 20.

Problemas relacionados à titularidade de bens são analisados a partir da distinção entre posse e propriedade. A responsabilidade civil é debatida a partir da diferenciação entre a responsabilidade objetiva (*strict liability*) e a baseada na culpa, impondo-se a comprovação de que a conduta do réu é a causa (próxima ou adequada) do dano sofrido pelo autor para a responsabilização. Já a doutrina da formação do contrato é concebida a partir do estudo do erro, fraude, coação, bem como da oferta e da aceitação. A elaboração do direito e seus amplos conceitos são assemelhados, ainda que as regras específicas não sejam.

> Já existia na doutrina a suspeita de que determinados conceitos tidos como inovadores (como as ideias de violação positiva do contrato, deveres anexos derivados da cláusula geral de boa-fé etc.) não decorreriam simplesmente de uma inovação no sistema atribuída à jurisprudência, de modo que se poderia aventar a possibilidade de que "aquelas figuras novas respeitam a valores que, de antemão estavam imanentes ao nosso Direito privado".[29]

Para James Gordley, a origem deste arcabouço doutrinário comum não pode ser identificada nas decisões das Cortes inglesas anteriores ao século XIX (para os países da *Common Law*) e nem muito menos em textos jurídicos romanos (para os países da *Civil Law*). Não se pode extrair uma doutrina sistemática que permitisse tal empreitada nem no antigo direito inglês, ou muito menos no vetusto direito romano. A origem da atual doutrina contratual deve ser situada nos séculos XVI e XVII, quando um pequeno grupo de juristas e teólogos situados na Espanha empreenderam conscientemente uma iniciativa no sentido de realizar uma síntese entre os textos jurídicos romanos e a teologia moral de Tomás de Aquino. Até o final da idade média não se identifica esta síntese genuína entre direito romano

---

29. CANARIS, Claus-Wilhelm. *Pensamento sistemático e conceito de sistema na ciência do direito*. Introdução e tradução de A. Menezes Cordeiro. 3. ed. Lisboa: Fundação Calouste Gulbekian, 2002. p. 116.

e filosofia tomista ou aristotélica. Apenas no século XVI e nas primeiras décadas do século XVII esta síntese foi empreendida por um grupo de juristas e teólogos conhecidos como "escolásticos tardios" ou "Escola espanhola de direito natural". Destacam-se entre os representantes dessa escola Francisco de Vitória, Diego de Covarruvias, Domingo de Soto, Luis de Molina e Leonardo Lessius. Nos séculos XVII e XVIII, as doutrinas dos escolásticos tardios foram adotadas e popularizadas por membros da escola nórdica de direito natural, a exemplo de Hugo Grotius, Samuel Pufendorf e Jean Barbeyrac.[30]

A filosofia aristotélica e tomista tende a enfatizar a ordem intelectual e a virtude moral. Aristóteles discorreu sobre a prática das virtudes em suas obras. Os escolásticos tardios elaboraram sua teoria contratual a partir de uma árvore de virtudes tais como: respeito à promessa dada, justiça comutativa e liberalidade. Eles também se inspiraram na filosofia de Tomás de Aquino para mostrar como os princípios aristotélicos poderiam ser usados não apenas para teorizar sobre virtudes, mas também sobre a lei moral. Tomás de Aquino discute os pressupostos para que uma promessa seja considerada obrigatória. Em relação à promessa, Tomás de Aquino considerou que ela pode ser praticada em razão de uma liberalidade ou por uma questão de justiça comutativa. Explicou como um contrato pode violar a equidade exigida pela justiça comutativa; e mostrou como contratos específicos (a exemplo da compra e venda e da locação) podem ser definidos a partir da classificação deles como atos de liberalidade ou de justiça comutativa, bem como pela identificação do fim a que cada contrato serve.[31]

---

30. GORDLEY, James. *The Philosophical Origins of Modern Contract Doctrine*. Clarendon Law Series. New York: Oxford University Press, 2011. p. 1-04.

31. *Ibidem*, p. 10.

Em *Ética a Nicômaco*, Aristóteles[32] relaciona a virtude da sinceridade ao cumprimento das promessas:

> Comecemos primeiramente pelo caráter sincero. Quando falamos do caráter sincero não temos em vista as transações comerciais, nem nada daquilo que concerne à justiça ou à injustiça (nesse caso, tratar-se-ia de uma outra excelência), mas apenas aquelas situações em que alguém atesta a sua sinceridade através da sua palavra ou da própria vida, pelo simples fato de existir de acordo com uma disposição deste gênero, sem que entrem em consideração matérias de justiça e injustiça. Quem é deste modo parece ser excelente. Porque quem tiver uma obsessão pela verdade, e for sincero até em questões insignificantes, sê-lo-á por maioria de razão também nas que são importantes. Ou seja, se já se resguarda do ignóbil em si, também se resguardará da falta de sinceridade como uma instância do ignóbil. Quem assim é, é louvável. Desviar-se-á da verdade, mais por lhe faltar do que por exagerá-la, porque, de fato, parece ser de melhor tom, e todo o exagero é aborrecido.

Então, uma pessoa que quebra a sua promessa não é sincera. Mas, se quebra a palavra em relação a questões pertinentes à justiça ou à injustiça, então também lhe falta outra virtude, que Aristóteles identificou depois como a justiça comutativa. Na mesma linha, Santo Tomás de Aquino definiu que promessas obrigam como uma questão de fidelidade ou honestidade. Descumprir uma promessa é como mentir, mas com uma diferença: quem promete algo não mente se tem a intenção de fazer o prometido, pois não falou o contrário do que tinha em mente. Contudo, aquele que não cumpre o que promete parece agir de forma desleal, pois sua intenção mudou. Santo Tomás de Aquino, por outro lado, explicou não apenas porque é virtuoso cumprir promessas, mas também quando elas devem ser mantidas. Ele foi além do debate de Aristóteles sobre a virtude, e descreveu uma lei moral, um "direito natural", que regula o cumprimento das promessas. Em razão do direito natural, segundo Tomás de

32. ARISTÓTELES. *Ética a Nicômaco*. Tradução Antônio de Castro Caeiro. São Paulo: Forense, 2017. p. 90.

Aquino, todas as promessas obrigam. Para o direito romano, contudo, nem todas as promessas são exigíveis, visto que outras condições são necessárias para que um homem reste obrigado por uma promessa feita por ele; condições estas que não foram especificadas por Tomás de Aquino.[33]

Assim preceitua o Doutor Angélico na Suma Teológica II – II, q. 88, a.3:[34]

> Hay que decir: Que el cumplimiento de las promesas es un deber de fidelidad humana; por lo que dice San Agustín que, fidelidad deriva de *fiunt dicta* (se cumple la palabra dada). Ahora bien: más que a nadie, debe el hombre fidelidad a Dios, y el quebrantamiento de los votos es una especie de infidelidad. Por eso Salomón, señalando el motivo por el que deben cumplir los votos, dice: *La promesa infiel desagrada a Dios.*

Não obstante as constantes referências de Santo Tomás de Aquino à Revelação, ele considera que a moral também pode ser encontrada na razão profana, assim como a física, a matemática etc. Esta moral, por sua vez, é confirmada pelas sagradas escrituras. Assim, as quatro virtudes indicadas na Suma como virtudes morais (a prudência, a coragem, a temperança e a justiça particular) são igualmente encontradas na antiga filosofia grega e, em especial, em *Ética a Nicômaco*. Tais virtudes cardeais no campo da moral, contudo, são distintas das virtudes teologais (fé, esperança e caridade). Assim, a moral seria comum aos fiéis e aos infiéis, de modo que todas as pessoas poderiam ter acesso a ela pelo uso da razão.[35]

---

33. GORDLEY, James. *The Philosophical Origins of Modern Contract Doctrine*. Clarendon Law Series. New York: Oxford University Press, 2011. p. 11.

34. AQUINO, Tomás de. *Suma de Teologia* – Tomo IV: Parte II – II (b). Madrid: Biblioteca de Autores Cristianos, 1994. p. 84.

35. VILLEY, Michel. *Filosofia do direito:* definições e fins do direito; os meios do direito. Tradução Márcia Valéria Martinez de Aguiar. 2. ed. São Paulo: Martins Fontes, 2008. p. 118.

Não obstante a importância de tais bases morais para a elaboração da doutrina contratual pela escolástica espanhola tardia, percebe-se forte resistência atual em relação à invocação de preceitos morais na dogmática e jurisprudência contemporâneas. Contudo, parece-nos que o direito civil termina por abdicar de uma racionalidade mínima quando opta por eliminar qualquer conteúdo moral de sua análise. É justamente o que veremos a seguir.

4. O DIREITO CIVIL É UMA ORDEM REFERIDA A VALORES, E DEMANDA UMA RAZÃO EMINENTEMENTE PRÁTICA (*PHRONESIS*)

Uma das colunas mestras do direito civil (e, especialmente, do direito contratual) é sem dúvida a boa-fé, de caráter "profundamente moral" e cuja concretização sujeita-se "as mesmas dificuldades de concretização de todos os juízos éticos. O seu caráter material é um dado extrajurídico. Constitui uma das janelas do sistema".[36] Nestse sentido, entendemos que a adequada compreensão e aplicação das regras pertinentes ao direito contratual precisam observar preceitos éticos, sob pena de grave disfunção do sistema jurídico. Na tradição jurídica do sistema romano-germânico, o direito contratual é fruto da:

> ética contratual formulada por S. Tomás de Aquino, a qual postula, como corolário da justiça comutativa, que se observe certa proporção no valor das prestações contratuais. Subjaz àqueles sistemas, assim, uma visão moral do contrato, que explica não apenas a preocupação com o equilíbrio das prestações, mas também o *favor debitoris* e as demais manifestações de solidarismo contratual.[37]

---

36. DUARTE, Ronnie Preuss. Boa-fé, abuso de direito e o novo código civil brasileiro. *Revista dos Tribunais*, v. 817, p. 50-78, 2003.

37. VICENTE, Dário Moura. A autonomia privada e seus diferentes significados à luz do direito comparado. *Revista de Direito Civil Contemporâneo*, São Paulo, v. 8, p. 275-302, jul.-set. 2016.

Ao longo do século XIX, contudo, o substrato ético da doutrina contratual elaborada pela Escola de Salamanca foi lentamente esvaziado. Isso resultou nas chamadas "Teorias da Vontade", que transformaram a vontade das partes em uma espécie de norma fundamental (*grundnorm*) capaz de legitimar quaisquer ajustes consensuais. Não há dúvida de que a filosofia jurídica contemporânea criou um ambiente intelectual no qual o conceito de vontade parece perfeitamente aceitável, enquanto as teses sobre virtudes morais não gozam da mesma aceitação. No entanto, uma crise se abateu sobre a doutrina contratual no século XX e persiste até hoje. A doutrina da vontade não parece oferecer solução adequada para os contratantes vítimas de trocas desiguais em acordos aos quais expressamente anuíram, por exemplo. Os críticos das teorias da vontade (ou teorias liberais) no século XX destacaram que tais teorias não conseguem explicar esses e outros aspectos dos contratos. É certo que existem diversos aspectos que os escolásticos espanhóis explicaram a partir de noções aristotélicas de essência e virtude que os juristas do século XIX parecem ter descartado.[38]

Ante o abandono dessa filosofia, era de se esperar problemas em setores tais como o direito penal ou a responsabilidade civil. E esta crise persiste até hoje, visto que os críticos se mostraram incapazes de reerguer o edifício doutrinários que foi destruído por eles. A ausência dessas ideias sobre moral e virtudes no direito civil atual é comparável à retirada de um órgão de uma criatura viva. Contudo, o direito contratual trata de acordos livremente celebrados. Se o jurista contemporâneo não consegue lidar nem ao menos com essa área do direito sem destruir o sistema, é porque algo está muito errado.[39]

---

38. GORDLEY, James. *The Philosophical Origins of Modern Contract Doctrine*. Clarendon Law Series. New York: Oxford University Press, 2011. p. 7-9.

39. *Ibidem*, p. 9.

Nesse sentido, não se pode ignorar que o Direito é uma ordem referida a valores. É esta, por exemplo, a perspectiva ontognoseológica de Miguel Reale, presidente da Comissão que elaborou o Código Civil brasileiro atual (ou Código Civil de 2002). Tal referência a valores é necessária visto que o direito (assim como a política) situa-se no campo da razão prática (*phronesis*). O método jurídico não pode prescindir do justo concreto, posto que "as normas não 'existem' como entidade verdadeiramente normativa antes do momento da interpretação, que é sempre contextual, pois toda a ciência jurídica '*si constituice contestualmente*'".[40]

A *phronesis* aristotélica traduziria este elemento metafísico ou axiológico (o justo) presente na retórica material e na dialética, à medida que *a phronesis* pode ser compreendida como a essência da filosofia e da vida contemplativa; como o conhecimento mais valioso; de que modo se entendia que havia uma predominância desta em relação a todas as ciências.[41]

Entretanto, apresentar a *phronesis* aristotélica como um conhecimento superior a qualquer conhecimento talvez não traduza o pensamento corrente entre os antigos gregos, assim como outros estudiosos dos escritos aristotélicos que abordam a questão de maneira diversa. Sob essa ótica, a despeito da utilização da palavra razão na língua portuguesa para expressar o significado das palavras gregas *phronesis* e *sophia*, Aristóteles – assim como Hobbes – insistia em diferenciar a razão que diz respeito ao âmbito da ação moral e da ação política (a *phronesis*) da razão

---

40. REALE, Miguel; MARTINS-COSTA, Judith. Casamento sob o regime da separação total de bens, voluntariamente escolhido pelos nubentes. Compreensão do fenômeno sucessório e seus critérios hermenêuticos. A força normativa do pacto antenupcial. *Revista trimestral de direito civil*, Rio de Janeiro, v. 24, ano 6, p. 205-228, out.-dez. 2005, p. 213.

41. JAEGER, Werner. *Aristotle*. Fundamentals of the history of his development. Translated with the author's corrections and additions by Richard Robinson. Second edition. Oxford: Clarendon Press, 1948. p. 239.

situada no campo da ciência ou da filosofia (a *sophia*).[42] Parece-nos que a questão reside na demarcação da diferença entre razão moral e razão política (*phronesis*) em relação à razão especulativa, situada na seara da ciência ou da filosofia (*sophia*).

No pensamento de Torquato Castro, verifica-se uma reação a esta idealização "pós-moderna" e uma proposta de retorno a busca do justo concreto na linha aristotélico-tomista. Para ele, um ideal de justiça metafísico ou platônico, fora da realidade contingente, "não é deste mundo"; daí por que o conceito de justiça humana "é de ser visto de modo relativo, dentro da ação que é possível esperar-se do homem, como ação reta ou adequada".[43] Na ação prática, tendo em vista o resultado que se espera atingir, ocorre a "ponderação da escolha do resultado, a de suas consequências previsíveis e a dos meios para alcançá-lo".[44]

Quando se falar em valores morais alude-se apenas a valores da pessoa, que são inerentes a pessoa humana e só nela podem ser realizados. Uma pedra não pode ser moralmente boa ou má. Um ser vivo, por sua vez, tal como um gato ou um mosquito também não podem ser qualificados desta forma. Assim também as invenções, as obras criadas pelos seres humanos, a exemplo das obras de arte e até mesmo das armas, também não podem ser "sujeitos de valores morais: não lhes é dado serem leais, humildes, cordiais. Podem, quando muito, como sedimento do espírito humano, refletir indiretamente esses valores".[45] É esta

---

42. ADLER, Mortimer J.; GORMAN, William. *The great ideas:* a syntopicon of great books of the western world. Volume II. Chicago/London/Toronto: Encyclopaedia Britannica, 1955. p. 473.

43. CASTRO, Torquato. *Teoria da situação jurídica em direito privado nacional:* estrutura, causa e título legitimário do sujeito. São Paulo: Saraiva, 1985. p. 1.

44. *Ibidem*, p. 3.

45. VON HILDEBRAND, Dietrich. *Atitudes éticas fundamentais.* 2. ed. São Paulo: Quadrante, 1995. p. 4.

também a posição de Torquato Castro, membro da Comissão encarregada de elaborar o Código Civil de 2002.[46]

O cerne de todo comportamento eticamente bom está na dedicação ao que objetivamente tem valor, no interesse por uma ação que veicula valores morais. Considere-se, pois, que dois homens tomam conhecimento de uma injustiça sofrida por um terceiro. Aquele que se interessa apenas na satisfação de seus próprios interesses não se abala com o ocorrido, repetindo para si mesmo: "antes ele do que eu". Já o segundo homem, por outro lado, prefere sofrer a injustiça do que testemunhar o infortúnio de outrem: "Este é que tem um comportamento moralmente bom; aquele, um comportamento imoral, porquanto passa indiferente pela questão dos valores".[47]

Ora, a ausência de um substrato ético resultaria em verdadeiro desastre para a efetividade do direito civil. A ideia do mero respeito à vontade das partes no direito civil poderia resultar na conclusão (mais do que absurda) de que determinado pai ou mãe de um bebê recém-nascido teria o direito de abandoná-lo em um lixão. Somente a partir de certa perspectiva moral pode-se condenar tal ato como moralmente mau e, portanto, condenável.

Com o fito de ilustrar a valoração das condutas realizadas pelos juízes, observe-se interessante caso julgado pelo Superior Tribunal de Justiça, sob a relatoria da culta Ministra Nancy Andrighi (REsp 1.677.015/SP). Trata-se de questão que versa sobre a celebração de contrato de fomento mercantil (ou contrato de *factoring*) entre uma empresa de fomento mercantil (*factoring*) e uma empresa do setor químico, e de contrato de mútuo garantido por alienação fiduciária, no qual se ofertou como garantia imóvel

46. CASTRO, Torquato. *Teoria da situação jurídica em direito privado nacional* cit., p. 4-5.

47. VON HILDEBRAND, Dietrich. *Atitudes éticas fundamentais* cit., p. 5.

de residência da família que ostentaria características de bem de família, e que também estaria gravado por cláusulas de impenhorabilidade e de incomunicabilidade, nos termos da Lei 8.009/1990.

O Tribunal estadual reconheceu a nulidade do contrato de fomento mercantil e reconheceu também a nulidade do contrato de garantia, ao argumento de que – além da constatação das cláusulas de incomunicabilidade e de impenhorabilidade constantes do registro imobiliário – o empréstimo foi realizado em benefício da empresa, o que não poderia afastar a impenhorabilidade do bem de família (o único imóvel residencial da entidade familiar). Nesse julgamento, contudo, verificou-se dissenso na turma julgadora, especialmente quanto à extensão da impenhorabilidade do bem de família, ante a existência de precedentes do mesmo Superior Tribunal de Justiça no sentido de afirmar a irrenunciabilidade da impenhorabilidade do bem de família, de modo a reputá-la questão de ordem pública fora do poder de disposição das partes.[48]

No voto da Ministra Nancy Andrighi (REsp 1.677.015/SP), há um claro enfrentamento do que ela chama de "maçante inclinação jurisprudencial" ao reconhecimento da impossibilidade de renúncia à proteção legal conferida ao bem de família. Para ela, tal proteção precisa ser reanalisada quando o julgador se depara "com condutas que vão de encontro à própria ética e boa-fé, que devem permear todas as relações negociais". Assim, não é de se admitir que o devedor possa ofertar determinado bem em garantia, que sabe corresponder a lugar de residência familiar, para depois afirmar que tal garantia não tem fundamento jurídico e requerer a sua exclusão. Nesse sentido, conclui a Ministra Nancy Andrighi que: "mesmo sendo impenhorável o

48. Cf. AgRg no Ag 1.355.749/SP, Rel. Ministro Marco Buzzi, Quarta Turma, julgado em 26/05/2015, *DJe* 1º/06/2015.

bem de família, ainda que indicado à penhora pelo próprio devedor, não há de ser a mesma anulada em caso de má-fé calcada em comportamentos contraditórios como este".

Ademais, argumenta a Ministra que o bem de família legal não é inalienável, de modo que não existe vedação a sua alienação fiduciária pelo proprietário, "se assim for sua vontade". Reconhecida a validade da alienação fiduciária em garantia sobre tal bem, também deve ser reconhecida a possibilidade da venda do imóvel, após a consolidação da propriedade em favor do credor fiduciário.[49]

Pode-se analisar o caso em questão sob a ótica da virtude da fidelidade. A fidelidade em sentido estrito, de modo a conferir coesão interna ao sujeito, supõe constância. O sujeito constante conserva tudo o que viveu como verdade e valores autênticos. As cores vivas do presente não causam maior impressão, ante "o peso interno das verdades, uma vez reconhecidas, ou do valor ético, uma vez captados".[50]

O sujeito constante, portanto, sabe (ou deve saber) que sua manifestação de vontade no sentido de oferecer determinado imóvel em alienação fiduciária gerou na outra parte confiança suficiente a permitir a liberação de determinada quantia em dinheiro em empréstimo. Admitir-se a possibilidade de o devedor fiduciário requerer a exclusão da garantia *a posteriori* ao argumento de que se trata de bem de família, além de representar grave quebra da confiança, também atenta contra a virtude da veracidade, posto que o devedor fiduciário já sabia que o bem no qual ele residia com seus entes queridos ostenta as características do bem de família legal.

---

49. REsp 1.677.015/SP, Rel. Min. Paulo de Tarso Sanseverino, relatora para acórdão Ministra Nancy Andrighi, Terceira Turma, julgado em 28/8/2018, *DJe* 6/9/2018.

50. VON HILDEBRAND, Dietrich. *Atitudes éticas fundamentais*. 2. ed. São Paulo: Quadrante, 1995. p. 17-18.

O julgamento deste caso sobre a questão da impenhorabilidade do bem de família evidência bem a necessidade da referência a valores no direito civil, bem como da utilidade de uma razão prática (*phronesis*) para o direito civil, mais adequada ao enfrentamento de uma realidade cada vez mais complexa.

REFERÊNCIAS

ADLER, Mortimer J.; GORMAN, William. *The great ideas:* a syntopicon of great books of the western world. Volume II. Chicago/London/Toronto: Encyclopaedia Britannica, 1955.

AQUINO, Tomás de. *Suma de Teologia* – Tomo IV: Parte II – II (b). Madrid: Biblioteca de Autores Cristianos, 1994.

ARISTÓTELES. *Ética a Nicômaco.* Tradução Antônio de Castro Caeiro. São Paulo: Forense, 2017.

BEUCHOT, Maurício. Santo Tomás de Aquino: del gobierno de los príncipes. *Revista Española de Filosofía Medieval*, v. 12, p. 101-108, 2005.

BOBBIO, Norberto. *O positivismo jurídico:* lições de filosofia do direito. Tradução Márcio Pugliesi, Edson Bini e Carlos E. Rodrigues. São Paulo: Ícone, 2006.

CANARIS, Claus-Wilhelm. *Pensamento sistemático e conceito de sistema na ciência do direito.* Introdução e tradução de A. Menezes Cordeiro. 3. ed. Lisboa: Fundação Calouste Gulbekian, 2002.

CARNEIRO FILHO, Humberto João. *De persona a pessoa:* o reconhecimento da dignidade do nascituro perante a ordem jurídica brasileira. Dissertação (Mestrado) – Recife: UFPE 2012.

CASTRO, Torquato. *Teoria da situação jurídica em direito privado nacional:* estrutura, causa e título legitimário do sujeito. São Paulo: Saraiva, 1985.

COING, Helmut. *Grundzüge der rechtsphilosophie*. Berlin: Walter de Gruyter & Co., 1950.

COSTA FILHO, Venceslau Tavares. Contornos doutrinários e jurisprudenciais da boa-fé objetiva. *In:* MARINONI, Luiz Guilherme (dir.). *Precedentes jurisprudenciais:* direito contratual. São Paulo: RT, 2014.

COSTA FILHO, Venceslau Tavares. Equiparação de efeitos de união estável a casamento está em debate no STF. *Consultor Jurídico*, 2017. Disponível em: https://www.conjur.com.br/2017-abr-03/direito-civil-atual-equiparacao-efeitos--uniao-estavel-casamento-debate. Acesso em: 14 maio 2023.

COSTA FILHO, Venceslau Tavares; FLUMIGNAN, Silvano José Gomes. STJ exige comprovação do dano como pressuposto do dever de indenizar. *Consultor Jurídico,* 2018. Disponível em: https://www.conjur.com.br/2018-mar-26/direito-civil-atual-stj-exige-comprovacao-dano-indenizacao Acesso em: 14 maio 2023.

COSTA FILHO, Venceslau Tavares; MORAU, Caio. O novo procedimento protetivo de dissolução das uniões conjugais. *Consultor Jurídico,* 2019. Disponível em: https://www.conjur.com.br/2019-out-28/procedimento-protetivo-dissolucao-uniao-conjugal Acesso em: 13 maio 2023.

DELLA SANTA, Vera. Da natureza das coisas. *Revista Acadêmica,* n. LXXIII, 1986. Recife: Faculdade de Direito do Recife – UFPE.

DUARTE, Ronnie Preuss. Boa-fé, abuso de direito e o novo código civil brasileiro. *Revista dos Tribunais*, v. 817, p. 50-78, 2003.

FACCHINI NETO, Eugênio. O bicentenário da morte de Napoleão Bonaparte e seu principal legado jurídico: o Código Civil francês e a proteção dos direitos da burguesia. *Revista Jurídica Luso-Brasileira,* ano 7 (2021), n. 5. Lisboa: Faculdade de Direito da Universidade de Lisboa. Disponível em:

https://www.cidp.pt/revistas/rjlb/2021/5/2021_05_0757_0816.pdf. Acesso em: 12 maio 2023.

GOMES, Orlando. *Contratos*. Rio de Janeiro: Forense, 2007.

GORDLEY, James. The Philosophical Origins of Modern Contract Doctrine. *Clarendon Law Series*, New York: Oxford University Press, 2011.

GORDLEY, James. Los fundamentos morales del Derecho Privado. *Revista Ius et Veritas*, n. 47, dez. 2013.

JAEGER, Werner. *Aristotle*. Fundamentals of the history of his development. Translated with the author's corrections and additions by Richard Robinson. Second edition. Oxford: Clarendon Press, 1948.

MARTINS-COSTA, Judith. *Comentários ao novo Código Civil*. tomo I: do direito das obrigações, do adimplemento e da extinção das obrigações. Rio de Janeiro: Forense, 2005. v. V.

PONTIFÍCIO CONSELHO DE JUSTIÇA E PAZ. *Compêndio da doutrina social da igreja*. Roma: Libreria Editrice Vaticana, 2004. Disponível em: https://www.vatican.va/roman_curia/pontifical_councils/justpeace/documents/rc_pc_justpeace_doc_20060526_compendio-dott-soc_po.html#SECRETARIA%20DE%20ESTADO. Acesso em: 11 maio 2023.

REALE, Miguel; MARTINS-COSTA, Judith. Casamento sob o regime da separação total de bens, voluntariamente escolhido pelos nubentes. Compreensão do fenômeno sucessório e seus critérios hermenêuticos. A força normativa do pacto antenupcial. *Revista Trimestral de Direito Civil*, Rio de Janeiro, v. 24, ano 6, p. 205-228, out.-dez. 2005.

THÉNARD, Nicolas Cornu; LAURENT-BONNE, Nicolas. Desafios de uma crítica fundada na História do Direito e no Direito Comparado. Tradução Alan Wruck Rangel e Alfredo de Jesus Flores. *Revista da Faculdade de Direito da UFRGS*, n. 45, abr. 2021. Disponível em: https://seer.ufrgs.br/revfacdir/article/view/113354 Acesso em: 25 maio 2021.

VICENTE, Dário Moura. A autonomia privada e seus diferentes significados à luz do direito comparado. *Revista de Direito Civil Contemporâneo*, São Paulo, v. 8, p. 275-302, jul.-set. 2016.

VILLEY, Michel. *A formação do pensamento jurídico moderno*. Tradução Cláudia Berliner. São Paulo: Martins Fontes, 2005.

VILLEY, Michel. *Filosofia do direito:* definições e fins do direito; os meios do direito. Tradução Márcia Valéria Martinez de Aguiar. 2. ed. São Paulo: Martins Fontes, 2008.

VON HILDEBRAND, Dietrich. *Atitudes éticas fundamentais*. 2. ed. São Paulo: Quadrante, 1995.

DIREITOS HUMANOS EM PIERRE MANENT: ORIGEM, RECONHECIMENTO E IDENTIDADE

Marcos Paulo Fernandes de Araujo

Iara Gubert

"A linguagem dos direitos é a única que pode ser falada por aquele que quer organizar o mundo humano sem estabelecer ou aceitar previamente, como verdadeira ou autorizada, uma certa ideia da natureza humana, ou então uma certa Lei, segundo a qual o ser humano tem de conduzir a sua vida."

Pierre Manent

INTRODUÇÃO

Pierre Manent nasceu em 1949, em Toulouse, na França e teve uma juventude marcada por uma vivência política intensa. Frequentou a École Normale Supérieure em Paris e desde essa época identificava a necessidade da elaboração de uma filosofia política que contemplasse o cenário europeu e o liberalismo moderno. Iniciou sua carreira como assistente do pensador político Raymond Aron no

Collège de France e, de 1992 até 2015, foi *Directeur d'études* na École des Hautes Études en Sciences Sociales (EHESS).

Segundo Daniel J. Mahoney, um de seus principais comentadores, a obra de Manent abarca três grandes aspectos da existência humana: filosofia, política e religião.[1] Tais aspectos são tratados por uma visão prática do mundo, não teológica, nem metafísica. Desse modo, Manent se propõe a recuperar o direito natural como instrumento chave para vivificar a compreensão sobre o livre-arbítrio, a escolha humana e a ação moral e política.[2] Pela originalidade da proposta de Manent ao analisar as incongruências teóricas da compreensão moderna do ser humano e do Estado com o mundo prático, seu pensamento constitui um ponto de partida válido para a investigação de um sem-número de questões da filosofia prática.

O primeiro livro de Manent, *Naissances de la politique moderne: Machiavel, Hobbes, Rousseau*, publicado em 1977, retrata os principais pontos de inflexão no processo de nascimento da política moderna. Considerando a escolha desses três pensadores, com base nas "três ondas da modernidade" de Leo Strauss,[3] Manent elabora um projeto crítico fundamental de denúncia dos procedimentos intelectuais de legitimação da autoridade.[4] A partir de então, a obra do autor

---

1. MAHONEY, Daniel J. Communion and Consent: Pierre Manent on the Wellsprings of Western Liberty. *Perspectives on Political Science*, v. 41, n. 2, p. 93-99, 2012, p. 93.

2. *Idem*. Foreword: Natural Law and the Restoration of Practical Reason. *In:* MANENT, P. *Natural Law and Human Rights*. Indiana: University of Notre Dame Press, 2020. p. vii-xviii.

3. Leo Strauss, em seu ensaio "*The Three Waves of Modernity*" identifica que o relativismo que permeia a modernidade ocidental é o fundamento da crise da modernidade. Ou seja, para o autor, a crise da modernidade reflete a crise da filosofia política moderna. Strauss imputa referida crise a três ondas de pensadores da modernidade: Maquiavel e Thomas Hobbes na primeira; Jean-Jacques Rousseau, na segunda; e Nietzsche, na terceira (STRAUSS, Leo. The Three Waves of Modernity. *In:* STRAUSS, Leo. *An Introduction to political philosophy:* ten essays. Detroit: Wayne State University Press, 1975. p. 81-89).

4. Para este artigo utilizamos a edição de 2007 da obra: MANENT, P. *Naissances de*

buscará relacionar o universal (razão) e o particular (experiência) no contexto dos limites de uma política que busca se manter fiel à situação humana e aos conteúdos morais do mundo, apresentando a filosofia política como solução.[5]

Um dos principais objetivos de Manent como filósofo político é recuperar a confiança na possibilidade de uma ciência da deliberação, uma ciência da ação humana. O autor identifica como a passividade no enfrentamento às situações complexas e a confusão moral na vida comum submergem a capacidade humana de conceber as leis. Como inferem Jenna Silber e Benjamin Storey, sem a direção da ação, o ser humano é reduzido a mero espectador passivo, que não faz nada além de aquiescer com grandes movimentos sociais, tecnológicos e econômicos do mundo moderno, descritos no idioma da necessidade.[6]

Nesse sentido, um dos principais méritos da obra de Pierre Manent é descortinar ao leitor contemporâneo uma miríade de aporias e incongruências na estrutura do pensamento político moderno, bem como relevantes consequências sociológicas e jurídicas dele derivadas que, de outro modo, passariam despercebidas. Entre tais críticas, o presente escrito abordará, principalmente, as que o autor tece ao conceito de "direitos humanos", complementando-as com ponderações e reflexões também propostas por outros autores que escrevem acerca da temática.

---

la politique moderne. Mesnil-sur-l'Estrée: Gallimard, 2007, p. 11. A intenção do autor de construir um projeto crítico também é evidenciada em ARNAUD-MATECH, Louis. *Pierre Manent, Naissance de la politique moderne:* Machiavel – Hobbes – Rousseau: critique de la politique, 1977. *In:* Raison présente, n. 46, Psychanalyses et rationalisme. p. 132-134, abr.-jun. 1978.

5. KRNJEVIC-MISKOVIC, Damjan de. *Pierre Manent and the New First Philosophy of Politics.* Perspectives on Political Science, 31:3, 2002, p. 163.

6. STOREY, Jenna Silber. STOREY, Benjamin. *Natural Law and Human Action.* Perspectives on Political Science, 2020. p. 2.

As críticas de Manent ao conceito de "direitos humanos" estão centradas em três personagens, Hobbes, Locke e Rousseau. Estes, ao expressarem o ponto de vista do ser humano que rejeita a lei cristã e a natureza pagã, decidindo receber sua humanidade de si mesmo, "nos dão três versões que podemos considerar sinopticamente: elas anunciam a mesma novidade"..[7]

Nosso propósito será, primeiramente, analisar quais as considerações do autor acerca da *origem* da ideia dos direitos humanos – sendo, aqui, seu principal objeto de análise o pensamento de Thomas Hobbes.

Em seguida, dispensaremos um tratamento mais detido à apreciação feita por Manent acerca do conceito de "sujeito de direitos" conforme pressuposto pelas teorias fundantes dos direitos humanos e de sua *identidade* (seja ela individual ou coletiva). Aqui, iremos nos concentrar, sobretudo, nas observações feitas por Manent a respeito da obra de John Locke.

O último aspecto a ser abordado consiste no problema teórico do *reconhecimento* de tais direitos – figurando, aqui, a análise feita pelo professor francês da obra de Jean-Jacques Rousseau como elemento central.

Após esta análise, proporemos um esquema compreensivo desses três aspectos da teoria dos direitos humanos (origem, reconhecimento, identidade) à luz da caracterização dos direitos humanos na era pós-metafísica (inflacionários, instrumentais e vazios) elaborada pelo professor Luis Fernando Barzotto.[8]

---

7. MANENT, P. *La Cité de l'Homme*. Paris: Flammarion, c1997 (1994). p. 261.

8. Para Barzotto, a tese dos direitos humanos "[e]ncontra-se no horizonte temporal do "pensamento pós-metafísico", isto é, ela está marcada por uma recusa de qualquer consideração sobre a "essência" ou a "natureza" de qualquer realidade empírica, incluindo aí o ser humano. Assim, os direitos humanos, na visão "pós-metafísica" que anima as doutrinas contemporâneas não se vinculam a uma antropologia filosófica que aceite o conceito de natureza humana. [...] De fato, os direitos

1. OS DIREITOS HUMANOS

Pierre Manent tem se dedicado ao tema dos direitos humanos ao longo de boa parte de sua carreira como escritor e professor universitário. Uma de suas primeiras incursões nele parece ter sido a realizada no artigo "*Le totalitarisme et le problème de la représentation politique*", publicado em 1984 na revista *Commentaire* (fundada por Raymond Aron), e posteriormente reproduzido no livro *Enquête sur la démocratie* (2007). Posteriormente, o autor voltou à carga em uma série de outros textos, entre os quais podemos destacar, sem qualquer pretensão de exaustividade, o livro *Histoire Intelectuelle du Libéralisme* (1986), os artigos "*L'État Moderne: problemes de interpretation*" (1988) e "*La Démocratie comme régime et comme religion*" (1993), o livro *Lá cité de l'homme* (1994) – que aproveita parte do conteúdo deste último artigo –, e capítulos do livro *Cours Familier de Philosophie Politique* (2001).

Mais recentemente, o autor dedicou um livro inteiro ao assunto, *Loi naturelle et les droits de l'homme* (2018), elaborado a partir de notas para as Conferências Étienne Gilson do ano anterior, as quais foi convidado a proferir no Institut Catholique de Paris. Tal obra, conquanto mais tardia e, pelo mesmo fato de haver sido concebida originalmente como uma série de notas para palestra, dificilmente pode ser considerada como uma síntese completa e exaustiva de todo o pensamento do autor a respeito dos direitos humanos. Nesse sentido, explica-se a necessidade de recorrermos às obras precedentes. Nada obstante, *Loi naturelle et*

---

humanos substituíram a natureza ou essência humana como critério diferenciador do humano, o que leva à seguinte circularidade (ou tautologia, como prefere Pierre Manent): o ser humano é aquele que tem direitos humanos, e os direitos humanos são aqueles que pertencem ao ser humano". Por isso, o conceito de direitos humanos, no horizonte do pensamento pós-metafísico possui três características: é vazio, instrumental e inflacionário (BARZOTTO, Luis Fernando. *Teoria do direito*. Porto Alegre: Livraria do Advogado, 2017. p. 22).

les droits de l'homme pode proporcionar pontos de partida para o estudo do assunto.

Em contraposição à lei natural, Manent observa que a ideia do justo que o progresso do Iluminismo parece ter validado "encontra sua expressão canônica na filosofia dos direitos do homem".[9] De fato, a noção de "direitos humanos" constitui-se como uma referência política e moral comum no Ocidente.[10] No entanto, ele faz uma ressalva:

> Em todo caso, esta unanimidade é recente. É certo que a noção de direitos do homem foi elaborada nos séculos XVII e XVIII, e obteve uma vitória definitiva, por assim dizer, ao fim do século XVIII com as revoluções americana e francesa [...]. Mas ela será contestada por um longo tempo, e em várias frentes. Não é senão nos anos 70 e no início dos anos 80 do século recém-acabado que ela consegue ser absolutamente inconteste no Ocidente.[11]

Para Manent, uma das principais características dos direitos humanos é estarem inextricavelmente entremeados às origens do Estado moderno. Nas suas palavras, "[a] quilo que era outrora proposição abstrata, para não dizer ilusão ideológica, agora anima todo o espaço social. Essa abstração é uma determinação espiritual: aquela dos direitos do homem".[12]

Nesse sentido, um dos principais trunfos da filosofia dos direitos humanos é o fato de ela fundar sua validade superior e, enfim, exclusiva, sobre sua pretensa universalidade lógica.[13] Para o autor tal filosofia se constituiu contra a ideia de uma lei natural, e a prova disso seria a utilização

9. MANENT, P. *La Loi Naturelle et les Droits de L'Homme*. Paris: PUF, 2018. p. 2.

10. *Idem*. *Cours Familier de Philosophie Politique*. Paris: Gallimard, 2004 (2001). p. 163.

11. *Ibidem*, p. 164.

12. *Idem*. 'L'État Moderne: problèmes d'interpretation.' *In: Enquête sur la Démocratie*. Paris: Gallimard, 2007. p. 76.

13. *Idem*. *La Loi Naturelle et les Droits de L'Homme*. Paris: PUF, 2018. p. 5.

do conceito teórico de estado de natureza como suporte e matriz à doutrina dos direitos do ser humano.[14]

As doutrinas que se baseiam na ideia de estado de natureza – a saber, as do direito natural moderno – estão sujeitas a inúmeras objeções. Tendo fornecido os axiomas de nossa filosofia pública, comunicam sua vulnerabilidade aos documentos fundadores da modernidade política, a começar pelo art. 1º da Declaração dos Direitos do Homem e do Cidadão: “os homens nascem e permanecem livres e iguais em direitos”.[15] Por isso mesmo, afigura-se imperioso investigar no que consiste tal filosofia, quais são estas objeções e porque se relacionam umas e outras.

1.1 A origem: humana?

Para Manent, apenas uma breve reconstrução histórica nos permitiria reapreender o sentido original da noção de direitos do homem. O marco inicial pode ser identificado com Hobbes (que será continuado por Locke), para quem o conflito entre visões acerca do bem supremo seria causa de todos os males públicos, resumidos na ideia de “guerra de todos contra todos”.[16] A ameaça constante à vida a todos eleva a morte à classificação de mal supremo.[17]

Nesse sentido, o ponto de partida do pensador inglês coloca-se nas antípodas de Aristóteles. Como observa Manent, para este, “as diversas reivindicações políticas são, ao mesmo tempo, fundadas e contestáveis [...]. Para Hobbes,

---

14. *Ibidem*, p. 8.

15. MANENT, P. *La Loi Naturelle et les Droits de L'Homme*. Paris: PUF, 2018. p. 53.

16. HOBBES, T. *Leviathan or The Matter, Forme and Power of a Common-wealth Ecclesiasticall and Civill*. London: Andrew Crook, 1651. p. 62.

17. MANENT, P. L'État Moderne: problèmes d'interpretation. *In:* MANENT, P. *Enquête sur la Démocratie*. Paris: Gallimard, 2007. p. 76.

ao revés, o fato de que todas as reivindicações estão expostas a objeções é a prova de que nenhuma é justificada".[18]

Parte-se, portanto, do pressuposto de que, uma vez que as reivindicações por poder são injustificadas, o conflito se torna inevitável. Não havendo nenhum espaço ou empreitada comum com o qual se preocupar, logicamente cada pessoa apenas está preocupada consigo mesma. Sendo assim, e tratando-se o ser humano de um ser vivo que necessita de certos bens da natureza para sobreviver, a sua primeira preocupação será, logicamente, essa: "[d]izer que no estado de natureza cada um pode fazer tudo aquilo que julgar útil à sua conservação", constata Manent, "é dizer que cada um tem um direito sobre todas as coisas – um *jus in omnia*".[19]

No entanto, como tal estado conflitivo é sumamente instável, sendo indesejável permanecer nele, torna-se necessário recorrer a um mecanismo que ponha fim ao conflito deflagrado:

> Só renunciando a tal direito cada um pode, no que lhe respeita, secar a fonte da guerra. Essa renúncia seria absurda, se ele não tivesse uma segurança razoável de que cada um dos seus vizinhos e rivais fará o mesmo [...]. Mas os contratos que não são garantidos pela espada são apenas ilusórios. A única garantia possível do contrato é a ameaça do castigo que punirá qualquer violação. Quem infligirá este castigo? Aquele ou aqueles que os contratantes tiverem escolhido.[20]

Desse modo, ao contrário da solução de Aristóteles ao problema da multiplicidade de bases de reivindicação política na cidade, que Manent qualifica como "heroicamente moderada: todas as opiniões políticas são simultânea e

---

18. *Idem*. La Démocratie comme Régime et comme Religion. *In:* MANENT, P. *Enquête sur la Démocratie*. Paris: Gallimard, 2007. p. 117.

19. *Idem*. *História intelectual do liberalismo:* dez lições. Lisboa: Edições 70, 2020. p. 54.

20. *Ibidem*.

inseparavelmente justificadas e injustificadas", a "solução hobbesiana consiste em separar esses dois aspectos – a afirmação e a negação – e atribuir a cada um deles um 'momento' diferente".[21]

Ora, no estado de natureza, o ser humano é caracterizado justamente por ter um *jus in omnia*: "[o] homem é definido como um ser que tem direitos".[22] Logo, quando concebido "[o] soberano herda o *jus in omnia*".[23]

> O Estado representa esses direitos, todos os direitos. Se o homem se define como um ser que tem direitos, o fato de que os tem é mais importante, mais forte, que a matéria de exercício desses direitos (economia, religião...). [...] Todas as atividades na sociedade civil são autorizadas, mas os conteúdos dessas atividades não têm, em princípio, autoridade: não passam de uma aplicação particular, uma especificação, dos direitos do homem e nenhum poder se exerce legitimamente no seu seio.[24]

De fato, observa Manent, o primeiro impulso da lógica dos direitos humanos consiste num movimento eminentemente defensivo.[25] O Leviatã é o instrumento desse "pobre diabo, ameaçado a cada instante por outro pobre diabo, seu vizinho".[26] Como não deixa ele de reparar, todo o movimento de construção do Estado moderno, de matriz hobbesiana, parte, por um lado, de um grande exagero, de uma hipertrofia teórica:[27] "[o] gesto pelo qual Hobbes descarta,

---

21. *Idem*. La Démocratie comme Régime et comme Religion. *In:* MANENT, P. *Enquête sur la Démocratie*. Paris: Gallimard, 2007. p. 123.

22. MANENT, P. Le totalitarisme et le problème de la représentation politique. *In:* MANENT, P. *Enquête sur la Démocratie*. Paris: Gallimard, 2007. p. 91.

23. *Idem*. *História intelectual do liberalismo:* Dez Lições. Lisboa: Edições 70, 2020. p. 55.

24. MANENT, *loc. cit.*

25. *Idem*. L'État Moderne: problèmes d'interpretation' *In:* MANENT, P. *Enquête sur la Démocratie*. Paris: Gallimard, 2007. p. 77.

26. MANENT, *op. cit.*, p. 86.

27. *Idem*. *Natural Law and Human Rights*. Indiana: University of Notre Dame Press,

com derrisão, como manifestações de *vain-glory* todas as reivindicações de superioridade é análogo à dúvida hiperbólica de Descartes, que rejeita todas as opiniões duvidosas como absolutamente falsas".[28]

Essa hipérbole, por conseguinte, afeta também a solução apresentada ao problema suposto. O surgimento do Leviatã com base na afirmação da existência do direito de uns, no estado de natureza, até mesmo sobre os corpos dos outros[29] (*jus in omnia*) – é desqualificada pelo discípulo de Aron como uma "interpretação abusiva do 'direito de legítima defesa'", que, "estendida ao conjunto dos seres humanos, contribuiu grandemente para obscurecer nosso olhar para a vida social e política".[30]

Essa abordagem hiperbólica para "a conservação desse bem sub humano que é a simples vida"[31] toma como ponto de vista aquele do *conatus* (que poderia ser traduzido por 'impulso') que caracteriza o movimento do indivíduo ávido de poder.[32] Seu resultado inescapável é "a instrumentalização e a infinitização do poder"[33] – poder, este, que "não tem nenhum enraizamento social ou religioso, um poder que

2020. p. 24 e 25. Como explica o autor: "A *hipertrofia da teoria* é comumente interpretada como o surgimento ou a introdução de um ponto de vista "realista" ou "científico" sobre as coisas humanas, ponto de vista que prevaleceu decisivamente – uma vitória que define a própria modernidade – sobre o ponto de vista "idealista", a perspectiva antiga ou cristã da ação bela ou boa".

28. *Idem*. La Démocratie comme Régime et comme Religion. *In:* MANENT, P. *Enquête sur la Démocratie*. Paris: Gallimard, 2007. p. 121.

29. HOBBES, T. *Leviathan or The Matter, Forme and Power of a Common-wealth Ecclesiasticall and Civill*. London: Andrew Crook, 1651. p. 64.

30. MANENT, P. *La Loi Naturelle et les Droits de L'Homme*. Paris: PUF, 2018. p. 57.

31. *Idem*. L'État Moderne: problèmes d'interpretation. *In:* MANENT, P. *Enquête sur la Démocratie*. Paris: Gallimard, 2007. p. 80.

32. MANENT, *op. cit.*, p. 23, 60.

33. *Idem*. Le totalitarisme et le problème de la représentation politique. *In:* MANENT, P. *Enquête sur la Démocratie*. Paris: Gallimard, 2007. p. 87.

não tem por conteúdo senão a si mesmo, e por causa outra coisa que a vontade".[34]

Nesse sentido, "[o] princípio gerador de nossa sociedade civil e do Estado que lhe corresponde é que nenhum poder tem o direito de ser exercido no interior da sociedade civil, pois todo poder legítimo é representativo, e o lugar da representação é o Estado",[35] diz Manent. Desse modo, "aquilo que é atingido na raiz, no esquema representativo é a autoridade dos *conteúdos de vida*. Mas essa anulação é uma anulação *de princípio*",[36] já que a dialética entre autoridade social – que exprime a legitimidade dos conteúdos de vida – e autorização democrática – os direitos do homem e do cidadão –, pende, "na direção de seu movimento irresistível",[37] para esta última.

Este movimento de privatização dos conteúdos de vida, na medida em que comporta sua negação implícita pela autorização liberal, é uma desqualificação,[38] pois os transforma em simples "valores" subjetivos. Mas, enganar-se-ia quem pensasse que o processo se detém aí:

> Ao fim e ao cabo, a recordação da guerra de todos contra todos, aquela das guerras de religião e dos grandes conflitos "ideológicos" ulteriores, tende hoje a se apagar. [...] Mas parece-me, ao contrário, que, quanto mais distante a guerra, mais o medo aumenta: uma afirmação imperativa parece belicosa, uma afirmação assertiva parece intolerante, uma afirmação tranquila parece dogmática. Em suma, a expressão espontânea da natureza humana que busca o bem ou a verdade e diz aquilo que ela

34. *Idem*. L'État Moderne: problèmes d'interpretation. *In:* MANENT, P. *Enquête sur la Démocratie*. Paris: Gallimard, 2007. p. 119.

35. MANENT, P. L'État Moderne: problèmes d'interpretation. *In:* MANENT, P. *Enquête sur la Démocratie*. Paris: Gallimard, 2007. p. 88-89.

36. *Idem*. Le totalitarisme et le problème de la représentation politique. *In:* MANENT, P. *Enquête sur la Démocratie*. Paris: Gallimard, 2007. p. 93.

37. *Ibidem*, p. 95.

38. *Ibidem*, p. 99.

> crê haver encontrado parece ameaçadora e evoca o espectro da guerra, do estado de natureza.
>
> Eu não faço aqui uma sátira. Busco somente delinear o sentido e os efeitos da nova modalidade da lei nos Estados modernos fundados sobre os direitos do homem. A lei antiga, pagã ou cristã, era um comando, uma injunção autoritária: a lei do Estado moderno é uma *autorização autoritária*.[39]

Está-se falando de direitos *humanos*. A indeterminação dos direitos humanos, logicamente está atrelada à indeterminação dos indivíduos *humanos*. Desse modo, assevera Manent, os direitos humanos "são declarados por todos e ninguém, sendo cada um ao mesmo tempo autor e beneficiário [...] de todos os direitos. Em suma, há na nossa sociedade uma indeterminação e uma circulação do direito que suscitam sem trégua novas reivindicações de direitos".[40] Isso porque:

> os direitos do homem não comportam por si mesmos qualquer determinação positiva de conteúdos, ou de "bens" da vida humana [...]. Seja qual for o aspecto do mundo, do mais manifesto ao mais secreto, este está, doravante, exposto a uma *tomada* legítima. [...]. Declarar os direitos humanos é uma maneira simultaneamente indeterminada e indeterminante, significa atribuir a qualquer um a autorização formal para *tomar* seja qual for a coisa do mundo humano à qual ele se julga ou se sente ter direito. [...]. Assim, o *jus in omnia* que não podia encontrar sentido no estado de natureza onde tudo era ainda indeterminado, adquire um, particularmente perturbador, no nosso regime dos direitos, porque aí, todas as determinações, todas as qualidades, todos os aspectos do mundo humano efetivamente existente são abandonados a um *jus omnium in omnia* [...] seja a nação, a família, a universidade, ou qualquer instituição que acolhe e produz um bem humano determinado, todas são abandonadas a uma

---

39. *Idem*. L'État Moderne: problèmes d'interpretation. *In:* MANENT, P. *Enquête sur la Démocratie*. Paris: Gallimard, 2007. p. 79-80.

40. *Idem*. *Cours Familier de Philosophie Politique*. Paris: Gallimard, 2004 (2001), p. 178-179.

> *tomada* que não se preocupa em ter rima ou razão, porque ela recebeu, de antemão, essa autorização ilimitada.[41]

Este processo de desconstrução e construção arbitrária é apresentado como a concretização dos direitos humanos em sua expressão mais ampla, em todas suas consequências e como a realização última da liberdade.[42] Semelhante recomposição do mundo humano que deriva da negação da autoridade da natureza humana leva à possibilidade de extensão infinita de direitos, que passam a ser pleiteados sob o manto dos direitos humanos.[43]

Manent aponta uma ambivalência nessa consequente extensão dos direitos humanos, frequentemente ignorada. Supõe-se que a ampliação dos direitos em si significa progresso, aperfeiçoamento, obtenção de uma qualidade superior de associação humana. Mas isso é subestimar a complexidade da vida social, política e moral. Se "novos direitos" pretendem ser um progresso social efetivo, eles

---

41. *Idem. La Loi Naturelle et les Droits de L'Homme.* Paris: PUF, 2018. p. 57.

42. Nesse sentido, a liberdade é compreendida não mais como um meio para alcançar bens ou fins humanos, mas sim como fim em si mesmo, rompendo com a própria natureza humana e com a racionalidade prática do agente moral. Para o autor: "Modern freedom was born as nature liberated, as nature unbound: freedom, for the moderns, is first of all the removal of impediments to nature" [...] "Freedom here is in the service of natural necessities or tendencies, or in the service of a desiring nature that violently rejects any suggestion of a possible opening to freedom as reflective choice."; e "Modern freedom consists in liberating our natural necessity by dismissing the illusion of freedom – the illusion of free will, the illusion of free choice – that hides this necessity from us and justifies commands that are as oppressive as they are ineffective" (MANENT, P. *Natural Law and Human Rights.* Indiana: University of Notre Dame Press, 2020. p. 86, 67).

43. Manent faz ainda a seguinte provocação: "And why would not everyone demand his right to all things, since all things have been declared a matter of human rights? This the jus in omnia that could find no meaning in the state of nature where everything was still indeterminate, finds a particularly ample and troubling meaning in our regime of rights, since what is delivered over to a jus omnium in omnia are all the determinations, all the qualities, all the aspects of an actually existing world" (*Ibidem*, p. 48).

não podem destruir o significado das instituições que permitem a existência do meio para a sua própria efetivação.[44]

Mediante a análise de Manent sobre a origem da filosofia dos direitos humanos, cujo personagem principal é Thomas Hobbes, torna-se possível perceber, que nada obstante a inflação dos "novos direitos", o direito à conservação permanece como sua verdadeira *origem* subterrânea e soberana.[45]

A doutrina hobbesiana, ao colocar o fundamento da obediência no Estado moderno no desejo de não morrer pelas mãos de outros, de modo que os indivíduos podem, sem injustiça, recusarem-se a obedecer a ordens que coloquem sua vida em risco,[46] parte de uma vontade supostamente pura que "quer um bem, um bem que não é o bem comum, mas que é, em suma, o denominador comum de todos os indivíduos, a vida física".[47] Assim, dá origem a um estado que é um *martellus infinitus*,[48] e cuja infinitização dá azo à multiplicação desordenada de direitos, favorecendo as vontades arbitrárias – sintonizadas no próprio Leviatã, cujo único objetivo é manter seu poder –, expondo todos os arranjos sociais "a uma contestação, e finalmente a uma *negação* parcial ou total que poderá sempre se dizer legítima ou justa, porque derivada dos direitos humanos",[49] ou seja, favorável à paz social mantida pelo deus mortal, sendo qualquer declaração de objetividade do bem encarada,

---

44. Manent exemplifica com a busca da tutela judicial dos direitos para acesso à universidade. Para que o direito ao acesso à universidade seja efetivo, deve-se ter claro o significado da universidade enquanto instituição. *Ibidem*. p. 48

45. MANENT, P. L'État Moderne: problèmes d'interpretation. *In:* MANENT, P. *Enquête sur la Démocratie*. Paris: Gallimard, 2007. p. 77.

46. *Idem*. *La Loi Naturelle et les Droits de L'Homme*. Paris: PUF, 2018. p. 72.

47. MANENT, *op. cit.*, p. 120.

48. *Idem*. Le totalitarisme et le problème de la représentation politique. *In:* MANENT, P. *Enquête sur la Démocratie*. Paris: Gallimard, 2007. p. 86.

49. *Idem*. *La Loi Naturelle et les Droits de L'Homme*. Paris: PUF, 2018. p. 54.

prima facie, como uma declaração de guerra. No reino do Leviatã, "guerra é paz".

De acordo com este cenário teórico, que parte do pressuposto da incomensurabilidade das formas de vida humana e consequentemente da extensão infinita dos direitos humanos, surge o problema do "reconhecimento". Uma vez que a ideia de um bem comum foi absolutamente descartada, o que leva cada vez mais à instauração de um despotismo coletivista em nome de um individualismo radical, quem é aquele que *reconhece* e *legitima* os direitos humanos e que, nos debates modernos, *discrimina* os que não são contemplados com esses direitos? Não poderia ser ninguém mais do que aquele a quem se atribui o poder soberano: o Estado.[50]

Porém, antes de voltarmos a este tópico, é necessário passarmos por uma mediação: a discussão que diz respeito à questão do sujeito de direitos. Nessa parte, o texto se centrará na interpretação que faz Manent da obra de John Locke, principalmente no capítulo IV de *La Cité de l'homme* (L'homme caché), e seus desdobramentos.

1.2 A identidade: sujeito de direitos?

Vimos anteriormente que a doutrina de Hobbes institui um ponto de vista característico a respeito da sociedade moderna e, mais particularmente, das sociedades políticas modernas. A partir de uma condição natural da

---

50. Por hora, não serão considerados outros aspectos consequentes da estrutura poliárquica das repúblicas modernas e da globalização, como por exemplo, a "captura" do poder pela esfera jurídica ou econômica, como exposto por Erik Jayme: "*Em verdade, a globalização é caracterizada pelo fato dos Estados não serem mais os centros do poder e da proteção da pessoa humana. Os Estados estão cedendo grande parte de seus poderes aos mercados. As regras da concorrência determinam a vida e o comportamento dos seres humanos*" (JAYME, E. O direito internacional privado do novo milênio: a proteção da pessoa humana face à globalização. *Recuel des Cours de l'Académie de Droit International de la Haye*, 2000, t. 282, p. 9-40).

humanidade, ele pressupõe uma iminente ameaça pendente sobre a vida de cada ser humano, oriunda de cada um dos seus semelhantes, o que levaria cada um a ter um direito a todas as coisas, inclusive a outros seres humanos.

Apesar do exagero patente no qual incorrem as afirmações e doutrinas hobbesianas acerca desse hipotético e conflitivo estado de natureza, em que todas as reivindicações acerca do bem são encaradas com derrisão, e cuja solução individual pressuposta – o *ius omnium in omnia* – nega flagrantemente toda a moderação, houve ainda um passo dado para a constituição da filosofia dos direitos do homem.

Este consiste não apenas na mera descrição imoderadamente depreciativa das características de agressividade e possessividade do ser humano. Em vez disso, volta-se a uma negação de sua própria essência:

> Que o homem seja *uma* substância, e uma substância *una*, é a *Carthago delenda* da nova filosofia. É possível estudar essa destruição na obra de Descartes e dos grandes cartesianos, Spinoza e Malebranche. Pode-se também estudá-la na suíte inglesa que vai de Hobbes a Locke, e de Locke a Hume. Esta última via é para nós a mais apropriada, porque é na Inglaterra que a destruição da substância está mais explícita e estreitamente ligada à construção do novo corpo político, do novo mundo da liberdade humana. Neste contexto, a obra de Locke é, com toda propriedade da palavra, central.[51]

Manent assinala que Hobbes, mesmo já havendo rejeitado, "tão completamente quanto Locke, as noções tradicionais de substância e de essência, de gênero e de espécie", mantinha em comum com a tradição a insistente preocupação com aquilo que é próprio do ser humano, mesmo que a interpretasse de maneira totalmente distinta da ontologia aristotélica.[52] Nele, "a definição do homem como *artificer*

---

51. MANENT, P. *La Cité de l'Homme*. Paris: Flammarion, c1997 (1994). p. 162.

52. *Ibidem*, p. 166.

ou *maker* permanece subordinada à sua definição como indivíduo ávido de poder".[53]

Já em Locke, isso se dará de maneira inversa. Locke, alude Manent, destaca completamente a aptidão do ser humano para produzir efeitos, do desejo de poder, do qual era inseparável em Hobbes. O ser humano torna-se assim somente um ente que produz certo número de efeitos e que sabe que os produz.[54]

Essa ideia do ser humano como *artificer* desdobra-se, segundo Manent, em três aspectos diferentes, embora intimamente relacionados. O primeiro que identificado por Manent em sua exposição é o da elaboração de noções morais:

> [A] descrição lockeana do mundo moral comporta três elementos. O primeiro, o mais importante, é a criação arbitrária de noções [...] o segundo ponto [...], atribuição de um valor a tais noções. Por último, estes dois elementos são unidos entre si pela 'comodidade', que é inseparavelmente motivo da criação da noção e da atribuição do valor [...]. [A] regra de constituição do mundo humano é totalmente análoga à regra de fabricação de uma mesa ou uma cadeira.[55]

Essa última frase já revela qual é a segunda dimensão da atividade de artífice do homem: o *trabalho*, o que, a princípio, poderia parecer banal. No entanto, o conceito lockeano de trabalho não corresponde àquele da nossa linguagem cotidiana: ele está, segundo Manent, intrinsecamente relacionado com a noção de direito, ou, ao menos, com a de propriedade:

> Certamente, o indivíduo tem o direito de utilizar aquilo que ele deve necessariamente utilizar para sobreviver. [...]. Se ele tem o direito, ele é proprietário do que ele come. A questão torna-se

53. *Ibidem*, p. 171.

54. MANENT, P. *La Cité de l'Homme*. Paris: Flammarion, c1997 (1994). p. 166.

55. *Ibidem*, p. 175.

> então: a partir de quando ele é proprietário daquilo? Resposta: a **partir do momento que as coisas comestíveis foram retiradas do mundo, do domínio comum**, para entrar na esfera própria de atividade daquele que tem necessidade de comer. O nome dessa atividade, segundo Locke, é o *trabalho*[56] (negrito nosso).

Desse modo, o trabalho consiste não em uma melhoria das coisas encontradas na natureza, mas em uma retirada destas do domínio comum. Além disso, Manent observa que "[f]alta um elo a esta cadeia dedutiva", uma vez que "[n]ão é possível ligar diretamente a propriedade das coisas ao trabalho sobre elas".[57] O elo perdido do argumento lockeano é de que o indivíduo humano, sendo proprietário de si mesmo, também é proprietário de seu trabalho.[58]

Feita esta análise, Manent se propõe a identificar a unidade por trás daquilo que ele considera serem os três predicados fundamentais de Locke a respeito do homem: "aquele que fabrica suas noções morais; [...] aquele que tem direitos; [...] aquele que trabalha. [...]".[59] O primeiro dará origem à ideia de "cultura" e de "valores", o segundo àquela dos "direitos do homem e do cidadão", o terceiro à ideia do trabalhador ou do *homo oeconomicus*".

Ora, argumenta Manent que a noção de cultura como criação arbitrária de valores calcada na sua "*comodidade* para o comércio social"[60] poderia certamente servir para criticar uma organização política, ou uma postura moral concreta, mas, postulando a arbitrariedade dos valores, ela não poderia legitimar qualquer organização ou postura em particular".[61]

56. *Ibidem*, p. 178.

57. *Ibidem*, p. 179.

58. *Ibidem*, p. 180.

59. *Ibidem*, p. 191.

60. *Ibidem*, p. 172.

61. *Ibidem*, p. 193.

O trabalho, na concepção lockeana, assinala o professor francês, tampouco pode servir ao propósito de organizar a vida humana, pois seria a relação do homem com a natureza exterior, transformação desta. Enquanto tal, não envolve um gênero determinado de relações dos homens entre si. Conclui, então, Manent:

> Nem o trabalho nem a cultura podem constituir a identidade, a palavra interior espontânea, cotidiana, do homem lockeano [...]. Se o homem ignora completamente sua natureza, se ele se transforma indefinidamente ao transformar a natureza exterior, se ele se cria sem cessar a si mesmo ao "criar seus valores", ele deve, ao menos, para se pensar e, pois, para ser, poder se identificar com essa indeterminação, apreendê-la ao refletir sobre ela. Pois bem: é ao se definir como aquele que tem direitos que o homem pode enfim abraçar a tautologia pela qual ele pretende se afirmar.[62]

O ser humano passa, assim, a ser definido como o "sujeito de direitos". Tal definição, na visão de Manent, nada diz sobre o que constitui ou dá forma à vida humana.[63] As outras duas vertentes do pensamento lockeano darão origem, respectivamente, a uma filosofia da cultura (baseada nos valores), cujos maiores exemplos poderiam ser Weber, Nietzsche e Hume,[64][65] e, por outro lado, a uma filosofia baseada no trabalho, que o autor francês considera mais propriamente ligada ao socialismo, e, mais particularmente, àquela corrente fundada por Marx.[66]

Convém apresentarmos brevemente o tratamento dispensado por Manent à filosofia de Hume a respeito dos

---

62. MANENT, P. *La Cité de l'Homme*. Paris: Flammarion, c1997 (1994). p. 193.

63. *Idem*. *Natural Law and Human Rights*. Indiana: University of Notre Dame Press, 2020. p. 51

64. Pensamos ser possível incluir também Hume com sua filosofia dos sentimentos morais, embora o próprio Manent não o faça de maneira expressa.

65. MANENT, *op. cit.*, p. 191.

66. *Ibidem*, p. 192.

direitos humanos. A importância de Hume reside, para o filósofo político francês, em haver levado os pressupostos da filosofia de Locke às últimas consequências. Ao estender a ideia de arbitrariedade das noções à própria ideia de causalidade, questionando, assim, a causalidade exercida pelo homem que trabalha (seu *power*) mediante a asserção de que entre ideias não há causas, mas apenas conexões necessárias, ele põe em xeque a naturalidade da ideia de direitos, ou propriedade.[67]

De fato, se toda a noção é arbitrária e isso inclui a de direitos, esta última servirá apenas à comodidade do homem, que segundo Manent, designa o círculo que vai do homem a si próprio, e que logo tomará o nome de *utilidade*.[68] Ora, aquilo "que determina, que motiva a ação humana, é a *uneasiness*, termo que indica, simultaneamente, a inquietude e o desconforto".[69] Nesse sentido, o sujeito de direitos lockeano ignora aquilo que realmente é, ignorando, portanto, o bem que realmente busca. Essa inquietude lockeana, aponta Manent, é sempre do presente (*the greatest present uneasiness is the spur to action*).[70]

Ora, se em Hobbes a ação do homem no estado de natureza se revelava como uma constante busca por poder, em Locke, a ação do homem será retratada de maneira completamente mecânica, como uma *constant succession of uneasinesses*. Esse ponto de vista tem a vantagem retórica não apenas de, como observou Manent, lançar um olhar completamente mecanicista à ação humana;[71] ela tem também outra: ressalta a passividade do sujeito de direitos. Desse modo, o "mal-estar presente é sempre mais forte que

---

67. *Ibidem*, p. 202-203.

68. *Ibidem*, p. 175.

69. *Ibidem*, p. 186.

70. *Ibidem*, p. 187.

71. *Ibidem*, p. 187.

o bem futuro, e por isso o desconforto das necessidades e das paixões vulgares é mais forte que o respeito da lei moral e dos fins nobres".[72]

O sujeito de direitos lockeano, concluirá Manent, é o ser humano que se afirma fora do 'ser', e dentro do 'ter'. "O homem (tem os direitos) do homem".[73] Por isso, a centralidade da ideia de direito repousa não sobre a *vida* ou a *liberdade*, mas sobre a propriedade, como deixa muito clara esta passagem do *Segundo Tratado do Governo*:

> o sargento, que **poderia mandar** um soldado marchar até à boca de um canhão, ou permanecer no coração duma luta encarniçada, **onde seguramente acabaria por morrer**, de modo algum o pode obrigar a dar-lhe um vintém do seu dinheiro. Tão pouco o general, que pode condenar à morte o soldado que desertar do seu posto, ou que **não obedecer às suas ordens mais arriscadas**, apesar de todo o seu poder absoluto de vida e de morte, de modo algum poderá dispor da menor parcela dos bens desse soldado, nem apoderar-se da mais pequena parte das suas propriedades. O general pode mandar o soldado fazer o que entender, **e mandá-lo enforcar pela mais pequena desobediência**, pois esta obediência cega é necessária para que o comandante possa cumprir a finalidade para cujo cumprimento o poder lhe foi confiado [...].[74]

O sujeito, "o homem titular dos direitos do homem exige [...] ser um predestinado"[75] e, na moldura do Estado moderno, frequentemente o consegue. Daí a inocuidade da crítica conservadora dirigida desde um ponto de vista humeano à doutrina dos direitos humanos:

> Não há dúvida de que Hume levou a seu termo a crítica lockeana das ideias [...]. Diremos, então, que o conservador moderno é a

72. *Ibidem*, p. 188.

73. *Ibidem*, p. 198.

74. LOCKE, J. *Segundo Tratado do Governo:* ensaio sobre a verdadeira origem, alcance e finalidade do governo civil. Lisboa: Calouste Gulbenkian, 2007. p. 159 (§139).

75. MANENT, P. *La Cité de l'Homme*. Paris: Flammarion, c1997 (1994). p. 199.

> verdade do reformador, ou do revolucionário moderno? A hipótese, em todo caso, praticamente não se observa no desenvolvimento das sociedades democráticas modernas. O reformador desenvolve nela uma atividade incessante, o princípio dos direitos do homem mantém nelas uma incandescência intacta, as partes mais rebeldes ou mais secretas da nossa natureza dele recebem o evangelho dos direitos, ao passo que o conservador está condenado à ironia impotente, e que merece sê-lo, pois, querendo caçoar dos projetos do reformador, ele congratula a sociedade presente, isto é, os resultados da reforma precedente.[76]

Por outro lado, deve-se ressaltar que o ponto de vista humeano – ou melhor, a porção lockeana da crítica à noção de substância – permanece, de acordo com Manent, vivo em nossas sociedades, sob a forma de relativismo cultural:

> Em seu desenvolvimento ulterior, o Iluminismo europeu amalgamou o ponto de vista reformador de Locke e o ponto de vista conservador de Hume. Ele adotou o primeiro, aquele do dogmatismo dos direitos, nas sociedades sobre as quais reinava, ou, ao menos, nas quais se encontrava em posição de agir, e adotou o segundo, aquele do ceticismo absoluto e do caráter 'de fato' das obrigações e das valorações, para aquelas sociedades que estava apenas na posição de contemplar, ou sobre as quais não quisera realmente agir. [...]. Assim, [...] constatamos novamente como o dogmatismo liberal e o relativismo sociológico, ou antropológico, dividem nossa alma.[77]

Essa formulação abre campo para o surgimento dos dois tipos de sujeitos de direitos que amiúde encontramos na modernidade. No Ocidente, trata-se do indivíduo, que reclama para si direitos contra todas as instituições; fora dele, dos diferentes povos ou "culturas". Ambos, porém, acabam entrando em choque, quando o primeiro se vê diante de sociedades cada vez mais multiculturais.

---

76. *Ibidem*, p. 205-206.

77. *Ibidem*, p. 209.

Quando se estende a ideia de identidade para o aspecto cultural, como bem indica Antony Anghie, o direito à identidade cultural não se encaixa na estrutura conceitual dos direitos humanos.[78] Afinal, os direitos humanos partem do pressuposto antropológico individualista da teoria liberal. E é por isso que referido autor conclui que a perspectiva cultural revela a necessidade de se repensar os conceitos de igualdade, cidadania e soberania que imperam à luz da doutrina dos direitos humanos.[79] Por isso, Manent expõe que as duas proposições – o ser humano é o ser que tem direitos, o ser humano é um ser de cultura – condensam ambas o mesmo movimento de pensamento, especificado de forma diferente.[80-81]

Assim, pode-se observar, na esteira das críticas de Manent, como o sujeito de direitos – seja ele identificado por esse ser individual ou cultural – baseado na ideia lockeana de propriedade gera um conflito no interior do Estado (especialmente se caracterizado pelo multiculturalismo). Dada a incomensurabilidade entre as reivindicações do indivíduo isolado representado no Estado e aquelas de indivíduos ou coletividades que se representam a si mesmos como sujeitos de uma cultura, esse conflito parece se arrastar, sem que seja possível vislumbrar, ao menos no curto prazo, uma solução para ele.

---

78. ANGHIE, A. *Human Rights and Cultural Identity:* New Hope for Ethnic Peace? Harvard International Law Journal, v. 33, n. 2, 1992. p. 342

79. *Ibidem*, p. 352

80. Manent expõe que: "Definindo-se como ser-que-tem-direitos, ou como ser-de-cultura, o homem moderno é o parasita do seu duplo escondido, daquele que é capaz de ser causa da cultura, fonte única da diversidade dos direitos, daquele que, desprovido de essência, ocupa o lugar da essência e desenvolve a sua eficácia" (MANENT, P. *La Cité de l'Homme.* Paris: Flammarion, c1997 (1994). p. 219).

81. Ambas partem da ideia do "estado de natureza" difundida pela doutrina dos direitos humanos e já previamente comentada no presente artigo.

Foi dito *supra* que as três vertentes do pensamento de Locke incluíam a noção do homem como *ser de cultura e criador de valores* – cuja linhagem vai de Hume a Nietzsche, passando por Weber –, como *trabalhador* – ideia adotada pelos socialistas e, particularmente, por Marx –, e como sujeito de direitos.

A filosofia dos direitos humanos, a seu turno, diz Manent, será "a semente racional do movimento democrático, tal como se imporá através das revoluções americana e francesa".[82] Ora, será Rousseau, apontado por Lynn Hunt como inventor da expressão "direitos do homem",[83] que, pondo termo ao primeiro ciclo do liberalismo, leva ao ponto de ruptura as tensões nele latentes, inaugurando o cenário cuja tarefa será, de "algum modo 'absorver o choque' produzido por esse complexo de acontecimentos, de sentimentos e de ideias que é condensado pela expressão: 'Rousseau a Revolução Francesa'".[84]

A Revolução Francesa, diz Manent, obedecerá no seu próprio desenrolar ao ritmo do pensamento de Rousseau,[85] será justamente a análise do filósofo político francês sobre este último que iremos analisar, em busca de respostas para a questão do reconhecimento.

1.3 O problema do "reconhecimento"

Enfrentar o problema do "reconhecimento" não remete a imagens concretas de um mundo humano já composto,

82. MANENT, P. *La Cité de l'Homme*. Paris: Flammarion, c1997 (1994). p. 191-192.

83. HUNT, Lynn. *A invenção dos direitos humanos: uma história*. Tradução Rosaura Isenberg. São Paulo: Companhia das Letras, 2009. p. 22.

84. MANENT, P. *História intelectual do liberalismo:* dez lições. Lisboa: Edições 70, 2020. p. 149.

85. *Idem*. *História Intelectual do Liberalismo:* dez lições. Lisboa: Edições 70, 2020. p. 146.

em sua estrutura originária, por direitos. Nem se fala por leis e regras. Mas, inevitavelmente, o reconhecimento traz a romântica imagem da "luta pelos direitos",[86] muitas vezes sustentada de forma abstrata e teórica em detrimento dos grupos que realmente sofrem a violação da sua humanidade.

Referido "reconhecimento" se estende também à ideia de identidade cultural e aos direitos culturais de minorias, e até mesmo à própria identidade do sujeito de direitos.[87] Contudo, em face das características do Estado moderno democrático, que parece não estar nem mesmo submetido ao direito internacional[88] – o concebendo como melhor lhe interessa – tal problema parece insolúvel.

A teoria de Pierre Manent sugere uma possível explicação para o referido problema. Ela nos instiga a seguir pelo questionamento aos pressupostos filosóficos da concepção moderna do Estado democrático, calcada no estado de natureza. Desse modo, se, nas primeiras duas partes deste texto, referentes às origens e à identidade dos sujeitos dos direitos humanos, debruçamo-nos sobre a interpretação

---

86. *Idem. Natural Law and Human Rights.* Indiana: University of Notre Dame Press, 2020. p. 51.

87. Veja-se a pretensão teórica de Antony Anghie: "This essay argues that a right to cultural identity should be recognized in order to prevent the development of ethnic tensions which often escalate into violence" em ANGHIE, A. *Human Rights and Cultural Identity: New Hope for Ethnic Peace?* Harvard International Law Journal, v. 33, n. 2, 1992. p. 341-352; e a conclusão, no mesmo sentido, a que chega Sylwia Stryjkowska: "The problem of securing the cultural rights pertaining to them should be treated as a matter of recognition within already existing States" em STRYJKOWSKA, S. *Cultural Rights and Cultural Identity in the Case-Law of the Human Rights Committee.* Adam Mickiewicz University Law Review, 2017. p. 119-139.

88. Tal é a opinião de Antony Anghie: "Democracy promotion is so imperative that it justifies going to war in violation of the laws of war, and, that step having been taken, the ideal of democracy provides the template for the reconstruction of the defeated society. This system of ideas has now been further extended to assert that democratically elected leaders can take whatever measures they deem necessary to protect their peoples regardless of international law. [...] Democratic states have these special privileges: they are not bound by international law, rather they make it" (ANGHIE, A. *On critique and the other.* in Anne Orford (ed.), International Law and Its Others. Cambridge: Cambridge University Press, 2006. 389-400).

feita pelo professor francês das obras e Hobbes e Locke, nesta seção, uma maior atenção será dedicada aos comentários deste à obra de Jean-Jacques Rousseau – com breves alusões, quando necessário, à obra de Immanuel Kant.

Recapitulemos, então, o pressuposto hobbesiano, que proporciona o ponto de partida da dinâmica da democracia moderna. Nesta:

> O Estado torna real e eficaz a soberania da vontade. A vontade acede à soberania na e pela separação e sucessão dos dois momentos identificados por Hobbes: a interdição geral, e, depois, a autorização geral. A interdição geral consiste em rejeitar todos os bens humanos, todos os "conteúdos de vida", fora do domínio político, isto é, público; a autorização geral consiste em abrir a todos os bens humanos, a todos os "conteúdos de vida", o espaço livre e inviolável daquilo que é designado como "privado". A separação do Estado e da sociedade, poderoso engenho da liberdade moderna, é suspensa nesse duplo ato de vontade. O regime moderno, mais do que qualquer outro, é *cosa mentale*.[89]

Dado este cenário de autorização geral a todos os conteúdos de vida como espaço privado inviolável, como expõe Manent, a liberdade tornou-se o primeiro pressuposto para o reconhecimento de algum bem humano, prioritariamente individual:

> O ser humano da democracia moderna tem o vivo sentimento de que ninguém tem o direito de o impedir de procurar o seu bem segundo a ideia que soberanamente tem dele. Ao mesmo tempo, ele pensa sinceramente que não tem qualquer direito de obrigar o seu vizinho a conduzir essa procura da forma que ele próprio faz, a avaliar como ele as coisas do mundo, a pensar como ele pensa. O meu vizinho é tão livre como eu o sou; eu quero a sua liberdade, da mesma forma que quero a minha. É assim **que aquele que era o meu próximo se torna meu igual**, e que nos ***reconhecemos*** um ao outro como igualmente humanos. Este ***reconhecimento*** recíproco traz consigo sem demora o

89. MANENT, P. *La Cité de l'Homme*. Paris: Flammarion, c1997 (1994). p. 254.

> conhecimento do bem – se existir – comum às duas liberdades que assim se reconhecem e respeitam[90] (grifos nossos).

Essa substituição do próximo pelo igual consiste, antes de mais nada, em colocar, no lugar de uma relação real – entremeada por todas as vicissitudes que isso comporta –, outra, de caráter meramente lógico – que pode se verificar apenas na cabeça de quem a supõe. Por isso, diz Manent que "o apelo imediato aos direitos humanos", e o novo poder dos juízes, que é seu consectário, "ilustra nossa impaciência a respeito das mediações, em particular as políticas, nosso desejo de reconhecer e realizar a humanidade *imediatamente* [...], natural a nossas sociedades democráticas, dominadas pelo sentimento da semelhança humana".[91]

Esse desprezo das mediações ocorre não apenas no sentido horizontal – ilustradas, aqui, pela menção à política –, mas também no sentido vertical, pois um dos traços mais característicos da mentalidade moderna é um igual desprezo à ideia de Caridade, já que "o amor cristão [...] 'jamais se dirige unicamente ao próximo', que é amado 'por amor de Deus'". A mentalidade moderna substitui a caridade por um vago conceito de humanidade. Esta última, disposição benevolente que se dirige a todo ser humano, enquanto humano, desconsiderando qualquer aspecto transcendental, é um sentimento que ainda domina nossas sociedades democráticas.[92]

Manent identifica as duas grandes interpretações dessa humanidade, respectivamente, nas obras do genebrino Jean-Jacques Rousseau e do alemão Immanuel Kant – o qual, convém lembrar, não deixou de ser influenciado pelo anterior e por sua ideia de autonomia.

---

90. *Ibidem*, p. 257.

91. *Idem*. *Cours Familier de Philosophie Politique*. Paris: Gallimard, 2004 (2001). p. 311.

92. MANENT, P. *Cours Familier de Philosophie Politique*. Paris: Gallimard, 2004 (2001). p. 312.

A interpretação humanitária de Rousseau, que tanta influência teve sobre a sensibilidade moderna "se dirige, antes de tudo, àquele que sofre, e cujo sofrimento é visível; [...] ela se chama, então, *piedade* ou *compaixão*".[93]

A piedade, observa Manent, é um afeto universal em dois sentidos. De uma parte, todos os seres humanos são objetos potenciais da piedade por terem um corpo suscetível de sofrer; de outra, todos são suscetíveis de experimentar a piedade e capazes de se identificarem facilmente com o sofrimento físico dos outros.[94]

Por isso, o ponto de partida escolhido por Hobbes, não deixa de ser, de certa maneira, também compartilhado por Rousseau, que afirma, que o ser humano, no estado de natureza "'deixado ao mero instinto físico [...] é 'besta'".[95] Ao se dirigir ao corpo sofredor, esta piedade, sobre a qual Rousseau pretende fundar uma nova sociedade, não é, portanto, um sentimento essencialmente, ou especificamente, humano. Dirige-se ao aspecto animal do ser humano, pois os animais também estão sujeitos a experimentar a piedade.[96]

"A tendência natural de uma sociedade fundada sobre a piedade sensível", diz Manent, será "atribuir direitos aos animais tanto quanto aos homens".[97] No entanto, essa não é a única característica fundamental da piedade rousseauniana identificada pelo filósofo político francês: ela é moralmente econômica, exige pouco de nós.[98] De fato, para Rousseau, repara Manent, "podemos nos apoiar na

93. *Ibidem*, p. 313.

94. *Ibidem*, p. 314.

95. ROUSSEAU, J.-J. "Lettre à Christophe de Beaumont" in: *Oeuvres Complètes, t. IV*, Gallimard, 1969 (Bibliothèque de la Pléiade), p. 936, *apud* MANENT, P. *La Loi Naturelle et les Droits de L'Homme*. Paris: PUF, 2018. p. 59.

96. MANENT, *op. cit.*, p. 316.

97. *Ibidem*, p. 317.

98. *Ibidem*, p. 316.

piedade para unir os homens porque ela é um sentimento, um afeto, uma disposição, que não exige transformação moral, que não reclama autotranscendência. A piedade não é um sentimento desinteressado, e é isto que lhe confere valor social".[99]

Entretanto, essa facilidade traz consigo um custo, o qual é ilustrado por Manent ao comentar a sorte das intervenções militares calcadas em motivações humanitárias, incapazes de suscitar o principal traço da autotranscendência, que acabamos de mencionar, o heroísmo:

> Na ação humanitária, por estar ausente o fim, os diferentes elementos da ação são independentes uns dos outros, e cada um deles se arroga primazia: trata-se, claro, de *fazer o inimigo se dobrar*, ou melhor, o criminoso, mas também de *evitar as perdas civis* e de ***reduzir o máximo possível as perdas do exército*** humanitário. Na prática, é a terceira exigência que prevalece, tornando-se principal a consideração normalmente subordinada. [...]. Esta situação não deve nada a uma falta de coragem dos exércitos de hoje [...], mas à lógica humanitária ela mesma; mais precisamente e mais profundamente, à lógica da compaixão [...]. A compaixão, ao tornar a atenção para a vida, o corpo, o sofrimento, aviva em cada um o desejo de não sofrer e, logicamente, de não morrer. Como Rousseau o havia bem visto, a compaixão reduzida a si própria é inseparável da alegria de não sofrer em si mesmo. O sentimento do outro em que consiste a compaixão exacerba o sentimento de si. Reduzida a ela mesma, a compaixão não conduz senão [...] a uma veleidade[100] (grifos nossos).

Mas os efeitos aparentemente contraditórios, ou, no mínimo, paradoxais, derivados de um sentimento de piedade sensível desprovido de autotranscendência não se limitam às intervenções humanitárias, matéria de direito internacional. Eles também se refletem nos ordenamentos jurídicos de direito interno que se baseiam em tal sentimento.

---

99. *Ibidem*, p. 315.

100. MANENT, P. *Cours Familier de Philosophie Politique*. Paris: Gallimard, 2004 (2001). p. 340.

Neles, a tendência, como se tem visto mundo afora, é que se confiram aos homens e aos animais

> os mesmos direitos, ou, antes, o mesmo direito: aquele de não sofrer. [...]. Mas nós continuamos a matá-los, vós direis. Sim, mas isso não é tão importante, porque em tal sociedade, o mal não é tanto a morte quanto o sofrimento físico. [...]. A condição animal e a condição humana assim se aproximam, a ponto de quase se confundirem: nós não fazemos os animais sofrerem e matamos os seres humanos para que não sofram.[101]

Assim, a seara desbravada por Hobbes, que começa pelo medo da morte violenta pelas mãos de outrem e pela exaltação de um direito à vida acima de tudo – o que tornaria legítima a desobediência de ordens que pusessem a própria vida corporal em risco por parte do súdito – acaba derivando, após Rousseau, numa reivindicação, baseada no direito à liberdade, de um direito de morrer pelas mãos do Estado.

Mas há ainda outras questões a serem enfrentadas. Por isso, convém adensarmos mais essa explicação sobre o pensamento de Rousseau, que nos permitirá alcançarmos a raiz da atual política de reconhecimento: a noção de *autonomia*.

Para Manent, o cerne da doutrina de Rousseau passa pela percepção da *desigualdade*[102] como princípio regente da sociedade no Antigo Regime. No período em que este vigia, "precisamente porque havia se elevado tão alto acima da sociedade que governava, o rei [...] pôde fazer dela uma unidade composta de indivíduos".[103] Neste sentido, a *desigualdade* que o cidadão de Genebra teria identificado a presidir a sociedade, seria, na interpretação de Manent, resultado da comparação entre esses indivíduos que, a

---

101. *Ibidem*, p. 317.

102. *Idem*. *História Intelectual do Liberalismo:* dez lições. Lisboa: Edições 70, 2020. p. 134-123.

103. *Ibidem*, p. 134-135.

princípio – isto é, quebrados os laços de suserania e vassalagem que os ligavam entre si – se pretendem independentes, mas que, em verdade, são dependentes.[104] O fruto dessa comparação é o maior ou menor crédito que a sociedade – que está em estreita relação com aquele dos banqueiros – dá aos indivíduos.[105] Estes, ausente a hierarquia, terão por principal termo de comparação suas fortunas.

Disso derivaria a miséria da sociedade em questão, para o genebrino, já que a atitude em que consiste a comparação encerrar uma contradição: o ser humano que se compara é o ser que, nas suas relações com os outros, só pensa em si próprio e, nas suas relações consigo, só pensa nos outros.[106] Por isso, ao mesmo tempo, aquele que é mais forte, o rico, é também aquele que é mais fraco, por ser o mais dependente,[107] inclusive da opinião alheia, pois vive fora de si, em sua vaidade, pela imaginação.

Nesse sentido, a proposta de Rousseau, aos olhos de Manent, reflete "a contradição interior do homem [...], pois [...] a natureza do homem é não ter natureza, mas ser uma liberdade. [...]. [C]om Rousseau, a liberdade torna-se, digamos, imediata no indivíduo [...] como exigência de *autonomia*".[108]

Ora, essa frase é muito semelhante àquela pela qual Manent se refere à outra versão do humanitarismo, cuja autoria ele atribui a Immanuel Kant, contrapondo-a à doutrina da tradição cristã sobre a dignidade do homem. Segundo esta última, o ser humano *tem* uma dignidade (recebida de Deus); para Kant, e esta diferença é ao mesmo

104. *Ibidem*, p. 134-125.

105. *Ibidem*, p. 134-124.

106. *Ibidem*, p. 134-126.

107. *Ibidem*, p. 134-143.

108. *Ibidem*, p. 134-145.

tempo sutil e radical, ser humano é uma dignidade.[109] Ao mesmo tempo, ser humano é ser pessoa; ser uma pessoa é ser autônomo; ser autônomo é agir livremente, ou seja, obedecer à lei que alguém deu a si mesmo.[110]

Desse modo, se o sentimento correspondente à condição do igual sofredor, para Rousseau, consistirá na *piedade*, para Kant, a dignidade do homem suscitará, necessariamente, em seu semelhante, um sentimento de *respeito*.[111] Essa definição do humano como liberdade, e autonomia, herdada de Rousseau, significa, portanto, que aquele "não pode, sem decair, extrair os seus motivos da sua natureza, daquilo que tem de natureza, do que lhe resta dela.",[112] assevera Manent, que assinala, ainda, o seguinte:

> Se olharmos as coisas mais de perto, constataremos que entre os direitos e a dignidade, a diferença não é do menos ao mais num mesmo gradiente. Trata-se de uma diferença qualitativa. Há, portanto, uma tensão bastante característica entre a ideia de dignidade e a dos direitos. Em sua fonte original, os direitos do homem são os direitos naturais do homem, que são inscritos na sua natureza elementar, em suas necessidades e desejos, e em primeiro lugar em seu desejo de conservação. A dignidade humana, ao invés, se constitui, segundo Kant, na tomada de uma distância radical ou essencial relativamente às necessidades, aos desejos da natureza. [...]. Podemos dizer, de uma maneira um tanto brutal: os direitos humanos são a liberdade da natureza, aí inclusa e, em primeiro lugar, a da natureza animal e sensível; a dignidade humana é a liberdade contra a natureza sensível ou em geral interessada – é a liberdade espiritual.
>
> O desejo da consciência moral contemporânea, e o esforço da reflexão moral contemporânea, é evidentemente o de diminuir esta tensão; de manter a ideia de dignidade destacando-a de toda ideia de lei moral e de causalidade espiritual; de fundir a

---

109. *Idem. Cours Familier de Philosophie Politique.* Paris: Gallimard, 2004 (2001). p. 318.

110. *Ibidem*, p. 318.

111. *Ibidem*, p. 319.

112. *Idem. História Intelectual do Liberalismo:* dez lições. Lisboa: Edições 70, 2020. p. 134-145.

> ideia de direitos e a ideia de dignidade, ou, antes, de absorver, sem perder, a ideia de dignidade na de direitos.[113]

É justamente esse contexto que constitui, para Manent, a moralidade contemporânea, que conduz àquilo que os anglo-saxões chamam de uma "política do reconhecimento (*politics of recognition*)". Nela, cada estilo de vida exige ser reconhecido como todos os outros.[114]

A pretensão de constituir a liberdade humana como essencialmente contraditória à natureza humana, concebida por Rousseau e desenvolvida por Kant, não deixa de fornecer o impulso inicial para o *reconhecimento*. Manent nos brinda com um vislumbre do real alcance e natureza dessa liberdade espiritual ideada pelo filósofo de Königsberg, para quem a pacificação universal constitui o objetivo final da doutrina do direito nos limites da simples razão.[115]

Ao comentar sobre o direito cosmopolita ou simplesmente direitos humanos, cuja temática vê antecipada nas ideias do alemão, Manent observa que na "prática, com efeito, ele limita esse direito 'às condições de hospitalidade universal', isto é, ao 'direito que o estrangeiro tem, ao chegar no território de outrem, a não ser tratado como um inimigo'".[116]

A paz visada por Kant, mera ausência de guerra, comenta Manent, "não é a paz, mas uma tranquilidade exterior acessível [e aqui cita o filósofo alemão] 'mesmo a um povo de demônios, desde que tenha um pouco de

113. MANENT, *op. cit.*, p. 320-321.

114. *Ibidem*, p. 321.

115. *Ibidem*, p. 301.

116. MANENT, P. *Cours Familier de Philosophie Politique*. Paris: Gallimard, 2004 (2001). p. 302.

inteligência'",[117] e logo indaga: "podemos imaginar demônios felizes? Demônios em paz com eles próprios?"[118]

É essa liberdade de um povo de demônios, ou, então, de um povo de bestas, – isto é habitado por homens kantianos ou rousseaunianos – que Manent questiona, ao criticar a ideia de sujeito autônomo, "uma noção que não faz sentido na compreensão clássica do agir humano, e que por isto mesmo foi descartada [por S. Tomás] como uma quimera concebida pelo demônio da analogia, no caso, a analogia entre o agente individual e o corpo social".[119]

A exigência de reconhecimento por parte desse tipo de indivíduo *autônomo* diante das diversas formas de *heteronomia* presentes nos diversos âmbitos da sociedade é retratada por Manent da seguinte maneira:

> Qualquer que seja a instituição, poderíamos dizer, todo indivíduo tem o direito incondicional de tornar-se seu membro – incondicional, isto é, sem ter de se submeter às regras específicas (à 'lei') que regem a vida dessa instituição [...]. Seja a nação, a família, ou a universidade, a instituição não poderia opor legitimamente sua regra ao indivíduo que invoca seu desejo ou seu direito – com os dois tendendo a se confundir, doravante.[120]

Essa exigência de reconhecimento – segue Manent –, nos dias de hoje, já não se manifesta mais simplesmente como um "direito de 'tudo ter', mas, de maneira ainda mais perturbadora, como *o direito de ser tudo o que somos ou queremos ser*".[121]

> Uma vez chegado o momento em que os direitos alcançam o termo de sua extensão, uma vez instalada sua legitimidade exclusiva

117. *Ibidem*, p. 303.

118. *Ibidem*, p. 304

119. *Idem*. *La Loi Naturelle et les Droits de L'Homme*. Paris: PUF, 2018. p. 73.

120. *Ibidem*, p. 86.

121. *Ibidem*, p. 86.

> em oposição vitoriosa a toda regra coletiva, uma vez que a lei, escrava dos direitos, não mais dispõe, por assim dizer, de 'matéria prática' a regular, ela vem procurar cada um em seu sofrimento ou desfrute subjetivo – nos dois casos, é politicamente a mesma coisa, pois em ambos o indivíduo é invocado em sua passividade – traz esse eu sofredor ou ditoso à luz pública, ordenando a todos que reconheçam esse sofrimento ou alegria [...], isto é, de lhe conferir um valor oponível a qualquer lei ou regra que seja. [...]. O ser humano, doravante, se ainda é passível de ser definido, é um animal senciente ou sensível, um eu qualificado pela maneira como ele 'sente' sua vida, ou é 'afetado' por ela, círculo fechado de adesão a si, tautologia do sentimento de si, de onde não procede nenhuma questão, e que não seria capaz de ouvir nenhuma: indivíduo vivente sem cidade nem razão, incessantemente preocupado em reduzir seu ser àquilo que ele sente ser, ao mesmo tempo que a fazê-lo ser reconhecido segundo aquilo que sente.[122]

"Na verdade, o *nada* assombra essa definição", diz Manent. "Supõe-se o homem como capaz de agir a partir do nada [...], pois, falando do homem no estado de natureza, Rousseau declara, sem rodeios: 'deixado ao simples instinto físico, ele não é nada, é uma besta'".[123] Uma vez concebidos a partir de uma noção de liberdade absoluta, segundo a qual o indivíduo é caracterizado apenas pela satisfação de si ou pela piedade e reduzido a um estado de pura passividade – isto é, de pura experiência passional de si – os direitos humanos tornam-se vazios, isto é, não comportam mais nenhum tipo de movimento em direção ao bem – sequer o movimento do indivíduo lockeano, que poderia fugir de um mal que era ausência de bem e, assim, por vias oblíquas, ao menos em tese, ordenar-se a este.[124]

Este sujeito autônomo que, assim como o soberano de Rousseau no *Contrato social*, já é "tudo aquilo que deve

---

122. *Ibidem*, p. 88.

123. MANENT, P. *La Loi Naturelle et les Droits de L'Homme*. Paris: PUF, 2018. p. 59.

124. *Idem*. *La Cité de l'Homme*. Paris: Flammarion, c1997 (1994). p. 189.

ser",[125] não é, porém, o termo final desse itinerário, pois, curiosamente, como é possível reparar ao nosso redor, quando o indivíduo supostamente autônomo pretende reverter algum comportamento ou percepção que havia se constituído contra a *heteronomia* antes vigente, não encontra reconhecimento por parte dos fautores da *autorização autoritária*, sendo por eles rechaçado e ostracizado, quando não perseguido. Deste modo, o destino final de uma sociedade pautada pela filosofia do direito natural moderno, que lança fora toda *heteronomia*, é o nada, pois, conforme observou Rémi Brague, ao comentar sobre a ontologia subjacente aos mandamentos divinos:

> Cada série de mandamentos abarca uma realidade face ao seu contrário e contra o pano de fundo composto por este. Trata-se de destacar aquilo que é do que não é: das nações do mundo, dos escravos e dos homens servis, dos animais, dos minerais inanimados, e enfim, do nada puro e simples. [...] A Bíblia começa por distinguir o ser do nada. Podemos tirar uma consequência importante no que diz respeito à sanção correspondente ao desrespeito dos mandamentos. No limite, não se trata senão da saída do domínio daquilo que se é, à perda das características que definem algo e à entrada num determinado nada [...] deixar de ser livre e se tornar escravo, de ser humano e tornar-se animal, deixar de ser vivo e morrer, deixar de existir e desaparecer.[126]

Para Manent, na verdade, a doutrina do direito natural moderno, que serve de base aos direitos humanos, sequer merece o nome de filosofia. Ela é, antes, uma espécie de *mitologia*,[127] cuja característica principal é remeter o homem a um estágio de desenvolvimento intelectual pré-filosófico:

---

125. ROUSSEAU, Jean-Jacques. *Du Contrat Social. In: Oeuvres Complètes – v. 3: Du contrat social, écrits politiques.* Paris: Gallimard, 1964 (Pléiade), p. 363: "Le souverain, par cela seul qu'il est, est tout ce qu'il doit être."

126. BRAGUE, R. *Le propre de l'homme: sur une légitimité menacée.* Paris: Flammarion, 2013. p. 230-231.

127. MANENT, P. *La Cité de l'Homme.* Paris: Flammarion, c1997 (1994), p. 264 "Se nós comparamos [...] o *Contrato Social*, mas também o *Leviatã* e o *Segundo Tratado*,

> Para se orientarem no mundo antes do desenvolvimento da filosofia e das ciências, seres humanos recorriam a uma divisão tripartite que podemos dizer que era universal: animais, humanos, deuses. Este regime pré-filosófico – sou tentado a dizer: este regime "natural" – da mente humana é caracterizado por uma dupla abordagem que parece para nós necessariamente contraditória. De um lado, uma delas procede por disjunções: o que caracteriza os humanos é que eles *não são* animais e também que eles *não são* deuses; seres humanos são caracterizados pelo que *não são*. Por outro lado, **a lei dinâmica deste mundo tripartite é a *metamorfose* de animais, humanos e deuses transformando-se uns nos outros – um deus com a cabeça de um cão, um humano com o corpo de um cavalo,** etc. Os três grandes elementos do mundo existem somente tornando-se o que eles não são, ou misturando-se com o que não são. A revolução filosófica [...] consiste em dizer que uma coisa é o que ela é, que ela existe em conformidade com sua definição, ou com a definição da classe a que ela pertence. A revolução filosófica consistiu em dizer que uma coisa – um animal, um ser humano, um deus – é seu ser, ou sua essência, ou sua definição. O que ser, essência, definição significam? Ainda estamos à procura, mas uma vez que a proposição filosófica de que cada ser é o que ele é, de que cada ser é sua essência, o mundo natural de disjunções e metamorfoses, o mundo natural das "mitologias" está condenado mais ou menos rápido, mas de maneira irresistível.[128]

De fato, como comenta Brague, o sentido da Lei, compreendido face ao relato da criação, consiste na recapitulação de todos os mandamentos num único: Sejas! Desde esse ponto de vista, a autonomia e a heteronomia se deixam de opor uma à outra para se complementarem,[129] mas esse caminho está vetado ao sujeito dos direitos humanos, que, ao declarar seus direitos esquece do ser com toda sinceridade.[130]

---

de um lado, e a *Política* de outro, nós podemos dizer que os Modernos retornam à era mitológica das vontades fundadoras."

128. MANENT, P. *Metamorphoses of the city: On the Western dynamic.* Transl. Mac Le Pain. Cambridge (MA): Harvard University Press, 2013. p. 33.

129. BRAGUE, R. *Le propre de l'homme: sur une légitimité menacée.* Paris: Flammarion, 2013. p. 243.

130. MANENT, P. *La Cité de l'Homme.* Paris: Flammarion, c1997 (1994). p. 198.

Na era dos direitos humanos, mais que nunca, precisamos de uma inteligibilidade comum acerca do ser e do bem, que restabeleça o significado das coisas com base na aceitação de uma objetividade acessível a todos, que não torne uns seres humanos sujeitos a definições arbitrárias oriundas dos focos de poder – sejam eles individuais ou institucionais. Na era dos direitos humanos – ou melhor, nos seus estertores – a obra de Manent nos torna perceptível a necessidade de uma nova "revolução filosófica".

CONCLUSÃO

O presente escrito buscou investigar, de forma breve e ordenada, as críticas tecidas por Pierre Manent à filosofia dos direitos humanos, apresentando em sequência três focos, sua *origem*, a *identidade* dos seus sujeitos e, por último, a questão do *reconhecimento*, representadas, aqui, pelos três "evangelistas" da mitologia dos direitos humanos: Hobbes, Locke e Rousseau.[131]

Na primeira parte, mediante a apresentação do pensamento de Manent sobre a obra de Hobbes, tornou-se possível perceber que a origem dos direitos humanos começa por uma negação – ao menos parcial – do ser humano, numa visão *imoderada* de suas características negativas, que faria pender uma constante ameaça da morte violenta sobre si. Este cenário dá origem a uma exacerbação do direito à *vida*, que redunda numa atribuição, a princípio, de *um direito sobre todas as coisas*, ressaltando nos direitos humanos o caráter *inflacionário* que nele reconhecemos hoje.

Na segunda seção, as considerações de Manent acerca do pensamento de Locke deixaram manifesto o caráter de negação total da *essência*, do caráter *especificamente* humano do sujeito de direitos. Ela resulta numa exacerbação

131. *Ibidem*, p. 261-264.

da *propriedade* perante vida e a liberdade; propriedade, esta, que se destina a servir ao ser humano em sua *comodidade*, em sua tentativa constantemente frustrada de fugir ao maior desconforto presente, donde avulta o caráter *instrumental* dos direitos humanos atualmente perceptível.

Na terceira e última parte, foi possível verificar, com o auxílio da análise de Manent do pensamento de Rousseau e de Kant, como as ideias de *piedade* pelo sofrimento e de *respeito* por uma dignidade *a priori*, e, ao fim e ao cabo, uma mescla de ambas, resultam num *reconhecimento* irrestrito ao sujeito de direitos que se reclama *autônomo*. Este sujeito, que, a exemplo do soberano de Rousseau, já é tudo aquilo que deveria ser e tem como única necessidade o *reconhecimento* social de tudo aquilo que ele *sente*. Sua *passividade* termina de precipitar a sociedade num movimento rumo ao nada, já que o que importa não é sua autonomia, mas sua *liberdade*. Ela é, em suma, uma liberdade rumo ao nada, que torna os direitos humanos *vazios*. Seja-nos permitido, aqui, valer-nos ainda das palavras de Manent para conferirmos um desfecho digno a este capítulo:

> A ideia de liberdade prevaleceu completamente sobre a ideia de verdade. Esta vitória foi talvez completa demais. Privada de seu elo com a verdade, a liberdade tende a desmoronar sobre si mesma. Em lugar de se tornar esforço rumo à autonomia, ao governo de si por si, ela se torna aceitação e declaração de si, acompanhada da exigência de reconhecimento pelos outros a respeito dessa aceitação e declaração de si. Tendo vencido a verdade, ou tendo-a absorvido, *a liberdade é vencida pela propriedade, ou absorvida por ela.*[132]

Ao fim e ao cabo, a palavra final acerca dos direitos humanos não é dada por Rousseau, criador do termo, mas por Locke, que determina sua essência. E sua essência é a

---

132. MANENT, P. *Cours Familier de Philosophie Politique*. Paris: Gallimard, 2004 (2001). p. 54.

propriedade, cujo cerne é a retirada das coisas do comum. O direito natural moderno, ao partir de uma proposição sobre a natureza humana que a reduz à identidade e à separação,[133] constitui-se como fundamento para uma sociedade que "conduz uma batalha incessante contra o 'senso comum'".[134]

Resta, portanto, àqueles que, como Manent, dedicam-se à filosofia das coisas humanas, a busca pelo conhecimento e a difusão de pressupostos estruturais condizentes com a realidade – do ser humano e da comunidade política – que possibilitem, de forma mais eficaz, a proteção dos direitos verdadeiramente humanos, isto é, aqueles que se constituem como meios indispensáveis para sua verdadeira realização.

REFERÊNCIAS

ANGHIE, A. Human Rights and Cultural Identity: New Hope for Ethnic Peace? *Harvard International Law Journal*, v. 33, n. 2, 1992.

ANGHIE, A. *On critique and the other. In:* Anne Orford (ed.). International Law and Its Others. Cambridge: Cambridge University Press, 2006.

ARNAUD-MATECH, Louis. Pierre Manent, Naissance de la politique moderne: Machiavel – Hobbes – Rousseau: critique de la politique, 1977. *Raison présente*, n. 46, Psychanalyses et rationalisme, p. 132-134, abr.-jun. 1978.

BARZOTTO, L. F. *Teoria do direito.* Porto Alegre: Livraria do Advogado, 2017.

BRAGUE, R. *Le propre de l'homme:* sur une légitimité menacée. Paris: Flammarion, 2013.

133. *Idem. La Loi Naturelle et les Droits de L'Homme.* Paris: PUF, 2018. p. 11.

134. *Ibidem*, p. 14.

HOBBES, T. *Leviathan or The Matter, Forme and Power of a Common-wealth Ecclesiasticall and Civill*. London: Andrew Crook, 1651.

HUNT, Lynn. *A invenção dos direitos humanos:* uma história. Tradução Rosaura Isenberg. São Paulo: Companhia das Letras, 2009.

JAYME, E. O direito internacional privado do novo milênio: a proteção da pessoa humana face à globalização. *Recuel des Cours de l'Académie de Droit International de la Haye*, t. 282, p. 9-40, 2000.

KRNJEVIC-MISKOVIC, Damjan de. Pierre Manent and the New First Philosophy of Politics. *Perspectives on Political Science*, 31:3, 2002.

LOCKE, J. *Segundo Tratado do Governo:* ensaio sobre a verdadeira origem, alcance e finalidade do governo civil. Lisboa: Calouste Gulbenkian, 2007.

MAHONEY, Daniel J. Communion and Consent: Pierre Manent on the Wellsprings of Western Liberty. *Perspectives on Political Science*, v. 41, n. 2, p. 93-99, 2012.

MAHONEY, Daniel J. Foreword: Natural Law and the Restoration of Practical Reason. *In:* MANENT, P. *Natural Law and Human Rights*. Indiana: University of Notre Dame Press, 2020.

MANENT, P. *Cours Familier de Philosophie Politique*. Paris: Gallimard, 2004 (2001).

MANENT, P. *Enquête sur la Démocratie*. Paris: Gallimard, 2007.

MANENT, P. *História intelectual do liberalismo:* dez lições. Tradução Jorge Costa. Lisboa: Edições 70, 2020.

MANENT, P. *La Cité de l'Homme*. Paris: Flammarion, c1997 (1994).

MANENT, P. *La Loi Naturelle et les Droits de L'Homme*. Paris: PUF, 2018.

MANENT, P. *Metamorphoses of the city:* On the Western dynamic. Transl. Mac Le Pain. Cambridge (MA): Harvard University Press, 2013.

MANENT, P. *Naissances de la politique moderne*. Mesnil--sur-l'Estrée: Gallimard, 2007.

MANENT, P. *Natural Law and Human Rights*. Indiana: University of Notre Dame Press, 2020.

SEIGEL, Jerrold. Foreword. *In:* MANENT, Pierre. *An Intellectual History of Liberalism*. Princeton: Princeton University Press, 1996.

ROUSSEAU, Jean-Jacques. Du Contrat Social. *In:* ROUSSEAU, Jean-Jacques. *Oeuvres Complètes – v. 3:* Du contrat social, écrits politiques. Paris: Gallimard, 1964 (Pléiade).

STOREY, Jenna Silber. STOREY, Benjamin. *Natural Law and Human Action*. Perspectives on Political Science, 2020.

STRAUSS, Leo. The Three Waves of Modernity. *In:* STRAUSS, Leo. *An Introduction to political philosophy:* ten essays. Detroit: Wayne State University Press, 1975. p. 81-89.

STRYJKOWSKA, S. Cultural Rights and Cultural Identity in the Case-Law of the Human Rights Committee. *Adam Mickiewicz University Law Review*, p. 119-139, 2017.

DIREITO NATURAL, JUSTO POLÍTICO E FILOSOFIA POLÍTICA: O DEBATE SOBRE O MELHOR REGIME EM LEO STRAUSS

Bruno Irion Coletto

INTRODUÇÃO

O debate contemporâneo em torno da ideia de direito natural tem, naturalmente, inúmeras facetas. Entre algumas debatidas no nosso II Seminário de Filosofia do Direito do Instituto Ives Gandra, passaram temas como a convicção da objetividade da moral e seu papel supra positivo para o direito, a existência de uma ordem transcendente, o papel das virtudes (especialmente para os agentes do direito e as profissões jurídicas) e tantos outros temas debatidos no presente volume e na própria tradição. Entre vários aspectos importantes do debate, um tem sido, a nosso sentir, um tanto quanto negligenciado na modernidade: o papel e a importância do justo político. A causa, talvez, passe pelo modo que somos introduzidos à teoria jurídica nas escolas de direito. Não raro, lendo a Antígona de Sófocles, somos tentados a opor, de um modo tanto quanto caricatural, o direito posto e o direito natural, como se fossem, dentro da tradição, adversários por definição. A desconsideração pelo justo político fica ainda mais evidente em tempos de pós-positivismo, em que a "leitura moral da constituição"[1] torna *jurídicos* temas que possuem carga *política* evidente.

Justo político e direito natural, entretanto, não são adversários. Dentro da tradição jusnaturalista sempre houve um espaço importante e fundamental para o justo político. O tema já veio articulado no Livro V da *Ética a Nicômaco*.[2] Da mesma forma, pode ser visto, por exemplo, em Cícero, quando afirma que o direito possui a função de reconduzir a comunidade política à justiça *por meio* do "*consensus iuris*".[3] Sem falar na discussão feita por Tomás de Aquino, por exemplo, na I-II q.95-97 da Suma Teológica[4] ou nos próprios comentários à *Ética à Nicômaco*. São exemplos com autoridade suficiente para estabelecer o destaque do justo político para a tradição.

Para ilustrar o que buscamos destacar acerca do justo político, convém recordar que Aristóteles já afirmava que "a justiça política ocorre entre livres e iguais" e que "existe para aqueles cujas relações estão reguladas pela lei".[5] Assim, ele

---

1. DWORKIN, Ronald. *O direito da liberdade: a leitura moral da Constituição norte-americana*. Tradução Marcelo Brandão Cipolla. São Paulo: Martins Fontes, 2006.

2. EN, V, 6, 1134a 26-30, 35-36. A edição de referência para consultas foi: ARISTOTLE, *The Complete Works of Aristotle*. The Revised Oxford Translation. Organized by Jonathan Barnes. Volume Two. Princeton: Princeton University Press, 1995. Doravante utilizaremos as siglas EN, EE e Pol. para a Ética à Nicômaco, a Ética a Eudemo e a Política, respectivamente.

3. Cicero, Rep., I, 39. A edição de referência para consultas foi: CICERO. *On The Republic, On The Laws*. Translated by Clinton W. Keyes. Cambridge: Loeb Classical Library, 2006. Utilizaremos a Rep. para Da República.

4. A edição de referência para consultas foi: AQUINAS. *Political Writings*. Edited and Translated by R. W. Dyson. 7th printing. Cambridge: Cambridge University Press, 2010.

5. EN, V, 6, 1134a (ARISTOTLE. *The Complete Works of Aristotle*. The Revised Oxford Translation. Organized by Jonathan Barnes. v. Two. Princeton: Princeton University Press, 1995. p. 26-30).

apontava para o fato de que igualdade e governo das leis, no âmbito da justiça política, se dão em um contexto de justiça *pública*, onde sua preocupação está no modo pelo qual me relaciono com os concidadãos no âmbito da comunidade, onde todos somos cidadãos "livres e iguais" e onde nosso relacionamento vem regulado pela "lei". Esse modo de relacionamento pressupõe, em Aristóteles, a amizade política e, consequentemente, pressupõe uma consideração pelo justo politicamente estabelecido em determinada comunidade. O ponto da publicidade é importante, pois enfatiza o caráter comum e comunitário da justiça política. Logo, o justo político é uma justiça pública, entre cidadãos, que deve ser diferenciada de outras relações que, ou não são públicas, ou não são entre livres e iguais: "entre indivíduos que não são livres e iguais a justiça política não pode existir... pois a justiça só pode existir entre aqueles cujas relações mútuas são reguladas pela lei".[6] Isso não quer dizer que não possa existir outro modo de justiça na relação delas, apenas quer dizer que não se trata de um justo político. Por exemplo, dentro de minha discricionariedade posso decidir emprestar, ou não, um livro para um amigo. Aqui há uma espécie de justiça privada, que não está regulada pela lei pública. Nesse sentido, Aristóteles, em outro momento, vai afirmar: "nós passamos nossos dias com pessoas da nossa família ou nossos amigos; e tudo que nós podemos fazer em relação a nossos amigos é deixado à nossa discrição e isso é a justiça privada, ao passo de que aquilo que nós devemos a nossos concidadãos é objeto da lei e não é deixado à nossa discrição".[7] Ou seja, nossos relacionamentos privados, afetivos, estão sob outra lógica de justiça que não a justiça política, pois são outra forma de relação.

---

6. EN, V, 6, 1134ª (*Ibidem*, p. 27-32).

7. EE, VII, 1, 1235a (ARISTOTLE. *The Complete Works of Aristotle*. The Revised Oxford Translation. Organized by Jonathan Barnes. Volume Two. Princeton: Princeton University Press, 1995. p. 1-04, grifamos).

Além disso, a boa compreensão da justiça política nos faz afastar a ideia erroneamente difundida de que a tradição aristotélico-tomista faria uma equivalência entre direito positivo e moralidade, como se o direito devesse ser uma simples aplicação direta da moral como se fosse algo sem mediação. Ora, o início da discussão sobre a justiça política começa com um alerta: "não estamos aqui em busca da justiça absoluta, mas da justiça política".[8] Esse é um cuidado que devemos seguir quando tratamos da tradição do direito natural para a teoria jurídica. A "justiça absoluta" é algo natural, absoluto, como o nome diz. Mas não é exatamente disso que se trata quando falamos de justiça política. Claro que a justiça política trabalhará com conceitos racionais e, nesse sentido, "absolutos" – por exemplo, a assertiva que afirma ser a justiça uma relação de igualdade é absoluta em algum sentido, pois é um conceito racional sempre aplicável – mas o detalhamento concreto e específico dado pelas leis é posto pela comunidade em concretude. O que é absoluto no direito, portanto, é o uso da razão para o estabelecimento de conceitos. Assim, o direito é racional e conceitual, mas é distinto da moral, pois ele demanda uma forma pública estabelecida pela lei confeccionada entre cidadãos livres e iguais. Dessa feita, o próprio Aristóteles já vai afirmar que o justo político possui uma dimensão "natural" e outra "convencional",[9] pois, justamente, o que é conceitual e racional se mostra como algo natural, enquanto aquilo que demanda escolhas políticas é convencional e, assim sendo, difere da moralidade.

Desse modo, ele vai concluir afirmando que esses são os motivos pelos quais "*não admitimos que um ser humano governe, mas a lei*":[10] caso, entre livres e iguais não haja o

---

8. EN, V, 6, 1134a (*Ibidem*, p. 25).

9. Aristóteles, EN, V, 7, 1134b (*Ibidem*, p. 19-20).

10. EN, V, 6, 1134b (*Ibidem*, p. 1).

governo das leis, a desigualdade fica posta, obviamente quebrando um princípio básico do regime. Então, governo das leis entre cidadãos livres e iguais que estabelecem essas leis enquanto integrantes de uma comunidade concreta e específica no tempo e no espaço conformam o espaço do direito. Assim, o direito em seu aspecto de justo político, é visto e compreendido como um objeto cultural, histórico, determinado, circunstancial, convencional, estabelecido para este momento e fruto dos nossos acordos políticos, de modo que estabelece uma ordem terrena *para nós*. Esse direito funciona, portanto, no contexto de um regime político específico.

A relação entre direito natural e regime político, dessa feita, é o tema do presente artigo. Estabelecida a relevância do tema do justo político para a tradição do direito natural, cabe esclarecer que o objetivo deste artigo é trazer à atenção justamente a relação entre direito natural e regime político na filosofia política clássica, explorando para tanto o pensamento de Leo Strauss. Strauss é um autor que, em boa medida, difere da tradição aristotélico-tomista usualmente relacionada com o jusnaturalismo. Justamente por tal motivo se mostra ainda mais relevante explorar sua abordagem à questão do melhor regime político em sua relação com a ideia de direito natural.

Strauss é considerado um autor hermético e até obscuro. Nossos esforços em explicitar seu argumento filosófico já perpassaram o modo pelo qual ele apresenta sua crítica à modernidade,[11] bem como pelo seu método de abordagem da filosofia clássica.[12] Assim, dando continuidade

---

11. COLETTO, Bruno Irion. "Sobre a modernidade: a compreensão crítica de Leo Strauss" *(no prelo)*. 2023b. Aceito para publicação em periódico. COLETTO, Bruno I. 2013. "O Conceito do Político e a Possibilidade da Filosofia Política na Modernidade: uma Leitura Crítica de Carl Schmitt por Leo Strauss." Cadernos do Programa de Pós-Graduação em Direito PPGDir./UFRGS 8, n. 1, p. 281-317.

12. *Idem*. "A metodologia de Leo Strauss enquanto arte de ler e a redescoberta da esquecida arte de escrever" (no prelo). 2023a. Aceito para publicação em periódico.

à discussão já proposta anteriormente, veremos aqui, primeiro, como Strauss trata de delinear o campo de estudos da filosofia política clássica, para então, em um segundo momento, demonstrar que a relação da filosofia política com o debate sobre o melhor regime se relaciona com o descobrimento da ideia de natureza e com a consequente ideia de direito natural. Então, é essa identificação "filosofia política clássica – debate sobre o melhor regime – direito natural" que se apresentará na segunda parte deste artigo.

Na terminologia de Strauss, o múnus do filósofo político é melhorar o regime em que vive. Essa é a sua responsabilidade enquanto filósofo político, de modo que o seu engajamento no debate sobre o melhor regime vem da preocupação que tem, não apenas com a vida teórica, mas também com a vida política. O filósofo político é o reflexo político do filósofo. Logo, veremos que o direito natural depende de uma intermediação, que é dada pela política. O direito natural é diluído na política, segundo a leitura que Strauss fazia dos clássicos.

1. A FILOSOFIA POLÍTICA CLÁSSICA ENQUANTO DISCUSSÃO ACERCA DO MELHOR REGIME

Valendo-se da alegoria platônica, Strauss reiterava que fazer filosofia política envolvia, para os clássicos, a ideia de "sair da caverna" em uma tentativa de compreender o eterno e alcançar a verdade. O mundo da caverna representa, então, o mundo da opinião (contraposta ao conhecimento) sendo que a sociedade estabiliza as opiniões, criando dogmas públicos para que os homens possam viver em conjunto. Desse modo, filosofar é ascender do dogma público ao conhecimento privado,[13] ou seja, ao conhecimento

13. STRAUSS, Leo. *Natural Right and History*. Chicago: The University of Chicago Press, 1953. p. 11-12.

da *natureza* das coisas. Assim, filosofia política é o conhecimento da *natureza das coisas políticas*. Toda a questão, portanto, envolve o descobrimento da ideia de natureza e a ênfase nas coisas políticas.

O descobrimento da ideia de natureza e a busca pelo conhecimento da natureza das coisas políticas é o que gera um debate acerca de qual é o melhor regime político, de qual é o estado perfeito. A questão da filosofia política, portanto, é sobre o melhor modo de vida, que necessariamente tem a ver com o melhor regime.[14] Debater o melhor regime é fazer filosofia política e isso pressupõe a ideia de direito natural. Compreender a delimitação do que era a filosofia política para os clássicos, bem como compreender a relação que esse ramo da filosofia tinha com o debate sobre o melhor regime são os objetivos dessa sessão.

1.1 A caracterização da filosofia política

Strauss fornece, com base na filosofia política clássica, uma conceituação do que é "filosofia política". Se "filosofia" é a busca pela compreensão do todo, da verdade (sob o pano de fundo de um horizonte absoluto, de um horizonte natural, e não de um horizonte historicamente variável), se é a saída da caverna e da situação concreta para o vislumbramento do todo; a "filosofia política", por sua vez, é a compreensão, pelo homem, não do todo – pois humanamente impossível – mas das alternativas fundamentais aos problemas fundamentais da humanidade. Logo, apesar de

14. JANSSENS, David. *Between Athens and Jerusalem: Philosophy, Prophecy, and Politics in Leo Strauss's Early Thought*. Albany: State University of New York Press, 2008. p. 130. KINZEL, Till. "Postmodernism and the Art of Writing: The Importance of Leo Strauss for the 21st Century". *In:* ARMADA, Pavel; GÓRNISIEWICZ, Arkadiusz (edits.). *Modernity and What Has Been Lost: Considerations on the Legacy of Leo Strauss*. South Bend: St. Augustine's Press, 2011. p. 142. BOLOTIN, David. "Leo Strauss and Classical Political Philosophy". *In: Interpretation: A Journal of Political Philosophy*. Volume 22, n. 1, Fall, 1994. p. 131.

ser incapaz de adquirir a sabedoria plena ou de compreender inteiramente o todo, o homem é capaz de conhecer o que não conhece por meio da compreensão dos problemas e das respectivas alternativas.[15]

A concepção que Strauss adota parte do declarado pressuposto de que "filosofia política" é diferente de "filosofia". Filosofia é a busca da sabedoria, é a busca pelo conhecimento universal, pelo conhecimento do todo. Essa busca não seria necessária se tal conhecimento estivesse imediatamente disponível. A ausência de conhecimento sobre o todo, contudo, não significa que o homem não tenha pensamentos sobre o todo, opiniões. Por isso a ênfase é no questionamento, pois é o questionamento que leva à compreensão da existência de problemas fundamentais. Portanto, filosofia não tanto é possuir a verdade, mas é mais a sua busca. E a clara compreensão das questões fundamentais requer a consciência sobre a sua natureza. Essa consciência vem do questionamento. Tanto é assim que uma de suas frases fundacionais é justamente a abertura ao questionamento: "eu sei que nada sei".[16]

Agora, o problema fundamental tratado pela filosofia política emerge da busca explícita pela vida boa, ou pela boa sociedade. Filosofia política é o esforço pela substituição da opinião sobre a natureza das coisas políticas pelo conhecimento da natureza das coisas políticas. As coisas políticas estão sujeitas, por sua própria natureza, à aprovação e desaprovação, à escolha ou rejeição, ao elogio ou à crítica. Sua essência é não ser neutra.[17]

---

15. STRAUSS, Leo. *Natural Right and History*. Chicago: The University of Chicago Press, 1953. p. 35.

16. *Idem. What is Political Philosophy? And other studies*. Chicago: The University of Chicago Press, 1988a. p. 11.

17. *Ibidem*, p. 10-12.

Logo, filosofia política, da forma como posta por Strauss, é sempre uma questão sobre o melhor regime para uma sociedade: o tema da filosofia política é justamente a cidade e o homem,[18] as relações entre o homem e a cidade. Isso porque, se toda ação política visa ou à conservação (prevenir uma mudança para pior), ou à mudança (trazer algo melhor), em verdade é guiada por alguma reflexão sobre o que é melhor e o que é pior. Entretanto, pensar sobre o melhor e o pior implica pensar sobre o bem.[19] A consciência do bem tem o caráter de opinião: ela é questionável, passível de debates e de diferentes pontos de vista. E o simples fato de podermos questionar as opiniões sobre o bem, leva-nos ao pensamento de que é possível que exista conhecimento: alguma opinião é verdadeira, por decorrência lógica. Toda ação política possui, assim, em si própria, uma orientação na busca do conhecimento do bem: da boa vida, ou da boa sociedade.[20] Rejeitar o relativismo está na essência do projeto de Strauss.

Então a filosofia política lida com assuntos políticos de maneira que seja relevante para a vida política, de modo que seu tema deve ser idêntico com o objetivo último da ação política. O tema da filosofia política, portanto, são os grandes objetivos da humanidade, a liberdade e o governo ou império – objetivos que são capazes de erguer todos os homens além de seus egos. Filosofia política é o ramo da filosofia mais próximo da vida política, da vida não filosófica, da vida humana.[21] Aqui está a percepção dos clássicos de que há esferas do todo, as quais podem ser estudadas

---

18. *Idem*. *The City and Man*. Chicago: The University of Chicago Press, 1964. p. 1.

19. BEHNEGAR, Nasser. Reading What is Political Philosophy?. *Perspectives on Political Science*, v. 39, n. 2, p. 66, abr.-jun. 2010.

20. STRAUSS, Leo. *What is Political Philosophy? And other studies*. Chicago: The University of Chicago Press, 1988a. p. 10.

21. STRAUSS, Leo. *What is Political Philosophy? And other studies*. Chicago: The University of Chicago Press, 1988a. p. 10.

separadamente. A filosofia política é, então, o estudo das coisas políticas.[22] Ela é a forma primária de ciência política, pois parte do senso comum,[23] das opiniões, possuindo, portanto, uma perspectiva prática, e não apenas teórica.[24] É uma espécie de introdução à filosofia, pois mescla a teoria com a prática. É uma preparação para a vida boa, para a vida teórica, para a vida contemplativa. O tema fundamental da filosofia política clássica emerge, portanto, diretamente da própria vida política.[25]

Essa proximidade do filósofo político com a vida política é bem representada pela ênfase que Strauss dava ao caráter engajado do filósofo político: o filósofo político é o *reflexo político* do filósofo.[26] Esta preocupação com a vida prática, além da teórica, justifica o termo "política" na expressão "filosofia política". O filósofo político, não é, portanto, um questionador irresponsável, mas exerce o papel de ser um ponto de convergência entre a filosofia e a política, entre a teoria e a prática.[27] Tarcov deixa bastante claro o antagonismo desses dois ensinamentos: aqui há tanto uma relação direta do filósofo político com a vida política, como há transcendência sobre a vida política.[28] É isso que Strauss busca destacar.

---

22. UMPHREY, Stewart. Natural Right and Philosophy. *In*: DEUTSCH, Kenneth L.; NICGORSKI, Walter (Ed.). *Leo Strauss:* Political Philosopher and Jewish Thinker. Lanham: Rowman & Littlefield Publishers, Inc., 1994. p. 280-281.

23. STRAUSS, Leo. *The City and Man.* Chicago: The University of Chicago Press, 1964. p. 12.

24. BEHNEGAR, Nasser. Reading What is Political Philosophy?. *Perspectives on Political Science*, v. 39, n. 2, abr.-jun. 2010, p. 67.

25. BOLOTIN, David. Leo Strauss and Classical Political Philosophy. *Interpretation: A Journal of Political Philosophy.* Volume 22, n. 1, Fall, 1994. p. 131, 138.

26. STRAUSS, Leo. *Liberalism Ancient and Modern.* Foreword by Allan Bloom. Chicago: The University of Chicago Press, 1995a. p. 14.

27. *Ibidem*, p. 14, 17.

28. TARCOV, Nathan. Leo Strauss's On Classical Political Philosophy. *Perspectives on Political Science*, v. 39, n. 2, abr.jun. 2010, p. 72-76.

Assim, filosofia é a busca do conhecimento da natureza de todas as coisas, de modo especial, do conhecimento da *natureza das coisas mais importantes*; enquanto que a filosofia política é a busca do conhecimento da natureza das coisas políticas, de modo especial, do conhecimento da *natureza das mais importantes coisas políticas*.[29] Filosofia política é, então, o esforço tanto pelo verdadeiro conhecimento sobre as coisas políticas, como pela correta, pela boa, ordem política.[30] Ela se caracteriza pela relação direta com as coisas da vida política.[31] O melhor regime é o tema do filósofo político por excelência, é a linha mestra da filosofia política, sua questão fundamental.[32]

Bem caracterizadas as delimitações conceituais do problema da filosofia política, Strauss fornece alguns esclarecimentos conceituais importantes para o entendimento de toda a sua obra. Diferencia, por exemplo, filosofia política do pensamento político em geral. Por pensamento político entende-se a reflexão sobre, ou a exposição de ideias políticas (entendidas como qualquer significado político sobre os fundamentos da política). Assim toda filosofia política é um pensamento político, mas nem todo pensamento político é filosofia política. Pensamento político é, enquanto tal, indiferente à distinção entre opinião e conhecimento, enquanto a filosofia política tem ciência de que busca substituir opiniões por conhecimento. Então, pensamento político não é mais do que a defesa de uma firme convicção, ou de um mito. Um pensador político (que não é um filósofo, nem um filósofo político) está interessado em uma específica ordem, ou em uma política específica (utilizando leis e códigos, poemas e

---

29. BEHNEGAR, *loc. cit.*

30. STRAUSS, Leo. *What is Political Philosophy? And other studies.* Chicago: The University of Chicago Press, 1988a. p. 12.

31. *Ibidem*, p. 78.

32. BOLOTIN, *op. cit.*, p. 131.

histórias, panfletos e discursos): ele está "dentro da caverna". O filósofo político está interessado na verdade, buscando compreender o que está "fora da caverna".[33]

Relação com a vida política, sem que se esquecesse a vida teórica, e engajamento no debate acerca do melhor regime eram, segundo Strauss, as características da filosofia política clássica.

1.2 A discussão sobre o melhor regime entre os filósofos clássicos

Na opinião de Strauss, a filosofia política clássica foi capaz de olhar para as coisas políticas de um modo que nunca foi igualado. Os filósofos políticos clássicos olhavam para as coisas políticas do ponto de vista do cidadão esclarecido, do ponto de vista do estadista; contudo, deste ponto de vista, eram capazes até de ver mais do que o estadista veria. Isso porque, eles não olhavam as coisas políticas "de fora" (como feito pela científica ciência política moderna). Pelo contrário, se engajavam na linguagem de quem estava inserido na política – como visto, o filósofo político está ciente da sua responsabilidade perante a sociedade. Esse engajamento se dá pela colocação da questão de qual é o melhor modo de vida, de qual é o melhor regime. Assim, a filosofia política dos clássicos é compreensiva (abrangente): é, ao mesmo tempo, teoria política e prática política.[34] Coloca duas características que, em princípio, são opostas, conjuntamente.[35]

Para exemplificar este caráter engajado da filosofia política clássica, Strauss compara a ideia de *amizade* com a

---

33. STRAUSS, Leo. *What is Political Philosophy?* And other studies. Chicago: The University of Chicago Press, 1988a. p. 12.

34. *Ibidem*, p. 27-28.

35. TARCOV, Nathan. Leo Strauss's "On Classical Political Philosophy". *Perspectives on Political Science*, v. 39, n. 2, p. 72, abr.-jun. 2010.

relação *eu-tu-nós*, derivada de Descartes. Por trás da substituição do "amigo" pelo "tu" há uma pretensão de manutenção da objetividade do discurso, se tenta falar "*sobre*" em vez de se falar "*ao*". Para Strauss, é uma tentativa de objetivação daquilo que não pode ser objetivado, é uma contradição na medida em que se perde o concreto de vista, se perde o engajamento político.[36] Strauss não ignora a ênfase dada pelos clássicos para a vida contemplativa, mas destaca o caráter responsável do filósofo político, que faz a intermediação entre o ideal e o concreto.

Strauss tem no diálogo *As Leis*, de Platão, a mais clara aparição do caráter da filosofia política. Para ele, esta é a obra platônica política por excelência. Inicialmente, no diálogo entre um velho estrangeiro Ateniense, um velho Cretense e um velho Espartano, fica-se com a impressão de que o ateniense foi até Creta para estudar as melhores leis. Com o desenrolar do enredo, contudo, se percebe que o objetivo do Ateniense não é estudar as boas leis de Creta, mas introduzir lá novas (e verdadeiramente boas) leis e instituições. Mas é apenas após um diálogo sobre vinho que o ateniense levanta a questão sobre a vida política. Ao que tudo indica, esta conversa sobre vinho parece ser *a* introdução à filosofia política. Mas por que o diálogo sobre política e sobre as leis começa com uma conversa sobre vinho? É para que eles soltem a língua, para que se tornem jovens novamente, para que tenham vontade de inovar. Não precisam beber o vinho *de fato*, mas sim *em discurso*.[37]

Não se sairá nunca da caverna se não houver a abertura ao questionamento. Este é o espírito do filósofo. Mas, ao analisar o Ateniense, Strauss fornece-nos a percepção de que o filósofo, após deixar a caverna, precisa retornar.

---

36. STRAUSS, Leo. *What is Political Philosophy?* cit., p. 28-29.

37. STRAUSS, Leo. *What is Political Philosophy? And other studies.* Chicago: The University of Chicago Press, 1988a. p. 29-31.

Ao sair da caverna, o filósofo perde o horizonte da política, na medida em que deixa a cidade. Contudo, ele precisa do engajamento, precisa voltar para a perspectiva da política, precisa adotar a linguagem do homem político.[38] Por isso que se fala em "relação direta com a vida política" e "transcendência sobre a vida política".[39] E a perspectiva política é dada justamente pela discussão acerca da *politeia*, do melhor modo de vida, do melhor regime.[40]

Strauss expressamente relaciona *As Leis* com a *Apologia de Sócrates*. Neste, para ele, fica clara a existência de uma tensão entre filosofia e a aceitação dos deuses da cidade. A alternativa de Sócrates era fugir da morte e introduzir a filosofia em Creta, mas ele preferiu morrer e manter a filosofia em Atenas. Agora, retornando-se Às Leis, temos lá a conclusão de que existem vários tipos de legisladores, e seu caráter é completamente diferente dependendo do regime. Assim, conclui Strauss, o regime – e não as leis – é o tema central da filosofia política. O regime é o todo. É tanto a forma de vida, quanto o estilo de vida, a moralidade, a forma da sociedade, a forma de governo etc. É a busca de um objetivo.[41]

Logo, a filosofia política clássica, entendida como aquela decorrente de Platão e Aristóteles,[42] é guiada pela questão acerca do melhor regime.

A realização do melhor regime depende de muitos fatores que normalmente não ocorrem simultaneamente. Assim o melhor regime, para os clássicos, depende do acaso. O bom homem só é um bom cidadão quando se está no

38. *Ibidem*, p. 32.

39. TARCOV, Nathan. Leo Strauss's "On Classical Political Philosophy". *Perspectives on Political Science*, v. 39, n. 2, p. 72, 75, abr.-jun. 2010.

40. BEHNEGAR, Nasser. Reading What is Political Philosophy?. *Perspectives on Political Science*, v. 39, n. 2, p. 68, abr.-jun. 2010.

41. STRAUSS, Leo. *What is Political Philosophy?* cit., p. 32-34.

42. BEHNEGAR, *op. cit.*, p. 67.

melhor regime. Da mesma forma que o bom cidadão pode não ser um bom homem quando o regime não for o ideal. Numa linguagem metafísica, pode-se dizer que a nação é a matéria, enquanto o regime é a forma. E para os clássicos a forma era mais importante do que a matéria,[43] por isso o tema da filosofia política clássica é a forma, é o regime.

Strauss entendia que a filosofia política clássica tentava atingir seu objetivo por meio da aceitação das distinções básicas feitas na vida política, no modo e no sentido em que eram feitas na vida política em si; pensando nelas e as entendendo como perfeitamente possíveis. Quer dizer, não partiam de distinções básicas – "estado de natureza" e "estado civil"; "fato" e "valor"; "realidade" e "ideologia" etc. – que são estranhas à vida política como tal, e que se originam apenas em uma reflexão filosófica ou científica. Eles não buscavam dar ordem ao caos dos "fatos" políticos – visão que só é possível de um ponto de vista externo à vida política em si. Eles, na verdade, seguiam cuidadosamente uma articulação do que era inerente e natural à vida política e aos seus objetivos: as questões primárias da filosofia política clássica e os termos em que elas eram colocadas não eram filosóficas ou científicas, mas eram colocadas exatamente do modo como eram levantadas em assembleias e conselhos, de modo inteligível e familiar, pelo menos aos adultos, por meio de uma linguagem cotidiana. Do mesmo modo, o método também era apresentado de maneira similar a como as coisas ocorriam na vida política: conflitos, diferentes opiniões – opiniões que os interlocutores acreditavam ser a melhor para a comunidade, em nome da justiça.[44]

O conflito, por meio de argumentos, necessita de julgamento, de uma decisão inteligente que desse a cada um

43. STRAUSS, Leo. *What is Political Philosophy?* cit., p. 34-36.

44. STRAUSS, Leo. *What is Political Philosophy? And other studies*. Chicago: The University of Chicago Press, 1988a. p. 79-80.

aquilo que verdadeiramente merecia. Alguns dos materiais necessários ao julgamento eram dados pelas próprias partes, e a insuficiência desse material (decorrente de sua própria posição parcial, litigante, de *partisan*) mostrava o caminho para o árbitro. O árbitro é o filósofo político por excelência: aquele que busca resolver as controvérsias políticas que são permanentes.[45]

Essa compreensão da função do filósofo político (que não é um *partisan* radical) tem uma *origem política*, engajada, pois é o dever de um bom cidadão fazer com que o conflito civil cesse, criando, pela persuasão, consenso entre os cidadãos. Essa é a sua responsabilidade. O filósofo político aparece, então, primeiramente como o bom cidadão que cumpre sua função do melhor modo e com o melhor nível, levantando as questões últimas – questões que nunca são levantadas na arena política –, mas sem abandonar a orientação inerente à vida política. Ele faz o questionamento responsável, "não perigoso" como o do filósofo. Apenas quando esta orientação inerente à vida política é abandonada (consideradas subjetivas ou não científicas, e, portanto, desconsideráveis) é que a questão do método se torna (passa a ser) relevante, colocando-se como a questão fundamental.[46]

É verdade que a vida política se preocupa primeiramente com a comunidade individual, específica; enquanto a filosofia política se preocupa com o que é essencial a qualquer comunidade política. Mas a discussão política particular tende a se dar em termos universais,[47] pois é uma discussão entre conservar e mudar.[48] É certo que a vida política requer certas habilidades (prudência, razão

45. *Ibidem*, p. 80-81.

46. *Ibidem*, p. 81.

47. TARCOV, Nathan. Leo Strauss's "On Classical Political Philosophy". *In: Perspectives on Political Science*, v. 39, n. 2, p. 74, abr.-jun. 2010.

48. STRAUSS, Leo. *What is Political Philosophy?* cit., p. 10.

prática) presentes no estadista ou no político – e não um corpo de proposições verdadeiras sobre as coisas políticas passadas de mentores para pupilos – as quais são o que originalmente significa "ciência política". Um homem que possui ciência política não é apenas apto a lidar com grande número de situações de sua própria comunidade, mas consegue lidar com as questões de qualquer comunidade política. Enquanto a vida política é específica de cada comunidade, a ciência política é transferível de uma comunidade para a outra.[49] Há um engajamento, portanto, mas em busca da verdade, com pretensão de universalização – pois o problema do melhor regime, o problema da filosofia política é inerente a qualquer sociedade.

Ciência política, no sentido clássico, designa as habilidades virtuosas do homem que consegue lidar com os assuntos das comunidades políticas por atos e por discursos (e a habilidade de falar tem precedência sobre a habilidade de fazer na medida em que toda ação procede de uma deliberação, e o elemento da deliberação é o discurso). Ciência política como uma habilidade que pode ser ensinada é parte da retórica. Um professor de retórica não necessariamente é um estadista ou um político, mas é professor dos estadistas e dos políticos. Sendo um ensinamento universal, os professores de retórica podem ser estrangeiros. Contudo, a filosofia política clássica rejeitava uma identificação entre retórica e ciência política: a retórica era um instrumento da ciência política. Isso não significa que a generalidade/universalidade da retórica seja a mesma da ciência política. Pelo contrário, a ciência política, enquanto a habilidade do político excelente ou do estadista consiste em lidar corretamente com as situações individuais e específicas. Seu produto imediato são comandos, decretos ou conselhos expressados diretamente para um caso individual. Isso sem ignorar um nível mais alto

49. *Ibidem*, p. 81-82.

de compreensão política, que diz respeito não aos casos individuais, mas com todos os casos de onde saem produtos permanentes (leis, e instituições). Os verdadeiros legisladores estabelecem a moldura permanente na qual os estadistas lidam com os casos concretos. Enquanto é verdade que o estadista age com sucesso nas diferentes molduras de leis e instituições, o valor de suas soluções depende da causa pela qual ele age, e esta causa não é o seu trabalho, mas o trabalho daqueles que fizeram as leis e as instituições de sua comunidade. A habilidade legislativa, então, é a habilidade política mais arquitetônica da vida política.[50]

Todo legislador está primeiramente preocupado com a comunidade individual para a qual está legislando, mas ele também deve levantar questões que concernem a toda e qualquer legislação. A ciência política é o conhecimento que capacita um homem a ensinar legisladores. O filósofo político que atingiu esse objetivo é o professor dos legisladores, pois o conhecimento do filósofo político é transferível no mais alto grau. E, sendo o professor dos legisladores, é que o filósofo político se torna o árbitro por excelência. Todos os conflitos políticos – diz Strauss – são relacionados, de alguma forma, à controvérsia mais fundamental acerca de qual tipo de homem deve legislar na comunidade.[51] Ou seja, o debate é sempre acerca do regime.

Assim é que Strauss afirma que a filosofia política clássica se relaciona com a vida política diretamente porque seu tema é a controvérsia política atual, real, de uma vida política específica. A questão fundamental da filosofia política clássica é guiada pela existência de uma comunidade política verdadeira, e não pela questão sobre se deveria existir uma comunidade política ou sobre por que existe uma comunidade política. Assim, ao contrário do que se vê

50. STRAUSS, Leo. *What is Political Philosophy?* cit., p. 82-83.

51. *Ibidem*, p. 83-84.

na modernidade, a questão sobre a natureza e o propósito da comunidade política não é a questão fundamental da filosofia política clássica. Do mesmo modo, por não lidar com a necessidade de sobrevivência ou de independência em relação a outras comunidades políticas, a filosofia política clássica também não é guiada por questões acerca das relações exteriores da comunidade política.[52]

A filosofia política clássica está preocupada primeiramente com a estrutura interna da comunidade política, justamente porque essa estrutura interna é o objeto das controvérsias políticas que envolvem o risco de guerra civil.[53] O conflito real de grupos brigando por poder político dentro da comunidade naturalmente levanta a questão sobre qual grupo deveria legislar – o que é o mesmo que perguntar qual a melhor ordem política, qual o melhor regime. A luta política vai às raízes da vida política, então começa a ficar visível a todos, no cotidiano da vida política, que a questão sobre quem deve ter a palavra decisiva, é o objeto da controvérsia política mais fundamental. O objeto primário dessa controvérsia diz respeito à qual é a melhor ordem política para a comunidade específica em questão. Embora a controvérsia trate daquela comunidade individual, ela também aborda, em certa medida, uma resposta universal a essa questão, pois mesmo as respostas individuais costumam ser expressadas em termos universais.[54]

O legislador está limitado nas suas escolhas de instituições e de leis pelo caráter do povo para o qual ele legisla, suas tradições, a natureza de seu território, suas condições

---

52. *Ibidem*, p. 84.

53. Exploramos esta compreensão do conflito político como sendo de caráter interno à comunidade, e não externo a ela, na análise das críticas de Strauss ao *Conceito do Político* de Carl Schmitt (COLETTO, Bruno I. O conceito do político e a possibilidade da filosofia política na modernidade: uma leitura crítica de Carl Schmitt por Leo Strauss. *Cadernos do Programa de Pós-Graduação em Direito PPGDir./UFRGS* 8, n. 1, p. 281-317, 2013).

54. STRAUSS, Leo. *What is Political Philosophy?* cit., p. 84-85.

econômicas etc. Suas escolhas normalmente são um compromisso entre o que ele deseja em abstrato e o que as circunstâncias permitem. E para efetivar isso, primeiro ele precisa saber aquilo que ele deseja em abstrato, ou o que é mais desejável. O filósofo político pode responder essa questão, porque ele não é limitado pelas circunstâncias, apesar de possuir uma responsabilidade social com aquela sociedade específica. Após saber o que é o desejável é que ele tenta construir uma ponte sobre o abismo existente entre o que é desejável e o que é possível naquelas circunstâncias, por meio da discussão sobre políticas e leis. A relação com a descrição que Strauss faz da modernidade é patente. Enquanto na modernidade, como visto, o historicismo acaba com a intermediação entre o ideal e o real, para os clássicos havia, sempre, um abismo. A intermediação deste abismo é que era a função da política.[55]

Contudo, por melhor ordem política o filósofo político clássico entende a ordem política que é melhor sempre e em qualquer lugar. Isso não significa que ele pensa nela como uma ordem necessariamente boa para qualquer comunidade, como um tipo de "solução perfeita". A melhor ordem política, portanto, não era algo intrinsecamente grego; não era tão grego quanto "saúde", por exemplo. Strauss entende que a relação direta entre a vida política e a filosofia política clássica mostra que ela tinha um *caráter essencialmente prático*, apesar de sua reflexão teórica em termos universais. Isso decorria da responsabilidade política do filósofo político. Em contraposição, observa Strauss, não por acaso a filosofia política moderna se autointitula "teoria" política. O objetivo primeiro dos clássicos era não a descrição ou a compreensão da vida política, mas o seu correto destino, a sua correta orientação: era engajada, portanto, e não apenas uma "ciência" afastada.[56] Em contraste com a

55. STRAUSS, Leo. *What is Political Philosophy?* cit., p. 86-87.

56. O que não quer dizer que o caráter essencialmente prático da filosofia política

ciência política dos dias atuais, do ponto de vista dos clássicos, a tentativa de descrever a questão sobre o melhor regime de fora, de um modo livre de julgamentos valorativos é absurda (assim como é absurda a ideia de medicina sem a diferenciação entre saúde e doença). Sendo as controvérsias políticas relativas às "coisas boas" ou às "coisas justas", a filosofia política clássica é naturalmente guiada por considerações acerca da bondade e da justiça. Distinções entre coragem e covardia, justiça e injustiça, gentileza e crueldade, urbanidade e rudeza etc., são perfeitamente claras para todos os propósitos. Esse é o tipo de distinção politicamente relevante para os clássicos – o que não ocorre para com os modernos – segundo coloca Strauss.[57]

Assim a atitude do filósofo político clássico acerca das coisas políticas não é uma atitude do observador afastado que olha para as coisas políticas com os olhos de um zoologista, ou de um engenheiro social, ou de um profeta. É, na verdade, um olhar engajado, responsável, interno à sociedade.[58]

Então, em resumo, a raiz da filosofia política clássica é o fato de que a vida política é caracterizada por controvérsias entre grupos lutando pelo poder dentro da comunidade política. Seu propósito é resolver as controvérsias políticas com um espírito de bom cidadão, e não de um *partisan*, de modo que a resolução seja de acordo com critérios de excelência humana. Para cumprir sua função, o filósofo tem que levantar uma questão fundamental que nunca é levantada na arena política – essa é a outra face, a face teórica da filosofia política clássica. A pergunta levantada pelo filósofo político é tão simples, elementar, que aparece inúmeras vezes nos diálogos platônicos (e vem intrínseca

não possuísse um ensinamento teórico, como observa Tarcov (TARCOV, Nathan. Leo Strauss's "On Classical Political Philosophy. *Perspectives on Political Science*, v. 39, n. 2, p. 74, abr.-jun. 2010).

57. STRAUSS, Leo. *What is Political Philosophy?* cit., p. 87-89.

58. *Ibidem*, p. 90.

aos textos aristotélicos): "o que é virtude?", pois é isso que dá ao homem o poder de legislar e governar.[59]

Strauss finaliza seu ensaio sobre a filosofia política clássica referindo, justamente, que o filósofo inicia a filosofia política partindo do entendimento das coisas políticas que são naturais à vida pré-filosófica.[60] Antes do questionamento sobre "o que é virtude" havia o reconhecimento de que determinadas atitudes eram virtuosas. A discussão sobre o que é virtude e sobre qual é a melhor forma de estabelecer uma sociedade política dentro da virtude só pode se dar sob o pano de fundo da ideia de direito natural, decorrente da descoberta da natureza. Este é o tema que segue.

2. O SURGIMENTO DA IDEIA DE DIREITO NATURAL COMO FUNDAÇÃO DA FILOSOFIA POLÍTICA CLÁSSICA

Strauss inicia seu principal ensaio sobre o direito natural retomando a sua já conhecida crítica à modernidade e à concepção "científica" dela decorrente. Para ele, compreender o problema do direito natural significava partir da compreensão "natural" das coisas políticas, e não da compreensão "científica". Ou seja, é compreender a partir do modo como elas se apresentam na vida política, na ação cotidiana e na tomada de decisões. Mas, ele mesmo ressalva, isso não quer dizer que a vida política tem necessariamente consciência do direito natural, pois o direito natural precisa ser descoberto. Quer dizer, contudo, que a vida política em todas as suas formas aponta necessariamente para o direito natural como problema inevitável.[61]

---

59. *Ibidem.*

60. STRAUSS, Leo. *What is Political Philosophy?* cit., p. 94.

61. *Ibidem*, p. 81.

Para ele, a tomada de consciência do problema do direito natural não é mais antiga que a ciência política: são contemporâneas (quando surge o questionamento, quando se percebe o problema é que começa a filosofia política). Daí que a vida política que ignore a ideia de direito natural ignora necessariamente a possibilidade da ciência política e, na verdade, ignora a possibilidade da ciência enquanto ciência. Da mesma forma, diz-se que a vida política consciente da possibilidade da ciência necessariamente reconhece o direito natural como um problema.[62]

Vimos que a filosofia política é uma decorrência da filosofia. A filosofia política surgiu em um momento específico da história. Esse momento foi justamente a descoberta da ideia de direito natural. E a descoberta da natureza se deu em contradição à lei, ao costume.[63] Logo, o direito natural é o fundamento da filosofia política, e sem a ideia de direito natural como pano de fundo, é impossível, da forma como Strauss via, existir filosofia política.

2.1 A filosofia e a descoberta da natureza: o embate entre o natural e o convencional

A ideia de direito natural é necessariamente ignorada enquanto se ignorar a ideia de natureza. O mundo natural é o mundo buscado pelo filósofo, fora da caverna; dentro da caverna está o mundo artificial.[64] Logo, essa descoberta da natureza é tarefa da filosofia.[65] Contudo, a noção de

62. *Idem*. *Natural Right and History*. Chicago: The University of Chicago Press, 1953. p. 81.

63. *Idem*. *Studies in Platonic Political Philosophy*. With an Introduction by Thomas L. Pangle. Chicago: The University of Chicago Press, 1983. p. 138.

64. BEHNEGAR, Nasser. Reading What is Political Philosophy?. *Perspectives on Political Science*, v. 39, n. 2, abr.-jun. 2010, p. 69.

65. STRAUSS, Leo. *Natural Right and History*. Chicago: The University of Chicago Press, 1953. p. 81.

natureza não é contemporânea ao pensamento humano de modo geral,[66] apesar de ser em relação à filosofia. A filosofia, como anteriormente visto, é a busca pela sabedoria, pelo conhecimento do todo. Busca que não seria necessária se o conhecimento sobre o todo estivesse disponível. Logo, onde não há filosofia não há conhecimento do direito natural. A filosofia (necessária para que se encontre a ideia de natureza) é mais antiga do que a filosofia política, portanto.[67]

A filosofia é a procura dos "princípios" de todas as coisas, e isso significa principalmente a procura das "origens" de todas as coisas, ou das "coisas primeiras". A descoberta da natureza precede necessariamente a descoberta do direito natural: a filosofia precede a filosofia política. Isso porque, a filosofia se coloca como oposição ao mito. A existência da filosofia por oposição ao mito é simultânea com a descoberta da natureza; o primeiro filósofo foi o primeiro homem a descobrir a natureza. O primeiro filósofo – e Strauss usa uma referência à Aristóteles – foi aquele que falou sobre a natureza, em distinção àquele que falava sobre os deuses. O tema primeiro da filosofia, portanto, é a natureza.[68]

Mas para compreender o sentido dessa descoberta é preciso recuar da ideia de natureza até o seu equivalente pré-filosófico: não se apreende o alcance da descoberta da natureza se entendermos por natureza "a totalidade dos fenômenos". Isso porque a descoberta da natureza é justamente a divisão desses fenômenos em fenômenos que são naturais e que não são naturais: natureza é um termo de distinção.[69]

---

66. *Idem*. *Studies in Platonic Political Philosophy*. With an Introduction by Thomas L. Pangle. Chicago: The University of Chicago Press, 1983. p. 138.

67. STRAUSS, Leo. *Natural Right and History*. Chicago: The University of Chicago Press, 1953. p. 81-82; STRAUSS, Leo. *What is Political Philosophy? And other studies*. Chicago: The University of Chicago Press, 1988a. p. 9-11.

68. *Ibidem*, p. 81-82. STRAUSS, Leo; CROPSEY, Joseph (edits). *History of Political Philosophy*. Third Edition. Chicago: The University of Chicago Press, 1987. p. 2.

69. *Idem*. STRAUSS, Leo. *Natural Right and History*. Chicago: The University of Chicago Press, 1953. p. 81.

Natureza significa o caráter, a característica da coisa, ou de um tipo de coisas, o modo que a coisa aparenta e age. A palavra grega para natureza (*physis*), ressalta Strauss, significa primeiramente crescimento (desenvolvimento, cultivo), e em consequência também significa aquilo em que uma coisa cresce, se torna; o prazo do crescimento; a característica que possui quando o seu crescimento se completa, quando ela pode fazer aquilo que somente uma coisa daquela categoria plenamente desenvolvida pode fazer bem. Coisas como sapatos ou cadeiras não "crescem", mas são "feitas": elas não são por natureza, mas são pela arte. Por outro lado, também há coisas que são por natureza, mas que não necessariamente "crescem". Elas são ditas por natureza porque não foram feitas e porque são "coisas primeiras".[70]

A natureza, assim entendida, não pode ser ela própria conhecida por natureza. Ela precisa ser descoberta. A Bíblia, por exemplo, refere Strauss, não tem uma palavra para natureza. O equivalente é algo como "modo", ou "costume". Antes de descobrir a natureza o homem sabia que cada coisa ou cada tipo de coisa possuía seu modo, seu costume – ou seja, seu comportamento regular. Assim existe um modo das coisas (o fogo queima, o cachorro late...) e existe um modo das tribos humanas (egípcios, persas...).[71]

Portanto, o equivalente pré-filosófico da natureza é o *modo*, o *costume*: antes da descoberta da natureza se associava o comportamento típico de uma coisa ou de uma classe de coisas ao seu costume (mas não se fazia diferenciação entre os costumes que são sempre os mesmos em qualquer lugar e os costumes que variam de lugar para lugar[72]).

---

70. STRAUSS; CROPSEY, *op. cit.*, p. 3.

71. *Idem. Natural Right and History*. Chicago: The University of Chicago Press, 1953. p. 81-82 STRAUSS, Leo; CROPSEY, Joseph (edits). *History of Political Philosophy*. Third Edition. Chicago: The University of Chicago Press, 1987. p. 3.

72. Assim como latir é o *modo* dos cachorros, não comer carne de porco era o *modo* dos judeus. Ou seja, sem distinção entre fenômenos naturais e fenômenos não naturais.

Contudo, existe um *modo* particular que é de maior importância: o "*nosso modo*", o modo como "nós" vivemos aqui. Este podemos chamar de *modo supremo*.[73]

O *modo supremo* é o caminho certo e sua justeza é garantida pela antiguidade. Não apenas pela antiguidade, mas pela "nossa" antiguidade. Assim, tal como o "antigo e nosso" era originariamente idêntico ao reto ou ao bom, o "novo e estranho" era originariamente assimilado ao mau. A noção que liga o "antigo" ao "nosso" é o "ancestral". Assim, a vida pré-filosófica, narra Strauss, caracteriza-se por essa identificação entre o bom e o ancestral.[74]

Certamente não se pode admitir essa identificação entre bom e ancestral se não se admitir que os antepassados eram absolutamente superiores a "nós". Desse modo, eram vistos como deuses, ou filhos de deuses, ou pessoas que, pelo menos, viviam juntos de deuses. O que leva a pensar que o modo reto foi estabelecido pelos deuses, ou pelos seus filhos, ou por seus pupilos. Assim, o modo reto é uma "lei divina". E, como os antepassados são os antepassados de determinado grupo, tende-se a crer que existe uma variedade de leis ou códigos divinos, sendo cada um deles a obra de um ser divino ou semidivino. Aqui as questões acerca do modo reto eram respondidas pela autoridade, mesmo antes de serem levantadas, pois sua autoridade decorria diretamente da lei. Desse modo, o modo reto não poderia ser um problema a ser resolvido, pois estava arraigado ao modo de vida da comunidade, proveniente do ancestral.[75]

Strauss está a deixar claro que o surgimento da ideia de direito natural vai depender de que se duvide da autoridade, que se questione o modo. A natureza foi descoberta

---

73. STRAUSS, Leo. Natural Right and History. Chicago: The University of Chicago Press, 1953. p. 83.

74. *Ibidem*, p. 83-84.

75. *Ibidem*, p. 83-84.

pelos gregos em contraposição ao costume.[76] Strauss, inclusive, nos fornece um exemplo extraído de Platão: narra ele que na *República* a discussão do direito natural começa muito depois do velho Céfalo (o pai, o chefe da casa) ter saído de cena, ou seja, a ausência da autoridade é condição indispensável da procura do direito natural.[77]

O direito natural, a saber, a filosofia política que culmina da procura do direito natural, é o substituto da caverna. Ao aceitar Sócrates como o representante primeiro da procura do direito natural, Strauss ilustra a relação da procura com a autoridade da seguinte forma: numa comunidade governada por leis divinas é estritamente proibido submeter essas leis a uma discussão séria, isto é, a um exame crítico, na presença de jovens. Contudo, Sócrates, não apenas discute o direito natural – cuja descoberta pressupõe que se duvide do ancestral ou do divino – na presença de jovens, como faz dessa discussão o próprio objeto da sua conversa com eles.[78-79]

Observa ele que o questionamento da autoridade foi determinado justamente pelo caráter originário da própria autoridade: o pressuposto de que há uma diversidade de códigos divinos depara-se com dificuldades, já que os

---

76. *Idem. Studies in Platonic Political Philosophy*. With an Introduction by Thomas L. Pangle. Chicago: The University of Chicago Press, 1983. p. 137.

77. STRAUSS, *op. cit.*, p. 84.

78. *Idem. Natural Right and History*. Chicago: The University of Chicago Press, 1953. p. 85.

79. Aqui fica patente a tensão que Strauss via entre o que chamava de filosofia política e o que chamava de teologia política (*Idem. What is Political Philosophy? And other studies*. Chicago: The University of Chicago Press, 1988a. p. 13). Isso porque, esclarece ele, a predominância dessa crença no ancestral e na autoridade impede o nascimento da ideia de direito natural, ou a coloca num plano secundário, já que se o homem a partir da revelação divina sabe qual é o bom caminho, então já não teria porque o procurar pelos seus próprios meios (STRAUSS, *op. cit.*, p. 85). Este tema, contudo, foi melhor explorado quando discutimos o debate entre Strauss e Schmitt (COLETTO, Bruno I. O Conceito do Político e a Possibilidade da Filosofia Política na Modernidade: uma Leitura Crítica de Carl Schmitt por Leo Strauss. Cadernos do Programa de Pós-Graduação em Direito PPGDir./UFRGS 8, n. 1, 2013. p. 281-317).

diferentes códigos se contradizem (e não apenas quanto a regras "secundárias", mas quanto às "coisas primeiras").[80] Ou seja, o fato de haver discordância de leis divinas é justamente o que causa a descoberta da ideia de direito natural – o fato de haver diferentes opiniões sobre o direito natural não o nega, mas é justamente a causa de sua existência.

Uma vez surgida a questão acerca de qual concepção sobre as coisas primeiras é a correta ou a verdadeira, a autoridade já não é mais garantia do modo reto. O tema torna-se uma questão em aberto que deve ser investigada: a identificação original entre o bem e o ancestral cede espaço a uma distinção fundamental entre o bem e o ancestral. Distinção esta que culminará na ideia de que há coisas que são *boas por natureza (para todas as comunidades)*, e há coisas que são *boas por convenção (apenas para aquela determinada comunidade)*.[81]

As ideias de "clássico" e de "natural" são, portanto, para Strauss, antagônicas à ideia de "tradicional". A filosofia política clássica descobriu a natureza e o direito natural justamente para contrapô-la ao tradicional.[82]

A investigação das coisas primeiras, que antecede o descobrimento da distinção entre o ancestral e o bem, por sua vez é precedida pela distinção entre o que *se ouve dizer* e o que *se vê com os próprios olhos*. Mas para as questões mais graves – como a das coisas primeiras e o modo reto – a única fonte de conhecimentos era o ouvir dizer, a tradição. Em vista das inúmeras contradições entre os diferentes códigos sagrados, das diferentes ancestralidades, alguém sugeriu que se aplicasse essa distinção de ouvir dizer e de ver com os próprios olhos, a todas às questões e, em

80. STRAUSS, Leo. *Natural Right and History*. Chicago: The University of Chicago Press, 1953. p. 85.

81. *Ibidem*, p. 86.

82. *Idem*. *What is Political Philosophy?* cit., p. 27.

particular, às questões mais graves, de modo que passou a ser preciso que os fatos se tornassem visíveis a todos. Com esse questionamento, o homem desperta para a diferença crucial entre o que o seu grupo considera inquestionável e o que ele próprio observa. Assim o "eu" é capaz de se opor ao "nós" sem qualquer sentimento de culpa, logo é capaz de questionar o seu próprio modo de vida (o seu costume, o seu ancestral) sem ter que negar sua própria identidade.[83]

O resultado da aplicação universal da distinção entre o ouvir dizer e o ver com os próprios olhos, fazia-se agora em distinção entre o único mundo que é verdadeiro e comum e que se aprende em estado de vigília, e os muitos mundos inverídicos e privados dos sonhos e das visões. Nem o "nós" de qualquer grupo particular, nem o "eu" único, mas o homem enquanto homem é a medida do verdadeiro e do falso, do ser ou do não ser de todas as coisas. Pode-se, então, começar a substituir as distinções arbitrárias das coisas que variam de grupo para grupo pelas distinções "naturais".[84]

Mas a distinção entre o ouvir dizer e o ver com os próprios olhos ainda não era suficiente para a descoberta da natureza. Ela só foi realmente descoberta quando houve a distinção entre aquilo que era feito pelo homem, e o que não o era. A primeira delas forneceu o paradigma de que as coisas primeiras têm de ser escrutinadas partindo do que todos podem observar em determinado momento. E a segunda mostrou que, como nem todas as coisas visíveis constituem um ponto de partida igualmente adequado à descoberta das coisas primeiras (pois o visível é o que foi feito pelo homem, e o que é feito pelo homem conduz apenas ao próprio homem, e não às coisas primeiras), dá-se o paradigma de que as coisas artificiais são inferiores (ou posteriores) àquilo que é encontrado ou descoberto pelo

83. STRAUSS, *op. cit.*, p. 86-87.

84. *Ibidem*, p. 87.

homem. Logo, as coisas primeiras dão origem às outras coisas de um modo fundamentalmente diferente daquele que é dado pelo próprio homem às coisas que cria. Assim é que Strauss pode dizer que a descoberta da natureza é idêntica à realização de uma possibilidade humana que, pelo menos segundo a sua própria interpretação, é trans-histórica, transsocial, transmoral e transreligiosa: a investigação filosófica das coisas primeiras pressupõe não apenas que as coisas primeiras *existem*, mas que elas *são sempre*.[85]

Uma vez descoberta a natureza, torna-se impossível entender o comportamento característico ou normal dos grupos naturais e das diferentes tribos humanas como costumes ou modos. Assim, os costumes dos "seres naturais" são reconhecidos como as suas próprias *naturezas*, mas os costumes das diferentes tribos humanas passam a ser reconhecidos como as suas *convenções*. A noção inicial de costume ou de modo, portanto, agora se divide nas noções de *natureza* por um lado, e de *convenção*, por outro. A distinção entre natureza e convenção, entre *physis* e *nomos*, data, portanto, da descoberta da natureza e, por isso, do aparecimento da filosofia.[86]

Então, o descobrimento da natureza levou a divisão de modo em natureza (*physis*), de ou lado e em convenção (*nomos*), de outro: as coisas que são por natureza estão em contraposição àquelas que são pela convenção. Assim, falar é algo natural ao homem, mas a língua que cada homem fala é convenção. Tal distinção implica na conclusão de que o natural é prévio ao convencional.[87]

---

85. STRAUSS, Leo. *Natural Right and History*. Chicago: The University of Chicago Press, 1953. p. 88-89.

86. *Ibidem*, p. 90.

87. *Idem*; CROPSEY, Joseph (edits). *History of Political Philosophy*. Third Edition. Chicago: The University of Chicago Press, 1987. p. 3; STRAUSS, Leo. *The City and Man*. Chicago: The University of Chicago Press, 1964. p. 14.

Não seria necessário descobrir a natureza se ela não estivesse escondida. Por isso a natureza é entendida em contraposição à outra coisa, àquilo que a esconde. A distinção entre natureza e convenção implica que a natureza é essencialmente escondida por decisões soberanas. Os homens não podiam viver sem ter pensamentos sobre as coisas primeiras e, presumia-se, não podiam viver bem sem se unirem aos seus semelhantes na partilha de pensamentos idênticos sobre as coisas primeiras, isto é, sem estarem sujeitos a decisões soberanas sobre as coisas primeiras: é a lei que pretende tornar manifestas as coisas primeiras, ou expor o que é.[88] Por isso que a distinção entre natureza e convenção é fundamental para a Filosofia Política Clássica.[89]

A lei aparecia, por sua vez, como uma regra que recolhe a sua força vinculativa do acordo ou da convenção dos membros do grupo. A lei ou convenção tem a tendência, ou a função, de esconder a natureza; e é de tal maneira bem-sucedida que, para começar, a natureza é apenas experimentada, ou dada, enquanto costume. Por isso, a investigação filosófica das coisas primeiras é orientada pelo entendimento do "ser" segundo o qual a distinção mais fundamental dos modos de ser é a que separa "ser na verdade" e "ser em virtude da lei ou da convenção". O aparecimento da filosofia, conclui Strauss, afeta radicalmente a atitude do homem em relação às coisas políticas, em geral; e em relação às leis, em especial. Originariamente, a autoridade por excelência era o ancestral. Agora, com a descoberta da natureza, a pretensão do ancestral é desvitalizada; a filosofia abandona o ancestral em troca do bem, por aquilo que é intrinsecamente bom, por aquilo que é bom *por*

88. STRAUSS, Leo. *Natural Right and History*. Chicago: The University of Chicago Press, 1953. p. 90-91.

89. *Idem*; CROPSEY, Joseph (edits). 1987. *History of Political Philosophy*. Third Edition. Chicago: The University of Chicago Press, p. 3; *STRAUSS, Leo. The City and Man*. Chicago: The University of Chicago Press, p. 15.

natureza. Entretanto, essa desvitalização do ancestral feita pela filosofia acaba por preservar um dos seus elementos: a filosofia abandona o ancestral por *algo mais antigo do que o ancestral*, pois a natureza é o antepassado de todos os antepassados, sendo mais antiga que qualquer tradição e, por consequência, mais venerável do que qualquer tradição. Assim, ao desvitalizar a autoridade do ancestral, a filosofia reconhece que a natureza é "*a*" autoridade.[90]

Com mais precisão, esclarece Strauss, se diria que a filosofia reconhece a natureza como "*o*" padrão. Isso porque, caso se colocasse a natureza como autoridade suprema estar-se-ia a obscurecer a distinção que funda toda a filosofia (a filosofia política em particular), a distinção entre razão e autoridade. Caso se submetesse à autoridade, a filosofia perderia o seu caráter e degeneraria em ideologia, em uma apologia de uma ordem social dada ou em vias de concretização.[91]

Pois bem, segundo Strauss, a descoberta da natureza ou da distinção fundamental entre natureza e convenção é a condição necessária para o aparecimento da ideia de direito natural. Mas não é sua condição suficiente, já que todo o direito poderia ser convencional. Esta era a ideia que, segundo Strauss, dominava antes de Sócrates. Ele chama esta tese de "convencionalismo".[92]

A partir de então, Strauss dedica algumas passagens a demonstrar, não apenas como o convencionalismo – entenda-se: a ideia de que não existe direito natural, mas apenas convenção humana – reforça a existência do direito natural, mas também a demonstrar que é bom e certo seguir a lei, seguir as convenções.

---

90. *Idem. Natural Right and History*. Chicago: The University of Chicago Press, 1953. p. 91-92.

91. STRAUSS, Leo. *Natural Right and History*. Chicago: The University of Chicago Press, 1953. p. 92.

92. *Ibidem*, p. 93.

O convencionalismo reforça a ideia de direito natural, na visão de Strauss, na medida em que todos os seus ataques a ele só fazem sentido quando pressupõem a sua existência. O argumento tradicional dos convencionalistas para negar o direito natural é dizer que as coisas justas variam de sociedade para sociedade. O direito natural, para fazer sentido, pressupõe, sim, que as coisas consideradas justas são invariáveis. Isso, contudo, segundo Strauss, não levava a crer na rejeição do direito natural, já que a variabilidade das coisas consideradas justas em diferentes sociedades não necessariamente demonstra que os princípios de direito são mutáveis. Demonstravam, isso sim, que as diferentes sociedades têm diferentes concepções de justiça ou de princípios de justiça. As concepções variáveis de justiça que o homem forma não demonstram que o direito natural não existe, nem que o direito natural seja irreconhecível. Pelo contrário, a variedade das concepções de justiça podia ser entendida como uma variedade de erros, o que não contradiz, mas antes pressupõe, a existência de uma verdade acerca da justiça.[93]

Ademais, outra objeção dos convencionalistas, que na verdade reforçaria a ideia de direito natural, diz que, quando se fala de direito natural, fica implícita a ideia de que os homens devem ter, *naturalmente*, dentro de si, o conhecimento dos princípios de justiça. E, se assim fosse, todos os homens deveriam estar de acordo quanto aos princípios de justiça. Logo, como não há esse acordo, não há um conhecimento natural no homem acerca da justiça e não há direito natural.[94]

Tal exigência parece ser irrazoável, começando pelo fato de que em várias coisas da natureza não há acordo universal. Assim, a existência do direito natural requer apenas que todos os homens normais cheguem a um acordo quanto aos princípios de justiça, de modo que a

93. *Ibidem*, p. 97-101.

94. *Ibidem*, p. 98.

ausência de acordo pode ser creditada à corrupção da natureza humana naqueles que ignoram os verdadeiros princípios. Tal ideia, entretanto, conduzirá à conclusão de que só os membros de uma sociedade particular, ou um pequeno grupo possa ser considerado normal. E isso significa que quem ensina o direito natural irá identificá-lo com as concepções de justiça que são valorizadas pela sua própria sociedade ou pela sua própria "civilização", de modo que ao falar de direito natural não fará nada mais do que reivindicar validade universal para os preconceitos do seu grupo. Assim, tudo indica que o direito natural tem de produzir sempre o mesmo efeito, e de forma persistente, pelo menos sobre a ideia humana de justiça. Mas não deixa de ser verdade que vemos as ideias humanas de justiça num estado de discordância e flutuação.[95]

Contudo, esse estado de discordância sobre o direito natural nos leva à, em princípio paradoxal, conclusão de que mesmo havendo este desacordo e essa flutuação sobre o direito natural, é justo seguir a convenção. Poder-se-ia dizer que este é o argumento decisivo do convencionalismo, na medida em que colocaria toda a justiça no comando da lei, portanto, na convenção. Ou seja, o justo é idêntico ao que os seres humanos estabelecem como legal, ou concordam em considerar como o legal (logo, o convencionado é o justo). Mas, após refletir, negam sua própria tese, dizendo que há leis que são injustas.[96]

Em suma, o que se diz é que os dados e os argumentos introduzidos pelo convencionalismo apenas reforçam a existência do direito natural, na medida em que são perfeitamente compatíveis com a possibilidade de existência do direito natural. Ou seja, ao ter a pretensão de negar o

95. *Ibidem*, p. 98-100.

96. STRAUSS, Leo. *Natural Right and History*. Chicago: The University of Chicago Press, 1953. p. 100-101.

direito natural, acabam por reforçá-lo, mesmo que seja bom e certo seguir as leis convencionadas.

Tendo em vista o reforço à ideia de direito natural que Strauss extrai do inimigo do direito natural, o foco da discussão sobre o direito natural passa a ser a lei, a convenção. Existe um caráter contraditório (paradoxal, usou-se acima) na lei: pretende ser algo bom e nobre, mas apresenta-se como a opinião comum da cidade, da multidão e, enquanto tal, não necessariamente é boa ou nobre, pelo contrário, pode ser obra da loucura.[97] Então, por que segui-la? Efetivamente há algo de bom e nobre na lei? Há algum elemento de verdade nessa pretensão?

A lei apresenta a si mesma como garantia do bem comum. Mas o bem comum é exatamente aquilo que se quer dizer quando se menciona o "justo", logo as leis são justas na medida em que promovem o bem comum. Agora, se o justo é idêntico ao bem comum, então o justo ou o que é reto não pode ser convencional, pois as leis não podem transformar o que é ruim para uma comunidade em bom, ou o que é bom em ruim: é a natureza das coisas (e não a convenção) que determina em cada caso o que é justo.[98]

Isso implica que o que é justo pode muito bem variar de cidade para cidade e de uma época para outra, pois a diversidade das coisas justas é não só compatível com o princípio de justiça e com a identificação do justo com o bem comum, mas é sua consequência. Assim, determinar o que é justo em cada caso é função da arte ou da habilidade política (assim como o médico que determina o que é, em cada caso, saudável ou bom para o corpo humano).[99]

---

97. *Ibidem*, p. 101.

98. *Ibidem*, p. 101-102.

99. *Ibidem*, p. 102.

Entretanto, o convencionalismo, segundo Strauss, evita esta consequência ao negar que exista um verdadeiro bem comum. Para os convencionalistas, o que se chama bem comum é, na verdade, apenas o bem de quem governa, de uma parte, e não do todo, de modo que a seção governante se ocupa apenas do seu próprio interesse, por meio das leis (e, no discurso, diz que essas leis autointeressadas são boas para todos). Para eles, a própria unidade da cidade parece ser convencional, pois o que é natural realiza-se e existe sem violência, e a cidade se assentaria justamente na violência, na compulsão e na coerção. A diferença entre cidadãos e não cidadãos é convencional (pois é a lei que diz quem é cidadão e quem não é) e não natural.[100] Há uma diferença entre direito e política.

Daí é que se tira a ideia de que o bem "comum" é, de fato, apenas o interesse de uma parte. Se a cidade é convencional, então o bem comum é convencional, e assim se demonstraria que o direito ou a justiça é convencional.[101]

Entendida desse modo, a justiça convencional é essencial à preservação da cidade. Mas também é um requisito da preservação de um bando de ladrões: o bando não duraria um dia se seus membros não respeitassem essa ideia de justiça. Se se pode dizer que a justiça dos ladrões está sendo usada para uma injustiça gritante, não se pode dizer que a da cidade também está? Ora, se a cidade não é um todo genuíno (como defendido no argumento dos convencionalistas narrado por Strauss), então aquilo a que se chama o bem do "todo", ou o justo, por oposição ao injusto ou ao egoísmo, é, de fato, apenas a exigência de um egoísmo coletivo; e não há qualquer razão para que o egoísmo coletivo seja mais respeitável do que o egoísmo do indivíduo.[102]

---

100. *Ibidem*, p. 102-103.

101. *Ibidem*, p. 104-105.

102. STRAUSS, Leo. *Natural Right and History*. Chicago: The University of Chicago Press, 1953. p. 105-106.

Strauss está mostrando, nos termos dos defensores da ideia de direito natural, que a visão dos convencionalistas fornece, sim, uma ideia de justiça; mas uma ideia sem nenhuma raiz na ideia de natureza. O bem comum, nesse sentido, seria apenas o interesse egoísta de uma coletividade, que decorre do egoísmo dos seus próprios membros individuais.[103]

O ponto é que o convencionalismo pretende ser compatível com a ideia de que a cidade e o direito são úteis para o indivíduo, na medida em que entende ser o indivíduo demasiado fraco para viver bem sem o auxílio dos outros, gozando de uma situação muito melhor na sociedade civil. Porém, isso não quer dizer que seja natural (uma muleta é útil, mas não é natural).[104]

Justamente por isso que Strauss insiste, ainda no começo da discussão, na afirmação de que para que se chegue a uma distinção clara entre o convencional e o natural, é preciso regressar ao período da vida do indivíduo que antecede a convenção, é preciso regressar às origens. Assim a questão da origem do direito converte-se na questão da origem da sociedade. Que, por sua vez, levanta o problema da espécie humana. Que também conduz à questão da condição originária do homem.[105]

Modernamente a questão que importa é a origem do Estado (o que é, para Strauss, consequência da rejeição da natureza como padrão). Todavia, do ponto de vista dos antigos, a questão das origens tem uma importância decisiva porque a resposta correta a este problema clarifica o estatuto, a dignidade, da sociedade civil e do direito. A investigação das origens ou da gênese da sociedade civil, ou do que é correto ou incorreto, é justificada pelo propósito de

---

103. *Ibidem*, p. 106-107.

104. *Ibidem*, p. 107.

105. *Ibidem*, p. 95.

saber se o fundamento da sociedade civil, e do que é correto e incorreto, é a natureza ou apenas a convenção.[106]

Não há dúvidas de que, tanto para os convencionalistas, quanto para os defensores do direito natural, a cidade e o direito são benéficos. Mas estarão isentos de grandes inconvenientes? Desse ponto de vista é inevitável o conflito entre o interesse do indivíduo e as exigências da cidade ou do direito e a cidade não poderá resolver esse conflito senão pela declaração de que a cidade e o direito gozam de uma dignidade superior à do interesse individual ou que são sagrados. Tal pretensão, que é inerente à essência da cidade e do direito, é uma ficção para os convencionalistas.[107]

Portanto, o cerne do argumento convencionalista descrito por Strauss é que o direito é convencional porque resulta por essência da cidade, e a cidade é convencional. Assim, o próprio Strauss afasta sua primeira impressão sobre a posição do convencionalismo, ele não afirma que o significado do direito ou da justiça é *arbitrário*, ou que não existe acordo universal de qualquer espécie a respeito do direito ou da justiça; mas pressupõe que todos os homens entendem por justiça fundamentalmente a mesma coisa: não causar danos a outrem, ajudar os outros, estar preocupado com o bem comum.[108]

Desse modo, se não é por dizer que o direito é pura e simplesmente arbitrário, o convencionalismo rejeita o direito natural por outras razões: a justiça está inevitavelmente em tensão com o desejo natural de cada um, que se dirige unicamente para o bem próprio; as exigências da justiça se limitam aos membros da cidade, isto é, de uma unidade convencional (e, assim, o que se chama de "direito natural" seria válido apenas para os membros de um grupo

106. *Ibidem*, p. 96.

107. *Ibidem*, p. 107.

108. *Ibidem*, p. 107-108.

particular e que não universalmente válidas, nem mesmo para as relações no interior do grupo); e o que se entende por direito ou por justiça precisa de uma especificação, e esta só é dada pela convenção.[109]

Enfim, uma vez que a natureza foi compreendida em contraposição à lei ou à convenção, tornou-se possível e necessária a pergunta: as coisas políticas são naturais? E se forem, em que medida?.[110]

O simples fato de se levantar a pergunta já implica na resposta de que as leis não são naturais: perguntar pressupõe a aceitação do caráter convencional da lei. Mas a obediência à lei geralmente é considerada justa. Assim, a pergunta logo mudou o foco para a justiça. É a justiça meramente convencional, ou existem coisas que são por natureza justas? As leis são meramente convencionais, ou elas possuem alguma raiz na natureza?[111]

Nas tentativas de responder a essas perguntas foi pressuposto que há coisas que são, por natureza, boas para homem enquanto homem. O ponto, portanto, diz respeito à relação do que é por natureza bom para o homem, de um lado; e do que é justo ou certo do outro lado. Dito de modo simples: todo o direito é convencional ou existe algum direito natural? As duas respostas foram analisadas e desenvolvidas primeiramente por Sócrates, o fundador da filosofia política.[112]

Todo o embate entre convenção e natureza é um embate entre a política e a filosofia. É a representação da tensão entre teoria e prática e é o tema recorrente na obra de Strauss. Sócrates é o elo entre filosofia e sociedade.

---

109. STRAUSS, Leo. *Natural Right and History*. Chicago: The University of Chicago Press, 1953. p. 108.

110. *Idem*; CROPSEY, Joseph (edits). *History of Political Philosophy*. Third Edition. Chicago: The University of Chicago Press, 1987. p. 3.

111. *Ibidem*, p. 3-04.

112. *Ibidem*, p. 120; STRAUSS, *op. cit.*, p. 2-4.

2.2 Sócrates enquanto fundador da filosofia política clássica

As ideias de Strauss devem ser compreendidas em vista da crise da modernidade,[113] crise esta gerada justamente pela perda de concepções provenientes da filosofia política clássica. Assim, quando fala em "direito natural clássico", Strauss está a se referir às ideias inauguradas por Sócrates, e levadas a cabo por Platão e Aristóteles[114] – mas deve-se notar que ele reconhece, como continuadores desta tradição, os estoicos e os pensadores cristãos, em especial Tomás de Aquino.

Para Strauss, Sócrates foi nada menos do que o fundador da filosofia política, pois trouxe a filosofia dos céus para investigar a vida e os usos, as coisas boas e más. Consequentemente, foi Sócrates quem deu origem a toda tradição do direito natural.[115] Esta é uma das mais importantes afirmações de Strauss.[116] Com ela em vista é possível compreender não apenas o seu projeto político e o seu projeto filosófico, mas toda a sua obra. Sócrates é o primeiro homem teórico, a encarnação do espírito da verdadeira ciência, radicalmente longe da arte e da música, o protótipo do racionalismo.[117] Ele não foi, contudo, o primeiro filósofo. Como visto, a filosofia política foi precedida pela filosofia.

---

113. COLETTO, Bruno Irion. Sobre a modernidade: a compreensão crítica de Leo Strauss *(no prelo)*. 2023b. Aceito para publicação em periódico.

114. STRAUSS, Leo. *Natural Right and History*. Chicago: The University of Chicago Press, 1953. p. 120.

115. *Ibidem*, p. 120; *Idem*. *The City and Man*. Chicago: The University of Chicago Press, 1964. p. 13-18 e STRAUSS, Leo; CROPSEY, Joseph (edits). *History of Political Philosophy*. Third Edition. Chicago: The University of Chicago Press, 1987. p. 1-02.

116. LOWENTHAL, David. Leo Strauss's Studies in Platonic Political Philosophy. *Interpretation: A Journal of Political Philosophy*, v. 13, n. 3, set. 1985, p. 308.

117. STRAUSS, Leo. The Problem of Socrates. Edited by BOLOTIN, David; BRUELL, Christopher; PANGLE, Thomas L. *Interpretation: A Journal of Political Philosophy*, v. 22, n. 3, Spring, 1995b. p. 323.

O primeiro filósofo foi o primeiro a se questionar em busca da natureza de todas as coisas. Sócrates questionou a *natureza das coisas políticas*. Assim, buscou transcender a caverna, transcender a convenção. O historicismo (apontado por Strauss como um dos ataques à filosofia política na modernidade), tem uma base no convencionalismo, na medida em que, ao fixar o foco apenas no sentido histórico de cada sociedade particular, ele se limita ao que ocorre dentro da caverna. O filósofo político transcende o *ethos*, enquanto o historicista moderno se limita a ele.[118] Por isso é que Sócrates é o fundador da filosofia política: ele fez a filosofia questionar o *ethos*, na busca do natural.

Mas o que significa dizer que Sócrates foi o fundador da filosofia política? Ele não escreveu nenhum livro. De acordo com os relatos, ele afastou-se do estudo das coisas divinas e das coisas naturais para se dedicar apenas ao estudo das coisas humanas (as coisas justas, as coisas nobres, e as coisas boas para o homem enquanto homem).[119] Não haveria aqui uma contradição? Filosofia não é o estudo de todas as coisas? Como, então, o estudo de "apenas" as coisas humanas pode ser filosofia política?

Ao que parece, opina Strauss, Sócrates deixou o estudo das coisas divinas justamente em função de sua piedade: os deuses não aprovavam o estudo das coisas divinas, não gostavam do homem procurando aquilo que eles não desejam revelar: um homem piedoso se limita a investigar as coisas deixadas à investigação humana, se limita às coisas humanas.[120]

---

118. *Ibidem*, p. 326.

119. *Idem*. *The City and Man*. Chicago: The University of Chicago Press, 1964. p. 13 e STRAUSS, Leo; CROPSEY, Joseph (edits). *History of Political Philosophy*. Third Edition. Chicago: The University of Chicago Press, 1987. p. 4.

120. *Ibidem*, p. 4.

Strauss almejava, como vimos anteriormente, compreender os clássicos da forma como eles se compreendiam. Assim, tenta escrutinar um sentido nos textos clássicos que não é normalmente alcançado pelos leitores modernos. Os modernos, ao estudar os textos relevantes sobre os ensinamentos de Sócrates, inevitavelmente chegam à conclusão de que ele se limitava a estudar as coisas humanas, afastando-se do estudo das coisas da natureza. Ou seja, o moderno pensa que Sócrates se recusou a olhar para as coisas humanas do ponto de vista de distinção entre convenção e natureza, na medida em que teria identificado o justo com o legal, a lei com a natureza.[121]

Strauss, contudo, pensa não ser essa a melhor interpretação da ideia de direito natural clássico. Para ele, em Sócrates (assim como em Platão e Aristóteles), a distinção entre natureza e convenção permanece de fundamental importância para o direito natural clássico.

Sócrates é o autor de uma virada na filosofia, uma guinada em direção "às coisas humanas".[122] Mas é que, implícita a essa virada, estava a compreensão das coisas divinas e das coisas naturais: é impossível apreender o caráter específico das coisas humanas enquanto tais sem aprender a distinção entre as coisas humanas e as coisas que não são humanas, isto é, as coisas divinas ou naturais. Ao distinguir, também se estuda o que está sendo distinguido. Logo, o estudo socrático das coisas humanas, então, era um estudo englobante de "todas as coisas", e não apenas das humanas, como pode parecer a uma primeira vista.[123]

---

121. *Idem. Natural Right and History*. Chicago: The University of Chicago Press, 1953. p. 120-121.

122. *Idem. The City and Man*. Chicago: The University of Chicago Press, 1964. p. 13-14.

123. *Idem. Natural Right and History*. Chicago: The University of Chicago Press, 1953. p. 120 – 122.

Portanto, contrariamente ao que parece, a virada socrática para o estudo das coisas humanas apoiava-se, não na desconsideração das coisas divinas ou naturais, mas numa nova abordagem à compreensão de todas as coisas. É uma ciência do todo, que estuda o todo por meio das partes: compreender o todo significa compreender todas as partes do todo, ou a articulação do todo. Dessa forma, compreender o todo já não significa apenas compreender a sua totalidade, ou as suas raízes, ou o cosmos, ou que o transformou o caos em cosmos, mas significa compreender a unidade que se revela na articulação manifesta do todo na sua integridade.[124]

Essa nova postura trazida por Sócrates introduziu um retorno à sobriedade, à moderação. Pode-se dizer, ao senso comum.[125] A questão colocada por Sócrates ("o que é, ou o que são as coisas?") visa ao que é visível para todos sem grande esforço, à superfície das coisas, de modo que o ponto de partida será, não o que é primeiro em si mesmo ou por natureza, mas o que é primeiro para nós, o que chega primeiro aos nossos olhos, ou seja, aos fenômenos.[126]

O ser das coisas chega primeiro aos nossos olhos, não no que vemos nelas, mas no que se diz sobre elas, ou seja, nas *opiniões* acerca delas. Assim, para compreender a natureza das coisas, Sócrates partia das opiniões sobre os fenômenos, pois toda a opinião se baseia numa tomada de consciência. Ele deixava implícito que desconsiderar as opiniões acerca das naturezas das coisas equivalia a renunciar ao mais importante acesso à realidade, ou aos mais importantes vestígios da verdade que estão ao nosso

---

124. STRAUSS, Leo. *Natural Right and History*. Chicago: The University of Chicago Press, 1953. p. 122-123.
Ibidem, p. 122-123.
Ibidem, p. 122-123.

125. *Idem*. *The City and Man*. Chicago: The University of Chicago Press, 1964. p. 12.

126. STRAUSS, *op. cit.*, p. 123-124.

alcance. Duvidar universalmente de todas as opiniões conduzir-nos-ia a um vazio. Logo, a filosofia política inaugurada por ele consistia justamente em partir do mundo da opinião rumo ao mundo do conhecimento ou da verdade, num movimento de ascensão orientado pelas opiniões.[127]

Nesse sentido, as melhores opiniões são sancionadas pela cidade como leis, a mais solene convenção. Mas opiniões se contradizem. Assim se torna necessário transcender a esfera das opiniões em direção ao conhecimento. Mesmo a mais autorizada opinião é apenas uma opinião, de modo que Sócrates se via compelido a ir das convenções ou da lei até a natureza, se via compelido a ascender da lei até a natureza.[128]

É isso que ele tinha em mente quando chamava a dialética à filosofia. Aliás, a dialética, diz o próprio Strauss, é uma ideia chave, pois é uma nova forma de questionar.[129] As diferentes opiniões sobre as coisas são contraditórias, e ao se reconhecer as contradições, se é forçado a ir além das opiniões, rumando a uma concepção coerente da natureza das coisas em questão. As opiniões, assim, são vistas como fragmentos da verdade. Torna-se possível compreender por que é que a diversidade de opiniões sobre o direito ou sobre a justiça não é só compatível com a existência do direito natural ou com a ideia de justiça, como é uma de suas condições: o consentimento sobre o direito ou sobre a justiça precisa ser apenas potencial.[130]

---

127. *Ibidem*, p. 124.

128. STRAUSS, Leo; CROPSEY, Joseph (edits). *History of Political Philosophy*. Third Edition. Chicago: The University of Chicago Press, 1987. p. 4.

129. *Idem*. The Problem of Socrates. Edited by BOLOTIN, David; BRUELL, Christopher; PANGLE, Thomas L. *In: Interpretation: A Journal of Political Philosophy*. Volume 22, n. 3, Spring, 1995b. p. 322.

130. *Idem*. *Natural Right and History*. Chicago: The University of Chicago Press, 1953. p. 124-125.

Precisamente pelo fato de que as leis humanas não são idênticas à natureza, elas não são necessariamente justas ou verdadeiras: apenas o direito natural, a justiça, a ideia ou a forma da justiça é que são verdadeiramente justas. Isso não significa, contudo, que a lei humana, a lei da cidade, não seja obrigatória. Pelo contrário, o homem deve se sujeitar às leis da cidade, desde que tenha o direito de emigrar com a sua propriedade, ou seja, desde que a sua sujeição às leis da sua cidade tenha sido voluntária. A razão precisa pela qual Sócrates é o fundador da filosofia política aparece, portanto, quando se considera o caráter dos questionamentos que ele tratava em suas conversas. Ele levantava a questão "o que é?" sobre qualquer coisa. Essa pergunta objetiva trazer à luz a natureza do tipo de coisa em questão, é uma pergunta sobre a natureza das coisas.[131]

Sócrates parece ter levado o conceito de natureza mais a sério do que seus predecessores. Ele percebeu que natureza é primeiramente uma forma ou uma ideia. Ele pressupunha que o conhecimento sobre o todo é, sobretudo, conhecimento sobre o caráter, sobre a característica, sobre a forma, sobre o essencial de cada parte do todo. E se o todo consiste em diferentes partes, é possível que as coisas políticas (as coisas humanas) sejam essencialmente diferentes das coisas não políticas: assim as coisas políticas formam uma classe por si mesma e que pode ser estudada por si mesma.[132]

A descoberta da natureza e a inauguração do debate sobre o melhor regime inaugurada por Sócrates precisam ser relacionadas para que se compreenda o projeto metodológico de Strauss acerca da ideia de direito natural clássico. Essa relação é o tema que segue e que dá o fechamento da sua proposta hermenêutica acerca do direito natural clássico.

---

131. STRAUSS, Leo; CROPSEY, Joseph (edits). *History of Political Philosophy*. Third Edition. Chicago: The University of Chicago Press, 1987. p. 5.

132. *Ibidem*, p. 5.

1.3 O melhor regime conforme o direito natural na filosofia política clássica

Strauss relata que um dos aspectos essenciais do ensinamento do direito natural clássico consiste na crítica ao hedonismo.[133] Entretanto, segundo a tese dos clássicos defensores da ideia de direito natural, o bem é essencialmente diferente do prazer, o bem é mais fundamental do que o prazer.[134]

A questão é determinar o que é por natureza bom para o homem. Para tanto é preciso determinar o que é a natureza do homem ou a constituição natural do homem. Segundo Strauss, é a ordem hierárquica da constituição natural do homem que fornece o fundamento do direito natural tal como os clássicos o entendiam. Desse modo, a vida boa é a vida conforme a ordem natural do ser do homem. É a perfeição da natureza humana. É a vida conforme a natureza. Pode-se, então, chamar de "lei natural" as regras que circunscrevem o caráter geral da vida boa. A vida de acordo com a natureza é a vida da excelência ou da virtude humanas, é a vida de uma pessoa de classe superior, e não a vida do prazer pelo prazer.[135]

Contudo, como admite o próprio Strauss, a vida boa, de acordo com a natureza, até poderia ser sustentada em termos hedonistas: a nobreza de caráter seria boa porque conduzia a uma vida de prazer. Neste caso, entretanto, a nobreza de caráter seria serva do prazer (e não boa em si mesma), motivo pelo qual os clássicos protestaram contra esta visão. Nesse sentido, pode-se dizer que a lógica

---

133. Em passagem anterior, ele havia identificado o hedonismo com o convencionalismo, de modo que o ataque dos clássicos ao hedonismo é uma defesa da ideia de direito natural (STRAUSS, Leo. *Natural Right and History*. Chicago: The University of Chicago Press, 1953. p. 108-119).

134. *Ibidem*, p. 126.

135. *Ibidem*, p. 127.

hedonista não consegue explicar o fenômeno de admiração da excelência humana.[136]

A doutrina do direito natural clássico assume o pressuposto de que o homem é por natureza social. É constituído de tal forma que não pode viver, ou viver bem, se não tiver com outros. A sua sociabilidade não procede de um prévio cálculo de prazeres; ao contrário, ele retira prazer da associação porque é por natureza social. Assim é que, a sociabilidade do homem é a base do direito natural no sentido estrito da expressão direito. É por ser naturalmente social que a perfeição da sua natureza inclui a virtude social por excelência, a justiça. Logo, a justiça e o direito são naturais.[137]

Não há uma relação do homem com o homem em que este esteja absolutamente livre para agir como lhe apetece ou como lhe convém. E todos os homens estão de algum modo conscientes desse fato. Ou seja, em virtude da sua racionalidade, o homem tem uma gama de alternativas como nenhum outro ser. A consciência dessa abundância de alternativas, dessa liberdade, é acompanhada pela consciência de que o exercício pleno e irrestrito dessa liberdade não é correto: a liberdade do homem é acompanhada por uma reverência sagrada, por uma espécie de pressentimento de que nem tudo é permitido. A isso podemos chamar "consciência natural do homem". A contenção é, portanto, tão natural ou imediata como a liberdade.[138]

Além disso, Strauss também pontua a importância da cidade. O homem não pode alcançar a sua perfeição senão em sociedade. Esta (a *cidade*, na visão dos clássicos) é uma sociedade fechada, uma "sociedade exígua". A *Polis* é uma

136. *Ibidem*, p. 128.

137. STRAUSS, Leo. *Natural Right and History*. Chicago: The University of Chicago Press, 1953. p. 129.

138. *Ibidem*, p. 130.

sociedade na qual todos se conhecem uns aos outros, onde há confiança recíproca. Só em uma sociedade suficientemente pequena para permitir a confiança recíproca possibilita a responsabilidade mútua e a supervisão recíproca – uma supervisão das ações ou das maneiras é indispensável para a sociedade que se ocupa da perfeição dos seus membros. As fronteiras da cidade coincidem com o alcance da preocupação ativa do homem com indivíduos que não são anônimos.[139]

Então, se a contenção é tão natural ao homem quanto a liberdade, não se pode dizer que uma sociedade convencional é contrária à natureza por ser coercitiva. A justiça e a coerção não se excluem mutuamente; na verdade, para Strauss, não é inteiramente errado descrever a justiça como uma espécie de coerção.[140]

A realização plena da humanidade pareceria, então, consistir, não numa pertença *passiva* à sociedade civil, mas na *atividade* devidamente orientada do estadista, do legislador ou do fundador. A preocupação séria com a perfeição da comunidade exige um grau mais elevado de virtude do que a preocupação séria com a perfeição do indivíduo. A política é o domínio em que a excelência humana se pode manifestar em toda a sua plenitude. Todas as formas de excelência dependem, de certa forma, do seu cultivo apropriado. A atividade política é, pois, devidamente orientada se tiver como finalidade a perfeição humana ou a virtude: a cidade não tem outro fim senão o indivíduo. Ela é necessariamente diferente de um bando de ladrões porque não é um mero órgão, não é uma mera expressão do egoísmo coletivo. Como o fim último da cidade é o mesmo que o do indivíduo, o fim da cidade não é a guerra, nem a conquista, mas a atividade pacífica em conformidade com a dignidade do homem.[141]

---

139. *Ibidem*, p. 130-131.

140. *Ibidem*, p. 132-133.

141. *Ibidem*, p. 133-134.

Como consequência, para alcançar a sua plenitude o homem tem que viver na melhor das sociedades, na sociedade que o conduza para a excelência humana. Os clássicos a chamavam de *politeia*. Strauss alerta que o termo normalmente é traduzido por "constituição". Mas ressalva que quando os modernos usam o termo "constituição" em um contexto político, referem-se quase inevitavelmente a um fenômeno legal (lei fundamental do país). Porém, *politeia* não é um fenômeno legal: os clássicos usavam o termo por *contraposição* a "*leis*", e não como "*lei* fundamental". A *politeia*, portanto, é mais fundamental do que quaisquer leis; é a *fonte* de todas as leis. Logo, refere-se muito mais à organização factual dos seres humanos na sua relação com o poder político, do que a uma relação institucional ou legal.[142] *Politeia* significa, assim, mais o *modo de vida* de uma sociedade do que a sua lei fundamental.

Strauss afirma que a utilização da expressão "constituição" para traduzir *politeia* – preterindo-se "modo de vida de uma sociedade" – não se trata de um mero acidente. Isso porque, quando se fala em "constituição" pensa-se no "governo"; mas não se pensa necessariamente no "governo" quando se usa "modo de vida de uma sociedade". Quando falavam de *politeia* os clássicos pensavam no modo de vida de uma comunidade justamente *na medida em que era essencialmente determinado pela sua "forma de governo"*. Assim é que a melhor tradução para *politeia*, segundo Strauss, é "**regime**" (em uma acepção mais alargada do termo, do mesmo modo quando usamos, por exemplo, em *Ancien Régime*).[143]

Assim, identificando o "regime" com o "modo de vida de uma sociedade", temos que o título desta seção, poderia

142. STRAUSS, Leo. *Natural Right and History*. Chicago: The University of Chicago Press, 1953. p. 135-136.

143. *Ibidem*, p. 136-137; *Idem*. *The City and Man*. Chicago: The University of Chicago Press, 1964. p. 45.

ser apresentado não mais como "*o melhor regime conforme o direito natural*", mas sim como "o melhor modo de vida conforme o direito natural". Isso é o que Strauss buscava identificar na filosofia política clássica: um modo de vida, um "*way of life*", que fizesse frente aos becos da modernidade. Ele estava plenamente ciente dos limites do liberalismo moderno, e que as ideias clássicas não eram aplicáveis apenas à *Polis*, mas à *politeia*, ou seja, ao regime. Assim sendo, serviam para responder aos problemas do seu tempo.[144] Esse era o seu projeto.

Para Strauss, na modernidade – e por isso a sua crítica – a importância central dos fenômenos que se chamam "regimes" dissipou-se. Hoje, o melhor regime chamar-se-ia de "regime ideal", ou simplesmente "ideal". Mas, para ele, a palavra moderna "ideal" veicula um conjunto de conotações que impede a compreensão do que os clássicos entendiam por "melhor regime". O melhor regime é o objeto da aspiração ou das preces de todos: aos olhos da filosofia política clássica, o melhor regime é o objeto da aspiração ou das preces, tal como esse objeto é interpretado pelo filósofo. Ele não apenas é muitíssimo desejado, como é perfeitamente *exequível*: o melhor regime é desejável e exequível porque é conforme a natureza.[145]

Porém, sua realização é muito difícil, já que o homem não controla as condições de sua realização – lembre-se, aqui, a descrição que Strauss faz de Maquiavel e da inauguração da modernidade, em que o acaso poderia ser dominado pelo homem extraordinário.[146] Talvez o melhor re-

---

144. OULAHBIB, Lucien. Why Leo Strauss Matters Today. *In: Interpretation: A Journal of Political Philosophy*. Volume 39, n. 3, Fall, 2012. p. 290.

145. STRAUSS, *op. cit.*, p. 138-139.

146. *Idem*. The Three Waves of Modernity. *In:* STRAUSS, Leo. An Introduction to Political Philosophy: Ten Essays by Leo Strauss (edited with an introduction by Hilail Gildin). Detroit: Wayne State University Press, 1989. p. 84-87; STRAUSS, Leo. *What is Political Philosophy? And other studies*. Chicago: The University of Chicago Press, 1988a. p. 41.

gime nunca tenha existido e pode nunca vir a existir. Ele só é possível nas condições favoráveis. Em condições mais ou menos desfavoráveis só os regimes mais ou menos perfeitos são possíveis e, consequentemente, legítimos. Assim, na filosofia política clássica, há apenas um melhor regime, mas há vários regimes legítimos.[147]

Dessa forma, é apenas uma "versão diluída" da ordem política baseada no direito natural que pode ser razoavelmente esperada.[148] A vida política não é a vida do filósofo, não é a vida perfeita. Ela é contingente. Ela é a vida dentro da sociedade, de modo que o legitimador não é a "justiça", ou o direito natural, em abstrato; mas sim em concreto, o justo político, o justo da forma como compreendida pela sociedade.[149] Exatamente por isso que Strauss esclarece sua interpretação dos clássicos, a qual crê que eles defendiam a aristocracia, o governo dos sábios, dos melhores, como sendo efetivamente o melhor regime. Isso porque, segundo Strauss, não faria sentido aos clássicos submeter o governo dos sábios à escolha dos insensatos, ou ao consentimento, pois isso equivaleria a sujeitar o que é por natureza superior ao controle do que é inferior. Apenas o homem sábio, o filósofo, poderia ser verdadeiramente justo.[150] Os poucos homens sábios, contudo, sabem que não podem governar os muitos insensatos, a massa, pela força, de modo que a multidão tem de reconhecer os sábios enquanto sábios e obedecer-lhes livremente. Contudo, é extraordinariamente improvável que se reúnam as condições para o governo dos

---

147. *Idem. Natural Right and History*. Chicago: The University of Chicago Press, 1953. p. 139-140.

148. *Idem. Studies in Platonic Political Philosophy*. With an Introduction by Thomas L. Pangle. Chicago: The University of Chicago Press, 1983. p. 139.

149. STRAUSS, Leo. *The City and Man*. Chicago: The University of Chicago Press, 1964. p. 48.

150. *Idem. Studies in Platonic Political Philosophy*. With an Introduction by Thomas L. Pangle. Chicago: The University of Chicago Press, 1983. p. 139.

sábios. É mais provável que um homem insensato, fazendo apelo ao direito natural e acatando os desejos mais vis da multidão a persuada: as possibilidades da tirania são mais fortes do que as do governo dos sábios.[151]

Desse modo, o governo dos sábios tem de ser condicionado pelo requisito do consentimento, tem que ser diluído na forma que cada um na sociedade merece:[152] a cidade perfeita só existiria em discurso.[153] O problema político reside, portanto, em reconciliar o requisito da sabedoria com o requisito do consentimento.[154]

Para os clássicos, a melhor maneira de conciliar estes requisitos tão radicalmente diferentes seria ter um legislador sábio que elaborasse um código sobre o qual o conjunto de cidadãos, devidamente persuadidos, desse a sua livre aprovação:[155] e é aqui que o governo das leis toma o lugar do governo dos homens.

A administração da lei tem de ser confiada a um tipo de homem de quem se espera que atue com equidade, isto é, segundo o espírito do legislador sábio, ou que complete a lei de acordo com as exigências das circunstâncias que o legislador não poderia ter previsto. Esse homem é o gentil-homem. Ele não é o sábio, mas o reflexo político do sábio, a sua imagem.[156] Partilha com os sábios a condescendência com muitas coisas que são altamente estimadas; difere dos

151. *Idem. Natural Right and History*. Chicago: The University of Chicago Press, 1953. p. 140-142.

152. *Idem. Studies in Platonic Political Philosophy*. With an Introduction by Thomas L. Pangle. Chicago: The University of Chicago Press, 1983. p. 1983.

153. *Idem. Persecution and the art of writing*. Chicago: The University of Chicago Press, 1988b, p. 15.

154. *Idem. Natural Right and History*. Chicago: The University of Chicago Press, 1953. p. 141.

155. *Ibidem*, p. 141.

156. *Idem. Liberalism Ancient and Modern*. Foreword by Allan Bloom. Chicago: The University of Chicago Press, 1995a. p. 14.

sábios porque têm desprezo nobre pela exatidão, porque recusa conhecer certos aspectos da vida, e porque, para poder viver como gentil-homem, precisa de riquezas.[157]

O melhor regime, então, será uma república em que a nobreza fundiária (patrícios urbanos, de boas maneiras, com espírito cívico, obedecendo às leis e completando-as, governando e sendo governado alternadamente) predomina e dá à sociedade o seu caráter. Os clássicos esboçaram ou recomendaram várias instituições para tanto. A mais influente foi a do regime misto,[158] uma aristocracia fortalecida e protegida pelo acrescentamento de instituições monárquicas ou democráticas.[159]

CONCLUSÃO

A tese de Strauss pode ser expressada da seguinte forma: a doutrina do direito natural clássico é idêntica à doutrina do melhor regime, pois há um caráter essencialmente político na doutrina do direito natural clássico. A resposta à pergunta "o que é por natureza reto?", ou "o que é a justiça?" só encontra sua resposta completa na elaboração com palavras do melhor regime.[160] O modo de vida adequado, o modo de vida conforme a natureza do ser humano, só pode ser entendida, para Strauss, em uma hermenêutica do direito natural clássico.

---

157. *Idem. Natural Right and History.* Chicago: The University of Chicago Press, 1953. p. 142.

158. Tivemos oportunidade de explorar a tradição republicana em nossa tese doutoral (COLETTO, Bruno I. *Entre instituições e virtudes:* as condições da constituição republicana. Tese de Doutorado em Direito. Faculdade de Direito, Universidade Federal do Rio Grande do Sul, 2022).

159. STRAUSS, Leo. *Natural Right and History.* Chicago: The University of Chicago Press, 1953. p. 142-143.

160. *Ibidem*, p. 144.

O debate acerca do melhor regime que sempre envolveu um embate entre o ideal do governo das leis em detrimento do governo dos homens segue sendo o debate central da filosofia política. Na visão de Strauss, tal debate está intrinsecamente conectado com a própria ideia de direito natural. A discussão não prescinde de uma consideração sobre o justo político, ou seja, sobre o próprio direito. Contemporaneamente, o aplicador do direito, inserido em um regime específico e concreto, inegavelmente exerce uma parcela do poder político, mantendo no horizonte e, também, conformando o justo político. O que ele faz aplicando o direito, em boa medida, afirma o regime e o modo de vida de determinada comunidade.[161] É expressão de seu caráter enquanto povo. Em outras palavras, poderíamos dizer que é expressão de uma cultura.

Strauss nos recorda que "a tirania é um risco coetâneo à vida política".[162] A tradição do direito natural demanda uma consideração sobre o poder e o regime político de determinada comunidade. Strauss nos mostra como a consideração política está integrada com a própria ideia de direito natural. Será que um mundo neoconstitucionalista permite um debate formatado na terminologia da busca do "melhor regime"? Há, entre nós, um governo das leis, ou vivemos na sina de estarmos submetidos ao governo de (alguns) homens?

REFERÊNCIAS

ARISTOTLE. *The Complete Works of Aristotle*. The Revised Oxford Translation. Organized by Jonathan Barnes. Volume Two. Princeton: Princeton University Press, 1995.

161. Esta ideia também tem sido desenvolvida por Pedro Moreira, que também escreve neste volume, e chegou a abordá-la nas discussões do II Seminário de Filosofia do Direito do Instituto Ives Gandra, de modo que devo a ele a relação entre aplicação do direito e afirmação do regime.

162. STRAUSS, Leo. *On Tyranny*. Revised and Expanded Edition. Including the Strauss-Kojève Correspondence. Edited by Victor Gourevitch and Michael S. Roth. Chicago: The University of Chicago Press, 2000. p. 22.

AQUINAS. *Political Writings*. Edited and Translated by R. W. Dyson. 7th printing. Cambridge: Cambridge University Press, 2010.

BEHNEGAR, Nasser. Reading What is Political Philosophy?. *Perspectives on Political Science*, Volume 39, n. 2, April-June, p. 66-71, 2010.

BOLOTIN, David. Leo Strauss and Classical Political Philosophy. *Interpretation: A Journal of Political Philosophy*. Volume 22, n. 1, Fall, 1994, p. 129-142.

CICERO. *On The Republic, On The Laws*. Translated by Clinton W. Keyes. Cambridge: Loeb Classical Library, 2006.

COLETTO, Bruno I. O Conceito do Político e a Possibilidade da Filosofia Política na Modernidade: uma Leitura Crítica de Carl Schmitt por Leo Strauss. *Cadernos do Programa de Pós-Graduação em Direito PPGDir./UFRGS* 8, n. 1, p. 281-317, 2013.

COLETTO, Bruno I. *Entre instituições e virtudes:* as condições da constituição republicana. Tese (Doutorado em Direito) – Faculdade de Direito, Universidade Federal do Rio Grande do Sul, 2022.

COLETTO, Bruno Irion. A metodologia de Leo Strauss enquanto arte de ler e a redescoberta da esquecida arte de escrever *(no prelo)*. Aceito para publicação em periódico, 2023a.

COLETTO, Bruno Irion. Sobre a modernidade: a compreensão crítica de Leo Strauss *(no prelo)*. Aceito para publicação em periódico, 2023b.

DWORKIN, Ronald. *O direito da liberdade:* a leitura moral da Constituição norte-americana. Tradução Marcelo Brandão Cipolla. São Paulo: Martins Fontes, 2006.

JANSSENS, David. *Between Athens and Jerusalem:* Philosophy, Prophecy, and Politics in Leo Strauss's Early Thought. Albany: State University of New York Press, 2008.

KINZEL, Till. Postmodernism and the Art of Writing: The Importance of Leo Strauss for the 21st Century. *In:* ARMADA, Pavel; GÓRNISIEWICZ, Arkadiusz (ed.). *Modernity and What Has Been Lost: Considerations on the Legacy of Leo Strauss*. South Bend: St. Augustine's Press, p. 135-145, 2011.

LOWENTHAL, David. Leo Strauss's Studies in Platonic Political Philosophy. *Interpretation: A Journal of Political Philosophy,* v. 13, n. 3, p. 297-320, set. 1985.

OULAHBIB, Lucien. Why Leo Strauss Matters Today. *Interpretation: A Journal of Political Philosophy,* v. 39, n. 3, Fall, p. 289-300, 2012.

STRAUSS, Leo. *Natural Right and History*. Chicago: The University of Chicago Press, 1953.

STRAUSS, Leo. *The City and Man*. Chicago: The University of Chicago Press, 1964.

STRAUSS, Leo. *Studies in Platonic Political Philosophy*. With an Introduction by Thomas L. Pangle. Chicago: The University of Chicago Press, 1983.

STRAUSS, Leo; CROPSEY, Joseph (edits). *History of Political Philosophy*. Third Edition. Chicago: The University of Chicago Press, 1987.

STRAUSS, Leo. *What is Political Philosophy?* And other studies. Chicago: The University of Chicago Press, 1988a.

STRAUSS, Leo. *Persecution and the art of writing*. Chicago: The University of Chicago Press, 1988b.

STRAUSS, Leo. The Three Waves of Modernity. *In:* STRAUSS, Leo. *An Introduction to Political Philosophy:* Ten Essays by Leo Strauss (edited with an introduction by

Hilail Gildin). Detroit: Wayne State University Press, 1989. p. 81-98.

STRAUSS, Leo. *Liberalism Ancient and Modern*. Foreword by Allan Bloom. Chicago: The University of Chicago Press, 1995a.

STRAUSS, Leo. The Problem of Socrates. *In:* BOLOTIN, David; BRUELL, Christopher; PANGLE, Thomas L. (ed.). *Interpretation: A Journal of Political Philosophy,* v. 22, n. 3, p. 321-338, Spring, 1995b.

STRAUSS, Leo. *On Tyranny*. Revised and Expanded Edition. Including the Strauss-Kojève Correspondence. Edited by Victor Gourevitch and Michael S. Roth. Chicago: The University of Chicago Press, 2000.

TARCOV, Nathan. Leo Strauss's "On Classical Political Philosophy". *Perspectives on Political Science*, v. 39, n. 2, p. 72-76, abr.-jun. 2010.

UMPHREY, Stewart. Natural Right and Philosophy. *In:* DEUTSCH, Kenneth L.; NICGORSKI, Walter (Ed.). *Leo Strauss:* Political Philosopher and Jewish Thinker. Lanham: Rowman & Littlefield Publishers, Inc., 1994. p. 275-295.

CONHECIMENTO JURÍDICO COMO SABER OPERÁVEL: SUA ESTRUTURAÇÃO METÓDICA, SUA NATUREZA E SEUS SEIS NÍVEIS

André Gonçalves Fernandes

INTRODUÇÃO

O conhecimento humano está sempre aberto à "totalidade do ser" (Pieper) e seu objeto poderia, em princípio, levar-nos a crer que seria sempre especulativo, como a matemática ou a biologia.

Entretanto, o mesmo não sucede no campo do conhecimento cujo objeto não é especulativo, mas prático, isto é, realizável ou operável pelo homem por intermédio de sua ação livre. Segundo Aristóteles, o âmbito do agir humano relativo ao dever é tido como contingente e variável, distinguindo-se entre a atividade produtiva, a *poiesis*, e a atividade prática, a *praxis*.

E, ao fazê-lo, Aristóteles parece apartar a dimensão técnica (*poiesis*), tão presente nos seus predecessores, daquilo que é próprio e estrito à dimensão da excelência humana (*praxis*). A ação (*praxis*) adquire, assim, um sentido eminentemente ético no contexto aristotélico e a produção (*poiesis*), por sua vez, fica restrita ao âmbito da *téchne*.

Em algumas passagens da *Ética a Nicômaco*, Aristóteles reconhece, como diferentes e distintos, esses dois âmbitos da atividade, afirmando que "nem a ação (*praxis*) é produção (*poiesis*) e nem a produção (*poiesis*) é ação (*práxis*), embora ambas se distingam do domínio puramente especulativo".[1]

A distinção que daí decorre se tornaria clássica nos seguintes termos: a produção (*poiesis*) é uma atividade transitiva que visa a um fim exterior a ela mesma e é, portanto, própria ao domínio da arte (*téchne*); a ação (*praxis*) é "uma atividade imanente ao agente – intransitiva – e que tem seu fim em si mesma e pertence ao domínio da ética".[2]

No âmbito exclusivo da práxis, podemos distinguir três planos distintos:

a) No primeiro, temos um primeiro princípio deste conhecimento e de outros próximos a este;

b) No segundo, temos a presença de certas e necessárias conclusões tomadas a partir destes;

c) No terceiro, temos a inegável realidade de certos preceitos completamente singularizados e que regulam o agir humano em sua máxima concreção, por meio da virtude da prudência.

Tais planos diferenciam-se por uma gradação de universalidade, que parte do primeiro princípio prático – universal – até o preceito prudencial – singular. Todo conhecimento prático – como, também, todo conhecimento teórico – requer um primeiro princípio de justificação racional,

1. ARISTÓTELES. **Ética a Nicômaco**, VI, 4, 1140 a. São Paulo: Atlas, 2009.

2. *Ibidem*, VI, 5, 1140 b.

algo que vem sendo afirmado pela metateoria da ciência,[3] necessariamente cognoscível por evidência, e que pode ser formulado assim: Fazer o bem e evitar o mal.[4]

Não obstante a necessidade epistemológica do primeiro princípio para a motivação de todo conhecimento prático, é claro que ele não basta para a direção ou a avaliação do agir humano, que se dá inevitavelmente na dimensão circunstanciada e singular.

Do primeiro princípio à ação concreta, requer-se um processo de raciocínio por intermédio do qual o primeiro princípio vai se circunscrevendo, determinando ou contradizendo até abarcar certo rol de situações e tomando em consideração as diversas circunstâncias-padrão em que se desenvolve habitualmente a conduta humana.

Só assim é possível ao homem encontrar certos pontos de referência normativa para a regulação ou o juízo de sua conduta, mas limitado ao amplo quadro de referência decorrente do primeiro princípio e das tais certas e necessárias conclusões tomadas a partir deste.

Se assim não fosse, o homem se encontraria desbussolado e perdido num contexto normativo desproporcional à concretude de sua situação e de seu comportamento. Por outro lado, aquele processo de raciocínio foi o que todas as sociedades históricas fizeram: todas criaram um corpo de normas morais, éticas e jurídicas que, apesar de estarem num plano de generalidade, circunscreveram ou galvanizaram determinadas circunstâncias e situações da práxis social.

A realidade jurídica, assim, não é algo já "dado", independente da ação do homem, mas uma realidade em cuja

---

3. *Vide* BLANCHÉ, R. *L'Axiomatique*. Paris: PUF, 1985.

4. AQUINO, Tomás de. *Suma Teológica*, I-II, q.94, a.2. Campinas: Ecclesiae, 2019. Acerca desta fórmula, *vide* GRISEZ, G., FINNIS, J., Practical principles, moral truth and ultimate ends, *The American Journal of Jurisprudence*, XXXII, Notre Dame, 1997. p. 99-151.

posição esta mesma ação intervém de forma absolutamente decisiva. É uma daquelas realidades justamente chamadas de operativas, isto é, uma órbita existencial formada por um conjunto de normas e ação humana em relação a ele.

Todavia, o conhecimento de tais realidades não pode, em si mesmo, ser meramente especulativo. As análises mais teóricas que se encaminham para um plano de consideração especulativa do Direito nunca devem perder de vista – se não querem desnaturar sua essência – que a realidade a que se referem está constitutivamente orientada para a ordenação ou a melhor conformação da conduta humana no seio da sociedade.

Daí a conveniência de relembrarmos de uma antiga distinção entre a contemplação teórica da verdade (em nosso caso, da realidade jurídica) e uma função prática do mesmo entendimento, que a teoriza e a faz para melhor direcionar a conduta social, extraindo uma série de consequências normativas, quer com vistas à perfeita execução técnica ou artística, quer com vistas à retidão moral e ética dos indivíduos, este último o campo de atuação, por excelência, do principal nível de conhecimento jurídico, algo que abordaremos mais adiante.

Tal distinção era muito clara na Roma Imperial. Quando o Imperador Augusto outorgou, no século I de nossa era, o *ius publice respondendi ex auctoritate Principis* aos mais notáveis juristas romanos,[5] fê-lo em razão da qualidade,

5. "A jurisprudência, no sentido romano, era o conhecimento do direito e sua atuação pelo uso prático [...]. Era obra dos jurisconsultos que desempenharam um papel capital na fixação das regras do direito. Na verdade, os jurisconsultos eram homens muito experientes na prática do direito, quer enquanto davam consultas jurídicas (*responsa*), quer enquanto redigiam atos e orientavam as partes nos processos, embora aí não interviessem. A autoridade de suas consultas decorria de seu valor pessoal e de seu prestígio social. Apesar de seu caráter privado, os escritos dos jurisconsultos constituíram uma verdadeira fonte do direito na época clássica, não somente pelos seus comentários de textos legislativos e dos éditos dos pretores, mas sobretudo pela maneira de resolver as lacunas do direito" (GILLISEN, John. *Introdução histórica ao direito*. Lisboa: Fundação Calouste Gulbenkian, 1986. p. 90-91).

publicamente reconhecida, de *iuris prudentes*, isto é, de possuidores, em grau eminente, de uma especial forma de conhecimento jurídico, o conhecimento prudencial.

De fato, Papiniano, Ulpiano, Gaio, Paulo e Modestino destacavam-se no mundo romano por sua peculiar aptidão para a investigação e a busca de uma justa solução para cada um dos casos concretos trazidos pelos consulentes e sempre sob o filtro da práxis jurídica.

Esse conhecimento acertado daquilo que correspondia o Direito[6] em cada situação singular concretamente analisada, isto é, a jurisprudência ou a "prudência do *ius*", posteriormente, foi desvirtuado, por uma derivação linguística, de lá para cá, para uma ideia de "ciência do Direito".

---

6. O Direito nasce e desenvolve-se em Roma como um saber prudencial, dado o perfil extremamente prático e pouco dado à abstração do povo romano. Assim, nunca houve uma preocupação teórica no desenvolvimento de uma teoria do Direito que explicasse, além das categorias jurídicas e conceitos, a natureza e os fins da atividade da prudência do Direito, a *jurisprudentia*. Mas não foi uma mera obra do acaso a nomeação, dessa disciplina, como *prudência do direito* e, do jurista, como *prudente*. Os romanos, influenciados pelo legado filosófico grego, pretendiam expressar com o termo *prudentia* a *phronesis* grega: a *phronesis*, na cultura grega, de Homero a Aristóteles, designa um tipo de saber que orienta a ação do homem. Para o grego, o ser prudente era aquele que sabia agir corretamente nas inúmeras situações diárias da vida na pólis. E, para agir bem, ou seja, corretamente, era necessário que o indivíduo soubesse, teoricamente, o que correspondia ao bem genérico e, depois, aquilo que correspondia ao bem genérico naquela dada circunstância da vida e aos meios necessários para efetivá-la na práxis. Na análise da expressão *phronesis*, seguiremos a recomendação de Jaeger (JAEGER, W. *Paideia*. Paris: Gallimard, 2003. p. 93): "nenhuma filosofia vive da pura razão. Ela é apenas a forma conceitual e sublimada da cultura e da civilização, tais como se desenrolam na história". Séculos mais tarde, Tomás de Aquino, na *Suma Teológica*, irá alçar a prudência ao posto de principal virtude cardeal, concedendo-lhe, no âmbito das virtudes humanas, o mesmo *status* que Aristóteles (ARISTÓTELES. **Ética a Nicômaco**. São Paulo: Atlas, 2009. p. 144) conferia à prudência no trato das excelências éticas, a de olhos da alma: "a sabedoria prática não é faculdade, mas não existe sem ela; esse olho da alma não alcança seu completo desenvolvimento sem a virtude, como já dissemos" (L. VI, 12, 1144a). Segundo o Tomás de Aquino (AQUINO, Tomás de. *Suma Teológica*. Campinas: Ecclesiae, 2019. p. 189), "*ergo prudentia non inesti nobis a natura sede ex doctrina et experimento* (a prudência não é inata em nós, mas procede da educação e da experiência, em tradução livre)" (S. Th., II – II, 47, 15, *sed contra*). Como se nota, para ambos os filósofos, a prudência é um hábito operativo bom.

Ciência e prudência são duas dimensões diferentes do conhecimento humano. A ciência é um saber estritamente teórico, abstrato, especulativo e relativo ao universal e perene. A prudência, por sua vez, é prática, concreta, real e diz respeito ao singular e contingente.

Assim, a ideia do conhecimento do Direito como um saber prático perdeu seu sentido original e profundo e, como efeito, torna-se difícil, hoje, considerar isso como um modo especial e indispensável de se conhecer o Direito, assunto que trataremos mais adiante.

1. ESTRUTURAÇÃO METÓDICA DO CONHECIMENTO PRÁTICO

Na determinação da estruturação metódica de qualquer conhecimento prático,[7] podemos distinguir três

7. Na ordem da realidade, existe um plano do ser do homem em que ele se manifesta como um ser dotado de razão, vontade e consequente liberdade. Esta órbita é de natureza distinta daquelas esferas de seu ser regidas estritamente por leis físicas e biológicas. Esta esfera do agir humano ou da práxis humana é conhecida como dimensão da personalidade, onde a pessoa que existe no ser do homem atua com protagonismo e segundo princípios próprios: sua conduta é pautada por atos que nascem de sua autodeterminação ou de decisões tomadas livremente em seu contexto individual, familiar e social. É um plano da realidade humana que goza de uma índole muito específica: compreende o homem na totalidade de seu ser – com suas faculdades operativas e funções intelectuais e corporais –, mas tensionada para um agir ou uma práxis assentado no discernimento prático do bem e do mal em prol de sua realização como pessoa. Esta ordem peculiar do ser do homem, a do agir ou da práxis humana, recebeu, na Grécia, o nome de *ethos*, da qual provém a expressão "ética" e, em Roma, foi chamada de *mos* (em plural, *mores*, raiz etimológica da palavra "moral"). Se consideramos que o homem, como pessoa, realiza-se no conhecer e no amar, suas atividades vitais mais características, facilmente conclui-se que, na ordem pessoal, ele atua por meio de sua razão (conhecer) e de sua vontade (amor). Hervada (HERVADA, J. *Temas de Filosofía del Derecho*. Pamplona: Ediciones Universidade de Navarra, 2011. p. 16) sintetiza bem isso ao afirmar que "o plano da realidade moral ou prática é o plano de atuação do homem como pessoa. Nesse plano, o homem atua livremente e suas potências são habilitadas para atuar bem mediante uns hábitos peculiares que são chamados de virtudes, dentre as quais umas pertencem ao entendimento ou conhecimento intelectual e outras à vontade ou ao amor. O plano da realidade prática é objeto de três grandes ciências práticas, as quais conhecem o atuar do homem como pessoa, segundo três perspectivas distintas: a) Moral ou a perspectiva do moralista; b)

planos distintos e complementares e, em cada plano, um nível ético e outro metaético:

a) No nível ético, temos o conhecimento prático direto, ou seja, aquele que todos os homens realizam ao intentar, a partir da experiência, a ordenação racional de seu agir no mundo;

b) No nível metaético, temos o conhecimento prático reflexivo, o qual tem, por objeto, o conhecimento

---

Direito ou a perspectiva do jurista; c) Política ou a perspectiva do político. O Direito e a Política tomam parte na realidade moral. O primeiro envolve a coisa justa ou dar a cada um *o seu*, o que pressupõe um outro, um agir livre, uma vontade e uma aquilatação de bens e deveres. O segundo envolve normas de conduta e as leis, que pressupõem liberdade, responsabilidade e vontade. A Moral, por sua vez, trata da conduta humana segundo as exigências que decorrem da condição de pessoa. Todavia, a realidade moral do homem não é simplesmente superposta. Ela é uma *unidade por composição*, pois cada ato de índole moral afeta a diversas relações do homem: do homem com o transcendente, consigo mesmo e com os demais, porque o agir humano ou a práxis humana diz respeito às relações com Deus (Teologia), com as demandas de realização pessoal do homem (Moral) e com os demais homens (Direito e Política). A composição dessas várias relações dá-se na unidade, porque é cada ato que afeta essa ou aquela relação. Pela composição, cabem ciências distintas e, pela unidade, os aspectos comuns a tais ciências. Aqui, entra o elemento formal da distinção entre os três saberes práticos da realidade moral ou prática: Direito, Política e Moral, com a peculiaridade de que, como todo agir humano importa num aprimoramento ou envilecimento da pessoa *per se*, o moralista estuda todos os atos morais, diferentemente do jurista e do político, que só se debruçam sobre os atos de seus peculiares saberes. A *Moral* ou a ciência do moralista estuda o agir humano em seu aspecto mais fundamental, isto é, segundo as exigências que dimanam da condição de pessoa. A Moral investiga o agir humano em relação consigo mesmo e com Deus. Pode ser realizado apenas pelas luzes da razão (Filosofia Moral) ou, além disso, pode contar com os dados da Revelação (Teologia Moral). O *Direito* ou a ciência do jurista investiga a obra externa da justiça, ou seja, o dar a cada um o seu. Sua perspectiva ou objeto formal é a do Direito como justo concreto ou coisa devida. O Direito não se preocupa em que o homem se realize pessoalmente sendo um sujeito justo (campo da Moral), mas que seja respeitado o direito de cada homem. A *Política* ou a ciência do político estuda a conduta humana desde a perspectiva ou o objeto formal do bem comum da sociedade e não do ponto de vista do bem total da pessoa do político. A Política circunscreve-se ao bom funcionamento da sociedade e às condições gerais e específicas que são convenientes para o desenvolvimento de uma ordem social justa no seio da comunidade humana. A realidade política é um corte fragmentário da realidade moral humana, porque o ser humano desenvolve sua projeção social enquanto pessoa, pondo em jogo, no cerne da comunidade, o conhecer e o amar numa relação de *praxis* fundada na bilateralidade ou na alteridade.

prático direto, isto é, um metaconhecimento ou conhecimento de segunda ordem que versa, de modo imediato, sobre uma realidade dotada de intencionalidade como é o conhecimento prático de primeira ordem.

Posto isso, temos três níveis de conhecimento metaético, os quais correspondem aos três planos de conhecimento ético:

a) No primeiro plano – o dos primeiros princípios –, o nível fica principalmente a cargo da filosofia prática;

b) No segundo plano – o das conclusões ou das normas e valorações segundas –, o nível fica a cargo da ciência prática (ciência moral, ciência política e ciência jurídica);

c) No terceiro plano – o da prudência –, o nível fica a cargo da casuística das soluções práticas (morais, jurídicas e políticas).

Tanto o nível ético quanto o metaético são de natureza prática, porque compartilham o mesmo objeto prático: a conduta humana, sua finalidade prática e sua normatividade. A diferença entre os dois níveis é que o nível ético é ordenado imediatamente à finalidade prática, enquanto o nível metaético o faz mediatamente, por uma mediação que, tomada a partir da fenomenologia do nível ético, intenta fundamentá-lo e explicá-lo.

No primeiro plano – dos primeiros princípios –, o nível ético dá-se por evidência analítica e graças ao hábito inato da sindérese. A sindérese, assim, entende e concebe os princípios da ordenação do agir humano, o qual incita ao bem e condena o mal, na medida em que julga o que encontramos.

Ademais, a sindérese nunca falha. Se o indivíduo errou num dado juízo prudencial, este equívoco encontra seu lugar na consciência, a qual não soube aplicar corretamente os primeiros princípios da sindérese ou a fez deturpada sob a influência de alguma emoção.

Albertuni[8] explica que:

> no *Escrito*, Tomás não trata diretamente num artigo específico do problema da infalibilidade da sindérese, mesmo assim é possível fazer uma análise a partir principalmente das questões que tratam sobre a consciência e sobre a razão e, ainda, a partir de alguns elementos extraídos de artigos que tratam do problema da natureza e da extinção da sindérese. É somente no *De veritate* (q. 16, a. 2) na questão "Se a sindérese pode pecar", que Tomás abordará de forma direta o problema de sua infalibilidade. No *Escrito*, essencialmente, Tomás irá sustentar que a sindérese jamais erra. Por sua vez, no raciocínio prático, o erro estará implicado na consciência, quando não aplica corretamente os primeiros princípios da ordem prática, conhecidos pela sindérese, aos casos particulares. Portanto, como é análogo entre a sindérese e o *intellectus principiorum*, o erro nunca acontece em relação aos primeiros princípios e sim em relação à razão que, ao fornecer premissas falsas para compor o silogismo prático, como é exemplar o caso do herege, que compreende falsamente que todo juramento é uma desobediência a Deus, faz que a consciência erre na conclusão do raciocínio, ou ainda, o erro na conclusão acontece por influência de alguma paixão que deturpa o juízo da razão. Primeiramente, para compreensão do tema, é importante destacar no *Escrito* um argumento (*Sent.* II, d. 24, q. 2. a. 3. *sed contra*) em sentido contrário que é recorrente, como já observado, na questão da natureza da sindérese, em que Tomás se apoia na infalibilidade dela para demonstrar que a sindérese não é uma potência racional, pois esta se direciona para os opostos e a sindérese sempre se direciona para o bem, pois nunca erra. Logo depois, quando enfrenta a *questão utrum conscientia sit actus* (Sent. II, d. 24, q.2, a.4.), Tomás, no corpo do artigo, relaciona a teoria do silogismo prático contida no Livro VI da *Ética a Nicômaco* (cap. VIII) com a concepção agostiniana da razão, demonstrando que o erro não acontece em relação à sindérese e sim no que tange à consciência. Para tanto, segue dizendo que, no silogismo

8. ALBERTUNI, Carlos Alberto. *O conceito de sindérese na moral de Tomás de Aquino*. Tese (Doutorado em Filosofia) – Unicamp, Campinas, 2006. p. 85-86.

> prático, a premissa maior contém o princípio universal fornecido pela sindérese, a premissa menor depende do julgamento da razão superior ou inferior e a conclusão depende da consciência, que aplica a lei universal ao ato particular. Por isso, somente a consciência pode errar, mas não a sindérese. Por exemplo, a sindérese propõe isto: Todo mal deve ser evitado; a razão superior assume isto: o adultério é mau, porque é proibido pela lei de Deus; ou se a razão inferior assumisse isso, porque é mau, porque injusto ou desonesto; a conclusão, por outro lado, que este adultério deve ser evitado, pertence à consciência. Assim, a consciência erra não por causa do erro da sindérese, mas por causa do erro da razão. Como é evidente no caso do herege, ao qual a consciência dita que é preferível morrer queimado do que jurar, porque a razão superior está distorcida por acreditar que o juramento é pura e simplesmente proibido.

O nível metaético, ao centrar-se no método de defesa e explicitação dos primeiros princípios da razão prática, tem sua tarefa exercida pela filosofia prática, mais precisamente pela dialética que, ao partir das opiniões prováveis acerca destes, intenta explicá-los necessariamente, na medida em que é da natureza da dialética ser inquisitiva e, como efeito, abrir o caminho dedutivo de todas as investigações e indagações acerca daqueles princípios, os quais estão atrelados à totalidade do ser.

No segundo plano – das conclusões ou das normas e valorações segundas –, o nível ético dá-se por inferência e determinação a partir dos primeiros princípios. Na inferência, um número muito grande de normas de toda espécie é derivado dedutivamente de normas anteriores admitidas como veritativas e, portanto, como vinculantes, na medida em que se mostra o raciocínio como logicamente verdadeiro e que suas premissas são materialmente verdadeiras.

Na determinação, o processo consiste em precisar ou circunscrever aquilo que está indeterminado nos primeiros princípios, como, por exemplo, partimos do "não matar" para o art. 121 do CP: "matar alguém – pena de 6 a 20 anos de reclusão" ou do "sustentar a vida humana" para o art. 226 da CF/88: "é dever dos pais assistir, criar e educar os filhos".

É necessário ressaltar que, na esfera da determinação, o papel da experiência ética – moral, jurídica e política – é muito superior à que lhe corresponde ao nível dos princípios, especialmente no que se refere à obtenção da premissa menor do silogismo normativo ou estimativo que se conclui na norma ou valoração segunda.

É sabido que não se segue uma norma mais determinada de duas premissas normativas. Portanto, é necessário incluir, no silogismo prático-normativo, pelo menos uma premissa assertiva ou estimativa do padrão "a impunidade para quem mata é corrosiva para a vida social" para que se conclua por uma regra de menor extensão.

E tal tipo de premissa não pode ser obtido se não for com referência, mais ou menos consciente, à experiência ética. Assim, é a experiência, portanto, que permite determinar ou inferir normas de conteúdo normativo mais ou menos determinantes, a fim de direcionar efetivamente a conduta humana livre.

O nível metaético fica a cargo da reflexão pelas ciências práticas, como a ciência moral, a ciência política e a ciência jurídica. Neste nível, fazemos uso de vários procedimentos cognitivos:

a) **Análise linguística**: semântica, sintática e pragmática da linguagem;

b) **Manejo de regras lógicas**: estudo e aplicação das regras lógicas de inferência entre proposições normativas ou estimativas;

c) **Abertura cognitiva**: estabelecimento das regras de admissão das proposições normativas em determinado sistema ético;

d) **Depuração conceitual**: procedimentos de análise conceitual das proposições e argumentos éticos;

e) **Rigor definitório**: definição precisa das várias categorias éticas, tais como virtude, valor, norma etc.;

f) **Procedimentos hermenêuticos**: no caso específico da ciência jurídica, os caminhos interpretativos adquirem especial relevância, porque atuar juridicamente é sempre interpretar.

Também neste nível é necessário o recurso à experiência, mesmo que se trate de uma experiência mais estruturada e sistemática. Em particular, aqui, revestem de extrema importância as contribuições da sociologia, da teoria da linguagem, da psicologia e da história.

Nesse sentido, o que torna possível o progresso cognitivo – sempre um prolongar ao alcance da luz dos primeiros princípios – é a comunicação entre sensibilidade e inteligência, garantia de realismo cognitivo para um conhecimento que transcenda o sensível, mas que só participativa e limitadamente, goza de uma pura visão intelectual.

Essa é a importância da indução dos princípios morais a partir da experiência. De um modo geral, podemos dizer que o modo de conhecimento neste nível é predominantemente analítico, pois é um processo que sai da experiência ética, sempre singular e circunstancial, rumo até certas normas ou categorias gerais, isto é, parte da percepção imediata e receptiva do real que existe independentemente de nós.

Todavia, o conhecimento deste nível não se encerra no âmbito analítico, pois inclui também a inferência de princípios mais determinados e circunstanciais que circunscrevem, ainda que no plano da generalidade, os primeiros princípios da razão prática.

No terceiro plano – o da prudência –, o nível ético, dado que a práxis humana é concreta, isto é, maximamente determinada, é necessário fixar ou estabelecer, para sua ordenação ao bem humano integral, preceitos completamente particulares, os quais determinam, em cada caso singular, quais coisas devem ser ou não feitas e quais coisas podem ou não ser feitas.

Dadas as dificuldades enfrentadas por essa determinação, sobretudo devido à contingência e complexidade das situações particulares, desde a Grécia Antiga, estabeleceu-se a necessidade de certo hábito ou disposição intelectual e prática, capaz de habilitar a inteligência nesta difícil tarefa.

Aristóteles a definiu como prudência e esta virtude consiste na "disposição prática acompanhada da regra verdadeira concernente ao que é bom ou mau para o homem",[9] a qual requer, para sua plena atuação, um processo cognitivo que consiste em três atos fundamentais:

a) Uma certa deliberação sobre os modos mais apropriados de se obter o fim prescrito pela regra de nível superior;
b) Um juízo eletivo sobre qual destes modos é o mais adequado no caso específico;
c) Um comando ou imperativo da razão prática sobre a conduta adequada a ser realizada ema determinada situação.

Dos três atos, é induvidoso que a deliberação supõe um elemento de indagação analítica e de síntese e, como o comando é o mais importante dos atos do plano prudencial – por ser o mais prático e para o qual se ordena todo o restante do mesmo plano – podemos sustentar que

9. ARISTÓTELES. *Ética a Nicômaco*, L. VI, 5, 1140 b 20 e 1140 b 5, São Paulo: Atlas, 2009.

o conhecimento prudencial é um conhecimento predominantemente sintético.

No que diz respeito ao papel da experiência neste plano, resulta evidente que se trata da maior importância, já que, por sua extrema proximidade à ação particular e circunstanciada, o ditame prudencial deve ter em conta e em máxima medida os dados da situação, algo que somente pode ser alcançado pela experiência, somada às necessárias inferências dedutivas, já que é impossível aplicar uma norma geral a um caso particular sem ao menos levar a cabo um raciocínio de caráter dedutivo.

O nível metaético fica a cargo da casuística das soluções práticas – morais, jurídicas e políticas –, ainda que muitas tentativas teóricas de racionalização destas soluções, como repertórios jurisprudenciais, praxeologia política, teoria dos jogos e análise econômica do direito, sejam de utilidade um tanto limitada.

Neste ponto, a solução clássica para o problema da imprevisibilidade dos juízos da práxis humana inclui um elemento estranho para a grande parte do pensamento ético atual: a necessidade das virtudes morais[10] para assegurar

10. Nesse ponto, a ética aristotélica ou ética das virtudes respeita o valor epistêmico das virtudes morais ou cardeais, na medida em que, no processo de determinação do bem concreto em geral – e, no direito, a determinação desse bem consiste na assinalação prudencial do justo concreto –, as virtudes morais não só cumprem uma função estritamente moral, qual seja, a de evitar que o profissional do direito elabore um juízo equivocado ou corrompido, mas também exercem uma função cognitiva, ou seja, colaboram com o acerto epistêmico dos juízos emitidos na solução da lide. A dinâmica da interdependência das virtudes (*connexio virtutum*) é tratada por Aristóteles e, séculos depois, recebe avanços a partir da pena de Tomás de Aquino, o qual aprofundou e articulou essa dinâmica com maior acurácia. A asserção tomista pode ser explicada em dois passos. No primeiro, o Tomás de Aquino afirma que a justiça, a fortaleza e a temperança indicam o fim bom da ação humana, enquanto a prudência cuida do discernimento dos meios concretos para a realização dessa ação. Aquelas virtudes elegem o fim e essa elege o meio. No segundo passo, ele assevera que o bom agir não consiste apenas em inclinar o indivíduo ao fim devido – à retidão, por meio da justiça; à firmeza de ânimo, por meio da fortaleza e, à moderação, por meio temperança – mas também em escolher retamente os meios necessários e capazes de o conduzir ao fim devido. Aqui, a prudência entra em ação. À prudência compete a escolha

a retidão do juízo prudencial, como já pregava Aristóteles em sua *Ética a Nicômaco*.

No pensamento aristotélico, é impensável que um mau homem, em termos éticos, possa chegar a uma solução prudente, salvo se por acidente. Somente aqueles que possuem as potências desiderativas retificadas pela posse das virtudes morais têm a possibilidade de saber, como por conaturalidade, qual é a conduta correta numa dada situação.

---

reta das vias que conduzem o sujeito ético ao fim devido, porque ela delibera, julga e preceitua essas vias. Então, as virtudes da justiça, da fortaleza e da temperança conectam-se – em regime de interdependência – à virtude da prudência. Ainda nesse segundo passo, a prudência não é suficiente para um bom agir, porque sua tarefa reside justamente na detecção dos meios adequados para o alcance do fim devido a que o sujeito se inclina, o que se dá graças às demais virtudes. Desse modo, a justiça, a fortaleza e a temperança constituem o princípio para o desencadeamento do funcionamento da prudência. Por intermédio desses dois passos, nota-se que as quatro virtudes morais estão plenamente imbricadas na realização dos atos humanos bons. Cada uma dessas virtudes, como ideal normativo-ético, é inconcludente. Segundo Porter (PORTER, J. *The unity of the virtues and the ambiguity of goodness – A repraisal of Aquina's theory of the virtues. In*: Journal of Religious Ethics, 21, 2003. p. 155), "[...] não podemos determinar o que é a verdadeira temperança ou fortaleza sem avaliarmos as ocorrências aparentes destas virtudes à luz das normas superiores fornecidas pela justiça e pela prudência. A justiça, em si mesma, que consiste em dar a cada um o aquilo que se lhe deve, não pode ser posta em ação sem a guia da prudência, de modo a determinar concretamente aquilo que é devido a alguém e a prudência, por sua vez, tal como a vimos, é vazia sem os pontos de partida da reflexão proporcionados pela formação inicial da pessoa nas virtudes morais". Tomás de Aquino, por fim, não valoriza somente o empenho ético dos indivíduos que conseguem formar em si um estado virtuoso. Ele também enaltece o esforço empreendido por quem não detém as virtudes de um modo integral: os continentes – aqueles que praticam ações boas, porque atuam pela via autocontenção, ainda que contrariem as inclinações de suas paixões – e os incontinentes (a *akrasia* grega) – aqueles que não conseguem vencer a força de suas paixões, de maneira que realizam ações incongruentes com o fim devido. Virtude provém do latim *virtus* e, etimologicamente, significa excelência, ou seja, ter uma disposição da vontade para agir bem que, com sua repetição, forma um padrão de caráter na pessoa ou uma "segunda natureza", na conhecida afirmação de Aristóteles. Juvenal, poeta estoico romano, dizia, em suas sátiras, ao povo da urbe, que a única e verdadeira nobreza é a virtude. As virtudes morais, entendidas como hábitos operativos bons ou apetites racionais para o bem – em sua acepção clássica – ou como traços de caráter – em sua acepção moderna –, fomentam uma tarefa social relevante: o incentivo de um bom convívio social pautado pela valorização de certas excelências, uma tarefa de primeira grandeza para o ser do homem, pois as virtudes são perfeições das faculdades operativas humanas que possibilitam o indivíduo a fazer o bem. O aprimoramento pessoal de si leva ao aprimoramento das relações com o outro, ainda que os tempos atuais não concedam o devido valor a isso.

Como consequência desta visão, todas as tentativas de racionalizar ou delimitar as soluções para os casos práticos concretos da prática estão condenadas à trivialidade, porque a singularidade e contingência da situação em que o ato deve ser praticado não permitem a criação de dispositivos racionais que eliminem ou diminuam decisivamente a imprevisibilidade das decisões éticas.

O que, então, pode ser refletidamente conhecido sobre o terceiro plano do conhecimento prático, o plano prudencial? A rigor, muito pouco. Apenas a experiência de vida, pessoal ou coletiva, pode ajudar quem deve decidir na singularidade absoluta de uma situação irrepetível, cujo juízo certo, em maior medida, aumenta sua humanidade, ou seja, colabora para o seu florescimento pessoal, tanto como indivíduo quanto como cidadão e, caso contrário, no caso de um juízo errado, depaupera-o eticamente.

Essa experiência pode ser enriquecida, no caso da ética pessoal, por intermédio da tradição moral da comunidade, da literatura universal ou das biografias de grandes personagens históricos. No caso do direito, os repertórios jurisprudenciais podem ser de grande ajuda e, no da política, só a história pode ser, para o político, o substituto do experimento impossível.

Mas, em qualquer caso, qualquer tentativa de racionalizar ou tornar a práxis previsível, ao suprimir ou reduzir consideravelmente sua margem de contingência e imprevisibilidade, é condenada, de antemão, a cumprir um papel muito limitado e, como exemplo, este foi o resultado das tentativas realizadas, pelo menos no campo jurídico, pelos racionalistas da Escola Moderna do Direito Natural, os quais levaram, paulatinamente, o pensamento filosófico jurídico a sua desintegração.

2. CONHECIMENTO JURÍDICO E SUA NATUREZA

Que espécie de conhecimento é o conhecimento jurídico? O saber depende do objeto estudado: se for algo existente, independente da ação humana e necessário, tal conhecimento é especulativo. Se seu objeto é, ao contrário, algo particular e contingente, cujo ser depende da ação humana, tal conhecimento é prático.

Na visão tomista do direito, três são as acepções da palavra "direito":

a) ***Ipsa res iusta***: a própria coisa justa ou, se preferir, a *ipsum opus iustum*, a própria ação justa;

b) **Normas**: leis em sentido lato;

c) **Direitos subjetivos**: faculdades/poderes conferidos ou reconhecidos pelas normas aos homens ou às pessoas jurídicas.

Se o significado clássico, mas modernamente esquecido do termo "direito", era o *ipsa res iusta*, ou seja, a coisa justa ou o justo devido, não há dúvida de que seu conhecimento só pode ser prático, porque "a coisa justa" ou o "justo devido" é algo que, necessariamente, demanda por uma realização e, no que toca aos direitos subjetivos, trata-se de disposições legais para um agir pessoal dotado de alteridade ou bilateralidade.

Nesse sentido, no universo do pensamento aristotélico, a justiça (do grego, *dikaiosyne*) é a virtude ou o hábito, enquanto o justo (do grego, *tò dikaion*) é aquilo que se realiza ou pratica pelo homem em função da virtude, ou seja, o justo concreto aqui e agora.

O justo (*tò dikaion*) é o que os jurisconsultos romanos chamarão mais tarde de *ius* – o direito – ao descrever a justiça. O justo não tem, então, um sentido vago ou lacônico, intercambiável com a justiça, mas um sentido preciso: o próprio de cada um, ou seja, *o seu*. É aquela coisa que a justiça dá ou atribui a um sujeito ou a um conjunto de sujeitos, aquilo que lhe deve ser proporcionado.

E a justiça do Direito – ou o direito como objeto da justiça – é a justiça do caso concreto, o justo concreto reconhecido ou respeitado ou reestabelecido numa dada situação fática histórica, contingente e determinada, para o que, previamente, a ciência do direito deve estudar as formas de se fazer a justiça – dar a cada um o seu – da melhor forma.

Entretanto, se nos atermos às atitudes da maioria dos jusfilósofos contemporâneos, podemos dizer que encaram o Direito como um saber especulativo, porque, ou identificam o Direito com as normas positivas e os consideram como dados indiscutíveis (positivismo normativista), ou identificam o Direito com os direitos subjetivos, como propriedades absolutas do homem (direito natural racionalista), ou, ainda, por fim, porque identificam o Direito com comportamentos sociológicos e não impostos pelas normas, as quais apenas descreveriam estes comportamentos (escola egológica).

Todavia, em todos esses casos, o conhecimento da lei não é mais o conhecimento do que deve ser, mas do que é, independentemente de sua justiça ou injustiça, isto é, com independência de seu verdadeiro *dever ser* ou não *dever ser*. Por isso, o objeto do conhecimento jurídico não é uma essência puramente especulável, como pregam aqueles jusfilósofos, posta ante nosso intelecto para ser contemplado.

Trata-se de condutas, ações ou decisões humanas, isto é, objetos que fazem referência à realidade concreta, histórica, contingente e social e que não podem ser conhecidos privados desta referência à realidade. Ao mesmo tempo em que se trata também da justiça – dar a cada um o seu –, a qual leva consigo uma tendência inexorável à realização por intermédio de uma práxis humana.

O objeto do saber jurídico não é algo que já é e está ali posto para nossa contemplação, mas algo que não é e que clama por uma existência concreta, o que se dá somente pela realização de um agir pessoal. Em suma, o Direito é um autêntico conhecimento prático, ainda que haja um conhecimento teórico que o investigue, como estudaremos mais adiante.

3. CONHECIMENTO JURÍDICO E SEUS SEIS GRAUS

Analisaremos os seis graus do saber jurídico a partir da perspectiva clássica do Direito como o justo concreto, tomada a partir de Aristóteles, dos jurisprudentes romanos e de Tomás de Aquino.[11] Assim, verificaremos que o

11. A melhor definição de justiça – porque dotada de simplicidade e de precisão – é a do jurisconsulto Ulpiano, registrada no Digesto (1, 1, 1): *Iustitia est constans et perpetua voluntas ius suum cuique tribuendi*. A justiça é a constante e perpétua vontade de dar a cada um o seu direito. Com Ulpiano, além da fórmula da justiça ganhar maior acuidade conceitual, ela adquire uma perfeita dimensão jurídica, pois ressalta que *o seu* de cada um é o seu direito. Isso estava contido em "o próprio" e "o justo" de Aristóteles, bem como na "*axia*", que é algo devido em justiça, mas, com Ulpiano, torna-se explícito. A fórmula ulpiana manifesta, sem precedentes, um ponto essencial da teoria da justiça: a primazia do direito sobre a justiça ou, em outras palavras, que a justiça está em função do direito e não o contrário. A justiça pressupõe o direito. Se a justiça consiste em dar a cada um o seu direito, para que ocorra a ação justa, é preciso que, antes, exista esse direito, em relação ao qual se é justo. Por isso, alguns séculos depois, Isidoro de Sevilha (ISIDORO DE SEVILHA. *Etimologías*. Madrid: Biblioteca de Autores Cristianos (BAC), 2006. p. 61) escreverá que "declara-se justo, porque respeita os direitos e vive de acordo com a lei". A ideia de que a justa ação está em dar a cada um o seu foi absorvida e prestigiada pela literatura teológica posterior, como se pode depreender na Patrística, sobretudo com Agostinho e Ambrósio. Contudo, ocorreu um fenômeno que chegou até Tomás de Aquino. Embora tais padres da Igreja falem de justiça particular, definida no contexto das virtudes cardeais ou morais, neles se enfraquece a nota de juridicidade – relações entre os homens – para se reforçar as relações de amor com Deus e inclusive consigo mesmo. A justiça, na ótica patrística e na Alta Idade Média, adquire um sentido lato que lembra a justiça geral, retirando sua nota juridicizante e provocando sua moralização. Em suma, deixa de ser a justiça suposta para o mundo do direito. A volta à justiça dos juristas ou dos profissionais do direito é obra de Tomás de Aquino e representa um retorno aos jurisconsultos romanos, cuja definição abre seu tratado da justiça, e a Aristóteles, o qual segue fielmente ao longo do citado tratado.

conhecimento jurídico pode ser decomposto em diferentes graus ou hierarquias, do inferior ao superior:

a) Conhecimento experiencial;
b) Conhecimento técnico;
c) Conhecimento científico;
d) Conhecimento filosófico;
e) Conhecimento teológico;
e) Conhecimento prudencial.

4. CONHECIMENTO EXPERIENCIAL

Experiência, segundo Aristóteles,[12] é aquele conhecimento que resulta de uma infinidade de percepções sensíveis semelhantes, preservadas pela memória e relacionadas e comparadas entre si na cogitativa, como estudamos no capítulo anterior. É um saber baseado em conhecimentos singulares, não universalizados e que não se eleva à condição de conhecimento necessário pela causa.

Não se confunde com o conhecimento experimental, o qual, sem dúvida, pressupõe a experiência, mas a partir de uma postura interrogativa da natureza estudada, como, em regra, acontece nos experimentos em física, química e biologia, sempre conduzidos por um método específico.

O conhecimento experiencial no Direito é inato. Desde cedo, as crianças são muito sensíveis às questões de propriedade e justiça. Assim, embora nunca tenham estudado Direito de forma científica ou mesmo filosófica, todos sabem – ou intuem, pelo menos – o que é uma ação justa e o que é uma ação injusta. Todos, desde cedo, sabem o que são as leis num sentido amplo e, igualmente, não desconhecem

12. ARISTÓTELES. *Metafísica*, L.I, 1. São Paulo: Edipro, 2015.

que possuem direitos subjetivos, como o direito à vida, às condições mínimas de existência, à propriedade, à proteção do poder público etc.

Não é, sem dúvida, um conhecimento puramente experiencial, porque aí já operam os primeiros princípios da razão prática, mesmo sem plena consciência do indivíduo, que ninguém os desconhece só porque não os possam definir, na medida em que tais princípios são naturalmente conhecidos por todo homem da mesma forma que os primeiros princípios especulativos, como os da não contradição e o da identidade.

Todavia, o conhecimento desses primeiros princípios da razão prática e mesmo de suas consequências mais imediatas – como, por exemplo, a obrigatoriedade dos pactos e a primazia da vida sobre os bens materiais – está no homem comum sempre acompanhado, em casos concretos, pela experiência sensível ou emocional do valor ou do desvalor de determinado fato humano.[13]

---

13. No *Corpus Iuris Civilis*, a magnífica compilação de toda a tradição jurídica romana feita pelo imperador bizantino Justiniano, por volta do ano 530, há um brocardo jurídico atribuído a Ulpiano, um dos últimos grandes juristas da época clássica do direito romano: "a jurisprudência é o conhecimento experiencial das coisas divinas e humanas, a ciência prática do justo e do injusto". Nesta rica fórmula, causa uma certa inquietação a integração da injustiça na definição, a ponto de proporcionar alguma dúvida ao estudioso acerca da necessidade e da importância da injustiça para um homem que pretende ser justo. Todavia, pelo contrário, a sagaz percepção de Ulpiano indica um paradoxo da vida humana. Quando a humanidade percebe que algo ou uma situação é injusta, a mesma humanidade não se limitou a desmascarar essa injustiça, porém, ao mesmo tempo, aprendeu em que consiste a justiça naquele caso concreto. O excepcional talento prático dos romanos, que faz um interessante contraponto com o superior talento reflexivo dos gregos, captou primorosamente esta misteriosa pedagogia da injustiça e exprimiu-a teoricamente ao lecionar que o bom jurista é aquele que domina o justo e também o injusto. Afinal, quem descobre a razão da injustiça de algo ou de uma situação, foi porque aprendeu não menos profundamente o que deve ser o justo. Conhecer o injusto elimina a ingenuidade e atribui realismo à ciência do justo. Compreender a exata dimensão e alcance deste paradoxo, sem se deixar levar pela vertigem do pessimismo ou de um assombro sem rumo, significa, em última análise, entender a miséria e a grandeza da realidade humana e o consequente reflexo no campo do direito. O mesmo homem que é capaz de se compadecer com a fome de uma criança abandonada é apto a matar a mesma criança em nome de um projeto ideológico de poder. A experiência humana demonstra que o homem sente com muito maior

Na verdade, a experiência é necessária:

a) Como ponto de partida para o conhecimento jurídico, porque o conhecimento intelectual abstrai seus conceitos da experiência;

b) Como ponto de chegada do mesmo conhecimento, ao aplicar as regras gerais aos casos concretos num conhecimento prático em que intervém também a razão de uma pessoa e, se as possuir, as virtudes da justiça e da prudência, que tornam possíveis conhecimento jurídico por conaturalidade afetiva.

5. CONHECIMENTO TÉCNICO

Por "técnica" ou "arte" (do grego, *techné* e, do latim, *ars*), entendemos certo ordenamento da razão sobre como, por intermédio de certos meios, os atos humanos alcançam seu devido fim. No Direito, é conhecimento de quem tem o domínio sobre a expertise de aplicação prática das normas, sejam materiais ou processuais.

A arte do direito, cuja finalidade, apesar das inúmeras teorias desenvolvidas nos últimos dois séculos, ainda continua sendo a de dizer o justo – *iusti atque iniusti scientia,* a arte ou ciência do justo e do injusto. Todo o sistema filosófico do direito deve ser visto da perspectiva do profissional

antecedência e intensidade o que os demais homens não devem fazer com ele do que aquilo que ele está obrigado a reconhecer e a dar ao seu próximo. E, depois, se o mesmo homem, por amor à coerência, compreende que ele também não deve fazer com o seu próximo aquilo que não quer que façam com ele mesmo, terá, então, captado o sentido da sugestão ulpiana: o conhecimento ou a experiência da injustiça pode ser um didático caminho para a justiça, pois alguém que tenha descoberto a injustiça de algo, também desvendou com igual profundidade o que deve ser justo no mesmo caso. Em dados momentos históricos, o torpor da sensibilidade e a desorientação da razão, a par da constatação de evidentes injustiças, incitam a esperança humana a uma rendição sem luta e sem horizonte. Convém lembrar-se que a noite é sempre mais escura logo antes do amanhecer e que o reencontro com o justo é, não raro, resultado de um sofrimento da injustiça, mas sem rendição.

do direito, porém nunca é demais insistir nisso ao entrar na análise da justiça, porque, atualmente, é muito comum transpor para a filosofia jurídica a ideia de justiça que a filosofia social e a retórica política costumam utilizar.

É uma ideia que tem sua importância no campo próprio, mas, na arte jurídica, acaba por provocar uma noção de justiça magnificada, sendo, por isso, necessário certo trabalho de desmistificação. Os fins de um ideal de justiça podem orientar, como princípio interpretativo, alguns aspectos da função do profissional do direito, mas não condicionar a justiça desse profissional, pois sua arte é mais modesta, muito mais prática e tangível, qual seja, a justiça do caso concreto.

A arte do profissional jurídico atende a uma necessidade social bem específica, qual seja, a de criação de uma ordem justa: uma ordem em que cada homem e cada instituição tenha *o seu*, aquilo que lhe pertence e cabe. Dado que a vida social é dinâmica e *o seu* de cada um pode estar em situação de interferência por uma ação ou omissão alheia, gera-se um dinamismo orientado para estabelecer ou restabelecer a situação devida, que podemos descrever com uma fórmula de comprovada expressividade: *suum cuique tribuere*,[14] dar a cada um o seu.

Se se classifica de necessidade social o estabelecimento da situação devida – cada um ter *o seu* – é porque essa situação constitui uma ordem, uma harmonia, uma proporção social em que cada coisa está na correta relação com seu titular, ou seja, uma ordem social justa. Qualquer ruptura ou alteração dessa correta relação produz uma anomalia ou uma desordem social, ou seja, uma ordem social injusta.

Essa harmonia é uma exigência da pessoa humana, por sua qualidade de ser que tem coisas verdadeiramente suas,

---

14. D., I, 1, 10.

e, ao mesmo tempo, da sociedade, pois, uma vez preservada aquela harmonia, conserva-se o grupamento social; corrompida, provoca sua destruição. A ordem justa não é um simples fato decorrente do bom exercício da arte jurídica. Pertence à categoria do *dever ser*: deve ser dado a cada um *o seu*.

6. CONHECIMENTO CIENTÍFICO

Desde há algum tempo, o estudo do Direito tornou-se mais um estudo da lei do que o estudo do justo concreto. Basta uma análise detida dos planos de ensino das disciplinas que compõem o eixo de formação fundamental a que alude a Resolução n. 09/2004 do Conselho Nacional de Educação (CNE). Nesses planos, não há qualquer menção aos problemas de fundo da justiça de cada disciplina, com raras exceções.

Como se o direito fosse essencialmente uma ciência, na qual o esquema teórico-normativo simbolizaria uma espécie de camisa de força que deve ser justaposta, a qualquer custo, ao corpo do caso concreto. O Direito não é essencialmente uma ciência, ainda que haja uma ciência que o investigue.

Pensar e agir são as duas vias inerentes aos afazeres cotidianos do profissional do direito de um modo geral e, para isso, é imprescindível reconhecer o Direito como um saber prático e dinâmico – uma prudência, como veremos mais adiante –, ainda que haja uma ciência que o reflita, o que, no plano geral do conhecimento jurídico, é muito importante, na medida em que o agir precisa ser secundado por um pensar, sob pena de, reduzido à mera práxis, o Direito tornar-se ideologia.

O conhecimento científico do Direito parte da distinção fundada no fato de que as ciências positivas estudam partes da realidade e o fazem por suas causas próximas, ao passo que o conhecimento filosófico, como veremos adiante, estuda toda a realidade a partir das causas últimas. Portanto, o conhecimento científico do Direito estuda, como objeto, as leis humanas e os costumes juridicamente vigentes numa dada sociedade.

Dessa maneira, temos que o conhecimento científico do Direito é incapaz de dar conta, por si mesmo, do Direito em seus fundamentos últimos, sem recorrer à lei natural. É por isso que outros positivistas normativistas, geralmente escandinavos ou norte-americanos, preferem admitir o direito como um mero fato e que deve ser estudado por métodos sociológicos, sem qualquer tipo de pretensão supraempírica.

Todavia, o positivismo normativista não se confunde com o conhecimento científico jurídico, perfeitamente válido se não ultrapassa seus limites epistemológicos. Nesse diapasão, podemos dizer que não existe uma única ciência do Direito, mas várias, das mais abstratas às mais concretas:

a) **Teoria Geral do Direito**: disciplina que procura, por uma espécie de indução ou abstração, a partir dos conceitos jurídicos mais concretos, chegar a conceitos jurídicos dotados de validade geral, aplicáveis a todos os ramos do direito e suas ciências. Elabora conceitos, como os do próprio direito, dever jurídico, relação jurídica, obrigação jurídica, poder-dever, norma jurídica, interpretação de normas, responsabilidade etc. Tem certa semelhança com algumas partes da Filosofia do Direito e com temas comuns a ela, o que não é surpreendente, visto que a Teoria Geral do Direito foi uma criação, na segunda metade do século XIX – período positivista por excelência – de certos juristas, sobretudo alemães, como forma de substituir a então Filosofia do Direito, que havia sido eliminada do campo de estudos acadêmicos e universitários;

b) **Ciências dogmáticas do Direito**: como Direito Civil, Direito Comercial, Direito Constitucional, Direito Penal ou Direito Processual, Direito do Trabalho etc. São chamadas de dogmáticas, em razão da semelhança de sua abordagem com a da teologia dogmática, a qual parte das verdades reveladas e dos dogmas definidos pela Igreja com base nelas e, como efeito, aplica a razão natural para tentar chegar a alguma inteligência delas por intermédio de analogias com as coisas criadas ou naturais, construir um sistema harmonioso e não contraditório de todas as verdades reveladas e, por fim, extrair delas, por dedução, tudo o que neles estava implícito ou virtualmente revelado. De forma análoga procedem as ciências dogmáticas do direito. Para elas, os dogmas dos quais partem são as leis ou os costumes legais realmente vigentes em determinado momento histórico e a racionalidade científica aplica-se a eles para interpretar leis ou costumes, construir sistematicamente uma teoria deste ou daquele ramo do direito, sem contradições e tirar, por inferência, daquelas leis ou costumes legais, todas as conclusões neles implícitas;

c) **Ciências interdisciplinares do Direito**: História do Direito, Sociologia do Direito, Ciência do Direito Comparado, Medicina Forense, Psicologia do Direito, Antropologia do Direito, Hermenêutica Jurídica, Lógica Jurídica, as quais intentam trazer para o mundo jurídico os aportes teóricos e epistemológicos de outros campos do saber que com ele dialogam.

7. CONHECIMENTO FILOSÓFICO

A apresentação atomística do fenômeno jurídico e a prevalência da técnica sobre a ética são os traços marcantes na realidade do mundo acadêmico jurídico atual. As diversas disciplinas jurídicas apresentam um ramo do Direito separado dos demais, como se não houvesse uma dimensão que perpassasse todas elas e servisse de elo epistemológico.

A pretensão do conhecimento filosófico do Direito é a de justamente examinar a essência do direito que ilumina todas as outras disciplinas. Apresentar, de certa forma, todos os ramos do direito em conjunto, numa época de "universais fugidios", na feliz síntese de Arendt.

Ouve-se, de muitos alunos, após os primeiros contatos com a seara filosófica no direito e com frequência, "interessante notar, pela primeira vez, ser perceptível a ligação entre direito penal, direito civil, direito internacional e direito do trabalho". E isso só é possível pela visão panorâmica do todo jurídico que o conhecimento filosófico do Direito é capaz de fornecer aos estudantes que, ao mesmo tempo, também dá pistas bem claras da influência da historicidade na dinâmica filosófica do conhecimento jurídico.

Por que, ontem, a escravidão era respaldada pela normatividade legal e, desde a Lei Áurea, deixou de sê-lo? Por que, no passado, a execução por dívidas era feita sobre a pessoa do devedor e, desde a *Lex Poetelia Papiria*,[15] a execução passou a ser feita sobre os bens do devedor?

Essas interrogantes apontam justamente para uma dimensão reflexiva do conhecimento jurídico, dimensão que, desde o advento do positivismo normativista, foi maculada por sua redução a uma mera técnica decisória. A técnica,

15. Foi em 326 a.C., com a edição da *Lex Poetelia Papiria*, que o *nexum* perdeu sua força executória, ou seja, ocorreu a supressão da *manus iniectio* e o credor não mais podia obrigar o devedor a trabalhar, ou mesmo castigá-lo. Em razão da falta de sanção pessoal, o próprio instituto do *nexum* caiu em desuso, e é por isso que o Direito Romano o desconhecia em seu período clássico. A frase de Tito Lívio resume os efeitos da lei: *pecunia creditae bona debitoris, non corpus obnoxium esse*. Em tradução livre, o direito do credor passa a ser exercido sobre os bens do devedor, ou seja, as palavras de Tito Lívio, que provavelmente são as mesmas da lei, fazem concluir que a obrigação passou a ser uma relação de mero caráter patrimonial.

por si só, é dotada de neutralidade de valor e, como instrumento – que é e deve ser –, pode servir à dignidade da pessoa humana ou à sua aniquilação.

As grandes propostas filosóficas para o conhecimento do Direito, desenvolvidas a partir do século XIX e cujos influxos ainda se fazem sentir no cenário jurídico, propuseram ideias concentradas exclusivamente num sistema jurídico alheio à natural juridicidade humana, de maneira que a ordem posta, sob um suposto progresso fatal e contínuo, passou a ser a única possível.

Esse raciocínio foi transposto ao Direito na ideia de que todo o direito posto esgota a juridicidade da pessoa humana. Direito posto pelo homem, frise-se, com suas potências superiores destinadas a estabelecer uma indefinida fluência de normas reguladoras das múltiplas relações sociais. O positivismo normativista foi a proposta filosófica mais saliente nesse sentido na órbita jurídica.

O mesmo positivismo normativista vergou roupagens distintas, para melhor se adaptar à dinâmica histórico-política dos povos. Ora assumiu uma conotação empirista, ora racionalista e ora avocou o fundamento metafísico do realismo jurídico clássico. De qualquer uma dessas formas, o positivismo sempre apresentou a realidade humana, a ser regulada pelo Direito, com uma visão rematada e geométrica ou como um puro fato social ou histórico.

Dessa forma, relativizou-se a realidade jurídica e, assim, sem critérios objetivos ou fatores permanentes de juridicidade, o conhecimento filosófico do Direito não poderia existir para além da efusão positiva da liberdade humana. O positivismo normativista, que, em sua versão pronta e acabada, vai beber na fonte neokantiana em Kelsen, frauda abertamente o conhecimento filosófico do Direito, por lhe retirar o principal elemento valorativo, a justiça, entendida aqui como *suum cuique tribuere* (dar a cada um o seu), em que, nesta consagrada, perene e destilada fórmula de Ulpiano, *suum* e *direito* são termos equivalentes.

Diferentemente do estatuto de utópico que o pensamento jurídico moderno dá a essa fórmula, acreditamos que seu conteúdo não é vazio,[16] na medida em que a justiça

16. A respeito disso, acreditamos que, com efeito, a justiça, nessa ótica, é considerada em função do direito. É a virtude de cumprir e realizar o direito, o qual se torna o objeto da justiça, como aquilo para cuja satisfação se orienta a ação justa. E, além disso, é uma definição jurídica, própria do mundo do direito. Essa definição ulpiana de justiça não procede de nenhuma teorização desta ou daquela corrente filosófica – ela pôde ser observada em Aristóteles, nos estóicos, nos escolásticos e no moderno resgate do realismo jurídico clássico – nem é o que poderia se chamar de uma noção erudita ou sofisticada: é uma definição empírica, bem ao gosto da civilização romana, com o mínimo de palavras possível, tomadas a partir de um dado concreto, a saber, o de que as coisas estão distribuídas e é preciso dar a cada um o seu. Cumprir esse dever é uma virtude, a virtude de dar a cada um o seu. A definição ulpiana de justiça é a descrição de um fato, isto é, a existência de um hábito do homem – disposição constante e firme – relacionado a um dever ou preceito – dar a cada um o seu – que concerne a um fato social: a repartição de bens e encargos. Ademais, o fato de cada um ter *o seu* (FINNIS, J. *Philosophy of law*. Oxford: Oxford University Press, 2011. p. 130) constitui um bem, uma parte da ordem social e, por isso, esse hábito é bom. Nada mais distante de uma teoria a descrição ulpiana de justiça. Se a justiça se reduzisse ao igualitarismo, de modo que se reputasse como injustiça qualquer diferença havida no seio social, a repartição ainda continuaria existindo e com ela a necessidade de dar a cada um o seu, pois a repartição igualitária levaria cada qual a ter alguns bens de igual valor. A justiça de dar a cada um o seu é uma realidade, que não desapareceria nem mesmo numa sociedade totalmente coletivizada – tudo de todos e nada de ninguém – na qual, por não haver repartição de coisas, nem sequer de funções, não existiria *o seu* de cada um, até o momento da repartição da alimentação, da vestimenta e do trabalho: nesses casos, existiria necessariamente alguma repartição, mesmo em sociedades coletivizadas, porque a repartição, por menor que seja a dimensão das coisas de uma sociedade, é algo conatural ao homem. A definição ulpiana não restou infensa ao pensamento filosófico. A crítica mais difundida é a de seu pretenso caráter formal. Dizer "o seu" é uma expressão formalista, pois não indica qualquer conteúdo e, além disso, não oferece padrões para a determinação do seu de cada um. Assim, a noção não passaria de uma fórmula vazia. A crítica origina-se de uma má compreensão: as noções abstratas – entre elas os universais – são confundidas, muitas vezes, com os conceitos formais no melhor estilo kantiano. Ademais, esquece-se de que, na fórmula, "o seu" é sinônimo de "seu direito". Pode-se afirmar que, em determinado sentido, um conceito formal, como forma *a priori* não procedente da dimensão empírica, padece de conteúdo. Seria um puro ente de razão, incapaz de expressar propriamente qualquer ente existente. Porém uma noção abstrata – e, mais concretamente, um universal – não é uma forma *a priori*. Pelo contrário, para elaborá-la (LAMAS, F. A. *La Experiencia Jurídica*. Buenos Aires: I.E.F. Tomás de Aquino, 1991. p. 170) a mente age *a posteriori*, partindo da experiência. Por isso, uma noção abstrata contém o real, que é a base do conceito buscado. E um universal contém toda a realidade captada pela razão a partir das experiências particulares. Por exemplo, quando se

se segue ao direito, aquela coisa (*suum*) que, estando atribuída a um sujeito, seu titular, é devida a ele, em virtude de uma dívida em sentido estrito.

Daí, derivam cruciais consequências lógicas em termos de conhecimento filosófico do Direito, o qual, embora dotado de historicidade, invariavelmente, possui *quatro atributos identitários* que o fazem objeto da justiça, a saber:

a) *Débito*;

b) *Alteridade*;

c) *Igualdade*;

d) *Exterioridade*.

---

afirma que o homem é um animal racional, homem é um conceito abstrato, mas contém todos e cada um dos homens reais existentes. Assim, na fórmula ulpiana, "o seu" é um conceito abstrato universal, que expressa toda coisa que pertence a alguém como sua. Não é uma noção formal, mas abstrata e *a posteriori*, por isso, tem um conteúdo universal: tudo aquilo que se declara realmente como "o seu" de um sujeito, como, por exemplo, sua vida, sua honra, seu cargo, seu carro ou seu salário. "O seu" não é uma formalidade, mas uma expressão abstrata tomada a partir da observação da essência que se esconde por detrás da aparência de uma realidade. São todas as coisas que, na realidade, são "suas" de um sujeito. A fórmula ulpiana não indica como determinar em cada caso concreto quais coisas pertencem a cada homem. E isso tem uma certa lógica, pois essa determinação não pertence à justiça, a qual se orienta para a satisfação do direito, mas sim a um momento precedente: a constituição do direito, ou seja, a constituição de uma coisa como sua. E não é questão de vontade – à qual a justiça é inerente – mas de razão; não é coisa que pertença à justiça e sim à prudência do direito (jurisprudência) ou à prudência legislativa. Por fim, as considerações de Stammler (STAMMLER, R. *Tratado de Filosofía del Derecho*. Madrid: Editorial Reus, 2008. p. 248) são pertinentes: "Não tem sentido objetar que essa noção de um método absoluto de juízo é uma noção *vazia*. Quem faz essa objeção não nos diz qual conceito tem do *conteúdo*. O *conteúdo* de uma noção é constituído pelas características que a distinguem de outras noções. E uma característica própria compreende, inevitavelmente, todo pensamento. É absurdo, então, conceber uma noção *carente de conteúdo*. Essa objeção só pode ser explicada por uma confusão do *conteúdo* em geral com os elementos *materiais concretos* que podem integrá-lo. Porém, existem noções que carecem de toda característica *materialmente condicionada* e cujo *conteúdo* consiste na representação permanente de um método unitário de ordem. Entre elas, está a *ideia do Direito*" (itálicos do autor). Pode-se perceber que as formas puras *a priori*, como noções racionais alheias à experiência, não contêm nenhuma realidade existente. Nesse sentido e somente nele, são noções vazias de realidade, ao contrário de uma noção abstrata *a posteriori*, como a fórmula ulpiana de justiça.

No primeiro atributo – o *débito* – encontramos uma identificação formal entre direito e débito. O direito é a coisa que *deve* dar-se, ou seja, o débito tem caráter vinculante, porque expressa a obrigatoriedade do direito, ao nascer da *suidade* da coisa, de sua atribuição ao titular como lhe pertencente. A coisa, por estar atribuída ao seu titular, aparece como devida. O direito é o que, por estar atribuído, é o devido.

Em outras palavras, existe uma condição apropriadora da pessoa humana, um domínio próprio que exclui a interferência dos demais membros da sociedade, apto a gerar a obrigação de respeito a essa situação ou de restabelecimento em caso de interferência indevida por outro.

O elo com a justiça revela o segundo atributo – a *alteridade* (*alter*, do latim, outro) –, que jaz justamente no dever de não interferência dos demais membros da sociedade na esfera jurídica de alguém. O devido está ordenado a outro numa relação de justiça que supõe ao menos duas pessoas, o titular do direito e o titular do correlato dever de justiça.

Também existe na relação de alteridade uma adequação objetiva ou um ajuste líquido e certo. Aqui, adentramos no terceiro atributo – a *igualdade* –, pois o direito é exatamente o devido, nem mais ou menos. A coisa justa identifica-se formalmente com o igual, porque, nas relações de justiça, o que é devido deve ser igual ao que é dado.

Nem sempre essa igualdade pode ser considerada aritmética, porque, muitas vezes, não se igualam somente coisas, mas também pessoas, como se dá na igualdade proporcional. Daqui decorre a séria advertência de que a igualdade da justiça não é a igualdade a que aspiram os políticos igualitários. Todos são tratados igualmente, porquanto a todos se dá o que lhes corresponde.

Por fim, como objeto das relações intersubjetivas sociais, o Direito demanda necessariamente uma dimensão de intercomunicação, o quarto atributo – a *exterioridade*.

No Direito, a coisa externa importa dizer a coisa captável pelos demais, comunicável, o que nos conduz aos vínculos que se desprendem da esfera de intimidade e de interioridade da pessoa, esta sim incomunicável.

Os contratos são um bom exemplo disso, afinal, ninguém celebra pactos consigo mesmo. E a lei é o elemento, por excelência, dessa exterioridade. O sentido próprio e primário do Direito não é a lei – seu instrumento, por excelência, na realidade ocidental – mas o *suum*, a coisa que corresponde ao justo concreto aqui e agora, que compete ao profissional do direito identificar e declarar (*ius dicere*).

Afirmar que a lei é o direito em sentido próprio importa concluir que a arte do direito é a arte de fazer leis (*ars legum*), propósito do positivismo normativista. Contudo, a arte de fazer leis provoca o enleamento metedológico do conhecimento filosófico do Direito com o conhecimento filosófico da Política e, no que concerne ao trabalho dos profissionais do direito, reduz sua tarefa à mera aplicação da lei, feição típica do positivismo normativista que aqui combatemos.

Afinal, a lei é a regra do direito, sua *ratio iuris* ou o estatuto do direito. Os modelos paradigmáticos da lei são os de *causa e medida* do direito: a lei é *causa do direito*, pois atribui certas coisas a determinados sujeitos, e *medida do direito*, porque estabelece os limites e condições de exercício.

Entretanto, a lei não esgota todo o conhecimento filosófico do Direito, já que deve reconhecer – e não conceder, como se fosse um mero ato de império estatal –, como mínimo de juridicidade natural, a condição de sujeito de direito de todo ser humano: *ex persona oritur ius*.[17]

17. *Ius ex persona oritur*: o Direito emana da pessoa. A pessoa deve constituir o centro do direito em quaisquer de suas dimensões. Por ser tanto racional como livre, a pessoa humana é a protagonista do direito, o sujeito de direito por antonomásia. "Todo Direito tem sido constituído por causa dos homens", assinalou o jurisconsulto Hermogeniano, *magister libellum* de Diocleciano, inspirado na tradição do direito romano clássico (D.1,5,2: *Cum igitur hominum causa omne ius constitutum sit*). O mesmo sentido é empregado por Justiniano em suas *Institutiones* (I.1,2,12),

Visto sob outro ângulo, no âmbito do conhecimento filosófico do Direito, entendido como *ipsa res iusta*, temos quatro causas:

a) **Causa material**: o dar, isto é, aquilo que foi denominado pela tradição romana como *tribuere*, o que se traduz por dar, por falta de um verbo no vernáculo que expresse todo um conjunto de ações específicas que tomam parte num ato de justiça. A ideia de que o verbo que designa o ato justo deve expressar é a de uma ação ou de uma práxis, em cuja virtude, o *seu* de cada um é respeitado ou, se passou ao poder de outro indevidamente, é restituído ou restabelecido em sua primitiva posição;

b) **Causa formal**: o título, isto é, o fundamento da pertença ou atribuição exclusiva a um sujeito, com exclusão dos demais, segundo diferentes modos de atribuição e pertencimento;

c) **Causa eficiente**: a lei positiva e a lei natural;

d) **Causa final**: imediatamente, o justo devido e, mediatamente, o bem comum político.

Dessa maneira, o conhecimento filosófico do Direito circunscreve-se no campo da realidade prática ou da realidade moral, o plano de atuação do homem como pessoa, onde o homem atua livremente e suas potências são habilitadas para atuar bem, mediante uns hábitos peculiares que são chamados de virtudes, dentre as quais umas pertencem

---

quando afirma que pouco se pode saber do Direito se a pessoa é ignorada (*Nam parum est ius nosse si personae quarum causa statutum est ignorentur.*). Por isso, podemos afirmar – categoricamente – que o Direito procede da pessoa. Eis a regra de ouro do direito. O Direito tem origem na pessoa e não no Estado, essa construção teórica criada para servir o homem, ainda que, em muitas ocasiões, tenha sido instrumentalizado para fins iníquos à humanidade. As pessoas são autênticas *nomóforas*, isto é, portadoras do direito.

ao entendimento ou ao conhecimento intelectual e outras à vontade ou ao amor.

Em resumo, o conhecimento filosófico do Direito pode ser descrito em três passos bem didáticos,[18] a saber:

a) Numa primeira aproximação, o conhecimento filosófico do direito poderia ser definido como a "pretensão de transcender a experiência jurídica imediata, em busca dos princípios fundamentais que a justificam";

b) Numa segunda aproximação, definindo-as pelas causas extrínsecas, o conhecimento filosófico do Direito pergunta "pela realidade do jurídico, no horizonte da totalidade do que existe", pois a filosofia tem, por causa, o espírito, que se destina a conhecer a totalidade do real;

c) Numa aproximação final, em grau de ajuste fino, considerando que conhecimento filosófico do Direito tem, por objeto, a conduta humana pelo prisma da juridicidade, podemos descrevê-lo como "o saber que tem, por objeto, a proposição das exigências normativas que regulam a convivência externa dos homens". Com isso, embora este saber seja especulativo pelo modo de conhecer, é prático por seu fim. Por isso, "o conhecimento filosófico do Direito pode ser entendido como o conhecimento do saber-fazer da realidade jurídica em suas causas últimas e em seu ser".

8. CONHECIMENTO TEOLÓGICO

O papel da teologia no Direito está em nos alertar para a existência da lei divina, a qual não deve ser confundida com

18. MARTÍNEZ DORAL, J. M. *La Estrutura del Conocimiento Jurídico*. Pamplona: EUNSA, 1963. p. 131-138, 195, 207 e 216.

a lei eterna, embora tenha nela, como, de resto, em todas as leis, inclusive as humanas, seu último ou primeiro fundamento, na medida em que se trata da própria razão divina.

A lei divina é lei historicamente revelada por Deus, diferente da lei humana ou positiva, criada pelos homens, e da lei natural, consistente na participação direta da lei eterna na criatura racional. E por que a lei divina é necessária, além da lei natural, da lei humana e da filosofia?

Em razão de dois fatores:[19-20]

a) Porque o homem, pela ação divina, foi elevado a um fim que não poderia alcançar por si mesmo, ou seja, a visão "face a face" de Deus como Ele é e, para se orientar para tal fim e alcançá-lo com a ajuda da graça, foi necessário revelar ao homem uma série de verdades sobrenaturais, sem as quais o conhecimento e amor deste fim não seriam possíveis, como a trindade, a encarnação, a ressurreição de Cristo e os novíssimos;

b) Porque o homem, embora possa conhecer, por intermédio da razão, um rol de verdades como a criação do mundo, a existência de Deus e a imortalidade da alma, estas verdades seriam desveladas aos poucos, por meio de trabalho intelectual de longuíssimo prazo e por uma mistura de equívocos, como podemos claramente observar na história da filosofia. Ao invés disso, em sua infinita sabedoria, Deus, revelou tudo isso e, assim, tornou este conhecimento acessível a todos os homens.

19. AQUINO, Tomás de. *Suma Teológica*. Campinas: Ecclesiae, 2019. p. 389.

20. *Ibidem*, I, q. I, a.1.

9. CONHECIMENTO PRUDENCIAL

Afigura-se imprescindível o conhecimento do Direito como um saber prático, uma prudência, e não como uma ciência, ainda que haja uma ciência que o investigue. Hervada[21] recorda-nos que

> dar a cada um *o seu* exige, primeiramente, querer dar-lho. Se alguém não quiser dar a outro o que a este corresponde, é óbvio que não lho dará; em todo caso, mudar-se-lhe-á a vontade mediante pressões, e então ele quererá dar, apesar do seu pesar; ou até porque aquele de quem é a coisa, ou força socialmente organizada – neste caso para dar a alguém o que lhe pertence – retirarão essa coisa; mas sendo assim, ele nada terá dado. Não basta, contudo, que alguém não queira dar a outrem o seu; não menos importante é que saiba a quem pertence a coisa, que justamente é de outro; alguém que não saiba isto, ou não dará uma coisa ao seu verdadeiro dono, ou dará de menos, ou dará de mais, ou não se decidirá a dar. Este *saber* o que corresponde a outro para dá-lo é um conhecimento prático, é algo próprio da razão prática, que consiste em saber *o que* há de dar, a *quem* há de dar, *quando* há de dar, *como* há de dar, *onde* há de dar etc. Ao conhecimento do que falamos – que é uma parte da virtude, conforme entenderam os antigos – os romanos chamaram-lhe prudência do direito, *iuris prudentia*, de onde veio a palavra jurisprudência (grifos do autor).

O objetivo do saber prudencial é a conversão da norma genérica em norma particular, dimensionando-a prudentemente na práxis jurídica. É uma tensão heurística que diz respeito ao ponto central do problema do justo concreto, já tratado anteriormente e em torno do qual gira toda a estrutura do conhecimento jurídico.

Conforme ressalta Utz,[22] "o direito não se realiza senão na relação interpessoal concreta. A análise da ordem

---

21. HERVADA, J. *Crítica Introdutória ao Direito Natural*. Porto: Resjuridica, 2006. p. 14-15.

22. UTZ, A. *Étique Sociale. Philosophie du Droit*. Suisse: Universitaires de Freibourg, 1967. p. 20-21.

real deverá então evidenciar os preceitos segundo os quais o caso concreto e particular está em condições de ser determinado juridicamente".

Se o Direito goza de diferentes graus de saber, compete justamente ao último concretizar, contingente e historicamente, a conduta jurídica, pois é tarefa da prudência justamente descobrir aqui e agora a operação que dá *o seu* (*suum*) ao outro, realizando-a, sem desvinculá-la dos outros planos do saber jurídico, que encerram uma grande unidade e que a auxiliam naquela tarefa: cada qual, em seu âmbito, colabora num momento específico da conduta jurídica, cuja definição e império pertence, ao cabo, à prudência jurídica.

Nesse diapasão, calham as palavras de Häring,[23] cuja linguagem, destinada à decisão ética, coincide com a do profissional do direito que repele a concepção dedutivista, ao expressar que

> o legalista se interessa somente por fórmulas áridas, não pela via ou pelas pessoas. Tendo perdido o contato com o homem da vida real, ele também perde o contato com os valores e com as fontes da vida e da verdade. Servem-lhe de guia os princípios vazios ou principalmente fórmulas e ele não considera como e porque tais princípios foram formulados e quais os valores humanos que inicialmente os justificavam.

A prudência jurídica, como a prudência *tout court*, tem duas dimensões: a cognitiva e a preceptiva. Na primeira etapa, para se aconselhar ou exigir uma conduta de um terceiro ou mesmo de si próprio, é imprescindível conhecer as diversas possibilidades de ação – deliberar – e, num segundo momento, escolher a mais apropriada para se alcançar o fim colimado – juízo ou eleição.

Apenas quem conhece e aquilata os vários meios pode fazer uma opção adequada e realizá-la. A hermenêutica

---

23. HÄRING, B. *Moral Personalista*. São Paulo: Paulinas, 1974. p. 167.

jurídica insere-se justamente nesta dimensão cognitiva, atuando-a e encerrando-a, cujo objeto está em refletir acerca das condutas jurídicas possíveis e eleger axiologicamente uma delas.

Campos Pedroso[24] salienta que

> a título de ilustração, a sentença judicial bem evidencia semelhante propósito. Ela é um exemplo típico de aplicação prudencial do Direito. Sua elaboração exige, como alicerce, valorações que vêm do juízo prudencial. A sentença é um ato do conhecimento prático. A virtude do intelecto prático possibilita a aplicação dos princípios gerais, de ordem normativa, aos casos concretos, apesar de os primeiros se revestirem de generalidade (essência) e os segundos, de singularidade (existência). Só a prudência permite a aplicação justa do Direito. A sentença é, assim, um ato de conhecimento prático que intervém o juízo prudencial. Mas, não é só: o fulcro da sentença é a valoração. Se a descrição fenomenológica da experiência jurídica revela estar o Direito ligado a uma exigência de Justiça, então, esta exigência deve estar na norma genérica da lei e na norma individualizada da sentença. Se o legislador não deve elaborar a lei sem levar em conta determinados objetivos contidos na ideia de Direito (o justo), o mesmo ocorre com o juiz, que não deve formular a sentença sem se inspirar nos valores fundantes e fiadores de convivência que se inserem no sistema normativo. A sentença possui, assim, essência ética, regulando as ações mais de perto que a norma. Assim, a sentença não pode ser reduzida a mero esquema lógico. O mesmo acontece com as demais normas individualizadas (o negócio jurídico, o ato administrativo especial, o tratado e o contrato) que traduzem valorações contidas na natural teleologia do sistema.

Deliberação e juízo são os dois atos que perfazem o momento cognitivo da prudência. A deliberação jurídica é um exame sobre as alternativas de condutas jurídicas que sobressaem num dado tempo e lugar e que desemboca na eleição daquela que melhor se justapõe ao caso concreto.

---

24. CAMPOS PEDROSO, A. C. Aplicação prudencial dos esquemas lógico-normativos. *Revista da Faculdade de Direito da Universidade de São Paulo*. São Paulo: Universidade de São Paulo, 1998, vol.93, p. 293.

Superada essa etapa de determinação jurídica, surge a seguinte, a saber, a preceptiva, na qual a conduta que a interpretação estimou apropriada atualiza-se, pondo-se em existência por intermédio de um comando ou uma execução, consistente na aplicação dos meios concretos e adequados para a realização da conduta anteriormente eleita.

Quando o legislador promulga uma lei, o magistrado prolata sua sentença, o advogado presta uma consulta, o promotor propõe uma ação penal, supõe-se que todos estes atores do mundo jurídico deliberaram sobre as variáveis possíveis naquelas circunstâncias concretas e, num momento posterior, elegeram a decisão que melhor se coadunava para aquelas situações.

Por essa razão, afirma Ollero[25] que "a tarefa jurídica consiste, pois, fundamentalmente, num trabalho de determinação [...] a determinação do direito remete, a princípio, ao explicitado de um texto legal escrito; já a determinação da lei reenvia a um texto radicalmente ontológico".

Vigo[26] pontua com precisão que

> o saber dos juristas tem, por missão específica e primordial, "dizer o direito" (*iurisdictio*); por isso, são *iurisprudentes* e, consequentemente, cabe reconhecer-lhes uma tarefa "elaboradora", "inventora", "formuladora" ou "determinante" do direito. Mas, precisamente para poder cumprir esta função "de dizer", é necessária a interpretação jurídica, em cujo âmbito o jurista poderá determinar o que é o "seu" de cada um e posteriormente exigi-lo, ensiná-lo ou aconselhá-lo. O resultado do trabalho interpretativo pode consagrar-se numa norma jurídica, ou, às vezes, traduzir-se num conselho ou ensinamento;[27] na verdade, pode-se dizer que é aí que se cria

---

25. OLLERO, A. *Hermenéutica jurídica y ontológica em Tomás de Aquino*. Roma: Atti del Congreso Internazionale Tommaso d'Aquino nel suo settimo centenário, 1974. p. 320.

26. VIGO, R. L. *Interpretação Jurídica*. São Paulo: RT, 2010. p. 106.

27. A propósito da praticidade da interpretação jurídica, ensina Kalinowski (KALINOWSKI, G. *Études de Logíque Déontique*. Paris: Librairie Générale de Droit et de

> uma norma jurídica ou se aconselha ou se ensina a outro a conduta jurídica apropriada: onde houve uma interpretação que a possibilitou (grifos do autor).

CONSIDERAÇÕES FINAIS

Apesar dessas longas linhas, restaram pendentes – estamos cientes disso – um grande número de questões em aberto. Outras foram objeto de um tratamento mais breve do que merecem. Não obstante, acreditamos ter cumprido o objetivo de levantar os principais problemas do conhecimento prático e traçar as diretrizes para suas corretas soluções.

A partir de um breve estudo do conhecimento humano, investigamos sua distinção entre teoria e prática, bem como sua profunda continuidade, fundada na unidade do ente. Em seguida, tentamos estabelecer a estrutura metódica do conhecimento prático e, a partir daí, a natureza do conhecimento jurídico, realizando uma análise muito breve de cada um deles. Finalmente, estudamos os seis graus do conhecimento jurídico e as relações hierárquicas que se descobrem entre eles.

Ao tratar de todos esses pontos, procuramos destacar em particular a vinculação do conhecer e do dever com o ser, visto que esses pontos nos parecem ser a pedra angular de todo o tema abordado. Em última análise, tudo se resume ao ser: ser verdadeiro, ser conhecido, ser humano e ser belo.

Jurisprudence, 1972. p. 14) que "ser preciso distinguir entre a prudência do legislador, da qual depende a sanção de leis justas, a prudência do intérprete do direito, da qual depende a interpretação justa dessas leis e a prudência do simples sujeito de direito, da qual depende a adoção de comportamentos justos. É daqui que deriva o termo latino *iusprudens* que designava, em Roma, o homem que tinha experiência do justo (*iusperitus*) e que, por isso, qualificava-o para responder às perguntas que a ele se referiam, do mesmo modo que nosso termo 'jurisprudência' designa a interpretação prática das cortes de justiça expressada nas sentenças".

E todo o ser nada mais é do que uma participação do Ser, aquele a quem Ele mesmo deu a definição: "Eu sou o que Sou".[28] Fora Dele, caímos no abismo do nada e restam sem sentido a realidade, a ação humana, a política, o direito, a economia e tudo o que o homem faz ou descobre no breve caminho de sua vida no mundo.

Para que essas realidades recuperem seu sentido próprio, é preciso retornar ao caminho que leva do ser ao agir e do agir ao Ser, fim último ao qual se dirige a totalidade da práxis humana, campo, por excelência, do conhecimento do Direito, já que se trata de uma prudência, ainda que haja uma ciência que o investigue.

REFERÊNCIAS

ALBERTUNI, Carlos Alberto. *O conceito de sindérese na moral de Tomás de Aquino*. Tese (Doutorado em Filosofia) – Unicamp, Campinas, 2006.

ARISTÓTELES. *Ética a Nicômaco*. São Paulo: Atlas, 2009.

ARISTÓTELES. *Metafísica*. São Paulo: Edipro, 2015.

ARISTÓTELES. *Sobre a alma*. São Paulo: Edipro, 2018.

ARISTÓTELES. *Organon*. Porto: Res Editora, 2010.

AQUINO, Tomás de. *Suma teológica*. Campinas: Ecclesiae, 2019.

CAMPOS PEDROSO, A. C. Aplicação prudencial dos esquemas lógico-normativos. *Revista da Faculdade de Direito da Universidade de São Paulo*. São Paulo: Universidade de São Paulo, 1998, v. 93.

FINNIS, J. *Philosophy of law*. Oxford: Oxford University Press, 2011.

---

28. *Êxodo*, 3, 14.

GILLISEN, John. *Introdução histórica ao direito*. Lisboa: Fundação Calouste Gulbenkian, 1986.

HÄRING, B. *Moral personalista*. São Paulo: Paulinas, 1974.

HERVADA, J. *Crítica introdutória ao direito natural*. Porto: Resjuridica, 2006.

HERVADA, J. *Temas de filosofía del derecho*. Pamplona: Ediciones Universidade de Navarra, 2011.

ISIDORO DE SEVILHA. *Etimologías*. Madrid: Biblioteca de Autores Cristianos (BAC), 2006.

JAEGER, W. *Paideia*. Paris: Gallimard, 2003.

KALINOWSKI, G. *Études de Logíque Déontique*. Paris: Librairie Générale de Droit et de Jurisprudence, 1972.

LAMAS, F. A. *La experiencia jurídica*. Buenos Aires: I.E.F. Tomás de Aquino, 1991.

MARTÍNEZ DORAL, J. M. *La Estrutura del conocimiento jurídico*. Pamplona: EUNSA, 1963.

OLLERO, A. *Hermenéutica jurídica y ontológica em Tomás de Aquino*. Roma: Atti del Congreso Internazionale Tommaso d'Aquino nel suo settimo centenário, 1974.

PORTER, J. The unity of the virtues and the ambiguity of goodness – A repraisal of Aquina's theory of the virtues. *Journal of Religious Ethics*, 21, 2003.

STAMMLER, R. *Tratado de filosofía del derecho*. Madrid: Reus, 2008.

UTZ, A. *Étique Sociale*. Philosophie du Droit. Suisse: Universitaires de Freibourg, 1967.

VIGO, R. L. *Interpretação jurídica*. São Paulo: RT, 2010.

ENTRE CAPACETES, CIGARROS E IMORALIDADES: REVISITANDO O PERFECCIONISMO NAS TEORIAS DO DIREITO NATURAL CONTEMPORÂNEO

Pablo Antonio Lago

Na última Páscoa, ao comprar ovos de chocolate, notei que as embalagens dos produtos vinham com informações como "alto em açúcar adicionado e em gordura saturada". Achei o alerta particularmente interessante e, após rápida pesquisa, descobri que se trata de medida estabelecida pela Resolução 429/2020 da Agência Nacional de Vigilância Sanitária (Anvisa). Busca-se, por meio de um sistema de rotulagem de alimentos embalados na ausência do consumidor, sinalizar produtos com altos teores de açúcar, gordura e sódio – atingindo, notadamente, os alimentos considerados processados e ultraprocessados. A lógica é semelhante à das embalagens de cigarro, que contêm avisos sobre os riscos causados pelo tabagismo, ainda que não o façam de forma tão literal.

Pode-se afirmar que medidas como estas simbolizam uma preocupação social com o *bem* dos indivíduos, e mais especificamente com sua saúde. Espera-se, no mínimo, que o indivíduo reflita antes de consumir o produto. De uma forma geral, tais medidas buscam interferir na tomada de decisão, ainda que de forma não coercitiva. Afinal, avisar que a Coca-Cola tem alto teor de açúcar é muito diferente de proibir sua produção e comercialização.

Neste texto, analiso como estas e outras medidas, que se relacionam com perspectivas teórico-filosóficas mais gerais como as do perfeccionismo, podem ser lidas à luz do jusnaturalismo contemporâneo. Levarei em consideração a visão de dois autores particularmente influentes: John Finnis e Robert George. Acompanhando a leitura de Christopher Tollefsen, argumento que há uma diferença importante na visão de ambos. Em Finnis, entende-se que ações estritamente paternalistas por parte do Estado seriam limitadas enquanto uma questão de princípio. George, por sua vez, discorda da visão finnisiana e argumenta que eventuais limites ao paternalismo estatal não são uma questão de princípio, mas sim de prudência.

Divido este texto em três partes. Primeiramente, abordo algumas questões conceituais, como as distinções que podem ser feitas entre as ideias de paternalismo e perfeccionismo, levando em consideração os verbetes elaborados por Gerald Dworkin e Steven Wall na *Stanford Encyclopedia of Philosophy*. Na sequência, descrevo o perfeccionismo presente nas teorias jusnaturalistas contemporâneas, tomando como base a obra maior de Finnis, *Natural Law & Natural Rights*,[1] para então apresentar como Finnis e George concebem, cada um de sua maneira, os limites da autoridade política. Por fim, na terceira parte, analiso criticamente como o perfeccionismo de ambos os autores transparece em problemas concretos, sugerindo que as

1. FINNIS, John. *Natural law and natural rights*. 2. ed. New York: Oxford University Press, 2011a.

perspectivas de Finnis e George não são incompatíveis, mas antes complementares em determinadas situações.

1. QUESTÕES CONCEITUAIS

Um dos temas clássicos da filosofia política diz respeito aos limites do Estado e da ordem jurídica em relação à autonomia e às liberdades individuais. Questiona-se se o Estado pode, legitimamente, *forçar* os indivíduos em direção ao bem – o que corresponde ao problema geral do *paternalismo estatal*. Na prática, há inúmeros exemplos de medidas paternalistas: desde a obrigatoriedade do uso do cinto de segurança em veículos ou de capacetes ao se andar de motocicletas, até o recolhimento do Fundo de Garantia por Tempo de Serviço (FGTS). O fato de ser possível mencionar tantos tipos diferentes de medidas gera algumas dificuldades conceituais. Como ressalta Gerald Dworkin, as exatas fronteiras do paternalismo são uma questão contestada. Mas seria possível notar alguns elementos comuns nessas medidas: elas envolvem algum tipo de limitação na liberdade ou autonomia de algum agente, e o fazem considerando uma classe particular de razões.[2]

Gerald Dworkin sugere, então, o seguinte esquema conceitual para delimitar as condições que transformam uma ação em uma ação paternalista:

> O indivíduo X age de forma paternalista em direção ao indivíduo Y ao fazer (ou omitir) Z quando:
>
> 1. Z (ou sua omissão) interfere na liberdade ou autonomia de Y;
> 2. X o faz sem o consentimento de Y;

2. DWORKIN, Gerald. Paternalism. *In:* ZALTA, Edward (ed.). *The Stanford Encyclopedia of Philosophy* (2020). Disponível em: https://plato.stanford.edu/archives/fall2020/entries/paternalism/. Acesso em: 8 jun. 2023.

> 3. X o faz apenas porque acredita que Z melhorará o bem-estar de Y (onde se inclui prevenir que o bem-estar de Y diminua), ou porque de alguma forma Z promove os interesses, valores ou bem de Y (Dworkin, 2020, tradução livre).

Como se pode perceber, Dworkin apresenta três condições: que a ação ou omissão interfira na liberdade ou autonomia do agente, que a ação ou omissão ocorra sem seu consentimento, e que esta ação ou omissão seja fundamentada no que se considera o bem-estar do agente ou ainda seus interesses, valores ou próprio bem. Contudo, o autor reconhece como estas condições podem ser intrincadas (*tricky*) na prática, pois o uso do conceito deixa de ser meramente descritivo e passa a assumir contornos normativos. A análise é dependente, portanto, do contexto em que a medida é adotada.[3]

Não é sem razão que alguns autores adotam definições de paternalismo que Gerald Dworkin considera excessivamente "fracas". Este seria o caso do "paternalismo libertário" defendido por autores como Cass Sunstein e Richard Thaler.[4] Baseados em diversas pesquisas no campo das ciências comportamentais, que ressaltam as limitações presentes em nossa capacidade de julgamento, esses autores entendem que é possível e por vezes necessário "influenciar" ("cutucar"; *to nudge*) as pessoas a tomarem boas decisões. É o caso de medidas como usar pratos menores em restaurantes, visando diminuir a quantidade de comida consumida, ou então dispor de alimentos saudáveis na altura dos olhos dos consumidores em uma cafeteria – colocando

---

3. "The term 'paternalism' as used in ordinary contexts may be too amorphous for thinking about particular normative issues. One should decide upon an analysis based on a hypothesis of what will be the most useful for thinking about a particular range of problems. One might adopt one analysis in the context of doctors and patients and another in the context of whether the state should ban unhealthy foods" (*Ibidem*).

4. THALER, Richard; SUNSTEIN, Cass. *Nudge:* improving decisions about health, wealth, and happiness. Michigan: Caravan, 2008.

os salgadinhos, chocolates e outras opções menos saudáveis em lugares mais distantes de seu campo de visão. Nesse contexto, medidas como as mencionadas no início deste texto poderiam ser consideradas exemplos de "nudges" na concepção de Sunstein e Thaler. A possibilidade de escolha pelo indivíduo está mantida (o que justificaria a expressão "libertário"), mas ainda assim se espera promover o bem do agente influenciado (e daí o "paternalismo").

Ainda que se possa debater sobre serem ou não tais medidas paternalistas, o ponto é que buscam influenciar as pessoas a agir de diferentes maneiras e têm como justificativa o *bem* dos próprios indivíduos.[5] A questão, portanto, é muito mais ampla, razão pela qual entendo ser necessário analisar também o *perfeccionismo*, enquanto ideia presente na filosofia moral e política de diferentes autores. Tal qual a ideia de paternalismo, o perfeccionismo possui distintos nuances conceituais, não tendo sentido unívoco. De qualquer modo, valem as observações feitas por Steven Wall, para quem

> [...] autores perfeccionistas promovem uma descrição objetiva do bem e, então, desenvolvem uma explicação da ética e/ou política informada por esta descrição. Diferentes autores perfeccionistas propõem distintas descrições do bem e chegam a diferentes conclusões éticas e políticas. Mas todos os perfeccionistas defendem uma descrição do bem que é objetiva, no sentido de que identifica um estado de coisas, atividades e/ou relações como boas em

5. Se levarmos em consideração as condições estabelecidas por Gerald Dworkin, "nudges" não são medidas propriamente paternalistas: "In terms of the analysis of Paternalism given in this entry is Nudging paternalistic? The first condition in the definition is: the action (or its omission) interferes with the liberty or autonomy of Y. Nothing corresponds to this in the definition above. Putting a warning label on a cigarette pack does not interfere with the liberty of autonomy of any cigarette smoker". O autor prossegue, contudo, ressaltando que a reflexão sobre tais medidas ainda assim é relevante: "However one comes out on the issue of whether the definition of paternalism is useful or not we turn to the more important issues about whether, and in what circumstances, nudges are justifiable ways of influencing persons to make certain choices" (DWORKIN, Gerald. Paternalism. *In:* ZALTA, Edward (ed.). *The Stanford Encyclopedia of Philosophy*, 2020. Disponível em: https://plato.stanford.edu/archives/fall2020/entries/paternalism/. Acesso em: 8 jun. 2023).

> si mesmas, e não boas em razão do fato de serem desejadas ou desfrutadas por seres humanos.[6]

Como é possível perceber, autores considerados perfeccionistas buscam não apenas uma descrição objetiva do bem, mas também responder questões morais e políticas a partir daquilo que compreendem ser o bem. Do ponto de vista político, isso envolve a renúncia ao princípio da neutralidade estatal. Como afirma Wall,[7] para os perfeccionistas não há qualquer princípio de moralidade política que proibiria o Estado de promover o bem, mesmo quando este bem esteja sujeito a desacordo entre os cidadãos.[8]

Feitas essas considerações conceituais, tem-se que o perfeccionismo e o paternalismo, ao menos para as finalidades deste texto, não se confundem. Como visto, o paternalismo estatal, em uma concepção mais estrita (como a defendida por Gerald Dworkin), envolve algum tipo de interferência por parte do Estado na liberdade ou autonomia de alguém, sem seu consentimento, visando o que seria o bem desse indivíduo. Já o perfeccionismo, entendido de forma geral como a promoção do bem em uma sociedade política, não necessariamente precisa se valer de medidas paternalistas neste sentido estrito – a promoção do bem

---

6. WALL, Steven. Perfectionism in Moral and Political Philosophy. *In:* ZALTA, Edward. *The Stanford Encyclopedia of Philosophy*, 2021, tradução livre. Disponível em: https://plato.stanford.edu/archives/fall2021/entries/perfectionism-moral/. Acesso em: 8 jun. 2023.

7. *Ibidem*.

8. De forma análoga, Christopher Tollefsen sustenta que "Perfectionism as a political theory holds that the state should not be neutral about worthwhile forms of life, nor should it exclude moral ideals, or considerations about the good from deliberation about legislation or constitutional essentials. Rather, in making decisions about what activities and forms of life to protect, promote, discourage, or exclude, the state may, and sometimes must, take into account the moral worth of those activities and forms of life, and the ways in which they may, or may not, conduce to a flourishing life" (TOLLEFSEN, Christopher. Pure perfectionism and the limits of paternalism. *In:* KEON, John. GEORGE, Robert (ed.). *Reason, morality, and law:* the philosophy of John Finnis. Oxford: Oxford University Press, 2013. p. 204).

pode assumir as mais diferentes formas, sem se limitar à coerção dos indivíduos.[9] A distinção, como se verá adiante, permite compreender com maior clareza as diferenças teóricas entre Robert George e John Finnis. Ambos são autores perfeccionistas, mas divergem quanto aos limites de ações estatais paternalistas.

2. O PERFECCIONISMO NO DIREITO NATURAL CONTEMPORÂNEO

Enquanto descrição objetiva do bem, o perfeccionismo assume ao menos duas versões distintas. Para Steven Wall, uma corrente teórica buscará a descrição do bem humano a partir da análise do que seria a natureza do homem.[10] Outros autores, como é o caso de jusnaturalistas contemporâneos como John Finnis e Robert George, adotariam o que Wall denomina *perfeccionismo de bens objetivos* – o bem humano envolveria a realização de diferentes bens considerados objetivamente, sem os relacionar com o desenvolvimento de uma natureza humana.[11] É desta segunda

---

9. "The first thing to say is that not all perfectionist policies are coercive. Governments can and do promote the good noncoercively. A government may promote the good, for example, when it intelligently subsidizes art. This perfectionist policy need involve no coercive interference whatsoever" (WALL, *loc. cit.*).

10. Wall traz como o exemplo desta corrente a teoria de Thomas Hurka. Em seu livro *Perfectionism*, Hurka defende uma teoria perfeccionista que teria sido negligenciada na filosofia moral mais recente: "This moral theory starts from an account of the good human life, or the intrinsically desirable life. And it characterizes this life in a distinctive way. Certain properties, it says, constitute human nature or are definitive of humanity – they make humans humans. The good life, it then says, develops these properties to a high degree or realizes what is central to human nature. Different versions of the theory may disagree about what the relevant properties are and so disagree about the content of the good life. But they share the foundational idea that what is good, ultimately, is the development of human nature" (HURKA, Thomas. *Perfectionism*. Oxford: Oxford University Press, 1993. p. 3).

11. WALL, Steven. Perfectionism in Moral and Political Philosophy. *In:* ZALTA, Edward. *The Stanford Encyclopedia of Philosophy*, 2021, tradução livre. Disponível em: https://plato.stanford.edu/archives/fall2021/entries/perfectionism-moral/. Acesso em: 8 jun. 2023.

corrente (que, para os devidos fins, denomino *Direito Natural contemporâneo*) que este trabalho se ocupa.

Talvez o melhor exemplo de teoria jusnaturalista contemporânea seja a obra *Natural Law & Natural Rights*, de John Finnis, originalmente publicada em 1980.[12] Os bens objetivos que Wall associa a esta concepção perfeccionista transparecem, em Finnis, na forma de princípios de Direito Natural[13] e, mais especificamente, dos chamados *bens ou valores humanos básicos*. Tais princípios e bens, de modo parecido com princípios da lógica e da matemática, seriam autoevidentes, não são demonstrados, e são indemonstráveis. É a partir de proposições autoevidentes e indemonstráveis, como a de que "o homem é um animal racional", que a visão jusnaturalista contemporânea prescindiria qualquer tipo de inferência. Logo, os princípios de Direito Natural não são inferidos de princípios especulativos ou fatos metafísicos sobre a natureza humana.[14]

---

12. É, certamente, a mais influente. Para Jonathan Crowe, o livro de Finnis corresponde ao paralelo jusnaturalista à obra *O Conceito de Direito*, de Hebert Hart. É a partir de *Natural Law & Natural Rights* que se teria formado a escola de Direito Natural contemporânea (CROWE, Jonathan. *Natural law beyond Finnis*. Research Paper n. . 11-21 – The Universi-ty of Queensland, TC Beirne School of Law Legal Studies Research Paper Series, 2011. p. 307-308. Disponível em: http://papers.ssrn.com/sol3/papers.cfm?abstract_id=2152780. Acesso em: 8 jun. 2023).

13. Há ao menos três acepções distintas do que são os princípios de Direito Natural: "There is (i) a set of basic practical principles which indicate the basic forms of human flourishing as goods to be pursued and realized, and which are in one way or another used by everyone who considers what to do, however unsound his conclusions; and (ii) a set of basic methodological requirements of practical reasonableness (itself one of the basic forms of human flourishing) which distinguish sound from unsound practical thinking and which, when all brought to bear, provide the criteria for distinguishing between acts that (always or in particular circumstances) are reasonable-all-things-considered (and not merely relative-to-a-particular purpose) and acts that are unreasonable-all-things-considered, i.e., between ways of acting that are morally right or morally wrong – thus enabling one to formulate (iii) a set of general moral standards" (FINNIS, John. *Natural law and natural rights*. 2. ed. New York: Oxford University Press, 2011. p. 23).

14. *Ibidem*, p. 33-34.

Esses bens ou valores básicos são, então, identificados a partir do exercício da razão, sobretudo quando dirigida para determinado fim (a *razão prática*). Tais bens se relacionam diretamente com qualquer boa razão para a ação e com qualquer descrição completa da conduta humana.[15] Sendo assim, seria possível identificar distintos bens básicos, que podem constituir listas mais ou menos extensas, a depender do exercício reflexivo realizado. Mesmo Finnis oferece uma lista variável ao longo de sua produção acadêmica. A lista original, presente no capítulo quatro de *Natural Law & Natural Rights*, envolve a vida, o conhecimento, o jogo, a experiência estética, a amizade (sociabilidade), a razoabilidade prática e a religião.[16-17]

É importante notar que estes bens são *básicos* em três sentidos fundamentais. Em primeiro lugar, tem-se que cada um é, igualmente, uma forma autoevidente de bem. Além disso, nenhum pode ser reduzido como mero aspecto ou faceta de outro bem – ou seja, são irredutíveis. Por fim, cada um deles, quando forem alvos efetivos de nossas atenções, pode ser considerado como o mais importante – ainda que, objetivamente, não haja hierarquia entre eles (pois são incomensuráveis).[18-19]

---

15. *Ibidem*, p. 59.

16. FINNIS, John. *Natural law and natural rights*. 2. ed. New York: Oxford University Press, 2011. p. 85-90.

17. Uma "atualização" do posicionamento de Finnis consta no pós-escrito da segunda edição de *Natural Law & Natural Rights*, e engloba o conhecimento, o desempenho hábil no trabalho e em jogos, a vida corpórea, a amizade, o casamento, a razoabilidade prática, e a harmonia com a fonte última de toda a realidade (*Ibidem*, p. 448).

18. FINNIS, John. *Natural law and natural rights*. 2. ed. New York: Oxford University Press, 2011. p. 92

19. Assim, por exemplo, alguém que se dedica à busca pelo conhecimento, por meio da pesquisa acadêmica, pode considerar o bem básico do jogo uma frivolidade em sua própria vida; contudo, *per se*, não se pode afirmar que o conhecimento seja mais importante que outros bens (*Ibidem*, p. 92).

Mas listar diferentes bens básicos não é o bastante. Afinal, de quais bens devemos participar e como poderíamos estabelecer nossa própria ordem de prioridades? É nesse ponto que entra em cena o único bem que jamais pode ser preterido, e do qual participamos[20] sempre que devemos tomar alguma decisão – a *razoabilidade prática*. Ela corresponde à capacidade humana de utilizar com eficiência nossa inteligência na solução de problemas relacionados com a escolha de ações, estilos de vida e o caráter que devemos cultivar. Corresponde, portanto, a um valor complexo que envolve liberdade e razão, integridade e autenticidade.[21] Além disso, transparece na forma de uma série de exigências (*requirements*) que devem ser observadas pelos indivíduos, e que possibilitam a transição dos bens humanos básicos (enquanto valores "pré-morais") para o âmbito da moralidade.[22] Das nove exigências analisadas por Finnis, merece especial atenção para este trabalho a oitava: promover o bem comum.[23]

---

20. Os bens humanos são inesgotáveis. Por esta razão, Finnis sustenta que o mais adequado é afirmar que "participamos" dos bens básicos, e expressões como "perseguir" ou "realizar" um bem podem ser enganosas (*Ibidem*, p. 96).

21. *Ibidem*, p. 88-89.

22. Afinal, considerados em si mesmos, os bens não dizem o que é "certo" ou "errado", "bom" ou "ruim". Como afirmam Victor Pinheiro e Horácio Neiva: "Na realização dos bens humanos básicos, cada agente moral se vale do bem da razoabilidade para constituir um plano individual de vida, que é a moralidade da eleição de objetivos de vida e hierarquias de bens. Pré-morais, os bens são incomensuráveis entre si. Cabe a cada um estabelecer as suas prioridades existenciais, conforme seu plano de vida. A moralidade é resultado da atuação da razoabilidade prática, em atenção aos seus requisitos fundamentais, que estruturam a conduta autodirigida do agente" (PINHEIRO, Victor Sales; NEIVA, Horácio Lopes Mousinho. Razão prática, direito e bem comum na teoria da lei natural de John Finnis, em *Revista Quaestio Iuris*, Rio de Janeiro, v. 12, n. 2, p. 252, 2019. Disponível em: https://doi.org/10.12957/rqi.2019.39074. Acesso em: 8 jun. 2023).

23. As demais exigências, analisadas no capítulo quinto de *Natural Law & Natural Rights* (FINNIS, 2011a, p. 100-133), são: 1) ter um plano coerente de vida; 2) não ter preferências arbitrárias entre os valores básicos; 3) reconhecer uma imparcialidade fundamental entre os sujeitos humanos que são ou podem ser partícipes desses mesmos bens; 4) assumir uma postura de distanciamento; 5) ter comprometimento; 6) agir de maneira eficiente, atentando à relevância limitada das consequências de

A ideia de bem comum é tratada por Finnis de diferentes maneiras ao longo de sua obra. Originalmente, na primeira edição de *Natural Law & Natural Rights*, Finnis sustenta que o bem comum corresponderia ao conjunto de condições que permitiriam que cada indivíduo, dentro de uma comunidade, alcançasse seus próprios objetivos razoáveis e participasse dos bens humanos básicos. Dessa forma, a ideia de bem comum leva em consideração o fato de que alguns objetivos, sejam eles individuais ou coletivos, são mais bem alcançados por meio de associações e trabalho conjunto.[24] Contudo, como o próprio Finnis ressalta no pós-escrito da segunda edição de sua obra maior, essa concepção trata o bem comum como algo *instrumental*. Ocorre que o bem "comum" de diferentes formas de relação interpessoal (amizade, família, grupo religioso etc.) não é instrumental, mas sim *intrinsecamente valioso*[25] – até porque, se considerarmos o bem básico da amizade, percebemos que o bem de nossos amigos se confunde com nosso próprio bem. Florescemos enquanto indivíduos virtuosos na medida em que ajudamos outras pessoas a alcançarem o que é valioso.[26]

---

nossas ações; 7) respeitar cada valor ou bem humano básico em nossa conduta; e 9) agir de acordo com a própria consciência.

24. FINNIS, John. *Natural law and natural rights*. 2. ed. New York: Oxford University Press, 2011. p. 155.

25. *Ibidem*, p. 459.

26. Este ponto fica mais claro em *Aquinas*: "The essence of any friendship, even so thinned out and extended as here, is that A is interested in B's well-being for B's sake; and B is interested in A's well-being for A's sake; and A is interested in A's own well-being not only for its own sake but also for B's sake; and B likewise. Thus the interest of neither person comes to rest solely on that person's own well-being, nor solely on the other person's well-being. [...] It is that truly common good which gives their relationship, their sharing {communication}, its ratio, its intelligible ground or point. [...] Friendship is between equals; to say that everyone can rightly have a kind of friendship with every other human person is to affirm a fundamental equality of human persons, precisely and simply as members of the one race each able to participate in some measure in human goods, notwithstanding all the inequalities that obstruct the formation of friendships of more particular kinds" (FINNIS, John. *Aquinas:* moral, political, and legal theory. New York: Oxford University Press, 1998.

Mas como, então, podemos alcançar o bem comum? Ao observarmos a realidade, percebemos que cada pessoa pode participar dos bens humanos básicos de forma distinta – a divergência com relação a valores e opiniões é algo muito concreto. Enfrentamos, na prática, uma série de problemas de coordenação, que variam de situações simples como definir a mão que adotamos no trânsito, até complicadas questões de ordem distributiva (considerando a escassez natural de recursos). Logo, algumas escolhas devem ser feitas, e é sobretudo em situações nas quais não conseguimos obter um acordo que a figura da *autoridade* se mostra relevante.[27]

Por ser necessária ao bem comum, a autoridade pode ser considerada um bem, ao mesmo tempo em que envolve a responsabilidade de seguir os ditames da razoabilidade prática por parte daquele encarregado de governar.[28] Con-

---

p. 116-117). Este ponto também é evidenciado por Dienny Riker, ao ressaltar que "na amizade plena, a comunidade é o seu próprio fim, ainda que muitos projetos em conjunto possam ser realizados" (RIKER, Dienny. *A razão do casamento:* uma reflexão filosófica a partir da lei natural. Brasília: Episteme, 2020. p. 255). Victor Pinheiro e Horácio Neiva também chamam a atenção para as diferentes ênfases dadas por Finnis à noção de bem comum, que transpareceria sobretudo de forma instrumental em *Natural Law & Natural Rights*, e substancial em *Aquinas* (PINHEIRO, Victor Sales; NEIVA, Horácio Lopes Mousinho. Razão prática, direito e bem comum na teoria da lei natural de John Finnis, em *Revista Quaestio Iuris*. V. 12. N. 2. Rio de Janeiro, 2019. p. 256. Disponível em: https://doi.org/10.12957/rqi.2019.39074. Acesso em: 8 jun. 2023).

27. Nas palavras de Finnis: "For, as I hinted in relation to the fifth requirement of practical reasonableness, dedicated members of the group will always be looking out for new and better ways of attaining the commom good, of co-ordinating the action of members, of playing their own role. And intelligent members will find such new and better ways, and perhaps not just one but many possible and reasonable ways. Intelligence, dedication, skill, and commitment thus multiply the problems of co-ordination, by giving the group more possible orientations, commitments, projects, 'priorities', and procedures to choose from. And until a particular choice is made, nothing will in fact be done. [...] There are, in the final analysis, only two ways of making a choice between alternative ways of co-ordinating action to the common purpose or common good of any group. There must be either unanimity, or authority. There are no other possibilities" (FINNIS, John. *Natural law and natural rights*. 2. ed. New York: Oxford University Press, 2011. p. 231-232).

28. "The need for somebody, or some body, to settle co-ordination problems with greater speed and certainty is apparent in any community where people are

sequentemente, os comandos da autoridade assumem o caráter de *razões exclusionárias*. Uma razão é exclusionária quando é levada em conta, com exclusividade, como razão de decidir ou de agir, ainda que outras razões pudessem ser levadas em consideração.[29-30]

Ainda assim, o exercício da autoridade deve respeitar certos limites. Embora os comandos da autoridade tenham a natureza de razões exclusionárias, isso não significa que tais razões prevalecerão em todas as circunstâncias. Em outras palavras, as disposições da autoridade não são

---

energic and inventive in pursuit of their own or of common goods, not to mention any community threatened with military, economic, or ecological disaster. Authority (and thus the responsibility of governing) in a community is to be exercised by those who can in fact effectively settle co-ordination problems for that community. This principle is not the last word on the requirements of practical reasonableness in locating authority; but is the first and most fundamental" (*Ibidem*, p. 245-246).

29. FINNIS, John. *Natural law and natural rights*. 2. ed. New York: Oxford University Press, 2011. p. 234.

30. Neste ponto, Finnis se vale da teorização de Joseph Raz, que trabalha especificamente com este conceito. De acordo com Raz (RAZ, Joseph. *Razão prática e normas*. Tradução José Garcez Ghirardi. Rio de Janeiro: Else-vier, 2010. p. 33), uma razão exclusionária ou excludente não é apenas aquela que exclui algumas razões em nossos raciocínios práticos (i.e., razões para se fazer ou não fazer alguma coisa), mas pode também eliminar a necessidade de se ponderar entre diferentes razões. Em muitas situações, por exemplo, "o dever de aplicar a lei" corresponderá a uma razão exclusionária frente a outras razões que eventualmente poderiam ser levantadas. Dessa forma, "As razões excludentes são utilizadas para explicar casos em que, embora não haja dúvidas sobre aquilo que, depois de consideradas todas as coisas, deve ser feito, haja a crença de que a razão superada não seja simplesmente sobrepujada. Ela representa uma forma diferente de avaliar o que deve ser feito. Uma avaliação que não deve ser a base para a ação na situação presente, mas que tem certo grau de autonomia, manifesta-se em duas situações-teste: (1) Se fazemos mal quando agimos contrariamente àquilo que deveríamos fazer, todas as coisas consideradas, então nosso julgamento de que alguém fez mal porque agiu baseado em uma razão que é sobrepujada por outra é mais completo e inequívoco do que nossa condenação de um homem que agiu baseado em razões que, embora não sobrepujadas, foram excluídas por razões de segunda ordem, tais como a presença de uma autoridade ou fatos indicando que ele não deveria confiar em seu julgamento de mérito; (2) De modo inverso, embora aprovemos quando as pessoas fazem, todas as coisas consideradas, aquilo que deveriam fazer, nossa aprovação é mais completa e sem reservas quando as razões pelas quais agiram prevalecem na ponderação entre razões do que quando essas são razões que acarretam a superação, por assim dizer, de uma avaliação prática autônoma" (*Ibidem*, p. 36-37).

"inderrotáveis" (*indefeasible*): a autoridade não pode decidir de forma contrária às exigências da razoabilidade prática, pois não teria como justificar a natureza exclusionária de suas razões.[31] Mas há outros limites a serem observados, sobretudo quando pensamos no exercício da autoridade *política*. É nesse ponto que as diferenças entre Finnis e George começam a aparecer, como se verá adiante. De qualquer modo, até aqui, entendo que Robert George endossaria a concepção finnisiana, sobretudo no que diz respeito aos bens básicos e à ideia geral de bem comum. Ambos são autores claramente jusnaturalistas e perfeccionistas.

2.1 Os limites da autoridade política em John Finnis

Os limites da autoridade política e do Estado, na obra de John Finnis, estão diretamente ligados à interpretação que este autor faz de Tomás de Aquino – o que ocorre de forma minuciosa no livro *Aquinas: moral, political and legal theory.*[32][33] Finnis dirá que o "Estado" (*the State*) corresponde ao sujeito, por excelência, de Direito Público: é o governo e seus órgãos. Neste sentido, o Estado se diferenciaria do "estado" (*state*), que corresponde à comunidade política (*communitas politica*) existente ao lado de outros estados em uma ordem internacional (como o equivalente moderno

31. "Those who use their empirical opportunity, or even their legally recognized authority, to promote schemes thoroughly opposed to practical reasonableness cannot then reasonably claim to have discharged their own responsibilities in reason, and may be unable to justify their claim to have created a good and sufficient exclusionary reason affecting the responsibilities of those whose compliance they are seeking or demanding" (FINNIS, *op.cit.*, p. 246).

32. FINNIS, John. *Aquinas:* moral, political, and legal theory. New York: Oxford University Press, 1998.

33. Considerando os limites deste trabalho, não há razão para adentrar nos debates sobre a correção ou não da interpretação finnisiana: pouco importa, neste momento, se Aquino "de fato" disse aquilo que Finnis sustenta – o ponto é que Finnis defende uma concepção particular sobre o Estado e seus limites, e é com base nela que pretendo focar minha análise.

da *polis* aristotélica e da *civitas* aquiniana).[34] Sendo assim, o exercício da autoridade, em sua forma política, está ligado à figura do Estado (ou governo) e teria como objetivo central a proteção do *bem público* (*bonum publicum*). O bem público é o *bem comum de natureza política*: em síntese, corresponde à garantia da paz e da justiça, compreendidas enquanto bens e virtudes direcionadas para as relações interpessoais.[35-36]

É possível extrair da concepção finnisiana de bem público três consequências importantes. A primeira é a de que aqueles atos e disposições de vontade que não tenham qualquer relação, direta ou indireta, com a garantia da paz e justiça em relações interpessoais não devem ser objeto de preocupação por parte do Estado ou do Direito.[37] Na prática, isso equivale a uma posição muito semelhante àquela sugerida por John Stuart Mill, correspondente

---

34. FINNIS, John. *Aquinas:* moral, political, and legal theory. New York: Oxford University Press, 1998. p. 219; FINNIS, John. Reflections and responses. *In:* KEOWN, John. GEORGE, Robert (ed.). *Reason, morality, and law:* the philosophy of John Finnis. Oxford: Oxford University Press, 2013. p. 518.

35. *Idem. Aquinas:* moral, political, and legal theory. New York: Oxford University Press, 1998. p. 226.

36. Interpretando Aquino, Finnis sugere que o Direito, enquanto lei humana, tem como objeto apenas a *comunidade civil*, tomando por base somente relações interpessoais. Sendo assim, de forma distinta da lei divina (orientada para a virtude interna de cada um), o Direito só pode ter por objeto atos *externos* do indivíduo, enquanto questão de justiça ou injustiça. Isso significa que a lei da comunidade política não pode regular todas as escolhas exigidas pela razoabilidade prática, mas apenas aquelas que se manifestam externamente, no contato e em relação com terceiros (*Ibidem*, p. 224-225). Daí decorre a ideia de que o bem comum da comunidade política é limitado: "Aquinas' clearest name for this limited common good, specific to the political community, is public good {bonum publicum}. It is distinct from the private good of individuals and the private common good of families and households, even though the political community (in Aquinas' most usual account) is comprised precisely of individuals and families. As the public good, the elements of the specifically political common good are not all-round virtue but goods (and virtues) which are intrinsically interpersonal, other-directed {ad alterum}, person to person {hominum ad adinvicem}: justice and peace" (*Ibidem*, p. 226-227).

37. FINNIS, John. *Aquinas:* moral, political, and legal theory. New York: Oxford University Press, 1998. p. 228.

ao chamado *princípio do dano* (*harm principle*): "o Estado não tem direito de usar coerção, direta ou indiretamente, para desencorajar a conduta que não seja danosa [*harmful*] a outras pessoas além daquelas que consentiram em engajá-la".[38-39]

A segunda consequência corresponde à adoção, por parte de Finnis, de um perfeccionismo limitado. Se o Estado deve se preocupar apenas com a garantia da paz e da justiça, não pode ter como objetivo tornar as pessoas "integralmente boas", como uma forma "pura" de perfeccionismo poderia sugerir.[40] Os limites do perfeccionismo finnisiano, como sugiro mais adiante, envolvem uma questão de *princípio*.

A terceira consequência corresponde ao caráter limitado, subsidiário ou "instrumental" da concepção finnisiana de bem comum da comunidade política (i.e., o *bem público*).

---

38. *Idem*. *Human rights & common good:* Collected Essays: Volume III. New York: Oxford University Press, 2011c, p. 48, tradução livre.

39. "Still, even when all that is taken into account, Aquinas' position remains firmly outlined (though in its key terms susceptible of various interpretations or applications): those vices of disposition and conduct which have no significant relationship, direct or indirect, to justice and peace are not the concern of the state government or law. The position is not readily distinguishable from the 'grand simple principle' (itself open to interpretation and diverse applications) of John Stuart Mill's On Liberty" (FINNIS, *loc. cit.*). Este ponto também é lembrado por Christopher Tollefsen (TOLLEFSEN, Christopher. Pure perfectionism and the limits of paternalism. *In:* KEON, John. GEORGE, Robert (ed.). *Reason, morality, and law:* the philosophy of John Finnis. Oxford: Oxford University Press, 2013. p. 206).

40. De acordo com Finnis em seu texto *'Public Reason' and Moral Debate* (FINNIS, John. *Reason in action*. Collected Essays: Volume I. New York: Oxford University Press, 2011b, p. 256-276), esta é uma das características do pensamento político clássico, como exposto por Tomás de Aquino: "The proper function of the state's law and government is limited. In particular, its role is not (as Aristotle had supposed) to make people integrally good but only to maintain peace and justice in interpersonal relationships. In this respect, the public realm, the res publica, is different from certain other associations such as family and church, associations which, albeit with limited means, can properly aspire to bring it about that their members become integrally good people. [...] The deliberations of the political community as such – that is, of its rulers, including voters, as such – proceed in the appropriate way only if they are concerned to determine those requirements of justice and peace which Aquinas regularly names 'public good'" (*Ibidem*, p. 258).

Essa limitação fica clara no texto *Limited Government*.[41] Nele, Finnis sustenta que, além das normas constitucionais e morais que limitam a deliberação e escolha de qualquer pessoa "decente" (e da própria autoridade), existem *limites inerentes* aos propósitos, objetivos e racionalidade do bem público.[42] Nunca é demais ressaltar que o bem comum que está sendo tratado aqui é o bem comum *político* – cujo objetivo, como visto, está diretamente relacionado à garantia da paz e da justiça em relações interpessoais. Não é demais reforçar que o bem comum presente em outras formas de comunidade, como a amizade, a família e a religião, não pode ser visto adequadamente como algo instrumental, e sim como bem comum intrinsecamente valioso.[43]

O modo como Finnis concebe questões relacionadas à moralidade sexual traz exemplos emblemáticos de como o

---

41. FINNIS, John. *Human rights & common good:* Collected Essays: Volume III. New York: Oxford University Press, 2011c, p. 83-106.

42. "The government of political communities is rationally limited not only by constitutional law and by moral norms which limit every decent person's deliberation and choice, but also by the inherent limits of its general justifying aim, purpose, or rationale. As Strauss observed in the passage I have recalled, that rationale is the common good of the political community. And that common good, as he did not observe, is (I shall argue) not basic, intrinsic or constitutive, but rather, instrumental" (*Ibidem*, p. 87)

43. Certamente, a ideia de "instrumentalidade" do bem público causa surpresa em outros jusnaturalistas, o que gerou debates que extrapolam os limites do presente trabalho. Neste sentido, sugiro as críticas formuladas por John Goyette no texto *On the Transcendence of the Political Common Good: Aquinas versus the New Natural Law Theory* (2013) à interpretação finnisiana do conceito de bem comum em Tomás de Aquino. Robert George, com relação à natureza instrumental do bem público, endossa a interpretação finnisiana (GEORGE, Robert P. *The common good:* instrumental but not just contractual (2013b). Disponível em: http://www.thepublicdiscourse.com/2013/05/10166/. Acesso em: 8 jun. 2023) – sendo criticado por Michael Hannon no texto *Man the Political Animal: On the Intrinsic Goodness of Political Community* (HANNON, Michael. *Man the political animal:* on the intrinsic goodness of political community, 2013. Disponível em: http://www.thepublicdiscourse.com/2013/05/9897/. Acesso em: 8 jun. 2023). Atualmente, o próprio Finnis prefere a adoção do vocábulo "subsidiário", considerando as diferentes acepções presentes na expressão "instrumental" – até porque a justiça e a garantia da paz por parte do Estado não podem ser caracterizadas, propriamente, como "instrumentos" (FINNIS, John. Reflections and responses. *In:* KEOWN, John. GEORGE, Robert (ed.). *Reason, morality, and law:* the philosophy of John Finnis. Oxford: Oxford University Press, 2013. p. 510-515).

perfeccionismo se apresenta na visão do autor. Em seu texto *Law, morality and "sexual orientation"*,[44] Finnis defende o que denomina *posição moderna padrão* (*standard modern position*). Essa posição sustenta que o Estado não pode transformar em ofensas puníveis os atos sexuais considerados imorais (como seria, na visão do autor, a homossexualidade) quando praticados consensualmente por adultos e em ambiente privado.[45] Por outro lado, afirma que o Estado teria a autoridade para adotar medidas e políticas que discriminem as condutas heterossexual e homossexual, desencorajando esta última.[46] A justificativa apresentada por Finnis para essa "discriminação" está no dever do Estado de zelar pelo meio público no qual crianças, adolescentes e adultos aspiram por uma vida moralmente boa e íntegra, enquanto seres autônomos, em vez de meros "escravos do impulso e da gratificação sexual".[47] A posição moderna padrão ressalta, claramente, que os limites da atuação do Estado na promoção do bem público não podem ultrapassar os atos consensuais e privados.[48]

---

44. FINNIS, John. *Human rights & common good:* Collected Essays: Volume III. New York: Oxford University Press, 2011c, p. 334-352.

45. Analiso os equívocos da concepção finnisiana de sexualidade e casamento em outros trabalhos (LAGO, Pablo Antonio. *Casamento entre indivíduos do mesmo sexo:* uma questão conceitual, moral e política. Curitiba: Juruá, 2016. LAGO, Pablo Antonio. Os limites do Estado na teoria de John Finnis: análise crítica e comparativa com o pensamento de Ronald Dworkin. *In:* MACEDO JR (org.). *Teoria do direito contemporânea:* autores e temas. Curitiba: Juruá, 2017).
onde defendo uma leitura do Direito Natural que não se opõe a diferentes formas de manifestação da sexualidade humana. Uma boa reconstrução da concepção de casamento de John Finnis é feita por Dienny Riker na obra *A Razão do Casamento* (RIKER, Dienny. *A razão do casamento:* uma reflexão filosófica a partir da lei natural. Brasília: Episteme, 2020.).

46. FINNIS, John. *Human rights & common good:* Collected Essays: Volume III. New York: Oxford University Press, 2011c, p. 334.

47. FINNIS, John. *Human rights & common good:* Collected Essays: Volume III. New York: Oxford University Press, 2011c, p. 335.

48. Posição semelhante é adotada por Finnis quando trata da questão da pornografia. Em seus artigos *Reason, Passions and Free Speech* (FINNIS, John. *Reason in action.* Collected Essays: Volume I. New York: Oxford University Press, 2011b, p.

É possível levantar duas questões perante à posição moderna padrão defendida por Finnis. Em primeiro lugar, quais são os limites da *privacidade* do ato consensual? O que fazer, por exemplo, se o ato se tornar notório, talvez no interesse dos próprios participantes[49]? Qual seria, por exemplo, a posição de Finnis com relação às manifestações públicas de afeto entre homossexuais, ou mesmo a realização das Paradas LGBTI+? Em segundo lugar, o que fundamentaria esta limitação do bem público e, consequentemente, da atuação estatal? O que impediria, enquanto *princípio*, que o Estado se intrometa na vida privada dos cidadãos?

As respostas para tais questões não aparecem de forma tão clara na teoria finnisiana. Entendo que, com relação à privacidade, os seus limites são os mais restritos possíveis. Isso significa que Finnis, se seguir à risca sua teoria, não veria nenhum problema na proibição de manifestações públicas de afeto entre lésbicas ou gays, ou proibir a realização de Paradas LGBTI+, ou até mesmo impedir que professores tratem

---

277-297) e *Pornography* (*Ibidem*, p. 312-324), Finnis sustenta que o papel do Estado ao proscrever criminal e administrativamente a pornografia não tem como fundamento o fato de que a obscenidade choca ou ofende, mas sim que ela tende a corromper e depravar os indivíduos (*Ibidem*, p. 318). Aqui também fica evidente o problema central que a posição moderna padrão busca endereçar – não a pornografia em si, mas sim na sua publicidade e circulação. Neste sentido, Christopher Tollefsen sugere que casais ou grupos de pessoas adultas e capazes que filmem suas peripécias sexuais não estão cometendo qualquer tipo de crime ou conduta que justifique a intervenção estatal. As filmagens, entretanto, deverão ficar restritas ao âmbito privado e ao uso daqueles que delas participaram (TOLLEFSEN, Christopher. Pure perfectionism and the limits of paternalism. *In:* KEON, John. GEORGE, Robert (ed.). *Reason, morality, and law:* the philosophy of John Finnis. Oxford: Oxford University Press, 2013. p. 215).

49. Este questionamento é feito por Nicholas Aroney e Bradley Miller: *"Undoubtedly an act is private if no one (other than consenting adult collaborators) witness it or (more restrictively still) knows about it. But what of acts that, although occurring behind closed doors, become notorious (perhaps through the indiscrete solicitations of the participants)? Is criminal prohibition then a justified response?"* (ARONEY, Nicholas; MILLER, Bradley. Finnis on liberty em MOENS, Gabriel; RATNAPALA, Suri (ed.). *The jurisprudence of liberty.* Sidney: LexisNexis, 2010. Uni-versity of Queensland TC Beirne Law School Research Paper n.. 11-07, p. 24. Disponível em: http://papers.ssrn.com/sol3/papers.cfm?abstract_id=1853949. Acesso em: 8 jun. 2023).

de questões referentes à "liberdade sexual" em sala de aula.[50] O Estado poderia, eventualmente, proibir tudo aquilo que, sendo imoral e ofensivo a bens básicos, alcance a esfera pública.[51] O fundamento é a proteção do bem público, do ambiente moral adequado para que todos os cidadãos, principalmente crianças e adolescentes, sejam capazes de alcançar a virtude. Trata-se, como sugere Brian Coleman, de uma concepção similar à política do "*don't ask, don't tell*", famosa no governo Clinton e que impedia indivíduos abertamente homossexuais de servirem as forças armadas americanas.[52-53]

---

50. FINNIS, 2011e, p. 137.

51. É curioso ressaltar que, na visão de Finnis, uma distinção pura e simples entre os âmbitos público e privado não é possível, porque as motivações e razões de cada indivíduo em suas ações públicas são informadas por seus desejos e inclinações mais básicas, como sugere Brian Coleman em seu trabalho *On the Stephen Macedo and John Finnis Exchange: Natural Law, Liberalism, and Homosexuality: A Critical Assessment* (COLEMAN, Brian. *On Stephen Macedo and John Finnis exchange:* natural law, liberal-ism, and homosexuality: a critical assessment. Thesis, Georgia State University. 2006, p. 22 Disponível em: http://scholarworks.gsu.edu/philosophy_theses/11/. Acesso em: 8 jun. 2023). Não poderia ser de outra forma, considerando que o próprio Finnis critica duramente a ideia de que alguma "razão pública" possa ser concebida externamente, de forma independente do que os próprios indivíduos julgam como correto. É neste sentido que dirige críticas ao princípio da legitimidade de John Rawls. No texto *'Public Reason' and Moral Debate*, Finnis afirma que: "The whole point of the principle of legitimacy is to rule out as illegitimate, in certain context, certain principles and ideals and in general theses, even though they are or may well be true – that is, to rule them out on grounds completely distinct from their falsity, or their unreasonableness judged 'comprehensively'" (FINNIS, John. *Reason in action.* Collected Essays: Volume I. New York: Oxford University Press, 2011b, p. 259). Mais adiante, no mesmo texto, prossegue: "Moreover, the legitimacy principle, as stated and understood by Rawls, is itself (I shall argue) illegitimate, uncivil, and unreasonable. It is illegitimate because it censors truthful and reasonable public discourse and – worse – prohibits individual resort to correct principles and criteria of practical judgment, in relation to fundamental political questions, without any coherent, principled reason for the prohibition. It is unreasonable because it restricts public deliberation and individual public action precisely on those matters where it is most important to be correct, that is, where people's fundamental human rights are at stake" (*Ibidem*, p. 263).

52. COLEMAN, Brian. *On Stephen Macedo and John Finnis exchange:* natural law, liberal-ism, and homosexuality: a critical assessment. Thesis, Georgia State University. 2006, p. 15. Disponível em: http://scholarworks.gsu.edu/philosophy_theses/11/. Acesso em: 8 jun. 2023.

53. A maneira com que Brian Coleman conclui seu raciocínio sobre esta questão é muito elucidativa: "What is tolerated in private is not necessarily, in turn, tolerated or

E qual seria o princípio ou valor que limitaria o Estado apenas à proteção do bem público? Acredito que o valor em questão seja a *autenticidade*, que Finnis distingue da ideia de autonomia. Na visão de Finnis, resguardando-se em sua interpretação de Kant no texto *Duties to Oneself in Kant*,[54] o indivíduo só age de forma verdadeiramente autônoma quando respeita as exigências da moralidade, e não apenas seus interesses.[55] Já a autenticidade está relacionada à condição necessária para que cada pessoa possa alcançar a perfeição: de que o indivíduo assumiu compromissos e obrigações para consigo de acordo com sua própria concepção de dever.[56] Pode-se afirmar que a autenticidade está diretamente ligada à nona exigência da razoabilidade prática: de que devemos agir de acordo com nossa própria consciência.[57] Assim, o valor da autenticidade fornece um elemento imprescindível para a compreensão da dignidade humana na obra de Finnis.[58] Ela também impõe limites importantes à coerção, o

---

endorsed in public. There is a consistent principle involved here, according to Finnis, and it rests upon the duty and role of government. The role of the state, or political authority, is limited in its attempts to foster the conditions for human flourishing. The private by its nature is hidden, and to a certain degree must be kept so to retain the integrity and aim of the political authority. It is overreaching and harmful for the government to be involved in punishing vice through paternalistic policy. Yet the actions of individuals, even when hidden and tolerated, are not granted equal consideration by the political community. Those corrupt acts must not be treated as acceptable, even in the context of being "private" and out of the scope of scrutiny. That is, it is not simply a matter between consenting adults. Don't ask, don't tell really requires a literal silence on the part of the participants" (*Ibidem*, p. 32).

54. FINNIS, John. *Human rights & common good:* Collected Essays: Volume III. New York: Oxford University Press, 2011c, p. 47-71.

55. "In short, one has autonomy just insofar as one does in fact make one's choices, not on the basis of one's interests, but out of respect for demands of morality" (*Ibidem*, p. 56).

56. "We can agree that the necessary condition for human perfection is indeed authenticity: that one has adopted one's commitments in accordance with one's own conception of duty" (*Ibidem*, p. 67).

57. FINNIS, John. *Natural law and natural rights.* 2. ed. New York: Oxford University Press, 2011a. p. 125.

58. "The dignity of even the mistaken conscience is what is expressed in the ninth requirement. It flows from the fact that practical reasonableness is not simply a

que fica especialmente claro quando se trata da liberdade religiosa. Analisando a declaração *Dignitatis Humanae* do Segundo Concílio do Vaticano em seu texto *Religion and State*,[59] Finnis afirma que os indivíduos e grupos devem ser *imunes* à coerção em matéria de liberdade religiosa. Esse ponto já teria sido levado em consideração por Tomás de Aquino ao se ressaltar, enquanto *princípio*, a ideia de que a jurisdição da autoridade política temporal tem por objeto apenas os atos externos e interpessoais – referentes à justiça e à paz social. Isso significa que as disposições internas dos indivíduos são *inacessíveis* às autoridades humanas, que atos pessoais de autodisposição (*personal acts of self-disposition*) estão além da jurisdição do Estado, e que as questões de fé e de culto, embora sejam um dever de todos, pertencem a cada indivíduo em particular.[60]

Logo, a autenticidade, protegida por meio da imunidade que as disposições individuais internas gozam perante à coerção, seria ofendida se o Estado criminalizasse condutas *privadas* com base em determinada concepção de bem

---

mechanism for producing correct judgments, but an aspect of personal full-being, to be respected (like all the other aspects) in every act as well as 'over-all' – whatever the consequences" (FINNIS, John. *Natural law and natural rights*. 2. ed. New York: Oxford University Press, 2011a. p. 126).

59. *Idem*. *Religion & public reason:* Collected Essays: v. V. New York: Oxford University Press, 2011d. p. 80-102.

60. "Aquinas himself is very clear (at the level of principle) that the coercive jurisdiction of temporal political authority extends only to external and interpersonal acts – acts which implicate the community's peace and justice. Though external acts are of course, as Aquinas explains better than anyone, behavior shaped by and putting into action the internal acts which we call intending and choosing, Aquinas is firm in his assertion, if not altogether clear in his explanation, of several points. First: internal acts as such are inaccessible to human authorities; main texts of his on this point were in the footnotes to Dignitatis Humanae's first argument for the immunity of religious acts, in all drafts including the last. Second: 'personal' acts of self-disposition such as whether and whom to marry, or whether to make a religious vow, are quite beyond the jurisdiction of state government and law. Third, things like 'matters or faith and divine worship, and similar matters', even though everyone ought to do them in the same way and everyone benefits from their being done, nevertheless 'do not consist in community and pertain to each individual person in himself [ad unum aliquem pertinet secundum seipsum]" (*Ibidem*, p 93-94).

individual (não importando aqui se esta concepção de bem é correta ou não). Isso não se confunde com a promoção ou desencorajamento de determinadas condutas, enquanto uma questão de ordem pública. Assim, o Estado estaria impedido de criminalizar a homossexualidade visando a virtude de lésbicas e gays, muito embora Finnis entenda que deva desencorajar sua prática, afirmando o bem do casamento na educação de crianças e adolescentes, não reconhecendo uniões homossexuais, impedindo a adoção por lésbicas e gays, entre outros. É por isso que, para Finnis, o fato de se considerar injusta a criminalização de certas condutas não envolve o reconhecimento de que tais condutas tenham algum valor ou devam ser promovidas pelo Estado.[61]

2.2 O contraponto de Robert George: limites baseados na prudência

Assim como John Finnis, Robert George é um autor claramente perfeccionista e alinhado ao jusnaturalismo contemporâneo. Ambos compartilham, inclusive, muitas posições morais substantivas.[62] Contudo, em seu livro *Making*

61. "There was a sound and important distinction of principle which the Supreme Court of the United States overlooked in moving from Griswold v Connecticut 381 US 479 (1965) (use of contraceptives by spouses) to Eisenstadt v Baird 405 US 438 (1970) (public distribution of contraceptives to unmarried people). The truth and relevance of that distinction would be overlooked again if laws criminalizing private acts of sodomy between adults were to be struck down by the Court on any ground which would also constitutionally require the law to tolerate the advertising or marketing of homosexual services, the maintenance of places of resort for homosexual activity, or the promotion of homosexualist 'lifestyles' via education and public media of communication, or to recognize homosexual 'marriages' or permit the adoption of children by homosexually active people, and so forth" (FINNIS, John. *Human rights & common good:* Collected Essays: Volume III. New York: Oxford University Press, 2011c. p. 94).

62. Notadamente em questões relacionadas à moralidade sexual. Sobre a questão da pornografia, por exemplo, George afirma que: "Material designed to appeal to the prurient interest in sex arousing carnal desire unintegrated with the procreative and unitive goods of marriage, where it flourishes, damages a community's moral ecology in ways analogous to those in which carcinogenic smoke spewing

men moral: civil liberties and public morality,[63] Robert George defende que, existindo boas razões pelas quais um ato é considerado imoral, essas mesmas razões também podem sustentar a proibição jurídica do ato, legitimando ações tipicamente paternalistas por parte do Estado. Isso não significa que todo e qualquer ato imoral deva ser juridicamente sancionado, pois podemos pensar em razões de *prudência* que justificariam a tolerância a certas transgressões morais.[64] Por essa linha de raciocínio, o que justificaria a não criminalização de certas práticas consideradas imorais é o risco de se criar um ambiente moral no qual os indivíduos seriam vítimas do "conformismo, servidão, obediência cega à autoridade ou hipocrisia".[65] Logo, a ausência de criminalização

---

from a factory's stacks damages the community's physical ecology. The central harm of pornography is not, as some people – especially some American judges – seem to suppose, that it shocks and offends people, any more than the central harm of carcinogenic smoke is that it smells bad. Rather, the central harm of pornography is moral harm – harm to character, and thus to the human goods and institutions, such as the good and institution of marriage, that are preserved and advanced by the disposition to act uprightly, and damaged and defiled by a contrary disposition, in respect to them. So the analogy is with the harmful impact of carcinogenic pollutants on the physical health of people subject to them. And just as companies have an obligation in justice quite apart from considerations of legal liability to avoid damaging people's health by polluting the air, so, too, people have an obligation in justice even apart from legal prohibition to avoid harming people's character (and the goods and institutions that depend on widespread good character) by producing and disseminating pornographic materials" (GEORGE, Robert P. *The clash of orthodoxies:* law, religion, and morality in crisis. Kindle edition. Wilmington: ISI Books, 2001).

63. GEORGE, Robert P. *Making men moral:* civil liberties and public morality. New York: Oxford University Press, 1993.

64. "I shall argue that someone who has good reasons to believe that a certain act is immoral may support the legal prohibition of that act for the sake of protecting public morals without necessarily violating a norm of justice or political morality. That does not mean, however, that such a person ought always (or ever) to support the legal prohibition of the act in question. There are often compelling reasons for legally tolerating moral wrongdoing; there reasons are, however, prudential" (*Ibidem*, p. viii)

65. "Thus any tightly disciplinary regime of law, even if it succeeds in producing outward conformity to moral rules, will tend, as a result of overly aggressive efforts to combat some vices, to create a milieu in which other vices flourish. Wise legislators whose goal is to encourage true moral goodness, and not merely the outward behavior that mimics true virtue, will therefore seek to secure and maintain a moral

não teria como base algum princípio de justiça, e muito menos a eventual "privacidade" do ato imoral.

Nesse ponto, o próprio George, no texto *The concept of public morality*,[66] admite sua diferença com Finnis e a considera "pequena" do ponto de vista prático.[67] Ainda assim, George afirma resistir ao argumento finnisiano por duas razões. De um lado, porque entende que reconhecer o caráter instrumental do bem público não implica dizer que medidas paternalistas estariam fora de seu escopo. Por outro, porque a ideia de que alguns vícios seriam "secretos" ou "privados" é, no mínimo, insatisfatória – já que vícios "secretos" encontrariam uma forma de não permanecer nessa condição e seria estranho afirmar que, apenas por serem secretos, estariam protegidos enquanto questão de princípio.[68]

---

ecology that is inhospitable not only to such vices as pornography, prostitution, and drug abuse, but also to the vices of moral infantilism, conformism, servility, mindless obedience to authority, and hypocrisy" (GEORGE, Robert P. *Making men moral:* civil liberties and public morality. New York: Oxford University Press, 1993. p. 42-43).

66. *Idem. The clash of orthodoxies:* law, religion, and morality in crisis. Kindle edition. Wilmington: ISI Books, 2001.

67. "However it may be, let me not that the difference between Finnis and me, as a practical matter, is quite small. First of all, even in the absence of a principled limit to the authority of the state to enforce true moral obligations along the lines of the one Finnis proposes, it seems to me that there are often compelling prudential reasons for law to tolerate vices, lest efforts to eradicate them produce worse evils still. [...] On the subject of moral paternalism, on which we disagree, I suspect that the difference between Finnis's position and mine is narrow. He would exclude in principle, and I would not, laws against 'private' (e.g., noncommercial) fornication, adultery, and sodomy. But where he would permit regulation, as in prohibiting prostitution, shutting down bathhouses, and criminalizing the sale of illicit drugs, I suspect he would see any good paternalistic side effects of such state action as welcome. In other words, if I'm right, Finnis would not see paternalism as a valid justification for criminalization of a vice; but where criminalization is justified for other reasons, he would welcome good paternalistic consequences and would believe the state to be acting within its rightful authority in structuring its laws and activities to produce such consequences where possible" (GEORGE, Robert P. *The clash of orthodoxies:* law, religion, and morality in crisis. Kindle edition. Wilmington: ISI Books, 2001).

68. "Why, then, do I resist Finnis's argument on the basic point? Two reasons: First, it does not follow, or so it seems to me, from the instrumental nature of the political common good that moral paternalism, where it can be effective, is beyond the scope of that good. Second, I think that the concept of truly secret vices is, when

Christopher Tollefsen, ao analisar a divergência entre Finnis e George, sustentará que ambos discordam sobre os *fins* do Estado e, mais especificamente, sobre o caráter dos cidadãos integrar ou não os fins do bem público.[69] Tollefsen dará razão a Finnis, e ressaltará que a observação feita por George sobre medidas paternalistas e a instrumentalidade do bem público ignora algo fundamental, ou seja, que é da própria natureza do bem público, por se envolver com matérias relacionadas à paz e à justiça, tratar apenas de questões *interpessoais e externas ao agente*.[70] Ao contrário de Finnis, George parece admitir que o Estado se preocupe com disposições interiores dos agentes.[71] De fato, ainda que reconheça a reflexividade dos bens básicos, os quais somente podem ser participados a partir de atos ou

---

it comes to laws such as those pertaining to fornication, adultery, and sodomy, a very slippery and unsatisfactory one. 'Secret' vices have a way of not staying secret. There may be good prudential reasons not to attack them with the full force of the law – and even where the law is employed, authorities should be careful not to employ excessive zeal in enforcing it – but that is not to say that, as a matter of principle, the law may not forbid them" (GEORGE, Robert P. *The clash of orthodoxies:* law, religion, and morality in crisis. Kindle edition. Wilmington: ISI Books, 2001).

69. TOLLEFSEN, Christopher. Pure perfectionism and the limits of paternalism. *In:* KEON, John. GEORGE, Robert (ed.). *Reason, morality, and law:* the philosophy of John Finnis. Oxford: Oxford University Press, 2013. p. 206.

70. "George's complaint against Finnis is that it is not clear why the instrumental nature of the state should militate against paternalism. But an instrument is a means to some end not otherwise attainable (or easily attainable). We need a hammer in order to join otherwise detached objects with nails. So if the state is an instrument, it addresses some need, some purpose that would otherwise not be attainable; it would address, in other words, some respect in which persons were insufficient for their own flourishing. But as regards their choices, persons are self-sufficient: they have sovereignty over their choices, right or wrong, that does not require the assistance of the state just as such. But, of course, individuals are not self-sufficient as regards the choices other agents make. So while it oversteps the limits of state to coerce a citizen's choice for his own sake, it does not overstep the limits in coercing such choices for the sake of another. We can summarize the point: the state can only concern itself with properly interpersonal matters" (TOLLEFSEN, Christopher. Pure perfectionism and the limits of paternalism. *In:* KEON, John. GEORGE, Robert (ed.). *Reason, morality, and law:* the philosophy of John Finnis. Oxford: Oxford University Press, 2013. p. 215-216)

71. *Ibidem*, p. 216.

omissões livremente escolhidos, George admite que essa reflexividade não implica dizer que nenhum benefício possa ser obtido a partir de legislação que impeça as pessoas de praticarem imoralidades. Ao dissuadir atos imorais, o Direito afasta as pessoas da habitualidade de vícios morais danosos a terceiros ou a si próprias.[72]

Em síntese, Robert George entende que eventuais limites à autoridade estatal não correspondem a uma questão de princípio, mas sim de *prudência*. Vale, agora, retomar a noção de paternalismo dada por Gerald Dworkin para verificar como, na prática, operam as visões perfeccionistas de Finnis e George.

3. O PERFECCIONISMO JUSNATURALISTA NA PRÁTICA: COMBINANDO AS VISÕES DE JOHN FINNIS E ROBERT GEORGE

Como visto, em um sentido estrito, Gerald Dworkin dirá que o Estado age de forma paternalista quando sua ação ou omissão, ao interferir na liberdade ou autonomia de alguém, ocorre sem seu consentimento e tendo em vista o bem-estar, interesses, valores ou bem do próprio indivíduo. Dada essa definição, parece ficar claro que Finnis se opõe às medidas estritamente paternalistas. Isso ocorre porque o bem

---

72. "The reflexivity of moral goods does not entail, however, that no benefit is realized or harm prevented when laws deter people from immoral acts. [...] Moreover, the immoral actors themselves are benefited, whether the acts from which they were deterred would have harmed others or only themselves. For, by deterring such acts, the law may prevent people from habituating themselves to corrupting vices which will more or less gradually erode their character and will to resist". E prossegue: "A sound morals law provides a person whose reason and will may be overwhelmed by powerful temptation – and given the universality of temptation and weakness of the will, that could be anyone – with a countervailing motive not to succumb to the tempting vice. The law will dominate his deliberation with fear (of punishment, public disclosure and embarrassment, etc.), only to the extent that his deliberation would otherwise be dominated by temptation" (GEORGE, Robert P. *Making men moral:* civil liberties and public morality. New York: Oxford University Press, 1993. p. 226-227).

público, enquanto bem comum a ser protegido pelo Estado, está limitado à garantia da paz e da justiça em relações interpessoais. Em outras palavras, o Estado opera como garantidor da vida social, notadamente quando outras comunidades (como a amizade e a família) se mostrarem insuficientes – o que envolve o princípio da subsidiariedade.[73] Não compete ao Estado "forçar" as pessoas à virtude.

Para tornar este ponto mais claro, pensemos em medidas como a obrigatoriedade do uso do capacete em motocicletas ou do cinto de segurança em veículos automotores. Se a única justificativa destas medidas fosse o bem do próprio indivíduo, é possível que Finnis discordasse de sua legitimidade. Ocorre que tais medidas não são, em seus fundamentos, exclusivamente paternalistas. Outras considerações podem ser levantadas para justificá-las, como os gastos coletivos relacionados aos acidentes de trânsito, ou ainda o (mau) exemplo dado por aqueles que transitam publicamente em carros ou motos sem atentar para estes dispositivos de segurança. Este último fundamento, embora não seja paternalista, é claramente perfeccionista e pode ser defendido finnisianamente – tais medidas visam a promoção de um espaço coletivo saudável, no qual cada indivíduo busca a realização de suas próprias potencialidades à luz dos bens humanos básicos. E se cintos de segurança e capacetes são medidas eficazes para garantir a vida das

---

73. Nas palavras de Finnis, o princípio da subsidiariedade afirma "that the proper function of association is to help the participants in the association to help themselves or, more precisely, to constitute themselves through the individual initiatives of choosing commitments (including commitments to friendship and other forms of association) and of realizing these commitments through personal inventiveness and effort in projects (many of which will, of course, be co-operative in execution and even communal in purpose. And since in large organizations the process of decision-making is more remote from the initiative of most of those many members who will carry out the decision, the same principle requires that larger associations should not assume functions which can be performed efficiently by smaller associations" (FINNIS, John. *Natural law and natural rights*. 2. ed. New York: Oxford University Press, 2011a. p. 146-147).

pessoas, sua observância se transforma em questão de racionalidade prática.

Entendo que Robert George, por sua vez, não veria problemas em medidas estritamente paternalistas. Se o uso de capacete ou do cinto de segurança estivesse fundamentado apenas no bem do motociclista, motorista ou passageiro, e sendo esta medida eficaz para garantir sua segurança, sua obrigatoriedade jurídica se mostra bem-vinda. Afinal, diria George, mesmo que o indivíduo siga achando esses dispositivos uma bobagem e que prefira não os utilizar, a mera existência da norma constituiria uma razão para sua ação, capaz de sobrepujar diferentes tentações. O que limitaria medidas paternalistas na visão de George, reitera-se, seriam considerações de prudência.

É possível refletir, ainda, sobre outras medidas que não seriam estritamente paternalistas para Gerald Dworkin, mas que ainda assim envolveriam o perfeccionismo – como os "nudges" defendidos por Sunstein e Thaler. Nesse caso, entendo que Finnis e George dificilmente questionariam medidas como a resolução da Anvisa que dispõe sobre o aviso em alimentos com alto teor de açúcar, gordura e/ou sódio, e é bem possível que vejam com bons olhos os alertas presentes nas carteiras de cigarros. São medidas que se justificam também coletivamente, considerando questões de saúde pública, e não precisam levar em consideração apenas o bem dos indivíduos singularmente considerados. Além disso, mesmo que se fundamentassem no bem de cada indivíduo, não há limitação relevante da liberdade ou autonomia individuais – a pessoa ainda pode optar pelo consumo de alimentos ultraprocessados ou fumar.

Indo além no raciocínio, percebe-se que as concepções de Finnis e de George não são de todo incompatíveis. Na realidade, os limites prudenciais observados por George podem complementar a concepção finnisiana, em especial quando consideramos dificuldades práticas relacionadas ao que seria uma esfera "privada" de atos imorais. Afinal, como alertou George, alguns atos podem deixar de ser "secretos". Pensemos nas seguintes situações, uma relacionada ao bem básico do casamento, e outra ao bem básico da vida.

Como mencionado, a posição moderna padrão defendida por Finnis não envolve a punição de eventuais imoralidades sexuais praticada por adultos de forma consensual e privada. Contudo, o Estado teria a responsabilidade de promover um ambiente moral adequado no qual os indivíduos floresçam para a virtude. Isso envolve o encorajamento de certas formas de vida (como o casamento entre um homem e uma mulher) e o desencorajamento de todas as expressões ou manifestações relacionadas, por exemplo, à homossexualidade.[74] Assim, seguindo estritamente a posição de Finnis, o Estado poderia vetar ou coibir as Paradas LGBTI+, e até mesmo "multar" a expressão pública de afeto entre duas mulheres ou dois homens.

Mas o perfeccionismo presente na proteção do ambiente moral público não se limita às questões de moralidade sexual. São conhecidos, com vastíssimo consenso científico, os danos à saúde causados por cigarros. Fumar, considerando apenas o prazer e entorpecimento causados pela nicotina ou outras substâncias, é um ato contrário ao bem básico da vida e, portanto, atentatório às exigências da racionalidade prática. Em síntese, salvo talvez contextos muito específicos (como práticas religiosas), fumar é irracional. Novamente, seguindo à risca a visão finnisiana, o Estado poderia proibir a produção e comercialização de cigarros, visando o bem público. Entretanto, não poderia punir aquele indivíduo adulto que, de forma privada (ou "secreta"), cultiva um pé de maconha em casa para consumo próprio.

---

74. FINNIS, John. *Human rights & common good:* Collected Essays. New York: Oxford University Press, 2011c. v. III, p. 334.

Considerando esses casos, a posição de George parece mais coerente com algumas de nossas intuições morais. Há boas razões de prudência para se defender que a Parada LGBTI+ ou beijos em público entre dois homens ou duas mulheres não sejam criminalizados. Já a proibição da produção e comercialização de cigarros poderia fomentar uma indústria clandestina, colocando ainda mais riscos aos fumantes e contribuindo com o aumento da criminalidade. Neste último caso, basta notar o insucesso de medida semelhante, voltada às bebidas alcoólicas – a Lei Seca americana, que vigorou entre 1920 e 1933.

Percebe-se como o argumento da prudência, tal qual defendido por George, é complementar à teoria finnisiana. Em Finnis, há clara proteção de um espaço de autenticidade do indivíduo, em todas as questões que forem alheias ao bem público; mas, naquilo que transborde para o espaço coletivo, a autoridade pública deverá agir com prudência. Acredito que o próprio Finnis endossaria esta conclusão, pois a autoridade pública é limitada pelas exigências da razoabilidade prática, entre as quais está a relevância (ainda que limitada) das consequências e eficiência das ações.[75]

Em síntese, é possível afirmar, com as devidas cautelas, que Finnis é mais "liberal" que Robert George.[76] Afinal, considerando a hipótese do indivíduo que cultiva em casa um pé de maconha (de forma privada e para consumo próprio), George não veria razões de princípio a impedir eventual punição estatal. Já Finnis, se quiser se manter

---

75. FINNIS, John. *Human rights & common good:* Collected Essays: Volume III. New York: Oxford University Press, 2011c, p. 111-118.

76. Não estou sozinho nesta constatação. Certamente, Finnis não é liberal como John Rawls ou Ronald Dworkin, mas não se pode questionar o espaço que a liberdade política e a autenticidade ocupam em sua teoria. Christopher Tollefsen, como visto, apresenta argumento semelhante (TOLLEFSEN, Christopher. Pure perfectionism and the limits of paternalism. *In:* KEON, John. GEORGE, Robert (ed.). *Reason, morality, and law:* the philosophy of John Finnis. Oxford: Oxford University Press, 2013. p. 204).

coerente com suas concepções, deve considerar errada (enquanto questão de princípio) a criminalização de condutas como esta.[77]

REFERÊNCIAS

ARONEY, Nicholas; MILLER, Bradley. Finnis on liberty em MOENS, Gabriel; RATNAPALA, Suri (ed.). *The jurisprudence of liberty*. Sidney: LexisNexis, 2010. Uni-versity of Queensland TC Beirne Law School Research Paper n. 11-07. Disponível em: http://papers.ssrn.com/sol3/papers.cfm?abstract_id=1853949. Acesso em: 8 jun. 2023.

COLEMAN, Brian. *On Stephen Macedo and John Finnis exchange:* natural law, liberal-ism, and homosexuality: a critical assessment. Thesis, Georgia State University. 2006. Disponível em: http://scholarworks.gsu.edu/philosophy_theses/11/. Acesso em: 8 jun. 2023.

CROWE, Jonathan. *Natural law beyond Finnis*. Research Paper n. 11-21 – The Universi-ty of Queensland, TC Beirne School of Law Legal Studies Research Paper Series, 2011. Disponível em: http://papers.ssrn.com/sol3/papers.cfm?abstract_id=2152780. Acesso em: 8 jun. 2023.

DWORKIN, Gerald. Paternalism. *In:* ZALTA, Edward (ed.). *The Stanford Encyclopedia of Philosophy*, 2020. Disponível

77. Apresentei algumas das ideias presentes neste texto durante o *I Seminário de Inverno – Filosofia Moral e Filosofia do Direito em John Finnis*, evento organizado pelo Instituto Ives Gandra, em 2019, na CEU Law School em São Paulo. Contudo, na ocasião reforcei apenas as diferenças entre as visões de Finnis e George, sem me atentar suficientemente para a possível complementaridade entre ambos (o espaço da prudência na teoria finnisiana). Entendo que a visão de Finnis é mais acertada que a de George, mas ainda assim possui limitações importantes – superadas apenas quando nos socorremos do liberalismo igualitário de Ronald Dworkin. Tratei destes pontos, que extrapolam o presente texto, em outra ocasião (LAGO, Pablo Antonio. Os limites do Estado na teoria de John Finnis: análise crítica e comparativa com o pensamento de Ronald Dworkin. *In:* MACEDO JR (org.). *Teoria do direito contemporânea:* autores e temas. Curitiba: Juruá, 2017).

em: https://plato.stanford.edu/archives/fall2020/entries/paternalism/. Acesso em: 8 jun. 2023.

FINNIS, John. *Aquinas:* moral, political, and legal theory. New York: Oxford University Press, 1998.

FINNIS, John. *Natural law and natural rights.* 2. ed. New York: Oxford University Press, 2011a.

FINNIS, John. *Reason in action.* Collected Essays. New York: Oxford University Press, 2011b. v. I.

FINNIS, John. *Human rights & common good:* Collected Essays. New York: Oxford University Press, 2011c. v. III

FINNIS, John. *Religion & public reason:* Collected Essays. New York: Oxford University Press, 2011d. v. V.

FINNIS, John. Reflections and responses. *In:* KEOWN, John. GEORGE, Robert (ed.). *Reason, morality, and law:* the philosophy of John Finnis. Oxford: Oxford University Press, 2013.

GEORGE, Robert P. *Making men moral:* civil liberties and public morality. New York: Oxford University Press, 1993.

GEORGE, Robert P. *The clash of orthodoxies:* law, religion, and morality in crisis. Kindle edition. Wilmington: ISI Books, 2001.

GEORGE, Robert P. *Ruling to serve:* a fundamental argument for limited government. Revista eletrônica First Things. (2013a). Disponível em: http://www.firstthings.com/article/2013/04/ruling-to-serve. Acesso em: 8 jun. 2023.

GEORGE, Robert P. *The common good:* instrumental but not just contractual (2013b). Disponível em: http://www.thepublicdiscourse.com/2013/05/10166/. Acesso em: 8 jun. 2023.

GOYETTE, John. On the transcendence of the political common good. *The national catholic bioethics quarterly*, v. 13, Issue 1, Spring, p. 133-155, 2013.

HANNON, Michael. *Man the political animal:* on the intrinsic goodness of political community (2013). Disponível em: http://www.thepublicdiscourse.com/2013/05/9897/. Acesso em: 8 jun. 2023.

HURKA, Thomas. *Perfectionism.* Oxford: Oxford University Press, 1993.

LAGO, Pablo Antonio. *Casamento entre indivíduos do mesmo sexo:* uma questão conceitual, moral e política. Curitiba: Juruá, 2016.

LAGO, Pablo Antonio. Os limites do Estado na teoria de John Finnis: análise crítica e comparativa com o pensamento de Ronald Dworkin. *In:* MACEDO JR. (org.). *Teoria do direito contemporânea:* autores e temas. Curitiba: Juruá, 2017.

LAGO, Pablo Antonio. Same-sex marriage: a defense based on foundations of natural law. *Revista Direito GV,* v. 14, n. 13, São Paulo, 2018. Disponível em: https://doi.org/10.1590/2317-6172201839. Acesso em: 8 jun. 2023.

PINHEIRO, Victor Sales; NEIVA, Horácio Lopes Mousinho. Razão prática, direito e bem comum na teoria da lei natural de John Finnis, em *Revista Quaestio Iuris,* v. 12, n. 2. Rio de Janeiro, 2019. Disponível em: https://doi.org/10.12957/rqi.2019.39074. Acesso em: 8 jun. 2023.

RAZ, Joseph. *Razão prática e normas.* Tradução José Garcez Ghirardi. Rio de Janeiro: Else-vier, 2010.

RIKER, Dienny. *A razão do casamento:* uma reflexão filosófica a partir da lei natural. Brasília: Episteme, 2020.

THALER, Richard; SUNSTEIN, Cass. *Nudge:* improving decisions about health, wealth, and happiness. Michigan: Caravan, 2008.

TOLLEFSEN, Christopher. Pure perfectionism and the limits of paternalism. *In:* KEOWN, John. GEORGE, Robert (ed.). *Reason, morality, and law:* the philosophy of John Finnis. Oxford: Oxford University Press, 2013.

WALL, Steven. Perfectionism in Moral and Political Philosophy. *In:* ZALTA, Edward. *The Stanford Encyclopedia of Philosophy,* 2021. Disponível em: https://plato.stanford.edu/archives/fall2021/entries/perfectionism-moral/. Acesso em: 8 jun. 2023.

QUATRO MODELOS DE JUIZ: JÚPITER, HÉRCULES, HERMES... E ODISSEU?

Daniel Damasceno

1. FRANÇOIS OST E OS "TRÊS MODELOS DE JUIZ"

Estudar os possíveis modelos de magistrado na atualidade ajuda-nos a indicar o melhor caminho de aperfeiçoamento da magistratura. E quais foram os modelos de juiz construídos ao longo da história do direito moderno? François Ost e Ronald Dworkin auxiliam nessa resposta.

Ost[1] identifica duas figuras extremas de juridicidade com as quais a teoria do direito se depara, para trazer imediatamente, no vazio que os separa e na saturação que às vezes os aproxima, uma terceira via que, por sua complexidade, poderia responder a presente disseminação de valores no discurso jurídico. Cada um deles diz respeito a um modelo de direito.

---

1. OST, François. Júpiter, Hércules, Hermes: tres modelos de juez. Traducción de Isabel Lifante Vidal. *Doxa:* Cuadernos de Filosofia del Derecho, n. 14, Alicante, 1993. p. 169-170.

Um primeiro modelo é o "juiz Júpiter", que cultua o direito codificado, linear e unidirecional, em um escalonamento de regras hierarquicamente derivadas. Esse movimento resulta do positivismo jurídico de índole dedutiva: a lei é considerada a fonte sagrada do direito, mediante a qual as normas inferiores encontram o seu fundamento de validade traduzido pelos códigos.[2]

Essa estrutura piramidal tem sua base científica em Hans Kelsen. O autor da *Teoria pura do direito*, no início do século XX, é associado à escola normativista do direito e, em toda a sua obra, procurou imunizar o direito de outras ciências, fazendo sua "purificação", em descompromisso com a filosofia ou a moral.[3] Para tanto, utilizou a figura da norma hipotética fundamental, da qual todas as outras retiram sua legitimidade, como o ápice de uma pirâmide normativa a transcender e sacralizar as demais normas inferiores por força de vontade inicial imaginária que assim o quis.[4] Aqui, legalidade é a condição necessária para a validez da regra, sendo suficiente que tenha sido ditada por uma autoridade competente,[5] não se perquirindo sobre sua legitimidade ou efetividade.

Embasada no que se denomina monismo jurídico – a lei como única ou principal fonte do direito –, o Código é a maior expressão da justiça, pois tudo resolvem, ante a completude da lei e a plenitude do ordenamento jurídico. O juiz é *la bouche de la loi*, sem possibilidades outras que as ali previstas. No que diz respeito ao prisma político-econômico, tal sistema jurídico se reflete no liberalismo, no

---

2. *Ibidem*, p. 173.

3. KELSEN, Hans. *Teoria geral do direito e do estado*. 3. ed. Tradução Luis Carlos Borges. São Paulo: Martins Fontes, 1998.

4. CUNHA, Danilo Fontenele Sampaio. A formação do juiz e três modelos de magistrado. *Themis:* Revista da ESMEC, Fortaleza, v. 4, n. 2, 2006. p. 230.

5. OST, *op. cit.*, p. 178.

qual o Estado deve se abster de interferir na sociedade, garantindo somente condições para o desenvolvimento livre dos particulares, prestigiando pela igualdade formal em detrimento das desigualdades materiais existentes entre os cidadãos.[6]

Tal percepção possui quatro consequências: i) o monismo jurídico, a forma dominante da lei reforça a sistematicidade e autoridade, ofuscando outras fontes alternativas do direito; ii) monismo político ou soberania estatal, cujo processo de identificação nacional e de centralização administrativa obtém um consenso místico e unificado da vontade geral; iii) racionalidade dedutiva e linear, a interpretação das soluções particulares é deduzida das regras gerais; e iv) concepção de tempo orientado a um futuro previsível, supondo a crença no progresso controlável da história.[7]

Percebe-se, claramente, a influência do *logos* sobre o *pathos*, isto é, a lógica sobrelevasse ao sentimento na percepção da realidade, com valorização da ordenação e da essência textual sobre a procura da justiça material, obtendo-se uma justiça formal quando se localizam as identidades mediante o raciocínio lógico-jurídico. O direito torna-se *ciência do direito*, com forte base em procedimentos técnico-legais, em que o real é a exterioridade observável, assim como o fenômeno jurídico.[8]

A neutralidade, entendida como distanciamento absoluto das partes e da questão a ser apreciada, pressupõe um jurista isento não somente das complexidades da visão pessoal, mas também das influências sociais. Isto é: um juiz

---

6. CUNHA, *op. cit.*, p. 231.

7. OST, François. Júpiter, Hércules, Hermes: tres modelos de juez. Traducción de Isabel Lifante Vidal. *Doxa:* Cuadernos de Filosofia del Derecho, n. 14, Alicante, 1993. p. 174-175.

8. CUNHA, Danilo Fontenele Sampaio. A formação do juiz e três modelos de magistrado. *Themis:* Revista da ESMEC, Fortaleza, v. 4, n. 2, 2006. p. 230-231.

sem história, sem memória, sem desejos – uma ficção. O que é possível e desejável é produzir um intérprete consciente de suas circunstâncias, que perceba a sua postura ideológica (autocrítica) e inclinações psicológicas (autoconhecimento). Assim, sua atuação não consistirá na reprodução inconsciente do *status quo* na sociedade, nem na projeção narcísica de seus desejos ocultos, complexos e culpas.[9]

Desse modo, o "juiz Júpiter" deve ser dogmático, considerando as regras como únicas detentoras de força cogente, sem reconhecer tal característica aos princípios. Percebe-se "que tal modelo é insuficiente para lidar com a atual complexidade das relações e os desafios de recuperação dos fundamentos éticos do direito".[10]

O segundo modelo, o "Juiz Hércules", prioriza a resolução dos problemas, primando pela efetividade na aplicação dos princípios, nas hipóteses de revelação de lacunas, indo além da órbita jupiteriana dos códigos, ao modo positivista. Na percepção de que também os princípios, como as regras, são normas, ambos possuem força cogente, identificando o Direito como meio da conquista da paz social.[11]

Tal modelo de juiz se aproxima das correntes que se declaram realistas, como o realismo americano e a *sociological jurisprudence*, onde a jurisprudência é valorizada. Para tal modelo, "não há mais direito que o jurisprudencial; é a decisão e não a lei a que cria autoridade",[12] ou seja, a aplicação das normas no caso concreto se sobressai

---

9. BARROSO, Luís Roberto. Fundamentos teóricos e filosóficos do novo direito constitucional brasileiro: pós-modernidade, teoria crítica e pós-positivismo. *Revista de Direito Administrativo,* Rio de Janeiro, v. 225, jul./set., 2001. p. 10. Sobre o tema, cf. PRADO, Lídia Reis de Almeida. *O juiz e a emoção:* aspectos da lógica da decisão judicial. 6. ed. São Paulo: LTr, 2013. p. 60.

10. CUNHA, *op. cit.*, p. 231.

11. *Ibidem*, p. 232.

12. OST, *op. cit.*, p. 170, tradução livre.

à generalidade e abstração da lei,[13] conforme as capacidades de percepção do sujeito.

O direito não é tanto um *dever-ser*, um conjunto de regras, mas um fenômeno fático complexo, formado pelo comportamento das autoridades judiciais. Enquanto o pensamento jurídico moderno coloca as regras no centro do sistema, crendo deduzir mecanicamente as decisões particulares, Holmes e o movimento realista colocam as decisões judiciais no coração do sistema. Se o juiz jupiteriano era um "homem da lei", o Hércules facilmente se desdobra em engenheiro social.[14]

Do modelo piramidal surge o modelo funil, que da evocação do mundo limita o caso concreto, sendo a efetividade condição necessária e suficiente para a validade do que se decidiu. O direito se reduz, assim, à materialidade da decisão,[15] perdendo-se a ideia de normatividade ante o dever, existente apenas na decisão singular. Ocorre que a realidade é muito mais complexa do que a mera superposição de modelos extremados em uma época de transição entre os códigos e as constituições, as regras e os princípios.[16]

Ambos os juízes representam puro decisionismo antidemocrático, contrários ao Estado de Direito (*rule of law*). No primeiro, o Estado está identificado com o mito liberal, em cujo juiz jupiteriano obedeceria a racionalidade do legislador; no segundo, com o Estado social ou assistencial do século XX (*Welfare state*), em cujo juiz hercúleo promove os direitos sociais. Logo, as decisões justas são incompatíveis

13. *Ibidem*, p. 179.

14. *Ibidem*, p. 177.

15. OST, François. Júpiter, Hércules, Hermes: tres modelos de juez. Traducción de Isabel Lifante Vidal. *Doxa:* Cuadernos de Filosofia del Derecho, n. 14, Alicante, 1993. p. 178.

16. CUNHA, Danilo Fontenele Sampaio. A formação do juiz e três modelos de magistrado. *Themis:* Revista da ESMEC, Fortaleza, v. 4, n. 2, 2006. p. 232-233.

tanto com a passividade de Júpiter, como também com o ativismo de Hércules.

Por sua vez, ainda no *common law*, Ronald Dworkin, na obra *Império do Direito*, traz à cena o seu juiz Hércules, mas não o mesmo indicado por Ost. Dworkin[17] crê que o Direito não é algo previamente dado, previsto no texto e explicitado na decisão judicial, mas deixa claro que isto, por si só, não conduz à construção de um juiz irremediavelmente desvinculado do texto legislativo, tal qual o juiz descrito por Ost.

Ost[18] reconhece que Dworkin ameniza, ao menos parcialmente, a condição hercúlea, elevando-a a uma forma de racionalidade superior. Este juiz racional leva os direitos fundamentais à sério, consagrando-os sobretudo nos casos difíceis, a fim de encontrar as respostas corretas que fortalecerão a unidade do direito. Unidade esta entendida em duplo sentido: de coerência da narrativa jurídica que melhor se adapta ao passado e presente e de hierarquia dos princípios morais compartilhados pela comunidade política em cada momento de sua história.

A partir dessas reflexões, o autor se questiona se não é tempo de pensar a complexidade do direito enquanto circulação incessante de sentido, mais do que como discurso da verdade jurídica. Nessa teoria pluralista, nem o legislador nem o juiz têm o privilégio de dizer, em definitivo, o direito. Há um processo coletivo, ininterrupto e multidirecional de circulação do *logos* jurídico.[19]

Ost classifica o direito atual como líquido, ou seja, um direito que, antes de ser regra e instituição, "é *logos*, discurso, significado em suspenso. Articula-se entre as coisas:

---

17. DWORKIN, Ronald. *O império do direito*. Tradução Jefferson Luiz Camargo. São Paulo: Martins Fontes, 1999. p. 287 e ss.

18. OST, *op. cit.*, p. 180.

19. *Ibidem*, p. 181-182.

entre a regra (que não é inteiramente normativa) e o fato (que nunca é inteiramente fático), entre a ordem e a desordem, entre a letra e o espírito, entre a força e a justiça".[20]

O direito, por ser interpretado por seus destinatários, pede para ser interiorizado e aceito. Na medida em que esses sujeitos o reconstroem mentalmente com os seus próprios entendimentos, mediante uma operação de vontade mediada pela recepção da mensagem, percebe-se que ele se configura como inacabado, sempre em mudança, não possuindo delineamentos precisos na sua aplicação prática.[21]

Para tanto, Hermes é o deus da comunicação e da intermediação, personagem modesto do ofício de representante e porta-voz da mensagem divina, que é esquecido em benefício da tarefa simbolizada por ele.[22] Esse modelo de juiz seria aquele que, sempre em movimento, forma uma rede conectada e em interrelação, tendo por base não mais os códigos ou um processo, mas um grande banco de dados para a criação normativa, como a jurisprudência, os costumes, as convenções internacionais, os princípios gerais do direito, a doutrina etc.[23]

Para esse arquétipo judicial, as partes podem contribuir para o deslinde da causa: dando sua contribuição técnica e concorrente, primando pelo entendimento entre todos envolvidos no problema para resolvê-lo e renunciando ao monopólio da interpretação, com vistas a promover uma construção intersubjetiva voltada à solução de casos

---

20. *Ibidem*, p. 187, tradução livre.

21. *Ibidem*, p. 183.

22. OST, François. Júpiter, Hércules, Hermes: tres modelos de juez. Traducción de Isabel Lifante Vidal. *Doxa:* Cuadernos de Filosofia del Derecho, n. 14, Alicante, 1993. p. 182.

23. CUNHA, Danilo Fontenele Sampaio. A formação do juiz e três modelos de magistrado. *Themis:* Revista da ESMEC, Fortaleza, v. 4, n. 2, 2006. p. 233.

concretos, mas com o cuidado de não transformar o diálogo em discussão sem entendimento ou fim.[24]

Tal concepção traz ganhos à legitimidade procedimental do direito, ante a discussão pública sem coação para a resolução dos conflitos, valorizando a tolerância, a negociação argumentativa e a autorregulação por meio do diálogo, sem esquecer o respeito aos procedimentos e aos direitos universais,[25] influenciando as decisões do julgador em escala global, muito além das escalas familiar, local e nacional de antigamente.[26]

No que diz respeito à dimensão ética, para agir com responsabilidade, o juiz Hermes deve restaurar a velha regra da prudência e, na dúvida, resta abster-se, pelo menos até ponderar muito bem o caso.[27] Trata-se de um juiz prudente que vislumbra soluções considerando o caráter indeterminado e inacabado do direito, sempre desconfiando de discursos de verdade únicos ou imutáveis e afastando o monopólio da interpretação.

Nas próximas seções, veremos se essa descrição simbólica condiz com a história jurídica ocidental e se o caminho apresentado é uma proposta suficiente e adequada para o paradigma atual.

2. OS PERFIS POSITIVISTA E PÓS-POSITIVISTA: UM PARALELO COM A ANALOGIA DE OST

Desde Hobbes e Montesquieu, o Estado de Direito (*rule of law*) foi exaltado como o antídoto contra o arbítrio das paixões. Qualquer tentativa de questionamento desse modelo é

---

24. *Ibidem*, p. 233.

25. OST, *op. cit.*, p. 190.

26. *Ibidem*, p. 193.

27. OST, *op. cit.*, p. 193-194.

vista com desconfiança pelos juristas atuais. Quando o positivismo sacou o direito da moral, intentou retirá-lo do campo das ciências práticas para colocá-lo nas teóricas, com o nobre propósito de tirar-lhe toda carga de subjetividade. Ocorre que, negada a praticidade do direito, sobra tão somente a sua fria cientificidade, apartada da dinâmica social.

O positivismo jurídico, ao conceber o papel do juiz não em termos de virtudes, mas por causa da função, permitiu que se ligassem ao trabalho jurisdicional apenas o conhecimento técnico e o saber preponderantemente especulativo. Neste marco, estava claro a irrelevância da qualidade moral do operador do direito. Se o direito não era mais do que o contido na lei, e esta devia se repetir a cada caso tal qual disposta pelo legislador infalível, restava indiferente a honestidade ou moralidade do julgador.[28]

Na tese de Montesquieu, encontra-se o projeto daquilo que se convencionou chamar de positivismo exegético, cujo cerne reside não na necessidade de leis claras e independentes, mas no papel judicial de aplicação mecânica delas mesmas, sem acrescentar ou retirar nada dos textos legais, como um ser inanimado – a "boca da lei". Esse se tornará o modelo ideal de juiz por muito tempo. Embora se possa considerá-lo hoje ultrapassado do ponto de vista histórico ou filosófico,[29] ainda assim exerce um forte fascínio utópico na psique dos juristas, desejosos pela certeza meridiana.

Nesse modelo, toda percepção pessoal, toda convicção ética e toda sensibilidade para as peculiaridades da situação concreta não são mais vistas como virtudes, mas vícios

---

28. VIGO, Rodolfo Luis. Derecho y moral en el estado de derecho constitucional (proyecciones teóricas: iuspositivismo, neoconstitucionalismo y realismo jurídico clásico). *Prudentia iuris*, Buenos Aires, n. 74, 2012. p. 69-70. A garantia do respeito irrestrito ao mandado da lei era a punição pelo crime de prevaricação, com a conduta típica de separação do sentido dela mesmo.

29. TAXI, Ricardo Dib Araújo. *A perda da prudência no pensamento jurídico moderno*. Rio de Janeiro: Lumen Juris, 2018. p. 113.

que atrapalham e impedem a conclusão mecânica do julgamento. As discussões políticas, morais e jurídicas são reduzidas à técnica, sendo o "perito" o principal ator. Agora, o *expert* não usará mais da sua criatividade, nem buscará construir novas soluções, antes mostrará como a resposta que todos esperam depende unicamente de uma análise criteriosa da questão; é dizer, científica. Seguramente, não é alguém que, usando da equidade, encontrará a melhor decisão para cada ocasião particular, corrigindo eventuais imperfeições legais, mas sim o reprodutor de comandos normativos, com a inteligência necessária para encaixar a premissa geral na premissa específica, de maneira inequívoca. Afinal, das habilidades que essa pessoa precisa possuir, estão excluídos todos os juízos de valores, as virtudes morais ou a formação humanística, as quais escapam de qualquer elemento racionalmente demonstrável.[30]

A única idoneidade requerida pelo juiz era a científica, ou seja, que conhecera claramente a lei, e o restante ficava irrelevante – inclusive se algum candidato acreditava naquela solvência científica, seguramente poderia presumir-se que seria um grande juiz. No caso de Kelsen, de acordo com seu cepticismo axiológico, o voluntarismo judicial não podia ser controlado, e assim o juiz escolhia de maneira irracional a decisão que adotava. Desse modo, qualquer apelação a uma suposta moral racional resultava numa pretensão enganadora, haja vista que, em matéria de escolha da conduta boa ou justa, não existe critérios racionais.[31]

Treinado para traduzir os fatos do mundo da vida para a linguagem jurídica de modo a encaixar situações fáticas em tipos legais com exatidão, o juiz passará naturalmente

30. *Ibidem*, p. 65 e 113. Paradoxalmente, ainda assim espera-se desses técnicos respostas para questões morais e políticas.

31. VIGO, Rodolfo Luis. Derecho y moral en el estado de derecho constitucional (proyecciones teóricas: iuspositivismo, neoconstitucionalismo y realismo jurídico clásico). *Prudentia iuris*, Buenos Aires, n. 74, p. 70, 2012.

a nem perceber mais as situações reais com que lida, tais como o leigo a percebe, mas verá apenas normas se conectando a fatos, devendo ser simultaneamente traduzidas em linguajar jurídico, para a identificação do resultado do silogismo lógico. Nesse momento, quando os termos técnicos forjados pelo legislador forem tão naturais que qualquer outro signo linguístico lhe pareça intraduzível, não haverá mais o exercício de compreensão das nuances do caso concreto, pois somente o conhecer uma situação já significará ver o direito que ali se encontra. Assim, apresentar ou sugerir uma percepção do problema jurídico de outro ângulo, a partir de uma outra pré-compreensão, será considerado um desrespeito grosseiro ao texto legal, que não merece ter o seu sentido ampliado por uma mera retórica judicial.[32]

Partindo desse paradigma, todas as discussões morais e políticas em torno da norma serão inevitavelmente reduzidas a detalhes técnicos, que, no fim das contas, serão resolvidos no plano da subsunção. De forma que, se o mesmo caso for julgado por centenas de "bons" juízes, o resultado será o mesmo para todos eles, tal é a certeza e racionalidade do direito. Anulado qualquer traço de subjetividade na aplicação judicial das leis, já não se lembrará mais que, um dia, o papel dos juízes era exatamente encontrar a justiça para além dos textos legais. O objetivo maior do ofício do magistrado consistirá em aplicar a única e verdadeira justiça racional dos homens: a lei, para além do arbítrio e opiniões humanas.[33]

De certa forma – reconheçamos –, é o que a maioria de nós espera de um julgador. Queremos que se julgue com imparcialidade e respeito à lei tal qual está posta. Por outro

---

32. TAXI, Ricardo Dib Araújo. *A perda da prudência no pensamento jurídico moderno*. Rio de Janeiro: Lumen Juris, 2018. p. 117.

33. *Ibidem*, p. 116. É por essa mentalidade que juízes, ao se depararem com fatos não enquadráveis na "moldura da norma", negam resolutamente o direito à parte, sem se questionar se ali haveria, na verdade, uma omissão involuntária do legislador, que é incapaz de prever todas as nuances futuras.

lado, queremos que ele tenha uma atenção especial com o nosso caso, que perceba as diferenças entre a nossa situação e outra nos mínimos detalhes. Nessa ânsia de perfeição e exatidão, sem qualquer espaço para incertezas, não percebemos que, para que a lei se adeque ao caso e consiga dar uma resposta condizente com a nossa situação, em toda a sua peculiaridade, ela precisa ser abrangente o suficiente para englobar todas as mais variadas situações, em todas as suas possibilidades, o que entra em contradição com a rigidez e a imobilidade esperadas pelo direito.[34]

Essa atitude paradoxal revela como ainda desconfiamos do "prudente arbítrio" do juiz, preferindo agarrar-nos a uma imaculada objetividade legal. Assumir o caráter prático-prudencial do direito não significa legitimar o puro arbítrio judicial. A dicotomia entre o mito positivista da certeza jurídica e o decisionismo subjetivista dos pós-iluministas parece a única alternativa para jusracionalistas desencantados, incapazes de aceitar que, no labor judicial, tanto na verificação dos fatos como na delimitação da premissa normativa,[35] há um exercício regulável da razão prática, que atua sobre a experiência comum do intérprete.

Tal visão sobre a interpretação judicial fez com que o debate sobre a consciência do julgador fosse uma questão de menor importância, que não merecia maiores atenções por parte dos estudiosos do direito, seja por sua irrelevância prática, seja por sua insuperável subjetividade. Hart,[36] por exemplo, não destina mais do que três linhas para referi-la: "a imparcialidade e a neutralidade ao analisar as alternativas; a consideração pelos interesses de todos os que

---

34. *Ibidem*, p. 116.

35. RAMÍREZ, Federico Arcos. La seguridad jurídica en la aplicación judicial del derecho: de la previsibilidad a la argumentación. *Anuario de filosofía del derecho*, Madrid, n. 19, 2002. p. 209.

36. HART, Herbert. *O conceito de direito*. Tradução Antonio de Oliveira Sette Camara. São Paulo: WMF Martins Fontes, 2009. p. 264.

serão afetados; e a preocupação de oferecer algum princípio geral aceitável como base racionalmente ponderada para a decisão".

O positivismo caracterizou-se por seu decisivo propósito científico. Primeiro, foi encarcerado no "sistema de direito romano atual" de Savigny, ao tempo da fundação da Escola Histórica, reconstruindo sistematicamente o direito vigente. Também o prólogo da *Teoria pura* de Kelsen expressa o objetivo de alcançar inequivocamente uma verdadeira ciência que satisfaça os requisitos de objetividade e exatidão, típicos das ciências da natureza. Se a proposta do legalismo em relação ao saber aplicativo era reduzi-lo ao silogismo mecânico próprio dos saberes teóricos, para o normativismo kelseniano a aplicação era fruto de decisões irracionais ou volitivas, guiadas em última instância pelo ceticismo axiológico.[37]

O jusracionalismo substituiu o ideal clássico do "juiz perfeito" pela ilusão do "legislador infalível", crendo ingenuamente que a pluralidade de vontades por trás das criações legislativas é capaz de produzir um ordenamento jurídico coerente e harmônico. Essa tentativa, na sua ânsia por segurança, imagina um juiz que aplica as leis com neutralidade e confiança, e procura, desesperadamente, por critérios "objetivos" que possam eliminar a subjetividade do intérprete, ao modo das ciências naturais.[38] Nesse processo, sacrifica-se a própria natureza prática do direito, em nome de uma imaginária certeza científica.

---

37. VIGO, Rodolfo Luis. Derecho y moral en el estado de derecho constitucional (proyecciones teóricas: iuspositivismo, neoconstitucionalismo y realismo jurídico clásico). *Prudentia iuris*, Buenos Aires, n. 74, 2012. p. 65.

38. Contra o mito do método "objetivo" das ciências naturais, cf. POPPER, Karl. *Lógica das ciências sociais*. Tradução Estevão de Rezende Martins, Apio Cláudio Muniz Acquerone Filho e Vilma de Oliveira Moraes e Silva. 3. ed. Rio de Janeiro: Tempo Brasileiro, 2004. p. 17-18. E nas ciências sociais: FINNIS, John. *Lei natural e direitos naturais*. Tradução Leila Mendes. São Leopoldo: Unisinos, 2007. p. 28-30.

Embora tenha havido um profundo descrédito nas promessas do juspositivismo, permanece vitoriosa no senso comum teórico dos juristas a concepção de que o melhor juiz é aquele que mais está atado à lei, com o menor grau de liberdade decisional. No paradigma atual, o modelo ideal de juiz é o técnico, aquele que "conhece" amplamente o direito positivado. Ou seja, o melhor juiz seria aquele que detiver o maior conhecimento abstrato das leis, alcançando maior aptidão na prova objetiva dos concursos da magistratura.

Essa visão burocrático-científica, de cunho abstrato-normativista, é excessivamente reducionista, porque contempla o estudo do direito desde uma perspectiva lógico-dedutiva, a qual se justifica aduzindo que ela proporciona segurança e certeza jurídicas, valores que os cientistas reputam imprescindíveis para uma ciência do direito. Esquecem, todavia, que esse conhecimento teórico, transladado para as ciências do espírito, corrompe a complexibilidade e imprevisibilidade das condutas humanas, reconhecidas na experiência jurídica dos tempos, resultando em insuficiente para compreender a realidade do direito.[39]

Além disso, esse perfil de "juiz seguro" dificulta o acesso à consciência da indeclinável criatividade judicial, constituindo um empecilho ao bom exercício da atividade jurisdicional. A restrição do direito à norma, de caráter geral e abstrato, desumaniza o julgador, na medida em que não se espera mais dele a sensibilidade para lidar com o conflito entre as partes. Da repressão da imagem do outro no processo, há um subdesenvolvimento da psique do magistrado, que perde a capacidade de se adaptar a contextos mutáveis em favor da rigidez e inflexibilidade.[40]

---

39. MUÑOZ, Francisco Puy; PARGA, Milagros Otero. Teoría del derecho entendida como teoría prudencial del derecho. *Revista Derecho & Sociedad*, Lima, n. 48, mar. 2017, p. 85.

40. PRADO, Lídia Reis de Almeida. *O juiz e a emoção:* aspectos da lógica da decisão judicial. 6. ed. São Paulo: LTr, 2013. p. 80; 95.

Com isso, a lide judicial deixa de ser um processo humano para se tornar um processo normativo, cuja fonte central objeto de disputa é predominantemente a norma, e não os fatos ou a sua valoração. Nesse paradigma, a humanidade do juiz é substituída por sua inteligência, a capacidade associativa de conceitos. Logo, prevalece uma conduta estereotipada, pautada na tipologia legal, sem recorrer a padrões de alteridade ou a percepções difusas, nos quais existe o confronto com elementos inconscientes, respeitando-se as diferenças e as mudanças inesperadas.

Em síntese, essa representação negligencia dois aspectos essenciais da atividade judicial: o de sempre se confrontar com objetos singulares – os casos concretos e irrepetíveis – e o de realizar outra ação além da de cogitar as normas gerais e abstratas.[41] Para criar o arquétipo do juiz exegeta, foi preciso reduzir o direito à lei, concebendo os códigos como um conjunto de normas claras e perfeitas porque imbuídas da razão universal. Já o pós-positivismo contemporâneo, chegou à idêntica conclusão perfeccionista, ainda que com argumentos amplamente distintos: agora, com a diferença que a garantia do resultado do julgamento é possível mesmo com um discurso baseado em padrões bem mais elásticos.[42]

O modelo do juiz aplicador de princípios é livre de preconceitos, não se deixa levar pela "moral privada".

---

41. BONALDO, Frederico. *Prestação jurisdicional e caráter:* a interdependência das virtudes do juiz. Porto Alegre: Editora Fi, 2019. p. 127. Além desses, há outros três desafios do modelo formal-positivista de magistrado: a) maior possibilidade de os juízes se eximirem das responsabilidades derivadas de suas decisões, em razão da marginalização de sua personalidade na tarefa que realiza; b) necessidade de um ótimo ordenamento, tanto do ponto de vista técnico quanto axiológico, para evitar insegurança jurídica; c) dificuldade do manejo de valores em casos judiciais complexos, caracterizados por conflitos nos quais as regras vigentes tornam-se ambíguas (FERNANDES, André Gonçalves. *O bom juiz:* teoria da ética judicial das virtudes. São Paulo: Dialética, 2020. p. 163).

42. TAXI, Ricardo Dib Araújo. *A perda da prudência no pensamento jurídico moderno.* Rio de Janeiro: Lumen Juris, 2018. p. 170-171.

Pressupõe, na tomada de decisão, um engajamento social (consciência coletiva) e um desengajamento particular (alheamento individual), norteado pela "moral pública". Quais atributos esse magistrado precisa possuir para compreender adequadamente a emergência dos princípios é um tema de menor relevância. O importante é a sua função de mascarar a face discricionária da interpretação.[43]

Elevando-se acima das limitações da razão humana, o juiz semideus Hércules se encontra em posição de conhecer a resposta correta. Dworkin provoca a tese de que a unidade da solução justa tornará menos visível e externamente controlável o momento de discrição existente em qualquer exercício de racionalidade prática; contribuindo, paradoxalmente, para reforçar e estimular o ativismo judicial. Isso porque ele determina a existência objetiva da única resposta correta sem definir os instrumentos para alcançá-la nem a controlar.[44]

Esse juiz hipoteticamente perfeito pode encontrar respostas correta que existem em cada caso mediante uma investigação dos princípios políticos e morais vigentes na sociedade, os quais não estão previamente explicitados nas regras do sistema, tampouco são elegíveis discricionariamente pelos juízes.

Todos os perfis analisados até aqui foram concebidos sem um embasamento ético e antropológico substancial, mas tão somente em uma expectativa pragmática de que fossem dar certo. Um juiz legalista que peca pelo excesso de rigor a lei e outro que falha pela ausência de deferência ao legislador não parecem ser bons modelos de magistrados.

---

43. *Ibidem*, p. 172.

44. RAMÍREZ, Federico Arcos. La seguridad jurídica en la aplicación judicial del derecho: de la previsibilidad a la argumentación. *Anuario de filosofía del derecho*, Madrid, n. 19, p. 191-217, 2002. p. 202.

Para lograr êxito nesta empreitada, é fundamental retornar aos clássicos.

3. AINDA É POSSÍVEL UM MODELO DE JUIZ "CLÁSSICO" HOJE?

As consequências do jusracionalismo e do positivismo jurídico foram a privação de razoamentos que fujam dos padrões da ciências lógico-formais, de modo que o julgador se via obrigado a negar sua própria subjetividade. De fato, um físico ou um astrônomo podem até carecer de virtudes morais para lograrem êxitos nas investigações de sua ciência, mas trazer essa constatação para o direito teve resultados não apenas reprováveis, como catastróficos. Não obstante, seria contrafático afirmar que um juiz que adquira todas as virtudes morais nunca proferirá uma sentença injusta. Ora, um juiz genuinamente virtuoso não só pode cometer um erro profissional como certamente já cometeu ou o cometerá.[45]

Perdidas estas noções tão caras aos antepassados, o direito só pode ser entendido em termos voluntaristas ou racionalistas, sendo imperioso mudar as visões geralmente admitidas sobre a estrutura da teoria do direito. Por isso que, para Platão,[46] no caso do juiz, "é preciso que desde a mocidade se conserve pura e estreme de vícios, para que decida com critério sadio sobre os casos concretos, partindo de sua própria honestidade."

---

45. BONALDO, Frederico. *Prestação jurisdicional e caráter:* a interdependência das virtudes do juiz. Porto Alegre: Editora Fi, 2019. p. 191. "A razão humana não pode conhecer tudo, nem tudo lhe é possível, quer a consideremos como dotada de perfeição natural, quer como aperfeiçoada pelas virtudes teologais. E por isso não pode livrar-se sempre da estultícia" (AQUINO, Tomás de. *Suma teológica*. Tradução Alexandre Correia. Campinas: Ecclesiae, 2016, Ia IIae, q. 68, art. 2, resp. 3, p. 403), já que somente um ser onisciente seria capaz de ultrapassar os limites cognitivos impostos pela natureza humana. Admitir o contrário significaria aceitar um elemento de divindade no ser humano.

46. PLATÃO. *A república*. v. VI-VII. Tradução Carlos Alberto Nunes. 3. ed. Belém: EDUFPA, 2000, 409a, p. 299.

Daí que "um bom juiz não pode ser moço, porém já avançado em anos, só devendo aprender muito tarde o que é propriamente a injustiça, não por haver tomado conhecimento dela [...], mas por observação demorada" e contínua dos vícios que lhe são estranhos na alma dos outros. Logo, só "a virtude, educada pelo tempo, adquirirá o conhecimento do vício e de si mesmo."[47]

É nesse contexto que o termo *Diké* como justiça enquanto lei natural cosmológica, proposta pelos pré-socráticos na cultura mítica-religiosa, vai sendo substituído pelo termo *Dikaiosýne* como ação da alma racional, proposta por Platão e Aristóteles. Mas, antes deles, houve a contribuição dos sofistas e de Sócrates, responsáveis por introduzir uma série de temas e concepções filosóficas inovadores como, por exemplo, a nova concepção de *Areté* (virtude como melhor ação humana) e de *Psyché* (Alma), que influenciarão, mais tarde, as filosofias platônica e aristotélica.[48]

Entre o absolutismo socrático e o relativismo sofista, Aristóteles substitui esses extremos por um conceito que, ainda hoje, nos parece bastante questionável: o critério moral da superioridade do "homem maduro, nobre ou magnânimo". É aqui que a figura do *spoudaios* entra em cena: um ser experiente que, desenvolvendo e atualizando as suas virtualidades, dentro das limitações humanas, atingiu o bom hábito e dominou as suas paixões e más inclinações interiores, pelo firme propósito de buscar a perfectibilização da sua própria natureza. Nas palavras de Eric Voegelin,[49] o *spoudaios* aristotélico "é o homem que realizou ao

---

47. *Ibidem*, p. 299-301.

48. BOTELHO, Osmair Severino. Da *Diké* mítica à *Dikaiosýne* racional: a gênese e o desenvolvimento do conceito de Justiça na Grécia Antiga. *Transições*, Ribeirão Preto, v. 2, n. 2, 202, p. 106.

49. VOEGELIN, Eric. *A nova ciência da política*. Tradução José Viegas Filho. 2. ed. Brasília: Editora Universidade de Brasília, 1982. p. 56. "Os tradutores expressam o termo como 'o homem bom'. Seria talvez mais adequado falar do homem sério, ou

grau máximo as potencialidades da natureza humana, que formou seu caráter na realização das virtudes intelectuais e éticas", atingindo a vida contemplativa.

Quando Aristóteles fez da natureza não apenas a origem, mas também o processo de desenvolvimento pelo qual as coisas chegam à sua plenitude ou perfeição, estava consignado que o fim próprio de algo só se realiza devidamente quando o seu progresso está completo: "a natureza de cada coisa é precisamente seu fim. Assim, quando um ser é perfeito, de qualquer espécie que ele seja – homem, cavalo, família –, dizemos que ele está na natureza".[50] Por *natureza*, entende-se uma força, um impulso, que leva o *ser* a realização do seu *telos*. Este caráter teleológico do "natural" implica um conceito dinâmico vinculado à condição humana e à vivência histórica.[51] "A realização mais

circunspecto, ou, para opô-lo ao 'homem jovem' inadequado para o debate ético, poder-se-ia chamar o *spoudaios* de homem maduro, ou o homem que alcançou plena estatura humana. Tal homem maduro difere dos outros por ver a verdade em cada classe de coisas, sendo, por assim dizer, [...] sua norma e medida" (Id., *Ordem e história:* Platão e Aristóteles. v. III. Tradução Cecília Camargo Bartalotti. São Paulo: Loyola, 2009. p. 356). Em Descartes, será a figura do homem *generoso* – em vez de virtuoso –, que unificou o bem pensar ao bem fazer na razão teórico-poiética (VAZ, Henrique C. de Lima. *Escritos de filosofia IV:* introdução à ética filosófica 1. 6. ed. São Paulo: Loyola, 2012. p. 291).

50. ARISTÓTELES. *A política.* 3. ed. Tradução Roberto Leal Ferreira. São Paulo: Martins Fontes, 2006, I, 2, 1252b, p. 4. Modernamente, o filósofo grego é duramente criticado por ter defendido a escravidão "por natureza". Sucede que Aristóteles não entendia a transitoriedade da *pólis* como atualmente, porque tinha pouco ou nenhum entendimento sobre a historicidade em geral. Assim, não podia surgir uma série de questões, inclusive aquelas relativas aos modos de conversão dos bárbaros ou escravos em cidadãos da *pólis*. Contudo, essas imprecisões não ferem necessariamente o esquema geral da teoria aristotélica das virtudes, que continua demonstrando verdade ainda hoje (MACINTYRE, Alasdair C. *Depois da virtude:* um estudo em teoria moral. Tradução Jussara Simões. Bauru: EDUSC, 2001. p. 271). Sobre a dualidade do conceito de natureza no Estagirita, cf. VOEGELIN, Ordem e história, v. III, cit., *passim*.

51. SOUSA, José Pedro Galvão de. *Direito natural, direito positivo e estado de direito.* São Paulo: Revista dos Tribunais, 1977. p. 77. Como demonstrado no tópico 2.1, a causa final e a causa formal, realçadas no pensamento aristotélico e mantidas na tradição escolástica, foram desprezadas pela visão mecanicista moderna do universo, dando ênfase à causa eficiente e à causa material, tal qual fez Hobbes nas origens do naturalismo cientificista a partir da redução do natural ao primitivo.

adequada de cada coisa é a realização daquilo que é melhor em sua natureza (*physis*)".[52]

Esse modelo de "homem maduro" é um conceito-chave na tradição moral da cultura ocidental, o qual perpassou a história desde o período antigo com os gregos e romanos, fortalecendo-se com a perspectiva ética da religião cristã, até o início da modernidade, e que está longe de significar um ideal antigo e abstrato sem qualquer aplicação prática na realidade contemporânea. A imagem do homem virtuoso é um ideário que se deve colocar como uma projeção permanente na consciência dos juízes – ou como um "fardo" a ser suportado por eles –, dado que o seu conhecimento técnico-jurídico é, afinal, apenas um instrumento à serviço de sua mentalidade, de sua personalidade e, às vezes, de algum poder.

O magnânimo não se contenta com a média dos homens, não se satisfaz com a mediocridade, mas procura buscar sempre o melhor, o mais grandioso, o mais elevado. Não se compactua com uma postura idealista, que persegue uma meta inatingível, mas de um objetivo realista, até extrair o máximo de perfeição pela atualização das realidades latentes no homem. A pessoa inteiramente virtuosa implica numa noção de progresso moral voluntário, procedendo em direção ao ser ideal possível, mediante a realização mais perfeita da sua natureza. Não falamos, pois, de um modelo utópico, mas sim de um arquétipo perfeito, enquanto plenamente realizável pelas possibilidades éticas inerentes à liberdade humana.

Resulta claro que o juiz deve possuir as virtudes judiciais porque elas o aperfeiçoam interior e profissionalmente, colhendo uma série de benefícios que o tornam um bom

52. VOEGELIN, Ordem e história, v. III, cit., p. 362. Sobre o tema, cf. CONDÉ, Mariana Monteiro. Sêneca e a relação entre a virtude e a vida feliz nas Epistulae Morales. *Ética e Filosofia Política*, Juiz de Fora, v. 2, n. 18, p. 130-140, dez. 2015.

juiz, ao alcançar o estágio culminante do seu aperfeiçoamento pessoal. A importância do resgate da ética das virtudes na deontologia judicial, a recobrar uma proposta de florescimento ético do juiz, a partir da premissa de que o aprimoramento do seu caráter moral implica o incremento qualitativo da prestação jurisdicional. A máxima perfeição possível no exercício profissional é fomentada pela atenção no "o que devo ser" em vez de "o que devo fazer", isto é: no *ser* do agente individualmente considerado, e não no *fazer*[53] (personalismo ético).

Para o parâmetro realista clássico, julgador perfeito (*iudex perfectus*) é aquele que sabe dizer o que é o justo no caso concreto; é o homem virtuoso (*homo virtus*), guiado pela reta razão prática, e não pelas paixões ou emoções humanas. Assim, ainda que não conheça de antemão todo o ordenamento jurídico, quando for lhe apresentada a situação particular, saberá ditar, com maior precisão, o que é devido a cada uma das partes.

A intemperança dos sentidos pode levar à imoderação do conceito de si mesmo. No magistrado, essa soberba elimina a possibilidade de o juiz se considerar como outro que também pode vir a ser julgado, agindo como se fosse um ser perfeito, superior aos demais, a própria justiça encarnada. Esse fenômeno psicológico pode ocasionar a fragmentação da psique, cuja tentativa de recomposição do arquétipo cindido (juiz-infrator) pode surgir sob a forma de sede de poder.[54]

É claro que o juiz não pode julgar simplesmente com base na noção de que ele poderia ser o réu ou autor daquele processo, dirigindo-se a proferir uma decisão que agradasse uma ou ambas as partes. Isso é insuficiente para uma

---

53. FERNANDES, André Gonçalves. *O bom juiz:* teoria da ética judicial das virtudes. São Paulo: Dialética, 2020. p. 158; 180; 193.

54. PRADO, Lídia Reis de Almeida. *O juiz e a emoção:* aspectos da lógica da decisão judicial. 6. ed. São Paulo: LTr, 2013. p. 106-107.

teoria da decisão judicial coerente e eficaz. Nesse contexto, as virtudes se apresentam como uma alternativa relevante para preencher essa lacuna metodológica.

Em síntese, o virtuoso pode ser definido como aquele que age com: a) *alegria*, porque os seus afetos estão dominados, não opondo-lhe obstáculo à prática do bem, antes desejando a sua realização; b) *facilidade*, pois a sua vontade se dirige ao bem sem encontrar resistência nas paixões, querendo aquilo que é correto sem hesitar; e c) *prontidão*, porque a inteligência adere rapidamente ao bem, captando o que é o certo, sem oferecer novas razões capazes de pôr em dúvida a decisão tomada. Essas características formam o sujeito integralmente bom, exercitado nas virtudes.

Daí por que todos os quatro perfis idealizados por Sunstein[55] – os heróis (*heroes*), os soldados (*soldiers*), os minimalistas (*minimalists*) e os mudos (*mutes*) – são imperfeitos, porque incapazes de descrever uma pessoa verdadeiramente prudente, no sentido a que se atribui neste trabalho. Tampouco o modelo Hermes de Ost é suficiente, dado que conceitualmente genérico e vago.

Pode-se concluir que a ética das virtudes judiciais renasce como uma reação à tradição positivista, enraizada na concepção formal-legalista de culto ao conceito-vazio do texto legal, que: a) separa sociedade e norma jurídica; b) dicotomiza *ser* e *dever ser*; c) privilegia a forma ao processo social de construção normativa; d) promove uma visão técnico-burocrática do direito; e) nega valores morais absolutos; f) se afasta da participação cidadã na construção

55. SUNSTEIN, Cass R. *Constitutional personae*. New York: Oxford University Press, 2015. Aparentemente, os minimalistas são os que mais se aproximam do modelo aqui proposto; porém, é preciso sempre ter em vista que a ética das virtudes exige a integridade da pessoa em todos os âmbitos humanos, lembrando que a prudência é muito mais do que a mera cautela – a qual, não raras vezes, abriga a covardia. Precisamente, o prudente seria uma mistura de todos eles, porque é a peculiaridade da situação que indicará qual a melhor forma de agir, e não esquemas abstratos elaborados de antemão. A dinâmica do direito não lida bem com modelos fixos e imodificáveis.

deliberativa dos conteúdos históricos de justiça que comporão as decisões judiciais.

Com isso, um perfil de juiz prudente só pode ser eficaz se houver um arcabouço teórico e moral capaz de lhe dar os mecanismos necessários de ação. Esta é a vantagem da tradição filosófica clássica quando comparada às propostas modernas e pós-modernas, que se limitam a dar respostas institucionais para os intérpretes do direito, mas sem uma ética que lhes possa dar fundamento.

4. DIREITO & LITERATURA: UMA ANALOGIA NA OBRA DE HOMERO

Terminemos este ensaio com mais uma referência à mitologia grega. Desde Hesíodo, a partir do mito das cinco idades, a *Hýbris* é considerada a maior inimiga da Justiça (*Díke*). Na mitologia grega, *Hýbris* era o espírito (*daímôn*) que personificava a insolência, violência, desordem, arrogância, presunção ou qualquer outro comportamento ultrajante. A deusa do orgulho pode ser caracterizada pelas suas atitudes descomedidas, que ultrapassam o limite ou a medida do justo.[56] Portanto, não basta ser inteligente para produzir decisões justas: também é preciso ser prudente, temperante e forte.

Tradicionalmente visto como a antítese de Aquiles na *Ilíada*, Odisseu é retratado como um homem ponderado, a "voz da razão", reconhecido por sua autocontenção e habilidade diplomática, enquanto a cólera de Aquiles se consome como o fogo, pois de natureza autodestrutiva. Ele não é apenas engenhoso – como evidenciado na sua ideia para o Cavalo de Troia –, mas também um orador eloquente.[57]

56. BOTELHO, Osmair Severino. Da Diké mítica à Dikaiosýne racional: a gênese e o desenvolvimento do conceito de Justiça na Grécia Antiga. *Transições*, Ribeirão Preto, v. 2, n. 2, p. 86-139, 2021. p. 93.

57. MILLER, D. Gary. *Ancient greek dialects and early authors:* introduction to the

Em suma, é um humano que desenvolveu suas potências e capacidades, aprendendo a melhorar a partir de seus erros.

Na *Odisseia*, nosso herói Ulisses consegue escapar, por pouco, de Caríbdis – um turbilhão aquático que arrastava os navios para si rumo ao naufrágio – e de Cila – um monstro marinho voraz situado do outro lado do estreito de Messina, que separa a península itálica da Sicília. Ambos representavam os perigos da navegação perto de rochas e redemoinhos. No imaginário jurídico, dado o seu aspecto pedregoso, Cila representa o absolutismo do juiz que conhece o direito inequivocamente por um ato de conhecimento, fruto da dedução normativa. Já Caríbdis, fluído como a água, representa o relativismo do juiz voluntarista, que interpreta conforme a própria conveniência, a partir dos critérios de sua livre escolha.

Portanto, nosso modelo não é Júpiter, um exegético “boca da lei”. Nem Hércules, porque não é uma figura mítica e imaginária, com poderes sobre-humanos. Tampouco Hermes, pois desconfia de si mesmo e reconhece as próprias fraquezas. É simplesmente Ulisses: um herói que não tem poderes extraordinários nem descendência divina; mas que, em cada emboscada, tenta apenas dar o melhor de si. A prudência está inserida precisamente nessas questões nas quais os métodos lógicos ou subsuntivos são insuficientes para revelar o aspecto complexo e dinâmico do direito.

Odisseu encarna o meio-termo de juiz prudente que estamos apresentando aqui: “nem tanto à terra, nem tanto ao mar” – como ensina o adágio popular. Sabe quão fraca é a sua força de vontade que pede aos companheiros de tripulação para amarrá-lo ao mastro quando navegarem por entre as sedutoras sereias. Suas virtudes serão não apenas institucionais, como também morais. São as excelências do

---

dialect mixture in Homer, with notes on lyric and Herodotus. Berlin: De Gruyter, 2014. p. 120-121.

magistrado postas à prova e em prática, rumo à virtuosidade humana.

REFERÊNCIAS

ARISTÓTELES. *A política*. 3. ed. Tradução Roberto Leal Ferreira. São Paulo: Martins Fontes, 2006.

AQUINO, Tomás de. *Suma teológica*. Tradução Alexandre Correia. Campinas: Ecclesiae, 2016.

BARROSO, Luís Roberto. Fundamentos teóricos e filosóficos do novo direito constitucional brasileiro: pós-modernidade, teoria crítica e pós-positivismo. *Revista de Direito Administrativo*, Rio de Janeiro, v. 225, p. 5-37, jul.-set. 2001.

BONALDO, Frederico. *Prestação jurisdicional e caráter:* a interdependência das virtudes do juiz. Porto Alegre: Editora Fi, 2019.

BOTELHO, Osmair Severino. Da Diké mítica à Dikaiosýne racional: a gênese e o desenvolvimento do conceito de Justiça na Grécia Antiga. *Transições*, Ribeirão Preto, v. 2, n. 2, p. 86-139, 2021.

CUNHA, Danilo Fontenele Sampaio. A formação do juiz e três modelos de magistrado. *Themis:* Revista da ESMEC, Fortaleza, v. 4, n. 2, p. 229-241, 2006.

CONDÉ, Mariana Monteiro. Sêneca e a relação entre a virtude e a vida feliz nas Epistulae Morales. *Ética e filosofia política*, Juiz de Fora, v. 2, n. 18, p. 130-140, dez. 2015.

DWORKIN, Ronald. *O império do direito*. Tradução Jefferson Luiz Camargo. São Paulo: Martins Fontes, 1999.

FERNANDES, André Gonçalves. *O bom juiz:* teoria da ética judicial das virtudes. São Paulo: Dialética, 2020.

FINNIS, John. *Lei natural e direitos naturais*. Tradução Leila Mendes. São Leopoldo: Unisinos, 2007.

KELSEN, Hans. *Teoria geral do direito e do estado*. 3. ed. Tradução Luis Carlos Borges. São Paulo: Martins Fontes, 1998.

MACINTYRE, Alasdair C. *Depois da virtude:* um estudo em teoria moral. Tradução Jussara Simões. Bauru: EDUSC, 2001.

MILLER, D. Gary. *Ancient greek dialects and early authors:* introduction to the dialect mixture in Homer, with notes on lyric and Herodotus. Berlin: De Gruyter, 2014.

MUÑOZ, Francisco Puy; PARGA, Milagros Otero. Teoría del derecho entendida como teoría prudencial del derecho. *Revista Derecho & Sociedad*, Lima, n. 48, p. 79-91, mar. 2017.

SOUSA, José Pedro Galvão de. *Direito natural, direito positivo e estado de direito*. São Paulo: Revista dos Tribunais, 1977.

SUNSTEIN, Cass R. *Constitutional personae*. New York: Oxford University Press, 2015.

OST, François. Júpiter, Hércules, Hermes: tres modelos de juez. Traducción de Isabel Lifante Vidal. *Doxa:* Cuadernos de Filosofia del Derecho, n. 14, Alicante, p. 169-194, 1993.

PLATÃO. *A república*. Tradução Carlos Alberto Nunes. 3. ed. Belém: EDUFPA, 2000. v. VI-VII.

POPPER, Karl. *Lógica das ciências sociais*. Tradução Estevão de Rezende Martins, Apio Cláudio Muniz Acquerone Filho e Vilma de Oliveira Moraes e Silva. 3. ed. Rio de Janeiro: Tempo Brasileiro, 2004.

PRADO, Lídia Reis de Almeida. *O juiz e a emoção:* aspectos da lógica da decisão judicial. 6. ed. São Paulo: LTr, 2013.

RAMÍREZ, Federico Arcos. La seguridad jurídica en la aplicación judicial del derecho: de la previsibilidad a la argumentación. *Anuario de filosofía del derecho*, Madrid, n. 19, p. 191-217, 2002.

TAXI, Ricardo Dib Araújo. *A perda da prudência no pensamento jurídico moderno*. Rio de Janeiro: Lumen Juris, 2018.

VIGO, Rodolfo Luis. Derecho y moral en el estado de derecho constitucional (proyecciones teóricas: iuspositivismo, neoconstitucionalismo y realismo jurídico clásico). *Prudentia iuris*, Buenos Aires, n. 74, p. 57-78, 2012.

VAZ, Henrique C. de Lima. *Escritos de filosofia IV:* introdução à ética filosófica 1. 6. ed. São Paulo: Loyola, 2012.

VOEGELIN, Eric. *A nova ciência da política*. Tradução José Viegas Filho. 2. ed. Brasília: UnB, 1982.

VOEGELIN, Eric. *Ordem e história:* Platão e Aristóteles. Tradução Cecília Camargo Bartalotti. São Paulo: Loyola, 2009. v. III.

O DIREITO ENTRE A RAZÃO E O PODER: TRÊS PERGUNTAS PARA JUSNATURALISTAS

Pedro da Silva Moreira

1. O DIREITO NATURAL RENASCEU?

Penso que não exagero ao constatar que, entre as atividades acadêmicas que tenho realizado, a participação no II Seminário de Filosofia do Direito do Instituto Ives Gandra está entre as mais instigantes. Estou certo de que os debates foram proveitosos para todos aqueles que dialogaram ou acompanharam. Mas para mim, em particular, tratou-se de uma oportunidade para, mesmo figurando entre os professores convidados, colocar-me na condição de curioso aprendiz. Tenho me aproximado da tradição do direito natural com interesse cada vez maior, como quem busca a verdade que, até aqui, não conseguiu encontrar na jusfilosofia moderna (e muito menos na pós-moderna). Porém, ainda não posso me considerar um jusnaturalista; e nem sei se um dia me considerarei. Até o momento, e esta não é uma confissão por estilo ou um preâmbulo protocolar, falta a mim uma noção mais maturada do edifício conceitual dos clássicos. O que me sobra, na verdade, é a intuição de que essa tradição contém muitas pistas para a compreensão adequada dos problemas do Direito e, em especial, dos problemas do direito moderno.

Por isso, quando aceitei o honroso convite para redigir a primeira relatoria daquele Seminário, só poderia responder "sim" à indagação que orientaria as discussões: "*Há, hoje, espaço para o direito natural? Se sim, em qual aspecto? Se não, por quais motivos*"? Porque me parece acertado afirmar que a jusfilosofia moderna, sobretudo em razão de algumas de suas travas metodológicas, radicadas no cientificismo e no racionalismo, carece de ferramentas adequadas para compreender os pressupostos do próprio direito moderno. E é preciso advertir, desde logo, o seguinte: quando se regressa aos clássicos em uma busca por fundamentos, não se trata de regressar ao tempo dos clássicos ou de alentar uma nostalgia pré-moderna. Penso, inclusive, que essa é uma das tentações – uma tentação, diga-se, imprudente – de toda crítica à modernidade e, especificamente, ao direito da modernidade. E não penso isso sozinho. José Pedro Galvão de Sousa, que, entre nós, é referência obrigatória no resgate da tradição do direito natural, afirmou com muita clareza:

> No imenso esforço a dispender em defesa da ordem natural – perturbada pelo subjetivismo filosófico, ao separar a inteligência humana do seu objeto, e pelas ideologias daí derivadas –, não se trata de restaurar integralmente uma ordem que em remotos tempos foi observada na constituição dos povos.[1]

1. SOUSA, José Pedro Galvão de. O estado tecnocrático. *In*: SOUSA, José Pedro Galvão de. *Obras seletas III:* Direito Natural, Direito Positivo e Estado de Direito e O Estado Tecnocrático. Rio de Janeiro: Ed. CDB, 2022. p. 141-248, p. 237. Para a singela pretensão do que desejo ilustrar, creio que o trecho reproduzido é suficiente. Porém, o argumento é mais profundo e envolve um elemento positivo, isto é, de afirmação de uma certa ordem que precisaria ser restaurada: "É, pelo contrário, ante a dinâmica daqueles grupos no mundo atual [...], é em face de realidades muito vivas e operantes, que devemos empreender aquele esforço para *instaurar* uma nova ordem fundada nos princípios permanentes do direito natural, confirmado e aperfeiçoado pelo direito cristão. Princípios nos quais está a substância da civilização e da cultura cuja preservação queremos assegurar contra o totalitarismo".

Tendo isso em conta, e com o objetivo de enfrentar os problemas contemporâneos do Direito, a primeira indagação (ou talvez provocação) que formulei naquela relatoria poderia ser apresentada, agora, deste modo: é mesmo verdade que o direito natural, sobretudo após a segunda metade do século XX e com a proliferação de constituições recheadas de princípios morais, experimentou um renascimento? A pergunta é bastante básica e, hoje, vislumbro muitos amigos jusnaturalistas oferecendo a ela uma resposta negativa. Mas a indagação não é trivial. Esse renascimento é, por exemplo, apontado por Francesco Viola.[2] O autor sublinha que, para além da necessidade circunstancial do Tribunal de Nuremberg, que, inspirado no direito natural, ratificaria a convicção, com independência do que estabelecesse o direito positivo do Terceiro Reich, de que os crimes cometidos durante o nazismo não poderiam ficar impunes, houve uma adesão jusnaturalista (inclusive na tradição aristotélico-tomista) à Declaração Universal dos Direitos Humanos, de 1948. Por conseguinte, o entusiasmo com a vinculação entre Direito e moral por meio das cartas de direitos também alcançou a tradição do direito natural.

Em ampla medida, isso resulta da disseminação da famosa acusação contra o positivismo jurídico, formulada mais celebremente por Gustav Radbruch:[3] o positivismo, concepção supostamente dominante à época de Weimar e durante o regime nazista, ao subtrair os valores morais do Direito, teria deixado sem defesa as autoridades que desejassem reagir à extrema injustiça. Diante da máxima "a lei é a lei", diz Radbruch, os juristas, e especialmente os juízes, teriam ficado sem ferramentas para escapar a essa

2. VIOLA, Francesco. Os três renascimentos do direito natural no século XX. *In:* SILVEIRA, Marcelo Pichioli da; BONALDO, Frederico; ARAÚJO, Marcos Paulo Fernandes de (org.). *Direito Natural contemporâneo:* a renascença do jusnaturalismo no Brasil e no mundo. Londrina: Thoth, 2021.

3. RADBRUCH, Gustav. Five Minutes of Legal Philosophy (1945). *Oxford Journal of Legal Studies*, v. 26, n. 1, p. 13-15, 2006.

legalidade mecânica, restando-lhes apenas a opção de aplicar o direito positivo, independentemente de seu conteúdo. Essa percepção sobre o positivismo, que Rodrigo Valadão, em recentíssima e indispensável obra, denomina "lenda do positivismo",[4] resistiu ao tempo e talvez perdure até hoje. Entre nós, Barroso e Barcellos chegam a associar o positivismo à promoção da "barbárie em nome da lei".[5]

A mim sempre me pareceu caricata e exagerada essa vinculação entre positivismo e nazismo, como se derivasse do positivismo jurídico um legalismo ético, uma espécie de prescrição inderrogável de obediência à lei (uma tese que, ao menos na perspectiva da *Teoria pura* de Kelsen, é simplesmente equivocada[6]). Além disso, há várias outras questões. Ainda que o positivismo jurídico fosse uma concepção influente durante a República de Weimar, não está claro se, sobretudo quanto à aplicação do Direito, seria uma concepção dominante. O que sim é bastante evidente é a sua rejeição no contexto da ascensão do nacional-socialismo. Carl Schmitt, já no âmbito de sua adesão ao regime nazista, ao levar a cabo a sua teoria dos "ordenamentos concretos", rechaça com veemência a legalidade "vazia" das teses positivistas.[7] A indumentária jusfilosófica que buscava domesticar a atuação dos juízes estava longe de ser positivista, nem mesmo no sentido, mais próprio de determinadas correntes do século XIX, da obediência irrestrita à lei.

---

4. VALADÃO, Rodrigo Borges. *Positivismo Jurídico e Nazismo:* formação, refutação e superação da lenda do positivismo. São Paulo: Contracorrente, 2022.

5. BARROSO, Luís Roberto; BARCELLOS, Ana Paula de. O Começo da História. A Nova Interpretação Constitucional e o Papel dos Princípios no Direito Brasileiro. *Revista da EMERJ*, v. 6, n. 23, p. 25-65, p. 31, 2003.

6. Basta, para comprová-lo, a leitura do capítulo 8 de Hans Kelsen (KELSEN, Hans. *Teoría Pura del derecho*. Tradução Roberto Vernengo, México: Universidad Nacional Autónoma de México, 1982).

7. SCHMITT, Carl. Sobre los tres modos de pensar la ciencia jurídica. *In:* Carl Schmitt. *Posiciones ante el Derecho*. Madrid: Tecnos, 2012. p. 243-315.

Inclusive porque não era a lei o principal instrumento jurídico de consolidação do ideário nazista. Bernd Rüthers demonstra, a meu juízo de modo bastante convincente, que a renovação do direito alemão, naquele momento, deu-se não tanto pela via da legislação, mas pela profunda modificação no modo de conceber o Direito.[8] O direito privado, à exceção de algumas leis centrais, permaneceu intacto, subsistindo, por exemplo, o Código Civil. Tratava-se, então, de fomentar uma cultura de conformação desse material jurídico positivo a uma "ideia do Direito". Daí que, segundo Rüthers, o objetivo dos teóricos do regime consistisse, antes de tudo, na relativização da vinculação do juiz à lei, principalmente com recurso às cláusulas gerais e aos conceitos indeterminados.[9] Nesse sentido e de um modo geral, o direito nacional-socialista não se caracterizava por um conjunto de regras estáveis que demandavam rigorosa aplicação judicial. Tratava-se, na verdade, de um sistema jurídico *em movimento*. É por essa razão que aqueles que pretendiam implementá-lo não contavam – e expressamente as rejeitavam – com o apoio das teses positivistas.

Nada disso quer dizer que o positivismo jurídico não seja criticável e que, especialmente no que corresponde à cultura política e filosófica que o embala, não tenha contribuído para o espírito daquele tempo, daquele laboratório político que foi o período de Weimar. O tratamento científico do Direito, tal e como inscrito na metodologia kelseniana, é, em minha opinião, um projeto dependente da simplificação do seu próprio objeto. Mas a isso voltarei mais adiante. Neste momento, o que importa é assentar, utilizando a expressão de Frederick Schauer, que o positivismo jurídico

---

8. RÜTHERS, Bernd. *Derecho degenerado. Teoría jurídica y juristas de cámara en el Tercer Reich*. Tradução J. A. García Amado. Madrid, Barcelona, Buenos Aires, São Paulo: Marcial Pons, 2016. p. 55-57.

9. *Ibidem*, p. 59-60.

se transformou em um "pária",[10] em um tipo de suspeito preferencial, sempre em "crise", e, sobretudo, incapaz de dar conta da necessidade de "moralizar" o Direito, de concebê-lo no interior (ou ao menos no contexto) de uma reflexão sobre a justiça. Se houve, portanto, um renascimento do direito natural a partir da segunda metade do século XX, ele se estabelece sob a premissa da insuficiência do positivismo jurídico. E, de fato, naquela circunstância, em que havia um consenso sobre a necessidade de afirmar a existência de um mínimo ético anterior e superior a qualquer ordenamento jurídico concreto, o positivismo era imprestável.[11]

É no interior dessa fotografia, portanto, que encontra sentido a observação de Francesco Viola sobre o renascimento do direito natural após a Segunda Guerra. O próprio Rodrigo Valadão, mesmo em uma posição de defesa do positivismo, descreve com suficiente rigor as diferentes correntes que se desenvolveram (ou que foram retomadas) a partir desse período, especialmente na Alemanha.[12] Todas elas repousavam sobre o pressuposto da busca por um ideal mínimo e comum de justiça – não relativo –, cujo objetivo consistia em "materializar" o Direito, isto é, em concebê-lo como algo que dependeria de certo *conteúdo*, não apenas de certa *forma*. Além disso, e sobretudo no campo da tradição aristotélico-tomista, desenha-se uma crítica

10. SCHAUER, Frederick. Positivism as Pariah. *In:* Robert P. George (ed.). *The autonomy of law:* essays on legal positivism. Oxford, New York: Oxford University Press, 2005. p. 31-55. Neste artigo, Schauer contesta a tese de Radbruch.

11. García Amado, em um texto bastante ácido e bem documentado sobre a falsificação das teses positivistas por parte de vários juristas que colaboraram com o regime nazista (e que nunca tinham sido positivistas), argumenta que uma coisa é reconhecer a insuficiência do positivismo para amparar as condenações de Nuremberg; outra coisa, bem distinta, é supor que os fatos que deram lugar ao Tribunal de Nuremberg tinham raízes no "formalismo" positivista em relação à aplicação da lei (GARCÍA AMADO, Juan Antonio. É possível ser antikelseniano sem mentir sobre Kelsen. *Revista da EMERJ*, Rio de Janeiro, v. 21, n. 2, p. 52-118, 2019).

12. VALADÃO, Rodrigo Borges. *Positivismo Jurídico e Nazismo:* formação, refutação e superação da lenda do positivismo. São Paulo: Contracorrente, 2022. p. 128.

à identificação, atribuída ao positivismo, do Direito com o poder; ou seja, à ideia de que todas as normas jurídicas derivam necessariamente da "vontade" estatal. Haveria, na perspectiva desse direito natural que parecia ressurgir, algo anterior e objetivo, capaz de – agora sim – oferecer ferramentas morais aos que aplicam a lei. O Direito seria, antes de tudo, um tema da razão e da justiça, não do poder.

Sou consciente de que essa descrição está bastante simplificada. Mas creio que ela reflete de modo mais ou menos fidedigno o retrato daquele contexto. Porque de fato se erigiria, a partir de então, uma visão sobre o Direito centrada não na forma, no procedimento e na autoridade, mas, acima de tudo, no respeito à racionalidade e à dignidade da pessoa humana. Todo o Direito passaria a ser orientado por uma concepção ancorada em um mínimo ético; e esse mínimo ético estaria representado por uma dimensão consensual, por todos aceita e assimilada como prévia à positividade do direito específico de cada comunidade: a dimensão dos direitos humanos. Uma *jusfilosofia dos direitos* surge e se consolida, com pretensão de universalidade e sob o pressuposto indubitável do rechaço ao positivismo jurídico. Ainda não sou capaz de estimar até que ponto os jusnaturalistas clássicos contribuíram para a ascensão dessa jusfilosofia dos direitos, mas suspeito que, direta ou indiretamente, essa contribuição não deve ser subestimada.

Se ela efetivamente ocorreu, se é certo afirmar que, em alguma medida e em algum sentido, compreendeu-se que o renascimento do direito natural repousaria na rejeição ao positivismo jurídico e no regresso dos valores ao Direito, então creio ser possível dizer, agora sem muito espaço para a dúvida, que esse processo de "moralização" deu-se em detrimento, em prejuízo do direito natural. Porque, claro, se o objetivo era evitar que o mal fosse justificável em nome da legalidade; e se, para isso, foi necessário fortalecer o ideário dos direitos, parece-me que a "tecnologia de Estado", que sempre foi a antítese do direito natural, tornou-se progressivamente mais robusta. Em minha opinião, todo o antipositivismo do pós-guerra ignorou um fato simplesmente inexorável: *se é preciso "moralizar" o Direito, se é preciso resgatar os valores, se é preciso recuperar um mínimo ético, alguém precisará definir o conteúdo e alcance desse mínimo ético; isto é, alguém precisará estabelecer o que conta como moralmente vinculante para toda a comunidade.* Isso até pode resultar claro em tempos de exceção. Porém, em tempos de normalidade, as controvérsias são mais frequentes; e alguém precisa dirimi-las autoritativamente.

É como se o temido "Estado Tecnocrático", desenhado e denunciado por Galvão de Sousa, fosse agora construído não com base na "vontade" do legislador, em um exercício de puro e simples poder que sempre despertou a crítica acertada dos jusnaturalistas, mas com base na "razão dos direitos". O recurso aos "valores", sem mediação estruturada e institucional, especialmente na ausência de uma base moral sólida e naturalmente compartilhada, não pode significar outra coisa que o apelo à vontade de quem os invoca. Quando, por exemplo, uma burocracia ilustrada recorre à igualdade ou à dignidade para decidir, em nome de toda a comunidade, sobre uma controvérsia moral em relação à qual os membros da comunidade discordam entre si (e discordam precisamente em termos de igualdade e dignidade), o que essa burocracia faz, na prática, é impor, supostamente com fundamento na razão, a sua própria vontade. E é porque essa operação se dá com base na "racionalidade dos direitos" e em terreno distante do espaço sinuoso da política que essa burocracia reclama legitimidade, uma legitimidade, portanto, "técnica".[13]

13. A tecnocracia depende, segundo Galvão de Sousa, da inexistência de "uma presença visível que dê ordens". SOUSA, José Pedro Galvão de. O Estado Tecnocrático. *In*: SOUSA, José Pedro Galvão de. *Obras seletas III:* Direito Natural, Direito Positivo e Estado de Direito e O Estado Tecnocrático. Rio de Janeiro: Ed. CDB, 2022. p. 141-248. p. 231. Caberia indagar se, no Brasil, esta presença já não se tornou

Se esse "Estado Tecnocrático" representa, como sustenta Galvão de Sousa, a dissolução das instâncias intermediárias, deixando-se os indivíduos, desenraizados, à disposição de uma espécie de poder administrativo e tutelar,[14] agora, com o "renascimento dos valores" na forma de uma "ideologia dos direitos", a tecnocracia parece ainda mais legitimada. É em nome do bem, da razão, do progresso, da democracia, da liberdade, da justiça, da igualdade e da dignidade que ela estabelecerá um novo tipo de ordem: uma ordem que, é verdade, apela à justiça e aos valores supremos da Constituição, mas o faz não com o objetivo de limitar o poder político, e sim de utilizá-lo, consciente ou inconscientemente, para impulsionar uma agenda determinada, não raro contrária à ordem natural que a comunidade, em suas relações, experimenta. Uma ordem natural que, por caminhos filosóficos e jusfilosóficos distintos, Hayek denominou "ordem espontânea"; para ele, o verdadeiro Direito.[15]

2. HÁ UM DOMÍNIO LIMITADO PARA O DIREITO NA TRADIÇÃO JUSNATURALISTA?

A verdade é que, para os críticos do entusiasmo com os direitos, mesmo no contexto das grandes Declarações e, em particular, no espaço posterior à Segunda Guerra, a ascensão dessa tecnocracia e a intensificação da dissolução dos laços comunitários eram consequências previsíveis. Os

---

demasiadamente visível, a ponto de eliminar até mesmo a pretensão de legitimidade da tecnocracia, convertendo-se aberta e, portanto, agressivamente, na expressão do puro poder.

14. SOUSA, José Pedro Galvão de. O Estado Tecnocrático. *In*: SOUSA, José Pedro Galvão de. *Obras seletas III:* Direito Natural, Direito Positivo e Estado de Direito e O Estado Tecnocrático. Rio de Janeiro: Ed. CDB, 2022. p. 141-248. p. 195.

15. Para Hayek, o Direito oriundo do contexto da Declaração de 1948 é, na prática, uma "organização". HAYEK, Friedrich August von. *Direito, Legislação e Liberdade:* uma nova formulação dos princípios liberais de justiça e economia política. V.1. São Paulo: Visão, 1985.

direitos, dizia Burke, são reivindicações ilusórias, que não dão espaço ao compromisso inerente ao mundo político.[16] Em uma perspectiva declaradamente jusnaturalista, Michel Villey, corroborando a compreensão burkeana de que os direitos são abstrações, sublinha que os direitos humanos "só têm amigos".[17] A moderna cultura dos direitos, individualista e subjetivista, não concebe o Direito no sentido dos clássicos, isto é, como uma relação, dentro da qual a noção de dever é indispensável.[18] A cultura dos direitos estimula a fragmentação e, não por acaso, produz um ambiente não de cidadania, mas de exigências e demandas, em princípio, inegociáveis. É o indivíduo contra a comunidade. O resultado é a inflação dos direitos, a redução da capacidade do Direito para ordenar e, evidentemente, a dissolução do ideal de comunidade e da possibilidade da política.

Creio que, aqui, o verdadeiro problema consiste no cultivo de uma ideia de Direito que é completamente independente da comunidade política e, em virtude disso, contrária ao direito natural. Com base na "razão dos direitos", é possível estruturar um sistema de valores (e aplicá-los judicialmente) sem que esses valores correspondam necessariamente àquilo que os membros da comunidade, normativamente, esperam uns dos outros. Arrisco-me a formular uma frase da qual talvez me arrependa, mas é o que, agora, intuo: Direito não é filosofia, não se confunde com a busca da verdade. O Direito é uma prática mais modesta, que repousa necessariamente na imperfeição dos homens (e essa é uma ideia, frise-se, ancorada na antropologia clássica). Portanto, o problema da gramática dos direitos humanos não é apenas o seu individualismo ou o seu fundamento

---

16. BURKE, Edmund. *Reflexões sobre a Revolução na França*. Tradução Marcelo G. Oliveira e Giovanna L. Libralon. Campinas: Vide Editorial, 2017. p. 103.

17. VILLEY, Michel. *O direito e os direitos humanos*. Tradução Maria Ermantina de Almeida Prado Galvão. São Paulo: Martins Fontes, 2007. p. 11.

18. *Ibidem*, p. 163.

subjetivista e relativista, mas essencialmente a sua rejeição implícita ao mundo social e político e, em especial, à imperfeição desse mundo social e político. Do ponto de vista do direito natural, trata-se de uma rejeição ao próprio Direito.

E me parece que a tradição jusnaturalista, se aceita ser reduzida à discussão conceitual sobre o infindável tema da conexão necessária entre Direito e moral, sobre qual deve ser o conteúdo mínimo do Direito (se é que deve haver algum), pode atrair também, e em certa medida, esse problema da criação em abstrato. Vejamos, por exemplo, o caso de Dworkin. A sua jusfilosofia é antipositivista e centrada em fundamentos liberais (que talvez, entre nós, seja mais bem representado pela palavra "progressista").[19] Por isso, suspeito que muitos jusnaturalistas a rejeitem principalmente em virtude desse liberalismo. Dworkin teria razão quanto à vinculação necessária entre Direito e moral, estaria correto ao condicionar a identificação do Direito a um amplo juízo moral e teria sido feliz ao afirmar que o juiz não exerce discricionariedade quando raciocina moralmente, fundamentando suas decisões, ao menos para os casos difíceis, nos princípios morais que ele (o juiz), com o uso da razão, é capaz de 'descobrir'. Dworkin, contudo, erraria simplesmente quanto ao principal: a sua moral – liberal – estaria definitivamente equivocada.

A mim me parece, entretanto, que o grande problema com a jusfilosofia de Dworkin é que pouco importa como vivem os americanos no interior do Estado do Texas, quais são os seus valores e o que, ao longo do tempo, foram consolidando como expectativas normativas. Identificar o Direito, para ele, é raciocinar filosófica e moralmente.[20] Não

19. Dito de maneira um pouco mais acurada: os fundamentos da filosofia de Dworkin são "liberais"; as suas posições em termos éticos e as suas respostas para temas políticos delicados são "progressistas". Se essa diferença é relevante, trata-se de outra discussão.

20. Reconheço que, em Dworkin e na sua teoria do "Direito como integridade", há

acho que as coisas sejam simplesmente assim na tradição do direito natural. Para Dworkin, uma proposição jurídica é verdadeira se figura como consequência de um equilíbrio entre princípios de justiça, equidade e devido processo, cujo resultado corresponda à "melhor interpretação construtiva da prática jurídica da comunidade".[21] Esses princípios de justiça, normalmente inseridos na carta de direitos da Constituição, demandam uma inevitável "leitura moral". E a leitura moral da Constituição dos Estados Unidos é, para Dworkin, sem dúvida alguma sempre progressista.

Creio que, no âmbito das concepções de bem que circulam atualmente no Ocidente, a de Dworkin é francamente majoritária. Mas talvez ela seja majoritária tão somente entre aqueles que, como ele próprio, reivindicam algum tipo de objetividade moral para as suas concepções de bem e, sem enfrentar adequadamente a questão da autoridade – ou seja, a questão sobre quem deveria exercer o genuíno poder político de definir que tipo de concepção da moralidade deve valer juridicamente – simplesmente atribuem a sua leitura moral uma dignidade capaz de subtraí-la do debate público. É assim que as respostas progressistas de Dworkin (e, entre nós, também as de Barroso[22]), política e moralmente contingentes, escapam à pergunta sobre o poder e se refugiam da controvérsia política. Ou seja: sequer discutimos quem deveria dar, em nome da comunidade, essas respostas, porque elas, tratadas como "direitos", são apresentadas como resultado de um legítimo raciocínio

---

uma dimensão de "fit", que corresponderia aos materiais jurídicos positivos, à dimensão autoritativa do Direito. Porém, bem compreendidas as coisas, essa dimensão sempre se sujeita ao que o próprio Dworkin chama "general balance of political virtues". DWORKIN, Ronald. *Law´s Empire*. Cambridge: The Belknap Press of Harvard U. Press, 1986. p. 256.

21. DWORKIN, Ronald. *Law´s Empire*. Cambridge: The Belknap Press of Harvard U. Press, 1986. p. 225.

22. Ver, nesse sentido, Luís Roberto Barroso. *A judicialização da vida e o papel do Supremo Tribunal Federal*. Belo Horizonte: Fórum, 2018.

"constitucional" conduzido pelos tribunais. Essa é, a meu juízo, a cultura jurídica dominante hoje, que eu prefiro denominar "constitucionalismo dos direitos",[23] que alguns denominam "neoconstitucionalismo" e que Marcos Paulo Fernandes de Araújo, em texto demolidor, chama "neoconstitucioniilismo".[24]

Trata-se de uma cultura que não é abertamente liberal ou conservadora, mas que tem como principal efeito alentar um tipo de crença bastante preocupante: como os princípios constitucionais devem "moralizar" o Direito (ou "institucionalizar" a razão, como diz Alexy[25]), identificar e aplicar o Direito é uma tarefa que pretende correção à luz desses mesmos princípios, isto é, tem a pretensão de refletir o equilíbrio correto entre os princípios de justiça previstos, explicita ou implicitamente, na Constituição. Segundo Barroso, esse peculiar modo de conceber a Constituição e os seus direitos transforma toda interpretação jurídica em interpretação constitucional.[26] Qualquer caso simples tem a potencialidade de se converter em um "*hard case*". Em minha opinião, estabelece-se uma espécie de "tecnologia da argumentação", em que a infinita discutibilidade de

23. Em geral, prefiro o termo "constitucionalismo dos direitos", porque creio que talvez ninguém mais se considere "neoconstitucionalista", mas poucos desejam se desvincular da defesa dos direitos. E o "neoconstitucionalismo" é, em minha opinião, uma ideologia dos direitos. Sobre isso, permito-me a referência ao segundo capítulo do meu trabalho: MOREIRA, Pedro da. *Deferencia al Legislador:* la vinculación del juez a la ley en el Estado Constitucional. Madrid: Centro de Estudios Políticos y Constitucionales, 2019.

24. ARAÚJO, Marcos Paulo Fernandes de. A ideologia 'neoconstitucioniilista' no Brasil: exposição crítica histórico-filosófica de seus pressupostos. *In:* SILVEIRA, Marcelo Pichioli da; BONALDO, Frederico; ARAÚJO, Marcos Paulo Fernandes de (org.). *Direito Natural contemporâneo:* a renascença do jusnaturalismo no Brasil e no mundo. Londrina: Thoth, 2021. p. 489-522.

25. ALEXY, Robert. El concepto y la validez del derecho. *In:* ALEXY, Robert. *El concepto y la validez del Derecho*. Tradução J. M. Seña. Barcelona: Gedisa, 1994. p. 11-30.

26. BARROSO, Luís Roberto. *Curso de direito constitucional contemporâneo*: os conceitos fundamentais e a construção do novo modelo. 5ed. São Paulo: Saraiva, 2015. p. 522.

cada proposição jurídica contribui para a desestabilização do Direito; ou seja, contribui para a desordem.

De novo: essa forma de ver as coisas afasta o Direito da comunidade. O enfoque deixa de ser a relação entre o cidadão e as leis e passa a ser o processo de adjudicação conduzido pelo juiz à luz da moralidade dos princípios. Isso me parece, em nossos dias e sob o ponto de vista do direito natural, um "adversário" muito maior do que a negação do positivismo metodológico à conexão conceitual entre a moral e o Direito. O jusnaturalista segue combatendo com firmeza o positivismo jurídico em uma cultura jurídica que o tem rechaçado expressamente e que convive com um problema muito mais grave e que, em algum sentido, o jusnaturalista quiçá tenha ajudado a criar: décadas de um tom enfático sobre a necessidade da moral *no* Direito, ainda que esse processo tenha sido, ao fim e ao cabo, governado por uma visão de mundo secularista e individualista,[27] tem provocado a dissolução daquilo que Frederick Schauer chama

27. Neste ponto, parece-me oportuna uma reflexão, quiçá um pouco longa e que abriria este trabalho a outro trabalho. A necessidade de afirmação de um mínimo ético comum, consensual e universal, com o objetivo circunstancial de sustentar as condenações do Tribunal de Nuremberg, parece assentar-se sobre um tipo de compreensão do Direito que só poderia ter lugar em contextos muito específicos, de exceção. E as razões para a sua aplicação excepcional seriam morais e políticas. Porém, em tempos de normalidade, os princípios de justiça talvez devam habitar uma dimensão reflexiva do Direito, mas não exatamente uma dimensão de aplicação e correção do direito positivo. Ao menos não como condição para a identificação do que conta como jurídico. É como se o direito natural, ao abrir o direito imperfeito da comunidade para a via da correção moral, permitisse também a entrada de uma espécie de jusfilosofia hospedeira, que se serve dessa ideia para prescrever um tipo de compreensão do Direito secularista e individualista, fundada em uma "ideologia dos direitos". E, então, para combater o parasita, o jusnaturalista parece insistir em demonstrar que a sua moral é a verdadeira, no contexto de uma cultura jurídica já amplamente dominada pela "moral dos direitos" e que, precisamente por adotá-la, sequer acredita que a "leitura moral" dominante (ao menos nos círculos mais "ilustrados") seja contingente e dependente da política. Tenho a impressão de que o caminho é, bem entendido o que quero dizer, reduzir a sofisticação da jusfilosofia do direito natural, aproximando-a de um resgate do político e da *relação* efetivamente existente entre as pessoas que compõem a comunidade. Minha hipótese é de que a percepção objetiva da lei natural se encontra neste âmbito.

"domínio limitado do Direito".[28] A autonomia do jurídico é condição da preservação da autonomia do político e, em consequência, da construção de um Direito originado *na* e destinado *à* comunidade. É por essa razão que, segundo creio, o jusnaturalista deveria recorrer às ferramentas da própria tradição do direito natural clássico para recuperar algumas ideias certamente esquecidas: ordem, política, poder e, também, a noção de autonomia do jurídico.

Tenho a impressão de que todos esses elementos podem ser encontrados na tradição clássica do direito natural, porque todos eles têm fundamento no caráter sociável do Direito e, em um nível ainda mais profundo, no caráter sociável do próprio homem, em determinado tipo de antropologia que, desde os gregos, compõe aquilo que Daniel Alejandro Herrera chama "tradição central do Ocidente" (a conjunção entre a filosofia grega, o direito romano e a fé cristã).[29] É na *"Política"* de Aristóteles que identificamos com clareza a natureza sociável do homem (um "animal social") e a Cidade como uma das coisas naturais. A palavra, diz Aristóteles, é aquilo que só o homem tem e, por isso, a sua natureza não pode ser meramente gregária, mas racional, porque somente o homem é capaz de distinguir, pela razão, o bem do mal, a justiça da injustiça. O homem tem, nesse sentido, uma tendência natural à comunidade.[30]

Conforme nos ensina Barzotto, a natureza humana possui três traços constitutivos: "animalidade, racionalidade e

---

28. SCHAUER, Frederick. The Limited Domain of Law. *Virginia Law Review*. v. 90, 2004. p. 1909-1956, p. 1951-1952.

29. HERRERA, Daniel Alejandro. O Direito na tradição central do Ocidente e sua transformação na modernidade. *In:* SILVEIRA, Marcelo Pichioli da; BONALDO, Frederico; ARAÚJO, Marcos Paulo Fernandes de (org.). *Direito Natural contemporâneo:* a renascença do jusnaturalismo no Brasil e no mundo. Londrina: Thoth, 2021. p. 33-54.

30. ARISTÓTELES. *Política* (libro I). Tradução Manuela García Valdés. Madrid: Gredos, 1988. p. 46-51.

sociabilidade".[31] É essa natureza que, alentada e aperfeiçoada pela comunidade, permite que o homem floresça e se desenvolva como pessoa, cujo bem individual é intrinsecamente dependente do bem de todos. "Pessoa", em vez de "indivíduo", é uma ideia relacional, que faz referência ao ser humano em sua singularidade e mistério, ao ser humano concreto e enraizado.[32] E esse mistério só é revelado (talvez parcialmente revelado) na medida em que o homem entra em relação com os demais. E esse é o cerne do jusnaturalismo clássico. O fundamento de todo Direito é, segundo Javier Hervada, o caráter pessoal do homem: "*una persona es un ser, que es ser tan intensamente – de tal manera es ser – que domina su proprio ser*".[33] O homem livre é, nessa linha, aquele que utiliza a razão para exercer o autodomínio. A liberdade, para os clássicos, não é o mero estado de liberdade, mas o exercício relacional da ação.

A retomada da visão clássica do homem, que implica o resgate da ideia de *pessoa* como fundamento do Direito – ordem racional destinada a organizar as relações de pessoas racionais –, é mais uma das urgências do mundo contemporâneo. Não se trata, como já alertava Galvão de Sousa, de regressar ao mundo pré-moderno. Trata-se, antes, de devolver o homem à condição da sua natureza, racional e não atomizada. Resgatar o homem da condição de massa, trazê-lo de volta ao vínculo substancial com a sua história, com sua família e com a sua Cidade é o projeto de pensadores como Ortega y Gasset e Simone Weil, que, posicionados na modernidade, enxergaram a necessidade do enraizamento. Sem a conexão entre o homem e a comunidade, sem que o Direito constitua um elemento *natural*

31. BARZOTTO, Luís Fernando. *Filosofia do Direito:* os conceitos fundamentais e a tradição jusnaturalista. Porto Alegre: Livraria do Advogado, 2010. p. 51.

32. *Ibidem*, p. 57.

33. HERVADA, Javier. *Introducción Crítica al Derecho Natural*. 11. ed. Pamplona: EUNSA, 2011. p. 64.

dessa relação, é possível que exista ordem jurídica positiva; no entanto, é improvável que ela represente algo mais do que uma ordem coativa artificial.

Nesse sentido, penso que esse é, em linhas gerais, o conjunto de fundamentos que torna possível a autonomia do direito positivo,[34] do direito da comunidade. Em outras palavras: o direito positivo não é capaz de fundar os seus próprios pressupostos; os seus pressupostos são, por isso, encontrados na tradição do direito natural. Parece-me, então, que a própria questão da moral deve ser menos um problema da correção do direito da comunidade por critérios que o transcendem e mais uma questão de estabelecer o solo, os fundamentos morais que tornam inteligível a existência de um Direito que, em última instância e na prática cotidiana dos seus cidadãos, pode ser *identificado* (embora não necessariamente *obedecido*) sem recurso a um juízo moral abrangente. Se a comunidade é uma verdade do direito natural, o direito positivo – criado pelos homens, imperfeito, limitado, mas capaz de consolidar certa ordem – também o é.

Assim, impõe-se, com urgência, o renascimento do âmbito do político, da possibilidade que os membros da comunidade têm de determinar o bem dessa mesma comunidade. Isso pressupõe, segundo a noção aristotélica de "justiça política" (que envolve, ainda, a distinção entre "justo natural" e "justo legal"[35]), uma sociedade de pessoas livres e iguais,

---

34. Tenho utilizado "direito positivo" como sinônimo de "direito da comunidade". Parece-me que, em outra oportunidade, seria interessante que eu refinasse analiticamente essa distinção. Porque, aqui, eu simplesmente quero me referir ao direito existente em uma comunidade determinada. Mas sei que a expressão "direito positivo" remete à ideia de um direito "posto" por alguém, criado inteiramente pela autoridade do legislador. E é verdade que poderíamos chamar "direto da comunidade" (ou "direto natural", no sentido de que o Direito é a *relação* entre as pessoas da comunidade) algo muito mais amplo; ou seja, até mesmo grande parte daquilo que foi "positivado" pelo legislador foi, antes, experimentado normativamente no seio da comunidade.

35. Aristóteles. Ética Nicomáquea (libro V). Tradução Julio Pallí Bonet. Madrid: Gredos, 1985. p. 254-255.

de tal modo que elas possam se submeter à convenção, à lei positiva. Com base na interpretação de Tomás de Aquino sobre a "Ética" de Aristóteles, Barzotto nos explica que o "justo político" é a justiça entre os cidadãos, instituída na *polis* não pela natureza, mas pelos homens. É a *polis* o âmbito adequado para a definição do conteúdo da liberdade e da igualdade, porque essa é a ordem da comunidade. Isso é muito interessante porque, segundo Barzotto, e sendo a justiça uma relação, "liberdade e igualdade só contam como fatores de ordem no interior desta relação, e não como dados pré-políticos e, portanto, pré-jurídicos".[36] A tradição do direito natural deve, em minha opinião, recuperar a inteligibilidade da seguinte afirmação de Barzotto: "o que é natural necessita de mediação institucional para valer como ordem comum".[37] Penso que está aqui, no resgate do "justo político", a principal razão para integrar o jusnaturalismo ao modo como, hoje, compreendemos o Direito.

3. QUAL A FUNÇÃO DO JUIZ?

Ainda que eu tenha observado, em um dos últimos parágrafos, que talvez o jusnaturalista devesse modificar o enfoque e matizar a sua querela com o positivismo, referia-me exclusivamente à controvérsia conceitual acerca da relação entre Direito e moral em um ponto bem específico: o da identificação do Direito, isto é, o da delimitação dos critérios que fazem de determinada proposição uma proposição jurídica. O meu receio é que os esforços contemporâneos da tradição do direito natural centrem-se excessiva ou exclusivamente em oferecer uma leitura moral distinta dos princípios de justiça. Quero dizer: uma leitura moral distinta daquela que é proposta por um autor como Dworkin. É

36. BARZOTTO, Luís Fernando. *Teoria Política*. Porto Alegre: Livraria do Advogado, 2018. p. 95.

37. *Ibidem*, p. 95.

como se tudo o que o jusnaturalista pudesse falar sobre o Direito fosse mais ou menos indistinguível do que ele falaria sobre a moral. É como se o direito natural, nos dias de hoje, fosse reduzido a uma espécie de filosofia moral crítica – crítica da modernidade, do niilismo, do subjetivismo, do individualismo. Tudo isso é, em minha opinião, muito importante. Mas penso que, mais no campo de uma filosofia *do direito* e não de uma filosofia moral, é preciso recuperar a inteligibilidade do próprio Direito – do direito concretamente estabelecido no interior da comunidade política.[38]

E, para isso, não há outra saída a não ser abandonar, preliminarmente (digamos assim, para iniciar os trabalhos), o positivismo metodológico e o seu tratamento científico do Direito. De acordo com Finnis e com Postema, a inteligibilidade de uma teoria do direito descritiva descansa em fundamentos mais profundos, de ordem político-moral, o que significa dizer, em síntese, que uma teoria do direito descritiva contém pressupostos normativos. É nesse sentido que Postema sustenta que a ciência do direito (a "*jurisprudence*") é, na verdade, uma ciência sociável, uma ciência sobre algo que compartilhamos, sobre uma prática que construímos e reafirmamos, reflexivamente, em conjunto. "*Jurisprudence*", de acordo com Postema, é *vera philosophia*. Mais do que tentar, como o positivista analítico, definir obsessivamente os limites da ciência do direito, a tarefa do jurista consistiria em, antes de tudo e conforme a tradição do direito natural clássico, integrar fenômenos, práticas e conceitos, oferecendo uma visão mais abrangente do fenômeno jurídico. O Direito deve ser concebido

38. É claro que, com essa observação, não desejo reduzir a importância da filosofia moral. Sou consciente de que uma sociedade *determinada* terá um Direito *determinado*. Portanto, apostar na reflexão moral é também uma urgência e, sim, vincula-se diretamente à forma como esse mesmo direito da comunidade será edificado e praticado. No entanto, penso que há um espaço mais autônomo para o Direito e que, por razões também morais, é preciso resgatá-lo.

como um "aspecto integral da vida social e da experiência humana".[39]

Nessa perspectiva, as instituições do direito moderno devem ser compreendidas não como abstrações, não como representações na mente dos juristas, mas como elementos que integram a vida social e política da comunidade. O Direito, no Estado Moderno, compõe determinado regime político: em geral, assumimos a democracia como um valor importante e aceitamos a regra da maioria; em geral, colocamos em nossas constituições um esquema de repartição de poderes e de competências; em geral, atribuímos ao poder político a competência para a construção das leis; e, em geral, os nossos juízes dispõem de uma série de garantias (como a inamovibilidade, por exemplo) que tornam *provável* a aplicação imparcial da lei.[40] O nosso regime político, que, na tradição aristotélica, chamaríamos *Politeia*, é constituído, sem muito espaço para controvérsias, por esse conjunto de elementos.

Como deveríamos pensar o Direito nessa *Politeia*? Essa é, frise-se, uma pergunta abertamente normativa. Conforme sublinha Postema, "*law is the kind of practice in which how we understand what we are doing actually shapes what we are doing*".[41] Isso vale para o cidadão e, em especial, também para o juiz. É por isso que Dworkin, em uma das partes mais interessantes de sua obra, tem razão quando afirma o seguinte: "*jurisprudence is the [...] silent prologue of any decision at law*".[42] A jusfilosofia é, portanto, parte do

---

39. POSTEMA, Gerald J. Jurisprudence: The Sociable Science. *Virginia Law Review*, v. 101, 2015. p. 869-901, p. 896.

40. ATRIA, Fernando. *La forma del derecho*. Madrid: Marcial Pons, 2016. p. 159-174. Para Atria, em capítulo muito interessante, o papel das instituições é "tornar provável o improvável". A aplicação imparcial da lei é algo improvável. Por isso, ela acontece no interior de um arranjo institucional criado para que tal coisa seja provável.

41. POSTEMA, *op. cit.*, p. 886-887.

42. DWORKIN, Ronald. *Law´s Empire*. Cambridge: The Belknap Press of Harvard U. Press, 1986. p. 90.

regime da comunidade. A jusfilosofia não é uma especulação simplesmente teórica. Se ela contribui para a maneira como pensamos o Direito, e se a maneira como pensamos o Direito contribui para dar forma, para moldar o próprio Direito, então a jusfilosofia é um dos elementos do regime. É nesse contexto que vale a pena repetir a pergunta que abre este parágrafo: como deveríamos pensar o Direito no contexto dessa *Politeia*?

Em minha opinião, com base em uma filosofia do direito que possibilite a afirmação de um "domínio limitado" para o Direito. Como já salientei, isso pode ser encontrado na tradição jusnaturalista do "justo político". Mas também, e este ponto me parece importante, em um tipo de positivismo prescritivo ou normativo que muitos autores contemporâneos têm tentado resgatar.[43] Aqui, o positivismo não é uma teoria "científica" do Direito, em que a separação entre Direito e moral se dá por razões metodológicas e conceituais pouco convincentes. O positivismo é uma teoria normativa, uma espécie de teoria do direito moderno, que simplesmente propõe que *devemos*, por razões políticas e morais, edificar uma cultura jurídica em que seja possível identificar o Direito sem que, para isso, seja também necessário formular um juízo moral. É possível dizer: "isto aqui é o que dispõe o nosso Direito, mas isto me parece injusto".

No fundo, o que tenho afirmado sobre a autonomia do Direito consiste em, por razões substantivas, recuperar a possibilidade da frustração do juiz. No Estado Moderno, o juiz deve ser capaz de se frustrar, de aplicar uma lei que ele, pessoalmente, não considera justa, razoável,

43. Explorei essa tradição de maneira, penso, mais ou menos exaustiva em MOREIRA, Pedro da. *Deferencia al Legislador:* la vinculación del juez a la ley en el Estado Constitucional. Madrid: Centro de Estudios Políticos y Constitucionales, 2019. p. 285-302. Em relação a ela, ver, entre outros, Jeremy Waldron. "Normative (or Ethical) positivism". *In:* COLEMAN, J. (ed.). *Hart´s Postscript: essays on the Postscript to The Concept of Law*. Oxford: Oxford U. Press, 2001 (pp. 410-434).

proporcional.[44] Vejamos um exemplo escassíssimo e, por isso mesmo, ilustrativo. Em certo caso sobre o que hoje chamamos, no Código Penal, "estupro de vulnerável", em um contexto em que muitos juízes relativizavam a aplicação da proibição geral de prática sexual com menores de 14 anos, o assunto chegou ao Supremo Tribunal Federal. Examinando a situação, o Ministro Sepúlveda Pertence entendia que, na verdade, havia um problema com a pena mínima estabelecida pelo legislador, que, de tão dura, não permitia ao juiz um exame mais cuidadoso das circunstâncias eventualmente atenuantes. Porém, como juiz, concluiu: *"não temos como remediar o despautério"*.[45]

Eu não tenho dúvida alguma de que, em uma cultura jurídica profundamente "moralizada", é essa frase que pode soar como um despautério. Porque essa frase é, na verdade, o reconhecimento de que, ainda que ele – o Ministro – tenha convicção de que a regra é injusta (ao ponto de adjetivá-la como um despautério), há uma ordem que antecede a decisão judicial. Em primeiro lugar, o exemplo mostra que o julgador é plenamente capaz de identificar o Direito com independência do juízo moral que faça sobre ele. Em segundo lugar, o exemplo também mostra que o julgador reconhece que é seu dever aplicar o Direito independentemente desse juízo moral. Isso é juspositivismo? Essa é a tradição do "justo político" no direito natural? Não sei. O que me parece claro é o seguinte: o Ministro Sepúlveda, ao decidir como decidiu, reconhece que existe um regime político anterior a

44. SCHAUER, Frederick. Balancing, Subsumption, and the Constraining Role of Legal Text. *In:* Matthias Klatt (ed.). *Institutionalized Reason:* the Jurisprudence of Robert Alexy. Oxford: Oxford University Press, 2012. p. 307-316, p. 315.

45. "Lamento, é certo, que, na linha de exacerbação repressiva – a um tempo, histérica e ingênua –, a lei haja cominado ao estupro pena mínima igual à do homicídio. Mas não temos como remediar o despautério". STF, Pleno, HC n. 81.286-86, Rel. Min. Sepúlveda Pertence, j. 16.10.2001. No voto, o Ministro reconhece, também, o grau de proteção conferido pelo constituinte e pelo legislador à personalidade da vítima. Ou seja: não se trata de uma regra arbitrária; ela, ao contrário, está em consonância com o sistema de proteção estabelecido pelo direito positivo.

ele mesmo e que, em princípio, não lhe é dado modificá-lo por meio da "interpretação" (e, no caso específico, nem mesmo no exercício da jurisdição constitucional). O juiz também está sujeito ao regime político. Essa me parece uma ideia que devemos alentar à luz do direito natural.

É por isso que, na relatoria daquele Seminário do final de 2022, fiz uma observação que agora me parece também oportuna. Victor Sales Pinheiro, no posfácio a algumas obras seletas de Galvão de Sousa, argumenta que, sem o direito natural, o princípio jurídico da contenção do poder pelo Direito perde a sua inteligibilidade. Ele se converte simplesmente na limitação do poder pelo poder. Um exemplo disso consistiria em considerar as Cortes Constitucionais mais um *Poder*, "capaz de determinar, não raro arbitrariamente, o sentido último do texto constitucional, uma vez que não atendem a realidade objetiva da lei natural".[46] É bem possível que eu não tenha compreendido bem o que Pinheiro quis dizer. Porém, o que ele disse permite que reflitamos sobre algumas perguntas: devem os juízes constitucionais atuar em atenção à realidade objetiva da lei natural? De que maneira acessariam essa realidade? Não poderiam se equivocar? Os juízes ordinários também deveriam fazê-lo? Enfim, conforme observa Robert P. George, uma coisa é reconhecer a existência objetiva da lei natural; outra, distinta, é aceitar que os juízes se encontrem em uma posição institucional adequada para explicitar o que, em concreto e em cada caso, ela requer.[47] Por isso, fiz, naquela ocasião,

---

46. PINHEIRO, Victor Sales. Transcendência e imanência do direito: o direito natural de José Pedro Galvão de Sousa (posfácio). *In*: SOUSA, José Pedro Galvão de. *Obras seletas III:* Direito Natural, Direito Positivo e Estado de Direito e O Estado Tecnocrático. Rio de Janeiro: Ed. CDB, 2022. p. 243.

47. GEORGE, Robert P. *In Defense of Natural Law*. Oxford, New York: Oxford University Press, 2004. p. 110-111. O autor, utilizando a noção tomista de *determinatio*, sustenta que não cabe ao juiz "*...to translate principles of natural justice into positive law*". Isso seria, na verdade, não só a violação do que determina a Constituição, mas a violação da própria lei natural.

uma provocação que continua me parecendo pertinente. O que queremos, então? Um Hércules jusnaturalista?

E essa provocação suscitou uma série de críticas pertinentes ao que eu havia observado. Tenho pensado nelas até hoje. Contudo, segue me parecendo que, em ampla medida, os jusnaturalistas continuam enxergando a atividade judicial demasiadamente em termos de *razão* e muito pouco em termos de *poder*. No entanto, tal e como vimos com a lição de Barzotto, os princípios de justiça apenas se tornam parte da ordem comum com mediação institucional. Postema constrói uma lição semelhante ao tratar do Estado de Direito.[48] O valor do Estado de Direito, o valor da democracia e o valor da justiça realizam-se por meio de práticas institucionalmente estruturadas. Se isto é assim, a realização de todos esses valores depende do exercício de algum poder, de um genuíno poder político.

É a ausência de compreensão da dimensão institucional e autoritativa do Direito que leva o "constitucionalismo dos direitos" (ou o "neoconstitucionalismo") a promover uma cultura de degeneração do poder político em nome da "razão" – daquilo que, confundindo-se com os direitos humanos, Alexy chama de dimensão ideal do Direito. Por isso, creio que a observação de Pinheiro merece cuidadosa atenção. Alexy e Dworkin, por exemplo, não concebem a atividade judicial em termos de poder, mas em termos de "razão". O "fórum dos princípios"[49] é, para Dworkin, o *locus* da deliberação racional, assim como a "representação argumentativa"[50] é, para Alexy, um contraponto ao caos

48. POSTEMA, Gerald J. *Law´s Rule:* The Nature, Value, and Viability of the Rule of Law. N. York: Oxford University Press, 2022. p. 110-112.

49. DWORKIN, Ronald. The Forum of Principle. *New York University Law Review*. v. 56, p. 469-518, 1981.

50. ALEXY, Robert. Ponderación, control de constitucionalidad y representación. *In:* IBÁÑEZ, Perfecto Andrés; ALEXY, Robert. *Jueces y ponderación argumentativa*. México: UNAM, 2006. p. 1-18, 13-15.

voluntarista do Poder Legislativo. Em palavras simples: para essa mentalidade, a vontade está na formação da lei; a razão, na construção da decisão judicial. O juiz "neoconstitucionalista" acredita que a sua decisão, sobretudo quando fundada nos mais nobres princípios da Constituição, representa exatamente aquilo que Pinheiro acredita ter desaparecido: a limitação do poder pelo Direito.

Essa consciência da inexorável dimensão institucional do Direito tem uma vantagem que, em minha opinião, é atualmente estratégica: a "jusfilosofia dos direitos", fundamento do atual "Estado Tecnocrático", consolida-se disfarçando-se de "razão" e ocultando o exercício do poder. Mas há, ainda, uma segunda vantagem, mais perene. Os jusnaturalistas têm se esforçado para retomar o tema das virtudes na vida moral e, em particular, no campo da formação e atuação dos juízes. Um exemplo muito recente desse esforço pode ser encontrado no excelente livro de Daniel Damasceno, *Ética das Virtudes e Decisão Judicial*.[51] Eu teria muitas coisas para comentar sobre esse livro, mas gostaria de limitar o enfoque e, com isso, encaminhar-me para o final. Damasceno articula a ética das virtudes, na tradição clássica, com as virtudes que um juiz deveria alentar. O autor afirma, em raciocínio silogístico: "não há prudência sem virtudes morais; a decisão judicial requer prudência; logo, o julgador precisa de todas as virtudes morais".[52] E boa parte do livro

---

51. DAMASCENO, Daniel. Ética das virtudes & decisão judicial: a tradição clássica do juiz prudente. Rio de Janeiro: Lumen Juris, 2023.

52. *Ibidem*, p. 212. Tem algo muito interessante no trabalho de Damasceno e que constitui, a meu juízo, o cerne de sua tese: "a unidade de vida" (p. 239) do magistrado. Note-se que essa "unidade de vida", é verdade, poderia ser (e quem a valoriza normalmente o faz) prescrita para todos nós (quando eu estou no trabalho não deixo de ser pai, por exemplo). No entanto, se essa "unidade de vida" é tão importante, não sei se poderíamos seguir selecionando os juízes com base em critérios tão objetivos (e que, não raro, dependem da virtude da disciplina e de uma importante resistência); isto é, não sei se poderíamos seguir apostando no modelo dos concursos públicos. Damasceno, em um passo seguinte, talvez tivesse que defender que os juízes viessem de uma aristocracia natural, instruídas em algo como a "educação liberal". Porém, se estamos em um mundo secularizado e informado pela

consiste em um aprazível passeio por virtudes (como a fortaleza e a moderação) e por vícios (como a avareza e intemperança), demonstrando-se como cada um deles se relaciona com o modelo que o autor – a meu juízo, corretamente – deseja prescrever: o modelo do juiz prudente.

O que realmente falta, em minha opinião, é, antes, o enfrentamento de uma questão, que não julgo menor: *o que faz de um juiz juiz*? Ou, dito de outro modo: *por que não podemos criar uma teoria, com os mesmos pressupostos, do "legislador prudente"*? É um pouco a pergunta que poderíamos fazer a Dworkin: e por que não um legislador Hércules? Porque, se Damasceno está com a razão e o juiz precisa de "todas as virtudes morais", o ideal regulativo que deveríamos perseguir não seria o de uma espécie de "juiz santo"? Ou seja: aqui sim, não estaríamos diante de um tipo de Hércules jusnaturalista? Não quero, obviamente, dizer que as virtudes não são importantes. Elas são *quase* tudo. A *Politeia* dos clássicos não é só a organização político-institucional. É o regime, é o modo de vida da comunidade.[53] E as virtudes exercem, aqui, um papel fundamental. Mas por que os juízes? Por que devo apostar em um juiz virtuoso no contexto do Estado Moderno?

Acredito que a compreensão do Direito como um fenômeno institucional ilumina esse problema. O juiz é um elemento do regime político. Ele se encontra em uma posição institucional específica e tem como função manter a ordem política da comunidade. Essa ordem existe antes da

---

racionalização de uma burocracia impessoal, o que no fundo intuo que Damasceno terminasse tendo que defender seria a modificação do regime, quem sabe até um certo regresso pré-moderno. Mas isso é assunto para um seminário específico ou para um artigo que discuta, especificamente, o seu excelente livro.

53. Um recentíssimo e interessante estudo sobre a relação entre instituições e virtudes, sob a ponto de vista do republicanismo, pode ser encontrado em COLETTO, Bruno. *Entre instituições e virtudes:* as condições da constituição republicana. Tese de doutorado. Programa de Pós-Graduação em Direito da Universidade Federal do Rio Grande do Sul. Porto Alegre, 2022.

decisão judicial. E, aliás, a decisão judicial só tem legitimidade porque o que a governa (ou o que deve governá-la) é um conjunto de decisões (em geral, as leis) que são prévias à atividade judicial. Por qual razão? Ora, porque elas não têm como função precípua governar a resolução de um litígio levado ao juiz; a sua função basilar é, na verdade, governar a comunidade, é preservar certa ordem que a comunidade, ao longo do tempo, foi tecendo e consolidando. A decisão judicial só tem sentido em consideração ao regime político. Isso, penso eu, é verdadeiro para qualquer regime. Mas é mais importante ainda no Estado Moderno, em que o poder é distribuído racionalmente e estruturado por meio de diferentes instituições.

Parece-me, inclusive, que uma das grandes confusões provocadas pelo positivismo do século XX foi separar o tema da interpretação do tema do regime político. É somente por isso que, hoje, fala-se em interpretação jurídica como se falássemos na interpretação de textos. Interpretar o Direito é interpretá-lo no contexto de um regime: é afirmá-lo ou subvertê-lo. Então, mesmo no interior da tradição do direito natural, creio que as virtudes do juiz são as virtudes do juiz de um regime, ou seja, as virtudes necessárias no âmbito de um modo de vida – político e social – que faz da existência do juiz algo inteligível. Se o juiz deve dar a cada um o que é seu (em observância ao conceito de justiça da tradição jusnaturalista), ele deve fazê-lo dentro do que, antes, já está "atribuído" a cada um.[54] E é porque esse

---

54. A aplicação da lei, a determinação daquilo que já foi atribuído, no bojo da ideia de "dar a cada um o que é seu", é obviamente um processo discursivo e que detém a sua controvérsia, isto é, nem sempre é claro o que é de cada um e nem sempre é claro com que alcance e de que forma o juiz deve determinar o que é de cada um. Mesmo na tradição positivista, mesmo em Kelsen, nota-se essa ideia de que, embora a lei governe e determine a solução para o caso, essa determinação nem sempre é completa. Bem, aqui, é verdade pode ser que o juiz tenha de lançar mão de argumentos morais para tomar a decisão. Mas, antes, parece-me que ele deve, ao máximo, procurar apresentar a sua decisão como a decorrência de uma decisão anterior tomada pela comunidade. Dizer que o Direito tem um "domínio limitado" não é dizer que ele é um

juiz, quando interpreta o Direito, exerce uma parcela muito pequena do poder político, já que a sua função consiste em preservar a ordem, que faz ainda mais sentido que ele seja prudente, moderado, temperante e humilde. Essas são coisas que todos devemos procurar desenvolver. Mas o juiz, precisamente porque é juiz, deve desenvolvê-las também por razões funcionais.

Bem, aqui simplesmente encerro. O texto já vai muito além do que eu, inicialmente, pretendia escrever. Isso só reflete o que dizia nas primeiras linhas. Aproximo-me da tradição do direito natural na condição de curioso aprendiz. Por isso, sem dúvida há nestas reflexões algumas doses de confusão. Além disso, as três perguntas que procurei suscitar aqui são, ao fim e ao cabo, perguntas dirigidas a mim mesmo. Sei que terei muito trabalho. Mas sei também que contarei com a ajuda e com os ensinamentos de amigos que, a exemplo do espírito que norteou o II Seminário de Filosofia do Direito do Instituto Ives Gandra, saberão ser generosos comigo.

REFERÊNCIAS

ALEXY, Robert. El concepto y la validez del derecho. *In:* ALEXY, Robert. *El concepto y la validez del Derecho*. Tradução J. M. Seña. Barcelona: Gedisa, 1994. p. 11-30.

ALEXY, Robert. Ponderación, control de constitucionalidad y representación. *In:* IBÁÑEZ, Perfecto Andrés;

---

sistema fechado e que a aplicação da norma nunca está sujeita a qualquer "tempero". O desafio, penso, é edificar uma teoria da interpretação que, ao passo em que leve a sério a autonomia do Direito, também leve a sério a necessidade de aplicação de exceções implícitas, do recurso às razões subjacentes etc. Tentei esboçar isso (em um esforço que, a meu juízo, ainda está incompleto) em: MOREIRA, Pedro da. *Deferencia al Legislador:* la vinculación del juez a la ley en el Estado Constitucional. Madrid: Centro de Estudios Políticos y Constitucionales, 2019. cap. 4.

ALEXY, Robert. *Jueces y ponderación argumentativa*. México: UNAM, 2006. p. 1-18.

ARAÚJO, Marcos Paulo Fernandes de. A ideologia 'neoconstitucioniilista' no Brasil: exposição crítica histórico-filosófica de seus pressupostos. *In:* SILVEIRA, Marcelo Pichioli da; BONALDO, Frederico; ARAÚJO, Marcos Paulo Fernandes de (org.). *Direito Natural contemporâneo:* a renascença do jusnaturalismo no Brasil e no mundo. Londrina: Thoth, 2021. p. 489-522.

ARISTÓTELES. Ética Nicomáquea (libro V). Tradução Julio Pallí Bonet. Madrid: Gredos, 1985.

ARISTÓTELES. *Política* (libro I). Tradução Manuela García Valdés. Madrid: Gredos, 1988.

ATRIA, Fernando. *La forma del derecho*. Madrid: Marcial Pons, 2016.

BARROSO, Luís Roberto. *A judicialização da vida e o papel do Supremo Tribunal Federal*. Belo Horizonte: Fórum, 2018.

BARROSO, Luís Roberto. *Curso de direito constitucional contemporâneo*: os conceitos fundamentais e a construção do novo modelo. 5ed. São Paulo: Saraiva, 2015.

BARROSO, Luís Roberto; BARCELLOS, Ana Paula de. O começo da história. A nova interpretação constitucional e o papel dos princípios no direito brasileiro. *Revista da EMERJ,* v. 6, n. 23, 2003, p. 25-65.

BARZOTTO, Luís Fernando. *Filosofia do direito:* os conceitos fundamentais e a tradição jusnaturalista. Porto Alegre: Livraria do Advogado, 2010.

BARZOTTO, Luís Fernando. *Teoria política*. Porto Alegre: Livraria do Advogado, 2018.

BURKE, Edmund. *Reflexões sobre a Revolução na França*. Tradução Marcelo G. Oliveira e Giovanna L. Libralon. Campinas: Vide Editorial, 2017.

COLETTO, Bruno. *Entre instituições e virtudes:* as condições da constituição republicana. Tese (Doutorado) – Programa de Pós-Graduação em Direito da Universidade Federal do Rio Grande do Sul. Porto Alegre, 2022.

DAMASCENO, Daniel. Ética das virtudes & decisão judicial: a tradição clássica do juiz prudente. Rio de Janeiro: Lumen Juris, 2023.

SOUSA, José Pedro Galvão de. O Estado tecnocrático. *In:* SOUSA, José Pedro Galvão de. *Obras seletas III:* Direito natural, direito positivo e estado de direito e o Estado tecnocrático. Rio de Janeiro: Ed. CDB, 2022. p. 141-248.

DWORKIN, Ronald. *Law's Empire*. Cambridge: The Belknap Press of Harvard U. Press, 1986.

DWORKIN, Ronald. The Forum of Principle. *New York University Law Review*, v. 56, 1981, p. 469-518.

GARCÍA AMADO, Juan Antonio. É possível ser antikelseniano sem mentir sobre Kelsen. *Revista da EMERJ*, Rio de Janeiro, v. 21, n. 2, p. 52-118, 2019.

GEORGE, Robert P. *In Defense of Natural Law*. Oxford, New York: Oxford University Press, 2004.

HAYEK, Friedrich August von. *Direito, legislação e liberdade:* uma nova formulação dos princípios liberais de justiça e economia política. São Paulo: Visão, 1985. v. 1.

HERRERA, Daniel Alejandro. O Direito na tradição central do Ocidente e sua transformação na modernidade. *In:* SILVEIRA, Marcelo Pichioli da; BONALDO, Frederico; ARAÚJO, Marcos Paulo Fernandes de (org.). *Direito natural contemporâneo:* a renascença do jusnaturalismo no Brasil e no mundo. Londrina: Thoth, 2021. p. 33-54.

HERVADA, Javier. *Introducción crítica al derecho natural*. 1Pamplona: EUNSA, 2011.

KELSEN, Hans. *Teoría pura del derecho*. Tradução Roberto Vernengo, México: Universidad Nacional Autónoma de México, 1982.

MOREIRA, Pedro da. *Deferencia al legislador:* la vinculación del juez a la ley en el Estado Constitucional. Madrid: Centro de Estudios Políticos y Constitucionales, 2019.

PINHEIRO, Victor Sales. Transcendência e imanência do direito: o direito natural de José Pedro Galvão de Sousa (posfácio). *In*: SOUSA, José Pedro Galvão de. *Obras seletas III:* Direito natural, direito positivo e estado de direito e o Estado tecnocrático. Rio de Janeiro: Ed. CDB, 2022. p. 141-248.

POSTEMA, Gerald J. Jurisprudence: The Sociable Science. *Virginia Law Review*, v. 101, p. 869-901, 2015.

POSTEMA, Gerald J. *Law´s Rule:* The Nature, Value, and Viability of the Rule of Law. N. York: Oxford University Press, 2022, p. 110-112.

RADBRUCH, Gustav. Five Minutes of Legal Philosophy (1945). *Oxford Journal of Legal Studies*, v. 26, n. 1, p. 13-15, 2006.

RÜTHERS, Bernd. *Derecho degenerado.* Teoría jurídica y juristas de cámara en el Tercer Reich. Tradução J. A. García Amado. Madrid, Barcelona, Buenos Aires, São Paulo: Marcial Pons, 2016.

SCHAUER, Frederick. Balancing, Subsumption, and the Constraining Role of Legal Text. *In:* KLATT, Matthias (ed.). *Institutionalized Reason:* the Jurisprudence of Robert Alexy. Oxford: Oxford University Press, 2012. p. 307-316.

SCHAUER, Frederick. Positivism as Pariah. *In:* GEORGE, Robert P. (ed.). *The autonomy of law:* essays on legal positivism. Oxford, New York: Oxford University Press, 2005. p. 31-55.

SCHAUER, Frederick. The Limited Domain of Law. *Virginia Law Review*. v. 90, p. 1909-1956, 2004.

SCHMITT, Carl. Sobre los tres modos de pensar la ciencia jurídica. *In:* SCHMITT, Carl. *Posiciones ante el Derecho*. Madrid: Tecnos, 2012. p. 243-315.

VALADÃO, Rodrigo Borges. *Positivismo jurídico e nazismo:* formação, refutação e superação da lenda do positivismo. São Paulo: Contracorrente, 2022.

VILLEY, Michel. *O direito e os direitos humanos*. Tradução Maria Ermantina de Almeida Prado Galvão. São Paulo: Martins Fontes, 2007.

VIOLA, Francesco. Os três renascimentos do direito natural no século XX. *In:* SILVEIRA, Marcelo Pichioli da; BONALDO, Frederico; ARAÚJO, Marcos Paulo Fernandes de (org.). *Direito natural contemporâneo:* a renascença do jusnaturalismo no Brasil e no mundo. Londrina: Thoth, 2021. p. 55-72.

O DIREITO NATURAL E A AUTONOMIA DO FENÔMENO JURÍDICO: COMENTÁRIO À MORALIZAÇÃO DO DIREITO NA OBRA DE FINNIS

Gustavo França

INTRODUÇÃO

A tarefa deste artigo é trazer à luz o que me parece ser o núcleo central da concepção clássica de direito natural, tentando mostrar como o seu resgate poderia iluminar muitas dificuldades que enfrentamos na teoria do direito contemporânea, inclusive aperfeiçoando as teses daqueles que hoje se alinham ao jusnaturalismo.

Para isso, dedicarei um primeiro tópico a desenvolver aquilo que tratarei como essa característica distintiva do direito natural clássico. Recorrendo, sobretudo, à obra de Michel Villey (1914-1988), exporei como a concepção aristotélica do direito está fundada numa noção ontológica de fundo a respeito das leis como elementos da natureza das coisas. Mostrarei, ainda, que no aristotelismo o direito natural é um ente estritamente jurídico, não se confundindo com a moral. Esclarecerei, por fim, como a ascensão de uma concepção metafísica voluntarista leva a uma moralização do direito pelos jusnaturalistas modernos.

A seguir, tentarei mostrar como muitos dos que se consideram jusnaturalistas clássicos atualmente, na verdade, filiam-se a uma espécie de jusnaturalismo moderno. Escolhi como exemplo paradigmático John Finnis (1940-), provavelmente, o mais famoso jusnaturalista em atividade.

Após desenvolver brevemente os fundamentos gerais da concepção jurídica finnisiana, encerrarei criticando sua teoria por não apresentar qualquer ideia verdadeiramente jurídica de direito natural. Ao separar sua noção de lei natural da natureza objetiva e ao lhe dar um contorno exclusivamente moral, Finnis incorre na moralização do direito do jusnaturalismo moderno. Recorrerei, ainda, a uma comparação com Ronald Dworkin (1931-2013), paradigma contemporâneo de uma jusfilosofia herdeira do racionalismo antipositivista, demonstrando uma notória semelhança de fundo entre ambos, ambos bastante separados de Aristóteles.

Como repetirei em minhas conclusões, meu objetivo com o presente texto não é defender um purismo de teorias antimodernas, nem condenar tudo o que exista depois do Medievo. Antes, pretendo iluminar um aspecto deixado de lado nos debates em teoria do direito em nossos tempos, que creio poder contribuir enormemente para a superação de aporias por todos verificadas no fenômeno jurídico que nos cerca.

1. A CARACTERÍSTICA DISTINTIVA DO DIREITO NATURAL CLÁSSICO

Num momento histórico em que as teorias vinculadas a alguma noção de direito natural parecem um tanto fora de moda, reina uma enorme confusão acerca da verdadeira noção de direito natural e do que exatamente defendem aqueles teóricos pertencentes a alguma escola jusnaturalista.

Ocorre que, ao longo da história do pensamento jurídico, desenvolveram-se modelos muito distintos de pensamento que, de certa forma, podem ser latamente classificados como do lado jusnaturalista da querela fundamental acerca da teoria do direito.

O que pretendo argumentar neste artigo é que existe um largo esquecimento do significado essencial do direito natural para a chamada tradição clássica, que remonta ao pensamento aristotélico. O que hoje se costuma nomear como perspectiva jusnaturalista em manuais de Filosofia do Direito é, na verdade, o ponto de vista dos jusnaturalismos modernos que, embora também divirjam entre si, guardam uma concepção nuclear que é radicalmente distinta daquela aristotélica – tanto quanto dela dista o juspositivismo. Mais do que isso, mesmo um dos principais nomes a representar contemporaneamente a tradição aristotélico-tomista, na verdade, comete o mesmo equívoco e, inconscientemente, filia-se a uma espécie de jusnaturalismo moderno.

Se hoje perguntássemos como se pode definir aquilo que se entende por direito natural, creio que dois tipos de definição surgiriam como as mais evidentes: i) um conjunto de normas imutáveis, válidas em qualquer circunstância, em qualquer época e em qualquer localidade; e ii) um parâmetro moral que limita e regula o direito positivo.

Entretanto, em sua concepção clássica, o direito natural não é nenhuma dessas duas coisas. Um aprofundamento do debate sério em torno da teoria do direito deve levar em conta uma perspectiva filosófica que talvez tenha saído dos horizontes da literatura moderna, mas que, quem sabe, possa jogar luzes renovadas a impasses e aporias enfrentados pelo fenômeno jurídico em nossos tempos.

Quando se pensa hoje em direito natural, imagina-se uma ordem completamente distinta da ordem jurídica positiva. Trata-se de um fenômeno normativo com fontes muito diversas daquelas do direito positivo. Nisso confluem tanto jusnaturalistas modernos quanto juspositivistas – e por isso afirmarei que há um marco filosófico comum a ambos, alheio àquele em que se instala o direito natural antigo.

Certamente, tais escolas divergem sobre a própria existência dessa ordem chamada de direito natural, sobre seu conteúdo, sobre sua influência sobre o direito positivo e sobre sua participação na definição de uma norma jurídica válida. Entretanto, o problema se apresenta dentro de uma mesma estrutura da realidade – há duas ordens de natureza integralmente distintas, e o direito natural, se existe, exerce algum influxo extrínseco sobre as normas jurídicas.

Em Aristóteles (384 a.C. – 322 a.C.), ao contrário, direito natural e direito positivo constituem uma mesma ordem, um único sistema integrado que é o que chamamos de direito. Trata-se de dois momentos na elaboração e reconhecimento do ordenamento jurídico. O direito natural é parte do sistema jurídico, tanto quanto as leis positivas. Não são espécies de axiomas morais inscritos na razão prática, mas normas de mesma natureza das normas positivas.[1]

Na filosofia aristotélica, a natureza das coisas é pensada de modo muito diverso ao que somos acostumados hoje. Dentro de sua teoria da causalidade, na qual não poderemos nos deter aqui, entre as quatro causas que explicam o que é algo, a quarta é justamente a causa final. A causa

---

1. VILLEY, Michel. *A formação do pensamento jurídico moderno*. Ap. Stéphane Rials, nots. revs. Eric Desmonds, trad. Cláudia Berliner, rev. téc. Gildo Sá Leitão Rios. São Paulo: Martins Fontes, 2005. p. 47.

final é a finalidade das coisas, aquilo a que coisas tendem ao realizarem plenamente as capacidades de seu ser.

A causa final do relógio é dizer as horas com precisão. Tal finalidade não é uma norma externa, imposta pela vontade de alguém ao relógio. É parte de sua constituição objetiva, tanto quanto suas características físicas. Só é possível pensar num relógio incluindo em sua descrição o fato de que serve para dizer as horas com precisão. A causa final da jaqueira é dar jacas. Isso não é um "valor" extrínseco à constituição fisiológica da jaqueira, mas uma característica factual sua, decorrente da observação de sua constituição.

Pertence, portanto, à natureza das coisas a indicação daquele estado em que elas desenvolvem plenamente suas capacidades intrínsecas. A natureza da jaqueira se realiza quando ela produz seus frutos em abundância. A natureza do cachorro se realiza quando se desenvolve plenamente dentro de suas potências animais. Da mesma forma, a natureza humana se realiza quando o homem se desenvolve plenamente como pessoa humana.[2]

Quer dizer, na filosofia aristotélica, inexiste a separação moderna entre ser e dever ser, entre juízos de fato e juízos de valor. O dever ser é um aspecto objetivo do ser, uma parte da descrição das coisas. Um juízo de valor é um tipo específico de juízo de fato. Quando digo que algo é bom, não estou fazendo um juízo desde alguma ordem axiológica extrínseca ou existente só no interior da minha consciência, antes, estou constatando factualmente que algo cumpre sua finalidade. "Este relógio é bom" significa que ele diz as horas com precisão. Trata-se de um juízo objetivo acerca do relógio, tanto "este relógio é marrom", ou "este relógio mede cinquenta centímetros".[3]

2. *Ibidem*, p. 48-49.

3. VILLEY, Michel. *A formação do pensamento jurídico moderno*. Ap. Stéphane Rials, nots. revs. Eric Desmonds, trad. Cláudia Berliner, rev. téc. Gildo Sá Leitão

Nesse contexto, uma lei é a descrição do funcionamento natural de algo. A lei é aquilo que aponta a causa final, afirmando o modo como a coisa deve se desenvolver segundo sua natureza. As leis, em geral, são, pois, características objetivas das coisas. A lei que rege o relógio, determinando que deve dizer as horas com precisão, é um aspecto de sua constituição objetiva, tanto quanto qualquer característica física.

Para esclarecer bem esse ponto, Santo Tomás de Aquino (1225-1274) propõe como definição geral de lei, qualquer lei, "um princípio exterior de movimento dos seres para o seu fim". Trata-se da busca de uma essência da lei em geral, válida para qualquer lei, desde as leis naturais (físicas) até a lei divina. A lei, na concepção aristotélica-tomista, pertence à ordem dos fins.[4]

É verdade que a primeira noção que nos vem à cabeça quando pensamos em lei é aquela de regras. Em nossa mentalidade, tendemos ver regras sempre como a imposição da vontade de uma autoridade superior. Entretanto, a regra, na verdade, manifesta uma regularidade, um padrão de estabilidade que foge ao mero arbítrio. O engenheiro civil ou o piloto de avião que aprende e respeita as regras de seu ofício não se vê obrigado por elas por uma ordem arbitrária, mas por uma necessidade prática constatável na realidade, de que o edifício ou o avião não caiam.

Ora, o que Tomás percebe é que a força vinculante (obrigatória) da regra não constitui a essência da lei. Uma pura obrigação não teria sentido e não seria uma verdadeira lei. A lei obriga a algo, a um objeto. A essência da lei, portanto, é seu fim. O que sustenta a lei é o fato de que

---

Rios. São Paulo: Martins Fontes, 2005. p. 49-50.

4. BASTIT, Michel. *Nascimento da lei moderna: o pensamento da lei de Santo Tomás a Suárez*. Tradução Maria Ermantina de Almeida Prado Galvão, ver. Cláudia Berliner. São Paulo: Martins Fontes, 2010. p. 35.

ela se dirige ao fim das coisas. E é tarefa da razão, não da vontade, identificar os fins a serem seguidos e dirigir as atividades a eles. A fonte da regra, por conseguinte, é o fim a que se ordena, que decorre das coisas, conforme percebidas pelo intelecto prático. A lei traz em si a medida das coisas, que é simplesmente conhecida e enunciada em forma de dever ser. A lei, em nenhum caso, é um comando extrínseco da vontade de alguém, mas uma consequência do conhecimento objetivo da natureza e das coisas e do fim a que tendem por seu próprio processo vital.[5]

O direito natural é, portanto, o direito encontrado na natureza – tomando-se natureza neste sentido ontológico. Trata-se de um direito presente na natureza das coisas, que é simplesmente observado como o modo correto de desenvolvimento daquela relação humana concreta.

Quer dizer, também o homem possui uma finalidade intrínseca a que tende. Por isso, possui uma lei natural, uma lei interna à sua natureza que aponta o modo pelo qual ele atinge sua finalidade, seu pleno desenvolvimento como pessoa humana (aquilo que hoje Aristóteles chamava de *eudaimonia*, que tradicionalmente se traduziu por felicidade). Certamente, como a realidade humana é infinitamente mais complexa do que a de um relógio ou de uma jaqueira, por ser ele um ser racional, dotado de liberdade (que, por isso, realiza sua finalidade por decisão consciente e pode decidir não realizá-la), a compreensão da lei natural no homem é também muito mais dificultosa e filosoficamente densa. A ética é a teoria geral da lei natural no homem, de seus fins e dos meios de que dispõe para cumpri-los.

Entretanto, dentro dessa complexidade inelidível da natureza humana, há um aspecto que leva a lei natural a adquirir uma manifestação específica, que não se confunde com a ética geral. O homem é, na definição fundamental

5. *Ibidem*, p. 37-39.

aristotélica, um animal político, isto é, um ser que, por natureza, vive em sociedade. Segundo Aristóteles, a sociabilidade é uma característica natural do homem.

As modernas teorias do contrato social, invocadas para justificar a atividade do Estado, partem de uma separação entre o estado natural do homem e seu estado social. Em termos aristotélicos, isso não faz sentido. Não existe uma "natureza bruta" do homem, anterior à constituição da sociedade. O homem já nasce dentro da sociedade. É de sua natureza viver em sociedade. Um homem que, acidentalmente, se encontre fora da sociedade é um homem privado de um aspecto intrínseco de sua natureza. Tarzan ou Robinson Crusoé são homens em situações más (ou seja, privados do desenvolvimento natural a que tendem como pessoas humanas), tanto quanto um homem cego ou paralítico.

Por isso, também integram a natureza humana as relações que naturalmente se estabelecem entre indivíduos. O direito natural é exatamente a perfeição dessas relações. Em cada relação humana que constitui a sociedade, pode-se observar sua natureza e sua lógica própria e perceber o modo correto de desenvolver tal relação. Isso é o direito natural: o produto de uma observação dos assuntos humanos e dos bens que se realizam na sociedade humana e em cada vínculo dentro dela estabelecido.

O direito, portanto, se realiza numa observação da realidade das sociedades humanas. O direito natural não é um conjunto de normas que pode ou não entrar em colidência com os códigos positivos. O direito natural é esse aspecto perceptível da realidade. E tal observação dos fatos deve ser completada e concretizada na elaboração de leis positivas.

Na doutrina aristotélica, tal positivação é necessária uma vez que a observação da realidade das relações humanas é sempre circunstancial, prudencial e particular. A ordenação social exige uma medida de normatividade geral, própria de uma ordem posta, dotada de segurança e universalidade, a servir de parâmetro para os agentes sociais em suas interações.

Dessa forma, a legislação positiva cumpre uma dupla função: i) o legislador encerra a investigação a respeito do justo natural, que, por si só, pela complexidade e imenso dinamismo de seu objeto difuso, não poderia resultar numa ciência fechada; e ii) dá-lhe determinações concretas precisas, que não exsurgem com exatidão da análise das situações sociais. É da natureza da ordem social que, em vias automotivas, seja necessário haver um limite de velocidade. Se tal limite será setenta ou oitenta quilômetros por hora, é matéria de determinação do legislador positivo, diante da prudência das circunstâncias.[6]

É por isso que se pode dizer que o ordenamento jurídico é um único sistema composto de uma conjunção entre o direito natural e o direito positivo. Não são duas ordens distintas, uma posta pela vontade do legislador e outra baseada numa "ideia de justiça" que nos guia ao avaliar o direito. Há um só direito, que é identificado na natureza de cada relação social e formalizado, concretizado e especificado por um trabalho humano de legislação. O bom legislador não cria direito, mas investiga o direito presente na realidade e o transpõe para um comando textual.

Isso significa, como passarei a insistir, que direito natural é direito. Direito atualmente vigente, tanto quanto o direito positivo. Não se trata de moral, de uma concepção ética que controla o direito desde fora. Trata-se do direito como é, como está presente independentemente de ser

6. VILLEY, Michel. *A formação do pensamento jurídico moderno*. Ap. Stéphane Rials, nots. revs. Eric Desmonds, trad. Cláudia Berliner, rev. téc. Gildo Sá Leitão Rios. São Paulo: Martins Fontes, 2005. p. 57-59.

legislado e que é apenas declarado formalmente pela legislação positiva.

Portanto, cada lei extrai sua autoridade do fato de que está fincada num justo observável na realidade e assim deve ser interpretada e aplicada. O modo correto, na perspectiva do jusnaturalismo clássico, de se compreender o significado de uma lei é percebendo que ela existe em razão de uma finalidade, da realização da natureza própria do gênero de relações sociais que ela rege.

Em outras palavras, podemos falar da plena continuidade entre o direito natural e o direito positivo. O direito positivo decorre do direito natural, seja por conclusão (aplicação a determinadas circunstâncias históricas de um princípio geral), seja por determinação (especificação concreta da ordenação vislumbrada na natureza das coisas). O fenômeno jurídico, pois, representa a unidade entre a razão presente nas coisas e a vontade humana do legislador. A inteligência teórica constata a natureza das relações humanas e o modo de tratá-las corretamente, enquanto o poder político age para lhe dar exatidão, universalidade, formalidade, registro.[7]

Por isso, se, em casos excepcionais, a lei, em sua própria constituição essencial, ou sua aplicação a algum caso concreto, se mostrar manifestamente contrária ao bem social ao qual deveria servir, ela deixa de valer. A lógica do sistema jurídico prevalece, e a norma positiva é afastada ante a cogência do direito natural.[8]

Podemos agora compreender a verdadeira natureza do direito segundo a concepção aristotélica clássica. O direito não se confunde com a totalidade da lei natural, mas

---

7. VILLEY, Michel. *A formação do pensamento jurídico moderno*. Ap. Stéphane Rials, nots. revs. Eric Desmonds, trad. Cláudia Berliner, rev. téc. Gildo Sá Leitão Rios. São Paulo: Martins Fontes, 2005. p. 151.

8. *Ibidem*, p. 61.

ele se manifesta num aspecto particular seu. Enquanto a lei natural rege todo o comportamento humano, apontando para a plena realização das potências naturais do homem (a *eudaimonia*), há um aspecto seu, uma virtude particular, que Aristóteles chama de justiça particular.

A justiça particular é a norma própria das relações sociais. Ela se enuncia na famosa fórmula *suum cuique tribuere* – dar a cada um o que é seu. Trata-se de uma reta atribuição de bens que deve ser realizada em toda relação estabelecida no interior de uma comunidade humana. Toda relação social envolve determinados bens, objetos da vida que, por natureza, pertencem a algum sujeito.

O *telos* buscado pelo direito é a ordem social, a harmonia necessária para que a sociedade subsista e, portanto, o homem possa existir como homem (pois, como determinamos, é da natureza humana viver em sociedade). Para tanto, o direito deve conduzir as relações entre os homens à ordem justa, apontando o modo correto de distribuição dos bens em jogo nas inúmeras situações humanas.[9]

Quer dizer, há, em cada relação humana, um atributo intrínseco do modo correto de que ela se resolva. Isso pode ser visto pela observação da situação social. Aí está o direito. O direito natural reside nas próprias relações, na compreensão de sua natureza.

Se vejo um homem danificar o carro de outro, mesmo que esteja num país desconhecido e não tenha qualquer ideia do que dizem as leis dali, posso afirmar com certeza que o causador do dano tem o dever de indenizar o outro. Esse é um fato a respeito daquela relação: quem causa um dano tem o dever de repará-lo. O legislador não inventa esse dever nem pode revogá-lo, mas simplesmente deve indicá-lo e procurar o melhor modo de que se cumpra. Da

9. *Ibidem*, p. 41-42.

mesma forma, ao criminoso é devida a punição, ao herói de guerra a honraria pública, ao que, por contrato, se apossou de bem que pertencia a outro a obrigação de lhe pagar e assim por diante. Cada circunstância comunitária possui, intrinsecamente, uma distribuição justa de bens, identificável pela observação objetiva.

Desse modo, identifica-se claramente o que é a natureza jurídica e como o direito natural pertence a ela, diferenciando-se intrinsecamente da moral. Michel Villey[10] recorre à flexão grega dos termos usados por Aristóteles para explicar isso. Quando se refere ao direito, Aristóteles utiliza *dikaion*, palavra no gênero neutro. *Dikaion* adjetiva sempre um ato. O homem justo, por outro lado, é o *dikaios* – no masculino. No âmbito da ética, fala-se do homem justo, do homem internamente virtuoso, enquanto o direito se ocupa da ação externamente justa, aquela que distribuiu corretamente os bens em jogo numa circunstância. O *dikaios* é a justiça no coração do homem, a justiça de uma consciência subjetiva, enquanto o *dikaion* é a justiça objetiva de um ato praticado numa relação social.

Assim, na tradição aristotélica, direito e moral estão claramente distinguidos. O direito tem suas notas próprias e não se confunde com a disciplina ética. Primeiro, o direito trata sempre de uma relação. Só há direito no interior das sociedades humanas e ali onde se estabelecem vínculos entre sujeitos.

Segundo, o direito trata sempre da exterioridade das condutas, não se preocupando com as intenções. Ao direito é irrelevante se o cidadão paga seus impostos convencido de seu dever de contribuir para o bem público ou se o faz desejando intimamente evadir-se de tal pagamento. O

---

10. *Idem Filosofia do direito:* definições e fins do direito: os meios do direito. Pref. François Terré. Tradução Márcia Valéria Martinez de Aguiar, rev. téc. Ari Solon. São Paulo: Martins Fontes, 2003. p. 70-71.

pagamento do imposto devido satisfaz plenamente o direito. Moralmente, o comerciante que deixa de enganar uma criança no troco apenas por medo de perder a boa fama e a clientela, certamente, não possui qualquer virtude porque a moral trata do interior das consciências.

Terceiro, em consequência, podemos dizer que a perspectiva jurídica é sempre de terceira pessoa. O direito atua como um observador imparcial das situações, que se ocupa exclusivamente dos bens objetivamente em jogo, buscando distribuí-los adequadamente. O objeto do raciocínio jurídico são sempre as coisas devidas no meio social. A ética, por outro lado, funciona sempre em primeira pessoa. A moral é a lei do indivíduo, um dever personalíssimo que conduz, desde o íntimo das consciências, cada um à sua plena realização.[11]

Por conseguinte, a autonomia do fenômeno jurídico e sua distinção essencial em relação à moral não podem ser vistos como elementos alheios à tradição jusnaturalista, muito pelo contrário. A reação ao positivismo não pode nos levar à moralização do direito. A redução da teoria do direito a um controle moral que permitiria o afastamento do "direito altamente injusto" é própria das correntes jusnaturalistas modernas, mas completamente alheio ao jusnaturalismo de Aristóteles.

Parece-me que poderíamos definir que a ética e o direito natural são duas manifestações distintas da lei natural. A lei natural no homem, pela complexidade própria de uma natureza racional, dá origem a distintas manifestações de sua ordenação, aplicável a objetos diferentes, ainda que dentro da imensa realidade das humanidades. Direito

11. VILLEY, Michel. *Filosofia do direito: definições e fins do direito: os meios do direito*. Pref. François Terré, trad. Márcia Valéria Martinez de Aguiar, rev. téc. Ari Solon. São Paulo: Martins Fontes, 2003. p. 72-73.

e moral compartilham sua origem na lei natural, mas permanecem como manifestações diferentes desta.

Antes de encerrarmos este tópico, convém fazermos um breve excurso pelas transformações sofridas pelo conceito de lei natural após o fim da Idade Média, desembocando tanto no positivismo jurídico quanto nas novas escolas jusnaturalistas – que de Aristóteles distam tanto quanto aquele.

Como é lugar-comum entre os classicistas, Villey[12] identifica a virada da mentalidade clássica para a moderna com a concepção da filosofia chamada nominalismo, capitaneada com maior sucesso por Guilherme de Occam (1287-1347). Occam se insurge contra a ideia de uma ordem natural fixa e imutável. Isso lhe parece um acinte à onipotência divina. Como Deus pode estar limitado por uma ordem racional, acessível à inteligência humana e que não pode ser alterada em nenhuma circunstância? A natureza dos aristotélico-tomistas soa como uma arbitrariedade a que se deve renunciar.

Assim, as normas jurídicas, de forma alguma, podem ser extraídas da natureza das coisas objetivamente observáveis. Antes, elas são produto da vontade do legislador. Metafisicamente, uma lei deixa de ser um atributo objetivo das coisas, uma característica da constituição de cada coisa e passa a ser um decreto extrínseco de uma vontade. Pode ser a vontade divina no caso das leis divinas, a vontade individual no caso das legislações positivas, ou a vontade social para uma perspectiva sociológica das normas convencionais. A ordem jurídica passa a ser um conjunto de normas abstratas, baixadas por uma autoridade legítima – a concepção que nós temos hoje, já afastada do objeto justo das relações sociais.[13]

---

12. *Ibidem*, p. 227-228.

13. VILLEY, Michel. *Filosofia do direito: definições e fins do direito: os meios do*

Naturalmente, toda essa virada está fundada numa incompreensão do que significava a lei natural na filosofia aristotélica. Para o realismo clássico, a lei não era uma ordem abstrata que pairava numa natureza fantasmagórica. As leis, como explicado, eram parte das coisas, aspectos intrínsecos dos objetos do mundo. A lei natural não limita a onipotência divina porque ela é simplesmente o modo como as coisas são (portanto, como Deus as criou). Deus "não pode" revogar a lei natural não porque ela se sobreponha ao Seu poder, mas porque tal coisa não faz sentido. "Revogar" a lei natural seria como extrair as cores, ou a extensão das coisas, seria simplesmente romper a constituição do mundo.

Seja como for, a estrutura da concepção nominalista de lei em geral e, portanto, das leis jurídica plasmou definitivamente nosso imaginário, e todas as escolas contemporâneas de teoria do direito partem de tal cosmovisão. Se tomarmos um dos fundadores do jusnaturalismo moderno, como Hugo Grócio (1583-1645), vemos nele uma radical separação entre o direito e os fatos. O direito não pode ser encontrado em nenhum lugar da realidade. Ele é composto de normas abstratas, absolutamente certas e válidas para qualquer tempo e lugar, ao modo das verdades matemáticas. São normas autoevidentes e plenamente imutáveis, eternas em si mesmas.[14]

Nessa linha, a fonte do direito, em Grócio, é a moralidade. O *telos* do direito é exatamente o mesmo da moral. Na verdade, os primeiros princípios de direito natural são aqueles estabelecidos pela ética, são as regras morais inscritas na consciência do homem. Qualquer que seja a

---

direito. Pref. François Terré, trad. Márcia Valéria Martinez de Aguiar, rev. téc. Ari Solon. São Paulo: Martins Fontes, 2003. p. 233.

14. *Idem*. *A formação do pensamento jurídico moderno*. Ap. Stéphane Rials, nots. revs. Eric Desmonds, trad. Cláudia Berliner, rev. téc. Gildo Sá Leitão Rios. São Paulo: Martins Fontes, 2005. p. 649-650.

complexidade da doutrina grociana acerca dos modos de se precisar o conteúdo dessa doutrina moral, o fato inescapável é que o direito natural se tornou uma ordem moral, uma ordem composta de normas racionais abstratas, completamente alheias por natureza à ordem da legislação positiva, à qual esta deve se remeter por uma submissão cósmica.[15]

2. O DIREITO NATURAL EM FINNIS

Fizemos uma introdução geral aos aspectos mais centrais da visão de direito aportada pelo chamado jusnaturalismo clássico, com o objetivo de esclarecer que ela se difere por pressupostos ontológicos tanto das escolas positivistas quanto das correntes jusnaturalistas que surgiram ao longo da modernidade.

Quero agora avançar para propor a tese de que mesmo alguns notáveis partidários do jusnaturalismo tomista propõem uma teoria que, em seus contornos gerais, enquadra-se mais no jusnaturalismo moderno do que no clássico. Por mais que retomem muitos elementos aristotélicos em suas formulações, a falta de percepção da radicalidade da cisão ontológica nos pressupostos apontada no tópico anterior leva a que sua estrutura teórica se aproxime mais de Grócio do que de Aristóteles.

Para tanto, tratarei especificamente de John Finnis, notável jusfilósofo australiano, responsável por uma potente reformulação da teoria da lei natural para sua inserção no debate moral e político moderno. Parece-me que não são poucos os méritos de Finnis no campo da ética, ao trazer uma concepção da moral tomista readaptada para a linguagem contemporânea e aberta a um debate com o pensamento moral moderno e suas escolas. Entretanto, penso que lhe passou despercebido a sutileza que agora

15. *Ibidem*, p. 651-652.

queremos realçar e que seria fundamental para uma justa distinção entre os campos da moralidade e da jusfilosofia.

Em sua obra principal *Natural Law and Natural Rights*, Finnis[16] define lei natural como um conjunto de princípios de três tipos: i) um conjunto de princípios práticos básicos que indicam as formas fundamentais do florescimento como bens a serem realizados, que, de alguma forma, todas as pessoas utilizam para decidir sobre suas ações, por mais absurdas que venham a ser as suas conclusões; ii) um conjunto de requisitos metodológicos de razoabilidade prática, que permitem distinguir atos razoáveis de irrazoáveis; e iii) um conjunto de padrões morais gerais.

Finnis[17] esclarece que os princípios da lei natural se aplicam não apenas à ética individual, mas também à filosofia política e à jurisprudência. Tais princípios justificam o exercício da autoridade na comunidade. Exigem que a autoridade seja exercida segundo a lógica do Estado de Direito ("*Rule of Law*", no original, expressão típica da tradição britânica), com o devido respeito aos direitos humanos que encarnam os requisitos básicos de justiça e dirigida ao propósito do bem comum, do qual o respeito a tais direitos é um componente essencial. Os princípios da lei natural ainda esclarecem a obrigatoriedade das leis positivas. Por fim, a desatenção a esses princípios nos permite enxergar certas leis como radicalmente defeituosas.

Segundo Finnis,[18] Tomás divide os princípios da lei natural em três categorias: i) os princípios mais gerais, que simplesmente identificam as formas básicas do bem humano e que são reconhecidos por qualquer pessoa na idade da razão; ii) as implicações desses princípios, que podem ser

---

16. FINNIS, John. *Natural Law and Natural Rights*. 2. ed. Oxford: Oxford University Press, 2011. p. 23.

17. *Ibidem*, p. 23-24.

18. *Ibidem*, p. 29-30.

distorcidas por culturas, preconceitos, convenções, desejos ou compulsões; e iii) questões morais que só podem ser respondidas por pessoas sábias, após pesquisa.

O que acontece é que Finnis[19] imagina esses princípios da lei natural como algo muito diferente daquilo que era pensado na tradição clássica, conforme vimos no tópico anterior. O objetivo de Finnis é negar expressamente que tais princípios sejam extraídos de uma observação da natureza humana, ou de qualquer forma sejam normas relacionadas com qualquer espécie de fatos.

Desse modo, na concepção finnisiana, os princípios da lei natural não são derivados de princípios especulativos, nem de fatos, nem de proposições metafísicas acerca da natureza humana, da natureza do bem ou do mal ou da função da humanidade, nem de concepções teleológicas da natureza ou de qualquer concepção da natureza. Eles são inderivados. Eles são princípios pré-morais da razão prática, autoevidentes e indemonstráveis, e de tais princípios derivam-se os princípios morais do certo e do errado.

Quer dizer, a concepção moderna associada à chamada "falácia naturalista", de modo algum, se difere da concepção tomista. Para Finnis,[20] também na filosofia clássica, as normas em nenhum caso se associam aos fatos. A seu ver, há três fatores que levaram a que essa objeção fosse lançada contra Tomás. O primeiro é que a própria expressão lei natural leva à ideia de uma lei extraída da natureza. O segundo é que essa, de fato, foi a concepção dos estoicos e de alguns autores da Renascença. O terceiro, por fim, é que Tomás não foi um autor de Ética, mas de Teologia Geral. Ele, de fato, estabelece analogias entre as virtudes morais e o conceito amplo de virtude como aplicável a qualquer ente, como sua forma mais excelente e fala das virtudes

19. *Ibidem*, p. 33-34.

20. *Ibidem*, p. 33-34.

e dos vícios humanos em termos de conformidade com a natureza e contrariedade a ela. Entretanto, seu critério de conformidade com a natureza humana não é nenhuma observação empírica, mas sempre a razoabilidade.

Finnis, pois, acredita que, em Tomás, o modo de se descobrirem o certo e o errado é sempre não é perguntar-se pela adequação à natureza humana, mas pela razoabilidade. Tal pergunta levará necessariamente aos princípios inderivados da razão prática, princípios esses que não fazem referência alguma à natureza das coisas, mas apenas ao bem humano. As categorias básicas da ética tomistas são o bem e o razoável. O natural, do ponto de vista moral, é apenas um apêndice trazido pela reflexão metafísica, não um critério do qual se possam deduzir os primeiros princípios ou deduzir algo a partir deles.

Segundo Finnis,[21] a visão contrária é atribuída, muitas vezes, ao tomismo por influência de dois importantes comentadores da escolástica espanhola: Francisco Suárez (1548-1617) e Gabriel Vásquez (1551-1604). Na dissertação finnisiana, Suárez e Vásquez explicam o conteúdo da lei natural em termos daquilo que é adequado à natureza humana. Por outro lado, Tomás a explica por meio da compreensão das formas básicas de bem humano (ainda pré-morais) como desejáveis e, portanto, como fins a serem realizados ou buscados pela ação, ação que já se dirige imediatamente a esses bens desde a primeira realização desse ato de intelecção prática.

Por isso, a objeção da falácia naturalista atribuída a David Hume (1711-1776) não atinge a lei natural aristotélica-tomista. Finnis[22] entende que Aristóteles e Tomás concordariam com Hume em cinco pontos fundamentais:

---

21. FINNIS, John. *Natural Law and Natural Rights*. 2. ed. Oxford: Oxford University Press, 2011. p. 45.

22. *Ibidem*, p. 47-48.

i) um "deve" não pode ser extraído de um "é"; ii) qualquer afirmação especulativa sobre "relações eternas" de adequação à natureza humana deixa aberta a questão de por que devemos guiar nossas ações por elas; iii) é deplorável a confusão entre obrigação e impulso; iv) rejeitar a tese de que os primeiros princípios autoevidentes da lei natural são princípios morais e de que tais princípios podem ser formulados como relações autoevidentes de conformidade com a natureza humana; e v) rejeitar que a vontade do superior defina a obrigação.

Essa é, portanto, a visão geral de Finnis acerca da lei natural, uma concepção unitária que, não tanto quanto uma lei, dá conta de um conjunto de princípios ou de bens autoevidentes, simplesmente percebidos como tais pela inteligência humana ordinária e que são capazes de fundamentar tanto a moralidade individual quanto as leis jurídicas e políticas.[23]

Prosseguiremos esse tópico, então, observando algumas linhas básicas da compreensão finnisiana a respeito do direito. Finnis[24] propõe, logo de partida, que a autoridade do direito reside na justiça e em sua capacidade de assegurá-la – justiça essa que, em nosso mundo, muitas vezes precisa ser aplicada à força.

O filósofo australiano[25] define o fenômeno jurídico a partir de cinco características principais. Primeiro, o

---

23. Como se pode perceber, os chamados bens humanos básicos em Finnis são uma lista de bens sem relação alguma com a natureza humana e que poderiam ser simplesmente percebidos como autoevidentes ao raciocínio prático. Trata de uma forma de intuicionismo que se aproxima muito mais da ética material dos valores de Max Scheler (1874-1928) ou do *insight* de Bernard Lonergan (1904-1984) do que do aristotelismo. Desenvolvi uma crítica a essa concepção finnisiana em dois outros textos: FRANÇA, Gustavo. *A proposta moral de John Finnis: a lei natural como gramática para o debate moral moderno*. *Synesis*. Petrópolis, v. 12, n. 1, 2020. p. 53-65; e *Idem*, Finnis entre Aristóteles e Kant. *In: Synesis*. Petrópolis, v. 14, n. 1, 2022. p. 37-61.

24. FINNIS, *op. cit.*, p. 260.

25. FINNIS, John. *Natural Law and Natural Rights*. 2. ed. Oxford: Oxford University Press, 2011. p. 268-270.

direito traz definição, especificidade e clareza às relações humanas, por meio de um sistema de regras e instituições intimamente correlacionadas, de modo que as regras definem, constituem e regulam as instituições, enquanto as instituições criam e administram as regras. Segundo, por isso mesmo, o direito regula a própria criação.

Terceiro, regula, ainda, não só a criação e administração de suas regras e a constituição, o caráter e a extinção das instituições, mas também as condições pelas quais um indivíduo pode modificar a incidência ou a aplicação de tais regras. Quarto, a previsibilidade das relações humanas próprias do direito se produz por uma mecânica particular, que trata atos passados (os próprios atos de legislação) como razão excludente para se agir da maneira determinada por eles. Quinto, o postulado de ausência de lacunas no direito, pelo qual se supõe que todo problema prático presente ou questão de coordenação social atual já foi abarcado por algum desses atos jurídicos passados.

A ordem jurídica, nessas características fundamentais, segundo Finnis, é útil não apenas quando há desordem pertinaz. Tal sistema seria ainda um conjunto de ordenações sociais distintas, autônomas, inteligíveis e com significado prático de racionalidade perfeitamente adequada num mundo moralmente perfeito. O mundo, tal como é, simplesmente acrescenta à ordem jurídica uma ênfase em sua elaboração em termos de uma ordem necessária para combater os problemas da violência, da fraude e do abuso, por meio da coerção e da punição.

Finnis[26] esclarece que essa definição de direito não tem qualquer pretensão de excluir como carentes de juridicidade sistemas jurídicos que falhem em alguma dessas características. Por outro lado, seu objetivo tampouco o conceito corrente de direito, mas, antes, desenvolver um conceito capaz

26. *Ibidem*, p. 278-279.

de ser usado numa explicação teórica que abarque todo o conjunto de atos humanos, disposições e interrelações constitutivas dos vários fenômenos a que confusamente nos referimos quando falamos ordinariamente de direito, mostrando como eles buscam atender aos requisitos da razoabilidade prática atinentes a essa área da existência humana.

A conclusão de Finnis[27] é de que, dentro dessa definição e, consequentemente, para os propósitos de uma teoria do direito, as leis das ciências naturais, leis físicas, químicas, biológicas e psicológicas e as leis que regem e as artes e os ofícios humanos são leis apenas em sentido metafórico (aqui, é preciso ter em conta a limitação da língua inglesa e de seu termo único "*law*", que designa tanto lei quanto direito – Finnis definiu "*Law*" no sentido de uma definição de direito, que acaba sendo, no vocabulário anglófono, também uma definição de lei em sentido geral).

Da mesma forma, a lei natural – isto é, os princípios da razoabilidade que ordenam a vida humana e suas comunidades – é lei apenas por analogia. Finnis aqui reconhece explicitamente que seu conceito de lei natural não possui qualquer aspecto propriamente jurídico e que seu lugar, certamente, não é o da teoria do direito em sentido específico (tratado no capítulo X de sua obra). Em suas palavras, os teóricos clássicos da lei natural poderiam ter falado de um justo natural, de uma moralidade intrínseca, de uma razão natural ou de uma reta razão na ação, mantendo, assim, o pleno significado da lei natural, mas diferenciando-a, como para uma teoria jurídica convém, do direito como fenômeno específico (*Law*).

É a partir daí que devemos, na filosofia finnisiana, compreender as relações entre as leis positivas particulares de sociedades particulares e os princípios permanentes da

27. *Ibidem*, p. 280-281.

razão prática. Segundo ele,[28] Tomás afirma que há um tipo de lei que se deriva da lei natural por um processo semelhante à dedução de conclusões particulares de princípios gerais. A lei que proíbe o homicídio corresponde mais proximamente ao requisito da razão prática acerca do respeito à vida alheia. Por isso, essas leis seriam "híbridas", não exclusivamente positivas, mas extraindo sua força também dos princípios da razoabilidade prática. Seu conteúdo normativo seria o mesmo exigido pela razão, tratando-se de uma ratificação da lei racional, acrescentando-lhe apenas uma sanção.

Finnis entende que essa é uma descrição não muito adequada da recepção mesmo de preceitos morais primários pelo sistema jurídico. Isso porque legisladores positivos não trabalham com a mera normatividade moral, mas, antes, fazem algo como imaginar uma ordem social futura, em que determinados atos gerarão consequências em inúmeros aspectos de tal sistema ordenado, a exigir um equilíbrio que será dado pelas proposições dessa norma jurídica que vai sendo criada. Quer dizer, na narrativa jurídica, os personagens, os institutos e as relações não são aqueles presentes no mundo moral comum, mas outros específicos e autônomos. No exemplo do homicídio, um ato como o de assassinar alguém exercerá um papel a ser detalhadamente descrito, em sua influência em contratos, testamentos, heranças, relações familiares, propriedades e assim por diante.

Por isso, na visão de Finnis, a legislação positiva, no caso do homicídio (ou de leis que possam ser mais diretamente deduzidas da racionalidade geral), não acrescenta apenas uma sanção à lei natural, mas ainda i) uma elaboração precisa das consequências do ato; e ii) um novo motivo distinto para os cidadãos evitarem a prática.

Dessa forma, em nenhum caso, a integração a um sistema legal bem desenvolvido ainda que seja de exigências

28. *Ibidem*, p. 281-284.

autoevidentes da razão prática será um processo simples. As múltiplas e intrincadas implicações legais desse procedimento integrativo levarão todos os operadores do direito a um terreno que dificilmente poderia ser qualificado como a mera aplicação da lei natural racional. Consequentemente, a própria ideia de aplicação, no âmbito jurídico, de exigências permanentes da razoabilidade prática já leva o legislador ao segundo modo de derivação da lei positiva previsto por Tomás.

Em Tomás, além das leis que são derivadas da lei natural como conclusões de princípios gerais, há as leis que são derivadas da lei natural como implementações de diretivas genéricas. Esse processo se aproxima ao de uma arte humana, como a arquitetura. O arquiteto que constrói uma casa está fundado numa ideia geral de casa, mas precisa decidir com exatidão os aspectos e elementos específicos que podem variar de casa para casa, a partir da mesma forma abstrata. Tais leis, pois, são determinadas por meio da liberdade racional do legislador.

Também essa determinação extrai sua fonte última da lei natural. No caso de uma lei de trânsito, antes da estipulação legal, não havia uma razão permanente para que o legislador escolhesse que o trânsito seria pela direita ou pela esquerda, ou que o limite de velocidade seria setenta ou oitenta quilômetros por hora. Entretanto, em certo sentido, a regra de trânsito extrai o fulcro de sua força normativa dos princípios permanentes da razão prática (que exigem respeito à integridade física alheia) combinados com fatos acerca do perigo do trânsito rodoviário, do tempo de frenagem de um automóvel e assim por diante.[29]

Em conclusão, para Finnis,[30] os dois modos tomistas de derivação das leis positivas da lei natural não são duas vias

29. FINNIS, John. *Natural Law and Natural Rights*. 2. ed. Oxford: Oxford University Press, 2011. p. 284-285.

30. *Ibidem*, p. 289-290.

completamente desconectadas. Na verdade, o princípio central das leis do homicídio, do roubo, do casamento pode ser uma aplicação direta de uma exigência universal da razoabilidade prática, mas o esforço de integrar tal exigência ao sistema ordenado do Estado de Direito requererá do legislador ou do juiz inúmeras elaborações que pertencem mais ao segundo modo de derivação. Esse segundo modo é vinculado aos princípios básicos por uma relação inteligível com objetivos diretamente extraídos dos bens básicos e, também, controlado por outro grupo de princípios formais da ação legislativa que também se derivam dos primeiros princípios.

O que Finnis acaba por dizer é que o ponto central da tradição da lei natural é mostrar que o ato de legislação positiva pode e deve ser guiado por normas e princípios morais. Tais normas são uma questão de razoabilidade prática, não de desejos, convenções ou do puro exercício da autoridade. Essas normas morais justificam a própria instituição da lei positiva, as principais instituições, técnicas e modalidades dentro da ordem jurídica as principais instituições mantidas e reguladas pelo direito. O jusnaturalismo, assim, não apenas observa o fato histórico ou sociológico de que a moralidade afeta o direito, mas determina quais são as exigências da razoabilidade prática no tocante à atividade de legisladores, juízes e juristas em geral.

Em suma, Finnis[31] deixa bastante claro que o tema central que gera toda a teoria da lei natural pode ser resumido numa investigação das exigências da razoabilidade prática naquilo que concerne ao bem dos seres humanos que, por viverem em comunidade, deparam-se com problemas de justiça, de direitos, de autoridade e de obrigação. A principal ocupação da jusfilosofia é identificar os princípios e os limites do Estado de Direito e revelar as vias pelas

31. *Ibidem*, p. 351.

quais as leis, em toda sua positividade e mutabilidade, devem ser derivadas de princípios eternos, princípios que extraem sua força de sua razoabilidade, não de qualquer ato ou de circunstâncias fáticas.

A isso se volta o centro de uma teoria da lei natural e de forma alguma à sentença "lei injusta não é lei", que não é mais do que um teorema secundário. Certamente, pertence ao estudo da filosofia do direito a compreensão dos efeitos do exercício injusto da autoridade sobre as responsabilidades dos cidadãos razoáveis, mas o problema da injustiça na definição do direito jamais foi o assunto mais importante para a tradição jusnaturalista.

3. FINNIS COMO JUSNATURALISTA MODERNO

O que podemos constatar, após termos percorrido as linhas gerais do pensamento de Finnis, é que o jusfilósofo australiano nega categoricamente a formulação ontológica geral que dá origem à concepção clássica de lei natural. Finnis nega que haja uma natureza subjacente a todas as leis em sentido amplo, desde as leis da natureza até as leis morais e jurídicas. Em seu entender, a lei natural não é em nenhum sentido uma lei encontrada na natureza das coisas, mas antes um padrão geral de razoabilidade simplesmente intuído como evidente por qualquer inteligência prática.

Ao contrário do que pensa Finnis, na filosofia clássica, as leis eram vistas como partes descritivas do funcionamento das coisas, conforme vimos no tópico 2. A lei é um elemento da causa final, que integra a explicação do ser de cada objeto do mundo. Falar, portanto, em lei natural é falar da tendência inata e objetivamente constatável da natureza humana em direção à perfeição de suas capacidades. A "falácia naturalista" não é um problema para o aristotelismo porque tal filosofia afirma expressamente que o "deve" é parte do "é", uma modulação específica do ser; que os valores são tipos de fatos.

Finnis substitui a noção de uma lei presente na natureza das coisas por um conjunto de bens básicos "inderivados", simplesmente percebidos como autoevidentes, sem qualquer justificação anterior. Sua concepção moral recai numa ordem de valores que simplesmente se apresenta à razão prática em todos os seus díspares elementos. A moralidade é um reino apartado dos fatos, um conjunto de padrões irrenunciáveis que pertence simplesmente ao âmbito da razoabilidade.

A consequência disso para a teoria do direito é evidente. Finnis nega à lei natural qualquer aspecto jurídico. Nas limitações do vocabulário inglês, seu conceito de *Natural Law* é estritamente moral. Podemos dizer que não há nada de direito natural na lei natural de Finnis.

Por isso, Finnis cai na armadilha do jusnaturalismo moderno. Sua concepção jusnaturalista é simplesmente um parâmetro moral para a reta avaliação das leis positivas (justamente, uma das definições universais da atualidade para o direito natural). Finnis confunde direito natural e moral. Eis aí o erro fatal daqueles que hoje se opõem ao positivismo. Encontram o erro de uma separação radical entre direito e moral, mas propõem uma solução capenga, uma solução que é, na verdade, apenas o erro oposto: a moralização do direito, a dissolução do direito na ética.

Tal postura enfraquece definitivamente a filosofia do direito e torna o jusnaturalismo inapto para enfrentar os problemas específicos da teoria do direito que outras correntes vêm desenvolvendo com mais ou menos sucesso (interpretação, decisão judicial, aplicação).

A verdade é que a posição finnisiana é uma negação da filosofia do direito. Finnis é um excelente filósofo moral, e no âmbito ético faz jus a aplausos por sua proposta de reformulação da lei natural, que certamente merece acolhida no debate contemporâneo. Entretanto, não há verdadeira filosofia do direito em sua teoria da lei natural. Sua teoria oferece apenas uma perspectiva moral para se avaliar o direito positivo, mas não uma verdadeira teorização explicativa acerca do fenômeno jurídico e de seus meandros próprios.

O direito natural não é uma concepção moral, nem um "padrão de razoabilidade prática". Ele é objeto primordial da teoria do direito porque ele é direito atualmente vigente, tão jurídico e vinculante aos agentes políticos da sociedade quanto o direito positivo. Uma posição jusnaturalista autêntica não é, como supõe Finnis, apenas uma perspectiva a partir da qual se pode ler o direito positivo, mas uma descrição objetiva do fenômeno jurídico completamente diferente do que se está acostumado e que pode permitir uma compreensibilidade muito maior de alguns enigmas que trazem aporias à teoria do direito contemporânea.

Visto desde a perspectiva aristotélica, o direito positivo é uma face do direito, uma concretização instrumental daquilo que se verifica na natureza factual das relações humanas. O que se encontra, em estado fático, nas comunidades humanas não são simples padrões de razoabilidade prática, mas verdadeiras normas jurídicas, que apontam o reto funcionamento de cada intercâmbio social.

Ilustramos o raciocínio no tópico 2 com o exemplo do dano causado ao carro de outro. Podemos fazer o mesmo com o exemplo do homicídio. O que se encontra no direito natural não é a mera maldade do homicídio e o valor intrínseco da vida humana. Isso é uma consideração moral da lei natural.

Desde a perspectiva de uma sociedade humana constituída de relações exteriores entre pessoas (portanto, desde a perspectiva jurídica, não moral), é da natureza da relação estabelecida por um ato de homicídio não apenas que tal ato é mau e que deve ser proibido, mas que é devido ao seu autor uma punição de gravidade proporcional ao ato. É ainda de direito natural que tal punição seja adequada à natureza daquela organização social específica, cujas características determinam como se dá a pena mais severa. Diferente é a sociedade de um Estado contemporâneo, com enorme aparato militar e sistema prisional muito bem estabelecido de uma sociedade medieval que não conta com tal aparato e, por isso, talvez tenha que recorrer à pena de morte. Diferentíssimo ainda será o caso de uma sociedade nômade, e assim por diante.

Tudo isso exsurge da análise factual concreta das circunstâncias de cada situação social; tudo isso é direito natural – e, como se pode ver, pode variar imensamente segundo variem as características de cada comunidade, motivo pelo qual o direito natural tampouco são "regras permanentes e imutáveis", como o pensa o outro erro comum. Naturalmente, se a pena finalmente será de vinte ou vinte e um anos de reclusão há de ser determinado pelo legislador positivo, em atenção ao que indica o direito natural pré-existente.

Igualmente, são de direito natural o modo de tratar o impacto desse homicídio nas inúmeras relações jurídicas. O filho que matou o pai não pode ser herdeiro do genitor assassinado. Isso pode ser indicado pela natureza da situação. Por natureza, não podem pertencer ao assassino os bens do assassinato transmitidos por causa do delito.

Isso independe de legislação expressa que o declare. Qualquer juiz está obrigado a excluir o assassino da herança, mesmo na ausência de determinação positiva na lei. Está obrigado não moralmente, mas juridicamente. Não se trata de um problema da consciência do juiz e sua relação com o valor intrínseco da vida humana, mas de correta técnica jurídica. O juiz que não agir assim, mesmo diante de previsão legislativa em contrário, atua ilegalmente e viola o ordenamento jurídico da sociedade. Mesmo um juiz moralmente mau, a cuja consciência não importe a inviolabilidade da vida humana, se conhecer tecnicamente o direito, é capaz de tomar a decisão adequada. Não é um problema de moralidade pessoal, mas da justa distribuição de bens numa situação objetiva.

Se recorrermos novamente ao caminho teórico que desenhamos no tópico 2, vemos que a concepção de Finnis se aproxima, em sua estrutura teórica, daquela de Grócio e, por isso, parece-me adequado listá-lo na classificação ampla dos jusnaturalistas modernos. Trata-se de uma ordem moral da razão prática, à qual o direito deve submeter-se.

Para não mantermos nossa comparação no pouco que se comentou sobre Grócio, podemos trazer à luz o mais famoso representante contemporâneo do antipositivismo e da defesa da interseção entre a moral e o direito: Ronald Dworkin. Embora não mais utilizando qualquer vocabulário referente à lei natural, a teoria jurídica de Dworkin foi a mais famosa opositora do juspositivismo nos últimos tempos, a partir de uma perspectiva moralizante que pode ser remontada, de alguma forma, ao racionalismo jurídico liberal.

Para explicar suas ideias de direito, Dworkin[32] se vale de uma distinção inicial entre conceito e concepção. Ele propõe que o direito, assim como a justiça ou a beleza, é um conceito cujo real conteúdo é interpretativo, isto é, depende de uma visão axiológica que cada um tenha a seu respeito. Entretanto, todas essas possíveis visões sobre o direito poderiam ser enquadradas sobre uma moldura formal e vaga que encerra os termos da discussão interpretativa. Tal moldura seria o conceito de direito, dentro do qual cabem as múltiplas concepções do fenômeno jurídico.

Dworkin o esclarece com um exemplo sobre a justiça. Eu posso afirmar que a cobrança de impostos é injusta

---

32. DWORKIN, Ronald. *O império do direito*. Tradução Jefferson Luiz Camargo. São Paulo: Martins Fontes, 1999. p. 92-93.

por violar a propriedade individual, ou posso afirmar que ela é justa em nome do bem comum. Posso aderir mais ou menos a uma dessas afirmações, mas as reconheço como pertencentes ao âmbito da teoria da justiça. Entretanto, se afirmo que a arte abstrata é injusta, não causo propriamente uma desaprovação naquele que discorda. Na verdade, minha afirmação é incompreensível, pois não se reconhece como parte do conceito de justiça a crítica de arte.

Nessa esteira, Dworkin[33] traça uma distinção entre o direito e a justiça. A questão da justiça se refere à melhor teoria daquilo que é justo moral e politicamente, e a concepção de justiça de cada um deve informar a natureza de tal teoria. Por sua vez, o direito se refere a qual parte desse justo pode ser exigida por coação do Estado, por meio de decisões políticas do passado. Essa definição, em princípio, é neutra em relação às diferentes teorias que se possam ter acerca da influência das convicções de justiça sobre as visões do direito. O conceito admite teorias que invoquem a justiça como elemento esclarecedor e interpretativo do direito, teorias que rejeitem essa influência e teorias céticas, que neguem ao direito um conteúdo alheio a puras decisões políticas.

Dessa forma, a tese de Dworkin[34] é que o objetivo do direito é estabelecer uma justificação para a invocação da coação estatal a partir de atos políticos fixados no passado. Ele crê que essa definição permite reinterpretar os debates teóricos sobre a relação entre direito e moral. Segundo ele, tradicionalmente, esse dilema foi visto com embate semântico entre dois tipos de teorias, uma das quais enxergava o direito e a moral como semanticamente diferentes, e a outra os enxergava como intrinsecamente unidos por essas mesmas regras semânticas.

33. DWORKIN, Ronald. *O império do direito*. Tradução Jefferson Luiz Camargo. São Paulo: Martins Fontes, 1999. p. 122.

34. *Ibidem*, p. 122-123.

Para Dworkin, esse debate deve ser entendido como uma disputa entre teorias políticas divergentes, com concepções conflitantes acerca de o quanto a finalidade do direito permite ou exige que concepções de justiça interfiram na decisão a respeito dos direitos que decorrem de atos políticos passados. Por isso, o direito nunca se resume a um âmbito meramente conceitual, mas está sempre envolvido em questões interpretativas, que buscam legitimar politicamente a exigência estatal de certas normas fixadas em decisões positivas.

Estabelecido, pois, que a função do direito é estabelecer uma justificativa para o uso da força pela autoridade política em nome de determinações elaboradas no passado, Dworkin[35] defende que a teoria do direito se divide em duas partes: uma que trata dos fundamentos do direito – circunstâncias nas quais proposições jurídicas devem ser aceitas como verdadeiras – e outra que abarca a força do direito – o poder que toda proposição jurídica verdadeira tem de justificar a coerção na multiplicidade de circunstâncias específicas. Essas duas partes iluminam-se mutuamente.

Dworkin[36] acredita que existe certa cisão nos estudos sobre o direito. Normalmente, cabe à filosofia política refletir sobre a força do direito, enquanto à dogmática jurídica toca expor os seus fundamentos. Isso leva a jusfilosofia a permanecer sempre um tanto desequilibrada – tratando dos fundamentos do direito e silenciando sobre sua força. Isso se deve a que, em seu ver, normalmente existe um amplo consenso social sobre a força do direito. Quaisquer que sejam nossas teorias do direito, tendemos a concordar que o direito deve ser obedecido, salvo em casos excepcionalíssimos. Isso, porém, não afasta que as teorias sobre os fundamentos do direito devem também ser políticas, isto é,

35. *Ibidem*, p. 136.

36. *Ibidem*, p. 137-138.

tratar do modo como os juízes devem agir em casos reais. Mesmo uma teoria positivista que não assuma nenhuma posição a respeito da utilização da força do direito em casos específicos também se compromete com uma posição política, pois deixa implícito que a regra geral é a atuação do juiz segundo determinado padrão legal.

Valendo-se desse quadro teórico geral, Dworkin,[37] em "Justiça para ouriços", assume um ponto de vista radical. Ele se insurge contra a explicação tradicional que traz um quadro de dois sistemas completamente distintos – o direito e a moral –, no qual o papel da teoria do direito seria determinar qual deve ser a relação entre essas duas ordens separadas.

Dworkin entende que a perspectiva dos dois sistemas apresenta uma falha decisiva. Quando se encaram o direito e a moral como dois sistemas completamente separados, não há um ponto de vista neutro a partir do qual as disputam entre ambas as ordens possam ser equacionadas. Não haveria um critério imparcial que nos permitisse solucionar a questão de se tem razão o positivismo ou o jusnaturalismo.

Quer dizer, se vemos a questão da correta relação entre direito e moral como jurídica, então, o que fazemos é olhar para o ordenamento jurídico e nos perguntar o que a leitura correta de todo o material desse ordenamento nos diz sobre a relação entre direito e moral. Porém, não podemos responder a essa pergunta sem dispormos de uma teoria sobre como ler e interpretar material jurídico positivo e só podemos elaborar tal teoria depois de termos decidido a questão da influência da moral na determinação do conteúdo do direito.

Se, por outro lado, vemos a questão como moral, fazemos a mesma petição de princípio em direção contrária. Se nos perguntamos se seria bom que a moral se desempenhasse um papel na interpretação jurídica, produzimos um

---

37. *Idem*. *Justiça para ouriços*. Tradução Pedro Elói Duarte. – Coimbra: Almedina, 2012. p. 137-138.

argumento circular ao já supor que uma teoria descritiva do direito depende de uma questão moral.

Dworkin,[38] pois, rejeita a ideia de dois sistemas separados que podem interligar-se ou não. Pretende substituí-la por um sistema unitário, no qual o direito é parte da moral política. O autor norte-americano utiliza a imagem de uma árvore: o direito é um ramo da moral política, assim como a moral política é um ramo da ética geral.

A moral política se distingue da moral pessoal pelo desenvolvimento no interior de uma comunidade, de uma estrutura estatal. O direito, por sua vez, se distingue da moral política por poder ser aplicado pela força vinculante por meio de um ato legislativo decisório já consolidado, sem necessidade de qualquer outro ato político que o torne obrigatório. O justo legal é uma parte do justo político, distinguindo-se pela especialidade de serem impostos por uma legislação já positivada, sem necessidade de outro ato legislativo ulterior.[39]

Dworkin[40] tenta mostrar como essa sua proposta teórica ilumina dilemas que normalmente enfrentamos nos debates jusfilosóficos. Ele analisa, por exemplo, o caso da lei má, de uma lei claramente injusta. Ilustra-o com a Lei do Escravo Fugitivo, uma lei norte-americana que determinava que, se um escravo de um estado que ainda permitia a escravidão, fugisse para um estado que já a tivesse abolido, as autoridades desse estado estariam obrigadas a devolvê-lo a seu proprietário.

Dentro de um esquema integrado entre direito e moral, a questão se torna complexa porque o Congresso

---

38. DWORKIN, Ronald. *Justiça para ouriços*. Tradução Pedro Elói Duarte. Coimbra: Almedina, 2012. p. 414.

39. *Ibidem*, p. 414-416.

40. *Ibidem*, p. 419-420.

norte-americano era uma autoridade legítima, apta a dar às suas decisões obrigatoriedade política. Por isso, como o direito é parte da moral política, as reivindicações dos proprietários de escravos adquiriam certa força, que, de outro modo, não teriam. Entretanto, seus argumentos de moral política devem ser suplantados por argumentos mais fortes, vindos dos direitos humanos. Essa é a solução para a questão moral (e também jurídica).

Dworkin acredita que seu marco teórico resolve melhor o problema da nomenclatura – se tal lei pode ser chamada de lei. Ele permite afirmar que os proprietários de escravos possuíam, em princípio, um direito político, mas que tal direito era encoberto por um trunfo moral superior. Dessa forma, a lei era válida, mas injusta demais para ser aplicada. Outros juristas quereriam dizer que esses proprietários não possuíam, nem em princípio, tal direito político. A lei seria injusta demais para ser válida.

Para Dworkin, a primeira alternativa esclarece melhor as nuances do problema. Esclarece por que os juízes, naquela situação, sempre se sentiam diante de um dilema moral. A segunda alternativa, no entanto, pode ser usada em outro caso: o das leis do nazismo. Tais leis, de fato, não criavam direitos políticos em nenhum sentido porque seu governo era totalmente ilegítimo e não havia qualquer suporte de equidade que permitisse a aplicação dessas leis. Moralmente, agora sim, deve-se negar que tais atos constituíssem leis.

A explicação integrada de um único sistema permite essa distinção. Dworkin afirma que tão enganador quanto afirmar que a Lei do Escravo Fugitivo não era válida seria afirmar que as leis nazistas eram válidas. Em ambos os casos, se estaria amputando um elemento moral fundamental, que embasa a enorme diferença que percebemos entre um sistema político legítimo que pode elaborar uma lei injusta e um sistema político inatamente ilegítimo.

Dworkin[41] cita também os debates, típicos da Suprema Corte norte-americana, a respeito do entendimento original das cláusulas constitucionais, redigidas no contexto do século XVIII. Segundo ele, o papel central da pesquisa histórica apenas se dá pela adoção do modelo dos dois sistemas. Quando se entende, porém, que o direito é parte da moral política e que a Constituição deve ser lida como uma provisão para um governo justo, percebemos que as circunstâncias do século XVIII eram totalmente diferentes da nossa, regida também por padrões morais e políticos que hoje rejeitamos. Temos, assim, que nos esforçar por fazer da Constituição aquilo que nosso senso de justiça aprovaria. Isso não é comprometer o direito com a moral, mas, na verdade, cumprir o que requer a própria lei, quando corretamente compreendida – como um aparato especial da moral política.

Se lermos com atenção essa breve descrição do arcabouço geral do pensamento de Dworkin, buscando abstrair as diferenças específicas em seus elementos, poderemos constatar uma estrutura de fundo bastante semelhante à de Finnis. Temos um direito que é, a todo momento, objeto de uma "perspectiva moral", relacionado a um padrão da razão prática para seu controle e compreensão mais reta (ou até mesmo tipo como uma parte dele, para o Dworkin da fase madura).

O modelo de pensamento é o mesmo – trata-se de buscar a interação entre duas ordens valorativas, em que o direito tem que ser compreendido desde o ponto de vista de uma moral de estatuto um tanto duvidoso, mas de alguma forma vinculada a preceitos claros da razão prática (Dworkin acaba por propor a unificação numa só ordem, mas ainda como uma estrutura abstrata em que a moral, de algum modo, informa o que devemos esperar do direito).

---

41. DWORKIN, Ronald. *Justiça para ouriços*. Tradução Pedro Elói Duarte. Coimbra: Almedina, 2012. p. 423-424.

Certamente, as concepções morais de Finnis e de Dworkin diferem bastante entre si, mas ambos são proponentes de uma moral que arbitra centralmente nossa compreensão do fenômeno jurídico, seja, no caso de Finnis, sob o nome de lei natural ou não. Trata-se do processo intelectual de moralização do direito a que vimos aludindo, presente tanto em Grócio quanto em Dworkin e em Finnis.

A busca por opor-se ao positivismo acaba por levar os melhores jusnaturalistas a minar radicalmente a autonomia do fenômeno jurídico e uma compreensão adequada do direito positivo. É preciso resgatar o valor de uma boa teoria do direito, que nem se restrinja a paupérrimas considerações empíricas, nem misture a técnica jurídica a ideologias que podem levá-la à perdição.

CONCLUSÃO

O objetivo deste artigo foi buscar resgatar o que me parece ser o centro de uma concepção jusnaturalista em sentido clássico. Como, provavelmente, é o caso da maioria dos autores que se engajam nessa mesma missão, pode parecer que minha posição teórica está numa rejeição brutal de toda a modernidade e na tentativa de reconstrução purista de um aristotelismo original, não maculado por nenhuma filosofia posterior ao Medievo.

Nada mais distante de minha mente. Com efeito, na discussão de filosofia moral, alinho-me muito mais ao projeto geral de Finnis de reformular a lei natural para ser a gramática do debate moral moderno (ainda que com seu conteúdo tenha algumas divergências), do que à concepção mais refratária da ética tomista, defendida pelo próprio Villey ou por Alasdair MacIntyre (1929-).

O que acontece é que, se no âmbito da ética o diálogo entre a lei natural tradicional com correntes modernas de pensamento moral (como a kantiana) aponta para soluções novas que podem elucidar as dificuldades contemporâneas, no âmbito do direito parece-me claro que é o aristotelismo que pode trazer, paradoxalmente, esse frescor de um novo horizonte.

Julgo que estamos num beco sem saída no campo jusfilosófico. Enquanto o positivismo e os pós-positivismos dominam a arena teórica, com a pobreza formalista do primeiro e as arbitrariedades ideológicas dos últimos, o jusnaturalismo não parece capaz de fazer frente a tais escolas. Isso porque, a meu ver, boa parte da escola do direito natural passou a dedicar-se a simplesmente propagar uma concepção moral. Com isso, talvez sejam capazes de julgar a justiça das leis, mas não respondem a questões concretas da teoria do direito, como aquelas tratadas pela teoria da interpretação ou pela teoria da decisão judicial.

Finnis é, insisto, um respeitabilíssimo filósofo moral, cuja contribuição ainda está por ser totalmente avaliada. No entanto, não é verdadeiramente um filósofo do direito. O direito natural não aparece em nenhuma parte de sua obra. Tudo o que chama de lei natural é simplesmente o objeto da ética.

A mera submissão do direito à moral não é uma verdadeira solução para os problemas da teoria jurídica. Ao contrário, é ela que nos leva aos abusos e arbitrariedades que as teses pós-positivistas e neoconstitucionalistas vêm perpetrando e causando grande aflição aos que ainda se preocupam com a boa técnica, com a estabilidade das instituições e com a segurança do ordenamento.

O verdadeiro objetivo de uma teoria jusnaturalista deve ser reforçar a autonomia do direito e conferir verdadeira segurança jurídica, superando o simples arbítrio da lei positiva do positivismo, que é mais objetivo do que os neoconstitucionalismos, mas ainda assim carrega a arbitrariedade voluntarista em sua raiz.

Quando se entende que a fonte da legislação positiva não são princípios morais vagando no éter da abstração, mas o próprio direito, encontrado primordialmente na natureza das coisas, à disposição da observação do homem ordinário, então sim se pode chegar a uma compreensão muito mais completa do fenômeno jurídico.

Tal compreensão, a meu ver, pode resolver os dilemas com que a teoria do direito hoje se depara – e até se acostumou a deparar-se – com uma habilidade muito mais fina do que as concepções eivadas de algum tipo de voluntarismo, a separar as normas jurídicas da natureza objetiva das coisas.

REFERÊNCIAS

BASTIT, Michel. *Nascimento da lei moderna:* o pensamento da lei de Santo Tomás a Suárez. Tradução Maria Ermantina de Almeida Prado Galvão, rev. Cláudia Berliner. São Paulo: Martins Fontes, 2010.

DWORKIN, Ronald. *O império do direito*. Tradução Jefferson Luiz Camargo. São Paulo: Martins Fontes, 1999.

DWORKIN, Ronald. *Justiça para ouriços*. Tradução Pedro Elói Duarte. – Coimbra: Almedina, 2012.

FINNIS, John. *Natural Law and Natural Rights*. 2. ed. Oxford: Oxford University Press, 2011.

FRANÇA, Gustavo. Finnis entre Aristóteles e Kant. *Synesis*. Petrópolis, v. 14, n. 1, p. 37-61, 2022.

FRANÇA, Gustavo. A proposta moral de John Finnis: a lei natural como gramática para o debate moral moderno. *Synesis,* Petrópolis, v. 12, n. 1, p. 53-65, 2020.

VILLEY, Michel. *Filosofia do direito:* definições e fins do direito: os meios do direito. Pref. François Terré. Tradução Márcia Valéria Martinez de Aguiar, rev. téc. Ari Solon. São Paulo: Martins Fontes, 2003.

VILLEY, Michel. *A formação do pensamento jurídico moderno*. Ap. Stéphane Rials, nots. revs. Eric Desmonds. Tradução Cláudia Berliner, rev. téc. Gildo Sá Leitão Rios. São Paulo: Martins Fontes, 2005.

O LIVRE-ARBÍTRIO EM TOMÁS DE AQUINO

Paulo Emílio Vauthier Borges de Macedo

INTRODUÇÃO

Este trabalho busca analisar o sentido de livre-arbítrio em Tomás de Aquino, o "Doutor Angélico" da Igreja Católica, um homem do século XIII. Ainda assim, a noção tomasiana de livre-arbítrio, por ser a versão cristã mais tradicional sobre o tema, compõe, em alguma medida, os conceitos (e preconceitos) do homem contemporâneo mediano da cultura ocidental. O pensamento do Aquinate exerceu significativa ascendência na Igreja Católica: em 1323, Aquino foi canonizado; em 1567, foi proclamado pelo Papa Pio V doutor da Igreja, e o Código Canônico de 1917 prevê a observância aos princípios e métodos do tomismo.[1] Em verdade, somente após o Concílio Vaticano II, que promove uma abertura pastoral a culturas não ocidentais, é que o tomismo sofre algum recuo entre os teólogos católicos. Ainda que mal lido, ou mesmo ignorado, a ideia de livre-arbítrio tomista integra aquele substrato cultural comum da pessoa ocidental. Contudo, Tomás de Aquino jamais poderia

1. O'MEARA, Thomas F. "Thomism". *Encyclopedia Britannica*, 27 abr. 2020. Disponível em: https://www.britannica.com/topic/Thomism. Acesso em: jun. 2022.

antever a invenção da Psicologia, nem as experiências que começaram a proliferar no último quartel do século XX, de um Benjamin Libet, Eddy Nahmias etc., na fronteira da Filosofia e da Neurociência – os quais desvendaram a existência de diversos mecanismos mentais e determinismos psíquicos que agem na mente humana. O objetivo deste trabalho é, portanto, verificar se o livre-arbítrio tomasiano seria desprovido de todo tipo de influências psicológicas e naturais, em outras palavras, se teria "envelhecido".

Para esse fim, procura desvelar-se os elementos da concepção de livre-arbítrio no Aquinate e apresentá-los em todo o seu provável anacronismo e, assim, o leitor mesmo poderá verificar o quão anacrônico realmente é. Primeiro, faz-se mister contrapor os conceitos de necessidade e liberdade, pois permite compreender a distinção que Aquino promove entre "vontade livre" e "livre-arbítrio" propriamente dito. Em seguida, procurou-se analisar três obstáculos bastante graves ao livre-arbítrio tomasiano – as paixões, o determinismo moral e o determinismo físico – para averiguar o quão desprovido de causações pode permanecer o conceito. De maneira proposital, o trabalho não investigou o desafio representado pela chamada presciência de Deus porque, embora constitua um problema importante para o teólogo dominicano, não parece provocar preocupação qualquer na ideia vulgar de livre-arbítrio do homem contemporâneo.

O presente tema é tratado em diversas obras de Tomás de Aquino: de forma ainda incipiente nas *Quaestiones Disputatae de Veritate*, de maneira bastante direta na *Quaestiones Disputatae de Malo* e de modo sistemático na *Summa Theologiae*. As referências a essas obras obedecem a notação tradicional exposta na B.A.C. (*Biblioteca de Autores Cristianos*). Todas as traduções são de responsabilidade do autor do artigo. Empregou-se o método de abordagem indutivo.

1. LIBERDADE E NECESSIDADE EM AQUINO

Tomás de Aquino não apresenta nenhum conceito explícito de liberdade, embora encerre várias acepções diferentes para o termo.[2] No entanto, como sugerem Hoffmann e Michon,[3] uma boa chave de compreensão para o sentido de liberdade é a sua oposição ao termo necessidade. Na esteira da tradição medieval anterior, Aquino discute a liberdade em contraposição a ações necessárias, à possibilidade ou não de comportamentos alternativos. Trata-se da concepção de liberdade de necessidade.

Ocorre que também existem diferentes acepções para "necessidade" em Aquino, mas, desta vez, todas explícitas. O autor começa a questão com a proposição agostiniana de que a necessidade de um ato exclui a sua voluntariedade. Todavia, ele não concorda totalmente com o bispo de Hipona. Necessidade em geral significa "aquilo que não pode não ser" (*quod non potest non esse*[4]). Em seguida, recorre a Aristóteles para distinguir diversas classes de necessidade:

a) A necessidade pode ser intrínseca (como denomina Aristóteles) ou essencial e absoluta (como denomina Aquino). Pode ser uma necessidade essencial material, como na frase "todo corpo composto de contrários deve se corromper", ou formal, como na frase "todo triângulo tem três ângulos iguais à soma de dois ângulos retos". Trata-se de uma necessidade que pertence à natureza da própria coisa: ela existe (*esse*) dessa maneira.

---

2. SPIERING, Jamie Anne. What is Freedom? An instance of the silence of St. Thomas. *American Catholic Philosophical Quaterly*, v. 89, n. 1, p. 27-46, 2015.

3. HOFFMANN, Tobias; Michon, Cyrille. Aquinas on Free Will and Intellectual Determinism. *Philosopher's Imprint*, v. 17, n. 10, p. 1-36, maio 2017, p. 3.

4. ST 1 q.82 a.1 (AQUINO, Tomás de. *Suma Teologica*. Texto latino de la edición crítica Leonina. Tradução Francisco Barbado Viejo, O.P. 2. ed. Madrid: Biblioteca de Autores Cristianos, 1947, Tomos I a V.).

b) A necessidade também pode ser extrínseca por motivo de uma causa final. Aqui, ocorre uma relação de meio e fim: para atingir determinado objetivo, faz-se necessário passar por esta situação. Aquino apresenta três exemplos desta espécie: o alimento é necessário à vida; o cavalo é necessário para viajar e, para se atravessar o mar, é necessário tomar um navio.

c) Por fim, a necessidade pode ser extrínseca por motivo de uma causa eficiente. Aquino chama esta espécie de "necessidade por coação": é o que ocorre quando alguém obriga e força outra pessoa a fazer determinada ação.[5]

Apenas esta última acepção de necessidade é contrária à liberdade em geral (qualquer sentido de liberdade). Considera-se violento quando algo se contrapõe à inclinação natural de um ser, e o movimento da vontade constitui a inclinação natural até o objeto. Por isso, é ao mesmo tempo natural e voluntário o que estiver conforme esta inclinação. Portanto, revela-se impossível que alguma coisa seja natural e violenta ou voluntária e violenta ao mesmo tempo.[6] Em outras palavras, a pessoa pode ser coagida a fazer determinado ato, mas não pode ser coagida a desejar aquele ato.

As demais espécies de necessidade, por sua vez, não são contrárias à vontade em geral.[7] A necessidade do fim não se contrapõe à vontade, mesmo que não haja outro modo de alcançar o fim. Visto que se trata de uma necessidade condicional, o agente pode sempre abandonar o fim. No exemplo "para atravessar o mar, é necessário tomar um

---

5. ST 1 q.82 a.1 (*Ibidem*).

6. ST 1-2 q.6 a.4 (*Ibidem*).

7. Mas, como será visto adiante, a necessidade absoluta pode sim ser contrária a um tipo de liberdade, o livre-arbítrio. Somente a necessidade final não é contrária ao livre-arbítrio.

navio", a aversão da pessoa por barcos pode fazer a pessoa desistir de atravessar o oceano.

Outrossim, a necessidade intrínseca ou absoluta tampouco se contrapõe à vontade em geral. Como visto, esta espécie de necessidade se refere à própria natureza da coisa, como na frase "todo triângulo tem três ângulos iguais à soma de dois ângulos retos". Nas ações humanas, isso se relaciona a Deus, à felicidade e à perfeição: não é possível não querer esses bens. E, desse modo, quando o entendimento assenta por necessário os primeiros princípios, também a vontade vai aderir a isso. A vontade em Tomás de Aquino consiste num apetite racional; por isso, só se pode querer aquilo para o qual o entendimento aponta. O ser humano só pode desejar o bem para si, mesmo que este bem seja real ou apenas aparente.[8] Só por um erro ou deficiência (como o pecado original, por exemplo) é que alguém desejaria algo ruim para si, pois não é racional querer ser mau. Mesmo pessoas más acreditam, por engano, estarem praticando ações que seriam boas.

Cumpre salientar que há um corolário teologal muito importante aqui e que conduz a um paradoxo. Se algo se apresenta como bom, portanto, não se pode deixar de desejá-lo. Conforme a fé cristã, Deus é o bem supremo. Assim, os anjos, ao contemplarem a Deus, não conseguem deixar de amá-lo.[9] O mesmo se dá com a reação humana à felicidade.[10-11] Não se pode deixar de desejá-la, e não há escolha aqui. Contudo, como descrito, a necessidade por essência não suprime a vontade livre. Assim, parece estranho, mas

8. ST 1-2 q.8 a.1 (AQUINO, Tomás de. *Suma Teologica*. Texto latino de la edición crítica Leonina. Tradução Francisco Barbado Viejo, O.P. 2. ed. Madrid: Biblioteca de Autores Cristianos, 1947, Tomos I a V.).

9. ST 1 q.62 a.8 (*Ibidem*).

10. ST 1 q.82 a.2 (*Ibidem*).

11. No original, o termo empregado pelo autor é *beatitudinem*. Empregou-se a palavra "felicidade", porque corresponde à tradução da B.A.C.

algumas pessoas podem ser livres, ainda que não consigam fazer outro comportamento.

Segundo Hoffmann e Michon,[12] a resposta para isso é porque a vontade livre (*voluntas libera*), para Aquino, pressupõe que a vontade do agente deve ser a fonte da ação, mesmo que não haja outra alternativa. A ação é livre porque o agente quis assim e não foi coagido por algo ou alguém externo a ele a tomar outro curso de ação. Não importa se ele não poderia deixar de querer aquele objeto.

Assim, comportamentos livres devem surgir de uma fonte interna para o agente. Tomás de Aquino distingue três níveis nos quais uma fonte (*principium*) de movimento pode ser considerada interna. No primeiro nível, a fonte do movimento é interna à coisa, mas a fonte da finalidade da coisa, ou seja, do objetivo onde seu movimento é direcionado, não é interna à própria coisa. Se não for parada, uma rocha se move para baixo sozinha – e por si só, a rocha só se move para baixo, não para cima. No segundo nível, não só a fonte do movimento, mas também a fonte de se mover para este ou aquele fim é interna. Isso requer o conhecimento do objetivo. Um animal se move em direção à comida após a percepção do alimento, e por isso ele próprio dá direção ao seu movimento. Neste segundo nível, pode se encontrar o que o autor denomina de "voluntariedade no sentido imperfeito". No terceiro nível, há conhecimento não só da finalidade, mas também do fim enquanto objeto digno de persecução, bem como da maneira como os meios que conduzem ao fim se relacionam com ele. Aqui, requer-se então não apenas conhecimento sensorial, mas também racional, pois envolve alguma deliberação e abre a possibilidade de perseguir o fim de diversas maneiras e até mesmo de desistir de sua

12. HOFFMANN, Tobias; Michon, Cyrille. Aquinas on Free Will and Intellectual Determinism. *Philosopher's Imprint*, v. 17, n. 10, p. 1-36, May 2017, p. 5.

perseguição. Tomás de Aquino denomina este terceiro nível de "voluntariedade no sentido perfeito".[13]

Para o dominicano, o primeiro nível não basta para a responsabilização moral. Uma febre pode nos causar a fazer ou deixar de fazer alguma coisa, tal como qualquer ação externa, e isso não indica um comportamento livre.[14] O segundo nível também não. Os animais irracionais conseguem, de fato, escolher, mas é uma escolha sensitiva, que não resulta de deliberação. "As ovelhas podem fugir dos lobos somente após enxergá-los".[15] Há um movimento espontâneo, não refletido. Voluntariedade perfeita requer não apenas a capacidade de tomar outro curso de ação, mas o poder de direcionar essa habilidade como quiser; ou seja, o agente constitui a fonte da geração da alternativa. Existe deliberação no terceiro nível apreende a realidade que se apresenta e delibera sobre a conveniência e oportunidade do objeto desejado.[16]

É indubitavelmente muito anacrônico supor que Tomás de Aquino pudesse antever o nascimento da Psicologia ou concebesse experimentos de causação mental como os de um Benjamin Libet.[17] Entretanto, ele parece abrir espaço aqui para determinismos psicológicos ou mecanismos causais mentais. A pessoa revela-se livre somente porque ela quis fazer determinado comportamento e não se

---

13. ST 1-2 q.6 a.1 e a.2 (AQUINO, Tomás de. *Suma Teologica*. Texto latino de la edición crítica Leonina. Tradução Francisco Barbado Viejo, O.P. 2. ed. Madrid: Biblioteca de Autores Cristianos, 1947, Tomos I a V.).

14. HOFFMANN, Tobias; Michon, Cyrille. Aquinas on Free Will and Intellectual Determinism. *Philosopher's Imprint*, v. 17, n. 10, p. 1-36, May 2017, p. 58.

15. QDM q.16 a.5 (AQUINO, *loc. cit.*).

16. ST 1-2 q.6 a.2 (AQUINO, Tomás de. *Suma Teologica*. Texto latino de la edición crítica Leonina. Tradução Francisco Barbado Viejo, O.P. 2. ed. Madrid: Biblioteca de Autores Cristianos, 1947, Tomos I a V).

17. LIBET, Benjamin. Do we have free will? *Journal of Consciousness Studies*, 6, No. 8-9, 1999. p. 47-57.

questiona os motivos que a levaram querer isso. Ainda assim, concluir pela compatibilidade da noção tomasiana de liberdade com determinismos intelectuais mostra-se muito apressado, como se verá adiante. Mas já resta claro que o autor não é um libertário no sentido moderno da palavra.

Ademais, a própria noção de a vontade livre constituir a fonte do comportamento livre de alguém também precisa ser matizada. Como se sabe, para Aquino, Deus é o primeiro movente imóvel. Portanto, de uma perspectiva metafísica, a vontade humana não é a fonte primeira da ação. Mas tampouco pode Deus coagir de forma externa a ação humana – como causa eficiente ou necessidade por coação –, ou seja, obrigar o ser humano contra a sua vontade, porque então esta vontade deixaria de ser livre.[18] Deus é a causa primária, mas o homem é a causa secundária das suas próprias ações. Explica o autor que Deus move tanto as "causas" (cadeias de causalidade) naturais (necessárias de modo intrínseco) como as voluntárias. Tal como, ao mover as causas naturais, estas não deixam de ser necessárias, ao mover as causas voluntárias, Deus não retira a voluntariedade da ação.[19]

2. LIBERDADE E LIVRE-ARBÍTRIO

Assim, para o Aquinate, vontade livre (*voluntas libera*) pressupõe apenas que não haja coação. Nesta acepção mais geral, liberdade implica que a fonte da ação se encontre na vontade do agente. Mas o autor tem um conceito mais restrito do que vontade livre: o de livre-arbítrio (*liberum arbitrium*).

Aparentemente, o livre-arbítrio não representa um verdadeiro problema para o pensamento tomasiano, porque não há muito esforço em prová-lo: "o homem possui

18. ST 1 q.105 a.4 (AQUINO, *loc. cit.*).

19. ST 1 q.83 a.1.3 (*Ibidem*).

livre-arbítrio; do contrário, seriam inúteis os conselhos, as exortações, os preceitos, as proibições, os prêmios e os castigos".[20] Esta não é uma frase isolada da *Suma Teológica* e, no texto *Sobre o Mal*, apresenta a mesma displicência e, até mesmo, certa indignação com a opinião contrária:

> Mas esta opinião [a que o ser humano não possui livre arbítrio] é herética, porque tira a razão do mérito e do demérito nos atos humanos, pois não parece meritório ou demeritório para as pessoas fazerem necessariamente o que não poderiam evitar fazer. Também deve ser contada entre as opiniões filosóficas mais estranhas, uma vez que não só é contrária à fé, mas também subverte todos os princípios da filosofia moral. Então, se nada está ao nosso alcance, e somos necessariamente movidos para as coisas de vontade, toda a deliberação, exortação, preceito, punição e louvor e culpa, dos quais a filosofia moral consiste, são destruídos. E chamamos de opiniões que destroem os fundamentos de partes da filosofia estranhas, como, por exemplo, a posição de que nada se move, o que destrói os fundamentos da ciência natural. E alguns indivíduos foram de fato levados a manter tais posições em parte por causa da imprudência, em parte por causa de argumentos sofísticos que eles não poderiam refutar, como diz a Metafísica, IV, 5 (ioo9a19-22) [QDM q.6 a.1].[21]

Trata-se de uma das raras passagens em que o Aquinate demonstra raiva. Consoante Leclercque, isso se dá porque a moralidade é um dado bastante real para o autor. A vida humana seria ininteligível sem ela. Mostra-se digno de nota a forma como o argumento é colocado. Tomás de Aquino considera a opinião equivocada porque extrai consequências, que, para ele, seriam absurdas: a invalidade dos conselhos e das exortações só poderia ocorrer se não existisse o movimento, inclusive o movimento na natureza. Hoje, o raciocínio seria o oposto: porque temos livre-arbítrio, existe a moralidade. Mas Aquino é um objetivista na

---

20. ST 1 q.83 a.1. (*Ibidem*).

21. QDM q.6 a.1 (AQUINO, Tomás de. *Quaestiones Disputatae de Malo On Evil.* Translated by Richard Regan. New York: Oxford University Press, 2003).

teoria do conhecimento; porque as coisas se movem é que alguém as moveu.[22]

Assim como fizeram João Damasceno (*thelesis* e *bulesis*) e outros autores citados por Aquino, haveria uma diferença entre vontade livre e livre-arbítrio. Mas, ao contrário da tradição, ele faz questão de não exacerbar esta distinção. O livre-arbítrio não seria uma potência distinta da vontade, mas a própria vontade livre quando esta realiza uma "faculdade de eleição" (*quam vis electiva*[23]); ou seja, quando a vontade livre – que, vale a pena relembrar, é um apetite racional – promove um cálculo instrumental entre escolhas possíveis.

Portanto, *liberum arbitrium* não implica somente liberdade de fonte, mas também a possibilidade de escolher entre alternativas. Dessa feita, das três espécies de necessidade (ou quatro, porque a primeira também se subdivide em duas), o livre-arbítrio também se contrapõe à liberdade de coerção (necessidade por causa eficiente), visto que esta exclui o próprio gênero, a *voluntas libera*. E se mostra compatível com a liberdade por finalidade, já que o agente poderia escolher outro meio para atingir o fim ou, se não houver alternativa, é livre para abandonar o fim. Mas o que dizer da necessidade intrínseca ou essencial?

Esta necessidade é absoluta em relação à vontade livre: o ser humano não pode deixar de desejar a felicidade; contudo, o livre-arbítrio implica a possibilidade de alternativas, o que aparentemente não há nesta situação. Ademais, além do corolário teológico descrito no item anterior, nas ações humanas, esta espécie de necessidade também conduz a uma consequência metafísica: optou-se em traduzir o termo *beatitudinem* no original por "felicidade", mas ele também pode expressar a ideia de "perfeição". Os homens

22. LECLERCQUE, Jaques. *La Philosophie Morale de Saint Thomas devant la Pensée Contemporaine*. Louvain: Publications Universitaires de Louvain, 1955. p. 112.

23. ST 1 q.83 a.4 (AQUINO, *loc. cit.*).

buscam inexoravelmente a própria perfeição. Trata-se do *telos* aristotélico reinterpretado pelo teólogo dominicano: a finalidade do ser humano consiste no seu aperfeiçoamento moral. E, salvo por uma loucura, as pessoas não têm opção para buscar a sua própria imperfeição.

No que tange à ideia geral de perfeição (*beatitudinem*), de fato, não há qualquer possibilidade de escolha, pois consiste no bem universal de apreensão pelo espírito. Porém, as pessoas não encontram este bem universal no mundo terreno, somente bens particulares, como, *v.g.*, comida, dinheiro, carreira, os quais nenhum se identifica com o bem universal, mas encerram alguma relação analogada com ele. E, como encontram-se em grande número, há sempre muita possibilidade de escolha. O livre-arbítrio limita-se ao caso em que a inteligência propõe à vontade vários bens particulares entre os quais não há nenhum motivo de ordem intelectual que obrigue uma preferência.[24]

Tomás de Aquino sofistica essa mesma explicação ao introduzir a distinção entre a vontade movida pelo exercício do ato ou pela especificação. Em relação à primeira, a vontade mostra-se soberana, pois qualquer um pode deixar de pensar ema determinada coisa e, por conseguinte, deixar de desejá-la.[25] E, em outro texto: "no que concerne o exercício do ato, é evidente que a vontade se move por ela mesma".[26]

Já a vontade por especificação reside na própria escolha do objeto, como um movimento que este objeto imprime em outros, não no ato de mover-se para ele. Por exemplo, a cor impressiona – Aquino é um objetivista – e capta os

24. LECLERCQUE, *op. cit.*, p. 114.

25. ST 1-2 q.10 a.2 (AQUINO, Tomás de. *Suma Teologica*. Texto latino de la edición crítica Leonina. Tradução Francisco Barbado Viejo, O.P. 2. ed. Madrid: Biblioteca de Autores Cristianos, 1947, Tomos I a V.).

26. QDM q.6 a.1 (*Idem*. *Quaestiones Disputatae de Malo On Evil*. Translated by Richard Regan. New York: Oxford University Press, 2003).

sentidos dos nossos olhos, que só podem deixar de vê-la se forem desviados para outro lugar, e aí seria a vontade por exercício. Mas enquanto os olhos estiverem voltados para aquele primeiro local, eles não podem deixar de ser impressionados pela cor. Trata-se, portanto, de uma liberdade que não é completa, porque, se o objeto for perfeitamente bom sob qualquer perspectiva, a vontade não pode deixar de se mover para ele – visto que os seres humanos tendem à felicidade. No entanto, se o objeto não é bom sob todos os aspectos, a vontade não se move até ele por necessidade. Todos os bens particulares, uma vez que são defeituosos, podem ser apreendidos como coisas parcialmente boas, e a vontade se dirige a eles sob um ou outro aspecto.[27]

As pessoas vivem no mundo sublunar e não contemplam diretamente a Deus, nem procedem a escolhas radicais entre um supremo bem e um supremo mal. As alternativas com que nos defrontamos são mais comezinhas; por vezes, encontramo-nos diante de duas alternativas ruins (somos obrigados a escolher votar entre um político ruim ou outro pior) e, noutras ocasiões, fazemos escolhas que são moralmente neutras, ainda que importantes para a nossa felicidade (como a opção entre esta ou outra carreira profissional). O homem não é livre em relação à procura da felicidade, mas é livre em relação aos bens particulares com os quais identifica essa busca. Além disso, a escolha mesma entre os bens contingentes representa mais do que um mero meio para alcançar o bem absoluto. O homem está cercado por esta classe de bens e é neles que precisa construir a sua vida. Ocorre que "o bem [particular] é múltiplo; portanto, a vontade não está determinada necessariamente para apenas uma resposta".[28]

27. ST 1-2 q.10 a.2 (AQUINO, *loc. cit.*).

28. ST 1 q.82 a.2 (*Ibidem*).

3. OBSTÁCULOS AO LIVRE-ARBÍTRIO: AS PAIXÕES

Cumpre salientar que o livre-arbítrio, como a própria vontade livre em face de uma deliberação, constitui um apetite racional. Contudo, como se verá a seguir, o ser humano pode não estar em completo domínio de si. Por isso, um dos mais célebres artigos da primeira parte da segunda da *Suma Teológica*, o qual inaugura a investigação moral, distingue os atos do homem dos atos humanos.

> Das ações que o homem executa, somente podem ser chamadas 'humanas' aquelas que são próprias do homem como tal. O homem difere das criaturas irracionais por ter domínio dos seus atos. Portanto, somente aquelas ações das quais o homem é senhor podem chamar-se, com propriedade, de humanas. Este domínio dos atos o tem pela razão e pela vontade; por isso o livre arbítrio se chama 'faculdade da vontade e da razão'. Em consequência, somente se podem considerar como ações propriamente humanas aquelas que procedem de uma deliberação da vontade.[29]

Todavia, o apetite sensorial, que é estimulado por um objeto externo (e até independente) ao agente, pode considerar este objeto bom e digno de escolha e que, sem o estímulo, não se apresentaria dessa maneira. Aquino chama este processo de paixão. Paixão engloba, pois, emoções, sentimentos e também desejos sensíveis. Cabe observar que a vontade não é propriamente movida pelo apetite sensorial – visto que se trata de um apetite racional –, mas pode obnubilar e "absorver" o entendimento.

Em geral, as paixões não conseguem silenciar o livre-arbítrio. A vontade não pode impedir que surja o movimento da concupiscência, mas pode não consentir com ele. Porém, como a vontade depende do funcionamento da razão, podem ocorrer situações em que a paixão é tamanha

29. ST 1-2 q.1 a.1 (AQUINO, Tomás de. *Suma Teologica*. Texto latino de la edición crítica Leonina. Tradução Francisco Barbado Viejo, O.P. 2. ed. Madrid: Biblioteca de Autores Cristianos, 1947, Tomos I a V).

que cega a razão. Em casos de acessos de cólera ou de desejo sexual, os homens se tornam "furiosos ou dementes, agindo como se tivessem alguma perturbação orgânica, já que estas paixões podem produzir transtornos fisiológicos. Sucede então a estes o mesmo que aos animais, que necessariamente são arrastados pelo ímpeto das paixões".[30]

Neste momento em que o agente se encontra "cegado pela paixão", ele já não age pela vontade, uma vez que esta é movida pelo apetite racional. Ainda assim, haveria a responsabilização moral. O comportamento seria inevitável – portanto, sem a possibilidade de alternativa – naquele momento específico de paixão, mas é possível refazer os passos do agente até um instante em que ele poderia ter se preparado para impedir aquele momento fatídico. O autor ilustra com o exemplo aristotélico do homem que cometeu homicídio por estar embriagado. Embora no momento do crime ele pudesse não estar no pleno gozo das faculdades mentais, o ato de embriagar-se era voluntário.[31] Houve um momento em que havia possibilidade de escolha.

4. OBSTÁCULOS AO LIVRE-ARBÍTRIO: O DETERMINISMO MORAL

O teólogo dominicano não aprofunda a investigação sobre as paixões, mas apresenta um extenso tratamento sobre a natureza do pecado, ou mal moral – que serão tidos como sinônimos, o que conviria ao autor. Este item aborda uma questão que pode parecer estranha para o leitor contemporâneo, mas é muito cara para Tomás de Aquino: se a vontade já não se encontra predisposta perante uma escolha moral, o que excluiria o livre-arbítrio.

---

30. ST 1-2 q.10 a.3 (*Ibidem*).

31. QDM q.3 a.10 (*Idem. Quaestiones Disputatae de Malo On Evil.* Translated by Richard Regan. New York: Oxford University Press, 2003).

Cabe ressaltar que não há possibilidade de existência do mal moral fora de uma vontade desviante. O pecado implica um mal livremente escolhido por ser compreendido como mal. Portanto, o intelecto do agente apresenta o pecado como um ato maligno, mas, mesmo assim, este opta em praticá-lo.

Essa natureza do pecado não deve ser menosprezada, sob pena de se abordá-lo como um problema que se subsome às paixões.[32] Não restam dúvidas de que as paixões podem predispor alguém a pecar, mas o pecado pode ser cometido sem qualquer influência delas e, portanto, o problema do mal moral ultrapassa o daquelas. Se o ser humano tende necessariamente à sua perfeição (*beatitudinem*), o pecado pressupõe então uma contradição na consciência, pois se almeja o bem, mas se deseja, ao mesmo tempo, realizar uma ação que se sabe ser contrária a este bem.

Afirma o teólogo dominicano que "aqueles que pecam se apartam dAquele em que está de fato o último fim, mas não da intenção mesma do fim último, ao qual buscam equivocadamente em outras coisas".[33] Assim, aqui, Aquino passa a impressão de que o pecado consiste num erro de compreensão. No entanto, ao tratar do problema da ignorância em relação ao pecado, o autor afasta esta ideia. Primeiro, afirma que a razão dirige os atos humanos por duas ciências: uma universal e outra particular. Ao se raciocinar sobre o que se deve fazer, forma-se um silogismo, cuja conclusão é um juízo que promove uma eleição. Cita como exemplo a proibição ao parricídio: a premissa maior e universal é a que

---

32. Como é o caso de Hoffmann e Michon que precisam desprezar a importância do pecado para poderem classificar Tomás de Aquino como um intelectualista libertário. Em outras palavras, na visão de Aquino segundo estes autores, o homem, que tende para o bem, não pode voluntariamente e deliberadamente errar e desejar o mal (HOFFMANN, Tobias; Michon, Cyrille. Aquinas on Free Will and Intellectual Determinism. *Philosopher's Imprint*, v. 17, n. 10, p. 1-36, May 2017, p. 27-32).

33. ST 1-2 q.1 a.7 (AQUINO, Tomás de. *Suma Teologica*. Texto latino de la edición crítica Leonina. Tradução Francisco Barbado Viejo, O.P. 2. ed. Madrid: Biblioteca de Autores Cristianos, 1947, Tomos I a V).

não se deve matar o pai, a premissa menor e particular é "Fulano é meu pai", e a conclusão necessária é a de que "não devo matar Fulano". Em princípio, uma ignorância sobre qualquer uma das premissas poderia escusar a conclusão; entretanto, no artigo seguinte, Aquino distingue ignorância (em sentido estrito) de nesciência. Esta corresponde à simples condição de alguém que não possui uma ciência, mas ignorância (em sentido estrito) seria a privação da ciência para cuja consecução somos aptos por natureza. Ninguém tem culpa por não conhecer os teoremas da Geometria, mas não pode deixar de saber as verdades evidentes da fé e os preceitos elementares (e universais) do Direito.[34]

Portanto, no exemplo anterior, o homem pode nunca ter conhecido o próprio pai e terminar por matá-lo inadvertidamente. Este tipo de ignorância escusaria o pecado. Mas o homem não pode deixar de conhecer a premissa maior "o parricídio é proibido", pois esta ciência lhe é naturalmente acessível.

Nas *Quaestiones Disputatae de Veritate*, o autor afirma que, no pecado, a vontade não segue necessariamente a razão,[35] o que contradiz o tratamento do tema na *Suma Teológica*. Jacques Leclercque alerta que aquele é um texto de juventude e, mesmo nele, essa assertiva é depois matizada. Tratar-se-ia de um erro de eleição por conta de uma escolha habitual, por conta de um ato que seria realizado de forma quase automática. Isso não precederia o pecado, mas lhe seguiria, o que salvaguardaria a ciência "imaculada" do bem. Mas este é um caso isolado; o tratamento que Aquino dispensa ao tema percorre o caminho inverso: a percepção intelectual precede à vontade.[36]

---

34. ST 1-2 q.76 a.1 e a.2 (*Ibidem*).

35. QDV q.22 a.15 (*Idem. Quaestiones Disputatae de Veritate*. O Livre-Arbítrio – Questão 24. Trad.e notas Paulo Faitanin e Bernardo Veiga. São Paulo: EDIPRO, 2015).

36. LECLERCQUE, Jaques. *La Philosophie Morale de Saint Thomas devant la Pensée Contemporaine*. Louvain: Publications Universitaires de Louvain, 1955. p. 117.

Em Aquino, a liberdade não implica necessariamente o poder de fazer o mal, mas supõe tão somente o poder de escolher entre os bens contingentes. Contudo, o mal moral pressupõe que se tome por um bem aquilo que não o é, e que isso tenha sido percebido no momento da deliberação. Se o agente se engana (fora da ignorância em sentido estrito que é inescusável), então não há culpa nem, por conseguinte, pecado.

Não é este o caso do pecado propriamente dito, que é sempre culpável, e Tomás de Aquino explica muito bem a diferença:

> Suponha-se que alguém examine o valor de uma ação possível que se apresenta diante de si e julga, de um ponto de vista especulativo, que seria maligna, como, por exemplo, fornicar com determinada mulher. Porém, mesmo percebendo isso, muitas outras circunstâncias favoráveis à realização do ato, como o prazer da fornicação, aparecem-lhe ao espírito e obscurecem a sua razão de modo a impedir o juízo. É assim que se pode agir contra a consciência.[37]

Este mesmo tipo de raciocínio consta também da *Suma Teológica*:

> Dissemos que o mal é algo estranho à vontade porque esta não tende a ele por uma razão formal própria do mal; ela tende ao mal porque este se apresenta como um bem e consegue arrastá-la. [...] Se este defeito da inteligência não fosse de algum modo voluntário, não haveria pecado nem na vontade, nem na virtude apreensiva, como sucede nos casos de ignorância invencível. Assim, deve-se considerar pecado somente o defeito da inteligência quando depende da vontade.[38]

37. QDV q.17 a.1 (AQUINO, Tomás de. *Quaestiones Disputatae de Veritate*. O Livre-Arbítrio – Questão 24. Trad.e notas Paulo Faitanin e Bernardo Veiga. São Paulo: EDIPRO, 2015).

38. ST 1-2 q.74 a.1 (*Idem. Suma Teologica*. Texto latino de la edición crítica Leonina. Tradução Francisco Barbado Viejo, O.P. 2. ed. Madrid: Biblioteca de Autores Cristianos, 1947, Tomos I a V.).

Leclercque[39] assevera que haveria então uma contradição no pensamento tomasiano. O ser humano tende à própria felicidade e perfeição (*beatitudinem*); a vontade, por ser um apetite racional, não poderia escolher deliberadamente um mal. É claro que o homem não vislumbra o bem em si mesmo; na realidade terrena, os bens particulares mostram-se imperfeitos, e podem ser, ao mesmo tempo, um bem e um mal sob diferentes aspectos. Mas o homem não peca por ignorância. Ele percebe a parcela de mal que aquele bem contingente oferece e, ainda assim, opta em produzir esta ação. Não houve engano, o mal foi percebido, e a vontade inclinou-se a ele. Essa contradição teria sido percebida pelos franciscanos nominalistas que afirmaram que a vontade possuiria autonomia em face da razão e poderia escolher o mal.

Entretanto, este paradoxo no pensamento tomasiano é apenas aparente. Cumpre salientar que, para o autor, o mal não possui uma essência própria, revela-se somente uma ausência do bem.[40] E, portanto, o nada não pode mover a vontade. Nos bens contingentes, particulares e imperfeitos, a vontade do agente é atraída pelo aspecto bom que aquele bem pode lhe proporcionar. É, pois, um bem, embora imperfeito e contingente, que ainda move a vontade. O mal moral existe porque o agente também percebeu o aspecto maligno daquele mesmo bem e aceitou produzir o ato mesmo assim. No caso de uma ação imoral como o estupro, o agente seria atraído ou pelo prazer sexual do ato ou pelo prazer sádico de dominar e impor a sua vontade à outra pessoa. E estes prazeres lhe parecem um bem.

---

39. LECLERCQUE, Jaques. *La Philosophie Morale de Saint Thomas devant la Pensée Contemporaine*. Louvain: Publications Universitaires de Louvain, 1955. p. 119-125.

40. QDM q.1 a.1 (AQUINO, Tomás de. *Quaestiones Disputatae de Malo On Evil*. Translated by Richard Regan. New York: Oxford University Press, 2003).

Ocorre que existem diferentes graus de perversidade. A prática de atos virtuosos ou de atos viciosos conduz a hábitos num e noutro sentido.

> Cada obstáculo a uma perfeição ou forma, juntamente com a exclusão da perfeição ou forma, torna o sujeito menos adequadamente disposto ou apto a receber a forma. [...] Por exemplo, é evidente que o que se move em uma direção não se move na direção contrária e também é menos adequadamente disposto ou apto a se mover na direção contrária. Da mesma forma, algo quente é menos disposto a se tornar frio, uma vez que oferece maior resistência ao impacto de algo frio. [...] E assim o pecado diminui a propensão ao bem natural.[41]

A inconsistência observada por Leclercque faria sentido se as pessoas possuíssem uma percepção absoluta e fixa da maldade e bondade intrínseca das ações. Mas isso não acontece desta maneira. Nos primeiros pecados, o agente percebe a atração pela ação maligna, debate-se internamente entre fazer e não fazer, mas termina por ceder à pressão do apetite sensitivo e ludibria a sua consciência moral, mormente com argumentos consequencialistas, em vista do fim e "bem maior" que pretende atingir com esta mesma ação. Fantasiada na mente do agente, a maldade vira um subproduto de uma ação justa em prol de um bem maior. Permanece o fato de que a sua vontade não consegue aderir a um objeto que não apresente uma índole de bem, ainda que maquiada. Contudo, à medida que os males morais se reiteram, o agente recorre cada vez menos a emendas de permeio e máscaras, com embates interiores cada vez menores. Então, o hábito vicioso torna-se capaz até mesmo de operar uma contrafação do primeiro princípio da razão prática ("deve se praticar o bem e evitar o mal"), que era até então evidente por uma ciência natural. Em pessoas muito perversas, há inclusive prazer em

41. QDM q.2 a.2 (*Ibidem*).

praticar ações maldosas. Ela percebe a maldade do ato, mas aufere prazer – que em si mesmo consiste num bem – com a prática desse ato.

O livre-arbítrio, portanto, existe, mas é enfraquecido "virtuosamente" com a prática do bem e "viciadamente" com a prática do mal. O hábito faz tanto o monge como o bandido.

5. OBSTÁCULOS AO LIVRE-ARBÍTRIO: O DETERMINISMO FÍSICO

Tomás de Aquino vislumbra a possibilidade de as ações humanas não serem livres, mas determinadas por relações de causa e efeito do mundo físico. Haveria determinismo nas escolhas humanas imposto pelo que ele denomina de "corpos celestiais".[42] Nessa objeção ao livre-arbítrio, subjaz uma perspectiva cosmológica que preconiza que todos os eventos na esfera sublunar seriam causados pelos movimentos das constelações nas esferas celestiais mais elevadas.

Obviamente, Aquino rechaça esta concepção. O problema com ela se resume ao fato de que, para o autor, a razão consiste numa faculdade da alma imaterial e incorpórea, e nenhum corpo – nem mesmo os celestiais – podem influir nos seres imateriais e incorpóreos. Ao contrário, estes é que são dotados de uma virtude operativa mais pura e universal.[43]

Muitos pensadores cristãos, por influência de Platão ou de Plotino, como Agostinho de Hipona, promoveram uma distinção dualista, entre corpo e alma, matéria e espírito. Nos autores da Patrística, em geral, o corpo consiste

42. QDV q.5 a.10 (AQUINO, Tomás de. *Quaestiones Disputatae de Veritate*. O Livre-Arbítrio – Questão 24. Trad.e notas Paulo Faitanin e Bernardo Veiga. São Paulo: EDIPRO, 2015).

43. ST 1-2 q.9 a.5 (*Idem*. *Suma Teologica*. Texto latino de la edición crítica Leonina. Tradução Francisco Barbado Viejo, O.P. 2. ed. Madrid: Biblioteca de Autores Cristianos, 1947, Tomos I a V).

numa verdadeira prisão para a alma.[44] Haveria duas forças antagônicas a operar no interior do ser humano: o espírito que o moveria até Deus, e a matéria que o influenciaria para a corrupção.

O Aquinate, no entanto, não enxerga com maus olhos a natureza corporal. Também distingue a alma do corpo, mas aquela seria incorruptível, enquanto este não. Por isso, a alma não é afetada pelo corpo. Se existir uma causa de corrupção para a alma, teria de ser buscada nela mesma. "O corpo não deve ser concebido como mau em si [...]. Porque se a matéria fosse má em si, não seria nada; se é algo, é porque na própria medida em que é, não é má. Como tudo o que cai dentro do domínio da criatura, a matéria é boa e foi criada por Deus".[45]

Tomás de Aquino recebe muito mais influências de Aristóteles do que de Platão ou Plotino. A divisão tomasiana entre corpo e alma provém do hilemorfismo aristotélico. Para o estagirita, todo objeto físico se compõe de matéria e forma – o termo "hilemorfismo" é aglutinação das palavras gregas matéria (*hulê*) e forma (*morphê*). Essa distinção serve para explicar como ocorrem as mudanças na natureza, como que as coisas passam para a existência. A forma unifica a matéria num objeto individual, que, portanto, será um composto sempre duplo. No *De Anima*, Aristóteles assevera expressamente que corpo e alma constituem uma junção especial de matéria e forma.[46]

---

44. TURMINA, Leonardo Balbinot. *O livre-arbítrio no pensamento de Tomás de Aquino*. Dissertação de Mestrado em Teologia. Porto Alegre: Pontifícia Universidade Católica do Rio Grande do Sul, 2014. p. 41.

45. GILSON, Étienne. *El Tomismo: Introducción a la filosofía de Santo Tomás de Aquino*. Tradução Alberto Oteiza Quirino. Buenos Aires: Ediciones Desclée de Brouwer, 1960. p. 268.

46. AINSWORTH, Thomas. Form vs. Matter. *In:* ZALTA, Edward N. (ed.). *The Stanford Encyclopedia of Philosophy* (Summer 2020 Edition). Disponível em: https://plato.stanford.edu/archives/sum2020/entries/form-matter/. Acesso em: novembro de 2020.

No teólogo dominicano, além de a matéria consistir num bem em si mesma, também é fonte de bens para as demais formas que podem unir-se a ela. Um corpo não existe separado de sua forma. A alma humana também é uma forma e, portanto, um ato de existir; já a matéria é uma potência e, assim, uma possibilidade de existência. Ao contrário dos seus predecessores, no Aquinate, o corpo não representa uma prisão, mas um servidor, ou um instrumento disposto por Deus para servir a alma, para que esta possa alcançar a sua perfeição.[47]

Matéria e espírito, corpo e alma, não constituem realidades estanques. Enquanto o movimento de *vir a ser* procede do segundo para o primeiro elemento das alternativas, poderia sim haver algum movimento menos essencial e importante ao contrário. Aquino admite que possa haver alguma influência indireta dos corpos celestes sobre o livre-arbítrio. Visto que os movimentos celestiais causam efeitos necessários no mundo sensível e, portanto, podem mediatamente impressionar o apetite sensitivo, haveria então algum efeito sobre a vontade. Além disso, os movimentos astrais podem também causar efeitos necessários no corpo humano. O teólogo dominicano cita como exemplo a estação fria do ano que pode "causar" a vontade no ser humano de acender uma lareira.[48]

Não restam dúvidas de que não se trata de determinismo e sim de mera influência. Existe uma proeminência do mundo espiritual sobre o material. Mas tampouco pode afirmar-se que Tomás de Aquino subscreveria a uma versão completamente "pura" e incausada de livre-arbítrio.

---

47. TURMINA, Leonardo Balbinot. *O livre-arbítrio no pensamento de Tomás de Aquino*. Dissertação de Mestrado em Teologia. Porto Alegre: Pontifícia Universidade Católica do Rio Grande do Sul, 2014. p. 41.

48. ST 1-2 q.9 a.5 (AQUINO, Tomás de. *Suma Teologica*. Texto latino de la edición crítica Leonina. Tradução Francisco Barbado Viejo, O.P. 2. ed. Madrid: Biblioteca de Autores Cristianos, 1947, Tomos I a V).

CONCLUSÃO

Este trabalho examinou a noção de livre-arbítrio num dos maiores pensadores do Cristianismo. O objetivo era verificar se a concepção tomasiana seria desprovida de todo tipo de influências e determinismos psicológico e natural; em outras palavras, se a sua noção de livre-arbítrio pode ser tida como "ingênua" de algum modo para o leitor contemporâneo.

Para tanto, apresentou-se a ideia de liberdade como antitética àquela de necessidade, e o autor encerra diversas espécies de necessidade, embora só algumas sejam aptas a produzir determinismos. Assim, foi possível compreender o conceito de "vontade livre" (*voluntas libera*) e o livre-arbítrio como a própria vontade livre em face de a possibilidade de eleição de alternativas.

A seguir, analisou-se a compatibilidade do livre-arbítrio tomasiano com três obstáculos: as paixões, o determinismo moral e o determinismo físico. Nos três casos, o autor consegue salvaguardar o livre-arbítrio, mas aceita a possibilidade de influência e explica como ela pode acontecer.

Tomás de Aquino pode ser um homem do século XIII, imerso numa cultura teocêntrica, mas causa surpresa a quantidade de sutilezas e nuanças que o seu conceito de livre-arbítrio contém. A noção mais tradicional de livre-arbítrio mostra-se muito mais sofisticada do que se poderia imaginar e não se tornou obsoleta em virtude das descobertas da Psicologia e da Neurociência.

REFERÊNCIAS

AINSWORTH, Thomas. "Form vs. Matter". *In:* ZALTA, Edward N. (ed.). *The Stanford Encyclopedia of Philosophy* (Summer 2020 Edition). Disponível em: https://plato.

stanford.edu/archives/sum2020/entries/form-matter/. Acesso em: nov. 2020.

AQUINO, Tomás de. *Quaestiones Disputatae de Malo On Evil*. Translated by Richard Regan. New York: Oxford University Press, 2003.

AQUINO, Tomás de. *Quaestiones Disputatae de Veritate*. O livre-arbítrio – Questão 24. Tradução e notas Paulo Faitanin e Bernardo Veiga. São Paulo: Edipro, 2015.

AQUINO, Tomás de. *Suma Teologica*. Texto latino de la edición crítica Leonina. Tradução Francisco Barbado Viejo, O.P. 2. ed. Madrid: Biblioteca de Autores Cristianos, 1947. t. I a V.

GILSON, Étienne. *El Tomismo: Introducción a la filosofia de Santo Tomás de Aquino*. Tradução Alberto Oteiza Quirino. Buenos Aires: Ediciones Desclée de Brouwer, 1960.

HOFFMANN, Tobias; Furlong, Peter. Free Choice. *In:* Dougherty, M. V. (ed.). *Aquinas's Disputed Questions on Evil. A critical guide*. Cambridge: Cambridge University Press, 2016.

HOFFMANN, Tobias; Michon, Cyrille. Aquinas on Free Will and Intellectual Determinism. *Philosopher's Imprint*, v. 17, n. 10, p. 1-36, maio 2017.

LECLERCQUE, Jaques. *La Philosophie Morale de Saint Thomas devant la Pensée Contemporaine*. Louvain: Publications Universitaires de Louvain, 1955.

LIBET, Benjamin. Do we have free will? *Journal of Consciousness Studies*, 6, n. 8-9, 1999, p. 47-57.

O'MEARA, Thomas F. "Thomism". *In: Encyclopedia Britannica*, 27 abr. 2020. Disponível em: https://www.britannica.com/topic/Thomism. Acesso em: jun. 2022.

SPIERING, Jamie Anne. What is Freedom? An instance of the silence of St. Thomas. *American Catholic Philosophical Quaterly*, v. 89, n. 1, p. 27-46, 2015.

TURMINA, Leonardo Balbinot. *O livre-arbítrio no pensamento de Tomás de Aquino*. Dissertação (Mestrado em Teologia) – Porto Alegre: Pontifícia Universidade Católica do Rio Grande do Sul, 2014.

PASSADO, PRESENTE E FUTURO DOS DIREITOS NATURAIS

Leandro Cordioli

INTRODUÇÃO

Em um dos momentos mais terríveis da história, novamente a existência, o conhecimento e a defesa dos valores humanos e da justiça foram colocados em xeque. Outra vez foi necessário corajosamente afirmá-los, ainda que a grande maioria das pessoas estivesse em um estado de alienação produzido pelo grupo que alcançou o poder. Foi nesse contexto que Heinrich Rommen publicou na Alemanha, em 1936, sob o sugestivo título de "O eterno retorno do direito natural" (*Die ewige Wiederkehr des Naturrechts*)[1] seu manifesto em defesa do jusnaturalismo. Contudo, como previsível, o ativismo contra a ascensão totalitária do Partido Nazista e a publicação da obra defendendo valores humanistas cristãos renderam a ele a prisão pelos nazistas.

---

1. A obra " *Die ewige Wiederkehr des Naturrechts*" de Heinrich Rommen foi traduzida para o inglês por Thomas R. Hanley sob o título "*The natural law: a study in legal and social history and philosophy*", acrescida de uma segunda parte e publicada em 1947 nos Estado Unidos da América.

Aquilo que Rommen designou de "*Adolf Légalité*" e a passividade dos juristas tecnicistas da época possibilitaram a tomada das instituições e seu uso pelos nazistas para implantar um regime totalitário e genocida. Depois de liberto, Heinrich que era um advogado crítico do juspositivismo em sua vertente legalista, emigrou para os Estados Unidos. Na América, iniciou-se na carreira acadêmica, conjuntamente com outros expoentes europeus recém-chegados (Yves R. Simon, Eric Voeglin, Leo Strauss, Jacques Maritain, Hannah Arendt *et al.*), ocasionando um verdadeiro renascimento jusnaturalista e o combate do totalitarismo. Hittinger[2] comenta na sua "Introdução" à tradução americana da obra referida que "Cada geração, diz-se, encontra uma nova razão para o estudo da lei natural. Para Rommen e muitos outros de sua geração, o totalitarismo proporcionou essa ocasião".

Mesmo hoje em dia em que não vivemos mais sob o regime nazista, a sombra das tiranias e dos regimes totalitários paira sobre o nosso futuro como uma possibilidade. A tomada das instituições políticas e jurídicas para a implantação de um projeto de poder e seu emprego para sua perpetuação nele são riscos muito atuais mesmo nas democracias ocidentais. Países vizinhos como a Venezuela e a Nicarágua caminham a passos largos ou já se encontram nesta situação de absolutismo e negação do bem humano. O próprio Brasil parece estar em uma democracia cambaleante, cujo futuro das garantias constitucionais de controle do poder e direitos fundamentais é incerto, porque não gozam mais de tanta popularidade nas cortes superiores. Algumas respostas para estes riscos poderiam percorrer os caminhos da valorização do Estado Democrático de Direito e do caráter dos magistrados. Já propus isso em outros trabalhos. Contudo, quando isso não é mais garantido, porque em última análise

---

2. HITTINGER, Russel. Introduction. *In:* ROMMEN, Heinrich. *The Natural Law:* A Study in Legal and Social History and Philosophy. Tradução Thomas R. Hanley. Indianapolis: Liberty Fund, 1998. p. xii.

depende de um espírito aberto dos próprios ocupantes do poder, resta-nos, aos cidadãos, a esperança de defender publicamente opiniões sólidas acompanhadas de razões e, com isso, impulsionar a modificação dos panoramas político e jurídico. Esse ainda é o melhor caminho a ser trilhado quando se vive em uma democracia, digo, em um regime que possibilita o debate público e a demonstração das contradições dos argumentos que o baseiam.

Por isso, o objetivo do presente ensaio é exatamente este: buscar elementos na história do jusnaturalismo que possibilitem compreendermos e defendermos o bem humano na sociedade atual. A fé e a razão, assim como as gramáticas do justo, da lei natural e dos direitos naturais jogam um papel nesta jornada. Certamente, o seu estudo e recontextualização para o panorama atual pode contribuir em muito para a defesa do jusnaturalismo. Pistas para as respostas das seguintes perguntas são alguns dos exemplos do que o leitor poderá encontrar no desenvolvimento do texto: Há um futuro para o direito natural? Como fé e razão deverão relacionar-se no jusnaturalismo? As teorias da lei natural e dos direitos naturais serão unitárias? A gramática dos direitos humanos deverá ser dispensada pelos jusnaturalistas? Qual deverá ser o caminho a ser seguido pelas teorias da lei natural? Por outro lado, não pretendo cobrir toda a história do jusnaturalismo e nem todos os autores contemporâneos. As teorias abordadas foram escolhidas em razão de demonstrarem alguns pontos relevantes para o futuro dos direitos naturais, a meu juízo.

A justificativa deste texto é uma forma de objetar a tese exposta por Bobbio[3] em seu *A era dos direitos*. O juspositivista italiano sustentava que: "O problema fundamental em relação aos direitos do homem, hoje, não é tanto o de

3. BOBBIO, Norberto. *A era dos direitos*. Tradução Carlos Nelson Coutinho. Rio de Janeiro: Campus, 1992. p. 24.

justificá-los, mas o de protegê-los. Trata-se de um problema não filosófico, mas político". Divirjo desta tese. Creio que estudar as bases jusnaturalistas dos direitos humanos é essencial para conhecer seus fundamentos, assim como proporcionar argumentos e ferramentas para a sua defesa. Não tanto a história do direito natural, mas os argumentos e as ferramentas gramaticais empregadas em seus contextos históricos apropriados. Nesse sentido, conhecer as diversas correntes jusnaturalistas, seus limites e como enfrentaram os desafios em suas épocas pode ser um diálogo enriquecedor com os seus maiores expoentes, o que reforçará as defesas no presente e no futuro da lei natural e dos direitos naturais. Por isso, a eficácia e a proteção dos direitos humanos, que são descendentes dos direitos naturais, dependem de argumentos filosóficos, o que torna válido este estudo.

Pretendo alcançar este objetivo em três passos. Antes de tudo é necessário revisar o nascimento do jusnaturalismo e as suas conexões com a fé e a racionalidade. A seguir, pretendo mostrar que há a possibilidade de se abordar a lei natural em um contexto de razoabilidade prática defensável publicamente e que há vantagens em se empregar as gramáticas dos direitos naturais e dos direitos humanos gestada no liberalismo individualista. Finalmente, apresento algumas correntes de lei natural e direitos naturais do século XX, buscando fronteiras e horizontes para um jusnaturalismo defensável em uma sociedade fragmentada. Encerro com considerações finais que fazem um apanhado dos pontos principais desses horizontes e o que esperar de uma boa defesa futura do jusnaturalismo.

1. JUSTIÇA DIVINA E JUSTIÇA DOS HOMENS

O problema dos critérios de correção da lei humana e da justiça política nasce como subproduto da laicização do poder político e do Direito, o que gera duas condições que possibilitam a compreensão da possibilidade de se resistir à tirania. Primeiro, se todo governo e lei derivam de divindades, não podem ser injustos. As divindades não podem errar, logo as suas leis são sempre justas. Há a necessidade do reconhecimento de que os governantes podem ser bons por estarem alinhados a uma ordem superior de justiça que proporcione o bem da comunidade, mas que também podem se afastar da justiça e legislarem de maneira insensata ou injusta. É isso que Rommen queria dizer quando afirmou que a "ideia de uma lei natural só pode surgir quando os homens percebem que nem toda lei é lei divina inalterável e imutável".[4]

Segundo, deve haver a compreensão de que, para além do poder político exercido pelos seres humanos, há uma medida justíssima que ordena bem as coisas humanas, sob a qual governantes e suas leis devem se alinhar para não serem apenas instrumentos de opressão, e sim planos para a justiça e o bem das comunidades humanas. Ademais, presente essas duas condições, ainda haverá aqueles que, como o sofista Trasímaco,[5] irão sustentar que a justiça é tão somente a vontade do mais forte. Logo a lei coercitiva estatal é Direito mesmo sendo injusta. Desta forma, sem tratar das hipóteses de mero emprego arbitrário do poder, a questão da história dos direitos naturais oscila entre i) o ceticismo sobre uma lei superior ou de justiça, que na atualidade muitas vezes veio travestido de positivismo ou legalismo e, por outro lado, ii.a) as possibilidades de acesso ao bem humano ocorrerem pela fé (crer em uma revelação divina ou algo metafisicamente superior) ou ii.b) pela racionalidade (compreender conceitualmente algo verdadeiramente bom).

---

4. ROMMEN, Heinrich. *The Natural Law:* A Study in Legal and Social History and Philosophy. Tradução Thomas R. Hanley. Indianapolis: Liberty Fund, 1998. p. 4.

5. PLATÃO. *Apologia de Sócrates.* Êutifron. Críton. Tradução André Malta. Porto Alegre: L&PM, 2011, 338c.

Sófocles (século V a.C.) é certamente o pai fundador do jusnaturalismo, entendido como a busca de uma ordenação jurídica humana que atenda exigências superiores de justiça, e proporcione o bem e a felicidade da comunidade política e de seus integrantes. A tragédia Antígona inicia com a notícia de que dois irmãos pereceram no campo de batalha. Etéocles tomba defendendo Tebas de uma agressão estrangeira. Em razão disso é sepultado com honras de herói conferidas pelo governante, seu tio o tirano Creonte. Polinice, de outro lado, uniu-se com a nação estrangeira para atacar Tebas. Creonte o considera traidor, e determina que reste insepulto como forma de desonrá-lo e impedir que ingresse no Hades. A lei de Creonte decretava que aquele que desse rito funerário ao traidor seria morto por apedrejamento.[6] Porém, a jovem Antígona tomada por amor ao irmão realiza as libações funerárias a Polinice em transgressão direta às proibições da lei. Como consequência, é presa e levada a julgamento perante o Tirano. O diálogo que se sucede é a base do que se considera a pedra fundamental do jusnaturalismo:

> CREONTE
>
> Mesmo assim ousaste transgredir minhas leis?
>
> ANTÍGONA
>
> Não foi, com certeza, Zeus que as proclamou, nem a Justiça com trono entre os deuses dos mortos as estabeleceu para os homens.
>
> Nem eu supunha que tuas ordens tivessem o poder de superar as leis não-escritas, perenes, dos deuses, [visto que és mortal.
>
> Pois elas não são de ontem nem de hoje, mas são sempre vivas, nem se sabe quando surgiram.
>
> Por isso, não pretendo, por temor às decisões de algum homem, expor-me à sentença divina. Sei que vou morrer.[7]

---

6. SÓFOCLES. *Antígona*. Tradução Donaldo Schüler. Porto Alegre: L&PM Editores, 2006. p. 20-35.

7. *Ibidem*, p. 445-460.

Esse trecho inaugural da tradição jusnaturalista encontra-se a meio passo da racionalidade prática alcançada pela filosofia grega. Diferentemente da mitologia de Hesíodo em seu "Os trabalhos e os dias"[8] que evocava a inspiração das musas e sua fé em Zeus para dizer algo relevante sobre felicidade humana e agir justamente, Sófocles é ele mesmo, – um ser humano –, o autor da tragédia "Antígona". Ainda assim a heroína apresentava apenas argumentos de fé ao tirano Creonte para sustentar a decisão de desrespeitar a sua lei. Por isso, em que pese uma noção de medida superior de justiça que não é escrita, é atemporal e justíssima, à qual os governantes e as instituições humanas devem se alinhar para garantirem o bem comum e possuírem autoridade, Antígona não apela às noções de justo natural, lei natural ou direitos naturais. A expressão "natural" com o advento das filosofias platônica e aristotélica quer dizer "da razão". O que é evocado pela jovem irmã é uma lei divina dos deuses, cuja fonte e revelação não são esclarecidas e compartilhadas pelo governante, e depende de um ato de fé (crer) e não de racionalidade.

Há um direito injusto, coercitivo e temporal que é fruto da imprudência de Creonte, e que se mostra objetivamente insensato no desenrolar da tragédia. Apesar de buscar alguma justiça ao punir o traidor, afora a questão da legitimidade de Creonte ao trono de Tebas, soma-se algo mais grave que desordena não apenas o poder político, mas todo a ordenação cósmica. A lei do Tirano determinava que um morto habitasse o mundo dos vivos, ao mesmo tempo que ao julgar Antígona, tomado de ira, deixou de aplicar a própria lei que previa a morte do transgressor, e a condenou a habitar o mundo dos mortos. Visto que a condenou ao emparedamento com vida. Legislou e julgou em matérias que não deveriam ser objeto de política, mas sim dos deuses. Um

8. HESÍODO. *Os trabalhos e os dias*. Tradução Mary de Camargo Neves Lafer. Edição bilíngue. 4. ed. São Paulo: Iluminuras, 1989. p. 1-10.

morto habitou o mundo dos vivos, e uma pessoa viva habitou o mundo dos mortos. O poder político de Creonte invadiu a jurisdição do Hades, de modo a desordenar não apenas a polis, mas todo o cosmos. Como resultado, Creonte alcança o seu destino trágico. Perde pelas próprias escolhas a sobrinha Antígona, seu filho Hemon e sua esposa, para o Hades. Torna-se assassino e vítima por falta de saber agir com inteligência, humildade e justiça. Mesmo sendo o todo poderoso Tirano de Tebas tornou-se tragicamente infeliz.[9] Por isso, o Corifeu encera a tragédia com o seguinte conselho: "A prudência é, em muito, a primeira das venturas. Contra os deuses não convém agir. Palavras altivas trazem aos altivos castigos atrozes. A velhice ensina prudência".[10]

Apesar do despertar inaugural de Sófocles, vale destacar que a racionalidade e a busca da verdade em questões humanas foram realmente impulsionadas por Sócrates, Platão e Aristóteles com o advento da filosofia sobre as questões humanas (i.e., felicidade, virtude, coragem etc.). O Sócrates platônico, por exemplo, reconhecia um valor na verdade e na justiça para além da própria vida humana. Em *Apologia de Sócrates*,[11] Sócrates afirma que não tem a menor preocupação em sofrer uma injustiça ou morrer, mas «[...] com não efetuar nada injusto nem ímpio, com isso [se preocupava] totalmente». O ponto aqui é que se passa a buscar a verdade da ordem superior a que os seres humanos devem se adequar para terem uma vida plena e feliz na racionalidade («logos»: razão), não mais na fé e nas divindades. Esta guinada objetiva apoiar os valores expressos em opiniões que são acompanhadas por argumentos defendidos em diálogos (diá+logos: diá: por intermédio,

---

9. SÓFOCLES. *Antígona*. Tradução Donaldo Schüler. Porto Alegre: L&PM Editores, 2006. p. 1261-1279.

10. *Ibidem*, p. 1347-1353.

11. PLATÃO. *Apologia de Sócrates*. Êutifron. Críton. Tradução André Malta. Porto Alegre: L&PM, 2011. p. 32.

através; logos: razões, palavras) em que duas ou mais razões buscam a compreensão da verdade, ou ao menos alcançar algum grau de adesão e compartilhamento dessas opiniões pelos interlocutores, e não em crenças pessoais ou em verdades reveladas particularmente.

Coube a Aristóteles (século IV a.C.) sistematizar os âmbitos do justo político (*politikou dikaíou*), conceituando o justo natural (*physikòn*) e o justo convencional (*nomikón*). Há questões, segundo a *Ética a Nicômaco*, que possuem força moral independentemente do lugar e do tempo que, por isso, são justas por natureza. Porém, há outras questões que são indiferentes à moral, mas que uma vez estabelecidas pelo legislador passam a ser justas por convenção.[12] Esta dicotomia entre natural e convencional baseia-se na justiça de algo de acordo com a natureza ou a vontade do legislador. Há coisas que valem como justo e correto independentemente do legislador, outras dependem de sua positivação. Que o homicídio deva ser punido não depende da existência de uma lei, mas que a pena seja esta ou aquela (por exemplo, seis a vinte anos de prisão ou dez a trinta anos de prisão) depende do legislador. De modo que justos natural e convencional convivem harmonicamente nas leis humanas que consideramos boas, pois a própria lei deve estar de acordo com o justo natural para ser justa e, ao mesmo tempo, o legislador possui discricionariedade para decidir no que é convencional. A conclusão lógica é de que nem todo o Direito é encontrado na natureza, mas uma boa parte depende da atividade e liberdade legislativa.

Finalmente, Aristóteles enfrenta os céticos que sustentam que não existe justo natural, porque todas as leis variam no tempo; – o que é certo pode tornar-se errado, ou o que é errado pode tornar-se certo. – Aristóteles discorda disso, e sustenta que a variação do que é justo não

12. ARISTÓTELES. *Ética a Nicómaco*. Tradução bilíngue de Maria Araujo e Julián Marias. 7. ed. Madrid, 1999. v. 7, 1134 b 18-23.

invalida a tese da dicotomia do justo político em natural e convencional. O seu argumento é que tanto o justo natural quanto o justo convencional são generalizações que valem na maioria das vezes, mas que em alguns poucos casos podem falhar: "[...] por natureza a mão direita é a mais forte, contudo, é possível que todos venham a se tornar ambidestros".[13] Os empréstimos devem normalmente ser devolvidos por justo natural, mas em alguns poucos casos isso pode ser injusto (por exemplo, quando o que foi emprestado é uma arma e seu proprietário exige a sua restituição em um acesso de loucura), diria Tomás de Aquino[14] comentando a passagem.

Um último ponto que gostaria de acrescentar à trajetória do justo divino em direção à lei natural e ao humanismo é a recepção cristã da filosofia grega no século IV. Agostinho ventilou o cristianismo da época com a filosofia aportando a racionalidade e a dialética de Platão às verdades reveladas pela fé em Cristo nas escrituras. O bispo de Hipona não adotava a terminologia aristotélica da "natureza" (*physis*). Por consequência, também ainda não empregava a expressão "lei natural". Em Agostinho, há a Lei Eterna e imutável que é a Razão suprema de todas as coisas, em que Deus atribui aos bons uma vida feliz e aos maus uma vida infeliz. De outro lado, há a Lei Temporal, cuja autoridade e ordenações justas são retiradas da Lei Eterna.[15] Esta noção clara de que a lei humana retira a sua autoridade moral e razão de ser de uma ordem anterior, independente e justíssima ganha a sua pedra angular, quando no "O livre-arbítrio" é dito que "[...] uma lei que não seja justa não é lei",[16]

---

13. ARISTÓTELES. *Ética a Nicómaco*. Tradução bilíngue de Maria Araujo e Julián Marias. 7. ed. Madrid, 1999. v. 7, 1134 b 33-35.

14. AQUINO, Tomás de. *Comentario a la Ética a Nicômaco de Aristóteles*. Tradução Ana Mallea. 2. ed. Pamplona: Editora Eunsa, 2001. Livro V, p. 729

15. AGOSTINHO. *O livre-arbítrio*. Tradução Nair de Assis Oliveira. Revisão de Honório Dalbosco. São Paulo: Paulus, 1995. Livro 1, p. 15.

16. *Ibidem*, p. 13.

ou seja, é da razão de lei humana, além da autoritatividade política, de permitir alguns atos que a Providência divina pune no intuito de evitar males maiores e de reprimir crimes para garantir a paz, ser justa no sentido de alinhar-se à ordenação eterna de Deus. Uma lei humana que atenda às demais exigências, mas que falhe em justiça perde a razão de lei. É apenas uma violência.

O apelo à Lei Eterna de Deus por Agostinho pode ser enganador se interpretado como a autoridade de *Diké* (Justiça) brandeada peremptoriamente por Antígona à Creonte sem nenhuma evidência compartilhada ou argumento racional. Agostinho apresenta as suas teses na melhor forma platônica de diálogo em que há uma ética discursiva e a boa vontade dos interlocutores na busca da verdade. As opiniões e as objeções dos interlocutores são acompanhadas de razões formuladas com base em evidências, argumentos racionais ou mesmo na autoridade da escritura compartilhada por ambos, cujo objetivo não é desafiar, mas convencer. Assim, o diálogo evolui na direção do conhecimento do que não é apenas a aceitação literal da verdade revelada, mas também de verdade filosófica, racional e amadurecida daquilo que está por trás das palavras escritas no evangelho. Longe de reduzir a fé cristã e a força da revelação, as fortalecem e as esclarecem com a força da razão. Veja, por exemplo, Agostinho e Evódio dialogando sobre agir mal, ou melhor, agir contra a Lei Eterna:

> Ag. Tu me perguntas: Qual a causa de procedermos mal? É preciso examinarmos, primeiramente, o que seja proceder mal. Dize-me o que pensas a esse respeito. [...]
>
> Ev. Os adultérios, os homicídios e os sacrilégios, sem falar de outros maus procedimentos, os quais não posso enumerar, por me faltar tempo e memória. Quem não considera aquelas ações como más?
>
> Ag. Dize-me, primeiro, por que consideras o adultério como má ação? Não será porque a lei o proíbe de ser cometida?

> Ev. Por certo que não. Ele não é um mal precisamente por ser proibido pela lei, mas, ao contrário, é proibido pela lei por ser mal.
>
> Ag. Pois, bem! Mas se alguém insistir junto a nós, exagerando os prazeres do adultério e perguntando-nos por que o julgamos mau e condenável? Seria preciso, na tua opinião, recorrer à autoridade da lei, junto àqueles que desejam não somente crer, mas também entender?
>
> Pois eu também, como tu, creio inabalavelmente e até proclamo que todas as nações e povos devem admitir ser o adultério um mal. Agora, porém, a respeito dessas verdades confiadas à nossa fé, esforçamo-nos de ter igualmente um conhecimento pela razão, mantendo-as com certeza plena. Reflete, pois, o quanto puderes, e dize-me por quais motivos crês que o adultério é um mal.[17]

Esta passagem é esclarecedora sobre a relação de fé e razão, bem como o seu papel no discernimento do conteúdo da Lei que mede a justiça da Lei Temporal em Agostinho. No diálogo, Evódio é instado a enunciar algumas ações que considera injustas por contrariarem a Lei Eterna. Propõe exemplificativamente que os adultérios, os homicídios e os sacrilégios são ações más e não devem ser praticadas ou permitidas pela Lei Temporal. Agostinho, então, investiga racionalmente a opinião de seu interlocutor: Por que o adultério é mau? É mau porque contraria a lei (Lei Temporal), ou a lei o proíbe porque é mau? Traduzindo para a gramática aristotélica dos justos natural e convencional: o adultério é contrário à lei natural (da razão) ou é meramente contrário à lei da cidade, quando proibido convencional e autoritativamente pelo legislador? Evódio responde que a lei (Temporal) o proíbe exatamente por ser mau, i. e. contrariar a Lei Eterna, o que vem corroborado por Agostinho e o direito das gentes ("[...] até proclamo que todas as ações e povos devem admitir ser o adultério um mal.").

17. AGOSTINHO. *O livre-arbítrio*. Tradução Nair de Assis Oliveira. Revisão de Honório Dalbosco. São Paulo: Paulus, 1995. Livro I, p. 6.

O bispo de Hipona, então, propõe para Evódio se esforçarem conjuntamente para buscar um conhecimento racional a respeito destas verdades (proibição do adultério) que lhes haviam sido confiadas pela fé, a fim de encontrar os motivos racionais pelos quais o adultério é um mal para o ser humano, contrário à Lei Eterna e deveria ser proibido pela Lei Temporal. A resposta vem na linha racional da Regra de Prata, no sentido de que o adultério fere o preceito: Não faça aos outros aquilo que você não quer que lhe façam! Se você não quer ser vítima de adultério porque reconhece ser um mal, não cometa aquilo que você sabe ser mau. Haveria, no caso, uma contradição prática que traria um constrangimento racional de agir conforme algo que você reconhece ser mau. Eu não quero que você faça isso comigo, mas eu quero fazer com você. No foro íntimo, você sabe que erra:

> Ev. Sei que é um mal porque não quisera ser eu mesmo vítima dele, na pessoa de minha esposa. Ora, quem quer que faça um mal o qual não quer que lhe façam, procede mal.[18]

Agostinho ainda assim não se dá por satisfeito. A concupiscência pode levar alguém a agir mal permitindo o adultério com a própria esposa na esperança de haver para si a mesma permissão. Aqui importa notar que não é a virtude da razoabilidade prática ou a prudência que age a partir de bens humanos verdadeiros e meios bons de os alcançar, mas o vício da astúcia, que funciona como serva do vício pela incontinência. O astuto usa cálculos racionais ou ardis expertos para alcançar fins que não conduzem à felicidade humana e, por isso, não são éticos. Diz Agostinho:

> Ag. Então! E se a paixão inspirasse a alguém de entregar sua própria esposa a outro, e de aceitar voluntariamente que ela

18. AGOSTINHO. *O livre-arbítrio*. Tradução Nair de Assis Oliveira. Revisão de Honório Dalbosco. São Paulo: Paulus, 1995. p. 6.

> fosse violentada, desejando ele, por sua vez, obter a mesma permissão em relação à esposa do outro? Conforme tua opinião, não faria ele mal nenhum?
>
> Ev. Ao contrário, ele agiria muito mal.
>
> Ag. Mas conforme a regra proposta há pouco por ti, esse homem não peca, porque não faz o que não gostaria de suportar. Procura, por conseguinte, outra razão para me convenceres de que o adultério é mal.[19]

O ponto que pretendo demonstrar não exige ultimar este diálogo. O que importa é que nem Agostinho e nem Evódio contentam-se com os argumentos até então apresentados para demonstrar racionalmente que cometer adultério é um mal não apenas porque fere a Lei Temporal e o direito das gentes, mas porque é contrário à Lei Eterna. Apesar da Lei Eterna ser a Lei de Deus e a "Razão suprema de tudo", nenhum dos dois se apoia tão somente na verdade revelada nas Escrituras no nono mandamento ("Não cobiçarás a mulher do teu próximo"). Ambos procuram honestamente e de boa vontade encontrar um argumento racional convincente que sobreviva às objeções para a opinião de que cometer adultério é um mal. Nesse sentido, mesmo alguém que não compartilhasse de suas crenças religiosas poderia participar do diálogo e compartilhar de suas conclusões. Esse é um papel da razão que não estava disponível para a jovem Antígona, que evocou as leis dos deuses, mas não apresentou um fundamento racional convincente e compartilhado para a sua fé.

Se perguntássemos à herdeira de Édipo: Antígona por que você realizou os ritos funerários em Polinice se sabia que a sua ação poderia ser punida com a morte por apedrejamento? A resposta seria: "– Quem morreu não foi o escravo, foi o irmão. [...] Não fui gerada para odiar, mas para

19. *Ibidem.*

amar".[20] A questão para o presente ensaio é que estas não são razões universais que justificam as ações de Antígona, mas seus motivos particulares. Apesar de nobres, humanamente compreensíveis e dignos de piedade, não são capazes de demonstrar a insensatez do decreto de Creonte, que o destino o levou a reconhecer. Em um julgamento justo, poderiam servir para atenuar a sua pena, mas não para demonstrar a injustiça da lei do Tirano de Tebas. Para alcançar este fim mais geral, seria necessário dirigir o diálogo a um alvo mais universal. A pergunta "Por que é injusto deixar insepulto um traidor da cidade?", dirige-se a este alvo. Agostinho e Evódio, apesar de serem cristãos, não se contentariam em argumentar que a Lei Temporal de Creonte é contrária à Lei Eterna. Certamente, buscariam com honestidade os motivos racionais que sustentam a sua fé. Antígona, de sua parte, contentou-se apenas em aduzir que os deuses proclamaram as leis que proíbem que tal lei humana seja decretada, ainda que ninguém saiba onde e quando o fizeram.

Exatamente este é o percurso da noção de justiça divina ao jusnaturalismo. É um caminho que não exclui a fé, mas que soma a racionalidade na defesa do bem humano. Hoje a realidade social é completamente diferente dos tempos de Antígona e Agostinho. As sociedades ocidentais são liberais e fragmentadas. Não há uma unicidade de planos de vidas abrangentes (planos de felicidade) para usar a linguagem de Rawls. Pior ainda, a opinião dominante propõe que a felicidade dos seres humanos é um assunto particular, que não pode ser trazido ao plano político institucional, sob pena de entrarmos em guerra.[21] Contudo, as exigências racionais agostinianas importadas da filosofia grega para o humanismo cristão ainda são, a meu juízo, uma ponte que

20. SÓFOCLES. *Antígona.* Tradução Donaldo Schüler. Porto Alegre: L&PM Editores, 2006. p. 517-523.

21. RAWLS, John. *O liberalismo político.* Tradução Álvaro de Vita. São Paulo: Martins Fontes, 2011. Introdução, p. XXIV-XXIX

possibilita o jusnaturalismo alcançar este novo paradigma. Podemos esperar, portanto, que ainda haja espaço para o direito natural no mundo contemporâneo. Porém, há um caminho útil para a atualidade depois dessa ponte que também já foi percorrido por Tomás de Aquino. Com ele, se chega a uma sistematização da lei natural, separando-se claramente o papel da fé e da razão. Além de, é claro, as contribuições dos liberais dos séculos XVI-XVIII que, apesar de alijarem a Ética e a felicidade humana dos debates, aportaram a gramática individualista dos direitos naturais. Vejamos o que tudo isso pode somar ao jusnaturalismo.

2. DA LEI NATURAL AOS DIREITOS NATURAIS

Mostrei até aqui que Agostinho trabalhava com os conceitos de Lei Eterna e Lei Temporal, apesar de empreender a racionalidade para fundamentar os ensinamentos de sua fé. Esses dois conceitos ainda eram limitados no sentido de separar claramente os domínios da religião e da filosofia. A grande sistematização da fé, da revelação e da racionalidade no jusnaturalismo foi empreendida por Tomás de Aquino,[22] no século XIII, com a sua doutrina das quatro leis: Lei Eterna, Lei Divina, Lei Natural e Lei Humana. Tomás separa o que seja a ordenação da criação, a revelação Divina aos seres humanos, aquilo que podemos conhecer a partir da racionalidade prática e, finalmente, o Direito que é elaborado autoritativa e coercitivamente pelo Estado.

A Lei Eterna (*lege aeterna*) é a razão suprema de Deus ao mover todas as coisas criadas para o devido fim, ou melhor, é a racionalidade divina que ordena a sua criação teleologicamente. Por isso, todas as coisas criadas e criaturas participam da Lei Eterna segundo a sua natureza. No caso

---

22. AQUINO, Tomás de. *Suma Teológica IV (I-II Tratado da lei)*. Tradução bilíngue de Aldo Vannucchi *et al*. São Paulo: Loyola, 2005. I-III, q. 91.

dos seres humanos, participam segundo a natureza racional, isto é, conhecemos uma parcela da Lei Eterna a partir da nossa capacidade racional.[23] A Lei Divina (*lex* divina) são as leis que foram reveladas diretamente aos seres humanos por Deus no Antigo Testamento e no Novo Testamento. A Lei Antiga toma o ser humano como uma criança em formação nas mãos de um pedagogo e ordena pelo temor. A Lei Nova vem de encontro a um ser humano maduro, pronto para compreender que Deus ordena por amor.[24] Sem adentrar nas divergências hermenêutica de doutrinas bíblicas, é necessário crer em Deus e em sua revelação nas escrituras para se aceitar e compartilhar as suas autoridades. Logo, a Lei Divina é uma questão de fé.

Os domínios próprios da racionalidade prática, da universalidade do conhecimento e da comunicação do bem humano começam com a noção de lei natural (*lex naturalis*), que Tomás considera que seja a forma própria da criatura racional participar da Lei Eterna. Os seres humanos possuem a capacidade racional que pode ser empregada de modo prático nas nossas ações para compreender e distinguir o que é o bem do que é mal.[25] A tese de Tomás é de que os bens humanos possuem cognoscibilidade, proposicionalidade e prescretividade, isto é, i) podemos compreender o que é bom (p. ex., ser saudável é melhor do que estar doente.), ii) expressar isso mediante a linguagem (p. ex., a vida é um bem para o ser humano.) e iii) aconselhar ou comandar outros seres humanos a respeito destes bens (p. ex., não fume, porque prejudica a sua saúde. Ou então: não mate!). A Lei Natural assim compreendida é objeto da racionalidade prática e não da fé. Não há um código de leis naturais revelados ou escrito em algum livro sagrado. O ser

---

23. *Ibidem*, I-II, Q. 91, a. 2, r.

24. *Ibidem*, I-II, Q. 91, a. 5.

25. AQUINO, Tomás de. *Suma Teológica IV (I-II Tratado da lei)*. Tradução bilíngue de Aldo Vannucchi *et al*. São Paulo: Loyola, 2005. I-II, Q. 91, a. 2, r.

humano deve fazer um esforço racional para compreender o que é bom razoavelmente e, então, "constituir" a lei natural racional e proposicionalmente [*lex naturalis est aliquid per rationem constitum*].[26]

Tomás de Aquino ainda propõe que a Lei Natural possui um primeiro princípio que se funda sobre a razão de bem e sua desejabilidade por todas as coisas: "o bem deve ser feito e perseguido, e o mal evitado". Sobre esta diretividade de se buscar os bens e evitar os males, a razão apreende todas as coisas, cuja inclinação natural racional do ser humano é atraída. Segue-se, então, a proposta de uma lista de bens humanos a serem buscados e o que lhes impede evitado (a vida, a família, conhecer a verdade a respeito de Deus, viver em comunidade, evitar a ignorância e não ofender o próximo):

> Pois é inerente ao homem, por primeiro, a inclinação para o bem segundo a natureza que tem em comum com todas as substâncias, isto é, conforme cada substância deseja a conservação de seu ser de acordo com a sua natureza. E segundo essa inclinação, pertencem à lei natural aquelas coisas pelas quais a vida do homem é conservada, e o contrário é impedido.
>
> Em segundo lugar, é inerente ao homem a inclinação a algumas coisas mais especiais, segundo a natureza que tem em comum com os outros animais. E segundo isso, dizem-se ser da lei natural aquelas coisas que a natureza ensinou a todos os animais, como a união do macho e da fêmea, a educação dos filhos, e semelhantes.
>
> Em terceiro lugar, é inerente ao homem a inclinação ao bem segundo a natureza da razão, que lhe é própria, como ter o homem a inclinação natural para que conheça a verdade a respeito de Deus e para que viva em sociedade. E segundo isso, pertencem à lei natural aquelas coisas que dizem respeito a tal inclinação, como que o homem evite a ignorância, que não ofenda aqueles com os quais deve conviver, e outras coisas semelhantes que a isso se referem.[27]

---

26. *Ibidem*, I-II, Q. 94, a. 1, r.

27. AQUINO, Tomás de. *Suma Teológica IV (I-II Tratado da lei)*. Tradução bilíngue de Aldo Vannucchi *et al*. São Paulo: Loyola, 2005, I-II, Q. 94, a. 2, r.

Finalmente, há a Lei Humana (*lex humana*) que é o caso central do conceito de lei tomista: "a definição de lei, que não é outra coisa que uma ordenação da razão para o bem comum, promulgada por aquele que tem o cuidado da comunidade".[28] Assim, a Lei Humana, isto é, o Direito produzido pelo Estado, tem como objetivo a justiça e a paz na comunidade política, garantida mediante a coação. Os seres humanos podem ser virtuosos e agir bem mesmo apenas ouvindo bons conselhos. Porém há outros recalcitrantes ou viciosos que resistem aos bons conselhos. A Lei Humana é útil a ambos, na medida em que, além de coordenar as ações na comunidade (força diretiva), promove a paz pelo medo da pena (força coativa). De tal modo que a Lei Humana proporciona bons costumes mesmo para os de mau caráter, já que os predispõe à virtude mediante o uso justo da coerção.[29] Contudo, a Lei Humana deve contentar-se em reger as ações exteriores e não os movimentos anímicos interiores, porque muitas vezes permanecem velados. Não há como regular coercitivamente algo que não se conhece exteriormente e ocorre na alma da pessoa (i. e., vontades, intenções, inclinações etc.). Tomás também segue Agostinho no sentido de que o legislador não deve buscar punir todas as faltas, pois se o fizesse acabaria também por impedir muitos bens. Estes dois aspectos morais mais exigentes ficam reservados à Lei Divina.[30]

Ademais, toda a Lei Humana deriva da Lei Natural de duas formas: por i) conclusão a partir dos primeiros princípios da Lei Natural e por ii) determinação. Por conclusão, quando há uma derivação por raciocínio partindo dos princípios, como quando se conclui que "não se deve matar", desde o "evite o mal ao agredir a vida de alguém".

---

28. *Ibidem*, I-II, Q. 91, a. 1, r.

29. AQUINO, Tomás de. *Suma Teológica IV (I-II Tratado da lei)*. Tradução bilíngue de Aldo Vannucchi *et al*. São Paulo: Loyola, 2005, I-II, Q. 95, a. 1, r.

30. *Ibidem*, I-II, Q. 91, a. 4, r

Já a determinação apela à autoridade do legislador para fazer escolhas no que seja indiferente à moralidade, como no caso do justo convencional aristotélico.[31] Um exemplo no Direito brasileiro pode ajudar ainda mais na compreensão dessas formas de derivação: o art. 121 do Código Penal Brasileiro tipifica que "Matar alguém: Pena – reclusão, de seis a vinte anos". i) Por conclusão: i.a) a vida é um bem que deve ser perseguido e o que lhe agride deve ser evitado. i.b) Matar alguém agride a vida. i.c) Logo, o homicídio deve ser proibido pela Lei Humana. i.d) Segue-se que CPB, art. 121, tipifica o crime de matar. ii) Por determinação: o legislador pode cominar ii.a) a pena de reclusão de cinco a dezoito anos, ii.b) seis a vinte anos ou mesmo ii.c) oito a trinta anos. Qualquer uma destas alternativas é indiferente para a moral e pode ser legislada. Como ii.d) o legislador brasileiro decidiu cominar a pena de seis a vinte anos de reclusão, esta é a pena justa para homicídio no Brasil. O que não se poderia fazer seria premiar a conduta do homicida ou punir um crime gravíssimo com uma pena insignificante que não fosse proporcional e dissuasória da falta cometida. Nesses casos, a lei falharia na derivação por determinação.

Finalmente, Tomás de Aquino aceita e desenvolve o dito agostiniano de que "lei injusta não é lei". Para Tomás, as leis do Estado possuem razão de lei, na medida em que derivam a sua justiça da Lei Natural. O Direito do Estado contraria a Lei Natural por falhar na derivação da Lei Natural nas formas referidas. Porém, as leis podem também ser gravemente injustas por determinarem ou autorizarem ações que nunca deveriam ser realizadas. Nesse caso, contrariam diretamente a razoabilidade e os preceitos da Lei Natural. De qualquer forma, leis gravemente injustas com a intenção ou não do legislador perdem a razão de lei, e

---

31. *Ibidem*, I-II, Q. 95, a. 2, r.

podem ser resistidas, isto é, podem ou devem ser desobedecidas dependendo da gravidade do caso.[32]

Conforme salienta Finnis,[33] Tomás ainda não possuía a moderna gramática dos direitos naturais (direitos subjetivos devidos a cada ser humano por lei natural). Contudo, se a conhecesse a teria provavelmente aprovado e utilizado como algo importante para a defesa do jusnaturalismo. Em realidade, a expressão "direitos" (*rights*) passou a ser desenvolvida a partir do individualismo iluminista (séculos XVI e seguintes). Acrescida da expressão "natural" em "direitos naturais" designa as exigências "[...] de uma relação de justiça do ponto de vista da pessoa que se beneficia dessa relação".[34] Explico: o que é justo envolve direitos e deveres entre as pessoas da relação de justiça. Então, tem-se direitos naturais em uma relação de justiça em que a lei natural é a medida daquilo que é devido. Por exemplo: i) "Aquilo que favorece a vida deve ser feito e procurado, o que lhe agride deve ser evitado". ii) Não devemos matar outras pessoas, pois agride à vida! iii) João, como qualquer ser humano, tem direito natural à vida exigível por justiça e lei natural de todos os demais seres humanos e do Estado. iv) Mário, um ser humano, tem o dever natural de não agredir a vida de João, o que também vale reciprocamente.

Esta gramática dos direitos naturais (i. e., direito natural à vida, direito natural à liberdade, direito natural à família etc.) pode trazer algumas desvantagens quando empregada de modo abusivo sem alusão a todos aspectos da relação de justiça em que são devidos. Basta pensar no caso do aborto que é defendido com base em um direito humano

---

32. *Ibidem.*

33. FINNIS, John. *Aquinas moral, political, and legal theory.* Oxford: Oxford University Press, 1998. p. 137.

34. *Idem. Lei natural e direitos naturais.* Tradução Leila Lopes. São Leopoldo: Unisinos, 2007. p. 202.

à liberdade sobre o próprio corpo, mas cuja defesa envolve normalmente não enfrentar a questão do direito natural à vida do feto. Contudo, desde que se faça referência à lei natural e às razões por trás desses direitos, assim como se ocupavam Agostinho e Evódio no caso do adultério acima visto, empregar a gramática dos direitos naturais pode ser de grande valia para o jusnaturalismo. Aliás, Finnis[35] propõe que o seu uso inibe os cálculos consequencialistas e oferece uma lista detalhada de vários aspectos do florescimento humano (eudaimonia, felicitas etc.).

Em realidade, o individualismo e o liberalismo estão na gênese dos direitos naturais, entendidos como direitos subjetivos devidos aos indivíduos por natureza. O paradigma que leva um cidadão a se compreender como sujeito credor de deveres dos demais, chegando a modificar a gramática da "justiça" e do "justo" que passou a utilizar as expressões "direitos" e "deveres", surge quando se perde a noção de comunidade e se coloca os interesses do indivíduo sobre o bem comum. Um grande ator nesta virada foi Thomas Hobbes (século XVI). Notório por conceber que "todo homem é inimigo de todo homem" no estado de natureza, Hobbes é o próprio arquétipo do individualismo. O autointitulado irmão gêmeo do medo propôs que a natureza fez os homens iguais em capacidades físicas e espirituais, logo todos os homens podiam ter a esperança de tomar para si a vida e os bens dos outros homens na ausência de um poder soberano. Este é o caso do estado de natureza hobbesiano, em que não há um poder Estatal dotado de coercibilidade que seja capaz de garantir a paz. Nessas circunstâncias, os homens vivem em "uma guerra que é de todos os homens contra todos os homens [...]" e, por conseguinte, "um constante temor e perigo de morte violenta."[36] Em tal condição,

---

35. FINNIS, John. *Lei natural e direitos naturais*. Tradução Leila Lopes. São Leopoldo: Unisinos, 2007. p. 215-216.

36. HOBBES. *Leviatã ou Matéria, forma, e poder de um estado eclesiástico e civil.*

segundo Hobbes, não há justo ou injusto e nem bem e mal: "Onde não há poder comum não há lei, e onde não há lei não há injustiça. Na guerra, a força e a fraude são as duas virtudes cardeais".[37]

A virada foi radical, pois Hobbes não só inaugura a noção moderna de direito de natureza (*ius natural*), como a opõe a noção de lei natural (*lex naturalis*). Direito (subjetivo) é a liberdade que os homens possuem de usar os seus poderes intelectuais e físicos para preservar a própria natureza. Já a lei são os preceitos que proíbem o homem de usá-la. Hoje em dia, por outro lado, concebemos que a lei confere direitos, ou seja, lei e direito não se opõem, mas a lei é o título e a medida dos direitos de cada um. Já para o autor do Leviatã, direito e lei são duas coisas que se opõem completamente: uma é liberdade, a outra restringe a liberdade:

> [...] embora os que têm tratado deste assunto costumem confundir "ius" e "lex", o direito e a lei, é necessário distingui-los um do outro. Pois o direito consiste em liberdade de fazer ou omitir, ao passo que a lei determina ou obriga a uma dessas duas coisas. De modo que a lei e o direito se distinguem tanto como a obrigação e a liberdade, as quais são incompatíveis quando se referem à mesma matéria.[38]

Como conclusão, a situação em que há mais direitos naturais é o estado de natureza, em que "[...] todo homem tem direito a todas as coisas, incluindo os corpos uns dos outros".[39] Porém, nesta mesma situação, há a completa ausência das leis natural e humana, assim como da moralidade.

Tradução João Paulo Monteiro e Maria Beatriz Nizza da Silva. São Paulo: Nova Cultural, 2000. p. 109.

37. *Ibidem*, p. 110.

38. HOBBES. *Leviatã ou Matéria, forma, e poder de um estado eclesiástico e civil.* Tradução João Paulo Monteiro e Maria Beatriz Nizza da Silva. São Paulo: Nova Cultural, 2000. p. 113.

39. *Ibidem*.

Como bem leciona Finnis,[40] estas noções de direito subjetivo e direito natural não prosperaram na história das ideias como fica claro do nosso uso contemporâneo acima exemplificado em que os direitos são atribuídos pela lei.

Ademais, a racionalidade prática Iluminista não tem mais a função de procurar bens inteligíveis ou fins razoáveis para a nossa realização enquanto seres humanos. O que move o homem é o medo (uma emoção) de perder a vida e as coisas que a tornam aprazível. A razão e a lei natural, então, passam a ter um papel meramente instrumental no Leviatã, porque o homem a emprega para buscar soluções para melhorar a sua condição natural. Isto é, dado que temo perder a vida no estado de natureza com a ausência de um poder soberano, vou deliberar para encontrar meios de me colocar em melhores condições. Nesse raciocínio calculativo, o homem encontra a primeira lei da natureza (procura a paz) e o direito de natureza (se necessário defende-te por todos os meios) que Hobbes encerra no seguinte preceito da razão: "Que todo o homem deve esforçar-se pela paz, na medida em que tenha esperança de consegui-la, e caso não o consiga, pode procurar e usar todas as ajudas e vantagens da guerra".[41] Assim, o homem deve esforçar-se para sair da penúria do estado de natureza buscando a paz, mas também deve manter o direito natural a tudo para a sua preservação. É que não seria racional renunciar as próprias defesas, caso não houvesse alguma garantia de paz, segundo o autor. Dessa lei fundamental da natureza, Hobbes faz nascer a racionalidade do contrato social como forma de reunir aquelas vontades individuais e autointeressadas que se viam como adversárias no estado de natureza. Para tanto, apresenta a seguinte fórmula preceitual:

---

40. FINNIS, John. *Lei Natural e Direitos Naturais*. Tradução Leila Lopes. São Leopoldo: Unisinos, 2007. p. 204-205.

41. HOBBES, *op. cit.*, p. 114.

> Que um homem concorde, quando outros também o façam, e na medida em que tal considere necessário para a paz e para a defesa de si mesmo, em renunciar a seu direito a todas as coisas, contentando-se, em relação aos outros homens, com a mesma liberdade que aos outros homens permite a si mesmo.[42]

Com esse raciocínio Hobbes ilustra a racionalidade de pessoas livres e iguais transferirem direitos (liberdades) ao soberano por um ato voluntário para que ele garanta "a segurança da pessoa de cada um, quanto a sua vida e quanto aos meios de preservá-la de maneira tal que não acabe por cansar dela".[43] Contudo, o direito (natural) de resistir não se transfere para o poder comum que está acima dos contratantes e que serve como fiel da promessa de renúncia à liberdade de defesa por meio da lei e da força para coagir o seu cumprimento. Esse direito que é parte dos motivos que levam a razão a autolimitar a liberdade plena do estado de natureza não pode ser transferido, logo permanece mesmo em um Estado Civil. Por isso, um pacto no qual houvesse o compromisso de renunciar o direito de autodefesa ("direito de evitar a morte, os ferimentos e o cárcere [...]") seria nulo.[44]

As outras leis da natureza que Hobbes considera tais como a justiça, a equidade, a modéstia e a piedade podem ser resumidas na regra de ouro de "fazer pelos outros o que queremos que nos façam" necessitam do poder soberano para tornarem-se moralmente exigíveis. É que "os pactos sem a espada não passam de palavras, sem força para dar a menor segurança a ninguém".[45] A certidão de nascimento do monstro (Leviatã), – o Estado moderno como um ente

---

42. *Ibidem*.

43. *Ibidem*, p. 115-116.

44. HOBBES. *Leviatã ou Matéria, forma, e poder de um estado eclesiástico e civil*. Tradução João Paulo Monteiro e Maria Beatriz Nizza da Silva. São Paulo: Nova Cultural, 2000. p. 119.

45. *Ibidem*, p. 141.

jurídico distinto dos súditos/cidadãos –, composto na integração das múltiplas vontades individuais e antagônicas é lavrada pelas promessas recíprocas no pacto social de renúncia de liberdades:

> Cedo e transfiro meu direito de governar-me a mim mesmo a este homem, ou a esta assembleia de homens, com a condição de transferires a ele teu direito, autorizando de maneira semelhante todas as suas ações.[46]

Coube a John Locke (século XVII), outro contratualista liberal, rebater a tese da condição natural do homem ser de guerra constante, ausência de obrigações morais e a noção de direito natural como liberdade a tudo. No "Segundo tratado do governo civil", Locke parte do conceito de poder político. O seu objetivo é rebater o Sir Robert Filmer que o funda na desigualdade dos homens e em um direito divino (os descendentes de Adão teriam um "jure divino"...) à monarquia. Por poder político, Locke entende

> [...] o direito de fazer leis com pena de morte, e por conseguinte, com todas as penas menores, para a regulação e a preservação da propriedade, e o direito de empregar a força da comunidade na execução dessas leis e na defesa da comunidade política contra as injúrias externas; e tudo isto apenas para servir o bem público.[47]

A questão é que antes do poder político, o ser humano encontra-se no estado de natureza em liberdade perfeita. Os homens podem agir e dispor de suas pessoas e posses como melhor lhes aprouver, sem a dependência da vontade de outrem. Contudo, diferentemente de Hobbes, Locke entende que existem limites morais oferecidos pela lei natural que

---

46. *Ibidem*, p. 144.

47. LOCKE, John. *Dois tratados do governo civil.* Tradução Miguel Morgado. Revisão de Luís Abel Ferreira. Lisboa: Edições 70, 2012. p. 232.

devem ser respeitados, mesmo na ausência de um poder soberano, da lei e da coerção do Estado. Ademais, o estado de natureza é uma situação em que há igualdade de poder e jurisdição recíprocos. Então, há liberdade na condição natural do homem, porém também existem limites impostos pela lei natural e moralidade.[48] Uma coisa é liberdade, outra é a licenciosidade (*licentiousness*). O homem possui ampla liberdade no estado de natureza, mas não licenciosidade. Na condição natural, o homem não tem direito a se destruir e nem a destruir nenhuma criatura que esteja em sua posse, a não ser que para a própria preservação:

> O estado de natureza é governado por uma lei natural a que todos estão sujeitos. A razão, que é esta lei, ensina a humanidade inteira que a consultar que, sendo todos iguais e independentes, ninguém deve lesar outro na vida, na sua saúde, na sua liberdade e nas suas posses.[49]

A questão da coercibilidade e da coercitividade é transmutada para a execução da lei natural. Se há regras de lei natural que prescrevem exigências morais obrigatórias no estado de natureza e não há um Estado dotado de poder político para garantir estas regras, como torná-las efetivas? Locke vai propor que os seres humanos são obra e propriedade de um Criador onipotente. Os homens compartilham da mesma natureza, não existindo uma subordinação de um perante outro. Apenas o Criador pode privar um homem de sua vida, e nunca é correto que outro homem o faça. De outro lado, a lei natural da razão ordena mesmo no estado de natureza que preservemos a própria existência e, se possível, toda a humanidade. Aquele que agride outros homens transgride a lei natural e declara que vive sobre outra lei, colocando toda a humanidade em risco. Por isso,

---

48. *Ibidem*, p. 233.

49. LOCKE, John. *Dois tratados do governo civil*. Tradução Miguel Morgado. Revisão de Luís Abel Ferreira. Lisboa: Edições 70, 2012. p. 232.

a lei natural confere direitos (naturais) a que todos os homens punam os agressores e que as vítimas obtenham uma indenização do prejuízo injustamente sofrido dentro dos limites da razoabilidade. A tese de Locke é que o agressor deve ser conduzido ao arrependimento e os outros possíveis agressores sejam dissuadidos de infringir o comando de preservação da humanidade prescrito pela lei natural.[50]

Apesar de haver um direito natural neste sentido, o problema da justiça com as próprias mãos no estado de natureza é que "não é razoável que os homens sejam juízes em causa própria, que o amor-próprio os torna parciais [...], e que a má natureza, a paixão e a vingança levá-los-ão a punir os outros de forma excessiva".[51] Por outro lado, enquanto no estado de natureza há uma situação racional de boa vontade, cooperação mútua e paz, há também a possibilidade de se ingressar em um estado em que o agressor usa a força contra a vida de outrem, e não há nenhum poder superior a que se possa recorrer. Esse é o estado de guerra, que Hobbes havia confundido com o estado de natureza. É uma situação excepcional, mas que pode ocorrer sempre que um poder sem direito é exercido sobre alguém, existindo ou não um juiz constituído. Nesse caso, também possuímos um "direito (natural) de guerra" de promover a própria defesa e ter a liberdade de matar o agressor.[52] Locke sustenta que

> [...] é razoável e justo que alguém tenha o direito de destruir o que lhe ameaça com a destruição. Segundo a lei fundamental da natureza, o homem deve preservar-se tanto quanto possível; quando nem todos podem ser preservados, deve-se preferir a segurança do inocente.[53]

50. *Ibidem*, p. 235-237.

51. *Ibidem*, p. 240.

52. *Ibidem*, p. 244-245.

53. *Ibidem*, p. 242.

Entretanto, a questão que se tornou a pedra angular do jusnaturalismo lockeniano foi o tema da propriedade, que não é restrita ao mero patrimonialismo. Locke esclarece que quando se refere à propriedade quer dizer "[...] a sua vida, a sua liberdade e seus bens."[54] É notável que o autor havia sustentado anteriormente que o homem era propriedade do Criador (em um sentido teológico), e que nenhum homem poderia privar o outro da vida com base nisso. Porém, quando a mesma questão é tomada em seu sentido civil, o homem é tratado como propriedade de si mesmo, uma tese revolucionária para a época e que envolvia a igualdade e a liberdade de cada um dos seres humanos. Ademais, sendo senhores de si mesmos, os seres humanos necessitam de meios para prover as suas próprias existências. Então, Deus deu o mundo, as plantas e os animais em comum para todos os homens, bem como a razão para lhes fazer uso. Como tornar privado aquilo que foi dado em comum para todos os homens?

A solução racional encontrada é que cada homem tem a propriedade não apenas de si mesmo, mas igualmente dos frutos de seu trabalho. Quando se caça um animal ou se trabalha a terra para plantar algo, aquilo que era comum se mistura com o trabalho humano e é apropriado a quem deu uso ao recurso natural. Assim, o que a natureza dispôs em direito comum para todos os homens se torna um direito exclusivo de quem trabalhou, não podendo ser questionado pelos demais. A propriedade, em Locke, torna-se um direito em parte natural e em parte decorrente da natureza das coisas. Digo, em parte, porque todos os homens têm um direito inato a sua própria pessoa e aos frutos de seu trabalho. Porém, é necessário que efetivamente se trabalhe a terra, plante ou crie animais para que o que é comum torne-se

54. *Ibidem*, p. 289.

propriedade sua.[55] Do mesmo modo que confere a propriedade, a falta de trabalho acaba limitando-a. Os limites ao direito de propriedade propostos pela lei natural são os de que se possa acumulá-la tanto quanto se possa fazer o seu uso:

> Mas até que ponto nos deu ele as coisas? Para delas gozarmos, tanto quanto alguém pode fazer uso das coisas para qualquer benefício da vida antes que se deteriorem; eis o quanto alguém pode apropriar-se por meio do seu trabalho. Tudo o que esteja para além deste limite excede a sua parte e pertence aos outros.[56]

Finalmente, a defesa da propriedade neste sentido amplo (vida, liberdade e bens) é o que torna razoável que o homem renuncie à liberdade e ao senhorio absoluto sobre si mesmo que goza no estado de natureza. Nessa condição, cada um é senhor e proprietário de si próprio. Porém, todos os demais também o são em pé de igualdade, como se cada homem fosse rei em seu próprio reino. Assim, as responsabilidades pela garantia da propriedade, ressarcimento em caso de prejuízo e punição dos transgressores da lei natural recaem igualmente sobre os próprios indivíduos. O uso da propriedade se torna muito incerto em tais circunstâncias de ausência de sociedade política, sempre estando sujeito a ser atacado ou ter a sua propriedade subtraída. Logo, diz Locke:

> [...] esta situação leva-o a querer abandonar o estado de natureza, o qual, por muito livre que seja, está muito cheio de medos e perigos contínuos; tem por isso razões para abandonar o estado de natureza e entrar voluntariamente em uma sociedade juntamente com outros homens que já estão unidos ou que tencionam-se unir-se, com o propósito da preservação mútua das suas vidas, liberdades e bens, a que dou o nome genérico de propriedade.

---

55. LOCKE, John. *Dois tratados do governo civil.* Tradução Miguel Morgado. Revisão de Luís Abel Ferreira. Lisboa: Edições 70, 2012. p. 251-252.

56. *Ibidem*, p. 254.

> A preservação da propriedade é o fim principal e capital em vista do qual os homens se unem em comunidades políticas e se submetem ao governo.[57]

A garantia da propriedade se torna o motivo do ingresso dos homens em uma comunidade política e o propósito dessa comunidade. A lei natural e os direitos naturais (liberdade, igualdade, propriedade, preservação de si e da humanidade, autodefesa, autotutela na omissão mesmo na existência de um juiz etc.), contudo, permanecem vigorando mesmo na existência de um Direito Estatal e na existência de um juiz a quem se possa apelar no estado civil. Finalmente, interessa notar dois pontos distintivos do jusnaturalismo lockeniano: primeiro que, diferentemente de Sófocles, Platão, Aristóteles, Agostinho e Tomás de Aquino, John Locke não trata dos horizontes próprios da Ética em sua teoria jusnaturalista liberal. Falar em jusnaturalismo para os outros autores é problematizar ou refletir sobre o bem e a felicidade humanos, como realização de nossas potencialidades, sejam as derivadas dos planos divinos ou conhecidas pela razão. Já a preocupação do jusnaturalismo de Locke é fundar uma sociedade civil de homens livres e iguais, que estejam protegidos das agressões de outros homens e do Estado advindo do contrato social. O segundo ponto é que, diferentemente de Hobbes, a lei e os direitos não se opõem em Locke. A lei passa a ser vista como título que confere os direitos aos homens e é a medida do que é devido. Por exemplo, como a lei natural da razão comanda a preservação da humanidade, confere aos homens os direitos naturais de autotutela. Este é o uso da gramática dos direitos que se estende aos direitos naturais, direitos humanos e direitos fundamentais que pode ser extremamente útil para a proteção dos aspectos inerentes ao desenvolvimento ainda nos dias de hoje, caso seja reconduzido aos

---

57. *Ibidem*, p. 315-316.

horizontes Éticos do bem humano. Apresento agora algumas questões do jusnaturalismo nos dias de hoje.

3. JUSNATURALISMOS CONCORRENTES

Vimos até aqui que não há unidade de método e de conteúdo nas tradições de resistência às opressões dos demais indivíduos e do Estado. O mesmo ocorre entre as teorias jusnaturalistas contemporâneas, isto é, justo divino, lei natural e direitos naturais continuam sendo um padrão moral que o Direito justo deve se adequar. Porém, existe uma multiplicidade de teorias jusnaturalistas mesmo na atualidade, que não convergem em método de conhecimento da lei natural e sua constituição. A sua comparação pode trazer contribuições para os futuros caminhos que o jusnaturalismo pode trilhar em um futuro próximo diante dos desafios contemporâneos. Por isso, convém analisar comparativamente alguns pontos das teorias de Maritain, Villey e Finnis.

Primeiro, Jacques Maritain (1882-1973), filósofo francês contemporâneo de Rommen, cujas ideias jusnaturalistas ainda repercutem na atualidade, também remonta às noções de direitos humanos e direitos fundamentais da lei não escrita, sustentada por Antígona de Sófocles, e seus posteriores desenvolvimentos por meio da filosofia clássica nos filósofos gregos, estoicos e medievais, além de, é claro, no humanismo dos padres da Igreja e de São Paulo. Maritain é um dos autores, junto com Rommen, Strauss, Finnis e outros, que busca conciliar as antigas tradições do justo divino (fé), da lei natural (racionalidade) e o conhecimento do bem e da felicidade humanos com os incrementos individualistas liberais do Iluminismo e da modernidade em termos de gramáticas dos direitos naturais, dos direitos humanos e dos direitos fundamentais.[58] Contudo, merece ser

58. MARITAIN, Jacques. *Os direitos do homem e a lei natural.* Tradução Afranio Coutinho. 2. ed. Rio de Janeiro: Livraria José Olympio Editora, 1947. p. 84-85.

frisado que Maritain dispunha apenas de uma protonoção de direitos humanos em termos de universalidade na publicação de *Les droits de l'homme et la loi naturelle* em 1942, escrita durante seu autoexílio nos Estados Unidos.

O tema lei natural é fundamental e, apesar de inspiração tomista, ganha contornos próprios em Maritain. Diferentemente de Tomás de Aquino, a lei natural não apenas determina o antigo justo natural aristotélico-tomista, mas também prescreve os deveres e os direitos decorrentes da própria natureza humana, isto é, os direitos naturais que cada ser humano possui em razão dos demais e do Estado, apenas porque é homem.[59] Exatamente aquilo que chamo de gramática dos direitos, -a tradução das teorias da lei natural em linguagem de direitos e deveres –, que não estava disponível para Tomás de Aquino, mas que foi proveitosamente acrescida à tradição por John Finnis[60] como suprarreferido. Por outro lado, assim como em Tomás, a lei natural é uma lei não escrita que depende de um esforço intelectivo do homem para a sua formulação proposicional. Não há um código de lei natural ao qual se possa recorrer se há alguma dúvida a respeito de seus ditames. A única coisa que é universalmente conhecida é o preceito de que "é necessário fazer o bem e evitar o mal". A lei natural, de outro lado, se estende para o conteúdo daquilo que deve ser ou não deve ser feito. Nisso muitos podem falhar em conhecer, o que é exemplificado com as abjetas proposições nazistas de que o assassinato de doentes e outras ações cruéis seriam algo bom e que deveriam ser buscadas. Entretanto, mesmo assim, há uma probabilidade que o ser humano se desenvolva no conhecimento da lei natural e seu

59. *Ibidem*, p. 150-154.

60. FINNIS, John. *Lei natural e direitos naturais.* Tradução Leila Lopes. São Leopoldo: Unisinos, 2007.

verdadeiro bem, enquanto perdurar a humanidade.[61] Em resumo, Maritain propõe que:

> A lei natural não é uma lei escrita. Os homens a conhecem mais ou menos dificilmente, e em graus variados, arriscando-se ao erro, como em tudo o mais. O único conhecimento prático que todos os homens têm natural e infalivelmente em comum, é que é necessário fazer o bem e evitar o mal. Este é o preâmbulo e o princípio da lei natural, não é esta lei propriamente. A lei natural é o conjunto das coisas que se devem e que não se devem fazer, dele decorrentes de uma maneira necessária e pelo fato somente de que o homem é homem, abstraindo de qualquer outra consideração.[62]

A afirmação de que Maritain possui tão somente uma protonoção de direitos humanos merece esclarecimentos adicionais em razão da distinção entre a noção de direitos do homem e seu desenvolvimento mais recente em direitos humanos. Primeiro, vale referir que o filósofo francês defende três gêneros de direitos: i) o direito natural; ii) o direito das gentes; e iii) o direito positivo. O direito natural é aquele que decorre necessariamente sempre do primeiro princípio da lei natural ("Fazer o bem e evitar o mal.") em razão do simples fato natural de que o homem é homem, prescrevendo direitos e deveres naturais. O direito das gentes também decorre do primeiro princípio de modo necessário, porém para que seus direitos e deveres gerem obrigações morais é indispensável a preexistência de algumas condições de fato sem as quais não obrigam, como o direito ao voto na existência de um Estado. Não havendo sociedade civil, não há como pretender tal direito. Finalmente, o direito positivo diz respeito às leis de um Estado que são formas de determinações contingentes do primeiro princípio da lei natural, mas que vigoram como o direito convencional aristotélico, porque dependem da vontade do

61. MARITAIN, Jacques. *Os direitos do homem e a lei natural.* Tradução Afranio Coutinho. Rio de Janeiro: Livraria José Olympio Editora, 1947, 2. ed., p. 89-91.

62. *Ibidem*, p. 89.

legislador. Assim o direito positivo depende da vontade do legislador e sua promulgação em forma de lei. Como direito das gentes e direito positivo também derivam da lei natural, apesar de o fazerem em modalidades distintas, Maritain propõe que ambos retiram a sua força e obrigação moral dessa mesma lei, assim como o direito natural.[63]

Diante dessas três categorias de direitos que levam em consideração a necessidade, a categoricidade e a hipoteticidade, Maritain vai sustentar que os seres humanos possuem três espécies de direitos e deveres por elas conferidos: i) os direitos da pessoa humana; ii) os direitos da pessoa cívica; e iii) os direitos da pessoa social e da pessoa operária. Primeiro, propõe os mais universais que são os direitos da pessoa humana (direito à liberdade, à autonomia, à busca da perfeição da vida eterna, à constituição familiar etc.), e que dependem apenas da condição do homem enquanto homem em uma dimensão total que ultrapassa o tempo e tende a eternidade através da espiritualidade. Por isso, não se limita aos direitos à vida e à família, mas está aberta à autonomia e à religião. Segundo, há os direitos da pessoa cívica (direito à participação da vida política, ao voto, do povo estabelecer a sua Constituição etc.) que dizem respeito à dimensão do ser humano enquanto integrante de uma comunidade política e temporal, os quais dependem da existência de uma sociedade civil. Terceiro, Maritain sugere os direitos da pessoa operária (direito à escolha do trabalho, a se agrupar em sindicatos, ao justo salário, ao gozo dos benefícios civilizatórios dentro das capacidades da sua comunidade etc.) que são os devidos aos seres humanos em razão das funções que exercem em termos sociais, econômicos e culturais.[64]

---

63. *Ibidem*, p. 97-99.

64. MARITAIN, Jacques. *Os direitos do homem e a lei natural.* Tradução Afranio Coutinho. 2. ed. Rio de Janeiro: Livraria José Olympio Editora, 1947. p. 103-128.

Finalmente, em relação à protonoção de direitos humanos que alcançam todos os seres humanos em suas especificidades e não apenas os homens, os cidadãos ou os nobres, vale frisar que a abrangência dos direitos propostos por Maritain em razão da lei natural alcançavam também as mulheres, diferentemente dos direitos dos homens concebidos pela "Declaração de direitos do homem e do cidadão" (França, 1789) que não as mencionava. Contemporaneamente, contudo, essa noção foi ainda mais estendida. Em Maritain,[65] por exemplo, as crianças participavam também como titulares de direitos, especialmente os direitos à alimentação, ao vestuário, à assistência médica e à instrução, garantidos pela comunidade. Porém, os idosos, as pessoas carentes e as minorias não são nomeadamente tuteladas em suas especificidades. Em realidade, as próprias crianças aparecem como sujeitos de direitos naturais apenas em uma nota de rodapé (N.R. 16) nesta última categoria mais ampla, não gozando de proteção própria diante de suas vulnerabilidades. Assim, já havia uma noção de universalização dos direitos naturais e dos direitos humanos, mas que nas décadas seguintes alcançou mais sujeitos e sofreu particularizações em razão de suas peculiaridades.

A verdadeira universalização e especificação dos direitos humanos ocorreu após a Segunda Guerra Mundial diante da tragédia humana desvelada com a revelação das atrocidades nazistas. Surgiu, então, a necessidade da elaboração de uma "Declaração Universal dos Direitos Humanos",[66] cujo conteúdo não discrimina sexo, raça, língua, opinião política etc.[67] É digno de nota que o próprio

---

65. *Ibidem*, p. 150-154.

66. ORGANIZAÇÃO DAS NAÇÕES UNIDAS. Declaração Universal dos Direitos Humanos. Adotada e Proclamada pela Assembleia Geral das Nações Unidas (resolução 217 A III) em 10 de dezembro 1948. Disponível em: https://www.unicef.org/brazil/declaracao-universal-dos-direitos-humanos. Acesso em: 11 jun. 2023.

67. *Ibidem*, art. 2.

Maritain participou ativamente de sua elaboração por meio da comissão internacional constituída para tanto.[68] Evidência disso é que a obra de Maritain[69] apresenta uma proposta de "Declaração Internacional dos Direitos do Homem" do Instituto de Direito Internacional, 1929, cujo teor antecede e inspira muitas das disposições da Declaração da ONU. Aliás, o fato de propor positivamente uma lista de direitos fundamentais clara, além de auxiliar no controle internacional da eficácia destes direitos nos Direitos internos das nações, é um estímulo para que os direitos humanos passem a integrar as Constituições dos países sob a forma de direitos fundamentais. Este é mais um motivo para retomar a história dos direitos humanos e dos direitos fundamentais mediante os caminhos percorridos pelas teorias jusnaturalistas, desde a Antiguidade Grega e seus desenvolvimentos cristãos na Idade Média.

Outro jusnaturalista contemporâneo que interessa abordar é Michel Villey (1914-1988). A sua comparação mostra-se oportuna em razão de apresentar uma versão distinta de jusnaturalismo e de ser crítico dos direitos humanos. O autor aduz que o que professa é uma interpretação de Platão, Aristóteles, Tomás de Aquino e da tradição, mas não parte da constituição da lei natural pela razão prática. A sua construção teórica emerge de uma interpretação equivocada do objeto da justiça aristotélica, isto é, o justo (*dikaion*), à luz de romanistas. Villey considera que aquele que possui a virtude da justiça, o homem justo (*dikaios*), é detentor tão somente de uma justiça subjetiva. Por outro lado, a justiça fora do sujeito, o que Aristóteles denomina de "*dikaion*" ou o justo, seria a justiça real e objetiva.[70] Des-

68. INSTITUTO JACQUES MARITAIN. *Quem somos*. [s.d.]. Disponível em: http://maritain.org.br/quem-somos/. Acesso em: 10 jun. 2023.

69. *Ibidem*, p. 157-169.

70. VILLEY, Michel. *Filosofia do Direito:* definições e fins do direito, os meios do direito. Tradução Márcia Valéria Martinez de Aguiar. São Paulo: Martins Fontes, 2003. p. 71.

ta forma, conhecer o direito objetivo é buscar a igualdade preexistente no mundo que estabelece uma proporção de algo em razão de sujeitos (credor e devedor, por exemplo) que pode ser considerada objetiva. Em outras palavras, o direito é conhecido a partir desta igualdade proporcional que atribui a cada um o seu:

> O direito é relação, fenômeno social; repito mais uma vez que não existe direito de Robinson em sua ilha. O *dikaion* não é o «direito subjetivo» do indivíduo, pensado em função de um sujeito único, engendrado num sistema inteiramente diferente de pensamento pelo individualismo moderno. [...] O *dikaion* é uma proporção (a que se mostrará boa) entre coisas divididas entre pessoas; um "proporcional" (termo neutro), um "*analogon*". Pode-se dizer que o direito consiste numa igualdade, num igual (*ison*). [...] uma sentença judiciária, um artigo de nosso código civil, têm por função indicar a parte de cada um: tal coisa, tal dívida está para X relativamente a Y. Medidas de justas relações sociais.[71]

Assim, a lei natural perde espaço para uma noção distorcida de direito objetivo. O seu conhecimento não se dá mais a partir do bem humano e das inclinações humanas, mas diretamente nas igualdades que estariam presentes na natureza. As relações sociais possuem uma igualdade nas coisas que pode ser conhecida pelos juristas, segundo Michel Villey. Os juristas e as leis não se prestam a regular tais relações, prescrevendo o que seja justo, mas jogam o papel de descobrir, conhecer e declarar a coisa justa existente objetivamente no interior da realidade social. A *jurisdictio* romana, paradigma de direito adotado,[72] é a ciência que propõe no modo indicativo "o que pertence a X ou Y", que se descobre nas relações sociais. O direito natural clássico passa a ser entendido não a modo preceitual, mas como se fosse propriamente algo (uma coisa: *res*) que assume esta função descritiva de uma pretensa coisa justa. O papel das

71. *Ibidem*, p. 73 e 75.

72. *Ibidem*, p. 93-94.

regras acaba privado de sua força moral e normatividade, restando-as descrever realidades "naturais" dadas:

> O mais notável na Doutrina jurídica romana é que nela se busca a fonte do Direito na *realidade das coisas*. [...] O próprio Direito é qualificado de *res*: não é um ser "de razão", criação do homem, mas *realidade*: um dado da natureza. [...] o Direito não é extraído das regras (*jus non a regula sumatur*), é a regra que é produzida a partir do Direito existente (*sed a jure quod est regula fiat*); a função da regra é de descrever uma realidade (*Regula est quae rem quae est breviter enarrat* D.50.17.1). O *jus* (*id quod est*) é um ser dotado de um valor, assim como a *phusis*. *Id quod... aequum est... quod utile est* (D.1.1.12)[73]

Exemplos de "direito natural" assim conhecido são fornecidos por Villey com as matérias abordadas pelo *Digesto* romano. São direitos [*iura*] naturais: "[...] 'a união de macho e fêmea', que entre os homens chama-se 'casamento' – 'a educação das crianças pelo pai e pela mãe, que se encontra também entre os animais...'". Os direitos das gentes [*ius gentium*] são: "[...] a escravidão, a libertação, a divisão dos Estados, dos reinos, das propriedades, o comércio, a venda, o aluguel etc.". Por último, há o direito civil que conteria as coisas próprias do povo romano e de seus costumes, cujo núcleo também é conhecido da "natureza".[74] Note-se que não é escopo desta teoria descobrir ou prescrever o que seja o bem humano ou as capacidades a serem desenvolvidas como aspectos da felicidade humana. Há que primeiro se descobrir o que é a coisa justa e depois descrevê-la nas leis e nas sentenças judiciais. O conceito de justiça e justo acaba se limitando a padrões observáveis no mundo, e não diz mais respeito a um aspecto da realização humana.

---

73. *Ibidem*, p. 367-368.

74. VILLEY, Michel. *Filosofia do Direito:* definições e fins do direito, os meios do direito. Tradução Márcia Valéria Martinez de Aguiar. São Paulo: Martins Fontes, 2003. p. 367-368.

Essa inversão operada na prioridade do justo em razão da lei faz com que a virtude da razão prática prudência (*phronesis*, *prudentia*) perca a sua função de conhecer o bem e a felicidade. Descobrir o direito natural torna-se a função de juristas. Aristóteles e Tomás de Aquino, por sua vez, atribuiriam tal atividade a bons filósofos éticos, líderes políticos prudentes e teólogos, que deveriam ser pessoas bem formadas de caráter, além de conhecerem as causas da bondade desses princípios. Afinal, conhecer o justo natural e a lei natural é buscar aspectos do bem humano. Portanto, uma tarefa que pertence fundamentalmente aos domínios da Ética, apenas secundariamente jurídica.

A razão dos juristas villeysianos encarregados de conhecer o direito natural na natureza das coisas é mais uma razão teórica do que prática. A sua tarefa é descrever o que as coisas são, e não prescrever como deveriam ser. Pela observação da natureza, o jurisconsulto descobre que os homens se casam com as mulheres, geram e educam os filhos, por exemplo. Já Tomás de Aquino diria que constituir família, gerar e educar os filhos é um aspecto do bem humano. Não porque os animais agem assim, mas porque é algo racional e compreensivelmente benéfico para os humanos. Por isso, poderíamos "constituir" proposicionalmente um princípio da lei natural no sentido de recomendar ou comandar a busca deste bem: "A constituição de uma família deve ser buscada e o que lhe impede evitado."

O resultado do abandono da concepção de razão prudencial é que Villey passa a adotar outra modalidade de racionalidade. A "dialética" é a arte que conhece coisas mutáveis. Por outro lado, a matéria do direito é variável, porque só se pode fazer generalizações excepcionáveis. Resultado, o método apropriado para os juristas conhecerem o direito objetivo e, consequentemente, o direito natural só pode ser o dialético.[75] Contudo, tal raciocínio apresenta um grande

75. *Ibidem*, p. 354-356.

problema merecendo ser afastado da dialética defendida acima no item "1". A questão não diz respeito à dialética propriamente dita, mas ao objeto ao qual é dirigida e o *insight* teórico-descritivo que daí se pode chegar. A razão apropriada para tal tarefa, segundo Villey, não é aquela que busca bens humanos e oportunidades nas capacidades humanas (virtudes) para serem perseguidas, nem opera no plano da ação humana em que estes bens são participados e as capacidades desenvolvidas. A "dialética" passa a ser utilizada para conhecer "a coisa" (igualdade proporcional entre pessoas e bens) justa na natureza, o que não é prático, isto é, não diz respeito à ação humana.

Posso aceitar que "os empréstimos *devem ser* devolvidos", por exemplo, e que isso é justo por natureza. Ademais, esta regra de lei natural pode ser testada pelo tempo, introjetada nos costumes e, então, integrar o Direito positivo ou a lei humana. A questão não é essa. O problema é que Villey priva a regra de toda a normatividade Ética. Há apenas uma "coisa" quase-física que é a igualdade em razão do que foi emprestado entre quem emprestou e quem recebeu. Esta "coisa" é o próprio "direito objetivo" e, por tanto, o "direito natural", segundo o raciocínio de Villey: "o direito é em primeiro lugar extraído da 'natureza das coisas', ou como dizia São Tomás acompanhando Aristóteles, de uma consideração da coisa: *consideratio rei*".[76] A desigualdade gerada pela não devolução dos empréstimos que, para a tradição seria um ato vicioso e imoral, além de ilícito, fica limitada a questão matemática e não envolve o fundamental para o Direito, que são as ações ou as omissões humanas (devolver ou não devolver o empréstimo, no caso).

Aristóteles, de outro lado, diferentemente do proposto por Villey, estudou a justiça e o justo em sua *Ética a Nicômaco*, que é um tratado sobre o bem humano (*antropinon*

---

76. *Ibidem*, p. 369.

agathòn) e a felicidade humana (*eudaimonia*). Em sua obra, a felicidade humana é compreendida como "uma atividade da alma segundo a virtude perfeita (*aretèn teleían*)."[77] A justiça (*dikaiosýne*) é, nestes horizontes Éticos, a virtude que diz respeito ao bem dos outros, isto é, uma das capacidades humanas a serem desenvolvidas como perfeição do caráter e da própria felicidade. As virtudes são hábitos que se formam e aperfeiçoam as ações e a vontade humanas. Por isso, Aristóteles a conceitua como sendo "[...] a disposição em virtude da qual os homens praticam o que é justo, agem justamente e querem o justo [*díkaion*]."[78] Querer ou praticar o justo é ter em mente a medida da lei (*nómos*) nas próprias ações. De modo que a segunda formulação do conceito de justiça apresentada na Retórica diz que "[a] justiça é a virtude pela qual cada um tem o que lhe é próprio, e segundo a lei, e a injustiça quando tem o alheio, não segundo a lei".[79]

Finalmente, é a razão (*logos*) concebida como compreensão proposicional reflexiva que possibilita ao ser humano compreender o justo e o injusto, e comunicá-los aos demais concidadãos. Assim, diferente dos outros animais, apenas os seres humanos estão habilitados para viver em comunidade política sob a justiça.[80] Tomás de Aquino pensava da mesma forma, pois conceituou a justiça (*iustitia*) como "[...] a vontade constante e perpétua de dar a cada um o seu direito (*ius*)".[81] A virtude da justiça assim entendida, por tanto, é um conceito Ético que busca um objeto prático no campo do agir humano, cuja medida apropriada

---

77. ARISTÓTELES. *Retorica*. Tradução bilíngue de Antonio Tovar. Madrid: CEPC, 1999, I, 13, 1102 a 5-6.

78. *Ibidem*, V, I, 1129 a 4-10.

79. *Ibidem*, I, 9, 1366 b 10-12.

80. *Idem*. *Política*. Tradução bilíngue de Antonio Campelo Amaral e Carlos de Carvalho Gomes. Lisboa: Veja, 1998, I, 2, 1253 a 8-17.

81. AQUINO, Tomás de. *Suma Teológica VI (Tratado da justiça)*. Tradução bilíngue de Aldo Vannucchi *et al*. São Paulo: Loyola, 2005, II-II, Q. 58, A. 1, r.

em termos de igualdade proporcional é encontrada em uma prescrição (dever ser), não em uma descrição (ser) da realidade. Isso não acontece na tese de Villey, ainda que empregue a gramática aristotélico-tomista.

Outro problema desta inversão de prioridade da regra para o "direito" em Villey é que as noções de Direito objetivo (lei humana) e direitos subjetivos (os direitos das pessoas) são confundidas. Como visto, Villey propõe que o direito subjetivo é o direito no sujeito e o direito objetivo é o direito na realidade. Não é isso que essa dicotomia busca destacar como fica claro na análise das expressões inglesas "*law*" e "*rights*" abaixo realizada. A consequência desta confusão conceitual é que Villey compreende os direitos (*rights*, os direitos das pessoas) como uma proteção legal individualista dissociada de qualquer concepção de "direito objetivo" e justiça. Pior ainda, os direitos humanos passam a ser tratados como fontes de injustiça, apesar de possuírem uma função "operatória" em processos contra o abuso governamental: "Cada um dos pretensos direitos humanos é a negação de outros direitos humanos, e praticado separadamente é gerador de *injustiças*".[82] Pensados assim, os direitos humanos podem ser evocados em defesa de pretensões injustas. Por exemplo, o direito humano da mulher dispor sobre o seu próprio corpo e realizar o aborto é a negação do direito humano do feto à vida. Como dito *supra* (item 2), esta noção de direitos se aproxima muito da hobbesiana e não vigora nos dias de hoje. A análise de John Finnis de uma eventual aprovação da gramática dos direitos por Tomás de Aquino mostra como podem ser proveitosamente compatíveis com a lei natural e a justiça, refutando a tese de Villey.

Por isso, as teorias jusnaturalistas devem levar em consideração que os meios propostos por Villey para o Direito

---

82. VILLEY, Michel. *O direito e os direitos humanos*. Tradução Maria Ermantina de Almeida Prado Galvão. São Paulo: Martins Fontes, 2007. p. 8.

não seguem a tradição, apesar de empregar a sua gramática, porque: i) a operação do intelecto não busca o bem humano, o bem comum e as ações humanas, mas descreve igualdades proporcionais entre sujeitos e coisas pretensamente existentes exterior e independentemente dos seres humanos. Uma tarefa que se fosse realizável seria empreendia pelo uso teórico da razão, não o prático; ii) Há um equívoco entre os conceitos de direito objetivo e direito subjetivo que deve ser descartada; iii) A gramática dos direitos humanos e os próprios direitos humanos merecem ser mantidos nos domínios do jusnaturalismo como ferramentas fundamentais para a defesa da lei natural, desde que compreendidos nos termos finnisianos que os reconduzem às teorias da justiça e da lei natural.

O terceiro jusnaturalista que merece ser apresentado em nosso estudo é o australiano John Finnis (1940-). A sua teoria da lei natural e dos direitos naturais é a retomada dos conceitos clássicos "bem humano" e "felicidade humana" (eudaimonia, beatitude etc.), especialmente sob o viés tomista proposto por Germain Grisez.[83] Finnis defende que existem valores básicos ou bens humanos que são aspectos do florescimento humano [*human flourishing*], expressão empregada para designar a felicidade. A razão prática é capaz de apreender proposicionalmente o conteúdo benéfico desses bens, compreendendo-os como possibilidades verdadeiras da realização humana, ou melhor, como "primeiros princípios da lei natural".[84] Por isso, constituem o núcleo material e sólido da noção da dignidade da pessoa humana.[85] As listas dos valores foram desenvolvendo-se na teoria de Finnis, porém para os presentes fins mais estritos posso me deter apenas na versão apresentada na primeira

---

83. FINNIS, John. *Lei natural e direitos naturais*. Tradução Leila Lopes. São Leopoldo: Unisinos, 2007. p. 12-13.

84. *Ibidem*, p. 100-101.

85. *Ibidem*, p; 220.

edição de "*Natural Law and Natural Rights*" (1980). São valores básicos para o ser humano: i) a vida e a sua transmissão através dos filhos; ii) o conhecimento; iii) o jogo; iv) a experiência estética; v) a sociabilidade e a amizade; vi) a razoabilidade prática; e vii) a religião.[86] Então, qualquer um desses valores consiste em um aspecto fundamental da realização humana, isto é, cada um deles pode ser um princípio de ação ou ser o objetivo último de um plano de vida inteligente. Podemos aduzir, por exemplo, que "A amizade é um bem para o ser humano.", o que também vale para a vida, o conhecimento e os demais bens humanos básicos. De modo que, a lei natural tem muitos primeiros princípios materiais, cuja diretividade pode ser unificada no primeiro princípio formal de Tomás de Aquino de que "o bem é para ser perseguido e feito, e o mal evitado".[87]

É exatamente neste ponto o tomismo de Grisez adotado por Finnis mostra-se revolucionário na atualidade. Apesar de Tomás empregar também a expressão «faça o bem e evite o mal» que poderia sugerir que os primeiros princípios são comandos morais, não seria o caso. Em realidade, os primeiros princípios que apontam para os valores humanos são apenas pré-morais. Eles são finalidades razoáveis e inteligentes para a ação humana, contudo podem ser perseguidos de modos não razoáveis. Segue-se que para a constituição da lei natural e a plena moralidade são necessários fins razoáveis (os primeiros princípios referidos) e modos razoáveis de os perseguir (as exigências da razoabilidade prática). Três exemplos podem ajudar a compreender esta questão: i) a vida é um bem verdadeiro para o ser humano. Porém, aquele que mata uma pessoa inocente para alimentar-se de seu corpo na iminência de

---

86. *Ibidem*, p. 91-95.

87. *Idem*. *Direito natural em Tomás de Aquino:* sua reinserção no contexto do juspositivismo analítico. Tradução Leandro Cordioli. Revisão de Elton Somensi de Oliveira. Porto Alegre: Sergio Antonio Fabris, 2007. p. 33-34.

morrer de inanição na ausência de outro alimento comete uma grave injustiça contra a lei natural. ii) A amizade é um aspecto verdadeiro da felicidade humana, entretanto a sua perseguição pode ser arbitrária se ocorre no favorecendo de amigos em detrimento de estranhos na atribuição de algum bem que nos tocou distribuir em razão de uma função pública. iii) Buscar o conhecimento é participar de um valor básico, mas aquele que furta um livro ainda que para aprender também erra ao praticar algo não razoável. Assim sendo, é necessário que, além dos fins, os modos de ação escolhidos também sejam razoáveis. Finnis vai propor os seguintes modos razoáveis de agir que ele denomina de exigências da razoabilidade prática: i) um plano de vida coerente; ii) nenhuma preferência arbitrária por valores; iii) nenhuma preferência arbitrária por pessoas; iv) desprendimento; v) compromisso; vi) relevância limitada das consequências; vii) respeito por todo valor básico em todo ato (ou não agir diretamente contra um bem humano básico); viii) exigências do bem comum; e ix) seguir a própria consciência.[88] A constituição preceitual da lei natural em termos de obrigações morais segue-se da passagem dos bens pelas exigências morais diante das circunstâncias:

> 1. Harmonia de propósitos/ reconhecimento de bens/ ausência de arbitrariedade em relação às pessoas/distanciamento das realizações particulares do bem/ fidelidade a compromissos/ eficiência na esfera técnica/ respeito por cada valor básico nos atos/ comunidade/ autenticidade ao seguir a própria razão... são (todos) aspectos do verdadeiro bem básico da liberdade e da razão;
>
> 2. A harmonia de propósitos, ou..., pode em tais e tais circunstâncias ser alcançada/ feita/ expressa/ etc. apenas (ou melhor, ou mais adequadamente) (não) realizando o ato P; então
>
> 3. O ato P (não) devia/ (não) deve/ (não) deveria... ser realizado.[89]

88. FINNIS, John. *Lei natural e direitos naturais*. Tradução Leila Lopes. São Leopoldo: Unisinos, 2007.

89. *Ibidem*, p. 129.

O raciocínio pode ficar mais claro se retomarmos o exemplo do bem "vida" aplicado ao "Caso dos exploradores de cavernas":[90] i) a vida é um bem para o ser humano. Por isso, o que lhe favorece deve ser buscado e o que lhe agride deve ser evitado. ii) Cinco exploradores de cavernas ficaram presos sem alimento em uma caverna. Eles têm certeza de que não sobreviverão até o resgate, porque contataram o exterior e foram informados que morrerão de inanição antes de serem alcançados. iii) Matar uma pessoa inocente para se alimentar de seu corpo é agir em razão do valor básico vida (fim razoável), contudo é também ir contra as exigências da razoabilidade (modos de perseguição não razoáveis) que prescrevem que iii.a) não devemos ter preferência arbitrária por pessoas (preferir a própria vida a do outro que seria morto para servir de alimento) e iii.b) que se deve respeitar cada valor básico em todos os atos, o que exige que os exploradores não agridam a vida de outra pessoa inocente, ainda que seja para salvar a própria vida. iv) Segue-se que "não se deve" matar uma pessoa para que seu corpo sirva de alimento, ainda que seja o único disponível.

Este último passo, "o não se deve...", é um princípio derivado dos primeiros princípios da lei natural e das exigências da razoabilidade prática, que poderia ser abreviadamente proposto como "Não mates!", se pesado em termos universais em que pela sétima exigência da razoabilidade prática é sempre errado agir intencionalmente contra um bem humano básico. Dois pontos são interessantes de serem destacados a partir deste princípio derivado. O primeiro é que Finnis propõe a existência de normas de lei natural que valem sempre e em todas as circunstâncias ("*semper et ad semper*"), não comportando nunca exceções. Quais seriam essas regras de lei natural? Existem normas que prescrevem uma ação (normas positivas) e outras que

---

90. FULLER, Lon. *O caso dos exploradores de cavernas*. Tradução Plauto Faraco de Azevedo. Porto Alegre: Safe, 2008.

a proíbem, excluindo-a de nossas deliberações, como o caso no "Não mates!". Dessas últimas, umas poucas normas que envolvem a sétima exigência de "não agir diretamente contra um bem humano básico" excluem ações que podem ser consideradas intrinsecamente más (*intrinsece mala*) e nunca devem ser praticadas, mesmo que para alcançar um bem humano básico como a vida[91] – os fins não justificam os meios, poderíamos dizer. Outros exemplos destes absolutos morais, segundo Finnis é que: não se deve cometer adultério (é contra a vida/o matrimônio), não se deve mentir (é contrário ao bem conhecimento) e ainda outros atos, cuja intenção envolve o agir direto contra algum valor humano fundamental.[92] O segundo ponto é que a lei natural ao prescrever obrigações morais confere a todos e a cada um dos seres humanos deveres e direitos naturais. Por exemplo, a contraparte de um dever natural de não matar é o direito natural a não ser assassinado. No caso, como o direito natural decorre de um preceito absoluto que vale em todas as circunstâncias sempre, trata-se de um direito natural absoluto, ou seja, que nunca está sujeito às exceções.[93] O mesmo vale para os direitos humanos, uma vez que Finnis[94] os considera sinônimos, ou melhor, a expressão contemporânea dos direitos naturais.

Por outro lado, a lei do Estado (ou a lei humana) é apresentada por Finnis na esteira do conceito visto acima em Tomás de Aquino, porém com alguns desenvolvimentos. Uma primeira distinção a se destacar é que a teoria finnisiana não abrange tão somente a lei como na época

91. FINNIS, John. *Direito natural em Tomás de Aquino:* sua reinserção no contexto do juspositivismo analítico. Tradução Leandro Cordioli. Revisão de Elton Somensi de Oliveira. Porto Alegre: Sergio Antonio Fabris, 2007. p. 50.

92. *Ibidem*, p. 46-49.

93. *Idem*. *Lei natural e direitos naturais*. Tradução Leila Lopes. São Leopoldo: Unisinos, 2007. p. 218-220.

94. *Ibidem*, p. 195-196.

de Tomás de Aquino, mas toma uma concepção contemporânea de Direito (Direito objetivo) que envolve o sistema jurídico e outras fontes de Direito,[95] apesar de Finnis não desenvolver uma teoria do ordenamento jurídico sistematizado em termos de hierarquia das normas e antinomias. Há um grande debate entre os tradutores de sua obra sobre a tradução das expressões inglesas "*Law*" e "*Rights*", como em "*Natural Law and Natural Rights*". Optou-se por verter "*Law*" por "Lei" em razão de respeito pela "*lex naturalis*" tomista que ainda não dispunha dos conceitos de sistema jurídico ordenado e hierarquizado de normas. Creio também que esta tradução destaca melhor no título a expressão moderna "*Rights*", que pode ser seguramente traduzida por direitos (subjetivos), e é conciliada com a tradição da lei natural na obra de John Finnis. De sorte que as demais versões latinas da obra de Finnis foram publicadas com os títulos: *Ley Natural y Derechos Naturales* e *Legge Naturale e Diritti Naturali*. No contexto mais amplo do presente trabalho, não vejo motivos para não adotar a expressão "Direito" para "*Law*" e "direitos" para "*rights*".

Assim sendo, o Direito (ou a lei humana) é conceituado a partir de um caso central em que os sistemas de leis têm a racionalidade e a autoridade política para coordenar as atividades humanas em uma comunidade política com o objetivo de se alcançar o bem comum, assim como para regular a sua própria criação e conferir validade de outras normas que os orientem.[96] Em Finnis, o Direito não tem o papel de infundir virtudes morais ou cívicas como em Aristóteles e em Rawls. A sua tarefa se restringe ao fornecimento de duas condições para que cada um o faça por si mesmo e segundo a sua autoderminação, podendo contar com o auxílio da comunidade religiosa (Igreja) se o desejar. Assim,

95. *Ibidem*, p. 255 e 270.

96. *Ibidem*, p. 255 e 270.

o bem comum político objetivado pela lei se restringe i) à justiça e ii) à paz, o que confere ares liberais as suas teorias política e do Direito.[97]

O Direito, por outro lado, usa duas forças que movem as pessoas a seguirem as suas orientações para proporcioná-las. Primeiro, há as pessoas que obedecem às leis, porque as consideram boas e necessárias (força diretiva) em razão dos problemas de coordenação das ações humanas em comunidade que são resolvidos pela autoridade dos legisladores. Segundo, sempre haverá alguns egoístas recalcitrantes que desejam gozar dos benefícios sociais proporcionados pelas leis, mas que preferem impor as suas vontades prejudicando os demais mediante práticas criminosas que geram injustiça. Então, surge a necessidade da garantia da justiça mediante a coerção e o emprego da força pelo Estado (força coativa), tanto para promover a lei e fazer com que as infrações ocorram mais raramente em razão do medo da pena e da possibilidade de perda da vantagem volitiva ganha com a prática da injustiça (a desigualdade que se obtém ao agir contra a lei, enquanto se é beneficiado pela obediência da lei pelos demais), quanto para que os obedientes à lei tenham um estimulo para manterem-se assim ao constatarem que quem cumpre a lei e age nos ditames da justiça é protegido pelo Direito.[98] Por isso mesmo, como o Direito depende da autoridade da lei e de sua capacidade de promover o bem comum (justiça e paz), leis gravemente injustas que se afastem largamente do caso central de Direito não são leis e não criam obrigação moral de obediência, apesar de muitas vezes manterem a força coativa.[99]

---

97. FINNIS, John. *Direito natural em Tomás de Aquino:* sua reinserção no contexto do juspositivismo analítico. Tradução Leandro Cordioli. Revisão de Elton Somensi de Oliveira. Porto Alegre: Sergio Antonio Fabris, 2007. p. 63-65 e 66-68.

98. *Idem. Lei natural e direitos naturais.* Tradução Leila Lopes. São Leopoldo: Unisinos, 2007. p. 256-259

99. *Ibidem*, p. 340 – 347.

Ademais, para a garantia da justiça e da força moral das leis, são necessários os oito *desiderata* do Estado de Direito propostos por Lon Fuller (1902-1978) em seu seminal *A moralidade do Direito*. Nessa obra, Fuller[100] vai propor uma versão do jusnaturalismo procedimental, isto é, vai propor regras humanas não derivadas da lei divina que são inerentes ao desempenho da atividade do Direito. Digo, inerentes porque, apesar de não proporem exigências materiais de justiça para a lei como os bens humanos básicos de Finnis, estabelecem condições de legalidade sem as quais se torna impossível acatá-la. Um Direito que falha nestes *desiderata* torna-se arbitrário e injusto. Aliás, sequer pode ser chamado propriamente de Direito: "Uma falha total em qualquer uma dessas oito direções não resulta simplesmente em um sistema jurídico ruim; resulta em algo que simplesmente não pode ser chamado de sistema jurídico, [...]".[101] John Finnis acresce tais exigências e consequências a sua teoria da lei natural dizendo que: o ponto fundamental dos *desiderata* é garantir a dignidade da autonomia e de ficarem livres de certas formas de manipulação àqueles que estão sujeitos à autoridade política.[102] Essas oito qualidades do Direito propõem que as regras devem ser: i) prospectivas e não retroativas; ii) ser de possível obediência; iii) promulgadas; iv) claras; v) coerentes entre si; vi) não mudarem constantemente; vii) gerais; e viii) que exista um alinhamento entre a elaboração da lei e sua aplicação, cuja falha pode ser cobrada dos agentes públicos.[103]

Finalmente, Finnis retoma as duas modalidades tomistas de derivação do Direito a partir da lei natural

100. FULLER, Lon. *A moralidade do direito*. Tradução Augusto Neves Dal Pozzo e Gabriela Bresser Pereira Dal Pozzo. São Paulo: Contracorrente, 2022. p. 53 – 54.

101. *Ibidem*.

102. FINNIS, John. *Lei natural e direitos naturais*. Tradução Leila Lopes. São Leopoldo: Unisinos, 2007. p. 340-347.

103. *Ibidem*, p. 264-265.

(mencionadas supra item 2) para que o Direito seja materialmente justo. A lei "consiste em parte de regras que são derivadas da lei natural como conclusões deduzidas de princípios gerais e, de resto, de regras que são derivadas da lei natural como implementações [*determinationes*] de diretivas gerais".[104] Quanto ao método da derivação por conclusão não há o que acrescer no momento. Porém, a analogia de Finnis que explica a determinação por meio da arquitetura pode ainda ser elucidativa. Nesses casos, diz Finnis, se tem uma ideia geral da obra (princípios e exigências da lei natural) que se vai construir: uma casa ou um hospital, por exemplo. Entretanto, se a porta terá 2,1 ou 2,3 metros de altura é algo que é atribuição do arquiteto (legislador) decidir para se alcançar a finalidade proposta. Muitas das escolhas realizadas pelo profissional são igualmente razoáveis, podendo o fazer em razão da autoridade que lhe foi atribuída ao ser encarregado do projeto. Contudo, algumas alternativas não podem ser adotadas, porque ficam completamente fora da ideia geral a que se propôs, como no caso de fazer uma porta com 1 metro de altura, o que impediria as pessoas de transitarem por ela.[105] Da mesma forma, a lei humana pode ser derivada da lei natural como instruções gerais que comportam alguma discricionariedade autoritativa do legislador. O que não pode ser feito é contrariar a lei natural e agir arbitrariamente ao legislar.

Em resumo: Um Direito que não atenda à razão de lei, aos oito *desiderata* do Estado de Direito e falhe em sua derivação da lei natural é injusto e, dependendo do caso, não gera obrigação moral na consciência dos cidadãos, podendo ou devendo ser resistido. Da mesma forma, um Direito que não garanta ou que agrida os direitos naturais das pessoas humanas, que são uma forma de expressar as

---

104. FINNIS, John. *Lei natural e direitos naturais*. Tradução Leila Lopes. São Leopoldo: Unisinos, 2007. p. 276-277.

105. *Ibidem*.

exigências dos bens humanos básicos sob o prisma de seus beneficiários, pode ser assim considerado.

4. O FUTURO DOS DIREITOS NATURAIS

A título de considerações finais resta apresentar alguns pontos que considero relevantes para o futuro dos direitos naturais. Evidentemente, tais questões não possuem um caráter profetizante, mas tão somente prospectivo. Muito do que falei até aqui diz respeito à história e ao presente do jusnaturalismo. A ideia foi destacar o que considero fundamental nas diversas vertentes que foram defendidas diante de seus respectivos desafios, a fim de encontrar os horizontes para aquilo que se apresenta como relevante nos dias de hoje e no futuro. Então, apresento apenas um apanhado dos pontos principais, sem esquecer o já exposto.

Nesse sentido, o principal ponto a se destacar é que o jusnaturalismo tem um futuro. Digo, as teorias da lei natural e dos direitos naturais não são algo que deverão desaparecer. Apesar de gozar de menor prestígio em algumas épocas, a larga tradição inaugurada por Antígona que evocou para o ser humano a pesada responsabilidade de se opor à opressão chega aos dias de hoje renascida de suas cinzas cientificistas e juspositivistas como a mitológica fênix. Evidentemente, existirão opositores e céticos, o que fará com que sempre haja a necessidade de melhorar a compreensão dos fundamentos e a defesa da lei natural em diversos aspectos. Contudo, como já disse em outro oportunidade, qualquer um pode ser indiferente ao justo até a ocasião em que sofra uma grave injustiça. Neste momento, nasce um impulso para buscar a justiça na fé, na razão, na caridade dos outros seres humanos ou nas instituições. Portanto, a história e a natureza humana apontam para um futuro da tradição jusnaturalista nos termos em que Rommen intitulou o seu trabalho: “O eterno retorno do direito natural”.

Um segundo ponto é como deverão ser os futuros renascimentos do direito natural? Confesso que a considero uma pergunta muito prospectiva e pessoal, mesmo assim creio que a história destas teorias aponta alguns caminhos possíveis a serem percorridos. Como ficou constatado acima, o jusnaturalismo é irmão da laicidade. Não é o caso das teorias jusnaturalistas deverem se tornar laicistas e abandonarem as verdades da fé. A questão é que se a lei humana, os governantes ou o Estado fossem deuses na terra, nunca poderiam errar e serem despóticos. Do mesmo modo, a insurgência de Antígona não teria legitimidade e apelo até os dias atuais, caso Creonte fosse um deus ou representante dos deuses no governo de Tebas. Isso demonstra a verossimilhança da proposição de que o governo civil pode falhar em sua tarefa de promoção do bem comum. Ao mesmo tempo, saber em que consiste o acerto em termos de bem humano, governo e legislação é uma das tarefas árduas para constantes esforços teóricos. Não é algo simples a ser empreendido, pois, como visto, não há um jusnaturalismo unitário.

O estudo realizado deixa claro que não existe apenas um único jusnaturalismo, mas diversas vertentes teóricas nem sempre inteiramente compatíveis, o que provavelmente deve se manter em seus desenvolvimentos. Destacadamente, os autores liberais (Hobbes e Locke) não têm mais a perspectiva de uma razão prática dirigida ao bem humano, porque as emoções e (medo, no caso de Hobbes) os sentimentos ocupam o papel de dirigir as ações humanas. Aquilo que designam de razão prática é muito limitado ao seu uso instrumental, não podendo ser mais considerado a mesma capacidade que era proposta por Aristóteles e Tomás de Aquino. Villey, de outro turno, propõe uma versão jusnaturalista a partir de uma leitura particular do direito romano, o que também lhe priva de compartilhar da razão prática em diversos aspectos. Especialmente por propor uma virtude (teórica) de juristas que busque descrever uma "coisa" (a justa igualdade proporcional) na natureza.

Esta é uma corrente que considero igualmente equivocada, porque incorre na falácia naturalista: deriva o dever ser (o justo) do ser (a coisa, "*res*").

A meu juízo, o jusnaturalismo não deveria se tornar um emotivismo e nem um cientificismo com o emprego da razão teórica. A forma apropriada de se teorizar é a busca do desenvolvimento das teorias jusnaturalistas e de seus fundamentos a partir da razão prática, que tem como objeto o bem humano e delibera sobre o agir inteligente. Como diz Finnis[106] a respeito das teorias da lei natural "Existem bens humanos que só podem ser garantidos por meio de instituições da lei humana e requisitos de razoabilidade prática a que apenas essas instituições podem satisfazer". O bem e a felicidade dos seres humanos é o derradeiro horizonte compartilhado por Sófocles, Platão, Aristóteles, Agostinho, Tomás de Aquino e o próprio John Finnis.

Ademais, o fato de tal conhecimento ser proposicional desafia a formulação de teorias e de preceitos da lei natural de modo universal e compartilhado. Isso traz força e defensabilidade para os direitos naturais no ambiente multicultural contemporâneo, como debatido no item "1" *supra*. Argumentos racionais são universalizáveis para crentes ou não crentes, pois a razoabilidade é compartilhada pelos seres humanos. Argumentos com base religiosa ou ateia são compartilháveis apenas entre aqueles que compartilham a mesma fé. Nada impede que coincidam nas conclusões, mas é fundamental apelar para as razões, a fim de que seja viabilizada a convivência política sob a justiça como sustentava Aristóteles (item "3" *supra*). Devemos lembrar que o próprio Agostinho conclamava Evódio para atenderem às exigências da razão, não se escondendo na fé, por preguiça de usá-la. Os horizontes da lei natural são racionais

106. FINNIS, John. *Lei natural e direitos naturais*. Tradução Leila Lopes. São Leopoldo: Unisinos, 2007. p. 255-270.

e proposicionais, o que só se fortalece com argumentação robusta. O esforço de Tomás de Aquino ao separar claramente os domínios das quatro leis (lei eterna, lei divina, lei natural e lei humana) tem um grande papel na delimitação destas fronteiras: claramente a lei natural é um apelo à razão, enquanto a lei divina é fruto da revelação (fé). Na mesma proporção que se dissesse que há um "jusnaturalismo" e um "jusdivinismo", se esta última expressão existisse. O jusnaturalismo deve se manter sob o império da razão se quer se fortalecer e não voltar a ser cinzas nos dias atuais.

Portanto, o caso central da teoria jusnaturalista que distingue os clássicos dos Iluministas liberais é a preocupação com o bem humano e a felicidade humana. Por outro lado, não há por que negar que a resistência à opressão esteve sempre presente na tradição jusnaturalista desde Antígona, não tanto como um horizonte a ser explorado, mas mais como uma fronteira que tiranos encontrariam resistência ao atravessar. Assim, se levarmos em consideração como jusnaturalismo não apenas a busca do bem, mas igualmente as condições políticas de sua garantia mediante a proteção contra o arbítrio dos governantes, isto é, entender o fio condutor das teorias jusnaturalistas também como uma doutrina de resistência à opressão, podemos somar esforços neste sentido. O ganho dos liberais está nos valores da igualdade universal entre os seres humanos e da liberdade em seus diversos aspectos (liberdade religiosa, de crença, de opinião, de ir e vir etc.). Ademais, o jusnaturalismo colheu vantagens em termos de defesa com o desenvolvimento da gramática dos direitos naturais, dos direitos humanos e dos direitos fundamentais, se pensados todos como aspectos das relações de justiça nos termos de John Finnis, o que também é fruto do individualismo daquela época.

Entretanto, isso só vale se levarmos em consideração que sua formulação em listas de direitos sempre será incompleta, na medida em que não abrange as circunstâncias daquilo que devemos fazer para a nossa própria felicidade independentemente das outras pessoas. É que a gramática dos direitos se restringe às relações intersubjetivas de justiça. Porém, a lei natural trata do bem humano e de questões éticas que devemos buscar não por serem devidas por justiça, mas por envolverem o nosso florescimento. Nesse sentido, direitos e deveres cobrem apenas os aspectos intersubjetivos da lei natural, e não os efeitos intransitivos das ações humanas. Na prática, ainda que nossos direitos naturais não estejam sendo respeitados, temos deveres humanos para conosco mesmos e para com os outros, como retratado por Platão em sua *Apologia de Sócrates* (item "1" *supra*).

Finalmente, para uma versão completa do jusnaturalismo creio que deveríamos seguir os caminhos traçados por um princípio fundamental subdividido em duas partes que resume toda a lei natural. A primeira é racionalmente evidente para qualquer ser humano que tenha alcançado a idade da razão e o desenvolvimento do caráter. A segunda, por outro lado, é perfeita, mas é evidente e acessível apenas para quem crê que exista uma condição personalíssima necessária e ordenadora da presente existência. Estes princípios definem aspectos exigíveis de nós mesmos em razão do Bem e prescrevem que se ame ao próximo como a si mesmo, e a Deus sobre todas as coisas, se você crê em Deus.[107] Este é o caminho do amor ("*agape*"), de onde os jusnaturalistas não deveriam se afastar no futuro. O amor, neste sentido, difere de outro tipo conhecido pelos gregos ("*eros*"), porque não é uma carência, mas uma doação. Igualmente não se identifica com a "*philia*", à medida que é uma virtude passível de ser desenvolvidas por todos (universal) independentemente de reciprocidade (categórica). Deixar que a caridade opere junto com a prudência para

107. FINNIS, John. *Direito natural em Tomás de Aquino:* sua reinserção no contexto do juspositivismo analítico. Tradução Leandro Cordioli. Revisão de Elton Somensi de Oliveira. Porto Alegre: Sergio Antonio Fabris, 2007. p. 42-44.

ditar a lei natural e os direitos naturais seria uma bela empreitada. Como isso deveria ser feito diante das circunstâncias que irão se apresentar não há como saber agora.

REFERÊNCIAS

AGOSTINHO. *O livre-arbítrio*. Tradução Nair de Assis Oliveira. Revisão de Honório Dalbosco. São Paulo: Paulus, 1995.

AQUINO, Tomás de. *Comentario a la Ética a Nicômaco de Aristóteles*. Tradução Ana Mallea. 2. ed. Pamplona: Editora Eunsa, 2001.

AQUINO, Tomás de. *Suma Teológica IV (I-II Tratado da lei)*. Tradução bilíngue de Aldo Vannucchi *et al*. São Paulo: Loyola, 2005.

AQUINO, Tomás de. *Suma Teológica VI (Tratado da justiça)*. Tradução bilíngue de Aldo Vannucchi *et al*. São Paulo: Loyola, 2005.

ARISTÓTELES. *Ética a Nicómaco*. Tradução bilíngue de Maria Araujo e Julián Marias. Madrid: 1999. 7ª. ed.

ARISTÓTELES. *Retorica*. Tradução bilíngue de Antonio Tovar. Madrid: CEPC, 1999.

ARISTÓTELES. *Política*. Tradução bilíngue de Antonio Campelo Amaral e Carlos de Carvalho Gomes. Lisboa: Veja, 1998.

BOBBIO, Norberto. *A era dos direitos*. Tradução Carlos Nelson Coutinho. Rio de Janeiro: Campus, 1992.

FINNIS, John. *Direito natural em Tomás de Aquino:* sua reinserção no contexto do juspositivismo analítico. Tradução Leandro Cordioli. Revisão de Elton Somensi de Oliveira. Porto Alegre: Sergio Antonio Fabris, 2007.

FINNIS, John. *Aquinas moral, political, and legal theory*. Oxford: Oxford University Press, 1998.

FINNIS, John. *Lei natural e direitos naturais*. Tradução Leila Lopes. São Leopoldo: Unisinos, 2007.

FULLER, Lon. *A moralidade do direito*. Tradução Augusto Neves Dal Pozzo e Gabriela Bresser Pereira Dal Pozzo. São Paulo: Contracorrente, 2022.

FULLER, Lon. *O caso dos exploradores de cavernas*. Tradução Plauto Faraco de Azevedo. Porto Alegre: Safe, 2008.

HESÍODO. *Os trabalhos e os dias*. Tradução Mary de Camargo Neves Lafer. Edição bilíngue. 4. ed. São Paulo: Iluminuras, 1989.

HITTINGER, Russel. Introduction. *In:* ROMMEN, Heinrich. *The Natural Law:* A Study in Legal and Social History and Philosophy. Tradução Thomas R. Hanley. Indianapolis: Liberty Fund, 1998.

HOBBES. *Leviatã ou Matéria, forma, e poder de um estado eclesiástico e civil*. Tradução João Paulo Monteiro e Maria Beatriz Nizza da Silva. São Paulo: Nova Cultural, 2000.

INSTITUTO JACQUES MARITAIN. *Quem somos*. [s.d.]. Disponível em: http://maritain.org.br/quem-somos/. Acesso em: 10 jun. 2023.

LOCKE, John. *Dois tratados do governo civil*. Tradução Miguel Morgado. Revisão de Luís Abel Ferreira. Lisboa: Edições 70, 2012.

MARITAIN, Jacques. *Os direitos do homem e a lei natural*. Tradução Afranio Coutinho. 2. ed. Rio de Janeiro: Livraria José Olympio Editora, 1947.

ORGANIZAÇÃO DAS NAÇÕES UNIDAS. *Declaração Universal dos Direitos Humanos. Adotada e Proclamada pela Assembleia Geral das Nações Unidas* (resolução 217 A III) em 10 de dezembro 1948. Disponível em: https://www.

unicef.org/brazil/declaracao-universal-dos-direitos-humanos. Acesso em: 11 jun. 2023.

PLATÃO. *Apologia de Sócrates. Êutifron. Críton.* Tradução André Malta. Porto Alegre: L&PM, 2011.

PLATÃO. *A República.* Tradução Anna Lia Amaral de Almeida Prado. Revisão de Roberto Bolzani Filho. São Paulo: Martins Fontes, 2006.

RAWLS, John. *O liberalismo político.* Tradução Álvaro de Vita. São Paulo: Martins Fontes, 2011.

ROMMEN, Heinrich. *The Natural Law:* A Study in Legal and Social History and Philosophy. Tradução Thomas R. Hanley. Indianapolis: Liberty Fund, 1998.

SÓFOCLES. *Antígona.* Tradução Donaldo Schüler. Porto Alegre: L&PM Editores, 2006.

VILLEY, Michel. *Filosofia do Direito:* definições e fins do direito, os meios do direito. Tradução Márcia Valéria Martinez de Aguiar. São Paulo: Martins Fontes, 2003.

VILLEY, Michel. *O direito e os direitos humanos.* Tradução Maria Ermantina de Almeida Prado Galvão. São Paulo: Martins Fontes, 2007.

NORMA JURÍDICA E DIREITO NATURAL CLÁSSICO

Renato José de Moraes

INTRODUÇÃO

As normas jurídicas são tema de estudo fundamental na teoria e na filosofia do direito. O que não é de surpreender, tendo em vista sua importância prática e teórica para o mundo jurídico. Neste artigo, examinaremos a norma jurídica de maneira sistemática, a partir do ponto de vista do jusnaturalismo clássico. Nessa escola, a norma jurídica é fundamental, ao contrário dos que identificam, no fundamento de tal concepção jurídica, um vago sentimento de justiça, a confusão entre direito e moral e o subjetivismo do julgador. Na verdade, a norma é muito melhor fundamentada – e por isso tem maior força – na teoria jurídica clássica, que serviu aos romanos e segue viva nos nossos dias, e não no positivismo. Espero que essa afirmação se mostre convincente ao final do artigo.

Inicialmente, veremos aspectos gerais sobre a norma jurídica, começando por propor uma definição dela. A seguir, analisaremos sua necessidade e suas finalidades.

Prosseguiremos com o estudo da derivação das normas positivas a partir do justo natural, para enfim tratarmos da estrutura lógica das leis e das diversas normas.

No segundo ponto, veremos distintas classificações das normas, o que permitirá compreender melhor seus conteúdos e funções. Aqui, procuraremos verificar como devem ser entendidas algumas classificações das normas a partir do direito natural clássico, o que é necessário para demonstrar a viabilidade e atualidade das posições que defendemos neste artigo.

1. ASPECTOS GERAIS DAS NORMAS JURÍDICAS

1.1 Elementos das normas jurídicas

Em uma primeira aproximação, cabe entender a lei ou norma como uma ordenação racional. Antes de ser um ato da vontade, de escolha, é uma medida da razão, que descobre qual é o fim que deve ser alcançado com aquela norma. Assim é porque a razão ordena nossos atos para o seu fim, pois ela é a guia primeira dos nossos comportamentos. Por isso, ela é o primeiro princípio dos atos humanos, nos quais a vontade depende do demonstrado pela razão. Como as normas visam orientar a conduta, os atos dos que lhes estão sujeitos, elas são primordialmente um ato da potência racional.[1]

Essa concepção vai contra a posição dos que ressaltam o aspecto volitivo, arbitrário, mandamental das normas. Não significa que tal aspecto não exista ou não seja importante, porque evidentemente encontra-se presente na dimensão normativa, em maior ou menor grau, dependendo do tipo de norma e de regime político. Porém, mesmo a vontade do soberano ou do corpo dirigente da sociedade deve estar

---

1. TOMÁS DE AQUINO. *Summa theologiae*. Iª-IIae q. 90 a. 1 co. Disponível em: www.corpusthomisticum.org. Acesso em: 3 jun. 2023.

regulada pela razão, isto é, precisa ser razoável; caso contrário, seria uma violência, um capricho ou um abuso. O próprio entendimento do sentido de uma ordem exige que ela seja ao menos inteligível; logo, a razão é imprescindível.

A ordenação racional que consiste na lei tem por finalidade o bem comum. Não haveria sentido que a lei mandasse a alguém visando o bem particular de quem exerce a autoridade, ao menos em uma sociedade corretamente estruturada. Antes, apenas pode-se legitimamente obrigar alguém a algo, de forma normativa e jurídica, em vista do bem comum.

Por outra parte, o bem comum é aquilo que favorece a todos, à coletividade, incluindo cada um dos indivíduos. Logo, ele é a finalidade última de todas as condutas, enquanto contempladas e analisadas de maneira geral e global, passando por cima de interesses meramente pessoais e singulares. Exatamente por isso Aristóteles sustenta que, em determinado sentido, consideramos justos e conformes à lei aqueles atos que tendem a "produzir e preservar a felicidade e seus componentes na sociedade política".[2] Sendo geral, o bem comum é o que ordena os demais bens entre si, que faz com que certas vantagens sejam preferidas a outras, por conta do efeito que trarão para a sociedade.

Quando a norma determina condutas a serem seguidas por particulares, mesmo que elas inicialmente representem uma vantagem ao indivíduo, terminarão por trazer reflexos para o grupo social. Nesse sentido é que importam para as normas jurídicas. Por isso a autoridade pode promover, ordenar ou proibir tais comportamentos. Vemos novamente aqui a relação íntima, ainda que não seja absolutamente paralela, entre o bem particular e o bem comum.[3]

---

2. ARISTÓTELES. *Nicomachean Ethics*. V, c. 1; 1129, b, 17. *In*: BARNES, Jonathan (Ed.). *The complete works of Aristotle:* the revised Oxford translation. v. 2. [S.l.]: Princeton University Press, 1984.

3. TOMÁS DE AQUINO. *Summa theologiae*. Iª-IIae q. 90 a. 2 co. Disponível em: www.corpusthomisticum.org. Acesso em: 3 jun. 2023.

Se a lei visa o bem comum, ela deverá ser instituída por quem administra tal bem comum. Ora, isso cabe ou a todo o povo, a sociedade, ou a quem de certo modo faz as vezes da população, isto é, o governante. Portanto, o particular não pode, enquanto tal, instituir uma norma jurídica em sentido estrito, pois sua competência limita-se ao âmbito privado.[4]

Além disso, o indivíduo não é capaz de guiar os seus concidadãos à virtude de modo eficaz, pois ele apenas pode admoestar e orientar, mas não exercer legitimamente a coação. E a norma estatal necessita da força impositiva, a partir da qual as penas possam ser previstas e aplicadas, reforçando assim o comportamento virtuoso e enfraquecendo o vicioso e prejudicial. De maneira perspicaz, Aristóteles observa que os homens detestam quando outros seres humanos lhes imponham algo e contrariem seus impulsos, mas aceitam quando a norma, que é geral e fundada no poder estatal, o faz.[5] Por isso, a norma deve ser instituída pela autoridade ou por todo o povo; nos dias de hoje, a representação democrática tenta garantir que os governantes estejam ciosos do interesse popular e comum.

Finalmente, a norma jurídica, de modo especial a lei, deve ser promulgada. Por meio da promulgação, ela se torna conhecida por aqueles que a ela estarão sujeitos, o que é necessário para que possam regular suas condutas em conformidade a ela. Daí a importância de escrever a lei, porque então ela se mantém íntegra e pode ser conhecida mesmo muito tempo depois de ter sido decidida e tornada vigente.

Chegamos então a todos os elementos que servem para, de maneira tradicional, caracterizar as normas jurídicas. Portanto, estas podem ser definidas como uma ordenação da razão para o bem comum, promulgada por quem tem a

---

4. *Ibidem.* I[a]-IIae q. 90 a. 3 co.

5. ARISTÓTELES, *op. cit*, X, c. 9; 1180, a, 20. *In*: BARNES, *loc. cit.*

seu cargo a comunidade política. Essa definição, formulada por Tomás de Aquino, resume o pensamento de Aristóteles, dos juristas romanos e dos filósofos medievais.[6] Apesar de precisarmos complementá-la em uma série de pontos, ela representa um excelente ponto de partida, porque engloba os aspectos fundamentais do fenômeno normativo.

Ao mesmo tempo, percebemos que ela se refere primariamente à lei, e apenas de forma secundária aos demais tipos de normas jurídicas. Em outras palavras, o foco da definição é a lei, que é a norma jurídica por excelência, e posteriormente as demais espécies de normas, que poderão não se encaixar tão bem em alguns dos elementos da definição. Porém, ainda assim, é um significado que nos será útil e permitirá entender as normas de maneira valorativa e hierárquica.

Aqui, convém recorrer à lição dos jurisconsultos romanos, para mostrar que a definição de lei formulada por Tomás de Aquino expressou aspectos essenciais, que não podem ser descartados. Segundo Papiniano, "a lei é o preceito comum, o decreto dos homens prudentes, a repressão dos delitos causados espontaneamente ou por ignorância, a promessa (compromisso) da coisa pública comum".[7] Nessa formulação, estão presentes várias características principais da lei. Por exemplo, a norma ser estabelecida pelos prudentes, os que usam a razão para guiar seus atos. Na lei, temos o compromisso da coisa pública, a qual se funda no bem comum. Ela reprime os delitos, o que é próprio da autoridade legítima. A noção de lei não está, no texto

---

6. *Ibidem*, I^{a}-IIae q. 90 a. 4 co. *In: Ibidem*.

7. JUSTINIANO. *Digesto*. 1.3.1. *In:* KRÜGER, Paul; MOMMSEN, Theodor; SCHÖLL, Rudolf. *Corpus Iuris Civilis*. Recognovit Theodore Mommsen et Paulus Krueger. 15. ed. Berolini: Weidmannos, 1928. (*Lex est commune praeceptum, virorum prudentium consultum, delictorum quae sponte vel ignorantia contrahuntur coercitio, communis rei publicae sponsio.)*

recolhido pelo Digesto, rigorosa e clara como a encontramos em Tomás de Aquino, mas a proximidade é evidente.

1.2 Necessidade das normas jurídicas

Quanto à necessidade das normas, veremos três argumentos a esse respeito. Primeiro, o justo natural não é suficientemente determinado para, sem o estabelecimento do justo convencional ou legal, servir para esclarecer o que é devido a cada pessoa, ou seja, para discernir qual é o direito nos casos concretos. Depois, a importância das normas positivas para garantir segurança e certeza, ao menos em certo nível. Finalmente, a vantagem de existirem normas, para que os julgamentos não dependam apenas das decisões singulares dos magistrados.

Admitimos que exista um justo natural, no sentido proposto por Aristóteles, ou seja, como relações que são adequadas, proporcionadas por natureza, de modo constante e se mantendo como tais nos vários tempos e lugares. Logo, gerando um objeto de justiça que possa ser discernido pelas pessoas e independente da opinião delas. Ainda que, na prática, tal discernimento talvez não se dê, devido a equívocos sociais, culturais ou mesmo interesses torcidos.

Poderíamos, a partir disso, considerar que não seriam necessárias outras normas além das naturais, pois apenas com elas os seres humanos poderiam regular e dirigir todas suas relações. E mais, tal regulação traria a vantagem de ser racional e impedir que a autoridade tivesse de ser exercida, pois o característico do justo natural é que sua força independe do disposto pelo governante, mas se encontra de certo modo no âmago da própria realidade.

Essa argumentação falha por não atentar ao aspecto frequentemente geral e abstrato do justo natural, o que dificulta que ele sirva como regra para solucionar qualquer caso concreto. Examinaremos melhor esse tema mais adiante, mas convém aqui esclarecer que a lei humana positiva é um desenvolvimento do justo natural. Não se contrapõe a ele, mas especifica-o e desenvolve-o, de modo a que cheguem a existir, na sociedade, normas eficientes e claras o bastante para exercer a função de guia na distribuição dos bens e das cargas entre o corpo político e os vários indivíduos que dele fazem parte.

Tal evolução do direito natural, ou justo natural, para o direito positivo é explicitada por Cícero, que escreveu em uma obra hoje perdida:

> o seu início [do direito] procede da natureza; a seguir, algumas coisas tornaram-se costume devido à utilidade da razão, ou pela clareza ou pela obscuridade para nós; posteriormente, as coisas procedentes da natureza e aprovadas pelo costume ou pela utilidade verdadeira foram sacramentadas como leis.[8]

O famoso orador sublinha que as leis surgem a partir de algo prévio, que se mostrou satisfatório para a razão. Portanto, há um processo de conhecimento, de avaliação do que é desejável ou preferível. Nos dias de hoje, os debates sobre as disposições de uma norma procuram exatamente descobrir o que seria o mais razoável, o que traria as melhores soluções para o tema a ser legislado. Uma vez discernida determinada opção, ela é consagrada como norma mediante o procedimento que termina na promulgação. Tornaremos a estudar esse aspecto mais adiante, ao examinarmos a derivação das normas positivas a partir do justo natural.

A necessidade da lei humana também se explica porque a conduta humana sucede na esfera do contingente, do imperfeito, do precário, pois assim são as matérias que operamos e sobre as quais agimos. Consequentemente, as

---

8. CICERO, Marcus Tullius. *De inventione*. l. 2, c. 65. Disponível em: http://www.thelatinlibrary.com/cicero/inventione2.shtml. Acesso em: 3 jun. 2023.

normas de conduta não têm a mesma certeza e infalibilidade das leis científicas, que existem no campo das situações idealizadas e abstratas e dizem respeito ao intelecto teórico. Este último almeja e alcança verdades seguras, universais, certas, o que não se dá no âmbito da conduta e ação dos seres humanos, que está sempre envolto na perfectibilidade e contingência.

Logo, as normas naturais de conduta não são suficientes para organizar a sociedade. Antes, precisam ser complementadas pelas normas positivas, que também serão frequentemente limitadas e insatisfatórias, mas ainda assim auxiliam a diminuir a insegurança e a imprevisão nas relações sociais. O aspecto da previsão no direito, tão urgido pelos positivistas, que temem o perigo da arbitrariedade e aleatoriedade do direito, é efetivamente importante. E as normas positivas facilitam que todos saibam aquilo a que estão obrigados, e o que o custaria infringir as disposições que regem a vida social.

Outra questão que poderia ser levantada é se não bastariam bons juízes para aplicar e apontar o direito, sem que fosse preciso recorrer a uma norma geral e ampla. Afinal, os magistrados têm diante de si o caso concreto, com todas as suas especificidades, e por isso estariam em melhores condições para descobrir a melhor solução. Então, a lei representaria algo prejudicial, abstrato, que amarraria as mãos de quem deve resolver as questões no dia a dia.

No entanto, é preferível ordenar a sociedade e as relações entre os indivíduos por meio das normas do que pelos juízes. Primeiro, porque é mais fácil encontrar um grupo pequeno de pessoas preparadas para formular as normas, do que congregar todos os bons juízes necessários para julgar retamente caso a caso. Segundo, o legislador tem tempo para examinar e refletir sobre muitos casos, a partir dos quais pode estabelecer uma disposição geral conveniente, enquanto os juízes têm diante de si casos singulares, que aparecem repentinamente e sem previsão. Evidentemente, é melhor estabelecer uma regra com a experiência e o estudo de várias situações similares, do que ter que fazê-lo em uma única situação. Finalmente, os legisladores tratam do futuro e universal, o que diminui a influência das paixões e dos interesses, que distorcem os julgamentos. Por isso, é preferível deixar pouco espaço para o arbítrio dos juízes.[9]

1.3 A finalidade das normas

Aristóteles considera que a finalidade do legislador é tornar os cidadãos bons.[10] De forma similar, Tomás de Aquino sustenta que é característico da lei conduzir os que a ela estão sujeitos à virtude que lhes é própria.[11] Esse entendimento é contrário à visão que muitos autores modernos possuem das normas jurídicas. Para eles, a lei jurídica seria algo meramente funcional, sem qualquer valor intrínseco que redundasse em um aprimoramento dos membros da sociedade, ou configurariam inclusive uma forma de dominação dos governantes sobre os governados.

Por ser sua finalidade tornar os cidadãos virtuosos, nem por isso deve a lei proibir todos os atos viciosos e ordenar todos os virtuosos. A norma jurídica está formulada para a população, formada em sua maioria por seres humanos imperfeitos na virtude. A lei deve se impor aos cidadãos de acordo com as condições deles. Por isso, o que foi ordenado em uma época pode não ser em outra, se houve um retrocesso geral na virtude da população; igualmente

9. TOMÁS DE AQUINO. *Summa theologiae*. Iª-IIae q. 95 a. 1 ad 2. Disponível em: www.corpusthomisticum.org. Acesso em: 3 jun. 2023.

10. ARISTÓTELES. *Nicomachean Ethics*. l. 2, c. 1; 1103, b, 3. *In*: BARNES, Jonathan (Ed.). *The complete works of Aristotle:* the revised Oxford translation. v. 2. [S.l.]: Princeton University Press, 1984.

11. TOMÁS DE AQUINO. *Summa theologiae*. Iª-IIae q. 92 a. 1 co. Disponível em: www.corpusthomisticum.org. Acesso em: 3 jun. 2023.

pode suceder que algo que era permitido, seja posteriormente proibido, porque já não se tolera aquela prática. De qualquer modo, a lei humana proíbe apenas as ações mais prejudiciais, principalmente as contra a justiça, que atingem os demais cidadãos.[12]

Na concepção do direito natural clássico, a virtude do cidadão enquanto tal é sujeitar-se às disposições dos que governem o corpo político, de modo a que ajude no desenvolvimento do bem comum, no aprimoramento das condições de toda sociedade. Ora, as determinações dos que têm a seu cargo a comunidade dão-se por meio das leis; por isso, o cidadão virtuoso procura cumpri-las e segui-las e, na medida em que o faz, torna-se cada vez melhor cidadão.

Aqui, há uma diferença importante. Se as leis são efetivamente justas, isto é, procuram o bem comum e são conformes o justo natural, então elas levarão a que os governados ajam de maneira boa em sentido absoluto, o que representa parte da sua perfeição como seres humanos. Afinal, para o ser humano, animal político, a vida em sociedade corresponde a uma parcela importante da sua existência. Logo, alguém que despreze as normas do seu grupo social, se este não estiver viciado nem pervertido, não alcançará a excelência como cidadão, e tampouco como ser humano.

Para uma parte qualquer, corresponde à sua perfeição que ela se harmonize com o todo que ela integra. Uma peça que não se encaixe na sua função, independentemente do motivo, será defeituosa. Esse tipo de comparação nunca serve de maneira perfeita em relação ao corpo político e aos seres humanos, mas nos ajuda a perceber que o desenvolvimento de qualquer pessoa depende de sua adequação à sociedade. Por isso, é importante que as instituições e as leis sejam justas e razoáveis, pois servem de guia eficiente para a conduta dos governados, ajudando-os a alcançar a

12. *Ibidem*, Iª-IIae q. 96 a. 2 co.

própria plenitude, tanto individual quanto como membros da sociedade política.

Sucede igualmente que o funcionamento do todo depende diretamente da qualidade das suas partes. Assim, o Estado não poderá ser justo nem plenamente legítimo, se seus membros forem viciosos. Isso é ainda mais relevante em relação aos governantes, porque corresponde a eles guiar toda a sociedade. Se eles não buscarem a virtude nem o bem, tenderão a desencaminhar o corpo político, como um todo, e os cidadãos, em particular. Afinal, estes últimos seguem as normas emanadas pelos governantes, e mais facilmente poderão tornar-se bons em sua função, porque lhes basta seguir as disposições legítimas emanadas da autoridade.

Já os governantes detêm uma maior responsabilidade e são encarregados de uma tarefa mais complexa do que simplesmente obedecer.[13] No sistema democrático, todos terminam por mandar e obedecer a este em certa medida; daí que seja fundamental que todos contem com a necessária virtude para participar do governo e saber cumprir as suas determinações gerais. Somos súditos e governantes, e cumprir bem ambos os papéis exige preparação e qualidade.

Por outro lado, se as leis visam a utilidade e o prazer dos governantes, e não são conformes com o que seria recomendável e favorável a toda a sociedade, segui-las representará uma bondade relativa, limitada, que diz respeita apenas àquele regime concreto, mas não ao bem do ser humano em si mesmo. Nem mesmo como cidadão em sentido geral e absoluto. Daí que possamos afirmar que um cumpridor exato das normas de um regime tirânico é um cidadão exemplar, mas apenas para aquele governo e sociedade. Não bom súdito em sentido absoluto, e muito menos

13. *Ibidem*, Iª-IIae q. 92 a. 1 ad 3.

um ser humano em vias de se desenvolver plenamente enquanto tal.[14]

Outra realidade que diz respeito à finalidade das normas são as nossas inclinações torcidas. Os seres humanos tendem não só ao bem, mas frequentemente estão voltados para a prática de atos ruins, desde que lhes possam trazer qualquer sorte de benefício. Somente com a prática, a educação e a disciplina, é possível superar as tendências antissociais e ofensivas em favor de uma virtude consolidada e desenvolvida. Porém, frequentemente é necessário que essa disciplina nos seja imposta por terceiros, e exatamente esta é a função da educação. Precisamos ser treinados, orientados e ensinados na virtude; sem isso, não conseguimos nos tornar bons membros da sociedade, que cumprem suas obrigações e respeitam os direitos dos demais.

Para parte considerável das pessoas, a virtude acaba por se firmar por meio de conselhos e educação, sem a necessidade da aplicação de castigos e de penas. Para outros, contudo, por seu temperamento, escolhas pessoais ou más influências, é preciso tirá-los do vício por meio da força e do medo. Daí que em todas as sociedades exista a previsão da punição. Na história, houve vários momentos em que esse aspecto foi utilizado com exagero, por meio de penas graves para faltas leves; porém, isso não esconde que há situações em que a força deva ser empregada para garantir a paz e a justiça sociais.

A pena é aplicada em conformidade com a lei, para evitar arbitrariedades e excessos. Por ela, desperta-se o temor da punição naqueles que tenderiam a agir mal, e por isso refreiam-se e adotam um comportamento mais comedido. No caso do ser humano, isso é especialmente importante, porque ele é o melhor dos animais, quando dotado de

---

14. TOMÁS DE AQUINO. *Summa theologiae. Ibidem*, Iª-IIae q. 92 a. co. Disponível em: www.corpusthomisticum.org. Acesso em: 3 jun. 2023.

virtude; contudo, o pior quando separado da lei e da justiça, porque então se serve da razão e de suas excelências, que são as mais poderosas das armas, para satisfazer suas paixões e caprichos, como salientava Aristóteles.[15]

Chegamos aqui ao caráter didático das normas, que educam e direcionam os cidadãos para a virtude ou para o vício. A lei não apenas permite ou manda: ela indica um caminho, a adequação ao bem e o afastamento do mal para os membros da sociedade. Por isso, configura o que os cidadãos terminam considerando como benéfico ou prejudicial ao corpo político. As determinações legais, e mesmo as permissões, acabam sendo tomadas como o caminho correto para a conduta humana, inclinando os cidadãos naquela direção.

1.4 A derivação das normas positivas a partir do justo natural

O relacionamento entre o justo natural e o justo positivo, este último frequentemente determinado pela norma jurídica, é um tema complexo. A tal ponto que muitos autores acabam por considerar que o justo natural não existe. Ou, se existe, não importa para o jurista, a quem seria suficiente se ater ao que é estabelecido pela norma positiva.

Em muitos casos, de fato aplicar o que está escrito em uma norma é o bastante. Afinal, ela é feita fundamentalmente de maneira correta, e empregá-la levará ao melhor resultado para a sociedade. Além disso, a norma positiva traz consigo o peso de ter sido promulgada pelo governante, que é o responsável pelo bem comum do corpo social. Consequentemente, obedecê-la é, em princípio, o que deve

15. ARISTÓTELES. *Politcs*. l. 1, c. 2; 1253, a, 31. *In*: BARNES, Jonathan (Ed.). *The complete works of Aristotle:* the revised Oxford translation. Vol. 2. [S.l.]: Princeton University Press, 1984. TOMÁS DE AQUINO. *Summa theologiae.* Iª-IIae q. 95 a. 1 co. Disponível em: www.corpusthomisticum.org. Acesso em: 3 jun. 2023.

ser feito por todos os cidadãos, o que inclusive fortalece a sociedade como um todo.

Ademais, as normas positivas, hoje em dia, preveem também direitos e distribuições que são de direito natural, tornando este último mais explícito e garantido pelo poder estatal. Dessa forma, vários princípios ligados aos direitos humanos, à equivalência entre os cidadãos, ao equilíbrio nas relações sociais, que têm sua origem na natureza das coisas e podem ser apreendidos pela maior parte das pessoas, são também consagrados no direito positivo. Por isso, mesmo que não se admita o justo natural, a sociedade acaba não sendo prejudicada, porque suas leis positivas garantem que o conteúdo dele será aplicado e preservado, ao menos em certa medida.

Ao mesmo tempo, se queremos ter uma visão mais completa e consistente do fenômeno jurídico, é preciso buscar uma fundamentação também para o conteúdo das normas. Há a possibilidade de que elas sejam pervertidas, servindo então para a tirania e o abuso. Nesses casos, o direito precisa cumprir seu papel civilizador e, se for preciso, contestador e revolucionário. Portanto, tentaremos aqui analisar a legitimidade das leis positivas, de onde elas tiram sua força de obrigação para além da coerção e do poder político.

Para Agostinho, concordando nisso com Aristóteles e o espírito do direito romano, uma lei que não fosse justa não seria propriamente lei.[16] Em outras palavras, uma lei teria tanta força de lei quanto tivesse força de justiça. Essa afirmação precisa ser devidamente entendida, para não nos levar a aporias nem a situações meramente fictícias, distantes da prática dos que trabalham com o direito.

Nas realidades humanas, é justo aquilo que está determinado em conformidade com a regra da razão, porque esta

16. AGOSTINHO DE HIPONA. *De libero arbítrio*, l. 1, s. 5. Disponível em: http://www.augustinus.it/latino/libero_arbitrio/index2.htm. Acesso em: 3 jun. 2023.

é quem pondera os valores, os bens e os elementos em qualquer relação social. A primeira regra da razão vem do justo natural, da própria realidade, que por si mesma mostra proporções que devem ser respeitadas para garantir a equidade e o equilíbrio entre os interessados. Por isso, toda lei positiva deverá, de algum modo, derivar da lei natural, daquilo que é justo por si mesmo. Na medida em que ela se afastar da lei natural, perderá sua força de norma, podendo chegar inclusive a ser um instrumento de exploração e desajuste. Nesse sentido, os autores antigos afirmavam que a norma contrária ao justo natural será uma corrupção da lei, ainda que formalmente se pareça com uma norma legítima.

Uma norma positiva pode derivar da lei natural de duas maneiras. Na primeira, como uma conclusão a partir dos princípios, tal qual se dá em qualquer raciocínio das ciências. Daquilo que é conhecido e evidente, deduzo e concluo algo que tira sua certeza da força das premissas. Dos primeiros princípios do justo natural – fazer o bem e evitar o mal, respeitar os semelhantes, ser sincero, não furtar – sou capaz de chegar a normas menos evidentes, mas que dependem diretamente daqueles princípios e deles decorrem.

Na outra maneira de derivação, a norma positiva será uma determinação do deixado em aberto pelo justo natural. Entre várias possibilidades congruentes com os princípios da razão justa, todas elas possibilidades aceitáveis e que respeitam o equilíbrio entre as partes e as situações, o legislador escolhe a que lhe parecer melhor. Assim sucede, por exemplo, com a determinação das penas, a serem cumpridas por quem cometeu um fato naturalmente ilícito. O *quantum* da pena depende do que for estabelecido pelo encarregado do bem comum, o governante, por meio das normas jurídicas.

Nas situações em que a norma positiva deriva da lei natural por conclusão, aquela recebe sua força desta. Ou seja, a lei positiva fundamenta sua legitimidade e sua obrigatoriedade por estar de acordo e desenvolver os princípios do justo natural. Por sua vez, quando a derivação da norma positiva se dá por determinação, a força dela decorre apenas da autoridade da lei humana e positiva. Por isso, se o governo que deu origem àquela norma se enfraquece, é normal que as próprias disposições positivas dele emanadas acabem por ser menos respeitadas pela população.[17]

As normas de direito estatal, que se modificam de um local para o outro e também dentro do tempo, são derivadas da lei natural por determinação. Por isso, há diferenças importantes entre os vários ordenamentos jurídicos, decorrentes das várias culturas e histórias dos povos. Ao mesmo tempo, há normas comuns na maior parte dos tempos e lugares, o que chama a atenção, se pensarmos nas diferentes trajetórias dos inúmeros grupos humanos. Isso se explica pela presença da lei natural e da sua derivação por conclusão, que leva a que certos valores sejam universalmente aceitos e defendidos, com maior ou menor acerto.

Para sintetizar o tema da justiça das normas jurídicas, podemos dizer que elas são justas: em virtude do seu fim, quando ordenam as condutas humanas em função do bem comum; por seu autor, quando este age dentro de sua competência como legislador; e pela sua forma, quando impõe as cargas aos súditos de maneira proporcional, em função do bem comum.[18] Se alguma dessas notas falta, não teremos uma norma plenamente justa, ainda que ela possa trazer em si ainda algo de justiça. É o que se dá quando, extrapolando seus poderes, o governante impõe uma norma que efetivamente conduz ao bem da sociedade, ou quando há interesses diferentes do público como fundamento do que foi determinado pela lei.

---

17. TOMÁS DE AQUINO. *Summa theologiae*. Iª-IIae q. 95 a. 2 co. Disponível em: www.corpusthomisticum.org. Acesso em: 3 jun. 2023.

18. *Ibidem*, Iª-IIae q. 96 a. 4 co.

As normas injustas são mais violência do que lei em sentido pleno. Elas não obrigam em consciência, no foro moral, a não ser que sua desobediência traga desordem social ou cause escândalo. Podem ser obedecidas, desde que o contrário levaria a sanções graves, ou a dificuldades sociais relevantes. Porém, há situações em que a desobediência da norma injusta pode se impor como necessária, quando assim são preservados bens fundamentais dos indivíduos.

1.5 A forma de expressão das normas e sua estrutura lógica

Diversos autores dão grande importância ao que seria a estrutura lógica das normas jurídicas, isto é, a forma pelas quais elas são expressadas. Para alguns, toda norma teria a seguinte estrutura:

Se A é, deve ser B.

Onde "A" é a hipótese normativa, o tipo previsto pela norma, e B é a consequência jurídica ou sanção. Então, o que caracterizaria a norma jurídica seria sua previsão do "dever ser", em contrariedade das leis naturais, em que há um juízo de "ser".

Outros autores propõem estruturas diferentes, às vezes mais complexas, do estilo:

Se A é, deve ser B; se não B, deverá ser C.

Não nos importam muito aqui essas diferenças, apesar de respeitarmos e compreendermos quem valoriza este aspecto do estudo do direito e das normas. Na realidade, parece-nos que a grande maioria das normas atualmente é enunciada de maneira indicativa, e não propriamente prescritiva, e isso não é à toa.

Está certo que uma norma pode ser traduzida em termos de ordem ou mandamento, e de fato há a intenção do legislador de direcionar a conduta daqueles que serão sujeitos à lei. Porém, o que as normas realizam primariamente, de acordo com o que vimos anteriormente, é servir de regra, de medida para o direito. Ou seja, elas afirmam o que é devido para quem em determinada circunstância, e isso em primeiro plano. Evidentemente, ao estabelecer que cabe uma pena de reclusão ou o pagamento de uma indenização a quem realizou determinado ato, ela também está direcionando a conduta. No entanto, isso vem em segundo lugar, como consequência por estabelecer o que é devido às partes naquela circunstância.

Nos dias de hoje, a tendência a considerar o direito apenas sob seu aspecto normativo, e este último como constituído de ordens e mandamentos estatais, trouxe consigo a translação de qualquer disposição jurídica em algo imperativo, ou próximo disso. Ao menos, é a maneira como vários juristas de gabarito estudam o direito. Mas não deixa de ser curioso que, quando lemos as várias normas, vemos disposições em grande parte indicativas. Isto é, as normas estão cumprindo sua tarefa de dizer o que é de cada um, o que é uma indicação, e apenas posteriormente uma ordem ou mandado.

Portanto, a estrutura das normas não é o que merece maior destaque. Sejam elas escritas como mandamentos, como prescrições, como indicações ou descrições, o fundamental é que determinem o que cabe a cada sujeito em uma situação específica, em termos de bens e de cargas. De acordo com o que examinamos antes, as normas são fruto de um trabalho da razão, e não apenas da vontade ou do império. Por isso, ainda que elas mandem, devem fazê-lo com uma fundamentação, por um motivo racional e defensável.

O jurista deve saber compreender quais as situações em que aquela norma se aplica e buscar que ela seja devidamente seguida pelas partes, pelos juízes e por todos os interessados naquele caso.

2. CLASSIFICAÇÃO DAS NORMAS JURÍDICAS

Há vários tipos de normas de direito. Por isso, não parece possível estabelecer para elas uma estrutura única, ou uma forma padrão. Dependendo da sua função ou de características importantes, elas se diferenciam bastante entre si. O direito natural clássico permite observar essas distinções, pois se importa com o conteúdo e as distintas funções das normas jurídicas na sociedade.

Poderíamos apresentar um grande número de classificações, como fazem autores importantes. Mas preferimos indicar aqui apenas os critérios mais relevantes para as categorizações, tendo em conta sua aplicação prática e o quanto eles nos ajudam a entender melhor o fenômeno da normatização no direito.

Neste ponto, classificaremos as normas quanto às suas disposições, à sua generalidade, à sua imperatividade, de acordo com serem de coordenação ou de conduta, normas-origem ou derivadas, e tendo em vista os efeitos da sua violação.

2.1 A classificação das normas quanto às suas disposições

Segundo supraexposto, os juristas romanos consideravam a lei um preceito geral, isto é, uma ordem voltada para toda ou grande parte da comunidade. Portanto, não estaria equivocado sustentar que toda lei traz consigo um imperativo, um mandado, que deve ser cumprido pelos que estão sujeitos ao poder que a promulgou. Tanto é assim que, séculos depois dos romanos, Tomás de Aquino escrevia que qualquer lei é um ditame da razão na forma preceptiva, de modo paralelo a como um enunciado ou afirmação é um ditame na forma enunciativa.[19]

---

19. TOMÁS DE AQUINO. *Summa theologiae*. Iª-IIae q. 92 a. 2 co. Disponível em: www.corpusthomisticum.org. Acesso em: 3 jun. 2023.

Nas épocas antiga e medieval, o fenômeno legal era de muito menor alcance que nos dias de hoje, e então as normas escritas tinham primordialmente a forma preceptiva. Hoje, encontramos um vasto conjunto de disposições legais em forma indicativa. Porém, tornamos a recordar que isso não é o fundamental, porque a estrutura da norma, seja ela indicativa ou preceptiva, pode cumprir a sua função de indicar o que é o direito.

Ao mesmo tempo, percebemos que é possível uma análise mais refinada e completa dos efeitos produzidos pelas normas, sem que nos limitemos a reconhecer as prescrições ou mandamentos. Isso havia sido salientado na Idade Média, quando Isidoro de Sevilha, um importante compilador do conhecimento do seu tempo, afirmava que toda lei permite algo, ou proíbe, ou pune.[20]

De fato, todo preceito diz respeito a atos humanos, que ele busca ordenar e direcionar de determinada maneira. Pois bem, há três tipos diferentes de atos humanos, no sentido que nos interessa: alguns são atos bons pelo seu próprio gênero, por serem frutos de virtudes; outros são os atos viciosos, isto é, ruins ou equivocados pela sua própria natureza; finalmente, certos atos são em si mesmo indiferentes, sendo que podemos considerar como tais também aqueles atos que não sejam nem muito bons, nem muito ruins.

Com respeito aos atos efetivamente bons, a lei os manda, impera ou preceitua. Ou seja, a norma determina que eles sejam realizados. Evidentemente, a lei moral determinará que todos os atos virtuosos devam ser levados à prática, quer sejam atos internos, quer apresentem relevância externa. Por sua vez, a norma jurídica ordenará que os atos ligados ao bem comum, relacionados à justiça geral em

20. ISIDORO DE SEVILHA, *Etymologiae*. l. 5, c. 19. Disponível em: https://www.thelatinlibrary.com/isidore/5.shtml. Acesso em: 3 jun. 2023.

aspectos importantes, bem como à justiça particular, sejam cumpridos pelos agentes.

Tratando-se de atos ruins, encontraremos o oposto; quer dizer, a lei jurídica os proibirá, na medida em que eles tenham efeitos externos e possam prejudicar o bem comum. Nem todos os atos viciosos são proibidos legalmente, porque o efeito disso seria contraproducente. Ao mesmo tempo, é sinal de vitalidade de uma sociedade que certas condutas não sejam aceitas, porque demonstra que os cidadãos atingiram um nível moral que permite exigi-los de maneira salutar para todo o corpo político. Ao contrário, em uma sociedade pouco evoluída em termos éticos, muitas ações ruins terminam por ser toleradas, exatamente porque a população não tem em si a força para superar seus próprios defeitos.

Quanto aos atos indiferentes, cabe às leis permiti-los. De fato, se algo não merece ser mandado, por não representar uma vantagem suficiente ao bem comum que justifique uma ordem sobre os cidadãos, nem é mal o suficiente para ser proibido, então será simplesmente permitido. Essa é uma visão razoável da lei, porque não pretende que ela se meta em todos os âmbitos, mandando ou proibindo.

Assim, chegamos aos três efeitos legais, aos quais convém acrescentar o quarto: uma lei, para induzir que a obedeçam, pode prever uma pena, pois o ser humano frequentemente age por temor do castigo. E a pena serve para punir. Portanto, temos aqui configurado o efeito legal de punir, que se junta ao de ordenar, vetar e consentir.

A sanção, que juristas importantes consideram o elemento essencial das normas jurídicas, é aqui considerada como um dos possíveis efeitos legais das normas; de forma alguma o exclusivo, nem sequer o principal. A sanção diz respeito à punição, que várias vezes é prevista e chega a ser aplicada; porém, ela segue sendo algo secundário, em relação ao mandar, ao coibir e ao tolerar. Apenas será um dos efeitos primordiais nas normas diretamente proibitivas ou sancionadoras, como as penais.[21]

2.2 As normas em relação à sua generalidade e à imperatividade

Ao definirmos anteriormente as normas, sustentamos que elas são uma ordenação racional, que tem por finalidade o bem comum. Como tal, elas não estariam primordialmente endereçadas a um indivíduo, mas sim à coletividade. Daí que uma de suas características fosse a generalidade, ou seja, o dizer respeito a várias pessoas; melhor, a todas as situações similares àquela prevista na própria norma. "Matar alguém" aplica-se a qualquer morte de outro ser humano causada por outrem, e não a uma morte específica, cometida por um agente determinado.

De fato, dentre as normas, a lei é frequentemente geral, com aplicabilidade universal. Essa universalidade, no sentido em que a estamos empregando, não seria prejudicada ainda que o destinatário fosse uma única pessoa determinável – por exemplo, o Presidente da República, ou o Procurador Geral da República –, porque não está se visando fulano ou sicrano enquanto indivíduo, mas a quem ocupa aquele cargo específico. Ou seja, ao Presidente ou Procurador em geral, independentemente de quem ele seja. Portanto, muitas vezes a generalidade terá relação com o caráter de abstração; de fato, os conceitos abstratos podem ser predicados de vários indivíduos e situações, isto é, direcionados e utilizados em relação a eles, e por isso podem ser considerados universais ou gerais.

---

21. TOMÁS DE AQUINO. *Summa theologiae*. Iª-IIae q. 92 a. 2 co. Disponível em: www.corpusthomisticum.org. Acesso em: 3 jun. 2023.

Muitas normas aplicam-se a um número indefinível de sujeitos, como sucede a várias das que constam nas leis penais ou tributárias. Assim, qualquer pessoa que furtar ou roubar estará sujeita às penas cominadas pela respectiva norma. Esses tipos de normas são chamados, portanto, universais, gerais ou comuns, sem que sua incidência se restrinja a determinada classe ou espécie de sujeitos.

Por outro lado, há normas que servem para determinadas categorias ou grupos, regulando múltiplas situações e indivíduos no seio dessas coletividades. Então, são universais em certo sentido, mas particulares ou individuais em outros. Antigamente, essas espécies de normas eram denominadas "privilégios", porque diziam respeito, por exemplo, a um corpo econômico ou social –, como os ourives, os comerciantes, os nobres, os clérigos –, que então seriam, nos aspectos contemplados por aquelas leis, regulamentados por ela, fugindo assim das normas gerais, que valiam para o restante da sociedade.

Atualmente, a noção de "privilégio" passou a ser considerada prejudicial ao senso democrático e à igualdade fundamental entre os cidadãos. Embora isso seja verdade, continuamos a encontrar normas que se aplicam a parcelas determinadas da população, e não a todos os indivíduos. O direito do trabalho, o do consumidor, o direito comercial, e os vários direitos de grupos determinados, em grande medida podem ser considerados constituídos de normas dessa espécie, que são em parte universais, em parte particulares. Poderíamos talvez chamá-las de normas especiais ou específicas.

Finalmente, há normas que são claramente individuais, porque voltadas para um sujeito ou situação concreta. Normalmente, vão corresponder à aplicação de uma norma geral a um caso particular, como se dá nas sentenças judiciais. Também as determinações das relações, realizadas por meio de acordos entre as partes, com o estabelecimento do justo legal entre elas – como se dá pela celebração dos contratos – podem ser consideradas como normas individuais. Portanto, este é o terceiro tipo de normas, tendo em conta a sua generalidade.[22]

Quanto à imperatividade, as normas podem ser cogentes ou dispositivas. As normas cogentes também são denominadas imperativas ou injuntivas, dependendo da terminologia empregada por cada estudioso. Sua nota básica é que sua incidência ou aplicação não pode ser afastada pela vontade das partes, que se submetem totalmente ao disposto na norma. O motivo desse tipo de imperativo é que tais normas tratam de relações de justiça que não podem ser colocadas de lado, sob pena de prejudicar o interesse coletivo ou o de um particular em situação inferior ou desvantajosa em relação à outra parte.

As regras dispositivas, por sua vez, permitem aos seus destinatários que disponham de maneira diversa ao que elas estatuíram. Não significa que não sejam obrigatórias; elas o são, pois incidem plenamente se as partes não dispuseram outra coisa. Apenas elas podem ser substituídas por outras disposições, formuladas pelos sujeitos envolvidos naquela relação. Afinal, em vários campos e em relação a inúmeros interesses, os próprios titulares são os melhores administradores quanto ao que lhes convém e o que lhes prejudica; por isso, caberá em última instância a eles decidir a maneira como determinarão o que é justo e injusto nas transações com outros. As normas dispositivas servem sempre como um norte, um guia, que ajuda inclusive a interpretar as determinações propostas pelos particulares.

2.3 Normas primárias e secundárias

Para vários autores, as normas jurídicas visam primordialmente estabelecer, determinar, direcionar ou garantir

---

22. TOMÁS DE AQUINO. *Summa theologiae.* Iª-IIae q. 96 a. 1 ad 1. Disponível em: www.corpusthomisticum.org. Acesso em: 3 jun. 2023.

a conduta dos que a elas estão sujeitos. Tais seriam as normas primárias ou de conduta, porque tratariam diretamente da finalidade fundamental dos ordenamentos jurídicos. Portanto, tais normas regulariam o comportamento exterior dos cidadãos, das pessoas jurídicas privadas e públicas, dos agentes públicos e de todos os órgãos estatais.

Ao lado nas normas primárias, teríamos as secundárias, que possuiriam um caráter instrumental. Em si mesmas, elas não indicam qualquer ato ou prescrevem um comportamento; no entanto, elas servem para qualificar pessoas, exigir a observações de formalidades, determinar competências etc. Realizam um trabalho prévio, necessário para que as normas de conduta possam ser posteriormente elaboradas, interpretadas, aplicadas, alteradas, revogadas e entendidas. São também denominadas normas de organização (Miguel Reale) ou de competência (Alf Ross), ainda que cada autor trate dessa classificação de forma diferente. Qualificar algumas normas como primárias e outras como secundárias não significa necessariamente atribuir prioridades a um tipo em relação ao outro. Na verdade, ambos são necessários para estabelecer normas que possam ser efetivamente aplicadas e compreendidas.

Herbert Hart fará da divisão das normas em secundárias e primárias o eixo fundamental da sua teoria do direito. As secundárias solucionariam defeitos de um ordenamento formado apenas por normas primárias, isto é, as que estabelecem uma conduta. Esse ordenamento um tanto tosco teria os defeitos de ser incerto, porque haveria dúvidas sobre quais normas seriam jurídicas e quais não; estático, porque não preveria instituições ou meios pelos quais poderiam surgir novas normas; ineficiente, por não possuir meios para tornar efetivas as disposições de suas normas.

Para sanar essas falhas, surgiriam normas secundárias, que não versam diretamente sobre comportamentos. Elas são de reconhecimento, para identificar as normas que integram o ordenamento da comunidade, afastando assim o defeito da incerteza. Outras normas secundárias são de adjudicação, estabelecendo mecanismos para aplicar as normas e fazê-las valer, inclusive determinando a competência dos oficiais da lei; tais normas solucionam o problema da ineficiência. Por fim, as normas de câmbio ou mudança preveem como se dá a produção de novas normas, afastando o caráter estático do ordenamento meramente primário.[23]

Esta divisão de normas, ainda que seja consagrada e desenvolvida por autores importantes, como os citados, parece em parte artificial. Bobbio, que usa a mesma terminologia, mas com um sentido em boa parte distinto, tampouco obteve êxito em propor algo relevante.[24] A questão é que o direito, mais do que determinar condutas, estabelece ou descobre o que é justo. Ao fixar competências, definições e poderes, o direito está apenas atribuindo o devido a cada membro da sociedade, em termos de poderes, faculdades, deveres, direitos e privilégios. Quando prescreve condutas, o direito está determinando o que aquele destinatário da norma deve fazer, ou seja, o que se pode exigir dele em virtude da justiça.

Por outro lado, essa distinção parte de uma constatação correta: que as normas jurídicas não apenas ordenam comportamentos, mas também organizam e dizem o que é de cada qual. Isso é uma evolução em relação aos juristas que reduziam o direito a algo que se manda, aos imperativos de cunho estatal ou social.

2.4 As normas jurídicas e sua violação

Observamos anteriormente que a sanção é um elemento importante de várias normas jurídicas, porque elas determinam consequências para as ações humanas. As

23. HART, Herbert. *The concept of law*. 2. ed. Oxford: Clarendon Press, 1994. p. 91-98.

24. BOBBIO, Norberto. *Teoria generale del diritto*. Torino: G. Giappichelli Editore, 1997. p. 91-96.

normas identificam, garantem ou restauram o que é justo nas condutas exteriores no seio da sociedade, e um meio para realizar parte dessas funções é atribuir sanções a quem age contrariamente ao direito. Não é que as sanções sejam o fundamental, o mais característico do direito, mas elas exercem um papel relevante.

As violações do direito, ou seja, a realização de ações que são contrárias àquilo devido aos demais, podem gerar diferentes efeitos. Com base neles, desde a época dos glosadores e pós-glosadores, há uma classificação das normas jurídicas, que continua a ser aceita nos dias de hoje, porque traz uma diferenciação de fato valiosa.

Há normas que preveem, para quem age de forma ilícita, dois efeitos: a invalidade jurídica do ato cometido e uma sanção. Assim, um contrato que estabeleça a mutilação física de uma das partes será nulo, ou seja, considerado contrário ao direito e por isso terá sua eficácia extremamente limitada. Ademais, gerará uma pena para quem promoveu a lesão corporal de natureza grave. Nesse sentido, o Código Civil estabelece:

> Art. 166. É nulo o negócio jurídico quando: [...]
>
> II – for ilícito, impossível ou indeterminável o seu objeto.

Simultaneamente, o Código Penal prevê que o autor de lesão corporal de natureza grave, da qual resulta perda ou inutilização do membro, sentido ou função, deverá cumprir uma pena de reclusão, de dois a oito anos (art. 129, § 2º).

Conforme vemos, o mesmo ato dará origem a dois efeitos: uma nulidade e uma pena. Na realidade, não é uma mesma norma que estabelece ambas: uma delas é um artigo da lei civil, enquanto a outra se encontra na lei penal. Aliás, poderíamos acrescentar também a indenização civil que caberia pela lesão à integridade física, que, apesar de ser pecuniária, também tem um caráter de pena. O que fizemos foi juntar várias normas para descobrir os diferentes efeitos vinculados a um mesmo ato. Essas normas, que determinam a nulidade do ato e lhe estabelecem uma pena, são chamadas de mais que perfeitas ou *plus quam perfectae*.

Outras normas apenas determinam a nulidade do ato realizado em desconformidade com elas, sem atribuir qualquer sanção ou pena. Se um menor de dezesseis anos compra um bem de valor considerável por si mesmo, e não houve dolo da parte do vendedor, o ato será declarado nulo, sem que as partes sofram qualquer outra constrição por parte da lei. Dá-se o mesmo quando um ato é realizado sem que sejam seguidas as formalidades legais porventura exigidas, como a forma pública de um negócio de direito real sobre imóveis.

Essas normas, que não atribuem pena, mas determinam a nulidade do ato, são denominadas perfeitas ou *perfectae*.

Se a norma apenas prevê uma pena ou uma consequência restritiva do ato, mas não o torna nulo, temos as chamadas normas *minus quam perfectae* ou menos que perfeitas. Exemplo dessas normas é a disposição que estatui que o regime de separação de bens no casamento é obrigatório se uma as partes é viúva, tem filho do cônjuge falecido e ainda não fez inventário dos bens do casal e nem deu partilha aos herdeiros (art. 1.523 do Código Civil). O casamento nesse caso é válido, não é atingido pela nulidade, mas terá que seguir o regime de separação de bens, mesmo que os nubentes desejassem outro regime.

Finalmente, temos as normas que não impõem pena aos que as contrariam, nem tornam nulo o ato de violação. Elas simplesmente preveem certas consequências que não são propriamente sanções. Miguel Reale sublinha que essas normas jurídicas, intituladas imperfeitas ou *imperfectae*, dizem respeito principalmente às obrigações naturais, que são aquelas que não podem ser exigidas pelo credor, mas que, uma vez pagas, não podem ser solicitadas de volta pelo devedor.[25] Tal é o que sucede com a dívida de jogo, ou com o pagamento de uma dívida após o prazo da prescrição.

Mais uma vez, observamos que as normas jurídicas não se resumem a ordenação de condutas, mas também indicam o justo, o correto em situações concretas. Abrangendo como determinados atos devam ser levados a cabo, para que sejam válidos, ou seja, capazes de estabelecer ou esclarecer relações jurídicas entre indivíduos. As normas afastam os atos e as condutas que são prejudiciais, ou simplesmente equivocadas, para garantir que cada um receba o que lhe é devido, em um ambiente de segurança e previsibilidade, na medida em que tal é possível.

CONCLUSÃO

O direito natural clássico reconhece a importância das normas jurídicas, dentre as quais as leis têm uma posição especial, para a configuração e aplicação do direito. Elas têm a função de tornar possível solucionar os casos concretos, que frequentemente não são alcançados, em sua particularidade, pelo justo natural.

A racionalidade da lei, que é uma ordenação da razão, é um aspecto relevante em uma época em que o direito é visto primordialmente como imposição, vontade, manifestação de força de quem detém a autoridade. Há a dimensão impositiva das normas, mas isso é secundário em relação ao papel que elas fazem de organização e aperfeiçoamento da vida social.

O positivismo, ao sustentar que pretende apenas determinar se determinada norma é ou não vigente em um

25. REALE, Miguel. *Lições preliminares de direito.* 27. ed. São Paulo: Saraiva, 2015. p. 127.

ordenamento concreto,[26] termina por não nos guiar como aplicar essa norma. Para dizer se a norma é vigente ou não, é importante compreender a função que ela exerce, a finalidade que busca. A neutralidade e pureza do direito, compreendido como análise "científica" das normas, é uma ilusão, que não serve para a vida prática. O direito não é uma mera descrição, mas uma decisão fundamentada na razão, em busca do justo.

Exatamente por reconhecer que a norma jurídica não é absoluta, nem dependente apenas de outras normas, mas que ela está ligada à busca da justiça e a demandas sociais centrais, o jusnaturalismo clássico é capaz de fundamentar as normas e empregá-las de maneira satisfatória. A decisão judicial não foi tratada neste artigo, mas o terreno se torna bem mais seguro para ela depois que compreendemos melhor o que são as leis.

REFERÊNCIAS

AGOSTINHO DE HIPONA. *De libero arbitrio.* Disponível em: http://www.augustinus.it/latino/libero_arbitrio/index2.htm. Acesso em: 3 jun. 2023.

ARISTÓTELES. *Nicomachean Ethics. In*: BARNES, Jonathan (Ed.). *The complete works of Aristotle:* the revised Oxford translation. v. 2. [S.l.]: Princeton University Press, 1984.

ARISTÓTELES. *Politcs. In*: BARNES, Jonathan (Ed.). *The complete works of Aristotle:* the revised Oxford translation. Vol. 2. [S.l.]: Princeton University Press, 1984.

BOBBIO, Norberto. *Teoria generale del diritto.* Torino: G. Giappichelli Editore, 1997.

26. NINO, Carlos Santiago. *Introducción al análisis del derecho.* 2. ed. Buenos Aires: Astrea, 2007. p. 37.

CICERO, Marcus Tullius. *De inventione*. Disponível em: http://www.thelatinlibrary.com/cicero/inventione2.shtml. Acesso em: 3 jun. 2023.

HART, Herbert. *The concept of law*. 2. ed. Oxford: Clarendon Press, 1994.

ISIDORO DE SEVILHA. *Etymologiae*. Disponível em: https://www.thelatinlibrary.com/isidore/5.shtml. Acesso em: 3 jun. 2023.

JUSTINIANO. *Digesto*. *In:* KRÜGER, Paul; MOMMSEN, Theodor; SCHÖLL, Rudolf. *Corpus Iuris Civilis*. Recognovit Theodore Mommsen et Paulus Krueger. 15. ed. Berolini: Weidmannos, 1928.

NINO, Carlos Santiago. *Introducción al análisis del derecho*. 2. ed. Buenos Aires: Astrea, 2007.

REALE, Miguel. *Lições preliminares de direito*. 27. ed. São Paulo: Saraiva, 2015.

TOMÁS DE AQUINO. *Summa theologiae*. Disponível em: www.corpusthomisticum.org. Acesso em: 3 jun. 2023.

SEÇÃO II

TRANSCRIÇÕES DO II SEMINÁRIO DE FILOSOFIA DO DIREITO DO INSTITUTO IVES GANDRA

CONFERÊNCIA MAGNA: O DIREITO NATURAL

Dr. Ives Gandra da Silva Martins

Eu queria trazer como algumas noções elementares de filosofia do direito a importância do direito natural, que é uma vinculação muito grande entre o direito natural e a filosofia do direito, nada obstante todas as correntes dos estoicistas da filosofia; os estoicistas no direito natural que pretendiam inclusive admitir um direito natural para época da evolução humana.

Eu gostaria de trazer algumas noções bem elementares que eu acho importantes, pois, a partir de uma espinha dorsal mais simples, pode-se perceber o que representa o fenômeno vida, o homem e aquilo que diz respeito a sua relação com as pessoas e com as coisas.

Se nós analisarmos as críticas que fazem os positivistas, aqueles que acham que o universo nasceu do nada e não percebem uma figura de Criador, uma figura que, pelo menos para a criação do Universo, teria que haver a mesma relação de causalidade em tudo o que ocorre em relação a vida, é que, de rigor, o fenômeno vida quando aparece e aqueles que são positivistas, se formam no criacionismo, que é uma teoria ultrapassada na evolução do ser humano, enquanto outros dizem que temos um evolucionismo, eu gostaria já de começar uma primeira noção extremamente importante.

Para o direito natural, e, mesmo para aqueles que acreditam em Deus porque é uma relação do direito natural com metafísica, com direito sobrenatural, é absolutamente relevante o criacionismo ou o evolucionismo. Um dos autores do código canônico, Dr. Ayala, um grande jurista, inclusive no Brasil, na *Enciclopédia Saraiva*, existe um verbete sobre direito canônico muito bem escrito por ele que dizia que nós temos que conhecer as culturas dos povos e compreender.

Os orientais normalmente vivem; gostam de metáforas. Grande parte das histórias que conhecemos no Ocidente tem origem nesse espírito metafórico oriental. Basta dizer que o próprio Cristo falava por meio de parábolas. Praticamente todas as grandes lições de Cristo ele dá mediante parábolas.

Um dado que torna indiferente o criacionismo e o evolucionismo, embora ainda não se tenha encontrado (os evolucionistas) um elo definindo essa relação entre qualquer forma de vida e o ser humano, é de que há um momento no fenômeno vida, em que surge efetivamente algo dentro do ser humano. Alma, espírito, dê o nome que quiser, que o diferencia de qualquer outra espécie viva.

Esse aparecimento de algo diferencial pode ter surgido nos primeiros povos, no *homo sapiens* de 300 mil anos atrás e, eu paro no *homo sapiens*, não vou até o *homo erectus* – o que não representa nada – são 300 mil anos. Dinossauros viveram 150 milhões de anos. 300 mil anos no relógio do tempo é algo ridículo.

A evolução rápida de alguém que sabe perfeita e gradativamente, além de percebermos as suas relações com as coisas e com os outros seres. Na etologia encontramos, indiscutivelmente, também reuniões de animais, sociologia animal. As galinhas têm sua hierarquia, assim como os lobos, as alcateias. O sistema na proteção dos leões pela urina etc. Mas não há a consciência, aquilo que nos diferencia de todos. E tanto faz porque há um momento. Há um momento que surge um ser humano diferentemente de todas as espécies de vida com essa possibilidade de estarmos aqui raciocinando a possibilidade de conhecer a própria evolução e de definir projetos futuros, utilizar a inteligência e não o que o autor Belga no fim do século XIX falava na inteligência das flores, das abelhas etc. Mas uma inteligência racional.

Se verificarmos a evolução, o que é impressionante, há uma evolução fantástica dessa espécie diferenciada do ser humano em relação a todas as outras espécies de vida. Os dinossauros nos 150 milhões de anos que viveram, não se sabe como é que foram destruídos. Alguns acham que meteoros caindo no golfo do México que terminou toda a possibilidade de alimentação e só os seres menores conseguiram sobreviver. Mas foram 150 milhões sem grande evolução. Se analisarmos 300 mil anos, pegarmos as primeiras civilizações, é uma evolução fantástica, vamos vendo essa evolução ao ponto do próprio Direito se internacionalizar e se percebe que efetivamente algo que diferencia as regras de convivência daquela regra que é inerente ao ser humano. O ser humano, todos nós, de repente percebemos que há algo que diz respeito a nós que não é uma criação de Estado, que não é uma criação atávica dos povos.

Ainda nesses conceitos elementares é interessante notar que nesses 300 mil anos variam aqueles que vão colocando a evolução de uma velocidade fantástica e de percepção.

Eu sempre brinco em direito tributário que desde as primeiras aldeias o melhor tributo foi dos homens primitivos. O tributo pago pelo homem primitivo era um tributo que sabia que não havia corrupção porque tinha uma pequena tribo que tinha que se proteger contra animais. Todo mundo dava seu tributo *in natura*. Depois, à medida que a sociedade vai se tornando mais complexa, vai havendo a separação entre quem comanda e aquele que é comandado ao ponto de em determinado momento na própria evolução das civilizações, levam o cidadão a ter uma percepção aos que governam, mediante dinastias etc., que seriam seres diferenciados.

Aqueles que gostam dos primeiros textos conhecidos/escritos ficam impressionados com a relação de quem está fazendo, outorgando a lei para as suas comunidades, a relação que eles se colocam com os deuses. No próprio código de Hamurabi, as primeiras duas páginas são a relação dele com uns deuses babilônicos.

O dado interessante é que se percebe que há direitos que não são inerentes e são extremamente relevantes, porque vão sendo gradativamente percebidos através da história, ao ponto da Declaração Universal de Direitos Humanos, em que o principal relator foi um jusfilósofo tomista René Cassin, assim como em seus escritos se percebe a importância a direitos que não são próprios, que são aqueles que a comunidade em determinado momento estabelece. Parando com esse primeiro conceito, indo para outro e depois voltando para cá.

O que é o Direito de rigor? O Direito é uma relação entre os seres e as pessoas e as coisas, e as pessoas e as pessoas. Um exemplo que sempre gosto de dar é o do Robinson Crusoé que estava na ilha e não precisava de Direito. Ele estava sozinho. Ele não tinha relação com as pessoas e era dono de tudo. O Direito inexistia. Quando chega Sexta Feira, já temos a primeira relação jurídica. Definir quem é que manda, o que é que eles podem fazer. Sempre que há uma sociedade, nós temos necessariamente o Direito, que é a relação entre as pessoas da sociedade e essas relações com as coisas.

Nesta visão da conformação do Direito inicial, vai se percebendo através da história que existem direitos que são inerentes a cada ser humano.

No passado, isto não era tão nítido nas primeiras civilizações. Por exemplo, o direito à vida, que é o mais relevante de todos os direitos naturais, tinha o fato de que quem detinha o direito de matar, achava normal matar. Há dois mil anos, para não ficar mal com seus convidados, Herodes mandou cortar a cabeça de João Batista. Para não ficar mal ou constrangido, com a maior naturalidade entregou a cabeça para a filha de Herodíades.

Se nós analisarmos, por exemplo, há 300 anos na época do Rei Sol, Luís XIV, de repente um nobre fez um castelo mais bonito que aquele que estava no centro de Paris. O rei mandou matá-lo e resolveu fazer Versailles, um castelo mais bonito. Então, esta percepção de que, qualquer que seja o ser humano, ele possui um valor superior aos outros, que é próprio do direito natural, é uma percepção que foi adquirida numa rapidíssima evolução em nível de tempo da humanidade, no fenômeno vida, pois dizem que a primeira célula, o primeiro ser vivo, aparecido entre 3 bilhões e meio a 4 bilhões de anos.

Nós vamos fazendo de centenas de anos. Para saber como no relógio do tempo isso não representa nada, 800 anos atrás, alguns monges estavam depois de um jantar numa noite de grande luar, sentados e fazendo sua digestão. Então viram um clarão enorme na lua e anotaram. Quando os astronautas estiveram lá descobriram que a lua ainda estava tremendo por um meteoro que havia caído 800 anos atrás.

Observação interessante, e isso se encontra no livro do Cosmo, diz que isso é um fenômeno tão recente, pois 800 anos atrás, o Brasil não tinha sido descoberto, nós estávamos em Idade Média, não tinha havido a Renascença.

Então, nós falamos num relógio do tempo, esses anos não representam quase nada.

A nossa evolução foi brutal e aí a percepção do direito natural como aquele direito que é inerente, próprio, nasce conosco. Não há um conflito entre direito natural e direito positivo. Meu querido prof. Boeira, que é um grande filósofo, sabe a minha corrente jusnaturalista. Por exemplo, Kelsen criticou muito o direito natural no seu livro *Teoria pura do Direito*. Para Kelsen, o direito natural não existe e pegou os racionalistas do direito natural, aqueles que entendiam que para cada relação humana deve haver uma norma de direito natural, e atacou mostrando que isso não existia, nunca houve e que seria impossível. Que a descontaminação do direito por meio da norma pura levava a se ter uma norma de direito que era o campo onde nos podemos estar.

A filosofia do direito nossa era uma filosofia positivista da nova forma de quem tem poder, a ponto de ele ter mostrado que a norma sancionatória era normal para mim. A meu ver os kelsenianos não gostam de ouvir isso, mas estou convencido de que Hitler e Mussolini lastrearam norma pura. A moral não é matéria de todas as ciências e a nossa matéria é apenas a forma, é imposição e obrigação de quem tem poder e, para quem não obedecer, aquele poder se aplica a sanção, por isso, norma primária. Aí ele disse que jusnaturalista é matéria de especulação filosófica. Os racionalistas pensam que há e nunca há possibilidade de previsão.

Esta escola nunca foi a escola pura do direito natural, porque se nós pegarmos, por exemplo, em matéria de Direito, o professor de Oxford John Finnis, tem um livro notável chamado *Aquinas*, que analisa todo o pensamento de São Tomás de Aquino sobre o Direito e vamos perceber que o direito natural são alguns direitos fundamentais que pertencem a cada um de nós. Que são inerentes. O direito à vida não foi criado pelo Estado, mas nascemos com ele.

Hoje, se analisarmos as grandes constituições do mundo, mesmo de países ditatoriais, tem aquele capítulo de direitos humanos, direitos fundamentais, direitos que não podem ser atingidos. Um feixe pequeno.

Por exemplo, o direito à vida me pertence, o Estado se tirar, vai fazê-lo arbitrariamente. Agora, se vou preferir o sistema parlamentar de governo ou presidencial, isso não é de direito natural, é direito positivo em que conforme as circunstâncias de determinada época, pode-se trazer. Se examinarmos a evolução daquilo que eu divido, que há direitos fundamentais do ser humano que são hoje os direitos quase todos consagrados em todas as constituições democráticas no capítulo de direitos e garantias fundamentais, não todos, mas o feixe de direitos naturais é inerente à pessoa humana. E os outros direitos, que são definidos pela sociedade, definidos de acordo com a sua cultura, não vejo conflito entre o direito natural e o Direito. Se nós analisarmos a declaração universal dos direitos humanos, o nosso capítulo do artigo 5º e outros direitos que ali estão, vemos que a humanidade foi evoluindo de uma forma fantástica para chegarmos neste ponto que estamos hoje.

Ainda em plena idade média, é interessante como é uma vinculação daqueles que sendo positivistas e, ao mesmo tempo, agnósticos etc., eles têm o hábito de raciocinar de que, na verdade, nós fazemos o que bem entendemos, temos liberdade, viemos do nada, então podemos criar o que quisermos sobre qualquer circunstância, mas não há um fundamento.

Entretanto, se analisarmos, vamos verificar que essa evolução foi fazendo naturalmente, independente da noção de religião, pois é interessante que muitas vezes vinculam o direito natural a ser um direito de religião. Independentemente da convicção, é um direito que sai com cada ser humano neste fenômeno vida que tem uma espécie humana, uma espécie de vida que é completamente diferente de todas as outras, que é capaz de raciocinar, definir etc.

Eu sempre conto uma piada de uma professora que chega e escreve que o mundo, o universo veio do nada, que Deus não existe. Quando voltou após o recreio, um aluno havia escrito na lousa: a professora é uma burra. Aquilo a revoltou e questionou quem havia feito. Porém, ninguém se apresentou. Então, alguém se levantou e disse: professora, tenho a impressão que foi o nada que escreveu. Ela questionou. O aluno respondeu: ora professora, o que é mais fácil, que o nada tenha escrito isto ou que o nada tenha criado o universo inteiro, inclusive nós que estamos aqui? Na prática, trata-se de um problema de causalidade. Mas o que há antes? O que há antes também saberemos depois.

Existe a história de um cidadão que contestava Jonas sobre como ele poderia viver três dias dentro da barriga de uma baleia? Como ele viveu lá não faço ideia. Mas diz o Velho Testamento que ele esteve lá. Quando chegar no céu, vou perguntar para ele. Mas, e se ele estiver no inferno? Bem, então o senhor pergunta (risos). Na prática, esta evolução com o tempo vai se definindo como um núcleo; um feixe pequeno de direitos que constituem o direito natural. E isso é o que dá a essência do Direito.

Se examinarmos na própria Idade Média quando houve uma pressão maior, tendo sido a Igreja a responsável por conservar o direito romano, se nós verificarmos a evolução do Direito, eu a divido em quatro grandes etapas. Pode ser uma posição nem mesmo minoritária, mas unitária.

A primeira, é a etapa do Direito pré-histórico. O Direito feito em pequenas vilas, que depois se transformaram em cidades, impérios etc., que leva para uma segunda etapa, a dos primeiros códigos. Nesse momento já se percebe uma preocupação de quem tem o poder de garantir o que eles chamam de teoria de que o Direito é ordem social justa e da justiça na sociedade. Mas não em uma relação entre povo-poder, porque eles são vinculados aos deuses. A terceira grande etapa do Direito é a etapa do Direito Romano. Se percebermos que há um império no Direito Romano que começa, de rigor, com formação do reinado – 753 a.C. e termina de rigor em 1553 d.C., com a queda do império romano no Oriente, verificamos que o Direito se transforma na grande conquista do povo romano. Ele conquista e segura o mundo com o Direito Romano. À medida que os países conquistados vão sendo leais ao Direito Romano, vão tendo a garantia dele sobre o Direito de países invadidos, cujo Direito não trazia garantia nenhuma ao povo diante do direito romano.

Ora, o que vemos então nesta terceira fase do Direito? Usando o Direito como instrumento de conquista, encontramos, pela primeira vez, as expressões de direito natural dentro do direito romano. Os primeiros grandes jurisconsultos romanos eram jusnaturalistas e entendiam que existiam direito inerentes e colocavam no direito romano e o estendiam a todos os povos, inclusive os conquistados. Por exemplo, quando São Paulo diz que ele não podia ser chibatado, pois era cidadão romano, era cidadão romano por quê? Porque Tarso ficou fiel a Augusto quando ele lutou contra Marco Antônio e das cidades orientais que ficaram fiéis a ele, ele estendeu a cidadania romana. Mas já falava em direito romano.

A quarta etapa, começa com o constitucionalismo moderno em 1215. Começa com a Magna Carta, quando os barões se revoltam, verão que grande parte dos dispositivos são de direito natural. São disposições que dizem respeito ao direito de cada cidadão. Os barões tinham se revoltado, mas ao ponto da importância da Magna Carta, é ainda o texto base da constituição inglesa. Aliás, os ingleses não tem constituição, eles têm essa Magna Carta e tem as duas declarações de direitos do século XVII.

Vale dizer a importância do constitucionalismo em que isso é importante na linha geral da Magna Carta que o poder que comanda e o poder que é comandado, tem direitos idênticos e tem que viver em harmonia.

O segundo movimento, o americano, quando em uma revolução também tributária como aconteceu com a Magna Carta inglesa, fazem a Constituição americana com um princípio ainda maior. Quer dizer, povo e poder tem um ideal maior que é a pátria americana, aquelas treze colônias que se formaram em treze estados.

Por fim, há a francesa que já nesta evolução (não que a revolução francesa tenha sido um exemplo de convivência, de fraternidade, igualdade e amizade), mas os princípios da revolução francesa predominam até hoje. Kant dizia que os ideais da revolução francesa superam de muito aquilo que representava o perfil daqueles que fizeram esses ideais. Quase todos foram eliminados e o maior banho de sangue da história francesa se deu na Revolução Francesa. Mas o sentido da constituição era o povo. A constituição não é destinada ao poder, mas ao povo. Ou seja, percebendo a importância de que cada ser humano tenha a sua própria dignidade.

Então, a função básica do direito natural, aquilo que representa a essência do direito natural, é exatamente este aspecto de que há um feixe pequeno que pertence a cada um de nós. O Estado até pode exercer toda a força, a exemplo de Hitler, Stalin, Putin etc., mas este Direito é o escárnio do Direito.

Existe um filme, em branco e preto, que considero importante para entender o que é o direito natural, chama-se *O julgamento de Nuremberg*. É o julgamento de um juiz que terminou sendo Ministro da Justiça de Hitler. Esse julgamento ocorre em 1947. Para se ter noção, em 1946 o próprio Kelsen não teria força quando disse que o direito natural não existe porque não existe sanção possível para aplicar às normas da dignidade da pessoa humana, precisa haver lei e a lei que vai valer.

Em 1946, 1º de outubro, 1º julgamento de 21 deles, 3 foram absolvidos, 3 foram para prisão perpétua, 15 condenados à morte. Mas no julgamento de 47 havia uma luta muito grande na Alemanha em razão da invasão da Rússia sobre os países que estava conquistando. Berlim foi cercada e o russos impediam a alimentação, motivo pelo qual os americanos enviavam alimentos etc. via aérea.

Ele é julgado e, do ponto de vista jurídico, é impressionante o debate que se põe baseado nos anais. Um juiz inglês, um americano presidindo e um juiz russo. Eles entendiam que não valeria a pena condenar, pois precisavam do apoio dos alemães contra os russos já em 1947. Mas o Spencer Tracy era um juiz e vai ser examinado o Ministro da Alemanha. Foi-lhe dito que poderia constituir advogado, ao que ele responde que não queria constituir advogado pois era uma farsa o julgamento. Uma farsa, pois antes do julgamento já estou condenado. E estou condenado porque perdi a guerra. Se eu tivesse ganhado, quem estaria sendo condenado eram os senhores. Como é uma farsa, não participo da farsa.

Começa o julgamento, e, à medida que as pessoas vão aparecendo como testemunhas, aqueles restos humanos sobreviventes dos campos de concentração, o Ministro vai ouvindo, mas nesse momento o advogado alemão tem certeza que o ambiente político era favorável à não condenação porque o argumento do advogado era simples: eu não fiz a lei que eu apliquei. Eu fui um juiz que fui nomeado e apliquei a lei do meu país. Por que posso ser condenado por aplicar a lei do meu país?

O advogado também tinha argumentos muito importantes ao mostrar que em 1936, já quando Hitler tinha conquistado e já estava perseguindo os judeus, os americanos foram a Berlin concorrer a Olimpíada de Berlin. Quando ele percebe que pode ganhar por 2x1, ele não quer que o Ministro da Justiça deponha. Quando vai para julgamento, o Ministro da Alemanha pede ao juiz que quer falar e o advogado fica com medo, pois está com o julgamento quase ganho. Ele então começa o depoimento da seguinte forma: "eu me considero um excremento na vida. Nunca pensei que atrás de uma mesa despachando, e as leis, os despachos, as minhas condenações levassem a isso. Eu mereço ser condenado." Resultado, ele é condenado por 2x1. O inglês votou a favor da absolvição, o russo e o americano votaram pela condenação.

O que não está nos anais, mas considero a parte mais importante do filme para esta aula, é no momento em que o juiz americano está para voltar para os EUA, o advogado lhe diz que o juiz alemão deseja falar com ele. O juiz vai até a prisão onde ele foi condenado à prisão perpétua e ele disse que nunca tinha visto algo como aquilo que aconteceu e que queria agradecer a sua seriedade na condenação.

Pelo que eu fiz, eu merecia ser condenado. E o juiz americano vira para ele e diz que não; diz ainda que ele não sabe pelo que foi condenado. Ao que o juiz alemão então pergunta: "pelo que foi condenado?" O juiz americano responde que antes de ir para o julgamento como juiz do caso, sabendo quem era, leu a obra do alemão. E disse que ele foi condenado por isso: pois quando saiu da faculdade escreveu que o ideal de justiça não é o objeto maior do Direito. Se este desvio como primeiro professor não tivesse acontecido, o senhor não seria condenado. Isso foi uma mera consequência, pois a função do Direito é o ideal de justiça, não é a norma pura, descontaminada, não é apenas aplicar a lei e ficar formalmente tranquilo. É buscar na luta do ideal de justiça ou, como dizia Bastiat no seu livro *A Lei*, que a função do juiz não é fazer justiça, mas não fazer injustiça, que é a base do direito natural. A justiça formal, o aplicar a lei, pode ser de uma injustiça.

Isto é importante, pois talvez aí eu tenha a grande razão, a grande diferença entre os formalistas do Direito e os que encontram no direito natural a base para justificar todo o direito positivo que aplicam. Fazer com que se perceba esta importância do direito natural que está nos direitos fundamentais de todas as constituições modernas democráticas e que são aqueles direitos inerentes à pessoa humana, ou seja, são direitos que nascem comigo, que o Estado não cria, embora possa e deva reconhecer.

O Estado cria todos os outros direitos positivos que dependem da época, da cultura, da evolução dos povos, das tecnologias próprias que hoje estamos vivendo no mundo inteiro. Mas há direitos inerentes da pessoa humana que pertence apenas a alguns de nós.

Pergunta do Prof. Dr. André Borges Uliano:

Tenho tentado reconstruir um pouco como é que era a técnica de interpretação jurídica e, particularmente, de interpretação constitucional quando a Constituição foi criada. Tenho a impressão de que tivemos uma espécie de revolução na interpretação constitucional na última década, e, para corrigi-la, eu acho que é interessante entender como se compreendia ao tempo da elaboração da Constituição. O senhor teve um papel ativo e, se pudesse nos dizer um pouco como era a concepção dominante naquele período, particularmente as cláusulas mais abertas da Constituição.

Resposta de Dr. Ives Gandra:

Não discuto que possa ter a chamada jurisprudência constitucional. Essa teoria, que eu não gosto do autor da forma como ele é citado quando fala sobre a democracia, o Poder Judiciário mudar a legislação porque ele teve uma formação na época em que a Alemanha estava no pior dos regimes, embora a teoria dos direitos constitucionais, teoria da constituição dele seja já da década de 50, mas na prática toda, sem falar na época que era o Estado de força alemão que terminava influenciado. Embora fosse o início do seu conhecimento, ele foi influenciado.

O que eu gostaria que se percebesse, como o Bernardo Cabral, ele tem uma capacidade de articulação notável. Vimos de um regime de exceção no qual um poder domina os outros, nós temos que fazer com que os três poderes sejam harmônicos e independentes, mas na formação clássica, montesquieana. Eu posso admitir que se possa querer um consequencialismo, mas não foi o que os constituintes quiseram. Ao contrário, eles quiseram os poderes harmônicos e independentes, sem que um prevalecesse sobre o outro, por isso deram a cada poder exaustivamente a definição da sua competência de atribuições. Dos 8 títulos importantes da CF, o mais extenso é o da organização dos poderes para dar exaustivamente e zelar pela própria competência normativa perante os outros poderes.

É do Poder Legislativo que se faz por decreto legislativo. Não é o Supremo que pode dizer que invadiu a competência e que vai julgar se invadiu ou não a competência de outro poder. É o legislativo que pode fazer.

O que ocorre dentro dessa visão é que os constituintes tinham a ideia exclusiva de que não havia na nossa democracia um poder dominando os outros. Contudo, tivemos, em um mesmo mês, três Ministros deixando a Corte e uma gradativa tomada do Poder Judiciário com uma auto competência sobre os outros poderes. Nós passamos a ter, por exemplo – antes ressalto que não tenho preconceito contra homossexuais –, se pegar os anais da discussão do art. 226, para evitar que o casamento, a instituição (pois eles podem fazer a sociedade que quiserem), mas a instituição casamento eles debateram que tem que ser entre homem e mulher e foi colocado isso. Veio o conselho constitucional da França no mesmo período em que estava sendo discutido aqui, e disse que não era matéria deles. Na França, isso é matéria que tem que ser levada para a Assembleia Nacional e foi levada e conseguiram lá, mas aqui, apesar de a constituição dizer que tem que ser entre homem e mulher, foram lá e disseram que pode ser entre homem e homem, mulher e mulher. Fizeram uma nova constituição.

Assim nós tivemos uma série de alterações, por exemplo, o próprio art. 16 em relação a fidelidade partidária. No art. 17 não colocaram fidelidade partidária como obrigação? Porque os partidos não queriam. Vem o Supremo e modifica a legislação. O art. 53 da emenda 35, o relator apresentou a relação e era “quaisquer manifestações no exercício de suas funções”. Então, o deputado José Roberto Batoque, que tinha sido deputado federal e presidente do conselho federal da ordem disse: e se eu estiver falando com o meu eleitor. Eu estou ou não no exercício das minhas funções? Vamos tirar isso e deixar “quaisquer palavras e manifestações”. Vem o Supremo e diz que há uma exceção, que não está prevista, que é a Lei de Segurança Nacional que é uma lei infraconstitucional.

Começou-se a legislar e, a partir do momento que legislou, começou a censurar. Por exemplo, trabalhei com o Ministro Alexandre de Moraes e ele sempre trabalhou muito bem. Sobre censura dos meios de comunicação nos comentários à Constituição, disse que é de inequívoca inconstitucionalidade censurar quaisquer que sejam as manifestações.

Então, o que estamos vendo? Na constituinte, eles quiseram os poderes harmônicos e independentes e não queriam mais um poder prevalecendo sobre os outros, pois vinham de um regime em que o Executivo era o maior poder e os outros dois poderes submissos.

Por exemplo, no governo anterior, o Congresso só poderia aceitar ou rejeitar o decreto-lei por inteiro. Ele não poderia fazer qualquer alteração ou emenda. O legislativo tinha uma competência limitada. A meu ver, estamos com uma nova Constituição sendo escrita pelo Supremo Tribunal Federal; um novo código de processo penal, a exemplo do flagrante perpétuo. A interpretação do regimento que eles fizeram com o Luís Roberto Barroso quando ele diz que o 43 do regimento interno permite prender dentro do recinto. Qual a intepretação que ele disse? Que hoje através da internet, temos um recinto nacional. Por essa razão estamos prendendo fora porque é como se estivesse aqui dentro. Xingar pela internet é como se estivesse fazendo dentro dos recintos. A partir daí, nós estamos com uma nova constituição, um novo código de processo, novo código penal. Digo isso com todo o respeito que tenho por eles e por saber que não foi isso o que os constituintes quiseram.

Por exemplo, temos 150 milhões de eleitores. Eu sei como é que um Ministro é indicado. Quantos deles me ligaram para falar com Márcio Tomás Bastos, por exemplo, que foi meu colega de turma. Então eu ligo recomendando. Qual a campanha que faz um Ministro do Supremo? É um homem só. Qualquer vereador precisa fazer uma campanha maior do que um Ministro do Supremo. No Supremo, a campanha é só para um homem e ele indica quem quiser. Então, quer dizer que eles podem representar o povo que é o art. 1º da CF que todo poder emana do povo, por mais inteligente que seja, competente, idôneo etc., eles têm o Direito por esse neoconstitucionalismo, pelo consequencialismo, pela jurisprudência constitucional, por essa intervenção. É evidente o desconforto que eu tenho em ter que discordar de pessoas com quem me dou bem, não sei se hoje eles me têm com a mesma consideração que tenho por eles, mas tenho a impressão de que nós mudamos. Nós passamos a ter um Poder mais forte do que os outros.

Nesta manifestação que fiz no Senado na quarta-feira, deputado dizendo que é representante do povo, mas não sabe o que pode falar porque pode ser preso se não disser de acordo com o que eles estão pensando. E eu diria que a maioria dos desembargadores e juízes não estão felizes com isso. Individualmente, não podem fazer nada senão o CNJ cai sobre eles, mas estão desconfortáveis porque são aplicadores do Direito.

Participei de três bancas examinadoras para a magistratura – federal e estadual. Primeiro ponto, considerando os Ministros muito competentes. Ponto segundo, o que eu vi na constituinte é diferente do que eles estão dizendo. Ponto terceiro, nós temos que divergir e temos que dizer. O Brasil vai ter realmente uma harmonia e independência dos poderes quando cada um ficar dentro das suas atribuições. Ponto quatro, não existe o neoconstitucionalismo naqueles que redigiram a Constituição, jurisprudência constitucional, essas teorias da dominação da democracia militante. Teríamos que voltar. É preciso lutar por isso.

É importante que nós, advogados que trabalhamos *pro bono*, nós ganhamos dos nossos clientes, enquanto um juiz ou membro do Ministério Público estão trabalhando e defendendo a cidadania e etc., mas recebem do Estado.

Se nós, advogados, perdermos a autonomia de dizer o que pensamos, então viramos uma ditadura. Tenho a sensação de que os mais jovens devem agir com o respeito devido, pois acho que só se consegue avançar com ideias quando se atacam ideias e não pessoas, isto é, defender ideias preservando as pessoas. Aí sim as ideias podem ser levadas adiante. Isto também é algo que o Carlos Ayres dizia que o meu baú de ressentimentos não tem fundo. Não guardo pesos inúteis nas costas e não vale a pena. Se a pessoa quer xingar e tem o Direito de xingar, o problema é dele. A pessoa tem que agir e não reagir. Acho que vale a pena uma briga que temos pelo bom Direito, sem se importar com as críticas, a menos que sirvam para nos melhorar.

Uma história que sempre conto, um sujeito vai comprar o jornal em uma banca com um amigo. O jornaleiro com uma carranca não responde, entrega o jornal friamente. O homem ao despedir-se com "tenha um bom dia!", e o jornaleiro carrancudo. O amigo fala que o jornaleiro foi indelicado e então pergunta se foi a primeira vez que o amigo foi até aquela banca. ""Não", foi a resposta. "Venho aqui há mais de 20 anos e ele é sempre assim. Por que vou condicionar minha maneira de ser pela maneira dele? Eu ajo e não reajo."

PRIMEIRO CICLO DE DEBATES

HÁ, HOJE, ESPAÇO PARA O DIREITO NATURAL? EM QUAL ASPECTO? SE NÃO, POR QUAIS MOTIVOS?

ENSAIO DE RELATORIA

HÁ, HOJE, ESPAÇO PARA O DIREITO NATURAL? SE SIM, EM QUAL ASPECTO? SE NÃO, POR QUAIS MOTIVOS?

Pedro da Silva Moreira

I

Ao menos desde 1945, com o pequeno texto *Cinco minutos de Filosofia do Direito*,[1] de Gustav Radbruch, diz-se que há um renascimento do direito natural. Como sabemos, Radbruch acusou o positivismo jurídico de ter eliminado os valores morais do Direito, o que teria deixado sem defesa as autoridades que, em um contexto totalitário, desejassem reagir à extrema injustiça. "A lei é a lei" seria, na perspectiva do positivista, a máxima do jurista. Desde então, o positivismo se transformou, para utilizar a expressão de

1. RADBRUCH, Gustav. Five Minutes of Legal Philosophy (1945). *Oxford Journal of Legal Studies*, v. 26, n. 1, p. 13-15, 2006.

Frederick Schauer, em uma espécie de "pária",[2] em um tipo de suspeito preferencial, sempre em "crise", e, sobretudo, incapaz de emprestar aos juristas ferramentas adequadas para lidar com o modelo de Estado que se consolidaria, com vigor, na segunda metade do século XX, o chamado Estado Constitucional.[3]

Os valores[4] regressaram com intensidade ao Direito. A Constituição "materializada", repleta de referências a princípios de justiça, alçados ao *status* de direitos fundamentais, tornou-se o centro da experiência jurídica. Não me parece demasia alguma afirmar que, em regra, o Direito passou a ser compreendido como uma "empresa racional", ou, segundo Robert Alexy, cujo conceito não positivista de Direito tem como ponto de partida a conhecida "fórmula de Radbruch", como um empreendimento para "institucionalizar a razão".[5] E isso significa, dentro dessa perspectiva, simplesmente a sujeição do fenômeno jurídico à razão dos direitos, dimensão ideal do direito positivo. Não creio que essa seja uma visão marginal ou pouco exitosa sobre o Direito. Ao contrário, para além da sua evidente disseminação na América Latina (Brasil e Colômbia são, a meu juízo, exemplos claros), a ideia de um Direito razoável e proporcional, que se manifesta por meio do balanceamento entre direitos, ganhou relevância no direito internacional e até mesmo em países de *Common Law*, como o Reino Unido, após a *Human Rights Act* (1998).

---

2. SCHAUER, Frederick. Positivism as Pariah. *In:* Robert P. George (ed.). *The autonomy of law:* essays on legal positivism. Oxford, New York: Oxford University Press, 2005. p. 31-55. Neste artigo, Schauer contesta a tese de Radbruch.

3. ATIENZA, Manuel. Dejemos atrás el positivismo jurídico. *Isonomía*, n. 27, p. 7-28, 2007.

4. Aqui, utilizarei indistintamente o termo "valores" e "princípios", referindo-me, em geral, aos direitos fundamentais, com textura de princípio, normalmente incorporados às constituições.

5. ALEXY, Robert. El concepto y la validez del derecho. *In:* ALEXY, Robert. *El concepto y la validez del Derecho*. Tradução J. M. Seña. Barcelona: Gedisa, 1994. p. 11-30.

Seja como for, o fato é que a separação positivista entre Direito e moral deu lugar a um Direito profundamente "moralizado", a que os críticos costumam chamar "neoconstitucionalismo", ou, mais recentemente, "neoconstitucioniilismo", termo empregado por Marcos Paulo Fernandes de Araújo em texto demolidor, que, em minha opinião, já deve ser considerado referência obrigatória sobre o assunto no Brasil.[6] Quando falamos em "neoconstitucionalismo",[7] estamos falando, no fundo, de uma "ideologia dos direitos" que tem como consequência a dissolução da dimensão autoritativa, formal e institucional do Direito, o que significa, portanto, a perda da sua autonomia em relação à moral e à política. E essa autonomia me parece uma virtude de um juspositivismo ético ou prescritivo (aquele que entende ser valioso reconhecer o domínio limitado do Direito, não por razões conceituais, mas por razões morais[8]), além de uma verdade do direito natural, que tampouco nega, como às vezes podem sugerir as caricaturas, um domínio autônomo ao direito positivo.

É por isso que, ao contrário do que sugere, por exemplo, Francesco Viola, penso que, com independência da intenção original, nem o contexto da Declaração Universal de 1948 e muito menos a consolidação da constitucionalização do Direito representam renascimento algum do direito

---

6. ARAÚJO, Marcos Paulo Fernandes de. A ideologia 'neoconstitucioniilista' no Brasil: exposição crítica histórico-filosófica de seus pressupostos. *In:* SILVEIRA, Marcelo Pichioli da; BONALDO, Frederico; ARAÚJO, Marcos Paulo Fernandes de (org.). *Direito natural contemporâneo:* a renascença do jusnaturalismo no Brasil e no mundo. Londrina: Thoth, 2021. p. 489-522.

7. Em geral, prefiro o termo "constitucionalismo dos direitos", porque creio que talvez ninguém mais se considere "neoconstitucionalista", mas poucos desejam se desvincular da defesa dos direitos. E o "neoconstitucionalismo" é, em minha opinião, uma ideologia dos direitos. Sobre isso, permito-me a referência ao segundo capítulo do meu trabalho: MOREIRA, Pedro da. *Deferencia al Legislador:* la vinculación del juez a la ley en el Estado Constitucional. Madrid: Centro de Estudios Políticos y Constitucionales, 2019.

8. Ver, por exemplo, Waldron, Jeremy. Normative (or Ethical) positivism. *In:* J. Coleman (ed.), *Hart´s Postscript:* essays on the Postscript to The Concept of Law, Oxford, Oxford U. Press, 2001. p. 410-434.

natural.[9] Em primeiro lugar, e em conformidade com a advertência aguda de Michel Villey, a moderna cultura dos direitos, individualista e subjetivista, não concebe o Direito no sentido dos clássicos, isto é, como relação, dentro da qual a noção de dever é indispensável.[10] A cultura dos direitos estimula a fragmentação e, não por acaso, produz um ambiente não de cidadania, mas de exigências e demandas, em princípio, inegociáveis. É o indivíduo contra a comunidade. O resultado é a inflação dos direitos, a redução da capacidade do Direito para ordenar e, evidentemente, a dissolução do ideal de comunidade e da possibilidade da política. Em outras palavras, a tradição clássica do direito natural demanda muito mais que um apelo, no vazio, aos "valores".

Em segundo lugar, é preciso entender que o recurso aos "valores", sem mediação estruturada e institucional, especialmente na ausência de uma base moral sólida e naturalmente compartilhada, não pode significar outra coisa que o apelo à vontade de quem os invoca. Quando uma burocracia ilustrada recorre à igualdade ou à dignidade para decidir, em nome de toda a comunidade, sobre uma controvérsia moral em relação à qual os membros da comunidade discordam entre si (e discordam precisamente em termos de igualdade e dignidade), o que essa burocracia faz, na prática, é impor, supostamente com fundamento na razão, a sua própria vontade. E é porque essa operação se dá com base na "racionalidade dos direitos" e em terreno distante do espaço sinuoso da política que essa burocracia reclama legitimidade, uma legitimidade, portanto, "técnica".[11]

---

9. VIOLA, Francesco. Os três renascimentos do direito natural no século XX. *In:* SILVEIRA, Marcelo Pichioli da; BONALDO, Frederico; ARAÚJO, Marcos Paulo Fernandes de (org.). *Direito Natural contemporâneo:* a renascença do jusnaturalismo no Brasil e no mundo. Londrina: Thoth, 2021. p. 55-72.

10. VILLEY, Michel. *O direito e os direitos humanos*. Tradução Maria Ermantina de Almeida Prado Galvão. São Paulo: Martins Fontes, 2007. p. 163.

11. A tecnocracia depende, segundo Galvão de Sousa, da inexistência de "uma presença visível que dê ordens" (SOUSA, José Pedro Galvão de. *Obras seletas III:*

Nesse sentido, a "ideologia dos direitos" tem potencial para tornar ainda mais poderoso o "Estado Tecnocrático" denunciado por José Pedro Galvão de Sousa. Se esse Estado representa, como sustenta o autor, a dissolução das instâncias intermediárias, deixando-se os indivíduos, desenraizados, à disposição de uma espécie de poder administrativo e tutelar,[12] agora, com o "renascimento dos valores" na forma de uma "ideologia dos direitos", a tecnocracia parece ainda mais legitimada. É em nome do bem, da razão, do progresso, da democracia, da liberdade, da justiça, da igualdade e da dignidade que ela estabelecerá um novo tipo de ordem: uma ordem que, é verdade, apela à justiça e aos valores supremos da Constituição, mas o faz não para limitar o poder político, e sim para utilizá-lo, consciente ou inconscientemente, para impulsionar uma agenda determinada, não raro contrária à ordem natural que a comunidade, em suas relações, experimenta. Uma ordem natural que, por caminhos filosóficos e jusfilosóficos distintos, Hayek denominou "ordem espontânea"; para ele, o verdadeiro Direito.[13]

II

Creio que esse é um estado de coisas, se não consolidado, em processo de implementação. É a absorção da vida, do Direito que nasce nas relações sociais, pela ordem estatal. E como isso ocorre por meio da irradiação dos valores

---

Direito Natural, Direito Positivo e Estado de Direito e O Estado Tecnocrático. Rio de Janeiro: Ed. CDB, 2022. p. 231). Caberia indagar se, no Brasil, esta presença já não se tornou demasiadamente visível, a ponto de eliminar até mesmo a pretensão de legitimidade da tecnocracia, convertendo-se aberta e, portanto, agressivamente, na expressão do puro poder.

12. SOUSA, José Pedro Galvão de. *Obras seletas III:* Direito Natural, Direito Positivo e Estado de Direito e O Estado Tecnocrático. Rio de Janeiro: Ed. CDB, 2022. p. 195.

13. Para Hayek, o Direito oriundo do contexto da Declaração de 1948 é, na prática, uma "organização" (HAYEK, Friedrich August von. *Direito, Legislação e Liberdade:* uma nova formulação dos princípios liberais de justiça e economia política. V.1. São Paulo: Visão, 1985).

constitucionais, como isso se dá, portanto, pelo império do direito constitucional, qualquer questão privada passa a ser reconduzida ao âmbito principiológico da Constituição. Então passa a ser natural que Luís Roberto Barroso escolha para uma de suas obras (em tom de normalidade) o título *A judicialização da vida*....[14] Parece-me que o tom crítico (severamente crítico) seria a única forma adequada (diria, inclusive, democrática) de recorrer a essa expressão. Que as coisas não sejam assim só ilustra, a meu juízo, que a autolegitimação tecnocrática está cada vez mais avançada. É mais: ilustra, ainda, que a cultura jurídica que torna isso possível é uma cultura jurídica sem comunidade; é simplesmente teórica, ou seja, de lugar nenhum.

Diante desse contexto, quiçá a primeira contribuição que a tradição clássica do direito natural possa oferecer seja reconhecer que a disputa, em última instância, não é científica ou teórica, mas repousa em um desacordo fundamental sobre *o que de fato é o Direito*, uma disputa jusfilosófica e, mais ainda, de filosofia política. Lars Vinx, ao criticar a ciência do direito pura de Kelsen, argumentando que a *Teoria Pura só teria sentido como uma "utopia da legalidade", aduz o seguinte: "a escolha de um conceito de direito é inseparável de questões teórico-políticas sobre o melhor regime"*.[15] Para ele, uma ciência jurídica pura é algo sem sentido, algo metodologicamente inadequado, justamente porque incapaz de fundar os seus próprios pressupostos. Trata-se da rejeição, apresentada por John Finnis nas primeiras páginas de *Natural Law and Natural Rights*, ao positivismo conceitual e metodológico, estritamente descritivo e analítico.[16]

14. BARROSO, Luís Roberto. *A judicialização da vida e o papel do Supremo Tribunal Federal*. Belo Horizonte: Fórum, 2018.

15. VINX, Lars. *Hans Kelsen´s Pure Theory of Law:* Legality and Legitimacy. Oxford: Oxford University Press, 2007. p. 28.

16. FINNIS, John. *Natural Law and Natural Rights*. Oxford: Oxford University Press, 2. ed., 2011. p. 3-22.

Segundo Finnis, em argumento que parece guardar semelhanças com o segundo ataque dworkiniano ao positivismo jurídico,[17] *há desacordo sobre as concepções de direito que as pessoas* usualmente utilizam para mover-se no terreno do Direito. Por isso, qualquer teoria do direito pressupõe a adoção de determinado conceito em detrimento de outros. Nesse sentido, o teórico que pretende descrever o funcionamento de determinada instituição social o faz, ainda que indiretamente, também de maneira normativa, na medida em que tem de estabelecer, necessariamente, o *telos*, o propósito ou finalidade dessa instituição. Como o positivismo analítico se apresenta como uma empresa geral e descritiva, que, por isso, tem como objetivo estabelecer um conceito de Direito para qualquer comunidade jurídica imaginável, independentemente da história, do tempo e da circunstância, ele acaba se transformando, nas provocativas palavras de Atria, em uma teoria que “se jacta de sua superficialidade”.[18] Contra a irrelevância de um conceito necessariamente estreito e insuficiente, Finnis propõe a conhecida metodologia do caso central e do significado focal.

Não tenho espaço para aprofundá-la aqui. Basta dizer, entretanto, com amparo em Horário Neiva e Victor Sales Pinheiro, que o caso central do Direito é a autoridade do Direito positivo; e essa autoridade descansa na razoabilidade moral do Direito, na sua capacidade para, pretendendo *ordenar* a comunidade, compatibilizar, na maior medida possível, a liberdade racional e a autonomia moral das pessoas.[19] É claro que tudo isso pressupõe determinada

---

17. O primeiro ataque dworkiniano, menos interessante, tem relação com a normatividade dos princípios. Já a segunda objeção ao positivismo, a meu juízo mais poderosa, tem raízes na premissa dos desacordos teóricos (DWORKIN, Ronald. *Law´s Empire*, Cambridge, The Belknap Press of Harvard U. Press, 1986. p. 4-06).

18. ATRIA, Fernando. *La forma del derecho*. Madrid: Marcial Pons, 2016. p. 90.

19. NEIVA, Horácio; PINHEIRO, Victor Sales. A crítica de Finnis ao positivismo metodológico: por que toda descrição é avaliativa?. *In:* PINHEIRO, Victor Sales (org.). *A Filosofia do Direito Natural de John Finnis*: v. 1: conceitos fundamentais. Rio de Janeiro: Lumen Juris, 2020. p. 11-44. p. 34-38.

antropologia, sobre a qual falarei, muito brevemente, mais adiante. O importante é compreender que o Direito é uma prática social, não uma representação teórica dessa prática. O Direito é a prática mesma e, por isso, a compreensão que os participantes conservam dessa prática é parcialmente constitutiva dela própria.

Conforme sublinha Gerald Postema, "*law is the kind of practice in which how we understand what we are doing actually shapes what we are doing*".[20] Isso vale para o cidadão e, em especial, também para o juiz. É por isso que Dworkin tem razão quando afirma o seguinte: "*jurisprudence is the [...] silent prologue of any decision at law*".[21] E também é por isso que a observação de Postema tem como objetivo criticar o positivismo metodológico, que supõe que todo o importante na ciência jurídica é realizar uma infinidade de distinções, com clareza e precisão, descrevendo o direito *como ele é*. O problema é que o positivista pressupõe, com isso, que as coisas mais importantes estão em seu lugar; isto é, que a comunidade é governada por um conceito de direito que possibilita a descrição não comprometida do que fazem os juristas práticos. Ora, em primeiro lugar, a descrição do Direito, à diferença da descrição de um objeto natural, nunca deixa as coisas como estão. Não é que a descrição necessariamente modifique o Direito, mas como ela pressupõe um conjunto de valores subjacentes, mesmo que o teórico não o articule, sobretudo um propósito para a prática, ela contribui para dar forma ao Direito.

Todavia, há mais: uma jusfilosofia pode modificar, sub-repticiamente, o conceito de Direito e, assim, modificar até mesmo o modo como uma comunidade governa a si mesma. Enquanto Riccardo Guastini, por exemplo, publica

---

20. POSTEMA, Gerald J. Jurisprudence: The Sociable Science. *Virginia Law Review*, v. 101, p. 869-901, 2015. p. 886-887.

21. DWORKIN, Ronald. *Law´s Empire*. Cambridge: The Belknap Press of Harvard U. Press, 1986. p. 90.

mais um livro sobre distinções, explicando, uma vez mais, o que é "interpretação conforme",[22] Luís Roberto Barroso justifica, não só como juiz, mas também como acadêmico, o uso da "interpretação conforme" para permitir, no Brasil, o aborto até as primeiras 12 semanas de gestação.[23] E o faz sem que "interpretação conforme" signifique absolutamente nada do que diz Guastini. Essa técnica já não é, para Barroso, uma forma de, entre duas ou mais interpretações possíveis do texto legal, adotar aquela que não viole o texto constitucional. Por quê? Ora, porque o que informa a decisão de Barroso (o seu "prólogo silencioso") não é a mesma concepção de Direito que permite a Guastini formular as suas distinções. Em palavras muito singelas: uma comunidade governada pela jusfilosofia barroseana torna irrelevante o trabalho de Guastini.

III

Não afirmo, evidentemente, que o trabalho analítico-dogmático das distinções seja irrelevante. E nem poderia fazê-lo. O que me parece correta é a ideia, presente, por exemplo, em Finnis e em Postema, de que a inteligibilidade de uma teoria do direito descritiva descansa em fundamentos mais profundos, de ordem político-moral, o que significa dizer, em síntese, que uma teoria do direito descritiva contém pressupostos normativos. É nesse sentido que Postema sustenta que a ciência do direito (a "*jurisprudence*")

22. Ver, por exemplo, Riccardo Guastini (GUASTINI, Riccardo. *Distinguiendo:* estudios de teoría y metateoría del Derecho. Tradução J. Ferrer y Beltrán. Barcelona: Gedisa, 1999. p. 231). É importante assinalar que Guastini, apesar de aceitar o positivismo metodológico, não parece dirigir a sua atenção para a discussão sobre o conceito de Direito (*general jurisprudence)*, mas para a descrição teórica do discurso dos juristas (*local jurisprudence*).

23. A infausta decisão (HC 124.306) é bastante conhecida e foi incorporada a Luís Roberto Barroso, *A judicialização da vida...*, como exemplo do papel "iluminista" da Corte (BARROSO, Luís Roberto. *A judicialização da vida e o papel do Supremo Tribunal Federal*. Belo Horizonte: Fórum, 2018).

é, na verdade, uma ciência sociável, uma ciência sobre algo que compartilhamos, sobre uma prática que construímos e reafirmamos, reflexivamente, em conjunto. *"Jurisprudence"*, de acordo com Postema, é *vera philosophia*. Mais do que tentar, como o positivista analítico, definir obsessivamente os limites da ciência do direito, a tarefa do jurista consistiria em, antes de tudo e conforme a tradição do direito natural clássico, integrar fenômenos, práticas e conceitos, oferecendo uma visão mais abrangente do fenômeno jurídico. O Direito deve ser concebido como um "aspecto integral da vida social e da experiência humana".[24]

Nessa perspectiva, as instituições do direito moderno devem ser compreendidas não como abstrações, não como representações na mente dos juristas, mas como elementos que se integram à vida social e política da comunidade. Assim, o caráter sociável do Direito encontra fundamento, em um nível ainda mais profundo, no caráter sociável do próprio homem, em determinado tipo de antropologia que, desde os gregos, compõe aquilo que Daniel Alejandro Herrera chama "tradição central do Ocidente" (a conjunção entre a filosofia grega, o direito romano e a fé cristã).[25] É na *Política* de Aristóteles que identificamos com clareza a natureza sociável do homem (um "animal social") e a Cidade como uma das coisas naturais. A palavra, diz Aristóteles, é aquilo que só o homem tem e, por isso, a sua natureza não pode ser meramente gregária, mas racional, porque somente o homem é capaz de distinguir, pela razão, o bem do mal, a justiça da injustiça. O homem tem, nesse sentido, uma tendência natural à comunidade.[26]

---

24. POSTEMA, Gerald J. Jurisprudence: The Sociable Science. *Virginia Law Review*, v. 101, 2015. p. 869-901, p. 896.

25. HERRERA, Daniel Alejandro. O Direito na tradição central do Ocidente e sua transformação na modernidade. *In:* SILVEIRA, Marcelo Pichioli da; BONALDO, Frederico; ARAÚJO, Marcos Paulo Fernandes de (org.). *Direito Natural contemporâneo:* a renascença do jusnaturalismo no Brasil e no mundo. Londrina: Thoth, 2021. p. 33-54.

26. ARISTÓTELES. *Política* (libro I). Tradução Manuela García Valdés. Madrid: Gredos, 1988. p. 46-51.

Conforme nos ensina Barzotto, a natureza humana possui três traços constitutivos: "animalidade, racionalidade e sociabilidade".[27] É essa natureza que, alentada e aperfeiçoada pela comunidade, permite que o homem floresça e se desenvolva como pessoa, cujo bem individual é intrinsecamente dependente do bem de todos. "Pessoa", em vez de "indivíduo", é uma ideia relacional, que faz referência ao ser humano em sua singularidade e mistério, ao ser humano concreto e enraizado.[28] E esse mistério só é revelado (talvez parcialmente revelado) na medida em que o homem entra em relação com os demais. E esse é o cerne do jusnaturalismo clássico. O fundamento de todo Direito é, segundo Javier Hervada, o caráter pessoal do homem: "*una persona es un ser, que es ser tan intensamente – de tal manera es ser – que domina su proprio ser*".[29] O homem livre é, nessa linha, aquele que utiliza a razão para exercer o autodomínio. A liberdade, para os clássicos, não é o mero estado de liberdade, mas o exercício relacional da ação.

Em contraposição a isso, e com amparo filosófico no jusnaturalismo moderno, há a antropologia dos direitos individuais, que pressupõe, ao menos desde Hobbes, que o estado natural do homem corresponde ao seu isolamento, em que a sua condição de indivíduo somente se enlaça com as demais por uma espécie de renúncia de soberania em nome da sobrevivência. Os direitos individuais são, aqui, incorporados ao contrato social e, no limite, configuram poderes que os indivíduos detêm contra os outros e contra a comunidade. Trata-se de uma antropologia que tende a desaguar em um individualismo radical. De acordo com o que novamente nos ensina Barzotto, "os direitos

---

27. BARZOTTO, Luís Fernando. *Filosofia do Direito:* os conceitos fundamentais e a tradição jusnaturalista. Porto Alegre: Livraria do Advogado, 2010. p. 51.

28. *Ibidem*, p. 57.

29. HERVADA, Javier. *Introducción Crítica al Derecho Natural.* 11ed., Pamplona: EUNSA, 2011. p. 64.

do homem do jusnaturalismo moderno são sempre direitos do ser humano isolado no estado de natureza. Servem antes para reprimir a sociabilidade humana do que para fomentá-la".[30] Não é difícil concluir que, sendo essas as premissas antropológicas, resulta complicado erigir uma "comunidade metafísica", mas tão somente uma "comunidade empírica",[31] em que, agora sim, os homens se reúnem apenas gregariamente, vinculados principal e precariamente por seus direitos.

A retomada da visão clássica do homem, o que implica o resgate da ideia de *pessoa* como fundamento do Direito – ordem racional destinada a organizar as relações de pessoas racionais –, é mais uma das urgências do mundo contemporâneo. Não se trata, como já alertava Galvão de Souza, de regressar ao mundo pré-moderno. Trata-se, antes, de devolver o homem à condição da sua natureza, racional e não atomizada. Aliás, este é um dos pontos que comprovam a abrangência do campo do direito natural e, em particular, a sua conexão com o Direito. Resgatar o homem da condição de massa, trazê-lo de volta ao vínculo substancial com a sua história, com sua família e com a sua Cidade é o projeto de pensadores como Ortega y Gasset e Simone Weil, que, posicionados na modernidade, enxergaram a necessidade do enraizamento. Sem a conexão entre o homem e a comunidade, sem que o Direito constitua um elemento *natural* dessa relação, é possível que exista ordem jurídica positiva; no entanto, é improvável que ela represente algo mais do que uma ordem coativa artificial.

---

30. BARZOTTO, *op. cit.*, p. 63.

31. Essa distinção pode ser encontrada em diversas passagens de Richard Weaver (WEAVER, Richard. *As ideias têm consequências*, 2ed., trad. Guilherme F. Araújo, São Paulo, É Realizações, 2016).

IV

É verdade que essa antropologia clássica pode ser estudada de maneira apartada, isto é, sem qualquer conexão evidente com o Direito. A meu juízo, os benefícios para a nossa época já seriam significativos. No entanto, é a sua adoção como pressuposto e fundamento da ordem jurídica que permite, ao menos, duas coisas. Em primeiro lugar, uma vez reconhecida a natureza relacional e sociável do homem, é possível articular uma posição consistente para limitar o papel do Estado, especialmente do "Estado Tecnocrático", preservando-se as instâncias intermediárias, as associações, as igrejas e a família. Essas instâncias, próprias de uma comunidade viva, tendem a contribuir para o florescimento humano e, nesse sentido, para o exercício da liberdade, da liberdade como autodomínio.

Além disso, constrói-se uma contraposição à ideia moderna de que todo direito é estatal e positivo,[32] limitando-se a atividade do legislador (e da crença injustificada de que a realidade está inteiramente *disponível*) e, também, à atividade do juiz, especialmente do juiz constitucional, no seguinte sentido: a pressuposição de que tudo *flui* da Constituição é uma pressuposição totalitária,[33] que, na prática, transforma a vida social e o próprio homem em objetos da ordem jurídica. A natureza sociável do homem e o caráter

---

32. Refiro-me, por exemplo, ao "monismo" kelseniano. De todo modo, é preciso ter cuidado com a apropriação pós-moderna da ideia de "pluralismo jurídico". Ela nada tem a ver com a noção de *subsidiariedade*, própria do pluralismo medieval e que tem importância para a doutrina do direito natural. Na pós-modernidade, "pluralismo jurídico" envolve a dissolução da forma do Direito, com uma espécie de dispersão amorfa das fontes.

33. Vejamos o que diz Barroso: "[...] a Constituição passa a ser não apenas um sistema em si – com sua ordem, unidade e harmonia –, mas também um modo de olhar e interpretar todos os demais ramos do Direito. [...]. À luz de tais premissas, toda interpretação jurídica é também interpretação constitucional" (BARROSO, Luís Roberto. *Curso de direito constitucional contemporâneo*: os conceitos fundamentais e a construção do novo modelo. 5ed. São Paulo: Saraiva, 2015. p. 522).

natural da comunidade evidenciam que nem tudo está à disposição da *engenharia da interpretação constitucional a serviço dos direitos*.

Em segundo lugar, e talvez com maior urgência, impõe-se o renascimento do âmbito do político, da possibilidade que os membros da comunidade têm de determinar o bem dessa mesma comunidade. Isso pressupõe, segundo a noção aristotélica de "justiça política" (que envolve, ainda, a distinção entre "justo natural" e "justo legal"[34]), uma sociedade de pessoas livres e iguais, de tal modo que elas possam se submeter à convenção, à lei positiva. Com base na interpretação de Tomás de Aquino sobre a Ética de Aristóteles, Barzotto nos explica que o "justo político" é a justiça entre os cidadãos, instituída na *polis* não pela natureza, mas pelos homens. É a *polis* o âmbito adequado para a definição do conteúdo da liberdade e da igualdade, porque essa é a ordem da comunidade. Isso é muito interessante porque, segundo Barzotto, e sendo a justiça uma relação, "liberdade e igualdade só contam como fatores de ordem no interior desta relação, e não como dados pré-políticos e, portanto, pré-jurídicos".[35]

Conforme explicitei no início, ao menos desde a segunda metade do século XX a concepção jusfilosófica predominante envolve a mitigação ou mesmo a rejeição do "justo político". Não me refiro exatamente àquilo que o poder constituinte originário, explicitamente, retira do âmbito de deliberação pública, como, por exemplo, a proibição absoluta da tortura. Refiro-me exatamente a princípios como liberdade e igualdade e, também, à ascensão e consolidação de uma cultura que os apresenta como elementos indisponíveis e pré-políticos, ao mesmo tempo em que atribui a sua

---

34. ARISTÓTELES. Ética Nicomáquea (libro V). Tradução Julio Pallí Bonet. Madrid: Gredos, 1985. p. 254-255.

35. BARZOTTO, Luís Fernando. *Teoria Política*. Porto Alegre: Livraria do Advogado, 2018. p. 95

proteção – argumentativa – ao "fórum dos princípios" de Dworkin.[36] Em minha opinião, essa é a mentalidade que tem emprestado justificação ao nosso "Estado Tecnocrático", em que o conteúdo da liberdade e da igualdade são definidos não pela comunidade, mas por um conjunto de juízes. E me parece, sobretudo porque essa justificação se dá em termos da limitação do direito positivo pela "razão", que a tradição do direito natural precisa observá-la com certa atenção.

Explico e me encaminho para a conclusão. Victor Sales Pinheiro, no posfácio a algumas obras seletas de Galvão de Souza, argumenta que, sem o direito natural, o princípio jurídico da contenção do poder pelo Direito perde a sua inteligibilidade. Ele se converte simplesmente na limitação do poder pelo poder. Um exemplo disso consistiria em considerar as Cortes Constitucionais mais um *Poder*, "capaz de determinar, não raro arbitrariamente, o sentido último do texto constitucional, uma vez que não atendem a realidade objetiva da lei natural".[37] Pois bem, estou perfeitamente de acordo com a crítica ao arbítrio judicial. Todavia, conservo algumas dúvidas quanto às demais observações. A primeira delas é a seguinte: devem os juízes constitucionais atender à realidade objetiva da lei natural? De que maneira acessariam essa realidade? Conforme observa Robert P. George, uma coisa é reconhecer a existência objetiva da lei natural; outra, distinta, é aceitar que os juízes se encontrem em uma posição institucional adequada para explicitar o que, em concreto e em cada caso, ela requer.[38] Do que estaríamos precisando, então? De um Hércules jusnaturalista?

---

36. DWORKIN, Ronald. The Forum of Principle. *New York University Law Review*. v. 56, 1981. p. 469-518.

37. PINHEIRO, Victor Sales. Transcendência e imanência do direito: o direito natural de José Pedro Galvão de Sousa (posfácio). *In*: SOUSA, José Pedro Galvão de. *Obras seletas III:* Direito Natural, Direito Positivo e Estado de Direito e O Estado Tecnocrático. Rio de Janeiro: Ed. CDB, 2022. p. 243.

38. GEORGE, Robert P. *In Defense of Natural Law*. Oxford, New York: Oxford University Press, 2004. p. 110-111. O autor, utilizando a noção tomista de *determinatio*,

A segunda indagação guarda relação com o problema do poder e da vontade, frequentemente apontado como um vício da modernidade e, em particular, um vício do direito moderno. Há muito sentido em tudo isso. Contudo, não me parece que o juiz *principialista*, ao determinar ele mesmo o conteúdo da "moralidade constitucional", o faça sob a crença de que está exercendo um poder e que a sua decisão é um ato de vontade. O positivismo jurídico é um "pária" também para esse juiz. E se Dworkin, Alexy e Barroso informam a maneira como ele compreende a sua atividade, tenho a impressão de que ele a concebe em termos de "razão". O "fórum dos princípios" é, para Dworkin, o *locus* da deliberação racional, assim como a "representação argumentativa"[39] é, para Alexy, um contraponto ao caos voluntarista do Poder Legislativo. Em palavras simples: para essa mentalidade, a vontade está na formação da lei; a razão, na construção da decisão judicial. O juiz "neoconstitucionalista" acredita que a sua decisão, sobretudo quando fundada nos mais nobres princípios da Constituição, representa exatamente aquilo que Victor Sales Pinheiro acredita ter desaparecido: a limitação do poder pelo Direito.

Não é que Pinheiro não tenha razão. De fato, só há sentido falar em limitação do poder (do direito positivo) pelo *Direito* se aceitamos o direito natural. Mas não teria razão o positivista (não metodológico) se afirmasse que, também aqui, essa limitação depende do poder exercido pela autoridade? Não haveria aí, conforme demonstra Carl Schmitt, um espaço de "pura decisão"?[40] Se isso é assim, não

---

sustenta que não cabe ao juiz "*...to translate principles of natural justice into positive law*". Isso seria, na verdade, não só a violação do que determina a Constituição, mas a violação da própria lei natural.

39. ALEXY, Robert. Ponderación, control de constitucionalidad y representación. *In:* IBÁÑEZ, Perfecto Andrés; ALEXY, Robert. *Jueces y ponderación argumentativa*. México: UNAM, 2006. (p. 1-18), p. 13-15.

40. SCHMITT, Carl. El defensor de la constitución, *In:* SCHMITT, Carl; KELSEN, Hans. *La polémica Schmitt/Kelsen sobre la justicia constitucional:* El defensor de la

seria melhor desnudar o genuíno poder político envolvido em qualquer decisão que pretenda estabelecer, *em nome da comunidade*, o conteúdo de princípios como a liberdade e a igualdade? Porque esse me parece que é o grande (e proposital) "ponto cego" das teorias que embasam a tecnocracia antinatural e "neoconstitucionalista".

É que, se apresentamos essas decisões como parte do exercício de um verdadeiro poder político, podemos concebê-las como elemento de uma questão institucional, como parte da pergunta que a comunidade tem de responder acerca de *quem* (e *como*) deve determinar o conteúdo da "moralidade dos princípios". E pode ser que os juízes, em uma espécie de "governo misto", devam ter algum papel nessa determinação. O que me parece ilegítimo, e próprio da "ideologia dos direitos", é apresentar essa determinação como algo que deriva da mais reta razão, como se não houvesse, aqui, a dimensão do poder. A tradição do direito natural deve, em minha opinião, recuperar a inteligibilidade desta afirmação de Barzotto: "o que é natural necessita de mediação institucional para valer como ordem comum".[41] Penso que está aqui, no resgate do "justo político", a principal razão para integrar o jusnaturalismo ao modo como, hoje, compreendemos o Direito.

REFERÊNCIAS

ARISTÓTELES. Ética Nicomáquea (libro V). Tradução Julio Pallí Bonet. Madrid: Gredos, 1985.

ARISTÓTELES. *Política* (libro I). Tradução Manuela García Valdés. Madrid: Gredos, 1988.

Constitución versus ¿Quién debe ser el defensor de la Constitución? Tradução M. Sánchez y R. J. Brie. Madrid: Tecnos, 2009. p. 82-83.

41. BARZOTTO, Luís Fernando. *Teoria política*. Porto Alegre: Livraria do Advogado, 2018. p. 95.

ALEXY, Robert. *El concepto y la validez del Derecho*. Tradução J. M. Seña. Barcelona: Gedisa, 1994.

ALEXY, Robert. El concepto y la validez del derecho. *In:* ALEXY, Robert. *El concepto y la validez del Derecho*. Tradução J. M. Seña. Barcelona: Gedisa, 1994.

ALEXY, Robert. Ponderación, control de constitucionalidad y representación, *In:* IBÁÑEZ, Perfecto Andrés; ALEXY, Robert. *Jueces y ponderación argumentativa*. México: UNAM, 2006.

ARAÚJO, Marcos Paulo Fernandes de. A ideologia 'neoconstitucioniilista' no Brasil: exposição crítica histórico-filosófica de seus pressupostos. *In:* SILVEIRA, Marcelo Pichioli da; BONALDO, Frederico; ARAÚJO, Marcos Paulo Fernandes de (org.). *Direito natural contemporâneo:* a renascença do jusnaturalismo no Brasil e no mundo. Londrina: Thoth, 2021. p. 489-522.

ATIENZA, Manuel. Dejemos atrás el positivismo jurídico. *Isonomía*, n. 27, p. 7-28, 2007.

ATRIA, Fernando. *La forma del derecho*. Madrid: Marcial Pons, 2016.

BARROSO, Luís Roberto. *A judicialização da vida e o papel do Supremo Tribunal Federal*. Belo Horizonte: Fórum, 2018.

BARROSO, Luís Roberto. *Curso de direito constitucional contemporâneo:* os conceitos fundamentais e a construção do novo modelo. 5. ed. São Paulo: Saraiva, 2015.

BARZOTTO, Luís Fernando. *Teoria política*. Porto Alegre: Livraria do Advogado, 2018.

BARZOTTO, Luís Fernando. *Filosofia do direito:* os conceitos fundamentais e a tradição jusnaturalista. Porto Alegre: Livraria do Advogado Editora, 2010.

COLEMAN, J. (ed.), *Hart´s Postscript:* Essays on the Postscript to The Concept of Law, Oxford, Oxford U. Press, 2001.

DWORKIN, Ronald. *Law´s Empire*. Cambridge: The Belknap Press of Harvard University Press, 1986.

DWORKIN, Ronald. The Forum of Principle. *New York University Law Review*, v. 56, 1981.

FINNIS, John. *Natural Law and Natural Rights*. 2. ed. Oxford-New York: Oxford University Press, 2011.

GEORGE, Robert. *In Defense of Natural Law*. Oxford-New York, Oxford University Press, 2004.

GEORGE, Robert (ed.). *The Autonomy of Law*: essays on legal positivism. Oxford-New York: Oxford University Press, 2005.

GUASTINI, Riccardo. *Distinguiendo:* estudios de teoría y metateoría del Derecho. Tradução J. Ferrer y Beltrán. Barcelona: Gedisa, 1999.

HAYEK, Friedrich. *Direito, legislação e liberdade:* uma nova formulação dos princípios liberais de justiça e economia política. v.1. Tradução Henry Maksoud. São Paulo: Visão, 1985.

HERRERA, Daniel Alejandro. O direito na tradição central do ocidente e sua transformação na modernidade. *In:* SILVEIRA, Marcelo Pichioli da; BONALDO, Frederico; ARAÚJO, Marcos Paulo Fernandes de (org.). *Direito natural contemporâneo:* a renascença do jusnaturalismo no Brasil e no mundo. Londrina: Thoth, 2021.

HERVADA, Javier. *Introducción crítica al derecho natural*. Undécima edición. Pamplona: EUNSA, 1981.

MOREIRA, Pedro da Silva. *Deferencia al Legislador:* la vinculación del juez a la ley en el Estado Constitucional. Madrid: Centro de Estudios Políticos y Constitucionales, 2019.

NEIVA, Horácio; PINHEIRO, Victor Sales. A crítica de Finnis ao positivismo metodológico: por que toda descrição é avaliativa?. *In:* PINHEIRO, Victor Sales (org.). *A filosofia do direito natural de John Finnis*: v. 1: conceitos fundamentais. Rio de Janeiro: Lumen Juris, 2020. p. 11-44.

POSTEMA, Gerald J. Jurisprudence: The Sociable Science. *Virginia Law Review*, v. 101, p. 869-901, 2015.

PINHEIRO, Victor Sales. Transcendência e imanência do direito: o direito natural de José Pedro Galvão de Sousa. *In*: SOUSA, José Pedro Galvão de. *Obras seletas III:* Direito Natural, Direito Positivo e Estado de Direito e o Estado Tecnocrático. Rio de Janeiro: Ed. CDB, 2022.

PINHEIRO, Victor Sales (org.). *A filosofia do direito natural de John Finnis:* v. 1: conceitos fundamentais. Rio de Janeiro: Lumen Juris, 2020.

RADBRUCH, Gustav. Five Minutes of Legal Philosophy (1945). *Oxford Journal of Legal Studies*, v. 26, n. 1, p. 13-15, 2006.

SCHMITT, Carl. El defensor de la constitución, *In:* SCHMITT, Carl; KELSEN, Hans. *La polémica Schmitt/Kelsen sobre la justicia constitucional:* El defensor de la Constitución versus ¿Quién debe ser el defensor de la Constitución? Tradução M. Sánchez y R. J. Brie. Madrid: Tecnos, 2009. p. 82-83.

SILVEIRA, Marcelo Pichioli da; BONALDO, Frederico; ARAÚJO, Marcos Paulo Fernandes de (org.). *Direito Natural contemporâneo:* a renascença do jusnaturalismo no Brasil e no mundo. Londrina: Thoth, 2021.

SOUSA, José Pedro Galvão de. *Obras seletas III:* Direito Natural, Direito Positivo e Estado de Direito e o Estado Tecnocrático. Rio de Janeiro: Ed. CDB, 2022.

VINX, Lars. *Hans Kelsen´s Pure Theory of Law:* Legality and Legitimacy. Oxford: Oxford University Press, 2007.

VIOLA, Francesco. Os três renascimentos do direito natural no século XX. *In:* SILVEIRA, Marcelo Pichioli da;

BONALDO, Frederico; ARAÚJO, Marcos Paulo Fernandes de (org.). *Direito Natural contemporâneo*: a renascença do jusnaturalismo no Brasil e no mundo. Londrina: Thoth, 2021.

WALDRON, Jeremy. Normative (or Ethical) positivism. *In:* COLEMAN, J. (ed.). *Hart´s Postscript:* Essays on the Postscript to The Concept of Law, Oxford, Oxford U. Press, 2001. p. 410-434.

WEAVER, Richard. *As ideias têm consequências*, 2. ed. Traduçãi Guilherme F. Araújo. São Paulo: É Realizações, 2016.

TRANSCRIÇÃO DO PRIMEIRO CICLO DE DEBATES

HÁ, HOJE, ESPAÇO PARA O DIREITO NATURAL? SE SIM, EM QUAL ASPECTO? SE NÃO, POR QUAIS MOTIVOS?

1) Prof. Dr. Pedro Moreira

Parece que desde 1945 pelo menos teria havido um renascimento do direito natural e o positivismo jurídico teria se transformado em uma espécie de párea. Não tenho dúvida nenhuma de que tanto a partir da perspectiva crítica, marxista, como da perspectiva neoconstitucionalista e outras perspectivas pós-positivistas e a perspectiva naturalista, todas rejeitam o juspositivismo como basicamente uma premissa óbvia.

Eu não sei até que ponto isso é justo. Acho que, em alguma medida, é justo e, em outra medida, talvez existam pontos de conexão, entre o juspositivismo e o jusnaturalismo, principalmente o ponto de conexão em que o juspositivismo ou o direito positivo, a autonomia do Direito; o domínio limitado do Direito aparece como uma espécie de verdade do direito natural. Uma espécie de derivação de decorrência do direito natural. Acho que isto é um elemento importante a ser considerado.

A verdade é que o Direito indubitavelmente se moralizou, se a crítica ao positivismo jurídico era de que faltam valores ao Direito, de que o Direito teria perdido os seus valores em razão da mentalidade positivista, supostamente preponderante na época.

A verdade é que a partir de 1945, em especial por meio da Declaração Universal dos Direitos do Homem de 1948, há uma rematerialização da forma como passamos a compreender o Direito. Independentemente das intenções originais, o fato é que o Direito se rematerializou, mas também deu lugar a um tipo de estado tecnocrático muito pior que aquele vislumbrado por José Pedro Galvão de Souza. Um estado tecnocrático precisamente legitimado por esses valores que supostamente teriam que voltar ao Direito e voltaram para legitimar tecnicamente sob argumentos de democracia, justiça, razão, progresso etc., um poder burocrático ilustrado, talvez, muito maior que aquele que José Pedro Galvão imaginava.

Algo muito no sentido daquela conhecida advertência do Tocqueville, em *Democracia na América,* de que um dos problemas da democracia e do individualismo seria nós chegarmos a um tipo de tirania em que todos se tornariam objeto de uma administração mais ou menos burocrática.

Faço referência ao texto do Prof. Marcos Paulo Fernandes de Araujo, *Neoconstitucioniilismo*, que me parece que hoje precisa ser lido e considerado uma referência pela profundidade e pela demolidora crítica que faz ao neoconstitucionalismo. Parece-me que essa preocupação com a tecnocracia e o neoconstitucionalismo é geral; um mal-estar geral. Acho que podemos partir daí.

Como contribuição do jusnaturalismo, da doutrina, da tradição jusnaturalista clássica, parece-me que poderíamos invocar três elementos. O primeiro, o resgate do Direito como prática social. Aí a rejeição do positivismo metodológico. Talvez pudéssemos discutir se existe e se é defensável algum tipo de positivismo ético, de juspositivismo prescritivo, de juspositivismo normativo, mais ou menos na esteira do Jeremy Waldron, na esteira, talvez, de um Tom Campbell, o próprio Frederick Shauer, enfim, de diversos autores que hoje têm tentado resgatar o positivismo, não como teoria científica sobre o Direito, não a partir da metodologia kelseniana de separação por razões de pureza teórica; científica, mas simplesmente por razões morais e políticas. Ou seja, é valioso termos um Direito com domínio limitado e um Direito que identifiquemos o que é um dever jurídico, em que nós não precisemos recorrer à moral. Isso talvez seja realmente valioso, principalmente no contexto do Estado Moderno.

Acima de tudo, a rejeição do positivismo metodológico implica a aceitação de que o Direito é uma prática social e isso me parece verdadeiro. Cada vez mais me convenço de que caracterizar o Direito como prática social é algo correto.

O Direito depende das nossas crenças sobre o que ele é. Aliás, esse é um dos desafios dos jusnaturalistas hoje: como fazer com que as teses jusnaturalistas sejam teses que façam parte da compreensão dos juristas e, portanto, da forma como eles pensam e se aproximam do Direito. Isso é entender o Direito como prática social. Aqui no texto eu cito em algum momento o uso da interpretação conforme do Ministro Barroso, naquele famoso e infausto causo da liberação do aborto em uma específica turma, em um *habeas corpus* pelo STF utilizando a técnica da interpretação conforme, parece-me claro o exemplo ilustrativo da ideia de que o Direito é uma prática social e, portanto, depende das nossas crenças. Depende de como entendemos o que nós estamos fazendo quando nós aplicamos e manejamos o Direito.

Se passamos a entender interpretação conforme como entende o Min. Barroso, não existe interpretação conforme. Porque para ele tem um sentido de pegar um texto e fazer um cotejo à luz de determinada ideia dos princípios constitucionais. Ideia que certamente ele tem em sua cabeça e de maneira bastante clara. O Direito é uma prática social porque ele é a prática mesmo, não se trata de uma representação teórica da prática. Tampouco é simplesmente um sistema de normas, é, talvez, um sistema de normas praticado. Então, entendo que esse seja o primeiro ponto e, principalmente a partir da metodologia de Finnis, do caso central e do significado focal, e, que parte pressupõe a rejeição ao positivismo analítico; metodológico; conceitual. Podemos dar aí uma primeira contribuição, ou seja, é um primeiro aporte no sentido de que o jusnaturalismo hoje faz sentido.

A segunda contribuição é a antropologia clássica que subjaz à compreensão do Direito dentro da perspectiva jusnaturalista. É a ideia da natureza humana, da natureza sociável, relacional do homem, ou seja, se o homem efetivamente tem uma natureza relacional, sociável. Se o homem é um animal político ou social como diz o Aristóteles e que, portanto, o seu estado de liberdade não é um estado de liberdade isolado, individualizado, atomizado, mas um estado de liberdade em conjunto, dentro de uma vida em comunidade compartilhada; se o bem do homem depende também do bem da comunidade, assim, em alguma medida, o bem da comunidade depende também do bem do homem; então o Direito precisaria ser pensado também dentro dessa ótica.

Parece-me que essa antropologia é, de certa forma, importante e central para que a gente ofereça uma contribuição que se contraponha à herança do jusnaturalismo moderno, que é uma herança baseada em direitos individuais e que supõe precisamente essa ideia de liberdade mencionada. Uma ideia individualista, subjetivista, de isolamento e de fragmentação. Há muitos críticos que tratam disso, a exemplo de Michel Villey.

Um terceiro elemento consiste no resgate da política e este me parece o elemento principal. O resgate do político talvez seja uma urgência hoje. Se estamos todos preocupados com o Direito escravizado e sujeito a valores no vazio, valores não fundamentados ou fundamentados de maneira muito precária, simplesmente numa ideologia de direitos humanos e fundamentais que, a todo momento, se inflacionam e se multiplicam, é porque parece que a única possibilidade de laço que existe entre nós dentro da comunidade é o laço por meio de um Direito. Não me parece que uma comunidade pode ser construída a partir disso. Esses laços são muito frágeis no final das contas. É o indivíduo contra a comunidade. E mais: pressupor que o Direito deriva a sua legitimidade, fundamentação e utilidade de uma dimensão supostamente pré-política de direitos individuais, parece-me que implica a própria negação da política.

Aqui entra uma provocação que eu faço ao final e que também pode ser mais bem estruturada e fundamentada, sobre o papel da vontade e da razão na compreensão do Direito. Normalmente, dentro da nossa tradição jusnaturalista clássica, há uma crítica ao voluntarismo. Uma das críticas ao positivismo que precisamente se relaciona ao voluntarismo é a ideia de que o Direito é vontade; é poder. Mas acho que talvez seja uma preocupação nossa posicionar bem onde estaria a razão. Não me parece, hoje, que estejamos em posição, certamente não em termos estratégicos, de prescrever razão aos juízes, especialmente aos juízes constitucionais.

Não me parece que um juiz neoconstitucionalista, especialmente um juiz que trate, por exemplo, da judicialização da vida, que esteja disposto a entender, como está, por exemplo, o ministro Barroso que está disposto a entender que toda interpretação jurídica é no fundo interpretação constitucional, que no fundo não é interpretação constitucional porque a Constituição também pouco importa. O que importa são as leituras morais que são feitas a partir de determinados princípios. Ele não enxerga a sua atividade em termos de poder; em termos de vontade. Enxerga em termos de razão.

Todos os autores neoconstitucionalistas reconhecem a objetividade da moral. Não conheço um que seja relativista ou que defenda explicitamente o subjetivismo moral. Não conheço um que tenha feito a crítica, como nós fazemos, em geral, à posição relativista do Kelsen e a equivocada vinculação entre democracia e relativismo moral.

Então, como prescrever razão para os juízes? Em que sentido como fundamento de todo o Direito, como algo conectado a antropologia racional e sociável do homem? Parece-me que aqui talvez seja um caminho. Como mecanismo de correção da Lei positiva, do direito positivo pelo Direito à luz da lei natural, considero mais problemático. Do que precisa a tradição jusnaturalista de um juiz constitucional Hércules, mas jusnaturalista? De um Dworkin – que é um autor as vezes considerado pós-positivista, certamente não positivista, que tem uma concepção bastante singular do Direito, mas certamente é um crítico do positivismo e alguém que tem uma concepção exitosa. Ela informa, teve uma influência no Brasil significativa.

Dworkin não é um autor relativista, mas reclama um objetivismo moral, que entende que a razão está nos tribunais e não nas legislaturas, que entende que os juízes estão em uma posição institucional adequada para acessar essa objetividade moral e, portanto, corrigir, de certa forma, o direito positivo.

O Hércules é um juiz com poderes sobre humanos, muitos poderes que Dworkin transforma como ideal regulatório. Não é uma brincadeira, o Hércules não é um juiz que está ali por acaso, ele é um ideal. Para Dworkin, os juízes poderiam ser filósofos e até deveriam, em certo sentido. E o Hércules é um juiz assim. É um juiz imaginário, mas que se nós aceitamos as premissas do Dworkin, talvez todos devêssemos e, principalmente, os juízes, perseguir Hércules, pois assim prosseguiríamos a razão, porque, para Dworkin, o Direito não é nem um tema de poder, é um tema de atitude; de uma atitude protestante em relação à comunidade e à vida política.

Essa é a pergunta: precisaríamos de um Hércules jusnaturalista ou não? Precisaríamos eliminar a pressuposição de que Hércules é um bom ideal regulatório e adotar uma visão mais modesta que simplesmente entendesse a imperfeição da política; a imperfeição do justo político? A impossibilidade desse justo político corresponder ao justo natural e, talvez como um alerta, Robert P. George, que é um outro interlocutor importante dentro da tradição do direito natural, reconhecer a objetividade da moral e reconhecer a existência da lei natural, não implica atribuir ou outorgar aos juízes ou reconhecer que os juízes estavam na posição final adequada para explicitar concretamente em cada caso o que essa dimensão requer.

Então, em linhas gerais, são essas as provocações e esse é o sentido do relatório.

2) Prof. Dr. Bruno Coletto

Farei um comentário breve sobre um tema que me é bastante caro e acho que, em alguma medida, nós, filósofos do Direito, negligenciamos um pouco, que é a questão institucional. Tu terminas teu texto, Pedro, fazendo essa provocação de um resgate do justo político, ou seja, do Direito posto, não do Direito ideal, mas do Direito real. Será que nós, filósofos do Direito, pensadores do jusnaturalismo não deveríamos estar discutindo um pouco mais os arranjos institucionais que conformam o justo político da nossa comunidade? Será que a nossa discussão sobre o juiz Hércules vs. aquele que era o ideal do constitucionalismo clássico, será que esse tipo de debate não passa por um aprimoramento da discussão institucional por parte dos filósofos do Direito também?

Reformas institucionais, arranjos institucionais, tipos recursais e toda essa compreensão de que o Direito é autônomo, mas limitado, não passa também por nós discutirmos um pouco mais detalhadamente o modo que o Direito realmente funciona? O modo que a política realmente funciona? O resgate da política não demanda que tenhamos uma discussão sobre modelos de votação, por exemplo, para qualificar o nosso justo político?

Parece-me que ficamos um pouco discutindo aí o juiz Hércules e discutimos pouco as formas institucionais de fazer com que esse juiz Hércules seja controlado por um arranjo institucional adequado ou mais qualificado. Nós vemos essa discussão institucional, talvez, em congresso de Processo Civil e não vemos em um congresso de Filosofia do Direito. Então, como pensar o Direito Público, o Direito Constitucional? A organização do poder numa sociedade não passa também por uma discussão teórica sobre isso?

3) Prof. Dr. Gustavo França

O texto do Pedro é um texto muito rico e me remete a várias coisas. Tentarei ser o mais breve possível. O Pedro levanta vários pontos e muito importantes, e a tese central que ele traz, considero muito importante e concordo. A necessidade de termos uma ideia mais moderna e modesta, que acho que também é clássica do direito natural, sob pena de nos tornarmos o juiz Hércules ao contrário. E me parece que, talvez, algumas propostas jusnaturalistas vão nesse sentido. Eu concordo, sobretudo com a tese de que, a partir do momento em que o positivismo virou um párea, nós tivemos um aumento da arbitrariedade no Direito.

A reintrodução dos valores foi, na verdade, um aumento dessa arbitrariedade que já existia, talvez uma arbitrariedade da lei no positivismo. O jurista Lenio Streck faz uma analogia muito acertada, na minha opinião, com a peça de Shakespeare "medida por medida", para falar da passagem do positivismo para o pós-positivismo ou o nome que se queira dar: neoconstitucionalismo, neoconstitucioniilismo.

Nessa peça o príncipe de Viena deixa a cidade aos cuidados de um juiz chamado Ângelo, que é um mero juiz de cumprimento da lei. É um juiz literalista, ou seja, é o que diz a lei e ponto final. E ali acontece um caso de fornicação. Um rapaz é pego com uma moça e eles não são casados. Ele vai consultar as leis da cidade e, segundo tais leis, é caso de pena de morte. Ali há uma série de intersecções e, ao final, se coloca uma irmã do réu que é uma moça muito jovem e bonita para conversar com o juiz. Ela suplica e ele diz que é boca da lei. Ela continua suplicando e, naquele diálogo, ele vai se apaixonando por ela até que no momento ele diz que se ela se deitar com ele, ele liberta o irmão dela. Essa passagem do primeiro para o segundo Ângelo é a passagem do positivismo para o pós-positivismo. É a passagem do arbítrio da lei para o arbítrio da vontade de poder do juiz. O pós-positivismo é isso. O neoconstitucionalismo é isso. É um arbítrio da vontade de poder do juiz.

Parece-me que esse é o processo que nós temos identificado, a passagem de um arbítrio para o outro; a passagem de uma arbitrariedade para outra. O que eu acho que deveríamos colocar em debate – que o seu texto coloca muito bem – é que a barreira para esse arbítrio tem que ser a retomada no Direito como algo concreto; algo que existe na realidade e, a partir da qual, todos nós, todos os agentes institucionais estão adscritos. Sejam legisladores, sejam juízes. Quando ele tem arbítrio do legislador – o legislador não é uma pessoa; uma razão; uma cabeça supostamente racional. Não é um Hércules. Legislador é um processo institucional, então o arbítrio do legislador ainda é menos danoso do que o arbítrio de um juiz que é uma pessoa; é um ministro do STF. Eu também não sou um jusnaturalista assumido, mas no direito natural eu costumo me alinhar aos tomistas mais tradicionais, na linha do Michel Villey, justamente porque me parece que retornar a uma concepção como a do Villey, de que o Direito é uma coisa; e algo que é identificado na sociedade é o meio de colocarmos essa barreira.

Parece-me que jusnaturalistas como John Finnis fazem, na verdade, uma moralização do Direito. A teoria geral de Finnis me parece aliada à de Dworkin, no sentido de que ambos propõem uma moralização do Direito. Embora a moral de Finnis seja diferente da do Dworkin, parece-me que Finnis não fala de direito natural, mas sim de uma moralização do Direito.

Acredito que o caminho para voltarmos a tratar o Direito com seriedade é retornar à concepção de que o Direito é algo que existe na realidade. Onde existe uma relação humana, existe um Direito. Se eu bater com meu carro em outro, terei de indenizar a pessoa. Criei uma relação com ela e, por isso, surgiu uma obrigação com essa pessoa. O que legisladores e juízes fazem é transformar isso em um sistema positivo, porque precisa de segurança, prudência, enfim, mas que existe na realidade. É um sistema que começa de um fato social e, por isso, o direito natural não pode ser um conjunto de normas eternas que prescrevam coisas iguais para todas as sociedades, em todas as circunstâncias. Isso pode ser a moral, o Direito não.

O Direito é social, ele é realizado pela sociedade dentro de um contexto social, dentro de valores de certa comunidade etc. Eu acho que essa realmente é a direção e o debate deveria ser nesse sentido.

4) Prof. Venceslau Tavares

A pergunta já traz indicativo muito interessante, porque questiona se há hoje um espaço para o direito natural. A pergunta já indica uma noção de historicidade. Tenho um elemento de tempo e localização. Ou seja, é necessário pensar em uma concepção de direito natural para o tempo de hoje e nossa realidade concreta. Essa concepção não pode ser desvinculada da noção de tempo e espaço, sob pena de abrirmos mão da antropologia de que o Prof. Pedro fala, porque o homem é necessariamente localizado em determinado tempo e espaço.

O prof. Pedro traz um pressuposto antropológico muito interessante sobre essa tendência ao individualismo, que é um *insight* também das ciências sociais. Jessé Souza, um sociólogo, vai dizer que passamos de uma sociedade cujo valor central é a honra, e a honra não é concedida, ela é conquistada. Media-se um homem pela honra que ele tinha. Para uma sociedade cujo valor central é a dignidade e ela é reconhecida; é concedida pelo Estado. Ou seja, independentemente do agir humano, todos os homens são portadores de dignidade.

No paradigma do neoconstitucionalismo ou neoconstitucioniilismo, temos a dignidade como paradigma central. É uma visão individualista do Direito e da sociedade, e essa dualidade, dicotomia pessoa/indivíduo, está bem colocada no texto. Entretanto, acredito que precisamos questionar a concepção de sociedade. O prof. Pedro – de maneira que me parece contraditória – fala de uma sociedade de homens livres e iguais.

Será que nós somos livres e iguais? Porque me parece que somos ontologicamente condicionados pelo tempo e pelo espaço, no mínimo. E aí essa liberdade fica em questionamento. Em relação à igualdade, como um egresso da Escola de Direito do Recife, sob qualquer viés, acredito que essa ideia de igualdade na verdade vem da matemática. E a matemática é uma idealização, uma linguagem artificial que não corresponde à realidade. Então, parece-me que não podemos afirmar que somos iguais, que as pessoas são iguais.

Por outro lado – e até como uma resposta sobre essa questão da justiça política do direito natural como uma realidade; uma ação –, aproximo-me mais da visão de Villey, um direito natural aristotélico tomista, o Direito que é razão prática, discursiva. Enquanto razão discursiva, temos a questão da linguagem. Nós estamos fadados à linguagem? Nós estamos condenados à linguagem? Nós não temos como escapar da linguagem?

5) Dr. Marcos Paulo Fernandes de Araújo

Em relação a essa pergunta, se há, hoje, um espaço para o direito natural, creio que cada vez mais na Academia não há. Mas isso ocorre porque previamente não há espaço na sociedade em geral. Toda forma informa uma matéria, e a matéria tem de ser apta a receber essa forma. Até no Direito Penal existe o conceito de objeto impossível para prática de um crime. Não se pode praticar um crime com arma de bolinhas de sabão, pois é uma matéria inapta para tal.

O espaço para o jusnaturalismo existe porque existe um vácuo e uma sede de sentido que o homem, em geral, pela sua natureza, tem. Mas entendo que esse espaço deva ser buscado em instituições que atuem em complementação às instituições oficiais. É claro que, à medida que se encontrar esse espaço nas instituições oficiais, ele deve ser aproveitado. Porém ele deriva de toda uma problemática, exposta aqui pelo Prof. Gustavo, que diz respeito à oscilação entre polos. O polo da rigidez, da técnica excessiva, a um polo do sentimentalismo desbragado que acaba resultando em caos.

Isso me fez lembrar de uma leitura do livro *Rousseau e o Romantismo* em que, de fato, o autor expõe como existe essa rigidez prévia na era do absolutismo, na era do neoclassicismo que depois, e em reação a isso, provoca o nascimento do romantismo, que é esse sentimentalismo todo.

Hoje, como o Prof. Pedro pontuou muito bem em seu texto, existe uma espécie de aliança entre a tecnologia e o sentimentalismo. Há uma técnica de ponderação de interesses e valores em prol da promoção dos direitos, e eles acabam sendo essa expressão do Direito do indivíduo que quer dar vazão aos seus sentimentos.

De um lado, tem-se uma técnica como causa material, ou seja, uma natureza como matéria moldável pela técnica; pelo exercício de algo externo; de uma força exterior. Pode ser uma técnica aplicada à matéria, como na produção de uma cadeira ou celular. E pode também ser uma técnica da palavra, entrando no campo da retórica, em que a palavra é utilizada para manipular sentimentos. Por sua vez, a causa eficiente reside nos próprios sentimentos, aos quais se dá vazão de uma maneira ou de outra, seja exercendo esse papel do juiz, seja exercendo o papel da pessoa que faz a petição dos direitos, papéis que, por vezes, podem ser ocupados pela mesma pessoa em momentos diferentes.

Noto que existe um abandono, como na modernidade em geral, da causa formal e da causa final. Abandona-se a vontade como a faculdade na qual reside a justiça e abandona-se também a prudência. Na parte do sentimentalismo temos uma falta de temperança e, na parte da técnica, esta ocupa o papel que deveria ser ocupado pela fortaleza como virtude humana.

C.S. Lewis, em seu livro *A abolição do homem,* coloca que a tendência do apelo constante à técnica é criar homens fracos. Percebo que, por outro lado, essa técnica da razão se dá em detrimento de um esforço intelectual, por alcançar a realidade em si. Você abandona a intelecção em detrimento da razão, que é a elaboração esquemática de algo.

O espaço para o direito natural tem de ser criado no coração (como centro do homem); no caráter das pessoas, antes que ele possa se tornar um objeto de ampla aceitação e prática comum. Isso só pode acontecer pela mediação de algumas instituições que não serão tão notórias, mas que deverão agir em complementação ao que no momento é oficial e público, ou mais ostensivo e o mais dotado de força e até de difusão.

6) Prof. Ms. Daniel Damasceno

Em um primeiro momento acho importante atribuir nomes. O que é o "Barrosismo"? O que ele faz com o Direito? Na minha opinião, o que ele faz não é ativismo judicial, porque já passou muito do que se entende desde o século XX sobre ativismo judicial. Creio que iluminismo judicial, gnosticismo judicial seja algo que signifique mais o fenômeno que é essa ideia do Min. Barroso e de outros juristas também, de que o Direito é um instrumento de transformação da realidade, isto é, que o juiz está ali para transformar a realidade atuando como um poder constituinte originário para infundir essa moral que ele tem previamente, independentemente do que está escrito na Constituição.

Portanto, não é uma mutação constitucional, não é ir além do texto porque ele despreza o texto, o que ele quer é fundar novos textos.

O segundo ponto é sobre o seu questionamento sobre o Hércules jusnaturalista. Existe uma tradição, especialmente no Direito indiano, que seria o Direito colonial brasileiro, Direito ibérico pré-moderno do *iudex* perfeito, ou seja, o juiz perfeito. Existem grandes trabalhos de teólogos morais se debruçando sobre o que seria o juiz perfeito, como nós podemos pensar o modelo ideal de juiz que saiba aplicar o Direito da forma mais correta e justa possível.

Pensar sobre isso não significa adotarmos um Hércules jusnaturalista, pois o paradigma ético do Dworkin é um construtivismo ético, enquanto uma ideia de juiz perfeito, juiz naturalista, está muito mais ligada a um objetivismo moral do que qualquer outra coisa, sob pena de cairmos em uma teoria institucional do Direito. Essa divisão dogmática de poderes, em que o juiz não pode ultrapassar a esfera do político e da moral, e deve se restringir apenas ao jurídico, parece ter suas deficiências.

Limitar os poderes dos juízes vai resolver o problema do ativismo judicial? Do iluminismo judicial? Ou o que quer que seja? Particularmente acho que não. É muito mais uma questão de educação moral, educação nas virtudes, de *paidea*, do que qualquer outra coisa.

O resgate do jusnaturalista passa por um resgate das virtudes, da ética clássica, e, a partir daí, claro que é o caminho extremamente difícil. Em uma sociedade pluralista e multicultural, como ensiná-la a viver virtuosamente? Certamente esse é um grande problema. No entanto, creio que, ao educar juristas e os juízes em uma ética das virtudes, realmente teremos ganhos muito mais frutuosos para o Direito do que simplesmente pensar em limitações institucionais para a atuação jurisdicional.

7) Profa. Dra. Ana Luiza Braga

Comentários introdutórios para situar os espectadores. Nas falas dos colegas ficou muito evidente para mim que precisamos ter muito cuidado ao conceituar aquilo que estamos chamando de direito natural. Creio que isso é um ponto que talvez não tenha ficado muito claro no início da nossa conversa aqui, mas acredito que, para todos nós, está evidente que direito natural não é simplesmente a vinculação do Direito a um fundamento moral, já que outras teorias do Direito que não têm um viés jusnaturalista também o vinculam a um fundamento moral, como é o caso da teoria criticada pelos professores Pedro e Marcos Paulo, que é a teoria que chamamos de neoconstitucionalismo.

O texto do prof. Pedro traz um ponto fundamental para chegarmos a uma conceituação do direito natural de uma maneira muito clara, que é a ideia de um pressuposto antropológico. Ou seja, as teorias do direito natural, por excelência, trazem em si e reconhecem um fundamento antropológico comum – mesmo o positivismo tem um pressuposto antropológico. Portanto, todas as teorias do Direito têm um pressuposto antropológico. Mas o direito natural tem certa visão do homem muito própria.

Isso é muito diferente do que autores como o Dworkin – que é um autor que aproxima Direito e moral – fazem, porque se tomarmos, por exemplo, a teoria de Dworkin, veremos que, embora ele vincule direito à moral, a concepção de homem que ele adota é liberal e atomística. Teorias liberais como as do Dworkin e Rawls, parecem, portanto, trazer uma visão muito atomística do sujeito, considerando-o como indivíduo isolado.

Evidentemente, as teorias do direito natural de viés clássico trazem uma visão muito enraizada comunitariamente do homem, e essa é uma visão antropológica fundamental para aquilo que neste seminário estamos chamando de direito natural.

Ora, todos nós estamos aqui em um seminário para falar do renascimento do direito natural e, portanto, reconhecemos a importância desse direito. É possível acessá-lo e, sendo acessado, é possível que esse direito natural seja manifestado, por exemplo, nas práticas dos tribunais? Porque nós corremos o risco evidente de uma moralização excessiva das decisões, mas uma moralização que não tem fundamento nessa antropologia que entendemos como a forma razoável de se conceber o homem.

O que me parece ser a grande preocupação que todos nós estamos demonstrando aqui é o impasse de que é necessária uma reflexão profunda a respeito dos fundamentos morais do Direito, uma reflexão antropológica profunda. Mas, ao mesmo tempo, estamos muito preocupados com os limites daquilo que o Estado e o Direito podem fazer em prol de determinada concepção de bem. Por quê? Porque não está absolutamente claro se essa concepção de bem é facilmente acessível, por exemplo, aos magistrados do Supremo.

Um autor que traz uma reflexão muito interessante é Andrés Ollero, em texto publicado na coletânea *O renascimento do direito natural*. Ele afirma que o Direito é um mínimo ético, ao passo que a moral tende a um perfeccionismo do sujeito. Considero que essa distinção feita por Ollero é muito relevante, porque o que precisamos resgatar é uma teoria institucional do direito natural. Ou seja, de que modo nós podemos compaginar direito natural e instituições, direito natural e segurança jurídica, direito natural e limitação ao papel do Estado e do Direito?

O Direito, na forma como enxergo, não se presta em sua essência a um perfeccionismo moral das pessoas. O Direito se dedica – e isso é uma distinção feita por Aristóteles e São Tomás de Aquino entre moral e justiça – à justiça no sentido de bem comum.

8) Prof. Dr. Renato Moraes

Eu iniciaria com a seguinte ideia: acredito que nós estamos muito influenciados pelo Hart e pela visão que ele teve da separação de Direito e de moral. Observem que hoje, na Filosofia do Direito, sempre está se abordando os argumentos morais e jurídicos como coisas separadas. Teríamos dois âmbitos diferentes. Um âmbito seria jurídico, que se caracterizaria principalmente pela normatização, pela legalidade ou alguma outra norma que não a lei. E, a partir daí, tenta-se justificar tudo dentro da linha do positivismo.

Ultimamente, tenho visto cada vez menos força em uma posição, por exemplo, como a do Hart, que sugere que a norma de reconhecimento é aceita simplesmente porque é, ou porque a sociedade está acostumada a considerar que é assim porque é. Então, parece-me que isso, mais do que uma justificação, é chegar um momento em que ele fala que não vai mais adiante. Está errado? Mais do que errado, é incompleto.

No caso da norma fundamental do Kelsen, isso também fica absolutamente claro. É uma tentativa de fundamentar o Direito só em um suposto Direito que ninguém sabe bem o que é de fato. Como se a norma ou a prática jurídica simplesmente caíssem do céu e tivessem na sociedade e não correspondessem a uma prática, uma necessidade.

Então, nesse ponto, o texto do Prof. Pedro é muito rico, pois nós só entendemos o Direito dentro de uma prática. Ele está resolvendo uma necessidade e tem uma justificativa que eu chamaria moral? Sim, talvez. Por que moral? Porque qualquer atividade humana, à medida que ela é racional, é moral. Não há como fugir disso.

Portanto, a separação entre Direito e moral proposta pelo positivismo é falsa. Em algum momento ela terá de ser considerada à luz da moral, e isso é o que realmente ocorre.

Hoje, é impressionante quando pegamos os autores contemporâneos do positivismo, como eles foram diminuindo o âmbito do que seria o positivismo da explicação do Direito que eles fazem. É simplesmente uma descrição do direito positivo tal qual ele é. E nem isso eles conseguem fazer, porque, de fato, na hora que você tem um julgamento vão entrar fatores que eles não têm como prever.

Então, parece-me que o positivismo nesse sentido está mostrando a sua incompletude; a sua impossibilidade. Portanto, a moral sempre vai estar dentro do Direito e nós não temos que ter medo de reconhecer isso.

O problema da linha do neoconstitucionalismo é que eles estão falando de uma moral, mas equivocada. Ana fez essa diferença entre ter uma fundação moral ou não. Concordo com você que eu não chamaria essa moral iluminista como um jusnaturalismo. Mas é impressionante, em certos sentidos, a semelhança e talvez aí que eu vejo a força dela, ou não: quando a gente tratar com Direito, as pessoas estarão preocupadas com questões de justiça. Então eles estão trazendo uma justiça que é a deles.

No texto o prof. Pedro aduz que haveria um espaço de pura decisão em uma linha de Carl Schmitt. Curioso, mas entendo que não há um espaço de pura decisão. O que seria uma pura decisão? Decisão sempre necessitará de um argumento. O ser humano decide com alguma razão. Você pressupõe o juízo e esse juízo pressupõe um conhecimento da realidade. Então, aqui, retorno ao direito natural.

O Prof. Marcos mencionou que hoje o direito natural não tem espaço. Teoricamente, concordo plenamente com isso, ainda que me chame a atenção como as pessoas ficam perplexas quando o direito natural é apresentado de uma maneira atraente. Nós não temos que ter uma espécie de medo, quer dizer, a força de uma coisa bem apresentada e falada. Eu diria que é até uma discussão fácil. Racismo, por exemplo, é simplesmente é uma questão social ou está errado em si? Quando começamos a aceitar que está errado em si, estamos tocando no direito natural.

Teoricamente concordo que o jusnaturalismo está em declínio. Entretanto, sempre que um juiz busca uma solução razoável e considera o que é melhor para o caso concreto, porque só a lei não é suficiente e ele precisa recorrer a raciocínios adicionais, isso pode ser entendido como uma aplicação do direito natural.

Na linha de Aristóteles e de São Tomás, ele menciona que a relação entre a norma positiva e a natural serão de dois tipos: a norma positiva ou será uma conclusão da lei natural ou uma determinação, mas nos dois casos ela tem uma relação.

Você vai falar: pena de homicídio de 6 a 20 anos. Isso é uma coisa puramente arbitrária? É e não é. É arbitrário que seja de 6 a 20, pois poderia ser 8 a 15 etc., mas seria absurdo que a pena do homicídio fosse menor do que a pena de um furto. A razoabilidade entra, inclusive, nas normas juspositivas. E essa razoabilidade vem da ligação com o próprio direito natural.

Ao pegarmos São Tomás, sempre vai estar ligado. Então, realmente a lei natural e a "moral", não vão nos dar todas as soluções nos casos concretos e, nós precisamos sim da Lei positiva para resolver. Ademais, a lei positiva tem autonomia sim, mas mesmo a lei positiva se justifica em função da lei natural, do direito natural. Talvez tenhamos que quebrar, isso não é moralizar.

A própria fundamentação das instituições é natural. Por que eu quero uma sociedade em que eu possa ter liberdade de expressão? Possa ter um direito de propriedade garantido? Tudo isso já é prévio porque a razão já me mostra como bom. Se a razão mostra, então já estou recaindo no direito natural.

A maneira concreta se será então um sistema bicameral, ou se será presidencial etc., isto sim será juspositivo, mas mesmo isso terá que ser razoável.

9) Prof. Dr. Fábio Cardoso

Eu sugeriria perguntarmos: há espaço para o Direito sem o direito natural? Porque acho que essa é a grande questão. O direito natural, pelo menos como eu compreendo, é uma realidade que como tal se impõe. Nós podemos até fechar os olhos para essa realidade, podemos deixá-la à margem da ordem da nossa sociedade, mas, enquanto realidade é uma realidade que existe e que como tal se impõe.

Olhando para o Brasil de hoje acho que é uma pergunta que faz todo sentido. Sem o direito natural há, ainda, espaço para um autêntico Direito, para uma autêntica ordem jurídica, para uma autêntica ordem constitucional, para uma autêntica jurisdição? Não sei vocês, mas olho para o que está acontecendo no Brasil e eu vejo juízes que não me parecem ser juízes. Eu vejo tribunais que não me parecem ser tribunais, eu vejo um Direito que aparentemente, pelo menos aos meus olhos não tem nada de Direito.

Talvez isso tenha a ver com o fato de haver este direito natural que nós temos negligenciado, prejudicando que a nossa ordem possa ser considerada ainda uma ordem de Direito. E será que o problema está no campo teórico? Eu até creio que não. Concordo com o prof. Gustavo quando diz que o direito natural é algo que está aí, é uma realidade concreta, que tem uma dimensão prática, quiçá inteiramente prática. Quando penso em direito natural, estou pensando naquilo que Aristóteles chamava de o justo natural e ele está aí para percebermos, por exemplo, quando alguém bate no carro de outra pessoa.

Outro exemplo muito simples é alguém acusado de um crime. Alguma dúvida de que o devido a este alguém é que ele possa se defender? Há alguma dúvida de que o que é devido a este alguém é que ele seja julgado por um juiz imparcial? O direito de defesa é uma implicação direta daquilo que é naturalmente justo. O direito a ser julgado por um juiz imparcial, isto é, o juízo natural é algo que decorre do fato de ser naturalmente devido a alguém um juízo por um terceiro imparcial, uma sentença por alguém imparcial e que está, portanto, suscetível a ser convencido a ouvir as razões das pessoas envolvidas e assim por diante.

Quando nós passamos a negar às pessoas o direito de se defenderem, de serem julgadas por um juiz imparcial, nós estamos violando o direito natural. Quando essas exigências estão adequadamente assimiladas pelo ordenamento e são habitualmente observadas, não precisamos falar em direito natural porque ele está entranhado na ordem, nas nossas práticas.

Porém, a partir do momento que isso deixa de ser assim, o direito natural passa a ter uma relevância talvez teórica e prática. Ele passa a ser tematizado porque a gente tem um problema prático que nos obriga a nos remeter ao direito natural, porque o direito positivo, nossas práticas, o que a Constituição diz já não são suficientes.

Além de ter essa visão do direito natural como o justo, o devido a alguém no contexto problemático concreto, passei a perceber a maneira como conhecemos o direito natural concreto quando li o Xavier Zubiri. Eu creio que a capacidade de perceber esse justo natural é uma capacidade que nós, por natureza, temos.

Esse justo natural é uma realidade que nós apreendemos imediatamente, sem mediação ou raciocínio. Meu filho de 2 anos consegue já perceber que se uma pessoa machuca a outra tem algo ali errado e algo precisa ser reparado.

Quando alguém é acusado de um crime e não tem a possibilidade de se defender, é imediatamente apreensível por nós que ali tem algo errado, que o devido está sendo denegado para aquela pessoa.

Por que, então, eu sugeri inverter a pergunta? Esta violação do direito natural que nós temos visto acontecer no Brasil diariamente, nos mostra que sem uma assimilação pela nossa ordem deste Direito ou destas exigências, do que é naturalmente justo, nós não temos Direito. Não tem Estado de Direito, não tem democracia, não tem as tais liberdades que deveriam vir a carreto de tudo isso.

Mais do que discutir teoria, temos que discutir aqui hoje um estado de coisas que faz com que a gente tenha essa percepção de que as exigências naturais, portanto, as mais elementares do que seja uma ordem justa, estão sendo diariamente negligenciadas no país.

10) Prof. Dr. Marcos Paulo Fernandes de Araújo

Retornando ao assunto sobre o que é o mínimo moral, na verdade creio que, hoje em dia, se quer esse mínimo moral e acaba sendo respeitado. Veja, na questão 80 da *Secunda Secundae*, São Tomás fala que a grande diferença do Direito para a moral ou da justiça para outras virtudes como afabilidade, amizade etc., é que sem a justiça, não se pode conservar o mínimo da honestidade. O que não quer dizer que ela deva ser reduzida ao mínimo da honestidade. Ela deve ser formulada em termos da mediania do que a sociedade é capaz de praticar, porque se jogar muito lá embaixo, nem isso você consegue conservar.

Não creio que a teoria do mínimo ético seja prudente neste sentido, mas creio que o Direito não pode ser o máximo da moral, mas também não pode ser o mínimo prescrito. Não tem como o Direito ser voltado para o máximo, mas ele não tem como se reduzir ao mínimo.

Creio que, hoje em dia, tampouco o Direito venha sendo reduzido ao mínimo moral. Ele se reduz ao útil. A partir do momento em que você baseia toda a sua sociedade em um contratualismo utilitário como é desde Hobbes, você acaba reduzindo ao útil e prazeroso para quem tem o poder de determinar o que deve ser seguido.

O mínimo da honestidade vai além do útil e do prazeroso, tem uma característica formal própria e distintiva.

11) Prof. MSc. Rafael Cronje

A meu ver, a discussão passa pelo pluralismo jurídico entendido como experiência jurídica real, não como uma teoria que tenta desestruturar o Estado para fins de revolução, seja ela qual for. Mas pela experiência histórica de uma sociedade pré-moderna, uma sociedade sem Estado que não tinha como ter um Direito unitário, nem como sequer pensar um Direito exclusivamente positivo, pelo fato de que não existia nela uma instituição com tal peso que dominasse todo o cenário da vida social e a todo momento destruísse as outras instituições a fim de se estabelecer como Estado.

A sociedade pré-moderna é caracterizada por um poder inteiramente fragmentado, muito variado e que, por consequência, tem um Direito muito fragmentado e variado. No final das contas, o que unia essa experiência política e jurídica era uma percepção muito aguçada da vida real, do Direito enquanto coisa, da ideia de obrigações naturais, de obrigações ontológicas. Ou seja, dos fatos, das obrigações da vida surgem as obrigações jurídicas. Elas podem passar por uma ratificação legislativa, mas não é isto o que dá para elas o caráter de jurídico. Elas são jurídicas porque são relações que dependem da justiça enquanto virtude individual e elemento estruturante da ordem social.

A meu ver, por esse caminho, em parte histórico, para tentar compreender experiências históricas anteriores à modernidade, mas também em parte filosófica (porque compreendendo melhor essas experiências históricas), compreende-se ainda melhor São Tomás de Aquino e o lugar, o momento histórico no qual ele escreveu o que acontecia ali de fato. Por esse caminho se chega a algumas possíveis soluções ao problema.

O Prof. Pedro fala em retomar uma discussão política e cabe dizer que o direito natural surge dentro dessa discussão. Em Aristóteles isso é inquestionável. Inclusive em um tema muito curioso que surge nele, mas ele não desenvolve propriamente e depois os escolásticos tomam e desenvolvem como o da mutabilidade e da lei do direito natural.

De maneira muito clara aparece a relevância da Constituição concreta de uma sociedade, ou seja, do modo como uma sociedade concreta existe para que se diga o que é justo e o que é injusto. Existe uma variabilidade aí.

O direito natural, a meu ver, está sedimentado dentro da teoria política, da ciência política e da antropologia clássica, sem a qual a ciência política clássica não existe. Talvez o antro de discussão do direito natural hoje ainda seja a teoria política, o direito constitucional, mas reformulando-o de modo que não seja apenas um estudo ou uma série de proposições interpretativas fundadas em determinadas visões da realidade do texto constitucional, para incluir o aspecto da Constituição real. Isto é, o Direito Constitucional enquanto estudo não apenas do texto constitucional, que é apenas parte da Constituição de uma sociedade, mas também dessa sociedade em concreto. Ou seja, o que a Constituição real de uma sociedade diz sobre o que é justo nela e o que é justo dentro da interpretação legislativa.

Em certa medida, a Constituição até se confunde com o direito natural – não a Constituição documento, mas aquela que existe, isto é, o modo como a sociedade se constitui, a distribuição originária dos bens, honrarias e poderes. Dentro desse quadro, há um espaço para o direito natural que precisa ser galgado para que ele entre na vida pública, não apenas em nível de especulação ou teoria, mas em nível de observação da realidade, limites e perspectivas quanto ao funcionamento das práticas jurídicas e do funcionamento da sociedade a partir da própria realidade concreta.

12) Prof. Dr. Pedro Moreira

Fico satisfeito porque a ideia do relatório é suscitar questões para que tenhamos elementos para discutir. Concordo com quase a totalidade do que foi dito aqui. Vou começar pela pergunta do Bruno. Será que nós não deveríamos pensar mecanismos institucionais para o resgate da política, a exemplo do voto distrital, melhoria das formas de representação, sistema eleitoral etc.? Eu diria que sim, mas desde que nós trabalhemos isso de uma outra perspectiva jusfilosófica. Isso é urgente. Sendo bem direto, é preciso rejeitar sumariamente toda a jusfilosofia que nós importamos com Robert Alexy, Ronald Dworkin e Luigi Ferrajoli, por exemplo. Muito mais no Dworkin, encontro várias questões ali, *insights*, questões metodológicas – a sua segunda objeção ao positivismo jurídico me parece muito interessante.

A ideia, por exemplo, de que toda decisão judicial contém um prólogo silencioso e que isso é a jusfilosofia, me parece absolutamente correto. Quando você discute a volta às aulas depois da pandemia e o juiz de 1º grau manda voltar, mas o Tribunal de Justiça diz que não é hora de voltar, a questão não é de desacordo interpretativo ou de indeterminação do Direito. Não é porque o Direito é duplamente indeterminado. Isso é um problema, mas desde que as coisas mais fundamentais estejam no lugar. Desde que esteja vigente uma Teoria do Direito que permita que nós levemos a sério o texto. Aí sim tudo isso é importante e eu posso construir um livro sobre indeterminação do Direito com mil e duzentas distinções e ter algum tipo de esperança de que isso vá orientar a comunidade jurídica em algum sentido ou outro.

Fora isso, quando o mais básico está fora do lugar, isso não tem sentido. Mesmo para as questões institucionais, se nós não rejeitarmos essa concepção *mainstream* previamente – é porque não dá para falar de debate institucional, por exemplo, dentro do Ferrajoli, que retira do espaço da política e leva para o nível pré-política todas as questões fundamentais. Eu construo uma esfera do indecidível. Essa esfera é a dos direitos, eu coloco ali uma série de coisas que, coincidentemente, se você pega o livro da *Democracia através dos direitos*, é o direito ao aborto, a proibição das armas, os fármacos como bens humanos e um conjunto de coisas que tem a sua agenda. Ou seja, ele pega a agenda dele e coloca dentro de uma esfera do indecidível e diz que agora precisamos de uma epistemologia militante. A epistemologia militante é a militância constitucional e isso parece bonito.

Segundo Fernando Atria, no livro *A forma do direito*, Dworkin confessa em uma entrevista e diz que a leitura moral da constituição, para ele, é sempre liberal. Sempre azul; democrata. E ele tem razão. Por isso a minha preocupação com o Hércules jusnaturalista. Eu concordo com a ideia das virtudes. Bruno citou várias aqui que são importantes para os cidadãos e também para os juízes e concordo que estudar e alentar modelos de juízes é importante.

O problema do Hércules é que ele é mais do que isso e não sei se nós estamos em posição de batalhar com um Hércules jusnaturalista que supostamente teria condições de acessar – o modelo do juiz Hércules não é um modelo do juiz autocontido, ao contrário, ele não tem incentivo nenhum para ser autocontido porque ele é um juiz filósofo, é um juiz que tem poderes sobre humanos, ele tem conhecimento profundo da realidade daquela comunidade, ele raciocina mediante princípios morais, como diz o próprio Min Barroso, o juiz constitucional deve interpretar o sentimento social, compreender o sentido da história sempre com a dose certa de prudência e ousadia. Diz assim no texto *A razão sem voto*.

É nesse sentido que eu penso no problema do Hércules jus naturalista que eu definitivamente não quero e não acho que devêssemos querer. Pensar o modelo de juiz é pensar, talvez, a antítese do Hércules e talvez esse seja o Hércules jusnaturalista, de certo modo. Isso é um problema para nós e um ponto inquietante para a tradição do direito natural, justamente pelo problema da razão, da vontade e do poder. Para mim é um ponto cego porque continuo considerando importante reconhecer o espaço de poder da decisão judicial.

Eu não interpreto, nem mesmo no Kelsen, a ideia da decisão como ato de vontade. Na verdade, parece-me um reconhecimento de que tomar uma decisão judicial envolve um ato de vontade em contraposição a um ato de conhecimento. Ele não coloca o problema da razão prática e ela vai até o final. Talvez o Carl Schmitt no ponto da pura decisão estivesse dizendo que no final das contas alguém decide. Qual o final? Quem decide? Como decide? No final das contas, algum espaço de pura decisão há. Por mais que tenha deliberado, a prudência governa a minha ação, é razão prática, mas, no final das contas, é uma decisão. E porque é uma decisão, surge a pergunta institucional. Todas essas teorias – pós-positivistas, neoconstitucionalistas etc., obscurecem a dimensão do poder. A minha preocupação é que a teoria do direito natural, de certa forma, também. Acho que não obscurece, mas, talvez, no nosso ímpeto de rejeitar o positivismo e o seu voluntarismo e essa dimensão do poder que parece desenfreada e sem razão, talvez não estejamos observando que aplicar o Direito pode ser tudo isso que estamos discutindo aqui, mas é também – e antes de tudo, principalmente no estado moderno – um ato de poder e que precisa, de certa forma, ser controlado.

O Direito é algo que existe. Hayek chamava dentro de uma tradição liberal, de ordem espontânea, citando *common law* clássico. A ideia de que o Direito que surge espontaneamente no tecido social e que só pode surgir porque existem instituições intermediárias – como as associações, a família, as igrejas etc., só pode surgir se existem. Se elas não existem, não há Direito nesse sentido, só há direito estatal, direito positivo.

13) Prof. Dr. Gustavo França

O que diz o Renato, em essência, não vai de encontro ao que eu estava dizendo, não são coisas incompatíveis. O que me parece é justamente conforme o que diz o Renato e o Fábio, é que todo o Direito está fundado no direito natural, ou seja, está fundado em um fato. Isso eu concordo e acho que é o ponto central.

Todo direito está fundado em um fato, inclusive se a pena do homicídio vai ser de 20 ou 19 anos. O direito natural tem que ser entendido como um fato, não quero dar a fato um sentido puramente científico, é o contrário disso. Um Direito que está fundado nas relações reais entre as coisas. Por outro lado, o que me parece em outro aspecto da questão é que esse direito natural não é moral. São duas coisas conectadas, mas diferentes. Ou seja, a moral e o direito natural são dois entes diferentes, esse é o ponto.

O modo como gosto de formular isso é que a lei natural é uma decorrência da natureza humana. É a lei que rege a natureza humana e que leva a natureza humana à sua perfeição. Ela tem três manifestações. A ética não é igual a lei natural, ela é a manifestação central da lei natural. Como a natureza humana tem uma característica muito particular que é a sociabilidade natural, pois o homem, por natureza, pertence à sociedade, o homem não existe como indivíduo atomizado. Logo, as relações fazem parte da natureza de cada indivíduo e, portanto, não há homem sem relações.

Por tal razão, a lei natural tem, ainda, duas outras manifestações, sendo uma jurídica e outra política. No meu modo de entender, ética, direito natural e política são manifestações da lei natural, ou seja, são manifestações da mesma coisa, mas são manifestações diferentes. O direito natural não equivale à ética, ele tem características próprias. Uma delas pode ser que o direito natural trata só do exterior e não do interior, por exemplo. Para o Estado não interessa se você paga imposto com um sorriso nos lábios ou não.

O direito natural está nas nossas vidas e argumentações. Todas as pessoas aplicam um direito natural. Um exemplo que o Renato gosta de dar, e eu concordo, mas que é muito mal teorizado juridicamente é o tema da representação civil. Aprendemos lá que o menor de 16 anos de idade não pode fazer nenhum ato da vida civil. No entanto, ele faz. Ele compra um salgado na cantina do colégio, paga passagem de ônibus e ninguém se importa com isso.

Os civilistas dizem que é uma representação presumida, mas isso não é verdade. O que acontece é que o *telos* da norma está presente ali. A norma existe para proteger o menor de idade de praticar atos que ele não tem capacidade. A finalidade a que a norma a que se dirige não existe nesses exemplos. A norma não incide ali, porque o âmbito de incidência dela não está presente, o direito natural ali não está presente. Mas não se trata de responsabilidade presumida, é só uma artificialidade porque não conseguimos mais argumentar.

Nós fazemos isso todo dia. A vendedora da cantina que nunca ouviu falar em representação presumida aplica isso todo dia, o guarda de trânsito aplica isso todo dia. Esse é o ponto central. Estamos falando sim de um Direito que é fático, mas talvez, neste momento, seja a minha divergência com outros aqui, como o Daniel que defendeu que nós precisamos dessa carga moral a partir da educação das virtudes, da *paidea*.

Em outra ocasião discutíamos um artigo do Prof. André Fernandes que fala sobre a cultura do cancelamento e dizia, basicamente, que precisamos voltar ao modelo de sociedade como a *paidea*, baseado nas virtudes etc. Ocorre que na *paidea* grega mataram Sócrates e este é o melhor exemplo histórico de cultura do cancelamento. Sinceramente, entendo que *paidea* é algo muito valorizado e tendo a ter uma visão bem mais modesta, sobretudo em tempos modernos, da função de uma educação moral que vai permitir que o juiz tenha uma ação moralizadora simplesmente porque ele foi bem-educado. Eu acho que isso é um pouco de idealização das sociedades passadas e etc. Portanto, o essencial não pode ser a moralização, mas retomar o senso prático jurídico – que é um senso de lei natural. Não é alheio a moral, mas não é moral em sentido próprio. É um senso prático de que em todo lugar onde há relações humanas, há bens devidos e todos nós agimos assim.

14) Prof. MSc. Daniel Damasceno

Entendo a preocupação dos colegas com essa moralização do Direito, com o juiz moralista, pois, no fundo, o que Barroso e Dworkin fazem é uma inflação de uma moral liberal, subjetivista dentro do Direito e isso precisa ser visto com ressalvas.

Contudo, o abuso não tolhe os usos. Não é porque há uma manifestação errada dessa relação entre Direito e moral que devemos afastar o máximo a moral do Direito. Existe o problema do ativismo judicial e precisamos de soluções para esse problema, mas não podemos, por causa disso, defender uma teoria positivista do Direito do tipo o juiz tem que aplicar a lei, tem que ser formalista e se sair um pouco da lei está violando a CF etc.

Existe um fenômeno que tenho chamado de jusnaturalismo positivista, que são jusnaturalistas que defendem o direito natural, mas que no fundo defendem que a lei natural precisa estar positivada para valer, ou seja, se não estiver positivada o juiz não pode aplicar, se não vai intervir nas relações de poder etc. Eu acho que o caminho não é bem por aí.

Voltando para a ideia de Finnis de causa final, o fim do Direito é a justiça e a justiça é uma virtude moral, é um bem ético. Então não é possível falar em realização do Direito sem que o Direito toque em alguma esfera ética. O Direito não serve para realizar a fortaleza, a prudência, a temperança nos indivíduos, mas ele serve para facilitar. Então, quando o Direito facilita vícios, ele está sendo um mau Direito e não podemos defender que o juiz não se meta nisto por ser imparcial. Essa visão um tanto quanto cética do papel dos juristas me preocupa.

Talvez o problema seja mais ético-pedagógico do que jurídico-institucional, de ter que reformar o modo como a Suprema Corte atua etc. O fim da ética é a perfeição moral e o Direito não se presta a isso, mas talvez como parte da ética, o Direito tem seu papel na perfeição moral dos indivíduos, embora não na *eudaimonia* em si mesma, mas o Direito não pode ignorar essa função que tem na sociedade.

Esse é o sentido que eu falava de *paidea*. Para permitir que por meio do Direito os cidadãos alcancem a verdadeira felicidade que é com base nas virtudes humanas.

Sobre a autocontenção que o Prof. Pedro falava, podemos entendê-la como virtude judicial. O juiz virtuoso jamais seria um Hércules jusnaturalista porque ele tem virtudes, então ele sabe que não deve passar certas fronteiras. Existe uma frase muito interessante do Carlos Massini-Correas, segundo a qual para ver a maior defesa do direito positivo leia os tratados da justiça e da lei em São Tomás de Aquino. Ele fala inúmeras vezes que o legislador deve entregar poucas coisas ao juiz e deve tentar estabelecer o máximo de regras possíveis para que não deixe ao arbítrio judicial definições de casos concretos, pontuais.

Entretanto, não é por isso que vamos defender que o juiz está totalmente limitado pelo ordenamento jurídico. Não me parece que essa visão, que quase beira uma separação metodológica entre Direito e moral, seja o caminho que devemos seguir.

15) Prof. Dr. Venceslau Tavares

Concordo com o Renato que o Direito é uma moral especializada. Acho que o Direito é moral e especializada e aí está a normatividade e o sentido de ordem no Direito. Mas o Dr. Fábio disse que é óbvio que as pessoas sabem que só devem ser condenadas se antes houver um julgamento por um juiz imparcial, mas me parece que não é tão óbvio assim. Tanto do ponto de vista histórico, como da realidade em que estamos inseridos.

A ideia de contraditório surge na formação do Direito processual com a inquisição. Antes, se você olhar os foros espanhóis, portugueses etc., havia a ideia de que se o juiz tivesse a notícia de que houve um estupro, ele já deveria matar o acusado. Sem precisar julgar, sem precisar de qualquer tipo de prova.

O google e as *big techs* removem publicações que supostamente ferem as regras dessas redes sociais e plataformas sem notificar a pessoa que postou. Este é um exemplo de Direito fora do Estado em que se tem uma ordem jurídica muito clara que são as regras, as políticas dessas redes sociais e que vão levar a um cerceamento de direitos dos usuários, havendo condenação sem julgamento prévio, sem direito a defesa, não sabemos nem quem é o juiz.

É interessante a questão das instituições intermediárias que o Prof. Pedro fala. Há uma crônica interessante de Lima Barreto em que ele fala do carnaval e diz que no futuro o carnaval vai seguir uma liturgia rígida como a Igreja hoje. É interessante essa subversão do papel das instituições.

Hoje se espera que a escola seja entretenimento e que as pessoas sejam educadas pelos programas infantis que deveriam ser de entretenimento. Espera-se que as pessoas aprendam a ter fé no STF, com Min. Barroso ao defender que precisamos ter fé na Constituição e se espera que a Igreja não ensine nada sobre fé, mas que ela dê conforto espiritual, que seja pastoral. Há um esfarelamento dessas fronteiras entre essas esferas sociais e uma perda de sentido de identidade dessas esferas sociais. Isto causa certa perplexidade, mas não sei se temos no senso comum esses pressupostos.

Aproveitando a provocação da Prof. Ana Luiza, o *telos* do Direito não é a salvação das almas. Então não se espera que reprima ou proíba, em uma tradição como a nossa, a prostituição. São Tomás diz que se deve tolerar o mal em alguma instância para se permitir o convívio social. Então, sem prostituição, os homens mal apessoados e os não tão habilidosos na sedução, para satisfazer seus instintos, precisariam recorrer ao estupro.

Nesse sentido, a prostituição é uma necessidade social e precisa ser tolerada. Isso causa espanto em uma sociedade moralista como a nossa, inclusive, muito mais moralista do que Santo Tomás que dizia que a prostituta tem o direito a receber pelos seus serviços.

Cabe uma reflexão também sobre o papel da autoridade, pois o direito natural precisa do direito positivo, porque existem tantas formas de se ordenar o bem que se ficarmos abertos a todas as formas, não resolveríamos nada. É até um problema que Theodor Viehweg fala da necessidade que o pensamento problemático tem do pensamento sistemático. O pensamento problemático não pode ficar naquela discussão eterna. É necessário ter justamente autoridade que decida e diga que não podemos ficar discutindo eternamente e a autoridade precisa de um mínimo de consenso, mesmo o ditador não sobrevive como tirano se não estiver apoiado em um mínimo de coesão social.

Então, os nossos "Supremos Tiranetes" existem porque, por outro lado, existe, em alguma instância, alguma coesão social no senso comum dos juristas que termina por justificar e legitimar essas decisões.

16) Prof. Dra. Ana Luiza Braga

Em um fórum no qual estamos debatendo o Direito a partir de uma perspectiva jusnaturalista, acho que precisa ficar claro que essa diferença entre Direito e moral não se trata de uma diferença de natureza, mas de grau. Ou seja, aquilo que a moral almeja em termos de perfectibilização do homem não pode ser algo almejado igualmente pelo Direito, muito embora o Direito tenha um papel nesse sentido ainda relevante – por essa razão, aliás, que falamos em um Direito como mínimo ético e não como direito alheio à lei natural ou alheio à ética.

Até mesmo porque a ideia do Direito como mínimo ético é algo importante para que a gente possa também entender o porquê de nós termos um cuidado especial em diferenciar, por exemplo, positivismo jurídico e direito positivo, já que não são a mesma coisa.

Quando o Prof. Daniel fala que o preocupa um jusnaturalista positivista, precisamos perceber que um jusnaturalista sempre vai entender que existe, sim, uma esfera própria do direito positivo e que existe uma função para esse direito positivo no interior da lei natural. Ou seja, que o direito positivo é um instrumento para alcançar determinados bens humanos que só são alcançados quando temos em mente um instrumento específico, que é o Direito.

Achei interessante a fala do Prof. Fábio quando ele coloca que é claro que a pergunta não é “há, hoje, espaço para o direito natural?”, porque se entendermos o direito natural conquanto uma ligação íntima com a lei natural, ele está sempre presente. É claro porque ele está escrito no coração de todos os homens. No entanto, talvez devêssemos repensar essa pergunta no seguinte sentido: há, hoje, espaço para o direito natural no interior de uma teoria do direito?

Vejam que a pergunta é diferente. Ou seja, é uma pergunta que vai nos ligar a uma adesão consciente à ideia de lei natural no interior das nossas práticas jurídicas. E parece que essa adesão consciente é o que as vezes falta, pois as pessoas estão aderindo a certa concepção antropológica e moral sem atentar se elas estão em harmonia com o que entendemos como lei natural e as necessidades básicas de um homem para o seu desenvolvimento.

Quando falamos de Direito como mínimo ético, não é uma diferença de substância de natureza em relação a moral, é uma diferença de grau. E isso eu acho que precisa ser respeitado, porque o risco que nós corremos também, é de deixar de lado o instrumento do direito positivo que traz para nós uma segurança fundamental para alcançar determinados bens, que são o bem da justiça, distribuição dos bens comuns.

No que diz respeito à provocação do Prof. Gustavo, acho que estamos de acordo na nossa preocupação em relação à moralização excessiva das nossas práticas jurídicas. Acho que o Finnis talvez se saia bem quando estabelece algo semelhante ao que estou falando aqui, que é uma diferença de grau. Ou seja, ele estabelece um conceito central de Direito, um ponto focal, e ele diz que aquilo que estamos vendo que destoa dessa perfectibilidade moral também é Direito, mas é Direito imperfeito. Eu acho que ele se sairia bem na sua objeção de moralização do Direito com essa perspectiva do caso central e do ponto focal.

Eu acho que em nenhum momento quando estamos discutindo a importância do direito positivo, a importância de ter uma visão muito clara de Estado de Direito ou uma visão muito clara daquilo que prescreve a norma positivada, nós estamos negando por isso uma visão de lei natural, de direito natural. Pelo contrário, estamos trazendo essa visão à sua perfectibilidade, porque sem esses instrumentos que são em grau diferentes da moral, também não atingimos muitos bens sociais importantes. Segurança jurídica e ordem para dizer o mínimo. São Tomás de Aquino fala por que a gente precisa do Direito: porque ninguém é anjo. Se fossemos todos anjos, não precisaríamos do Direito.

E, neste sentido, o Direito tem um caráter diferente. Talvez exatamente pelo fato de que o Direito obedece a uma finalidade que é mais modesta do que a finalidade da moral – muito embora elas sejam congeniais – pois ambas decorrem da lei natural. Talvez por isso eu concordo com o Prof. Pedro de que existe um elemento de voluntarismo inegável no interior de toda decisão que é tomada em âmbito político, que reverbera juridicamente e que por isso precisamos pensar sim em como controlamos esse poder. Às vezes eu acho – e aqui faço uma autocrítica a nós que estamos aqui no âmbito de uma discussão de direito natural – nós estamos confundindo muito a cabeça dos estudantes e das pessoas. Eu acho que precisamos resgatar a importância do direito positivo no seio de uma teoria do direito natural. Saudades do tempo em que o problema era positivismo jurídico.

É interessante que a gente percebeu, na segunda metade do século XX, que nós precisávamos resgatar um fundamento moral, mas a nossa antropologia já estava em profunda crise. Percebemos que precisamos resgatar uma fundamentação moral para o Direito, mas o que nos é ofertado como recurso? Uma teoria da verdade como coerência lá do Dworkin, uma teoria do direito como a teoria argumentativa interpretativa. É o que Arthur Ferreira Neto chama de cognitivismo moral débil, que ele acha que está no centro das teorias constitucionalistas contemporâneas. Ou seja: essa ideia de que eu até adiro a uma concepção de objetividade moral, mas essa adesão é construída em termos discursivos – para trazer Habermas – e em termos de uma coerência argumentativa – para trazer Dworkin.

17) Prof. Dr. Bruno Coletto

O que pretendo fazer agora é modestamente articular as mesmas ideias da Prof. Ana Luiza, mas com outras palavras. O prof. Barzotto fala de um direito natural minimalista. Acho que o nosso papel – e tentando responder e interagir diretamente com a pergunta feita pelo painel, talvez o painel da teoria do direito natural aqui não seja propriamente dito um papel substancial. É um papel filosófico. O Prof. Pedro falava antes, em abandonar uma filosofia do Direito *mainstream*, que é dominante hoje.

O papel da teoria do direito natural é como a Prof. Ana dizia, compreender o direito positivo; a ordem jurídica inserida em uma teoria do direito natural. Talvez o espaço que tenhamos aqui seja essa percepção de que junto do direito natural existe uma noção antropológica que é conectada e que é uma antropologia diferente da antropologia dominante hoje. Ela resgata a noção de forma como algo diferente da substância.

Acredito que não podemos cair na armadilha – e acho que é isso o que vocês estão tentando articular com a ideia do Hércules jusnaturalista – de fazer o debate apenas substancial. Também é necessário olharmos para o Direito enquanto forma e isso é um aspecto que a teoria do direito natural reconhece e talvez as teorias contemporâneas desprezem de uma forma bastante contundente.

Por isso que o Direito se torna dúctil, maleável e se torna boa parte disso o que estamos criticando aqui. Essa postura também reconhece a limitação do homem, da nossa capacidade de enxergar a verdade. Não é uma questão de negar a existência dessa verdade ou de negar a existência de uma substância correta; de uma visão substancial correta. Mas, o que talvez seja necessário aqui e talvez seja o ponto da nossa divergência nesse debate do perfeccionismo ou não, é justamente a compreensão de uma postura humilde da existência humana. A nossa aproximação à verdade substancial é parcial e essa parcialidade é o que justifica o nosso regime democrático. O nosso modo de organização política moderna; a democracia moderna tem como pressuposto essa incapacidade de apreensão da verdade substancial por cada um de nós. A nossa dificuldade com o neoconstitucionalismo é a pretensão de, racionalmente, por meio da argumentação ou decisão jurídica, alcançar uma verdade substancial em uma decisão específica.

Ontem eu estava gravando uma aula sobre Leo Strauss e um dos pontos dele quando faz uma crítica à modernidade, estudando Maquiavel, ele fala que o problema do começo da modernidade com Maquiavel é que ele baixa o *standard* da virtude para a verdade efetiva das coisas.

A modernidade está preocupada com a verdade efetiva das coisas por intermédio de instituições e deixa de lado um debate sobre as virtudes, sobre a elevação da natureza humana por meio das virtudes. O nosso debate aqui, em alguma medida, não deixa de ser sobre antiguidade versus modernidade e me parece que, para nós, é difícil aceitar um simples retorno a uma visão que despreza o debate institucional. O que nós precisamos com uma teoria do direito natural para a modernidade é compreender a interrelação entre virtudes e instituições.

Nosso debate aqui não é apenas sobre instituições que vão resolver porque o mundo moderno é plural e, portanto, não podemos falar de virtudes. O que estamos dizendo aqui é que existe um papel para virtudes, para educação moral ou liberal – como queiram chamar, a educação jurídica com virtudes e a percepção de que a virtude faz parte da formação e de uma cultura jurídica.

Recentemente defendi minha tese e o título é justamente *Entre virtudes e instituições*. O que eu tentei defender é justamente a percepção de que uma cultura jurídica demanda as duas coisas, tanto virtudes quanto instituições. Não adianta trazermos instituições muito bem desenhadas, a exemplo da imprensa que adora dizer que o Brasil tem as melhores leis, pois se importarmos a Constituição alemã vamos ter uma cultura jurídica igual a alemã? Não vai acontecer porque a cultura jurídica pressupõe um modo de ação dos agentes que aplicam esse Direito e essas são as virtudes, tanto do cidadão quanto do agente público. Virtudes voltadas para o cidadão (privado), mas também possamos pensar em virtudes específicas para o estadista, o juiz, o legislador. Virtudes específicas de cada uma dessas funções que os cidadãos em uma democracia acabam exercendo no espaço público.

Parece-me que o papel da teoria do direito natural seja reconhecer ou dar espaço para um debate institucional que é algo mais moderno que clássico, esteja conectado com uma visão de natureza humana que reconhece um espaço para as virtudes, inclusive dos agentes do Direito; dos agentes políticos.

18) Prof. Dr. Fábio Cardoso

Eu acabei não dizendo nada anteriormente a respeito do que eu mais valorizo no texto do Pedro e é algo que ele sempre destaca. É a preocupação central do Pedro pelo que eu conheço até aqui, que é a preocupação com essas condicionantes institucionais ao exercício do poder.

Temos essa tendência a transitar entre essas duas possíveis escolhas como se tivéssemos que, por não aderir à visão moderna das coisas, renunciar a essa dimensão institucional.

O texto do Prof. André Borges Uliano, com base no Finnis, destaca também que essa dimensão institucional e arranjos institucionais que ordenam o exercício do poder são também implicações diretas dos bens humanos básicos. Vou dizer algo levando à mesma conclusão, mas de um ponto de vista diferente, talvez trazendo uma premissa um pouco diferente.

Gosto sempre de pensar esse problema dos arranjos institucionais, da limitação do poder a partir da ideia platônica simples de que vivemos na *metaxy*. Isso, do meu ponto de vista, é uma realidade. Nós somos seres que vivem na *metaxy*, nós estamos entre as bestas e os deuses, para usar uma linguagem pré-cristã.

Temos algo de divino em nós, mas temos também algumas características bestiais em nós. E qual a tendência? Se não houver arranjos institucionais capazes de ordenar e limitar também o exercício do poder, a tendência natural é que os elementos bestiais prevaleçam no âmbito da comunidade política.

Sem arranjos e limites institucionais ao exercício do poder, a tendência natural – Strauss também trabalha muito bem isso – é que nós acabemos por ser governados pelas paixões. Que o interesse de quem governa passe a prevalecer sobre o bem comum da comunidade ou o interesse dos demais cidadãos.

Eu não diria que existe aqui uma direta vinculação entre o que seria uma lei natural e a necessidade desses arranjos institucionais, mas eu diria que há uma relação direta entre este dado da realidade – de que vivemos na *metaxy*, e a necessidade de arranjos institucionais ordenando e limitando o poder.

Outra coisa é que não adianta mexer somente no arranjo institucional se a nossa cultura jurídica e a visão das coisas não mudar nada. Por exemplo, se eu fosse um reformador platônico e me chamasse para revisar a ordem constitucional do Brasil e eu pudesse fazer apenas uma única sugestão, eu faria de voltar para aquele modelo kelseniano de controle de constitucionalidade.

O Supremo só faz controle abstrato negativo. Assim, aquela ideia de pesos e contrapesos funciona. Então, o Supremo pode fazer algo muito importante que é retirar da ordem jurídica uma norma que ele considera inconstitucional, mas não pode por outra no lugar. Não pode se substituir a todos os demais poderes e a própria comunidade para dizer o que as normas significam. Então ele não faz interpretação conforme, não cria normas por meio de interpretação extensiva e assim por diante. Ele apenas retira da ordem legal uma norma que ele considera inconstitucional.

Acho que não há nada mais benéfico ao Brasil hoje do que reconduzir o Supremo a isso. Hoje em dia creio que uma ideia como essa fosse ser considerada subversiva; um atentado antidemocrático. Não adianta mexer somente no arranjo institucional, é preciso mudar a nossa mentalidade sobre as coisas. Por isso que é sim importante essa preocupação com essas possíveis visões moralizantes do Direito, porque eu não sei de antemão e não tenho como garantir que quem vai ao final tomar a decisão é alguém que adere a moralidade que eu considero adequada e também não sei se a minha é.

Portanto, preciso de limitações adequadas ao exercício do poder por quem quer que seja e essa é uma consequência de sermos imperfeitos, para que não tenhamos que viver na dependência de uma contingência; de um acidente que é de casualmente sermos governados por alguém que é cheio de virtudes. Nós precisamos escolher entre jusnaturalismo e positivismo jurídico por conta do princípio da não contradição. Agora, não devemos escolher entre direito natural e direito positivo. O direito positivo é uma dimensão de qualquer compreensão jusnaturalista do Direito e é uma dimensão importantíssima. Todas essas dimensões institucionais são também aspectos relevantíssimos de qualquer concepção jusnaturalista do Direito.

Acho que todo mundo aqui está dizendo a mesma coisa porque estamos no Brasil, em novembro de 2022 e está escancarado para nós que não adianta termos direitos naturais ou exigências do direito natural assimiladas pela nossa constituição se não houver limites eficazes ao poder para refrear aqueles que eventualmente possam estar nem aí para isso.

Quero dizer rapidamente alguma coisa sobre o que disse o Prof. Venceslau. Quando eu digo que uma realidade é imediatamente perceptível, eu não quero, necessariamente, dizer que ela será percebida por todos em quaisquer circunstâncias. Não significa que ela será reconhecida por todos, muito menos que todos darão a ela a devida relevância ou importância.

O problema não é puramente cognitivo. Eu não tenho nenhuma dúvida e o Prof. Ives Gandra sempre menciona que todos os ministros do Supremo são juristas respeitáveis. Não tenho nenhuma dúvida de que o Ministro Alexandre de Moraes sabe que todos têm direito a ser defendido. Não tenho nenhuma dúvida de que ele sabe que todos deveriam ser julgados por um juiz imparcial. Portanto, o problema não é cognitivo, nem de incapacidade de compreender uma realidade ou uma exigência normativa que, na visão jusnaturalista, é um dado da realidade. O problema não é esse.

O problema é que há algo ali para além de problemas de natureza cognitiva que a gente só consegue tratar por meio de limitações institucionais eficazes ao exercício arbitrário do poder. O problema não é de hermenêutica, o problema é do que pode ou não ser feito. Ou seja, é de competência. Por isso eu dei o exemplo da ideia – que está superada no Brasil, de que o controle de constitucionalidade deva ser limitado a declaração da inconstitucionalidade da lei para extirpá-la do ordenamento. Não estamos dizendo como o Direito deve ser interpretado, mas até onde alguém pode ir no exercício das suas atribuições.

Só que o problema não é hermenêutico, mas de competência. Além, claro, de outros que eu não quero mencionar. Mas temos um problema mais simples, que é de atribuição. Não é porque devemos nos ordenar ao nosso bem comum que deva caber a qualquer um decidir o que é melhor para o nosso bem ou o que em concreto deve ser exigido de cada um para que o nosso bem comum seja realizado.

Sempre digo que não é porque alguém tem que fazer algo que necessariamente este algo tem que ser feito por mim. E isto é o que vivemos no Brasil hoje. É aí que tem que estar a nossa preocupação.

19) Prof. Dr. Marcos Paulo Fernandes de Araújo

Vou tocar cinco pontos de maneira muito rápida. A respeito das instituições, é importante recordar o que o Finnis falou em direitos naturais e lei natural, se não me engano no capítulo 7, ponto 3, no qual ele fala que nenhuma instituição jurídica – ele fala em *legal system*, é capaz de funcionar se aqueles que estão sujeitos a ele, sem falar naqueles que o integram, não ligam o mínimo para a justiça. As instituições não funcionam em um vácuo de virtudes

Sobre Kelsen, retorno o que ele escreve no Teoria Pura do Direito, que o juiz pode decidir totalmente fora da moldura, ainda mais se ele for um juiz de um tribunal supremo. Então, faça-se o que se fizer, se der na cabeça do juiz que ele pode fazer aquilo sem uma retaliação, ele vai fazer. Portanto, o problema da virtude está sempre no fundo.

Sobre o que o Fábio falou sobre a *Metaxy*, um trecho do Pierre Manet no *Metamorfose da Cidade* em que ele fala que o homem está entre os deuses e os animais. Mas a revolução filosófica para o Pierre Manet, consiste no fato de que o homem não pode se transformar nem em Deus, nem em animal. E que um Deus também não pode ser metade homem, metade animal, metade seja o que for. Como era no Egito e na mitologia grega em alguma medida.

Justamente é isso que se perde quando se cai nessa dimensão do panermeneismo, tudo é interpretação. E esse panermeneismo nada mais é do que uma reverberação do nominalismo. Se nada tem essência e as palavras não valem de nada, se tudo é convencionado, é evidente que o homem vai usar da palavra para abusar dos ouros homens e abusar do seu poder. É um problema de fundo, que é filosófico e também é um problema moral de formação das virtudes.

20) Prof. MSc. Daniel Damasceno

Eu concordo inteiramente com a fala do Marcos Paulo e também do Bruno, também concordo com a sua fala Ana. E também concordo que devemos voltar para a pergunta.

Só esclarecendo melhor, quando usei o termo jusnaturalismo positivista, eu queria me referir a algo que o Cronje chama atenção que é o lugar de fala. Aristóteles e Santo Tomás escreveram dentro de um paradigma casuísta. Não existia essa ideal de sistema de ordem jurídica moderna, de sistema, de hierarquia normativa, de exclusividade do Estado na produção do Direito.

Na minha opinião, Finnis não é um jusnaturalista clássico, apesar de ele citar São Tomás e Aristóteles porque ele trabalha dentro do paradigma de ordem jurídica moderna. Então quando se fala em jusnaturalista clássico, tem que se levar em conta que o modo de operar do Direito era totalmente diferente do modo como entendemos o Direito hoje com essa visão sistemática e hierárquica do Direito.

Não estou desprezando direito positivo de modo algum, São Tomás é um defensor do direito positivo. Mas me preocupo com essa forma institucional de abordar o problema porque: e quando nos depararmos com uma lei injusta? O que o juiz vai fazer? Podemos colocar o juiz em um beco sem saída. A questão da segurança jurídica, por exemplo, é um fim do Direito, mas um fim secundário, pois o principal é a justiça. E quando o juiz tiver que abrir mão da segurança jurídica para praticar a justiça, ele deve fazê-lo.

O problema de interpretação das leis é um problema de razão prática no fundo. Não tem como colocar limites institucionais *erga omnes* e universais que vão saber lidar com todas as causas futuras. Se dissermos que o juiz não deve entrar em uma esfera política, mas o que é o político? Até quando uma norma constitucional é política ou é jurídica? São questões problemáticas que surgem na prática. Não tem como impor limites prévios preestabelecidos para resolver esses problemas. É por isso que eu acredito muito mais nas virtudes. Na ideia de prudência e de conexão das virtudes. O juiz não precisa ser só prudente, mas temperante, forte e justo.

21) Prof. Dr. Fábio Cardoso

A própria regra de competência pode ser facilmente deixada de lado por alguém que tenha poder para isso. É o que está acontecendo no Brasil.

22) Prof. MSc. Daniel Damasceno

Finnis nos ajuda nisso quando ele faz a distinção entre caso central e periférico. Na minha concepção, o problema institucional é mais periférico e acidental do que central, no sentido de que a virtude está no centro do problema. Claro que existe um problema institucional, de limites institucionais que deve ser realmente alvo de preocupação e debate. Mas o problema central é a questão das virtudes.

23) Prof. Dr. Pedro Moreira

Essa questão das virtudes eu acho que é fundamental, mas você precisa trabalhar as virtudes com determinada concepção jus política e jus filosófica que permita que isso tenha algum sentido. Então, é preciso falar alguma coisa antes de falar de virtudes simplesmente. É possível modificar um regime de governo, modificando o conceito de Direito. É o que acontece no Brasil hoje. Vivemos outro regime – não sei qual é, porque nós, por várias outras razões, sem dúvida alguma, adotamos uma concepção do Direito em um nível radical. Por exemplo, a ponderação de princípios etc., na Alemanha é uma concepção marginal, aqui virou uma concepção central. Utiliza-se a ponderação de princípios e, para determinados casos, ela tem a sua utilidade, mas aqui virou uma questão decisiva. Robert Alexy talvez seja o autor mais lido, está em todos os manuais, todos os ministros do Supremo o citam.

Tem um texto do Frederico Bonaldo que é sobre o Direito na prática e é algo que poucos jusnaturalistas fazem que é entender que, por exemplo, neste caso, a exceção do direito positivo é a aplicação do Direito Natural. Ele fala sobre isso no livro em que trata sobre o afastamento do Eduardo Cunha.

Em relação ao que disse Daniel sobre a educação das virtudes, parece que as vezes sai da sua fala certa pressuposição de que poderia haver algum tipo de homogeneidade moral dentro da sociedade, dentro do Estado moderno, do Estado que vivemos hoje. Um dos consensos que eu acho que estamos tirando aqui é que o direito natural é uma espécie de direito extra positivo, anterior ao direito positivo no fundo que existe uma relação. Como fica a questão das virtudes em um cenário multicultural, fragmentário etc. é um problema e nós temos que trabalhar o direito natural aí, nessa sociedade, não é na sociedade pré-moderna. Não interessa isso, se não nós não vamos convencer ninguém. Parece haver dentro da tradição do direito natural, e isso me incomoda um pouco, certa nostalgia com o tempo que passou e que talvez seja até esse tempo idealizado e que a modernidade é tudo de ruim etc. Mas nós precisamos emprestar ferramentas – e talvez pré-modernas, para as coisas funcionarem melhor entre nós, para que a natureza humana esteja de volta ao centro da coisa.

Outro ponto é que eu queria defender o Kelsen. Fábio falou sobre o controle de constitucionalidade absolutamente subvertido. Dentro da lógica positivista era muito melhor do que o que temos aí. Tem uma autora italiana chamada Anna Pintore que fala que aquilo que ele imaginava era uma democracia sem direitos, ou pelo menos com direitos mínimos em que o juiz constitucional não tinha competência para ficar aplicando princípios e resolvendo casos simplesmente à luz de princípios. E aí é que está a ideia de que o juiz constitucional pode sair fora da moldura. Por que qual é a moldura do juiz constitucional? Não tem. A moldura é a objetividade da lei natural? Essa é a pergunta. Parece que deveria ser. Como entendemos isso? A moldura é gigantesca, como dizia Kelsen, o Schmidt, Waldron. E que, portanto, por ela ser gigantesca nós precisamos preenchê-la, então precisamos de uma resposta institucional. Ou nós precisamos de juízes e eles são arbitrários porque não conhecem o conteúdo da lei natural? Como é possível isso?

Manuel Atienza, Dworkin e Alexy, trabalham com a ideia de objetividade da moral. Uma coisa diz Waldron e talvez seja interessante: é realmente importante para o Direito a objetividade moral? Em qual sentido? Na verdade, ele diz que é irrelevante porque por mais que do ponto de vista metaético estejamos de acordo e eu atribua ao meu juízo moral um sentido metaético, o fato é que na vivência política, nós não temos um método para acessar o conteúdo disso e vamos discordar. No final do dia o que temos é um certo desacordo, principalmente em uma sociedade heterogênea. A menos que haja questões muito específicas e mínimas que talvez pudéssemos encontrar algum tipo de acordo.

Meu problema aqui não é de jeito nenhum com a ideia de que o direito natural é o *ius*, é a coisa, é a relação, é o que se contrapõe ao direito positivo e que, portanto, é muito poderoso para limitar o poder político. O problema é o controle do direito positivo por uma dimensão suprapolítica. Isso é problemático e nisso insistimos muitas vezes e perdemos de quem já tem uma noção de objetividade moral muito claro. Por exemplo, o Prof. Atienza diz que as concepções de Finnis são irrazoáveis, são ultraconservadoras e, portanto, não interessam. O que interessa é a objetividade moral que percebemos na argumentação.

Como percebemos na argumentação? Percebemos porque os professores, juízes, qualquer pessoa razoável poderiam concordar com isso. É claro. Entre juízes, acadêmicos, professores e principalmente juízes constitucionais parece haver uma espécie de consenso, uma espécie de pensamento hegemônico ao qual eles atribuem um caráter objetivo. Do ponto de visto estratégico e no interior da modernidade, insistir por esse caminho é problemático.

Por que no Kelsen o juiz pode decidir fora da moldura? Porque ele pode. É um reconhecimento descritivo. Discricionariedade judicial não é uma prescrição, não é a ideia de que o juiz deve agir discricionariamente. A questão da moldura não é que o juiz deva decidir fora da moldura, mas ele pode porque exerce um poder. No final das contas, tem umas 3 interpretações possíveis e uma adjacente. Se o juiz quiser aplicar esta, ele pode, ele tem esse poder. Isso vale do ponto de visto do direito positivo. O que Kelsen diz além? Diz que é por isso que existem ideologias que fazem com que o juiz não perceba o imenso poder que ele tem, que é o poder de decidir fora da moldura e ele tem. Aqui entram as concepções do Direito, as virtudes, embora ele não esteja tratando disso. Mas ele tem razão pois está dizendo que o juiz pode decidir fora da moldura e não tem razão que o limite do ponto de vista descritivo. A cognição não controla a volição. Posso conhecer o conteúdo do Direito, mas posso simplesmente, por meio da vontade, decidir daquela forma.

24) Prof. MSc. Rafael Cronje

Não dá para pensar a prática jurídica fora de um contexto no qual ela tenha alguma legitimidade para ação. Se você tem uma sociedade na qual a opinião circulante e vigente nos meios jurídicos limita o poder dos juízes, eles se sentirão um tanto quanto constrangidos toda vez que passarem esse limite que não é um limite jurídico no sentido legal, e talvez não seja nem um limite institucional, mas de constrangimento por ultrapassar a opinião dos seus pares. Talvez o principal limite do juiz esteja aí, anteriormente estava na Igreja, sobre o Imperador e este se preocupava genuinamente em seguir a lei divina, a lei natural.

Talvez o front esteja aí. Onde está o espaço do direito natural? Talvez esteja na busca por essa opinião pública, por essa opinião dentro dos meios jurídicos. Quer dizer, criar doutrina. Livro de direito civil, penal, trabalhista dentro da perspectiva jusnaturalista. Mas não é um tratado de direito natural dentro de um livro de direito civil, é um comentário às normas civis, uma investigação sobre as questões civis, sobre as possíveis interpretações legais, sobre funcionamento dos limites etc. que ganha espaço, terreno para limitar. Se não tem outro meio, talvez esse seja o último recurso.

25) Prof. Dr. Gustavo França

Eu queria falar um pouco sobre o Finnis e as razões das minhas críticas. Eu gosto muito do Finnis, mas como filósofo moral. Eu acho que ali não há uma verdadeira Filosofia do Direito. O que ele chama de *Natural Law* – e isso é intensificado pelo fato que no inglês não existe uma palavra para lei e outra para Direito. Mas ele mesmo diz que Natural Law só é Direito por analogia, então me parece que ali ele está falando de lei natural e não de direito natural. O que ele chama de *natural law*, no fundo é moral substantiva.

O ponto é que eu falo em moralização do Direito por esse motivo. Existe uma confusão entre o que ele chama de *natural law* e moral. Ele vai dizer que o Direito altamente injusto não é Direito, ou é Direito meramente em sentido formal, não é sentido central, como um carrinho de brinquedo é um carro e não é ao mesmo tempo. Não é um carro em sentido central. Tudo bem, mas isso é a mesma coisa que o Dworkin diz. Isso é uma concepção que podemos chamar de jusnaturalismo moderno, mas estamos falando de um Direito que está submetido a certa ordem moral como uma de suas características. Ou seja, uma característica do Direito é que ele tem que ser justo. É exatamente o que o Dworkin diz. Um e outro pensam a moral diferentemente, mas nós estamos falando simplesmente de um *natural law* que entra para ser uma das características do Direito.

O que me parece que isso como filosofia do Direito não serve é que nós estamos falando do direito natural como uma parte da ordem jurídica. No Finnis, assim como em outros autores morais modernos, nós temos uma ordem jurídica que vem do legislador – que é a ordem positiva, e temos o *natural law*, que é inderivado. Mas temos duas ordens e uma tem que estar submetida a outra.

Mas o que me parece é que nós temos uma única ordem, que existe na realidade. Na realidade existem relações humanas e dessas existem bens que são devidos a certas pessoas. Existem direitos e deveres, portanto. E a partir daí, isso será positivado. O papel do legislador é identificar essas relações que existem nos fatos sociais e o papel do juiz é interpretar isso.

Portanto, o que o juiz ou o guarda de trânsito tem diante de si é um sistema. E um sistema que é composto por leis positivas e é composto por leis naturais. Ou seja, é composto pelo direito natural, que é esse Direito que está nos fatos, nas coisas e que é simplesmente positivado pelo legislador.

Voltar a pensar o Direito como algo que está dado na sociedade e que tem que ser identificado tanto pelo legislador, como pelo juiz, pelo guarda de trânsito e por nós no dia a dia. E é nesse ponto que me parece que simplesmente dizer que se for injusto não vale, é moralizar o Direito. E me parece que o Finnis não consegue sair disso.

SEGUNDO CICLO DE DEBATES

O *LOCUS* FILOSÓFICO E TEÓRICO DO DIREITO NATURAL É SÓ ACADÊMICO OU PODE SER TAMBÉM PRÁTICO, DOGMÁTICO E JURISPRUDENCIAL? SE A ÚLTIMA RESPOSTA É POSITIVA, COMO DEVEMOS OPERAR NO DIA A DIA FORENSE?

ENSAIO DE RELATORIA

O *LOCUS* FILOSÓFICO E TEÓRICO DO DIREITO NATURAL É SÓ ACADÊMICO OU PODE SER TAMBÉM PRÁTICO, DOGMÁTICO E JURISPRUDENCIAL? SE A ÚLTIMA RESPOSTA É POSITIVA, COMO DEVEMOS OPERAR NO DIA A DIA FORENSE?

André Borges Uliano

Os pontos de discussão da presente mesa são os seguintes:

1) "O *locus* filosófico e teórico do Direito Natural é só acadêmico ou pode ser também prático, dogmático e jurisprudencial?"

2) Se a última resposta é positiva, como devemos operar no dia a dia forense?

A primeira questão parece homogênea, contudo, ela questiona especificamente sobre o lugar *filosófico e teórico*. Por isso, ela abarca, a título preliminar, o debate sobre os planos e níveis do conhecimento jurídico.[1] Deixarei, no entanto, por ora, de lado essa questão e abordarei o problema de modo mais geral: o direito natural (não apenas sua reflexão filosófica e teórica) é apenas objeto de discussões acadêmicas ou também da prática forense? Posteriormente, e de modo mais breve, ocupar-me-ei do problema mais específico: a reflexão propriamente teórica e filosófica do direito natural tem lugar primário ou exclusivo na academia ou igualmente no exercício da jurisdição?

Pois bem. Creio que é oportuno já adiantar minha hipótese de trabalho: sim, o direito natural possui um lugar próprio na prática do direito. Aliás, o direito é tão inexorável e primariamente prático[2] que seria mais cabível questionar se ele comporta um lugar na academia do que um lugar no foro. Com efeito, enquanto saber tipicamente prático, os *standards* de racionalidade do direito (direito natural), poderiam ser exclusivamente acadêmicos tanto quanto a habilidade futebolística ou a capacidade de manter um matrimônio forte e estável poderiam ser exclusivamente acadêmicas.

Inclusive, alguns dados históricos confirmam essa hipótese: por exemplo, o fato de que tanto na Roma clássica como na *Common Law* até recentemente a arte do direito foi ensinada diretamente por advogados ou por órgãos jurisdicionais (*Inns in Court*) e não em universidades.

Para demonstrar isso é preciso relembrar em que consiste o direito e o direito natural, bem como o tipo de conhecimento que ele envolve mais diretamente. Nessa linha de inquirição, pode-se dizer que o direito é, basicamente, uma prática comunitária de coordenação do comportamento

1. CORREAS, Carlos Inacio Massini. *Filosofía del Derecho*: El Conocimiento y la Interpretación Jurídica, Buenos Aires: Abeledo Perrot, 2008. t. III, p. 12-25.

2. DORAL, José María Martínez. *La Estructura del Conocimiento Jurídico*. Pamplona: Eunsa, 1963; CORREAS, Carlos Inacio Massini. *Filosofía del Derecho* cit., p. 61; 66-69.

social, mediante o uso de uma forma específica de razão para decidir (fatos sociais com força autoritativa), visando assim a favorecer bens humanos básicos, particularmente o intitulado bem comum. Isto é, "um conjunto de condições que permite aos membros de uma comunidade atingir por si mesmos objetivos racionais, ou realizar razoavelmente por si mesmos o(s) valor(es), em função dos quais eles têm razão para colaborar uns com os outros (positiva ou negativamente) em uma comunidade".[3]

De fato, potencialmente toda sociedade enfrenta o risco de descoordenação social, sendo isso ainda mais grave em sociedades amplas e complexas, como é o caso dos modernos países especialmente no Ocidente. Ou seja, a vida em sociedade gera o perigo de comportamentos incompatíveis, surgimento de conflitos e consequente ascensão de hostilidades e uso da força para resolução de litígios. A isso se soma a inviabilidade de projetos coletivos favoráveis ao bem comum. A consequência potencial é a desorganização e consequente depressão econômica, assim como o risco de opressão e expansão das formas mais claras de injustiça (violência e fraude) do mais forte contra o mais fraco. A percepção desses riscos (anarquia, injustiça e empobrecimento) e a conveniência humana de saná-los expõe os bens racionais que são favorecidos pela instituição de mecanismos de autoridade: governo e lei.[4]

Ocorre que a autoridade pode-se revestir de variadas formas: por exemplo, um regime de força ou de pura discricionariedade. Ambos poderiam ser inclusive razoavelmente

---

3. FINNIS, John. *Natural Law & Natural Rights*. Oxford: OUP, 2011. p. 154, no original: "[...] a set of conditions which enables the members of a community to attain for themselves reasonable objectives, or to realize reasonably for themselves the value(s), for the sake fo which they have reason to collaborate with each other (positively or negatively) in a community".

4. FINNIS, John. Natural Law Theories. *In:* ZALTA, Edward N. (ed.). *The Stanford Encyclopedia of Philosophy*, Summer 2020 Edition. Disponível em: https://plato.stanford.edu/archives/sum2020/entries/natural-law-theories/.

pacíficos e justos. Contudo, novamente, sociedades amplas e complexas tornam essa possibilidade mais remota, tendo em vista a presença de maior pluralismo em seu interior. A esse fenômeno, acresce-se a visão antropológica das pessoas como iguais em dignidade e livres, devendo, portanto, ser tratadas com respeito e reciprocidade, sendo ainda aptas a se autodeterminarem de acordo com as normas de convivência social ou de serem responsabilizadas por sua quebra deliberada. Todos esses dados representam razões para que se instituam regimes segundo os princípios de legalidade, o que também se denomina de Estado de Direito.

Esses princípios da legalidade, ou do Estado de Direito, que já apareciam em Santo Tomás de Aquino,[5] foram devidamente arrolados e trabalhados por Lon Fuller em seu clássico *The Morality of Law*, particularmente na parábola do Rei Rex.[6] Tais comandos correspondem a parte essencial do caso central de uma ordem jurídica, ou seja, de um sistema legal que goza de autoridade moral presumível (embora derrotável).[7] Isso porque a existência de uma ordem pública, clara, coerente, geral, estável, factível, normativamente prospectiva e aplicada segundo o devido processo legal de modo congruente pelos agentes de Estado realiza *bens humanos básicos* em maior medida do que as alternativas disponíveis (anarquia, regimes de força ou de pura discricionariedade). Logo, goza de autoridade moral presumível, ainda que derrotável.

O texto em que Finnis melhor aborda esse ponto, também tratado no livro *Natural Law & Natural Rights*, é o artigo *Law and What I Truly Should Decide*, o qual foi

---

5. *Idem*. Aquinas and Natural Law Jurisprudence. *In:* DUKE, George; GEORGE, Robert (ed.). *The Cambridge Companion to Natural Law Jurisprudence* (Cambridge Companions to Law). Cambridge: Cambridge University Press, 2017. p. 54-55.

6. FULLER, Lon. *The Morality of Law*. 2. ed. New Haven and London: Yale University Press, 1969. p. 33-91.

7. FINNIS, John. *Natural Law & Natural Rights*. Oxford: OUP, 2011. p. 14-15.

republicado no Volume IV em sua coletânea de artigos, sob o título *Describing Law Normatively*. Segue um trecho do trabalho abordando esse ponto:

> *por causa da justiça* e para uma comunidade florescente de pessoas fazendo o bem que as circunstâncias extrínsecas permitirem, precisamos de um conjunto de regras, arranjos, processos, instituições e pessoas com responsabilidade e, portanto, autoridade, conjunto esse que é comumente chamado de direito, legal, sistema legal, e assim por diante. *Por uma questão de justiça*, precisamos que as regras sejam públicas, claras, gerais, estáveis, passíveis de serem cumpridas e compreensíveis para qualquer pessoa imparcial; e precisamos que eles, *novamente por causa da justiça*, sejam cumpridos (exceto onde há uma obrigação moral imperiosa de não fazê-lo) por aqueles cuja responsabilidade é anunciá-los e/ou aplicá-los e/ou resolver disputas sobre sua aplicação.[8]

E ainda completa o autor:

> Os princípios do Estado de Direito são, pelo menos em suas linhas principais, exigências morais, fortes ainda que não incondicionais, inqualificáveis ou irrevogáveis. [...]
>
> A realidade primária da lei está mais em sua reivindicação, como uma exigência moral, sobre minha deliberação sobre o que decidir – isto é, o que julgar sobre as opções disponíveis para mim, e o que escolher e fazer uma vez que eu fiz meu julgamento. Esse modo de existência de nosso direito positivo – como uma reivindicação moralmente legítima e convincente, embora condicionalmente e apenas irrevogavelmente irrevogável, sobre minha ação quando estou pensando no que fazer como cidadão comum (criança ou adulto), juiz, policial, um inspetor de impostos, ou executor, e assim por diante – é a realidade primária da lei. É

---

8. *Idem*. Describing Law Normatively. *In:* FINNIS, John. *Collected Essays*. Oxford: OUP, 2011. v. IV, p. 28. No original: "for the sake of justice and a flourishing community of people in good shape and doing as well as extrinsic circumstances permit, we need the set of rules, arrangements, processes, institutions, and persons with responsibility and thus authority, the set that is commonly called law, legal, legal system, and so forth. For the sake of justice, we need the rules to be public, clear, general, stable, capable of being complied with, and explicable to any fair-minded person; and we need them, again for justice's sake, to be complied with (save where there is an overriding moral obligation not to) by those whose responsibility it is to announce and/or enforce them and/or to resolve disputes about their application".

> primário porque a força racional dessa afirmação é totalmente inteligível mesmo antes de se saber algo sobre o conteúdo da lei e certamente antes de ter sido ensinado algo sobre o direito em geral ou "o conceito de direito".[9]

Esses trechos deixam claro que o *direito natural* não é um *antipositivismo jurídico*. Ele reconhece a autoridade do direito positivo, perquirindo os fundamentos dessa autoridade e seus limites. Dentro desse quadro, pode-se concluir que o direito é uma *técnica* específica de coordenação social, por meio do estabelecimento de antemão de *razões* específicas para agir e decidir, mediante fontes sociais (*sources thesis*). Segundo essa técnica, utilizam-se *atos passados* como fontes de razões para decidir *no presente* sobre o que se deve fazer *no futuro*.[10]

Saliente-se que essa técnica atende de modo muito especial à função de conceder previsibilidade e assegurar a igualdade perante o direito. Exatamente na medida em que somente por meio da análise moral e política é inviável alcançar uma resposta unânime e uníssona – o que é necessário para coordenar o comportamento de diferentes pessoas em diferentes momentos, possivelmente em diferentes lugares – o direito busca estabelecer uma solução inequívoca a questões específicas, por meio de sua *especificação* e

---

9. FINNIS, John. Describing Law Normatively cit., p. 28. No original: "The principles of the rule of law are, at least in their main lines, moral requirements, strong even though not unconditional, unqualifiable or indefeasible. [...] The primary reality of the law is rather in its claim, as itself a moral requirement, on my deliberating about what to decide-that is, what to judge about the options available to me, and what to choose and do once I have made my judgement. This mode of our positive law's existence-as a morally legitimate and compelling, albeit conditionally and only defeasibly compelling, claim on my action when I am thinking what to do as a plain citizen (child or adult), a judge, a police officer, a tax inspector, or executor, and so forth-is the primary reality of law. It is primary because the rational force of this claim is fully intelligible even before one knows anything much about the content of the law and certainly before one has been taught anything about law in general or 'the concept of law'."

10. *Idem*. *Natural Law & Natural Rights*. Oxford: OUP, 2011. p. 269.

determinação do que se deve fazer por intermédio de fatos sociais,[11] em geral o estabelecimento de um texto em forma canônica. Ademais, o direito busca também coordenador o comportamento judicial no tempo e entre diferentes órgãos jurisdicionais. Isso representa uma razão de *fairness*, a qual busca tratar diferentes litigantes do mesmo modo perante diversos juízes em diferentes momentos (enquanto em vigor a mesma regra jurídica). Essa necessidade ética leva o direito à tecnicalidade de estabelecer e seguir *razões para decidir* tão discerníveis quanto possível apenas por *fatos sociais* (fontes promulgadas ou constituídas por qualquer modo), e interpretadas tanto quanto possível por seu significado público estipulado, independente de considerações de outra ordem (inclusive razões éticas) as quais tenderiam a ser muito menos previsíveis e suscetíveis de serem aplicadas de maneira muito distinta em face de casos semelhantes.[12]

Percebe-se já com isso que, embora o direito seja especificamente uma técnica, e por isso possua uma perfeição interna (*inner morality of law*), ele é uma técnica que visa a realizar *bens humanos básicos* extrínsecos ao sistema legal: *fairness*, razoabilidade prática, justiça etc. Como o direito busca realizar *bens humanos*, ele precisa estar guiado por uma série de *standards* de racionalidade: tanto razões substantivas, como guias metodológicos sobre como realizá-las

---

11. *Idem*. What is the Philosophy of Law? *The American Journal of Jurisprudence*, v. 59, n. 2, 2014.

12. No original: "In the working of legal process, much turns on the principle – a principle of fairness – that litigants (and others involved in the process) should be treated by judges (and others with power to decide) *impartially*, in the sense that they are as nearly as possible to be treated by each judge as they would be treated by every other judge. It is this above all, I believe, that drives the law towards the artificial, the *techné* rationality of laying down and following a set of positive norms identifiable as far as possible simply by their 'sources' (i.e by the fact of their enactment or other constitutive event) and applied só far as possible according to their publicity stipulated meaning, itself elucidated with as little as possible appeal to considerations which, because not controlled by facts about sources (constitutive events), are inherently likely to be appealed too differently by different judges." FINNIS, John. *Reason in Action*. Collected Essays: Oxford: Oxford University Press, 2011. v. 1, p. 229.

de modo íntegro. Ou seja, o direito exige o conhecimento sobre quais são os *bens* humanos que ele deve realizar e como compatibilizá-los racionalmente diante dos inúmeros e inevitáveis conflitos que surgem entre eles durante a deliberação humana.

Esse conjunto de *standards* de racionalidade é exatamente o que chamamos de *direito natural*. Ele é, no entanto, direito apenas em sentido *análogo*, não central.[13] O caso central de direito é um sistema legal, constituído segundo os princípios da legalidade, com instituições responsáveis por seu *enforcement* – inclusive mediante coerção se necessário –, visando à realização do bem comum. O chamado "direito" natural é *causa*, regra, *standard* racional sobre como agir diante da necessidade de se estabelecer um sistema de coordenação social: porque se estabelecer uma ordem jurídica e sobre as características que ela deve ter, bem como sobre as soluções concretas para os diferentes desafios comunitários.

A partir dessas lições, fica claro o caráter eminentemente prático do direito: é uma resposta a necessidades *práticas*. É uma forma de *resolver* uma necessidade humana e social. Logo, as razões sobre como fazer isso são também eminentemente práticas. Por conseguinte, o "direito natural", enquanto conjunto de *standards* substantivos e metodológicos do direito, está umbilicalmente ligado à deliberação prática sobre como administrar o direito. Em conclusão, o lugar primordial do direito natural é o âmbito propriamente prático.

Direito natural estritamente acadêmico é como "futebol estritamente acadêmico". Ora, se as pessoas apenas *estudarem* futebol, mas não praticarem futebol, o esporte

---

13. FINNIS, John. Reflections and Responses: John Finnis on Jeremy Waldron. *In:* KEOWN, John; GEORGE, Robert P. *Reason, Morality, and Law:* The Philosophy of John Finnis. Oxford: OUP, 2015. p. 478: "Natural law – the set of practical principles in ordering human life and human community – is only analogically law [...]".

terá simplesmente deixado de existir *em ato*. De forma análoga, caso o exame dos *standards* de racionalidade de uma prática social como o direito for objeto apenas do estudo acadêmico, mas não utilizados na prática, terá deixado de haver *direito segundo a razão natural* em *atualização*, tornando-se fenômeno meramente potencial.

Agora aqui é importante esclarecer um ponto da questão: ela questiona sobre o *locus* "filosófico e teórico", abarcando não apenas o conhecimento do *direito* (qual a solução de um problema de coordenação segundo os princípios da legalidade buscando o bem comum, problemática típica e primariamente afeta à razão prática); mas sua sistematização científica (âmbito teórico) e suas causas últimas (âmbito filosófico). Esses planos do conhecimento jurídico são tipicamente afetos à academia jurídica.[14] Os conhecimentos afetos a esses níveis do debate jurídico são em alguma medida utilizados no plano prático. Mas não são de forma própria e primária resolvidos, examinados teoricamente ou problematizados dentro dele.

Esse tema é extremamente complexo e não me parece gozar de suficiente consenso, mesmo entre teóricos jusnaturalistas. Para uma discussão mais ampla, sugiro as lições: I, II, XII e XIII, da obra Lições Propedêuticas de Filosofia do Direito; e, os capítulos I, II e IV, do Tomo III (*El Conocimiento y La Interpretación Jurídica*) da coleção *Filosofia Del Derecho* de Massini Correas.

Concluindo que existe um espaço para o direito natural na prática forense, resta responder à segunda pergunta: como valer-se do direito natural na prática? A resposta a essa questão é inabarcável, pois ela basicamente busca responder ao problema sobre como ser um bom jurista. Mas algumas questões podem ser pontuadas.

---

14. Nesse sentido, HERVADA, Javier. *Lições propedêuticas de filosofia do direito*. São Paulo: Martins Fontes, 2008. p. 35.

Primeiro, aplicar o direito *natural* não é meramente deduzir soluções de princípios abstratos. Como dito *supra*, o direito natural não é um "não direito positivo". Ele determina as razões e limites desse direito positivo, sendo a margem legítima de apreciação bastante ampla. Logo, o *jusnaturalista* deve ser um jurista extremamente técnico e preocupado com a manutenção e fortalecimento dos princípios da legalidade. Nesse sentido, vale a pena conferir, por exemplo, artigos[15] e peças[16] elaboradas pelo filósofo John Finnis ou sobre sua atuação prática, que demonstram como se utiliza fortemente das fontes formais do direito para construir seus raciocínios jurídicos.

Em segundo lugar, a questão das reformas legislativas é muito relevante. Esse ponto foi rememorado recentemente por Adrian Vermeule em sua obra Common Good Constitutionalism.[17] A teoria jurídica contemporânea é excessivamente focada nas Cortes, mas o Poder Legislativo tem um papel fundamental em legislar com base em razões visando à promoção do bem comum. Os juristas que participam da tradição da lei natural devem participar de todas as formas possíveis dos debates legislativos e das reformas que interessem à persecução do bem comum.

Por fim, há a questão de maior interesse: como interpretar o direito à luz da Lei Natural? Em geral, esse é o ponto que gera maior apelo quando se fala em "ser um jusnaturalista". Costuma-se imaginar um jurista fazendo um constante "controle de jusnaturalidade" das leis e até mesmo da Constituição. Contudo, não julgo ser a linha mais adequada.

---

15. Confira: https://shre.ink/D8lA; e, EKINS, Richard. 24 Constitutional Principle in the Laws of the Commonwealth. *In:* KEOWN, John. GEORGE, Robert (ed.). *Reason, Morality, and Law*: The Philosophy of John Finnis. Oxford: OUP, 2013.

16. Vide, por exemplo: https://shre.ink/D8lt.

17. VERMEULE, Adrian. Common Good Constitutionalism. Cambridge: Polity Press, 2022. p. 127-128.

Confesso que este parece ser um tema em que, em alguma medida, fomos abandonados à própria sorte, pois se trata de assunto subteorizado pelos teóricos do direito natural. O que mais tem se dedicado ao tema é o aluno de John Finnis e professor na Universidade de Oxford Richard Ekins,[18] cujo pensamento ainda está em desenvolvimento. Também o professor Michael S. Moore produziu material relevante sobre o assunto, numa linha um pouco mais moralizante. Recentemente, Adrian Vermeule e Conor Casey,[19] assim como uma nova safra de "originalistas", passaram a buscar desenvolver uma teoria da interpretação à luz das teorias do direito natural.[20]

O que me parece fundamental perceber é: o direito da interpretação é, em larga medida, definido pelo direito positivo, isto é, pelas convenções interpretativas. Por isso, as correntes mencionadas, em amplo grau, adotam uniformemente alguma forma de "textualismo presumido", corrigido apenas de modo excepcional.

Quando uma norma positiva pode ser corrigida diretamente por afronta ao "direito natural"? Há uma série de diferentes variáveis que entram em jogo ao enfrentar a clássica questão da "lei injusta". Não creio que seja possível uma resposta *teórica*, sendo sempre uma questão prudencial. Essa exigência da prudência faz com que a aplicação do direito jamais seja meramente formal ou técnica, sempre

---

18. EKINS, Richard. Introduction. *In:* EKINS, Richard (ed.). *Judicial Power and the Balance of our Constitution*. Londres: Heron, Dawson and Sawyer, 2018; EKINS, Richard. Objects of Interpretation. *Constitutional Commentary*, v. 32, 2017. EKINS, Richard. The Nature of Legislative Intent. Oxford: Oxford University Press, 2012.

19. CASEY, Conor. Common-Good Constitutionalism and the New Battle over Constitutional Interpretation in the United States. *Public Law*, v. 4, 2021; CASEY, Conor; VERMEULE, Adrian. Myths of Common Good Constitutionalism. *Harvard Journal of Law and Public Policy*, v. 45, n. 1, 2022.

20. STRANG, Lee J. *Originalism's Promise*. Cambridge: CUP, 2019; POJANOWSKI, Jeffrey; WALSH, Kevin C. Enduring Originalism. *The Georgetown Law Journal*, v. 105, 2016.

dependendo do desenvolvimento das *virtudes jurídicas*.[21] No caso, a norma positiva tem de ser efetivamente *imoral*, e não apenas considerada inferior a outras opções pelo legislador. Ademais, o dano causado pela resistência ao direito posto não pode ser superior ao benefício proporcionado pelo afastamento da norma (análise qualitativa que só pode ser feita diante do caso concreto). Por fim, deve-se privilegiar as modificações pelos instrumentos institucionais ordinários.

Em breve síntese, pode-se concluir que o direito é uma arte que envolve um conhecimento eminentemente prático, sendo de igual natureza seus *standards* de racionalidade (direito natural). Toda a aplicação do direito envolve esses princípios práticos de razoabilidade. A sistematização teórica e filosófica do direito, todavia, é obra primordial do jurista acadêmico e do filósofo, e não do militante do foro. A utilização do direito natural implica esforço sério e deliberado por desenvolver as virtudes judiciais, como a acuidade no exame dos fatos, o cuidado no estudo e seleção das fontes formais, a lógica da decisão, a manutenção da integridade da ordem jurídica *etc.* O jusnaturalista é, basicamente, um jurista sério, técnico e dedicado. Ele leva as fontes formais do direito a sério, exatamente porque elas realizam bens humanos básicos, e não buscam a todo momento superar a legislação com base e parâmetros moralizantes abstratos.

REFERÊNCIAS

CASEY, Conor. Common-Good Constitutionalism and the New Battle over Constitutional Interpretation in the United States. *Public Law*, v. 4, 2021.

21. Sobre o tema, em português: FERNANDES, André Gonçalves. *O bom juiz:* teoria da ética judicial das virtudes. Belo Horizonte: Dialética, 2020. Também: STRANG, Lee J. *Originalism's Promise*. Cambridge: CUP, 2019. p. 142 e ss.

CASEY, Conor; VERMEULE, Adrian. Myths of Common Good Constitutionalism. *Harvard Journal of Law and Public Policy*, v. 45, n. 1, 2022.

CORREAS, Carlos Inacio Massini. *Filosofía del Derecho:* El Conocimiento y la Interpretación Jurídica, Buenos Aires: Abeledo Perrot, 2008. t. III.

DORAL, José María Martínez. *La Estructura del Conocimiento Jurídico.* Pamplona: EUNSA, 1963.

DUKE, George; GEORGE, Robert (ed.). *The Cambridge Companion to Natural Law Jurisprudence* (Cambridge Companions to Law). Cambridge: Cambridge University Press, 2017.

EKINS, Richard. Introduction. *In:* EKINS, Richard (ed.). *Judicial Power and the Balance of our Constitution.* Londres: Heron, Dawson and Sawyer, 2018.

EKINS, Richard (ed.). *Judicial Power and the Balance of our Constitution.* Londres: Heron, Dawson and Sawyer, 2018.

EKINS, Richard. Objects of Interpretation. *Constitutional Commentary,* v. 32, 2017.

EKINS, Richard. *The Nature of Legislative Intent.* Oxford: Oxford University Press, 2012.

FERNANDES, André Gonçalves. *O bom juiz:* teoria da ética judicial das virtudes. Belo Horizonte: Dialética, 2020.

FINNIS, John. Describing Law Normatively. *In:* FINNIS, John. *Collected Essays*. Oxford: Oxford University Press, 2011. v. IV.

FINNIS, John. Natural Law Theories. *In:* Edward N. Zalta (ed.). *The Stanford Encyclopedia of Philosophy,* Summer 2020 Edition. Disponível em: https://plato.stanford.edu/archives/sum2020/entries/natural-law-theories/.

FINNIS, John. *Natural Law & Natural Rights.* Oxford: Oxford University Press, 2011.

FINNIS, John. Aquinas and Natural Law Jurisprudence. *In:* DUKE, George; GEORGE, Robert (ed.). *The Cambridge Companion to Natural Law Jurisprudence* (Cambridge Companions to Law). Cambridge: Cambridge University Press, 2017.

FULLER, Lon. *The Morality of Law.* 2. ed. New Haven and London: Yale University Press, 1969.

FINNIS, John. What is the Philosophy of Law? *The American Journal of Jurisprudence*, v. 59, n. 2, 2014.

FINNIS, John. Reflections and Responses: John Finnis on Jeremy Waldron. *In:* KEOWN, John. GEORGE, Robert (ed.). *Reason, morality, and law:* the philosophy of John Finnis. Oxford: Oxford University Press, 2015.

HERVADA, Javier. *Lições propedêuticas de filosofia do direito.* São Paulo: Martins Fontes, 2008.

POJANOWSKI, Jeffrey; WALSH, Kevin C. Enduring Originalism. *The Georgetown Law Journal*, v. 105, 2016.

STRANG, Lee J. *Originalism's Promise.* Cambridge: Cambridge University Press, 2019.

VERMEULE, Adrian. *Common Good Constitutionalism.* Cambridge: Polity Press, 2022.

TRANSCRIÇÃO DO SEGUNDO CICLO DE DEBATES

O *LOCUS* FILOSÓFICO E TEÓRICO DO DIREITO NATURAL É SÓ ACADÊMICO OU PODE SER TAMBÉM PRÁTICO, DOGMÁTICO E JURISPRUDENCIAL? SE A ÚLTIMA RESPOSTA É POSITIVA, COMO DEVEMOS OPERAR NO DIA A DIA FORENSE?

1) Prof. Dr. André Borges Uliano

Muito do que vou falar e responder estará muito ligado ao Finnis. Talvez não de modo tão romântico e apaixonado como o Cordioli. Se vamos falar do direito natural na vida prática forense, então acho que seria interessante dizer o que é esse tal direito natural. É importante ter uma ideia do que é o direito natural para dizermos como aplicar na prática.

Eu gostaria de propor um exercício para vocês. Vou fazer um quiz com quatro perguntas e vocês precisam responder. Vou falar uma frase e vocês vão me dizer qual o autor que vocês acreditam que disse essa frase.

1ª frase: "as doutrinas jurídicas são justificadas apenas se forem moralmente justificadas. Só devem ser seguidas se for moralmente correto segui-las."

Plateia: – Barroso ou Fuller. Algum teórico com forte apelo moralista.

2ª frase: "Os valores de imparcialidade levam a lei a instituir uma tecnicalidade jurídica de estabelecer e seguir um conjunto de normas positivas e identificáveis tanto quanto possível por suas fontes, aplicando-as tanto quanto possível de acordo com seu significado estipulado com o mínimo de apelo possível a considerações morais que, por não serem controladas por fatos, seriam inerentemente suscetíveis de serem decididas de maneira muito diferente por juízes diferentes."

Plateia: – Hart.

3ª frase: "A validade sistêmica do Direito não estabelece sua validade moral, ou seja, que deva ser obedecido pelos sujeitos ou aplicados por juízes."

Plateia: – Kelsen.

4ª frase: "O raciocínio jurídico é raciocínio técnico, não moral. Busca definir termos e especificar regras com clareza e definição suficientes e necessariamente artificiais para estabelecer linhas claras que tornam tantas questões jurídicas difíceis (*hard cases*) em questões fáceis (*easy cases*)."

Plateia: – Schauer. Alexy.

A primeira frase que vocês disseram que foi Barroso ou Fuller, foi dita por Joseph Raz, um dos mais famosos positivistas da nossa época. Está no livro *Ethics in The Public Domain*.

A segunda frase vocês atribuíram a Hart é de Jonh Finnis. Está no artigo *Legal Reasoning as Practical Reason.*

Por que surpreende vocês que foi o Raz antes e Finnis agora? Talvez alguns dissessem que pensavam que Raz era um positivista e se perguntem: "como ele está falando de moralidade?" E o Finnis está falando que o raciocínio é técnico, artificial, o que faz vocês se perguntarem: "mas eu pensei que ele era um jusnaturalista. O que aconteceu aqui?"

A terceira frase sobre a validade sistêmica do Direito, vocês disseram ser de Kelsen e quem disse foi Lesli Green, que é um dos mais proeminentes alunos do Hart, autodeclarado positivista. Eu tive a honra de estudar na última turma dele, logo antes de se aposentar. Uma outra frase dele: nenhum positivista nega que a moralidade positiva possa ser uma fonte do Direito.

Admitam que isso surpreende vocês.

Jonh Gardner ocupa a cadeira de Oxford *Jurisprudence* – que para eles é Teoria do Direito. Muitos dizem que essa cadeira é a mais importante do mundo de língua inglesa no direito. Foi ocupada pelo Hart, depois pelo Dworkin e o seguinte foi por John Garner. Ele escreveu um artigo intitulado *Cinco mitos e meio do positivismo jurídico*, no qual ele vai dizer que nenhum filósofo do direito pode ser apenas um positivista jurídico. O positivismo jurídico é uma tese sobre o Direito, mas não uma doutrina compreensiva sobre o Direito. Uma teoria completa do Direito requer uma abordagem sobre o papel que o Direito possui no julgamento dos casos concretos.

Por exemplo, para responder se toda lei válida deve ser aplicada. O positivismo jurídico não aspira responder essas perguntas. No artigo, ele ainda escreve: "termino com o meu mito favorito sobre o positivismo jurídico, o mito de que não há conexão entre Direito e Moral. Essa tese é absurda e não há um filósofo do direito notável que jamais tenha aderido a ela dessa forma".

O que quero dizer com isso é que quando vamos falar sobre direito natural, direito positivo, é, em grande medida, uma bobagem. Esqueçam isso. O próprio Finnis dizia que quando uma pessoa se diz juspositivista, ela fala isso para dizer que ela não acredita no direito natural, mas o jusnaturalista não é assim. Nós acreditamos na autoridade do direito positivo. A questão é que vamos além e nos perguntamos quais as razões para o direito positivo ter autoridade e quais os limites dessa autoridade. Nós vamos além, mas não é um contra positivismo, é um além positivismo. E ele vai dizer – tem um vídeo dele no Youtube chamado *Positivist theories of law are natural law theories*. Aqui ele vai dizer que aquele positivismo que era um antijusnaturalismo está superado, ele morre com Hart. Ele surge com Bentham, se desenvolve com John Austin, são teorias que buscam olhar o Direito naquela linha sociológica, só de acordo com seus elementos externos. E quando chega Hart, ele faz a revolução em que ele volta a apelar para o Direito como razões para agir. E nisso, de algum modo, volta para um elemento muito importante da tradição clássica – Hart era muito influenciado por Aristóteles e pouca gente sabe disso, e quando ele volta a falar do Direito como razão, o Finnis fala que Hart colocou o trem nos trilhos. Ele não andou nele, ele não desenvolveu totalmente essa ideia, mas voltou a colocar o trem nos trilhos quando fala que o Direito é uma razão para agir.

Se pegarmos lá em São Tomás, o Direito vai estar no comando da razão prática promulgado por aquele que tem autoridade sobre a comunidade. Então volta a falar em razão. Toda a tradição positivista iniciada com Hart vai muito nessa linha e hoje eles reconhecem que o positivismo diz algo sobre o Direito e, em grande medida ele acerta nessa descrição, mas ele não tem a pretensão de dizer tudo. O positivismo é uma linha restrita.

Então, quando estamos falando como é o jusnaturalismo na prática? Ele é você tentar aplicar o Direito com razoabilidade prática. Basicamente é isto o que o Finnis tentou fazer e falar – daí vem a grandeza da obra do Finnis – e você não entende Finnis se não entender Hart, e não entende Hart se não entender esse positivismo que ele mesmo quis desconstruir ou superar. O que o Finnis falou foi: vamos desenvolver totalmente essa ideia.

Quando criticamos que o positivismo quer ser puramente descritivo, o próprio Hart não percebe que ele não fez isso. Ele fala que a teoria dele é uma *descriptive social theory*. Mas não é isso porque quando ele vai falar que o Direito é uma ordem de regras primárias e secundárias (ele vai dizer que nem toda ordem jurídica que você for ver no mundo tem essas características), mas esse é o caso central de sistema jurídico. Por que caso central? É claro que entra um elemento valorativo. Inclusive, quando você estabelece um sistema de regras primárias e secundárias, ele fala que equivale à invenção da roda para o homem. E o sistema de regras primárias e secundárias vem para sanar problemas ou dar respostas a problemas práticos. Um sistema só primário é defeituoso. Obviamente isso não é uma teoria descritiva, isso é um julgamento de razoabilidade prática sobre como deve ser o caso central de um sistema jurídico.

Portanto, quando estamos falando de aplicação do Direito na prática, você não é de outro mundo. Tem lá um sistema legal e você precisa conhecê-lo. Precisa procurar durante toda a sua vida formar a sua razoabilidade prática e vai atuar de acordo com isso.

Formando a sua razoabilidade prática e analisando os sistemas comparados você vai ver que sistemas organizados em que os princípios da legalidade estão fortemente estabelecidos favorecem o bem comum e o desenvolvimento humano. Então você vai prezar muito por isso.

A meu ver, em sistemas razoavelmente funcionais, o jusnaturalista é muito mais técnico e positivista do que a maioria das correntes que encontramos hoje em dia. Você procura conhecer a história dos conceitos, a história dos institutos e esse tipo de fenômeno.

Não temos que ficar extraindo soluções direto de princípios abstratos. Temos que participar, efetivamente, da mudança, da reforma dos institutos pela via legislativa – e as teorias interpretativas são, em grande medida, definidas pelo direito positivo. O que a razoabilidade prática pode nos ensinar sobre interpretação são os critérios básicos. Boa parte da interpretação é: o legislador legisla com uma expectativa de como aquilo será lido e essa expectativa está definida pela cultura jurídica em que ele está inserido. Por exemplo, o constituinte quando escreveu foi pensando na expectativa que se compreenda isso. Então você tem que entender como a expectativa era determinada naquele período para que você consiga fazer uma reta interpretação.

Como é a interpretação jusnaturalista no Brasil? Você tem que conhecer a história legal da tradição de interpretação jurídica e hermenêutica no Brasil. Inclusive, nos EUA, alguém fez uma pergunta ao Robert P. George sobre como se interpretava tal coisa. Ao que ele responde: onde? Depende. Você está na Inglaterra ou nos EUA? A tradição interpretativa é diferente.

2) Prof. Dr. Bruno Coletto

Para provar que eu li o teu texto, me chamou atenção a analogia que tu usas com o futebol estritamente acadêmico dizendo, em alguma passagem: se as pessoas apenas estudarem futebol, mas não praticarem futebol, o esporte terá simplesmente deixado de existir em ato. De forma análoga, o exame dos *standards* de racionalidade uma prática social como Direito não pode ser objeto apenas do estudo acadêmico, mas precisa se tornar uma prática em atualização, senão se torna um fenômeno apenas em potencial.

Isso me lembrou a discussão de ontem com alguma passagem do Postema em que ele diz algo parecido, que o Direito é uma prática social. Em alguma medida, o que o Postema está dizendo e, me parece que está aqui no teu texto também, é que o Direito serve para aquilo que nós achamos que ele deveria servir. Se nós achamos que o objetivo do Direito é implementar direitos sociais de 72 gerações, não interessa o mecanismo institucional que a gente utiliza para controlar esse poder porque ele vai atender essa finalidade.

Um ponto importante do jusnaturalismo aqui ou da teoria do direito natural, é entender a finalidade do Direito e essa é uma discussão filosófica, mas que faz com que o Direito seja limitado a sua própria finalidade. Isto é o que tu estavas dizendo: onde se interpreta tal coisa? Então, por que essa pergunta do onde é importante? Porque a cultura onde aquela prática está estabelecida dá as diretrizes do funcionamento dela.

E aí vem o ponto da teoria do direito natural que é essa tensão entre as virtudes e as instituições. Não nos bastam instituições jurídicas desenhadas arquitetonicamente porque a prática, o Direito em ato, demanda também uma autocompreensão daquilo que estamos fazendo e é isso que chamamos de virtudes. A virtude do aplicador do Direito, do cidadão, do debate público, serve para iluminar a nossa própria compreensão do Direito enquanto prática. Essa é a limitação não institucional que a cultura jurídica fornece. Talvez cultura seja uma forma mais clara de fazer essa conexão entre virtudes e instituições.

3) Prof. Dr. Pedro Moreira

Eu gostei muito das provocações do André em relação às frases e elas, em alguma medida, surpreendem. Acho que existem algumas complexidades aí que o André é consciente, mas obviamente que ele trouxe para nos provocar e tirar de uma zona de conforto de ficar nos definindo em clubes.

Eu, por exemplo, encontro em alguns positivistas respostas muito mais interessantes para problemas práticos que me parecem fundamentais hoje para compreender o Direito no Brasil, na minha comunidade política. Encontro nesses positivistas respostas mais apropriadas, mais diretas, mais interessantes do que em muitos jusnaturalistas.

Acho que as questões conceituais são mais delicadas. Por exemplo, existe toda uma tradição hoje positivista – a poderíamos falar no Postema, que não é exatamente um positivista, o Schauer e alguns outros autores que são próximos a eles – que trata a forma adequada de entender o positivismo como uma teoria do Direito moderna e não como um modo de aproximação ao estudo do Direito – que é o positivismo metodológico. Continua a existir essa discussão conceitual sobre a necessária conexão entre o Direito e a moral.

Isso continua, embora com críticas dentro da própria tradição mais ampla do positivismo. Então, a pergunta: por que ser positivista? É uma pergunta que obviamente envolve uma valoração e, no fundo, não deixa de implicar uma consciência de que há fundamentos políticos e morais para entender o Direito como um positivista entende. Isto é, como algo diferente da moral. Tem um domínio autônomo.

Obviamente que a moral interfere no Direito de distintas formas, mas me parece que há razões para que, no estado moderno, nós compreendamos, alentemos uma concepção do Direito em que seja possível, para identificar o

Direito – não necessariamente para agir – que não precisemos recorrer a juízos morais. Isso é importante.

Por exemplo, quando chegamos ao sinal vermelho e são 2 horas da manhã. Eu tenho diversas razões para agir. Razões prudenciais: existe um raciocínio prático mais amplo, conforme essa ponderação rápida que eu fiz, que me leva a avançar o sinal vermelho às 2 horas da manhã. Mas eu identifiquei o Direito naquele momento. Aquilo que o Direito da minha comunidade prescreve é que eu não avance o sinal. A questão toda é: o jusnaturalismo, a tradição da lei natural, pretende que esse raciocínio abrangente seja também parte da identificação do Direito? Acho que essa é uma pergunta.

E então nós temos muitos problemas. Daí surge uma necessidade de diferenciação do jusnaturalismo muito maior em relação a todas as correntes jus-moralistas que surgem depois da segunda metade do século XX, porque todas essas correntes também pretendem que a identificação do Direito, que todo esse raciocínio prático, seja parte da identificação do Direito também, naquele momento em que me aproximo do sinal. O que o positivista diz é: você identificou o Direito da tua comunidade, o direito positivo. E o que essa compreensão normativa do positivismo diz é que há razões morais para nós pensarmos um Direito assim. Há razões morais para nós pensarmos um Direito diferente da moralidade. Não razões conceituais. O Átria chega a dizer que é uma disputa de família, absolutamente irrelevante entre o positivismo exclusivo e o inclusivo que se orgulha da sua própria irrelevância, o qual, na verdade, trata de sistemas jurídicos hipotéticos que não nos auxiliam na orientação e compreensão daquilo que estamos fazendo.

Esse é um tipo de positivismo que, para o jusnaturalismo em geral, é rejeitado. E para muitos positivistas que identificam esse fundamento moral e político é rejeitado também. Se para identificar o Direito nós temos que sempre fazer um raciocínio prático mais amplo, aí temos que nos diferenciar mais concretamente do Dworkin, Alexy e Barroso. Esse é o desafio e não acho que é um desafio fácil porque justamente o propósito de um autor como Robert Alexy é dizer que, se eu bebi e dirigi, mas sou um trabalhador e uso o carro, ou se aquela situação não gerou perigo para ninguém ou se o nível foi baixo, ou se tenho condições de fazer uma ponderação até matemática, ele diz, em algum momento, que há 6.532 constelações possíveis para essas ponderações, portanto, isso demonstra que esse juízo não é arbitrário e é uma contribuição relevantíssima para a ciência do Direito. Se é isso o que o jusnaturalismo prescreve – e não estou plenamente convencido de que é isso –, eu acho que podemos prescrever direito positivo a partir de uma concepção de direito natural e talvez seja mais interessante, isto é: prescrever a autonomia do Direito em que eu consigo identificar o Direito, mas tenho que ter noção de que as minhas razões para ação obviamente são mais abrangentes.

O positivismo ideológico que é simplesmente afirmar uma tese sobre o Direito e uma tese sobre a moral, que seria: identifiquei o sinal vermelho, portanto tenho um dever moral de obedecer ao sinal vermelho. Eu não conheço quem a defenda.

Segundo ponto é que nós, de certa forma, contribuímos para o estado de desordem, na minha opinião, porque nós caímos na armadilha dos direitos. A tradição do direito natural me parece que caiu a partir da segunda metade do século XX. E era essa uma tentativa de provocação que eu fazia antes, quando destaquei certo entusiasmo e até torcida pela condenação do positivismo jurídico como o grande responsável pelos males do nazismo e do fascismo, como se isso desse ao jusnaturalismo um reconhecimento de vitória e eu acho que as coisas são bem mais complexas do que isso.

Quando nós prescrevemos que há direitos autoevidentes, isso é que consta até na fala do professor Ives Gandra ontem. Essa identificação do direito natural e sua importância de que há direitos humanos que foram positivados pelas declarações e pela Constituição e que são auto evidentes. Mas esses direitos foram colonizados, expandidos e, digamos assim, eles são governados por uma outra mentalidade. Isto é, a mentalidade que pretende tirar a autonomia do Direito a partir dessa ideia de que a identificação do Direito é uma identificação mais geral em termos de razão prática.

Faço também uma sugestão se quisermos continuar ramificando a discussão, porque daí nós temos que dar exemplos. Então, qual é o meu dever jurídico quando e chego diante do sinal vermelho? A partir de uma visão jusnaturalista, se é uma questão de raciocínio prático geral?

Eu citei ontem o texto do professor Frederico Bonaldo, com o qual eu acho que discordo do argumento central que é a ideia de que retirar o Eduardo Cunha naquela época da presidência da Câmara e, também, do seu mandato, sem que existisse qualquer previsão legal para isso, era uma exigência de direito natural. Eu talvez considerasse que, em vez disso, seria necessário suportar a presença do deputado. Esse é, na minha visão, o debate relevante para esta mesa.

4) Prof. Dr. Gustavo França

Se você analisar a decisão do Teori Zavaski no caso do Cunha, ela foi muito interessante. Ele invoca razão de direito natural. Não é uma coisa clara, mas ele invoca uma razão de direito natural. Eu também não tenho posição sobre isso, mas acho que valia a pena estudar essa decisão.

5) Prof. Dr. Bruno Coletto

Parece que o problema que o Pedro está levantando é que a nossa percepção é a limitação da realidade política e nós temos que ter a humildade de perceber que o Direito será incompleto e de que isso é um valor para nós.

O fato de uma prisão, que em uma percepção de Justiça ideal deveria ter acontecido, viola o Direito, faz com que nós percebamos que o Direito tem um valor em si. Um valor moral próprio. É imperfeito, claro, que faz parte da continência da vida humana. Essa é uma percepção que a teoria do direito natural sempre teve com a noção de justo político desde o Aristóteles e que nós caímos na armadilha neoconstitucionalista ao trazermos uma moralidade querendo ser o céu na terra por meio do Direito.

6) Prof. Dr. André Borges Uliano

Sim, realmente as pessoas caíram bem na armadilha. Juravam que toda essa linha neoconstitucionalista ia servir, por exemplo, para impedir o aborto. Então, no fundo, todos nós temos um pouco esse desejo de tirar esse tema que é tão importante para mim da esfera política? E, de repente, você caiu do cavalo porque o aborto foi empurrado via jurisdição constitucional em vários países.

Quando se reconhece que existe um direito, disso não decorre a autoridade jurisdicional para que ele decida sobre esses direitos morais e os regulamente. Isso porque a teoria da instituição é diferente da teoria da justiça.

Se falarmos que o direito à vida é uma questão de direito natural, mas disso não decorre que qualquer instituição possa regular o direito à vida, porque você não sabe se depois uma instituição não vai usar esse poder para violá-lo. Então, você tem que ter a teoria da justiça, mas já que ela vai ser imperfeitamente realizada no mundo, como é que agora eu desenho instituições que eu acho que do modo mais seguro possível, inclusive instituições informais, por exemplo, ética, formação, educação. Então, a maioria dos alunos do Finnis hoje estão estudando teoria institucional. Eles migraram do departamento de teoria do direito para o departamento de teoria constitucional e o que mais estão dando atenção é o desenho institucional. Isso porque quando o desenho institucional é ruim, é latino-americano, nenhuma teoria da hermenêutica dá conta de conter o arbítrio.

Alguém pode dizer que tem uma teoria da ética. Mas como você vai saber que a pessoa que vão colocar lá adota a sua teoria da ética? Eles têm feito um esforço enorme. Por exemplo, Ekins tem feito um grande esforço e muito influente hoje no senado, na câmara dos lordes e tem sido um dos responsáveis por impedir a adoção de um *bill of rights* e de jurisdição constitucional no Reino Unido.

Você ainda pode ter uma cultura razoavelmente sadia, mas se suas instituições são muito degradadas, elas empurram aquilo goela abaixo. Então, você tem que estar atento nas duas coisas.

Então, essa discussão se o importante é o desenho constitucional ou a formação moral: na verdade, são as duas coisas. Elas se interrelacionam. Até quando São Tomás fala que a lei tem uma finalidade educativa, creio que muito do que ele estava querendo dizer era isso: que as instituições conformam padrões de comportamento. Não só que o Estado vai educar as criancinhas. O próprio arcabouço institucional define como as pessoas atuam dentro dele. Por exemplo, você vai na embaixada dos EUA, todo mundo está quietinho. Parece que você já entrou nos EUA. As instituições moldam o comportamento. Por exemplo, punição efetiva moldam o comportamento.

7) Prof. Dr. Fábio Cardoso

Eu fiz um apontamento do teu texto e vou ler para ficar mais rápido. Não há verdadeiro Direito, nem prática autenticamente jurídica sem aquele conjunto de condições a que chamamos de direito natural por advirem de considerações práticas e praticamente relevantes daquilo que é justo por natureza. Ou seja, o direito natural não é algo que aplicamos ou não. Que incorporamos ou não à prática jurídica. É condição de possibilidade dessa prática e do próprio Direito.

Esse é só um lado da coisa, porque transforma o direito natural em uma espécie de instância crítica e, se a gente acentua apenas isso, nossa tendência é adotar uma postura racionalista, no sentido do Hayek. A partir daí eu me apego a alguns bens humanos básicos. Olho para o Direito como algo que vou conceber e a atitude típica do jusracionalismo moderno. E aí eu vou até o final para dizer se o cara poderia ou não passar no sinal vermelho às duas horas da madrugada.

Essa compreensão que está, de alguma maneira, sintetizada na minha anotação, tende a gerar uma postura racionalista nesse sentido. Mas como eu disse: tem o outro lado. E, na minha visão, o outro lado é que o direito posto – e não vou usar o termo positivo, mas o direito posto para significar apenas o que nós temos. O Direito da nossa tradição que começou na experiência jurídica romana e que nós herdamos.

Este nosso Direito, na minha visão, incorpora um saber prático prudencial a respeito do que é naturalmente justo. Isso dá a este Direito posto, inclusive, com as determinações autorizativas que decorrem da atividade do legislador, da jurisprudência, das contribuições da doutrina etc., um valor em si. Costumo dizer que o Direito é, em si mesmo, um bem. O Direito é, por si mesmo, algo bom. E ele é algo em si mesmo bom, pelo menos em parte, porque incorpora esse saber daquilo que é justo. É um saber que vai, ao longo dos séculos, se aperfeiçoando, se densificando por meio de práticas, critérios, regras. Digamos que esse saber prático prudencial vai, de alguma maneira, se precipitando em regras, doutrinas e assim por diante.

O valor, a força normativa, a relevância desse direito posto com seus aspectos naturais e positivos, é, por si só, algo que não podemos desconsiderar. Então, não podemos adotar a atitude racionalista de quem, a partir de alguns princípios fundamentais ou bens, se colocam naquela condição petulante do reformador da ordem. Nós, da tradição do jusnaturalismo clássico, temos que ter o cuidado de não nos transformarmos em *barrosianos*. Talvez se fizéssemos uma síntese a respeito dessa questão que é prática e urgente no Brasil hoje, talvez tivéssemos que dizer que do ponto de vista do jusnaturalismo clássico o Direito posto importa. Ele tem um valor em si. A observância dele tem um valor em si.

Temos que ter o cuidado de ser vistos por quem não se filia a nossa tradição como aqueles que desprezam o direito posto. É muito ao contrário.

8) Prof. Dr. André Borges Uliano

Um ponto que eu queria falar sobre isso que dialoga com uma questão que o Pedro levantou ontem, que era se a vontade tem um papel no direito natural. Tem um artigo do Finnis chamado *Natural Law e Natural Reasoning*, onde ele mostra que o direito positivo tem valor em si, não por uma espécie de niilismo moral. Não é pela concepção de que não existe moralidade e aí o direito positivo manda o que quiser. Mas porque existe mais de um comportamento moral possível.

Como se tem uma indeterminação ética, quando você quer coordenar o comportamento social, precisa estabelecer isso em uma fonte social. E essa fonte social passa a ser uma razão para agir que você, na sua razoabilidade prática, tem que levar em conta.

É o que em geral eles vão dizer que o direito positivo tem autoridade moral, embora derrotável. Isso é extraordinário. Quando São Tomás fala da desobediência da lei injusta, ele vai dizer que para desobedecer a lei, ela tem que ser injusta e você tem que ponderar se a sua desobediência não deteriora o sistema a ponto de o mal ser maior do que o bem.

Se o sistema legal conferiu também ao Judiciário fazer esse juízo, pelo direito positivo ele poderia fazer. E daí nós podemos analisar se é prudente conceder esse poder ao judiciário e, se julgarmos que é imprudente, devemos reformar o sistema para subtrair esse poder deles. Não existiria uma resposta pronta, mas seria uma questão de desenho institucional.

9) Prof. Dr. Marcos Paulo Fernandes de Araújo

O primeiro ponto que eu gostaria de comentar aqui é a respeito da interpretação e sobre quais eram as expectativas da comunidade na época da promulgação da lei. A respeito disso, me parece que existe um caso muito interessante que é interpretação do artigo que fala sobre o aborto no Código Penal. Ao longo dos debates que se seguiram à promulgação do Código, acabou prevalecendo uma interpretação de que não se tratava de uma excludente de punibilidade, mas sim de culpabilidade.

Então, isso não era a expectativa razoável do legislador à época e acabou se impondo a despeito disso. Existem doutrinadores que falam em antijuridicidade e eu percebo que isso é uma confusão inerente ao próprio positivismo normativista no qual estamos imersos até certo ponto. Que é essa confusão entre o que é o justo e o que é a lei.

Agora vou passar para o exemplo do Pedro. Por que eu acho que isso é uma questão de Direito e não de moral? É porque a compreensão do jusnaturalista na tradição clássica é a de que o Direito é o objeto da virtude da Justiça. E a virtude da Justiça diz respeito ao próximo. Se você está no sinal às duas horas da manhã e não tem ninguém ali que possa ser prejudicado pela tua ação, e se você mora no RJ e existe uma perspectiva razoável de ser assaltado, qual o objetivo da lei de trânsito? É você dividir a parte de cada um dentro desse latifúndio que são as ruas das cidades. Você estabelece essas partes para cada um, você divide o espaço pelo tempo. Uma parte potestativa. Eu posso passar por esse espaço e você, não. Ao passo que se estiver vermelho para mim, você pode usar. Existe um elemento em ato – que é o terreno no qual você está passando, e uma parte em potência que é o movimento.

Retornando a um ponto abordado pelo André no texto dele que é uma analogia sobre o futebol, creio que essa analogia não é tão pertinente nesse caso, porque como Aristóteles fala no político, o ser humano é um animal que usa a palavra para discernir o que é bom e o que é ruim. A pessoa que está fazendo doutrina, ela também está determinando o Direito daquela comunidade. E vemos quantos estragos foram feitos. Os estragos que estamos vendo hoje, não são fruto meramente de mentes revolucionárias no sentido de pessoas que ocuparam posições de maneira ardilosa. Eles são fruto de uma doutrina que estabelece toda uma pré-compreensão acerca daquilo que estão fazendo ali e que confere, ao menos em parte, uma justificativa para o que estão fazendo. Então acho que a atenção à doutrina e redação de livros é um ponto bastante importante no que integra a prática jurídica.

Está no texto, em algum momento, que a compreensão sobre o que estamos fazendo quando se trata de prática, porque se não seria meramente pragmática, integra o significado daquilo que estamos fazendo. A prática não é só um agir mecânico, mas é um agir com significado acoplado; integrado ali e significado se dá mediante uma pré-compreensão daquilo que estamos fazendo.

10) Prof. Dr. Renato Morais

Podemos falar no Direito como objeto da justiça, sentido primário, mas o Direito também é uma arte que visa resolver uma questão que é dizer o justo. Então, como o Direito visa dizer o que é o justo, ele não vai ser só descritivo nesse sentido. Ele quer resolver uma situação concreta. Ao resolver uma situação concreta, ele vai ter que olhar todos os fatores, inclusive a lei. Aí está a importância da lei e não devemos nem aumentar, nem diminuir. Ela é essencial. Como eu vejo a lei? Como manual de instrução ou como uma receita de bolo. A receita te ajuda a fazer o bolo, mas as vezes você tem que alterar alguma coisa para que o bolo fique melhor pela circunstância.

De fato, o que o André fala, e ele citou o Green e o Garner e é um artigo que ficou muito famoso e foi muito rebatido, mas, para mim, essa posição do positivismo hoje, é uma espécie de capitulação. Eu acho que o positivismo já não consegue mais se sustentar, mas para manter a ideia de positivismo, ele fala que nós somos só uma descrição do que é a lei.

Se o Direito visa resolver uma questão, de que me serve descrever uma lei e não saber se eu devo aplicar ou não? Não tem sentido. Para eu fazer Direito, preciso saber da lei e aplicar.

Isso me ficou claro porque eu dava para os alunos do primeiro ano na faculdade a discussão sobre um capítulo longo do Carlos Santiago Nino, da *Introdução à análise do direito*. É um livro bom. O Nino estudou também com o Hart e nesse livro ele está deslocando a obrigação que um juiz tem de decidir – que sempre se considerou como algo jurídico e por isso sujeito a argumentação, a revisão – para simplesmente uma questão moral que ele entende como algo subjetivo do juiz. Ele piorou toda a situação. No caso das citações que você faz, André, tem inclusive um ponto que é meio duro, mas eu acho que esses autores estão falando inverdades quando dizem que a tradição positivista nunca foi dizer isso, nunca foi separar o Direito da moral. Você leu Kelsen, você leu vários artigos do Hart e era isso o que eles queriam fazer. É que se tornou insustentável. Para manter o positivismo, justificaram isso.

Quando se fala de Direito, se busca sim, de fato, como precisa solucionar uma questão se você acha que moralmente deve fazer. Mas o Direito diz que não, você está errado na hora em que faz aquilo. Pode acontecer, em certas situações, que não. Pode acontecer as vezes o Direito abusivo e daí você vai ser até punido por isso.

Acho que é justo, se uma pessoa que está em uma situação de perigo, que ela passe pelo sinal vermelho tanto juridicamente quanto em termos de justiça moral e o juiz deve reconhecer isso. O juiz não reconheceu, bem, o Direito tem problemas. E, de fato, na hora da situação concreta, as vezes é difícil de você ajustar. A decisão sempre vai estar baseada em argumentos e, nesse sentido, ela está ligada à razão. Porém, tem um aspecto que, entre várias possibilidades, você vai escolher uma e, a partir daquele momento, aquilo passa a ser a decisão.

Por isso que a ideia da única solução do Dworkin é uma quimera. Isso não é possível. Mas eu diria – e isso está em Aristóteles – nas coisas humanas, não há certeza absoluta. No que é humano, no âmbito da arte, no âmbito da moral, você tem realmente problemas. Daí a importância da lei positiva que é indispensável e necessária, mas nós não podemos achar que ela vai ser perfeita porque é próprio de algo que vai organizar algo prático, vai ser imperfeito. Então, certas situações não vão poder prever e eu vou poder fazer uma argumentação e não é uma argumentação moral nesse sentido que eles estão dando. Quando entra algo de razão ou de buscar um valor, já não estou no campo do Direito ou no campo da moral. Aí eu discuto, pois, isso é Direito sim.

O caso do Eduardo Cunha é interessante. Eu acho – e até o Finnis pensa isso também – seria possível justificar. Eu não sei se nesse caso concreto eu justificaria, mas alguma situação em que você tem o Estado usando a lei; a norma jurídica, você tem uma situação que houve abuso de poder, pode haver uma reação que seja ela mesma jurídica. Seja justa. Se ela é justa, é aceitável. Eu entendo o medo que vocês têm de se tornar Barroso, mas aqui nesse seminário estamos pensando uma coisa.

Em certa medida é impossível não ser Barroso. Lógico que no caso dele, abusou e é totalmente errado. Mas que vai ter interpretação, que vai ter certa abertura, é inviável.

Achar que o positivismo ou mesmo as instituições vão ser suficientes para garantir, não. São necessários, a lei, a instituição, mas, se pegarmos EUA, Inglaterra, países com tantas coisas para admirarmos e aprendermos, mas os direitos humanos em todos os aspectos estão melhor resguardados do que mesmo no nosso país, com todos os problemas que nós temos. É um modelo também que é perfeito. Tem muitas virtudes, os países estáveis politicamente, mas é um problema cultural.

11) Prof. Dra. Ana Luiza Braga

Volta a questão da antropologia e de uma ética das virtudes, porque nisso que você aponta como "é difícil não ser Barroso", existe um grau e que é determinado pela virtude do juiz. Nesse sentido, é que o reconhecimento de uma ideia de florescimento humano, de um ideal humano, é que vai dar essa calibragem de grau e é o que torna completamente diferente.

12) Prof. Dr. Renato Moraes

Perfeito. De fato, é hiperbólico porque talvez o que criticamos no Barroso, com todo respeito, é que parece que há uma coisa que ele já não se preocupa sequer com a lei. A gente tem que ter uma teoria do direito positivo, saber a força que ele tem, a necessidade que nós temos, o Direito não é simplesmente algo útil. Ele é bom e mesmo naquelas coisas que são indeterminadas. Uma organização da sociedade.

Então, o Direito é positivo e é mesmo, ele é bom. Ao mesmo tempo temos que saber da limitação.

Em certas situações – e lembro que o Finnis diz isso também. Matar o Hitler seria justo? Juridicamente falando. Parece-me que sim. Lógico que são situações limite em que tudo fica mais complicado e não queremos chegar nelas, mas acho que elas podem acontecer e vamos dizer que a lei é incapaz de prever tudo. Não significa que ela seja desprezível, mas achar que vamos resolver tudo só na base do que está escrito na lei, aplicar e fazer, foi o erro do positivismo e realmente, acho que em parte, o neoconstitucionalismo é uma ressaca do positivismo.

13) Prof. Dr. Marcus Paulo Rycembel Boeira

Eu queria retomar um ponto importante que tu trouxeste sobre um artigo do Finnis, que é a noção de que o sistema jurídico é visto como algo que oferece razões para agir. O sistema jurídico é visto como um sistema no qual estão expressas razões para a ação. Dentro disso me parece que existem dois pontos importantes.

Primeiro, o sistema jurídico visto como algo que convida a sociedade a agir de determinado modo, e nisso o próprio Finnis no Natural Law, traz reflexões sobre a ordem ideal que é perseguida pelo sistema jurídico. Um outro ponto muito importante, é o que vamos chamar de solicitude. O sistema jurídico, ao mesmo tempo em que ele convida, ele apresenta solicitações para a sociedade.

E então, voltamos ao mesmo ponto da discussão que estamos acaloradamente fazendo aqui. Quem tem autoridade no sentido de *autoritas* para definir o que deve ser promovido e o que deve ser solicitado em razão dessa condenação. E aqui, parece que há um problema central, qual seja, o limite semântico dos enunciados normativos. É um tema que eu estou enfrentando há algum tempo e acho que é central aqui dentro.

Qual é o limite semântico dos enunciados normativos? Até onde nós podemos ir e até onde nós não podemos ir? E sob quais argumentos e justificações vamos fazer?

Nas teorias da argumentação jurídica, normalmente existe uma distinção entre o contexto de descoberto e o contexto de justificação. Ou seja, como eu preciso justificar as minhas decisões e de onde eu saquei as minhas ideias para ter ou esta ou aquela posição. Parece-me que este ponto de contexto de descoberta quando levado às últimas consequências, ele apresenta uma visão filosófico-histórica muito problemática, no sentido de que a coordenação deixa de ser o critério central para a solicitação e o convite à ação e, no lugar disso, passa a advir uma visão de mundo que alguém possa ter acerca do que a sociedade deveria ser.

Quando a lei é colocada de lado para dar lugar para a decisão, nós estamos entre dois mundos. Uma crença injustificada em um formalismo abstrato onde isso tudo se justifica "procedimentalmente" com critérios de justiça procedimental e tudo o mais, ou, por outro lado, o ceticismo puro e simples que foi denunciado pelo Hart e que nos leva basicamente ao seguinte: até aqui, regras – zona de incidência e na zona de penumbra discricionariedade e cada um faz o que quiser.

O grande problema é que, em razão dessa indeterminação semântica dos enunciados, nós temos um espaço onde a zona de penumbra é maior do que a zona de incidência. E o dispositivo que teríamos para impedir isso – que é a deferência primeiro à lei e depois a Constituição, quando nós assistimos uma inversão disso, onde a deferência à Constituição é prioritária em relação a deferência a lei, então nós estamos permitindo que diversas filosofias da história possam reificar o sentido dessa sociedade e a presença dela no tempo, de uma maneira contrária aquilo que é a coordenação e que o bem comum instrumental exige. Ou seja, a participação da sociedade; a soberania popular.

Então, no fundo, o resultado disso é destruição da soberania popular e da democracia e a reivindicação dos direitos, que outra coisa não é senão uma espécie de luta por cosmovisões rivais que vai acabar em um desastre. Isso me parece muito claro.

14) Prof. Dr. André Borges Uliano

Eu concordo inteiramente com você, Boeira. Isso o que você falou é o centro do neoconstitucionalismo, que é a aplicação direta da Constituição e acho que esse é um tema que os juristas jusnaturalistas deixaram subteorizado. Inclusive, eu perguntei isso lá para o Finnis: qual a sua teoria da interpretação? E não tem algo muito elaborado. O próprio Ekins que resolveu se dedicar a isso falou que primeiro ia escrever um livro sobre a intenção legislativa, porque o texto sem intenção não consegue te dar as margens. Então, você precisa ter ali o nível pragmático que seria o que o legislador queria. E daí toda a teoria da ação coletiva do Finnis, ele aplicou de maneira muito magistral e agora ele vai escrever um segundo livro mais prático.

O que eu acho? Acho que nós temos que recuperar a ideia de que a deontologia tem três espécies de comando.

Ela pode obrigar, proibir e permitir. E esse amplo espaço que os princípios constitucionais deixam é um âmbito de permissão para as maiorias políticas que vão se formando. Então, esse é um espaço em que o judiciário não pode dizer qual o ponto. Ele define o quadro, não o ponto exato em que tem que aplicar. Ele tem que resgatar o quadro e não determinar o ponto. Até mesmo as teorias neoconstitucionais, a ideia de otimização do Alexy, é um convite a determinar o ponto, porque o ponto ótimo só tem um e ele usa uma serie de conceitos de economia que não tem cabimento. Por exemplo, ele usa *Ótimo de Pareto*, que é quando você pode melhorar a situação de alguém, sem piorar a de nenhum outro. Mas em direitos fundamentais isso nunca ocorre porque não é isso que ocorre na racionalidade prática. Quando você escolhe realizar mais um bem prático, você faz isso em prejuízo dos demais. Isso é a vida humana limitada.

15) Profa. Dra. Ana Luiza Braga

A respeito das provocações do André no começo, quando ele diz: “olha, nenhum positivista jamais entendeu que o Direito não deriva da moral”.

Bem, é verdade. Se tomarmos o Kelsen, ele vai dizer que essa norma jurídica veio de algum lugar. Ele usa o artifício da norma hipotética fundamental, mas no final das contas, ele não é bobo. Sabe que tem um fundamento cultural; moral. Afinal, sendo assim, qual o problema do positivismo? E isso conecta com o coração do texto do André.

Dizer que o Direito tem um fundamento na moral, não é o mesmo que dizer que o Direito para ser considerado enquanto tal, depende da moral. E é isso o que os positivistas negam. Ou seja, eles negam que o Direito descritivamente, conceitualmente, dependa da moral.

Só que se nós considerarmos como você considerou, André, no seu texto, que a descrição determina a prática, é claro que o pressuposto positivista vai nos acarretar problemas de ordem prática também. Em qual sentido? No momento em que chegarmos naquele instante da indeterminação semântica de que fala o Prof. Boeira ou o instante em que o Dworkin vai falar do caso difícil, de que falou o Prof. Renato, aquele instante do caso concreto em que a lei positiva não se aplica, esse jurista, que nunca foi instigado a pensar a respeito do que é a justiça enquanto virtude prática, ele não sabe o que fazer com aquele caso de indeterminação.

Aquela crítica que se faz de que o positivismo justifica os regimes totalitários é demais. É claro que não. Mas o problema é que o positivismo deixa o jurista de mãos atadas diante do arbítrio porque ele olha para aquilo e não sabe o que fazer, já que ele nunca foi instigado a se questionar, enquanto seu labor por excelência, a respeito do que fazer com aquilo na prática.

Temos que resgatar mesmo a ideia do Prof. Renato do Direito como ato, da ideia romana do Direito enquanto justo no caso concreto. Nesse sentido, eu diria que mesmo que afirmemos a ideia do Prof. André de que o direito positivo, de fato, não é incompatível com o direito natural, vamos precisar de juízes. Quem fala isso muito bem é o Prof. Marinoni em seu livro recente *Processo constitucional e democracia*, no qual ele diz que essa ideia da autocontenção judicial é uma ideia de juiz virtuoso, prudente, que está ciente do seu papel no modelo de diálogo institucional. Está ciente do seu papel no modelo de distribuição de poder.

Certa vez o Prof. Renato explicou e achei interessantíssimo que o ativismo judicial fere o coração da justiça distributiva de poder no sentido aristotélico. A justiça distributiva requer distribuição de poder entre esses poderes e o ativismo judicial fere esse coração.

Sobre as citações que o André trouxe, na verdade, até mesmo um jusnaturalista diria que o positivismo entende que o Direito decorre de algum lugar, cultura, política, das decisões. Mas a questão é: descritivamente eu preciso da moral para conceituar o Direito? Um positivista vai dizer que não. E esse é o problema porque tem repercussão prática.

16) Prof. Dr. André Borges Uliano

Descritivamente o Direito não depende da moral. Assim como o Prof. Renato falou que é um artificialismo isso que os juspositivistas fazem de alegar que estão descrevendo a lei, mas que na prática não está dizendo se tem que aplicar a lei ou não. Por exemplo, Raz complementa dizendo que tem uma *Theory of Law e a Theory of Adjudication* que ele vai tentar desenvolver quando você tem que aplicar ou não, e isto é uma artificialidade. Mas, se eu perguntar: o Direito hoje, permite o aborto em NY? Seria uma artificialidade dizer não porque é imoral. Por isso que eu gosto do sistema analógico do Finnis. Então, você tem que ter o Direito enquanto fato e ele é descritivamente independente da moral. Isto é um fato. E você tem o Direito enquanto razão para decidir e que nós teremos que analisar enquanto caso central se ele vai admitir isso ou não. Portanto, teremos dois níveis de análise mesmo.

17) Prof. Dr. Pedro Moreira

Somente para adentrar nessa discussão de vocês, teria que ver bem o que é a descrição. Se vocês estão tentando descrever um conceito de Direito que independe da moral, uma espécie de *general jurisprudence* do Bentham ou *local jurisprudence*. Se vocês estão diante de um ordenamento jurídico e tentando descrevê-lo.

Construir um conceito de Direito sem recurso moral eu acho que é uma empresa que muitos tentaram e concordo com a maioria aqui ao achar impossível. Descrever o sistema jurídico, as normas que existem como que as coisas operam sem recurso moral, acho que depende de outras coisas. Você pode fazer, desde que esteja em vigor uma teoria do Direito que permita que você faça. Desde que esteja em vigor uma teoria do Direito que reconheça a autonomia do direito positivo. E aí a teoria do direito natural tem que dar conta disso de alguma forma.

A teoria do Direito *mainstream*, isto é, que está em todos os manuais de direito constitucional, que bebe no constitucionalismo etc., que não é nem neoconstitucionalismo, é só uma ideologia dos direitos mesmo e é um *mainstream* pesado, não está só no Direito, está em tudo. Identitarismo é a mesma coisa. É uma coisa monstruosa.

Uma concepção como essa e não quero, de modo algum, parecer que eu defendo ou subscrevo algum tipo de formalismo ingênuo textualista, algum tipo de positivismo ideológico, que não reconheça que existe um componente de que o Direito, de certa forma, é uma arte mesmo e uma arte prudencial e que muitos argumentos irradiam e envolvem o trabalho do jurista.

Eu não sei qual resposta dar para aquele caso do sinal vermelho, mas gostei muito da resposta do Renato e do Marcus. O problema é que hoje, nós precisamos dar conta da hierarquia e da autonomia do Direito positivo como pressuposto dessa análise. Por que eu digo isso? Porque, de certa forma, interpretar o Direito é exercer uma parcela do poder político distribuído na comunidade. Eu gosto de pensar em interpretação assim. Não é só uma questão de razão prática tudo considerado, porque esse é o problema do Alexy, do Dworkin. A dimensão de *fit*, aí você pega a dimensão de ajuste, a dimensão do direito positivo, pega a dimensão de justificação, pondera. Mas, no fundo, nada limita o Hércules. É por isso a preocupação do Hércules jusnaturalista que eu acho que a gente ainda flerta e sonha com isso, porque no fundo queremos o juiz virtuoso dentro do Estado moderno, a partir dos valores corretos estabelecer o que é o justo no caso concreto. Mas o que ele pode fazer é reconhecer a sua posição institucional dentro de um ordenamento jurídico que é dividido hierarquicamente, em que há uma distribuição de poder político e a ele os compete dar continuidade àquilo que já foi determinado em outras instancias.

Então, talvez uma forma interessante de resolver o caso do sinal vermelho, seja ver se ali não há uma interrupção do processo de dar continua determinação do Direito. Se não há uma descontinuidade daquilo racional e que vinha sendo determinado pelo legislador.

Eu dou outro exemplo: usucapião constitucional. Quem usar por 5 anos um imóvel urbano com 250m² pode usucapir ou não pode? Aí o sujeito vem com um imóvel de 252mm². Eu diria que não pode. Por quê? Por problemas de coordenação. Qual o limite? Esse é um problema que temos que enfrentar nesse caso. E entra o que o André falou que a lei injusta também pode ser porque você não a aplica, mas isso vai gerar um problema muito maior. Mas, se nesse exemplo da usucapião em que o sujeito também não pode ser proprietário de nenhum outro imóvel, esse mesmo sujeito recebe por herança um imóvel em condomínio que a parte dele equivale a 10m², aí me parece que há uma descontinuidade em relação aquilo que autoritariamente o direito positivo resolveu.

Talvez a equidade dentro do Estado moderno tenha um ponto aí. É impossível você aplicar o Direito sem pressupor uma inteligência, sem pressupor intencionalidade porque isso não é interpretar. Agora, o que acontece hoje? O problema dos limites semânticos. Se eu adoto as teorias atualmente em vigor, os limites semânticos não importam. Por que não importam? Porque quando eu estou diante de um caso de indeterminação do Direito, o que o juiz faz? Ele faz um raciocínio geral com base em princípios. Ou seja, ele salta da dimensão de justificação para uma dimensão de justificação e vem as concepções abrangentes de bem e aí tudo termina. A ponderação dele não é com base no extrato de justificação imediatamente superior que é, por exemplo, o propósito do legislador, alguma coisa que ele pode temperar.

Aplicar a lei de maneira cega não é aplicar a lei. Esse talvez seja o ponto do jusnaturalista. A lei tem um propósito, tem inteligência, tem algo. E é isso o que precisamos recuperar de certa forma sem cair nessa tentação que é própria da ideologia dos direitos de fazer prescrever razão a todos os juízes.

Somente para completar, nem o Hart eu acho que deixava tanto espaço porque quando ele diz que a zona de penumbra ali exerce discricionariedade, tem um artigo póstumo, *Discretion*, em que ele disse que o juiz decidira como um legislador. Mas por que eu tenho que presumir que o legislador vai resolver de qualquer forma? O que ele está dizendo ali, *discretion* quer dizer deliberação, discrição, no fundo, razão prática. Ele inclusive diz que não é como um sorvete de baunilha, um sorvete de morango, que é uma questão de preferência. É uma questão de raciocinar e raciocinar como um legislador é também ser prudencial.

18) Prof. Dr. Venceslau Tavares

André, eu gostei muito da sua fala e, assim como o Pedro, eu fico preocupado com essa história do nosso juiz Hércules jusnaturalista quando você diz que o aplicador precisa ser alguém virtuoso. Acho também que muitas instituições do Direito são feitas justamente para evitar que a gente precise ser virtuosa. Então, no contrato de compra e venda, se o comprador já pagou o preço, ele tem o direito de exigir a entrega da coisa. E aqui, não tem questão de virtude. Não precisa e não deve ficar dependendo da virtude do vendedor.

Preocupa-me porque é justamente o cenário que a gente vê hoje. Outro exemplo que eu sempre discuto em direito civil na graduação é um testamento feito na comarca de Guaxupé. A senhorinha tinha seis netos, 10 milhões de reais, só que esses netos não eram herdeiros necessários. Quatro netos eram filhos do filho dela com a nora e duas netas eram filhos havidos fora do casamento. Então ela deixou para esses quatro netos que eram mais próximos e as duas netas se sentiram preteridas e o juiz disse ser um absurdo que a senhorinha não tenha contemplado igualmente todos os netos. Mandou dividir por igual os 10 milhões de reais. Esse tipo de virtuosismo não pode existir, senão acabamos com os imperativos de segurança, de confiança, de obediência a autoridade que é uma virtude também. Eu me preocupo como é que isso vai aparecer na escola judicial. Se, de repente, entra um jusnaturalista no CNJ e diz que agora tem que ter um ponto do concurso as virtudes do juiz perfeito. Já imagina um TikTok os caras ensinando quais são os seis bens e Finnis.

19) Prof. Rafael Cronje

Vou resumir meu comentário a um ponto que eu acho que o Renato tocou e que é objeto já há algum tempo das minhas preocupações que é a necessidade de uma recategorização de algumas coisas para que a gente consiga, em primeiro lugar, descrever o que tem acontecido.

O Renato falou que, em alguma medida, precisamos ser Barroso. Para mim, a figura do Barroso escapa qualquer medida porque se você pega a experiência jurídica jusnaturalista que existia até a época moderna, você vê inúmeros exemplos de decisões contra a legislação. Em determinadas situações, a legislação nem importava e que eram perfeitamente legítimas e justas dentro dos próprios fundamentos jusnaturalistas que existiam ali.

O que não havia? O que não havia por parte dos agentes políticos e especialmente por parte dos Príncipes – aqueles a quem era dada de maneira especial a faculdade de decidir contrarregra jurídica – não havia um desejo soberbo e a soberba entra nessa questão da competência porque a definição clássica de soberba, salvo engano, é exatamente fazer aquilo que não lhe compete.

Então, tem um problema moral grave na atuação desses juízes. Mas o que não havia era uma autoridade política que se colocava em posição análoga da divindade com fins de transformação da própria natureza e da própria realidade. Isso escapa do próprio escopo do jusnaturalismo clássico e não é um problema teorizado, se não na parte que trata do governo dos demônios e dos demônios em alguma medida na ação teológica, mas que a meu ver se não entendermos isso, não entendemos o que acontece hoje.

Talvez um termo para descrever isso seja um gnosticismo judicial ou algo nesse sentido. A ideia de que existem agentes políticos que se colocam tão fora da comunidade política e da ordem política normal que eles passam a agir não como homens, mas como deuses. E isso não tem como explicar juridicamente. Isso gera um não Direito. Algo que não é Direito. E não é Direito porque vai tão além do Direito e da própria ordem social que é um fator de destruição da comunidade política. E não é apenas uma discussão jurídica intestina em uma sociedade. É um fator ativo e deliberado de destruição.

Para mim, a discussão sobre ativismo judicial, sobre a situação presente, precisa entrar nesse ponto sob pena de não conseguir se explicar e se definir. Você tem uma situação dessas que não dá mais para você trabalhar normalmente com a categoria de equidade, de ativismo judicial, como se elas explicassem o fenômeno e você pudesse dizer que a partir daqui é legítima, justa ou injusta, porque não é mais uma questão tradicional dentro dos cânones do Direito Natural. Trata-se de um fenômeno novo.

Não é só um desacordo moral dentro de uma comunidade política. São agentes políticos que deliberadamente querem destruir a ordem social e fundar uma nova. Então, vai muito além da discussão jusnaturalista.

20) Prof. Dr. Fábio Cardoso

Mesmo o soberano hobbesiano é soberano em uma ordem. Ele tira a legitimidade dele da ordem em si. Esses caras eles subordinam a ordem a um plano deles. Então, de fato, não tem como pensar nisso no contexto da ordem. Os caras se colocam fora da ordem.

TERCEIRO CICLO DE DEBATES

QUAL A DIFERENÇA ENTRE O DIREITO NATURAL E TEORIAS MODERNAS COMO A TEORIA TRIDIMENSIONAL E/OU OUTRAS PERSPECTIVAS, COMO A NEOKANTIANA?

ENSAIO DE RELATORIA

QUAL A DIFERENÇA ENTRE A TEORIA CLÁSSICA DA LEI NATURAL E TEORIAS MODERNAS DO DIREITO, COMO A TEORIA TRIDIMENSIONAL E/OU OUTRAS PERSPECTIVAS COMO A NEOKANTIANA?

Marcus Paulo Rycembel Boeira

Foi-me proposto elaborar descritivamente uma plêiade de considerações acerca de algumas das diversas tensões subsistentes entre a teoria da lei natural e parte das modernas teorias jurídicas, em particular as de matriz kantiana. Proponho, assim, ao modo de *expositio*, dezesseis (16) breves reflexões sobre a temática aludida, elencadas de maneira concisa, mas expostas sem rodeios.

Não podemos ignorar o fato de que a teoria da lei natural e algumas das modernas teorias jurídicas guardam certas afinidades. Nas cercanias da filosofia prática rebentam eventuais aproximações possíveis entre a concepção clássica de lei natural e algumas teorias jusfilosóficas modernas. Poderíamos destacar pelo menos quatro (4) pontos de convergência: 1. *Base racional: a razão como princípio da lei e da ordem*. Tanto a clássica teoria jusnaturalista como as modernas correntes jus-filosóficas sustentam o primado da razão como princípio diretor da ordem social e normativa. 2. *Perspectiva ponte: a razão e a ação em conexão*. Qualquer doutrina sobre os atos humanos não pode prescindir da racionalidade. Este é um ponto compartilhado entre ambas as tendências teóricas [a jusnaturalista clássica e as modernas]. Aqui, a razão fundamenta o ato humano e sua correspondente valoração jurídica. 3. *O Direito é um produto civilizatório tributário da razão e da vontade*. O destaque conferido à razão não olvida a relevância da vontade na feição da ordem jurídica. Este é um ponto candente no ato de conceituar o Direito, tanto na tradição de *common law* como na tradição continental (romano-germânica). O Direito, assim, é o resultado civilizatório da racionalidade e da vontade. 4. *Estado constitucional: conexão entre o jurídico e o político*. O Estado Constitucional é uma conquista civilizatória. Um aperfeiçoamento do próprio Direito do Estado. É visto como um fenômeno positivo e desejável por ambas as correntes teóricas (a jusnaturalista e as modernas concepções jurídicas).

Ainda assim, perduram consideráveis diferenças entre a concepção clássica de lei natural e algumas teorias modernas do Direito. Propomos a seguir, de modo reflexivo, um conjunto suscinto de 16 ilações atinentes aos pontos de divergência entre a clássica teoria da lei natural e algumas das modernas teorias do Direito. As divergências oscilam entre diferenças acidentais e rupturas brutas, ou seja, divergências leves e radicais. Por conseguinte, eis os tópicos propostos:

1. Razão e objeto: há uma radical diferença de matriz epistemológica entre a concepção clássica e algumas teorias modernas do Direito no que diz respeito à teoria do conhecimento prático. A teoria do conhecimento prático toma como seu objeto principal o *ato humano* e seus elementos integrantes: fins, meios, circunstâncias e condições do agente. A

teoria clássica da lei natural supõe que a razão prática é uma operação intelectual, em que o intelecto toma o bem como um dado evidente, inclinando o agente a persegui-lo nas circunstâncias concretas de seus atos, por meio da deliberação prudencial dos meios. Para algumas teorias modernas, a razão é o postulado central e originário do conhecimento, como também o lugar de acesso a certos imperativos constitutivos, tomados como leis universais apodicticamente cognoscíveis pela razão.

2. A teoria da lei natural sugere um primado da razão, mas toma a objetividade do justo legal como critério derivativo. Algumas teorias modernas de matriz Kantiana priorizam também a razão, mas na falta de um critério externo objetivo, apelam para o consenso, para a democracia, para as instituições formais, para princípios e métodos formais do Estado de Direito, como também à princípios republicanos, em suma, requerem um consenso intersubjetivo para o assentimento da legitimidade juspolítica. Para a concepção clássica, todos estes predicados são indiscutivelmente importantes. Porém, constituem-se como partes de uma teoria social mais abrangente, que os engloba como partículas dentro de uma concepção objetiva do bem comum e da organização da comunidade humana. Nela, as instituições juspolíticas são vistas como causa formal, mediante a qual a vida social é ativada e movida aos bens básicos do convívio.

3. A teoria clássica do direito natural apoia-se na distinção entre o *justo por natureza* e o *justo por convenção.* O justo por natureza é fundamental para consolidar a noção de objetividade moral do Direito.[1] O justo por

1. Ver VILLEY, Michel. *Filosofia do direito*. 2. ed. São Paulo: Martins Fontes, 2008.

convenção encontra um espaço relevante, mas não substitui o justo por natureza naquelas áreas em que os requerimentos básicos convergentes para a objetividade moral do justo político, como também sua consequente cognoscibilidade, acarretam exigências epistêmicas para a racionalidade prática, exigências que são em parte axiomáticas – bens básicos dotados de evidência – e em parte alcançadas pelo esforço argumentativo, como são os *topoi* no âmbito da argumentação jurídica.

4. O Direito é objeto da justiça, uma virtude cardeal, segundo a teoria clássica da lei natural. Assim, o Direito é objeto concreto: condiz com o que é devido a alguém ou a algo em razão de uma relação jurídica. O Direito, para algumas das teorias jurídicas modernas, constitui-se como sistema de regras e instituições que autorizam a produção, organização e aplicação destas mesmas regras segundo critérios formais e jurisdicionais.[2] O Direito acompanha a abstração que caracteriza o moderno Estado burocrático centralizado. A teoria clássica não rejeita esta ideia em princípio. Porém, a toma como Direito Político, ante o fato de que o Direito político das instituições pode ser visto como a concreção na comunidade humana do justo político. Em certo sentido, o Direito político é objeto do justo legal, porquanto é fator de determinação da ordem civil. A diferença está no fato de que as teorias modernas não supõem que a ordem [nomos] anteceda a ordem concreta, mas que seja criada por ela mediante um ato volitivo de decisão do Soberano. Aqui, são contrastados dois modelos de ordem: o modelo clássico herdado de Aristóteles e o modelo de Thomas Hobbes. Para o primeiro, a ordem

2. Ver BASTIT, Michel. *Nascimento da lei moderna*. São Paulo: Martins Fontes, 2010.

antecede a pólis, e o convívio social depende de uma articulação entre as instituições da cidade e a concepção antecedente de *nomos*. Para a concepção hobbesiana, por outro lado, no princípio há a guerra, e a ordem é um artifício do Soberano para pôr fim ao conflito e estabelecer a paz.[3]

5. A teoria clássica da lei natural parte do princípio de que há uma ordem que antecede à lei positiva e às instituições. A lei positiva é deduzida da lei natural.[4] E esta desponta como ato da razão prática: regra e medida dos atos humanos. Para as teorias modernas, a ordem é uma criação artificial que põe fim ao estado de guerra presente no Estado de natureza.

6. A antropologia na qual se apoia a teoria clássica da lei natural concebe o ser humano como *substância individual de natureza racional*.[5] A antropologia da qual partem as concepções modernas entende o ser humano como indivíduo, como partícula indivisível na sociedade, ainda que em alguns casos teorias tipicamente modernas fundamentem seus respectivos sistemas juspolíticos e morais em premissas antropológicas ancoradas na visão personalista, como afirma Ollero ao avaliar as filosofias práticas de John Rawls e Ronald Dworkin. Diz Ollero: *"entendo por propostas éticas as exigências de conduta – implicitamente derivadas de uma determinada antropologia- que os seres humanos devem subscrever para satisfazer determinados objetivos axiológicos"*. E arremata que uma *"comum fundamentação antropológica das exigências éticas (sejam jurídicas ou*

---

3. HOBBES, Thomas. *Leviatã*. 3. ed. São Paulo: Ícone, 2008.

4. AQUINO, Tomas de. *Suma Teológica* I-II, q. 94.

5. BOÉCIO, Severino. *Opuscula Sacra, v. II, De duabus naturis*, c. 3. Ver também AQUINO, Tomas de. *Suma Teológica*, I, q. 29, a. 1; ver também *Suma Teológica III[a]*, q. 2, a. 2; *I Sententiarum*, dist. XXV, a. 1; *De Potentia*, q. 9, a. 2; *De unione Verbi*, a. 1.

morais) não é exclusiva de enfoques jusnaturalistas; é fácil reconhecer sua presença, quiçá inconsciente, em autores alheios a tal doutrina. Assim ocorreria com John Rawls", ao reconhecer que *"uma concepção da justiça para uma sociedade democrática pressupõe uma teoria da natureza humana. O próprio Ronald Dworkin, que suportava com mais fleuma as suspeitas de jusnaturalismo, é outro claro exemplo".*[6] Para a concepção clássica, o ser humano não é exclusivamente um fim em si mesmo. Só o é em certo sentido. Para o seu florescimento, é imprescindível que o compartilhamento de bens básicos, relações humanas de amizade e fraternidade, como também instituições voltadas para a determinação do justo político despontem como exigências de racionalidade prática a serem satisfeitas pela própria pessoa e pela comunidade política na qual esteja inserida. Para algumas das concepções modernas, o ser humano é visto como um fim exclusivo em si mesmo, bastando, para que cada indivíduo possa realizar-se e florescer, instituições formais que garantam espaços igualitários de autonomia individual. O justo, nesta acepção, é de caráter procedimental. Os bens são determinados como fins pelo próprio indivíduo. Enquanto a concepção clássica apoia-se no primado e na anterioridade do bem sobre o justo, algumas linhas modernas posicionam o justo formal como um postulado antecedente ao bem. Sandel afirma que *"enquanto a moralidade do justo* – referindo à teoria moral de John Rawls[7] – *se reporta aos limites do eu, dirigindo-se àquilo que nos distingue, a moralidade*

---

6. OLLERO, Andrés. Ainda tem cabimento ser jusnaturalista, hoje. *In:* SILVEIRA, Marcelo Pichioli da; BONALDO, Frederico; ARAÚJO, Marcos Paulo Fernandes de (org.). *Direito natural contemporâneo:* a renascença do jusnaturalismo no Brasil e no mundo. Londrina: Thoth, 2021. p. 77-94.

7. RAWLS, John. *O liberalismo político*. São Paulo: Martins Fontes, 2011.

do bom reporta-se à unidade da pessoa e dirige-se àquilo que nos une".[8] Opõem-se, assim, duas noções éticas rivais: a *centralidade do eu* dentro de uma Ética deontológica e a Ética teleológica na qual vigora a centralidade da *comunidade unida pelo compartilhamento de certos bens básicos*. Na primeira, continua o autor, *o justo antecede o bem, e isto significa que aquilo que nos separa é, num sentido importante, anterior àquilo que nos une- tanto num sentido epistemológico como num sentido moral, pois aqui somos primeiro indivíduos distintos e depois é que estabelecemos relações entre nós e desenvolvemos acordos de cooperação uns com os outros.*[9] Na segunda teoria, a de uma Ética teleológica das virtudes na comunidade humana, subsiste o domínio dos bens humanos e a anterioridade do bem sobre o eu individual; e é justamente nesta perspectiva que o bem antecede o justo.

7. Para J. Rawls e I. Kant[10] os princípios de justiça que *fixam os nossos direitos não dependem de nenhuma concepção de vida boa, do que o próprio Rawls chama de concepção moral abrangente.*[11] Para uma perspectiva comunitarista, integrada por filósofos como Alasdair MacIntyre,[12] Charles Taylor[13]

---

8. SANDEL, Michael. *O liberalismo e os limites da justiça*. Lisboa: Calouste Gulbenkian, 2005. p. 181 e ss.

9. RAWLS, *O liberalismo político* cit., p. 182.

10. KANT, Immanuel. *Fundamentação da metafísica dos costumes*. Lisboa: Editora 70, 2009.

11. RAWLS, *O liberalismo político* cit., p. 10.

12. MACINTYRE, Alasdair. *After Virtue*. Notre Dame: Notre Dame University Press, 1981.

13. TAYLOR, Charles. *Philosophical Papers*. Cambridge: Cambridge University Press, 1985.

e Michael Walzer,[14] a justificação dos direitos situa-se no lugar dos fins da comunidade política, ou seja, condiz com uma ética teleológica na qual os bens antecedem os direitos e os critérios de justiça formal. A concepção clássica de lei natural, embora incline-se para a forma de ilação arguida pelo comunitarismo para a defesa dos bens humanos e a tome como uma teoria aceitável, dela mantém certa distância porquanto defende *apertis verbis* a tese de que os princípios de justiça e racionalidade prática dependem de um valor moral objetivo e de uma concepção de bem intrínseco aos atos humanos, bens que expressam analogicamente as finalidades da comunidade política.

8. A concepção de "liberdade" na teoria clássica da lei natural envolve uma articulação entre a liberdade para agir (*freedom*) e a liberdade para ter condições de agir (*liberty*), ou seja, entre a ação enquanto tal e o modelo teleológico que ela pretende perseguir. E para tal é fundamental considerar a causa final dos atos humanos: o bem. Nas concepções modernas, a condição de agir aparece atrelada apenas ao modelo de limite estatal. O que se busca explicar não é o modelo de ação a ser perseguido, o que exigiria uma explicitação das razões morais e estéticas de fundo, senão os limites espaciais e condicionais para o agir sem um plano vinculatório de compromissos sócio-políticos. Propõe-se, assim, um modelo de licenciosidade, em que o agente se vê na tensão entre dois polos: a capacidade para fazer tudo o que se quer (*omnium rerum licentia*) e o poder total que o oprime (*effrenum absolutumque imperium*).

14. WALZER, Michael. *Spheres of Justice:* a defense of pluralism and Equality. New York: Basic books, 1983.

9. A teoria clássica da lei natural sustenta que o agir humano é qualificado segundo uma razão de fim e de meio. O agente persegue bens básicos, e o faz mediante a deliberação dos meios mais adequados. O juízo prudencial, um ato da razão prática que avalia as circunstâncias concretas e fundamenta a decisão de agir em razão de um fim, ancora-se na virtude intelectual da prudência, a *recta ratio agibilium.*[15] Há uma ética das virtudes suposta: as virtudes intelectuais aperfeiçoam as operações intelectuais mediante o hábito dos primeiros princípios, e as virtudes cardeais aperfeiçoam o caráter, por meio da beatitude dos hábitos atinentes à ação. A prudência é, nas palavras de Aristóteles, uma virtude arquitetônica.[16] Para as concepções modernas, a qualificação do ato humano é fator

15. AQUINO, Tomas de. *Suma Teológica*, I-II q. 57, a. 4. Diz Tomas: "[...] A arte causa só a Faculdade de produzir obras boas, porque não expressa nenhuma ordem aos apetites; a prudência, por outro lado, não causa apenas a Faculdade de bem obrar, senão também o uso, pois diz respeito ao apetite enquanto pressupõe sua retidão.
A razão desta diferença é que a arte é a recta ratio factibilium, enquanto a prudência, a recta ratio agibilium. Pois bem. Diferem o fazer e o agir, porque, segundo o Filósofo no Livro IX Metaphysicorum, a feitura é um ato que passa à matéria exterior, como edificar, cortar e coisas parecidas, enquanto que o agir é um ato que permanece no mesmo agente, como ver, querer, e coisas parecidas. Assim, pois, a prudência está em relação aos atos humanos, que constituem o uso das potências e dos hábitos, como a arte o está relativamente às obras exteriores, porque uma e outra são a razão perfeita daquilo ao qual se aplicam. Assim como a perfeição e a retidão da razão na ordem especulativa dependem dos princípios a partir dos quais a razão tece silogismos, conforme se disse que a ciência depende do entendimento, que é o hábito dos princípios e os pressupõe, nos atos humanos os fins exercem a mesma função que os princípios na ordem especulativa, conforme VII Ethicorum.
Por conseguinte, para a prudência, que é reta razão do agir, se requer que o ser humano esteja bem disposto em relação aos fins, o que se logra pelo apetite reto. Daí que para a prudência se requeira a virtude moral que faz que o apetite seja reto. Por outro lado, o bem das obras de arte não é o bem do apetite humano, senão o bem das obras mesmas; por isso, a arte não pressupõe o apetite reto.
[...] a retidão da vontade é essencial à prudência, e não o é à arte[...]. O bem da prudência se considera no mesmo agente, cuja perfeição a própria ação, pois é ela a reta razão do agir [...]. A prudência é necessária não só para que o ser humano seja bom, mas também para que viva".

16. ARISTÓTELES. *Ethicorum VI*. Carolus Z, Heidelberg: 1820.

prescindível se o ato em si mesmo não atenta contra o Estado de Direito. Uma perspectiva formal, de acordo com a qual a moralidade corresponde à dimensão privada da autonomia individual. E a moralidade pública identifica-se com a gestão transparente dos negócios públicos. A teoria da lei natural também apoia esta noção de moralidade, mas propõe uma fundamentação objetiva para o bem moral. O *decisum*, a determinação do bem moral, é uma conclusão ancorada em premissas axiomáticas, ou seja, em bens básicos entendidos como princípios indemonstráveis da razão prática.

10. O Direito é visto, tanto pela tradição da lei natural como também por algumas das modernas concepções jurídicas, como um conjunto de regras e instituições que produzem e aplicam estas mesmas regras. A diferença está na fundamentação. A escola clássica sustenta que o Direito supõe uma noção objetiva do que é o Direito natural e a justiça, coincidente com a virtude de dar a cada um o que lhe é devido. A relação entre o jusnaturalismo e a validade do Direito sugere, como afirma Massini-Corrêas, que *"a questão da validade e conseguinte obrigatoriedade das normas jurídicas comporta também uma exigência de conteúdo: suas diretrizes precisam se ordenar à coordenação das condutas sociais dos membros de uma comunidade política para orientá-las ao bem humano comum. Em outras palavras, desde a perspectiva do jusnaturalismo clássico, para que uma norma tenha validade jurídica, e seja portanto obrigatória, são necessárias duas coisas: (i) que tenha sido produzida por alguma fonte institucional de normas (legislação, decisões judiciais, costume jurídico, atos jurídicos ou administrativos etc.) e (ii) que seus conteúdos sigam e*

respeitem – certas – exigências".[17] Algumas linhas modernas, em contraste, sustentam que a vontade e o pacto social são fundamentos suficientes para a justificação do poder civil e do Direito.

11. A tridimensionalidade do Direito, a saber, a teoria de que o Direito é formado por três postulados: fato, valor e norma, expõe três dimensões de que o Direito se ocupa: a realidade social, os valores e as normas que orientam e dirigem os comportamentos humanos. A interrelação entre tais dimensões é assumida por algumas das concepções modernas, tais como o conceito de Direito segundo Miguel Reale,[18] como também por algumas das vertentes jusnaturalistas. Os pontos de divergência, todavia, residem no tipo de conhecimento objetivo de que o ser humano pode valer-se acerca dos princípios do agir moral e, assim, sobre a objetividade do bem moral que condiciona a validade das normas. O Direito, afinal, depende da moral? É parte da moral? E se sim, qual é a concepção de moralidade objetiva adequada para explicar o fenômeno jurídico? Para a concepção clássica de lei natural, os princípios primeiros da razão prática são bens básicos conhecidos de modo evidente pelo intelecto humano, e antecedem a própria moralidade e o próprio Direito positivo. São princípios análogos aos preceitos da lei natural. Deles, decorrem o direito natural e o direito positivo. O direito natural corresponde ao campo de moralidade dos atos humanos, enquanto a lei positiva, deduzida nos

---

17. MASSINI-CORREAS, Carlos I. Sobre jusnaturalismo e validade do direito. *In:* SILVEIRA, Marcelo Pichioli da; BONALDO, Frederico; ARAÚJO, Marcos Paulo Fernandes de (org.). *Direito natural contemporâneo:* a renascença do jusnaturalismo no Brasil e no mundo. Londrina: Thoth, 2021. p. 77-94. p. 365-383.

18. REALE, Miguel. *Teoria tridimensional do direito*. 5. ed. São Paulo: Saraiva, 1994.

preceitos da lei natural, condiz com o justo legal. A lei positiva é expressão do justo político, pois ordena a comunidade humana a dar o que é devido à cidade. No esquema tridimensional, os princípios pré-morais antecederiam as normas e seriam fundamentos primários dos atos humanos. Na concepção tridimensional moderna, por outro lado, a moral é tomada como uma dimensão conceitual esquemática, sem ser exposta de forma analítica em seus fundamentos. Não há uma atenção especial ao objeto *simpliciter* do bem moral, nem tampouco às suas condições de determinação. Apenas a constatação de sua inserção no escopo do Direito. Reside nessa teoria uma conexão entre o ceticismo e o formalismo: na impossibilidade de se conhecer a natureza do bem moral, busca-se o apoio em premissas formais ou a uma explicação apodíctica para a relação entre a natureza e o dever moral que prescinda de qualquer justificação teleológica.

12. A relação entre a natureza e o dever moral foi amplamente enfrentada por muitos filósofos: Tomas de Aquino, David Hume,[19] I. Kant, George Moore,[20] entre outros. Nesse âmbito, reside o problema da *falácia naturalista*, segundo o qual há ilicitude em qualquer inferência que, tomando a natureza como ponto de partida, deduza dela um dever moral. Ou seja, a falácia está no fato de que a mera observação da regularidade dos fatos e dos comportamentos sociais não pode servir de base para a justificação de uma obrigação moral. O mundo da experiência não pode ser a base para a inferência de valores e princípios morais de ação. A

19. HUME, David. *Tratado da natureza humana*. 2. ed. São Paulo: UNESP, 2009.

20. MOORE, George. *Principia Ethica*. Cambridge: Cambridge University Press, 1980.

fundamentação do ato humano reivindica uma outra causa justificativa, a saber, a natureza racional do ser humano, por cuja inteligência é capaz de captar o fim de suas ações e discernir os meios adequados para sua persecução. Do ponto de vista filosófico, o autor dessa acusação foi David Hume. Em seu *Tratado da natureza humana*, Hume traz diversos apontamentos para demonstrar a impossibilidade de extrair valores desde fatos. A tradição positivista apoiou-se com grande afinco a essa acusação elaborada pelo filósofo inglês. E, de fato, diversas teorias do direito natural padeceram desse vício originário, que maculou em certa medida boa parte dos argumentos utilizados por jusnaturalistas. Todavia, como procurou sintetizar John Finnis,[21] não se pode dizer que o maior expoente do jusnaturalismo tenha cometido tamanho deslize. Tomás de Aquino deixa claro que os preceitos da lei natural são inderivados, de acordo com Finnis. Ou seja, não são deduzidos de fatos. Nem tampouco de qualquer outra coisa. São inderivados e evidentes por si mesmos. Há uma prioridade epistemológica na constatação de tais princípios da razão prática. Kant, por outro lado, sustenta que *"esta razão possua uma causalidade, é o que claramente ressalta dos imperativos que impomos como regras, em toda a ordem prática, às faculdades activas. O dever exprime uma espécie de necessidade e de ligação com fundamentos que não ocorre em outra parte em toda a natureza. O entendimento só pode conhecer desta o que é, foi ou será. É impossível que aí alguma coisa deva ser diferente do que é, de facto, em todas estas relações de tempo: o que é mais,*

21. FINNIS, John. *Natural Law and Natural Rights*. Oxford: Oxford University Press, 1980.

o dever não tem qualquer significação se tivermos apenas diante dos olhos o curso da natureza. Não podemos perguntar o que deverá acontecer na natureza, nem tampouco que propriedades deverá ter um círculo; mas o que nela acontece ou que propriedades este último possui. Este dever exprime uma ação possível, cujo fundamento é um simples conceito, enquanto o fundamento de uma mera acção da natureza terá que ser sempre um fenômeno. Ora, a acção deverá ser sempre possível sob as condições naturais, quando o dever se lhes aplica; mas estas condições naturais não se referem à determinação do próprio arbítrio, mas somente ao efeito e à sua consequência no fenômeno. Por muitas que sejam as razões naturais que me impelem a querer e por mais numerosos que sejam os móbiles sensíveis, não poderiam produzir o dever, mas apenas um querer que, longe de ser necessário, é sempre condicionado, ao passo que o dever, que a razão proclama, impõe uma medida e um fim, e até mesmo uma proibição e uma autoridade".[22] Ou seja, Kant também escapa da falácia naturalista, mas por uma saída alternativa àquela defendida por Finnis e Tomas de Aquino. Para o filósofo alemão, embora a ação sempre tenha de ser possível ante condições naturais, a determinação do arbítrio não é um imperativo da própria natureza, mesmo que se possa observar seus efeitos e suas consequências na natureza. A determinação do arbítrio e a produção do dever moral são proclamados pela razão. É a razão que impõe uma medida e um fim para o ato humano. Completa Kant na sequência do argumento: *"quer seja um objecto da simples sensibilidade (o*

22. KANT, Immanuel. *Crítica da razão pura: A 547 B 575 – A548 B 576*. 8. ed. Lisboa: Calouste Gulbenkian, 2013. p. 471-472.

agradável) ou da razão pura (o bem), a razão não cede ao fundamento que é dado empiricamente e não segue a ordem das coisas, tais quais se apresentam no fenômeno, mas com inteira espontaneidade criou para si uma ordem própria, segundo ideias às quais adapta as condições empíricas e segundo as quais considera mesmo necessárias acções que ainda não aconteceram e talvez não venham a acontecer, sobre as quais, porém, a razão supõe que pode ter causalidade; de outra forma não esperaria das suas ideias efeitos alguns sobre a experiência".[23] Como se pode ver, é a razão – e não a natureza- a causa da liberdade.

13. Uma das teses centrais do positivismo jurídico é a denominada teoria da *separação*, segundo a qual a identidade e a descrição de um sistema jurídico não possuem qualquer relação de dependência com a moral. Assim, os juízos que se podem estabelecer sobre o "valor" do sistema jurídico não são componentes integrantes do próprio Direito, que mantem postura de abstenção perante julgamentos morais. A separação pode ser vista de dois modos: ou como separação radical e completa, quando as razões morais são excluídas absolutamente do âmbito de aplicação do Direito; e a separação parcial, quando, no ato de aplicar o Direito, o intérprete pode, dentro dos limites formais do sistema jurídico, valer-se de argumentos morais, incluindo-os no ato de decisão.[24] A moral pode despontar como critério para a decisão, ou mesmo para a constatação do conteúdo das normas

23. *Ibidem*, p. 471-472.

24. Ver RAZ, Joseph. *O conceito de sistema jurídico*. São Paulo: Martins Fontes, 2012. Ver também RAZ, Joseph. *A Moralidade da Liberdade*. Rio de Janeiro: Elsevier, 2011.

e dos fins do Direito; porém, isto não supõe dizer que a moral desempenhe um papel relevante para a avaliação da validade das normas dentro do sistema. Algumas teorias jurídicas partem desta premissa elementar, a saber, a de que a avaliação sobre a pertinência das normas ao ordenamento não depende de ilações morais, mas de critérios formais e técnicos. Algumas teorias positivistas empregam argumentos formais,[25] outras usam bases sociológicas[26] ou mesmo psicológicas[27] para expor suas respectivas noções sobre esta avaliação. O estatuto da validade pode responder, assim, a categorias de pelos menos três tipos: *lógica*, segundo o pensamento de Hans Kelsen, *psicológica*, de acordo com Alf Ross, e, por fim, *social*, conforme o pensamento de Herbert Hart. Na obra destes três autores, afirma Barzotto,[28] é a validade o critério de pertinência ao ordenamento jurídico. A validade de uma norma depende só da conformidade com a norma que regula a produção das normas restantes do sistema. E, se formos da conclusão às premissas, isto é, das últimas normas até a primeira e suprema norma, então encontraremos o fundamento de validade de todo o sistema em um critério normativo que não guarda relação com a moral ou mesmo com qualquer outro fundamento externo ao próprio Direito. Esse é o caso da Norma Fundamental para Kelsen, a Norma Básica para Ross e a Norma de reconhecimento para Hart. Nestas teorias jurídicas, o conceito de Direito é autônomo em relação

---

25. KELSEN, Hans. *La dottrina pura del diritto*. Torino: Einaudi, 1990.

26. HART, H.L.A. *O conceito de direito*. 2. ed. Lisboa: Calouste Gulbenkian, 1994.

27. ROSS, Alf. *On Law and Justice*. Berkeley: University Press, 1958.

28. BARZOTTO, Luis F. *O positivismo jurídico contemporâneo*. São Leopoldo: Unisinos, 1999.

à moral e ao âmbito político. O que sustenta a vida do sistema jurídico, no fundo, é o *autorrespeito*: o Direito conserva o Direito,[29] por meio de um sistema dinâmico no qual os enunciados normativos interagem e desempenham funções significativas e performativas.[30]

14. O legislador desempenha uma função de alta monta no Estado Constitucional. A dignidade de sua função e do produto de seu labor – a lei- constituem-se como o epicentro em torno do qual a democracia representativa e a estabilidade da ordem pública repousam. Pedro Moreira bem salienta os riscos e as insuficiências de alguns modelos atuais de constitucionalismo, como o constitucionalismo dos direitos, o constitucionalismo garantista e o constitucionalismo político para a arquitetura do Estado Constitucional da atualidade.[31] A dignidade da legislação[32] e o vínculo necessário do juiz à lei no Estado constitucional é uma premissa central e indiscutível para a separação de poderes e para a ordem do sistema jurídico. A "deferência" é um requisito intransponível para o autorrespeito do Direito e para a harmônica distinção entre o campo jurídico e o âmbito político. Ventilando uma crítica contundente a um posicionamento atualmente abraçado por muitos juristas, o de que a vinculação do juiz à lei seria *"provisional e*

---

29. RAZ, Joseph. *O conceito de sistema jurídico*. São Paulo: Martins Fontes, 2012.

30. BOEIRA, Marcus P.R. *Temas de lógica deôntica e filosofia do direito:* a linguagem normativa entre a escolástica iberoamericana e a filosofia analítica. Rio de Janeiro: Lumen Juris, 2020.

31. MOREIRA, Pedro da. *Deferencia al legislador:* la vinculación del juez a la ley en el Estado Constitucional. Tradução livre de Marcus Paulo Rycembel Boeira. Madrid: Centro de Estudios Políticos y Constitucionales, 2019.

32. WALDRON, Jeremy. *A dignidade da legislação*. São Paulo: Martins Fontes, 2003.

relativa",[33] Moreira sustenta que *"se isto fosse realmente assim, então o juiz, ao aproximar-se da lei, o faria concebendo-a primeiramente como instrumento para a realização dos princípios – e não a tomaria como resultado de uma decisão autoritativa, de uma intenção ou plano –, e ao assim proceder dificilmente poderia distinguir as hipóteses em que a lei fosse defeituosa, no sentido empregado por Savigny, dos casos em que simplesmente a lei oferece uma resposta que difere de como pensa o juiz acerca do que o Direito deveria ser. E este seria o caso de um juiz não deferente ao legislador"*.[34]

15. A articulação entre o Direito e a Política é um ponto decisivo para o Estado Constitucional, tanto para a concepção clássica de lei natural como para muitas das modernas teorias do Direito. A definição sobre os espaços, a linha que atribui autonomia à ordem política e à ordem jurídica é uma questão fundamental. A tirania de um espaço sobre o outro resulta na instabilidade institucional e na ausência de segurança jurídica, erodindo as paredes que dividem o político e o jurídico. Os fins do Direito não podem justificar quaisquer meios alternativos que coloquem em xeque a autonomia do político frente ao Direito e, *mutatis mutandis*, a autonomia da jurisdição ante a política. Segundo Fabio Cardoso Machado, a autonomia do Direito e os limites da jurisdição mostram ser pontos indeléveis para a estabilidade do Estado constitucional. E pontua que as noções de *lex* e *ius*, herdadas da tradição clássica, desempenham papéis decisivos neste diapasão. Se a lei verdadeira ou válida é, nas palavras do autor,

33. Crítica de Pedro Moreira ao posicionamento de Manuel Atienza quanto ao entendimento sobre a *ponderação* com foco no caso Gürtel.

34. MOREIRA, Pedro da. *Deferencia al legislador* cit., p. 371.

"aquela que ordena convenientemente a conduta da própria comunidade e a conduta dos seus cidadãos à realização do bem comum político", já que *"o bem comum é a validade na perspectiva do político"*, então a *"demarcação do domínio da lex no confronto com o domínio do ius"* implicará em assumir-se que a *"lei disporá normativamente acerca das exigências dos bem comum"*, ao passo que o *"Direito é uma espontânea e extraestatal ordem de validade material que vai se densificando em resposta ao problema do justo concreto"*, cabendo, assim, ao juiz comprometido com uma tal ordem [...] *"desvendar as regras, já articuladas ou não, que se abstraem de uma prática que não está sujeita a uma coordenação política e não fica à mercê dos comandos de uma autoridade. A sua decisão consubstancia uma explicitação dos critérios aos quais deveriam ter-se conformado as expectativas das partes, porque afinal estavam já implícitos em costumes estabelecidos que todos deveriam conhecer"*. Neste modelo, *lex* e *ius*, a saber, a distinção entre a direção normativa ao bem comum e a ordem conservada pelo justo concreto constituem-se como elementos imprescindíveis para as autonomias acima indicadas, e bem assim para os limites da jurisdição. Arremata Fabio Machado dizendo ser papel próprio do juiz no Estado Constitucional assim delineado não o de *"averiguar a conformidade da conduta das partes a qualquer comando proveniente de uma autoridade superior, ou do que era ou é mais expediente desde um ponto de vista mais elevado ou de acordo com objetivos desejados por uma autoridade"* ou mesmo com *"o que é mais conveniente para a sociedade como um todo"*, mas apenas a função de *"trazer a conduta das partes à conformidade com regras reconhecidas ou reconhecíveis que era razoável esperar que os envolvidos considerassem ao tomar*

as suas decisões, contribuindo assim para a preservação daquela ordem que deliberadamente não foi criada por ninguém mas orienta adequadamente a conduta das pessoas".[35]

16. A concepção clássica de lei natural guarda íntima relação com a organização das formas políticas, como também o fazem as modernas teorias do Direito. O Estado Constitucional, tomado aqui como expressão contemporânea de unidade política que desponta como resultado de um longo processo histórico de conquista civilizatória, é fruto de uma arquitetura institucional complexa, que busca satisfazer exigências teleológicas e instrumentais da razão prática para a conservação da ordem e promoção do bem comum. Tal intento só será efetivamente possível *se, e somente se* as condições de determinação da lei positiva e do justo político convergirem para a estabilidade das instituições humanas e da paz social. O abuso no exercício das funções juspolíticas, ou mesmo a festejada tendência de se atravessar arbitrariamente as fronteiras do jurídico e do político sob o pretexto de se irradiarem direitos para o corpo social em troca de uma transferência indevida do poder legítimo para que a Suprema Corte fale e decida "em nome do povo" manifestam-se como práticas que merecem melhor juízo de parte dos juristas e filósofos. O chamado *neoconstitucionalismo*, fenômeno de aparência inofensiva em seus rudimentos e que atualmente emerge como o grande adversário do próprio constitucionalismo, já tem avançado suas bases de modo a cimentar um novo modelo de Estado e de organização dos poderes, estranho ao que os clássicos do pensamento político

35. MACHADO, Fábio Cardoso. *A autonomia do direito e os limites da jurisdição.* Londrina: Thoth, 2020. p. 359-395.

entendiam por Estado de Direito e limitação do poder pelo poder. Atualmente, o neoconstitucionalismo transfigura-se rapidamente no que Marcos Paulo F. de Araujo chama de *"neoconstitucionilismo"*. Este talvez seja o grande problema jurídico de nosso tempo e sobre ele devem os jusfilósofos lançar questionamentos e análises críticas, de modo a desvelar seus fundamentos subterrâneos e suas aspirações legitimistas que, em nome da democracia constitucional, tem promovido a sua destruição.[36]

REFERÊNCIAS

AQUINO, Tomas de. *Suma Teológica* I-II.

ARISTÓTELES. *Ethicorum VI*. Carolus Z, Heidelberg: 1820.

BARZOTTO, Luis F. *O positivismo jurídico contemporâneo*. São Leopoldo: Unisinos, 1999.

BOÉCIO, Severino. *Opuscula Sacra,* v. II, *De duabus naturis*, c. 3.

BOEIRA, Marcus P.R. *Temas de lógica deôntica e filosofia do direito:* a linguagem normativa entre a escolástica iberoamericana e a filosofia analítica. Rio de Janeiro: Lumen Juris, 2020.

FERNANDES DE ARAUJO, Marcos Paulo. A Ideologia "neoconstitucionilista" no Brasil: exposição crítica histórico-filosófica de seus pressupostos. *In:* SILVEIRA, Marcelo Pichioli da; BONALDO, Frederico; ARAÚJO, Marcos Paulo

36. Nesse sentido, é digno de nota o artigo de FERNANDES DE ARAUJO, Marcos Paulo. A Ideologia "neoconstitucionilista" no Brasil: exposição crítica histórico-filosófica de seus pressupostos. *In:* SILVEIRA, Marcelo Pichioli da; BONALDO, Frederico; ARAÚJO, Marcos Paulo Fernandes de (org.). *Direito natural contemporâneo:* a renascença do jusnaturalismo no Brasil e no mundo. Londrina: Thoth, 2021. p. 489-522.

Fernandes de (org.). *Direito natural contemporâneo:* a renascença do jusnaturalismo no Brasil e no mundo. Londrina: Thoth, 2021. p. 489-522.

FINNIS, John. *Natural Law and Natural Rights*. Oxford: Oxford University Press, 1980.

HART, H.L.A. *O conceito de direito*. 2. ed. Lisboa: Calouste Gulbenkian, 1994.

HOBBES, Thomas. *Leviatã*. 3. ed. São Paulo: Ícone, 2008.

HUME, David. *Tratado da natureza humana*. 2. ed. São Paulo: UNESP, 2009.

KANT, Immanuel. *Crítica da razão pura: A 547 B 575 – A548 B 576*. 8. ed. Lisboa: Calouste Gulbenkian, 2013.

KANT, Immanuel. *Fundamentação da metafísica dos costumes*. Lisboa: editora 70, 2009.

KELSEN, Hans. *La Dottrina pura del Diritto*. Torino: Einaudi, 1990.

MACHADO, Fábio Cardoso. *A autonomia do direito e os limites da jurisdição*. Londrina: Thoth, 2020.

MACINTYRE, Alasdair. *After Virtue*. Notre Dame: Notre Dame University Press, 1981.

MASSINI-CORREAS, Carlos I. Sobre jusnaturalismo e validade do direito. *In:* SILVEIRA, Marcelo Pichioli da; BONALDO, Frederico; ARAÚJO, Marcos Paulo Fernandes de (org.). *Direito natural contemporâneo:* a renascença do jusnaturalismo no Brasil e no mundo. Londrina: Thoth, 2021.

MOORE, George. *Principia Ethica*. Cambridge: Cambridge University Press, 1980.

MOREIRA, Pedro da Silva. *Deferencia al Legislador:* la vinculación del juez a la ley en el Estado Constitucional. Madrid: CEPC, 2019.

MOREIRA, Pedro da. *Deferencia al Legislador:* la vinculación del juez a la ley en el Estado Constitucional. Tradução livre de Marcus Paulo Rycembel Boeira. Madrid: Centro de Estudios Políticos y Constitucionales, 2019.

OLLERO, Andrés. Ainda tem cabimento ser jusnaturalista, hoje. *In:* SILVEIRA, Marcelo Pichioli da; BONALDO, Frederico; ARAÚJO, Marcos Paulo Fernandes de (org.). *Direito natural contemporâneo:* a renascença do jusnaturalismo no Brasil e no mundo. Londrina: Thoth, 2021.

RAWLS, John. *O liberalismo político*. São Paulo: Martins Fontes, 2011.

RAZ, Joseph. *O conceito de sistema jurídico*. São Paulo: Martins Fontes, 2012.

REALE, Miguel. *Teoria tridimensional do direito* 5. ed. São Paulo: Saraiva, 1994.

ROSS, Alf. *On Law and Justice*. Berkeley: University Press, 1958.

SANDEL, Michael. *O liberalismo e os limites da justiça*. Lisboa: Calouste Gulbenkian, 2005.

TAYLOR, Charles. *Philosophical Papers*. Cambridge: Cambridge University Press, 1985.

WALDRON, Jeremy. A dignidade da legislação. São Paulo: Martins Fontes, 2003.

WALZER, Michael. *Spheres of Justice:* a defense of pluralism and Equality. New York: Basic books, 1983.

TRANSCRIÇÃO DO TERCEIRO CICLO DE DEBATES

QUAL A DIFERENÇA ENTRE O DIREITO NATURAL E TEORIAS MODERNAS COMO A TEORIA TRIDIMENSIONAL E/OU OUTRAS PERSPECTIVAS, COMO A NEOKANTIANA?

1) Prof. Dr. Marcus Paulo Rycembel Boeira

Bom dia. Quero dizer da minha enorme alegria de estar com vocês nesta manhã. Eu preparei um texto, um *handout*, sobre alguns dos dilemas que digamos se situam na encruzilhada entre a tradução clássica da lei natural e algumas das teorias modernas do Direito, com especial atenção à teoria tridimensional do Direito.

É claro que em um espaço de 15 minutos nós não poderíamos vencer o tema com a profundidade que gostaríamos nesse relatório e, por isso mesmo, esta apresentação será sucedida por um debate entre nós acerca dos pontos centrais desse relatório.

Eu pensei qual seria a melhor forma de apresentar este relatório. Para facilitar, vou distinguir a minha fala de modo muito sintético e breve em quatro partes. No primeiro momento, vou salientar alguns pontos de aproximação entre a teoria clássica da lei natural e algumas das correntes ou teorias modernas do Direito. E eu digo algumas das teorias, pois estamos falando de muitas e, por trás delas, existem muitas matrizes filosóficas diversas e até rivais em alguma medida. Ficaria muito difícil fazer aqui um mapeamento de todas as matrizes filosóficas que antecedem teorias modernas do Direito que são parte convergentes e em parte rivais.

Na segunda parte, quero pontuar as diferenças que existem e a partir das diferenças vou dividir minha fala em três partes. Na primeira, quero focar sobre o problema que eu vou chamar de epistemológico. Ou seja, quais são as diferenças epistemológicas entre a teoria clássica da lei natural e as teorias modernas do direito. No segundo momento, eu gostaria de falar sobre o tipo de concepção de justiça e racionalidade prática a partir desse contraste entre a tradição da lei natural e as teorias modernas. E, por fim, eu gostaria de focar na distinção entre a Teoria da Lei Natural e a chamada teoria tridimensional do direito. É o grande objetivo da pergunta deste painel.

Algumas aproximações importantes:

Tanto a teoria clássica da lei natural como um bom número de teorias modernas do direito convergem no sentido de que a razão é um postulado central. Ou seja, tanto para a teoria da lei natural como para as teorias modernas, a razão ocupa um lugar de proeminência. Não somente do ponto de vista descritivo do Direito, como também do ponto de vista avaliativo. Ou seja, há um enfoque na razão. Este é, eu diria, um ponto de convergência entre uma coisa e outra.

Um segundo ponto de convergência muito importante me parece que faz uma distinção – e aqui não se avalia o quanto é forte ou fraca, mas uma distinção que pode ser mais forte ou menos forte a depender das teorias – entre o aspecto descritivo e o aspecto avaliativo do sistema jurídico. Isto é, ainda que a tradição clássica da lei natural pontue uma convergência mais forte entre teoria e filosofia do direito, as teorias modernas divergem entre si quanto a este ponto. Algumas promovem uma separação total, outras promovem uma união e outras promovem uma autonomia, embora comportem certa abertura tanto do ponto de vista descritivo teórico, como do ponto de vista avaliativo filosófico.

Há um terceiro ponto importante que é o fato de que o objeto da razão prática é ou corresponde a certa conexão entre a razão e a ação. Ou seja, o ato humano e a racionalidade que lhe subjaz são pontos conexos. A teoria clássica da lei natural, por exemplo, defende a tese de que uma operação intelectual chamada razão prática tem em vista um conhecimento causal dos bens humanos tomados como fins para a ação e também uma necessária atinência dos meios da ação a estes fins – aos bens humanos.

O que supõe uma teoria acerca do juízo prático que encontra em uma virtude intelectual chamada prudência o campo dentro do qual a articulação entre meios e fins faz com que essa teoria da racionalidade possa ter uma explicação acerca dos atos humanos.

As teorias modernas também procuram articular a razão e ação, porém com uma matriz diversa. Cada qual defendendo essa articulação de diferentes modos. Então este é um ponto de convergência entre a tradição clássica da lei natural e algumas das teorias modernas, isto é, há uma razão para a ação.

E o último ponto que eu diria de convergência entre a teoria da lei natural e algumas teorias modernas do Direito é, justamente, a necessária relação do justo político com a lei natural ou com a matriz racional da qual parte o Direito. As teorias clássicas da lei natural, por exemplo, sustentam que as instituições humanas como predicados do bem comum que são, são determinações da lei natural no âmbito do justo legal. São modos de conclusão e, em alguns casos, de determinação da lei natural, de maneira que um olhar sobre o estado constitucional é algo não só devido, mas necessário dentro da tradição clássica da lei natural, o que também ocorre com algumas das teorias modernas do Direito. A noção de Estado de Direito e de estado constitucional de uma relação harmônica entre o jurídico e o político é algo requerido para ambas as tradições.

Vejamos as diferenças.

Primeiro ponto está na teoria do conhecimento prático. Ou seja, qual é o tipo de racionalidade que sustenta a teoria da lei natural e qual é o tipo de racionalidade que sustenta a teoria da lei natural e qual é o tipo de racionalidade que sustenta algumas teorias modernas.

A tradição clássica da lei natural sustenta o primado da razão prática. O ser humano é movido em razão de sua natureza e condição. O fato de ser pessoa – o ser humano é movido aos bens humanos, e essa moção aos bens humanos supõe um juízo deliberativo. O agir humano requer/traz exigências para a razão prática a acerca dos meios adequados para a persecução dos fins. O que nos explica e justifica o nosso posicionamento no convívio humano; na vida social, é o fato de que para a concórdia política, nós precisamos perseguir certos bens em comum e bens que aperfeiçoam nossa condição.

É uma noção acerca da racionalidade que supõe, portanto, uma justificação desta causa final. E a justificação que a teoria da lei natural sustenta para a causa final, ou seja, os bens humanos, é o fato de que a razão toma esses bens com grau de evidência. Os bens humanos são evidentes por si mesmos e são também evidentes para o intelecto. É importante dizer isso porque eles não são apenas auto evidentes. Esse é um ponto que eu tenho certos problemas com Finnis, por exemplo.

Existem quatro modos de analisar a evidência, segundo o Aristóteles e ele desenvolve isso nos analíticos posteriores. Então, a evidência enquanto tal, a evidência para o intelecto, a evidência para nós, ou seja, uma comunidade específica para uma comunidade de pessoas e a evidência empírica, que é, por exemplo, que o empirismo lógico sustenta como a única modalidade de evidência aceitável.

Portanto, para a teoria da lei natural, os bens humanos são evidentes. Algumas teorias modernas, todavia, possuem imensa dificuldade em aceitar esse postulado. Uma dessas teorias modernas sustenta que a razão é capaz de proclamar deveres, mas não supõe dizer que esses deveres se sustentam em razão de certa evidência, mas são postulados dados da razão que, por sua vez, permitem, ao mesmo tempo, uma orientação do ser humano no mundo e que torna esse ser humano distinto da mera natureza causal.

Na crítica da razão pura, Kant diz isso com letras garrafais. Eu, inclusive, citei essa passagem aqui no relatório. Kant diz assim: o dever exprime uma espécie de necessidade e de ligação com fundamentos que não ocorrem outra parte em toda a natureza. O entendimento só pode conhecer desta – da Natureza, o que foi, é ou será. É impossível que aí alguma coisa deva ser diferente do que é de fato em todas essas relações de tempo. O que é mais o dever não tem qualquer significação se tivermos apenas diante dos olhos o curso da natureza. Não podemos perguntar o que deve acontecer na Natureza, nem tampouco que propriedades deverá ter, por exemplo, um círculo na geometria, mas o que nela acontece ou que propriedades este último possui. Este dever exprime uma ação possível cujo fundamento é um simples conceito.

Ou seja, Kant está justificando o dever no conceito e como se dá a formação do conceito segundo a matriz epistemológica kantiana? Se dá por um processo no qual, a partir das categorias de tempo e espaço, o objeto representativo que desponta na imaginação sobe ao intelecto e ali recebe uma formação predicativa – sujeito e predicado.

O que eu estou querendo dizer com isso? Estou querendo mostrar como o Kant sai da falácia naturalista, assim como o Tomás sai da falácia naturalista pelo uso da razão – a razão tomada como elemento central acerca dos bens humanos e sai pela alternativa da evidência. O Kant também sai da falácia naturalista pela razão, porém não com argumento da evidência, mas com argumento lógico da formação conceitual.

Então veja que aqui temos uma diferença enorme. Ambos saem da falácia naturalista, mas sob diferentes aspectos justificativos.

Há um segundo ponto importante de distinção. O primeiro foi o aspecto epistemológico, segundo o qual há uma teoria do conhecimento prático que subjaz o Direito e a lei. Para a tradição clássica da lei natural, o intelecto prático toma os bens humanos e a razão prática move os agentes para esses bens. Na matriz kantiana, a razão capta o conceito ao formulá-lo e essa formulação com carisma universal sobre o qual cai um atributo de universalidade ou predicado e, somente a partir disso, então a razão é capaz de proclamar o dever. E a palavra que o Kant usa é *proclamação*. Este é um ponto que eu diria fundamental para vermos a diferença entre uma coisa e a outra.

Um outro ponto fundamental que me parece decisivo aqui, é o fato de que uma teoria da lei natural, assim como as teorias modernas, supõe uma noção acerca do que o ato humano é e do que deveria ser. Um juízo descritivo do ato humano e o juízo avaliativo do ato humano. Ou seja, o ato humano é segundo determinados atributos que o integram: as condições do agente, as circunstâncias, os meios, a razão de fim e os elementos que integram esses elementos maiores. Se nós estudássemos, por exemplo, a virtude da prudência, nós a veríamos pelas suas partes: integrais, potenciais e subjetivas. E nós veríamos toda a rede complexa que explicita os elementos intencionais dos atos humanos: a virtude da prudência e suas virtudes menores (que a integram), como a previdência, a cautela, a sagacidade, a docilidade etc. o que supõe que um vínculo entre razão e ação, dentro da tradição clássica da lei natural, supõe um envolvimento direto com o estudo dos hábitos em geral. Ou seja, o estudo da lei que, para Tomás, é visto como um princípio extrínseco dos atos humanos requer um estudo de ordem interna sobre os princípios intrínsecos dos atos humanos que são as virtudes e os vícios em geral. Em especial as virtudes intelectuais e cardeais e, particularmente, a virtude intelectual que é a prudência.

Para as teorias modernas, todavia, as explicações a respeito dos elementos que integram o ato humano são diversas e requerem diferentes fundamentações do âmbito da intencionalidade. Ora pelo primado da vontade, ora pelo primado da razão técnica, ora pelo tipo de explicação acerca do que é a razão prática para determinadas teorias, o que supõe uma distinção de matriz epistemológica e também moral entre essas duas correntes diversas. Quando falo de teorias modernas, falo de um monte de coisas. Eu não teria como explicar cada uma delas.

Há uma terceira que também é decisiva. Esta supõe um olhar acerca do modo de organização das instituições humanas. A tradição clássica da lei natural supõe uma distinção entre o justo por natureza e o justo por convenção. Essa distinção é fundamental e decisiva para essa análise.

Embora as teorias modernas tenham de observar essa distinção para suas respectivas referências conceituais, não o fazem de modo explícito ou não direto. O que implica uma série de arestas que ficam em algumas dessas teorias. Por exemplo, o caos da teoria tridimensional do Direito. Esta teoria sustenta um vínculo entre fato, valor e norma. A dimensão sociológica, axiológica e normativa. Dentro dos teóricos que sustentaram essa visão, o mais conhecido no Brasil foi o célebre e grande professor Miguel Reale, ainda que a teoria tenha sido desenvolvida por outros grandes juristas, como, por exemplo, Victor Goldschmidt.

Qual é o posicionamento da teoria clássica da lei natural dentro da tridimensionalidade do Direito e quais os seus pontos de divergência? Ou seja, em outras palavras, há algum espaço para a teoria da lei natural dentro da tridimensionalidade? E a resposta é sim, mas não muito. Vamos ver aonde dá e aonde não dá. Aonde é possível.

É possível quando ao olharmos para a dimensão dos valores que os tomemos em dúplice perspectiva. Primeiro, reconhecendo o grau, mesmo que mínimo, de evidências sobre os bens humanos que são princípios da razão prática – que são anteriores a moral, são pré-morais, como fez o Finnis, eles antecedem a própria moralidade. E, como tal, apresentam exigências para a razão prática e para a razoabilidade prática, segundo o conceito do Finnis. Eu prefiro chamar isso como Tomás na tradição clássica de Alberto e Tomás. Vamos chamar isso de exigências básicas da *phronesis*, da prudência. E essas exigências são requerimentos para a racionalidade prática dentro do campo próprio e específico do que dentro da teoria da tridimensionalidade se chama o campo dos valores.

Se e somente se a evidência dos bens e as exigências da prudência, da razoabilidade prática estiverem presentes no pano de fundo do que é a axiologia jurídica, esta conexão, me parece, será possível. Se isso não ocorrer, nós temos um grande problema. E o grande problema está no que poderíamos chamar de cognitivismo ético ou cognitivismo moral. Ou seja, que tipo de moralidade nós estamos a tratar. Com que noção de bens humanos nós estamos a tratar? Quais são exatamente os aspectos teológicos que explicam os limites do campo dos valores em distinção as normas e aos fatos? E mais, como a teoria tridimensional poderia escapar da falácia naturalista com quais argumentos o faria? São perguntas que eu gostaria de lançar ao professor Reale se ele estivesse entre nós.

Vejam, não é que a teoria tridimensional do Direito não possa ser vista como uma teoria aberta e, me parece, que ela poderá sê-lo. Ela poderia ser vista de um modo aberto e nesses termos ela seria uma referência metodológica conceitual e o seu campo de estudo não seria nem exatamente a filosofia, nem tampouco a teoria do Direito, mas a metodologia jurídica.

2) Prof. Dr. Gustavo França

Agradecer a excelente exposição do Prof. Marcus Paulo Rycembel Boeira, o texto está excelente. Eu queria começar provocando o debate aqui porque particularmente eu me interesso e acho que ela tem um problema que talvez fosse a primeira coisa que precisássemos discutir, que é um problema de pressuposto. Quando a gente pergunta qual a diferença entre o direito natural clássico e as teorias modernas, estamos colocando no mesmo pacote coisas muito diferentes. Não só do lado das teorias modernas, mas até do que chamamos de direito natural clássico.

Ontem mesmo estávamos discutindo se o Finnis pode ser chamado de um jusnaturalista clássico ou não. O jusnaturalismo clássico do Finnis com certeza não é o do Villey, do Hervada etc. Então, existe um pressuposto de que há uma separação essencial entre teorias clássicas e modernas. Eu não estou tão acostumado com esse debate na filosofia do Direito, mas estou acostumado com esse debate na filosofia moral.

Na filosofia moral existe uma narrativa muito difundida e que é feita nos mesmos caracteres de separação entre éticas clássica e modernas. É uma narrativa histórica perfeita. "No mundo antigo as éticas eram baseadas em bens, fins, na felicidade, nos sentimentos etc. e no mundo moderno a ética é baseada em leis, deveres, enfim", é um pouco mais matizado do que isso, mas você encontra essa mesma narrativa em autores de um lado e de outro.

É exatamente a mesma narrativa que está no Henry Sidgwick, em seu famoso livro de ética, e em Elizabeth Ascombe, em seu famoso artigo dela sobre filosofia moral, cada um de um lado do debate. Eu faço uma comparação mostrando que são iguais o texto do Sidgwick e da Ascombe. Poderíamos pegar MacIntyre, Rawls e, cada um de um lado, é exatamente a mesma narrativa, a mesma história. O pressuposto que eu ataco com a minha tese de doutorado é que existe algo que demarcaria a essência de uma ética clássica de uma ética moderna e que as duas seriam completamente diferentes e inconciliáveis.

Acho que talvez no Direito a gente também pudesse problematizar esse pressuposto que, de certa forma, é o pressuposto implícito da pergunta. Eu acho que seria interessante para o nosso debate, aqueles que conhecem mais a fundo cada uma das possíveis tradições – tanto clássicas como modernas, eu acho que poderíamos conduzir o nosso debate e pegar cada um desses muitos pontos que o Prof. Marcus destacou e ver em cada um deles ou em alguns deles, quais teorias modernas talvez tenha um diálogo maior com o direito natural que defendemos. Isto abre um caminho para trazer o direito natural para o debate vivo; contemporâneo. Poderíamos pensar em uma ponte; um diálogo de modo que o direito natural possa também se inserir no debate contemporâneo dessa forma. Talvez a gente possa pensar se essa teoria não é a mais adequada para o estado moderno e adaptar o jusnaturalismo clássico a ela, enfim.

Lá no ponto 7, por exemplo, você iguala as concepções de Rawls e de Kant a respeito desse ponto de que os direitos não dependem de uma concepção de vida boa, de uma concepção moral abrangente. Como eu tento mostrar no meu livro já publicado, essa é uma ideia do Rawls, ela não faz sentido em Kant. Se a gente pensa o que o Kant defende como ideal de perfeição moral, isso está totalmente dentro de uma concepção de vida boa do Rawls. De forma alguma é uma moral cosmopolita para que todo mundo, independente de fé, de cultura, isso é o Rawls. Kant não pensava assim, ele era um luterano puritano do séc. XVIII. Ele tem um ideal de vida boa que obviamente é compatível com várias escolhas subjetivas como qualquer moral razoável. Mas a concepção moral que ele tem, seria, na linguagem do Rawls, com certeza uma concepção de vida boa.

No ponto que você destacou, me parece que também – e eu trato disso na minha tese, essa diferença entre o que a razão discerne no caso do Kant e o que a razão discerne em Tomás de Aquino, ela não é tão acentuada quanto parece quando a gente talvez leia este texto aqui da crítica da razão pura. A razão proclama, mas no sentido de declarar, a razão não cria. Essa é a visão do Rawls – o construtivismo. Em Kant, a razão não cria a lei moral, ela declara e me parece que essa declaração é a manifestação de uma evidência, embora o Kant não vá falar dessa forma. Ou seja, é da natureza da razão agir de determinado modo. Uma das coisas que contesto na minha tese é essa visão de que o dever pelo dever em Kant.

Na verdade, a lei moral não é por natureza um dever. Deus tem lei moral, mas não tem dever, Deus simplesmente age bem. Nós temos dever por que pela nossa natureza podemos agir mal. Portanto, para nós, o modo de ser da razão pode não ser obedecido, por isso ela assume forma de dever, ou seja, o dever é a estância; é a manifestação normativa da natureza humana; da natureza racional. Parece que aqui temos a manifestação – por que não dizer por evidência para usar uma linguagem obviamente diferente da linguagem do Kant, de uma natureza racional e não simplesmente a expressão de um conceito.

Nós temos a manifestação de uma natureza que tem bens muito concretos e isso fica claro na fórmula da humanidade que é a segunda fórmula do imperativo categórico, não tanto na primeira pois ela é formal mesmo. Mas é feita para ser lida em compaginação com a segunda.

Estou trazendo esses pontos porque eu acho que isso poderia ser talvez um caminho para a gente discutir aqui. Dentro das teorias modernas – elas são muito variadas, será que realmente existe uma essência de fundo? E, se não existir, daquilo que a gente estudou ou pode estudar, quais portas podemos abrir e isso talvez seja interessante para o debate.

3) Prof. Dr. Marcus Paulo Rycembel Boeira

Muito obrigado, Gustavo. Dois pontos que me parecem importantes aqui. Primeiro, estou inteiramente de acordo com isso, de que é fundamental perceber nas teorias modernas aquilo que eventualmente possa abrir portas para um diálogo entre a tradição clássica da lei natural e as teorias modernas. Absolutamente. Eu mesmo procuro fazer isso com a lógica e a filosofia analítica, ainda que pareça totalmente incontornável e inconciliável, mas, sim, existem. O que é surpreendente é que muitas dessas portas já foram colocadas nos Séculos XVI e XVII. Por exemplo, no meu livro *Temas de lógica deôntica em filosofia do direito*, no quarto capítulo, eu desenvolvo uma relação entre o que eu chamo de predicados proposicionais da lei natural e a lógica dos mundos deonticamente consistentes. Ou seja, como é que é possível fazer uma análise lógico referencial dos predicados da lei natural. É possível. E qual foi o autor que permitiu isso? Foi o Domingo de Soto, porque a relação que existe, por exemplo, entre os preceitos da lei natural e os primeiros princípios da razão prática, supõe uma mediação referencial; uma matriz referencial, que é onde está o significado analógico entre os dois campos. E o que é isso? São as proposições práticas e isso é objeto da lógica.

Então esse é o vínculo entre uma coisa e outra. Esse tipo de vínculo também é possível de ser feito na crítica da razão prática e na fundamentação da metafísica dos costumes.

O Kant no início da fundamentação da metafísica dos costumes diz claramente que a razão pura onde é que está o tema da lei? Como acessamos a lei universal? Como é possível acessar a lei universal, isto é, aquele espaço da razão que no confronto com os afetos nós conseguimos ver aquilo que é próprio da razão. É quando se torna notória a capacidade da razão pura de ser prática em si. Kant diz exatamente assim.

E o que é a capacidade da razão pura de ser prática em si é a capacidade de determinar – e esse determinar entenda-se, não é o puro dever, mas é uma proclamação que aqui deve se entender por declaração, como se ele estivesse mostrando ao modo declarativo aquilo que é próprio da razão. E o que é próprio da razão? É o conceito. Aqui em divirjo de ti (Gustavo) nesse sentido. Não se trata de evidência. Nesse sentido que nós entendemos no latim e no grego (nas línguas vernáculas), a palavra evidência, ou seja, o que Tomás chama de evidência não é o que o Kant chama de acesso declarativo ou proclamativo ao conceito que expõe o imperativo.

Isso se justifica justamente em razão do vínculo do segundo com o primeiro parágrafo da crítica da razão prática.

Ou seja, esse vínculo é formal na medida em que a primeira proposição é enunciativa. Os clássicos chamariam isso de proposição categórica e o Kant também usa essa expressão. Mas o papel que a vontade desempenha não tanto nos imperativos categóricos, mas de maneira mais clara nos imperativos hipotéticos, me faz desconfiar desse grau de evidência no que diz respeito a apreensão do conceito.

Na lógica transcendental, que é a segunda parte da crítica da razão pura, isso me parece ainda mais claro. O que sucede a formação do conceito? A formação do juízo. Então o juízo e a proposição. A proposição é o que o Aristóteles chamaria de premissa do raciocínio. Em Kant também é a premissa do raciocínio, mas ela tem certa estatura epistêmica que é conferida não pela evidência, mas pelo que o Kant chama de unidade sintética de apercepção, que é o ego intencional. Então é ali que me parece que está o cerne da matriz epistemológica no Kant – na segunda parte da crítica da razão pura.

Por isso a fundamentação da metafísica e a crítica da razão não podem ser lidas sem a crítica da razão pura. Mas tudo isso é muito discutível com absoluta certeza e não há aqui uma certeza definitiva, é apenas uma impressão. Eu posso estar totalmente errado. Se o nosso amigo Carlos Ferraz estivesse aqui ele poderia com certeza absoluta me corrigir.

4) Prof. Dr. Leandro Cordioli

Bom dia a todos. Primeiro eu gostaria muito de parabenizar o meu querido amigo pelo excelente texto e exposição. Excelente e eu posso destacar por alguns pontos. Eu achei que você abriu portas para nós em termos de conseguir conciliar a tradição clássica, o iluminismo e mesmo autores do dia de hoje para que a gente possa desenvolver os direitos naturais e reinserir nessa tradição, nesse desenvolvimento que a gente poderia colocar em termos de direitos naturais e fundamentais como resistência à opressão.

Então, é uma das coisas que eu acho que a gente pode jogar papel. Jogar um papel da lei natural e dos direitos naturais nos dias de hoje, é mostrar que eles realmente são um instrumento de resistência à opressão e você mostra que há possibilidade. Talvez consigamos conciliar lei natural, direitos naturais e Finnis, por exemplo, com a teoria tridimensional do Direito. Para mim ficou muito claro.

Em primeiro lugar, gostaria de te parabenizar pela tua apresentação de Kant. Eu li a crítica da razão pura duas vezes e é um texto difícil. Eu não achei isso que você achou e apresentou tão claramente naquele texto porque tive dificuldade para entender. É um texto muito difícil, principalmente para mim que estudo a razão prática. A crítica da razão pura é um texto muito difícil de ser entendido. E você apresenta um aspecto que eu vou ter que refletir. Mas quanto, especificamente, a falácia da questão naturalista eu sempre tomei em Kant um outro aspecto, que é o da razão prática e, nesse sentido, me parece que Kant tenta escapar da falácia naturalista, isto é, do derivar o dever ser apresentado pelo Hume com um problema que era característico do iluminismo. A partir de David Hume a razão prática se tornou instrumental, ou seja, perdeu a capacidade de reconhecer a bondade dos bens humanos básicos e é o que nos move.

Enquanto em Tomás a razão prática é movida pelo próprio bem, por aquilo que nos atrai nos bens, pela bondade dos bens, no iluminismo eles partiram para outros expedientes. Por exemplo, em Hobbes, o medo move o homem e a razão se transforma em instrumental. O medo move o homem a sair do estado de natureza e, em função disso, a razão começa a procurar expedientes para se colocar em uma situação melhor. E aí constrói a lei natural e os direitos naturais, inclusive. Em Kant há o aspecto que as vezes é traduzido por reverência ou respeito e é o que o Kant chama na crítica da razão prática de um sentimento moral que é o que move o homem.

Então, me parece que como a razão prática não tem mais essa característica de reconhecer a bondade dos bens e de aprender os bens, tanto é que felicidade para Kant no começo da fundamentação da metafísica dos costumes é posse de bens exteriores que não é o florescimento humano – não é algo inerente, que é próprio do Aristóteles, não é algo intrínseco, mas extrínseco. Parece-me que aí houve uma perda da racionalidade prática e talvez tenha que ser feito um esforço para uma construção, mas me parece que ele mais tenta nesse aspecto. Porém, também tenho que pensar por quê, como você disse, nós dois olhamos o mesmo fenômeno sob aspectos diversos e eu estou falando sobre a operacionalidade da razão prática. Você falou sobre o mecanismo da representação na razão e então, talvez não seja inconciliável o que eu estou falando e o que você está falando, mas eu gostaria de uma palavra tua a respeito.

O segundo ponto é a questão dos bens humanos básicos e Miguel Reale. Eu acho que assim como você falou – eu poderia dar um passo além até do que você disse – eu acho que Miguel Reale não veria problema incluir bens humanos básicos como valores. Eu acho que é completamente compatível. Talvez o status que eu poderia resumir como dignidade da pessoa humana desses bens humanos básicos é que fosse um pouco problemático e talvez essa seja a distinção que inclui ou exclui uma teoria do jusnaturalismo porque acho que mesmo um relativista pode até aceitar que a vida é um bem. Contudo, compreender que essa vida é um bem incomensurável, imponderável, que deve ser protegida em si mesma em qualquer e em todos os seres humanos, a coloca em uma posição de destaque que é o que a gente chama, por exemplo, de dignidade da pessoa humana.

5) Prof. Dr. Marcus Paulo Rycembel Boeira

A questão que tu trazes é central, absolutamente decisiva. Ou seja, nós temos uma variedade de matrizes filosóficas modernas, essas matrizes filosóficas são antecedentes as teorias modernas do Direito e essas teorias modernas do Direito por vezes usam um vocabulário muito semelhante, por vezes até idêntico, mas justamente a distinção reside no âmbito do significado dos termos, quer dizer, a distinção não está no signo, mas no significado e nas referências. No modo de apresentação e na referência.

Isso supõe dizer que é possível fazer uma conexão entre a teoria da lei natural e algumas das matrizes modernas? Parece que sim. Só que para que essa conexão possa ser feita, é necessário, antes de mais nada, um olhar sobre a filosofia – a metafísica e, antes da metafísica, um olhar sobre o que os chamamos de antropologia.

A antropologia é o princípio do saber porque nós precisamos reconhecer quem somos. Quem é o ente pensante, o agente, quem é o sujeito e esse sujeito é a pessoa. Há uma enorme diferença entre você criar uma matriz filosófica e teórica do Direito com base em uma concepção de que o ser humano é uma pessoa, em contraste com uma outra, em que o ser humano é um indivíduo; é um animal *laborans*, um *homo faber*, o ser humano é um sujeito; um sujeito racional, ou um sujeito pensante, ao modo idealista romântico. Tudo isso parece algo que não merece muito a atenção das teorias modernas, mas o fato mesmo de muitas delas não prestarem atenção nesse requisito central e primário, é o que faz com que essas próprias teorias modernas, ao defenderem uma noção precária do que é o ser humano, do que é a natureza humana em primeiro lugar e do que é a condição humana em segundo lugar, faz com que essas teorias façam da teoria do conhecimento prático, não apenas especulativo, mas também prático e técnico, uma teoria precária, de modo que a razão passa a ser vista de um modo precário.

Então se eu digo razão instrumental, eu estou dizendo que ela é apenas um modo de servir a propósitos que a excedem e que residem em uma compreensão acerca da natureza deste que a usa. Ele a usa segundo um bem proeminente, e qual é o bem proeminente? A sobrevivência? Comer? Desfrutar do prazer? Adquirir poder na sociedade? Qual é o aspecto proeminente ao qual essa razão instrumental serve?

Quando começamos a levantar essas perguntas, vamos percebendo a clara, rica, complexa e, por que não, inefável antropologia subjacente à teoria clássica da lei natural em contraste com outras antropologias por uma razão muito simples, qual seja, a antropologia clássica é humilde o suficiente para reconhecer os predicados ontológicos das pessoas: o ser humano é um animal, o ser humano é um ser racional, é um ser individual e, portanto, único e é um ser político. É um ser que vive em comunidade perseguindo certos bens humanos que permitem a concórdia; uma unidade de coração e em contraste com essas antropologias que veem o ser humano por uma fatia. Ou ele é só animal, ou ele é só racional instrumental técnico – a razão é calculativa, ou ele é só social ou ele é só indivíduo, ou ele é só um sujeito pensante.

O ser humano é mais ou menos fatiado, segundo essas concepções. E então, o contraste que se estabelece não é apenas na natureza humana, mas é na condição humana. Nós pensamos assim: o que sustenta boa parte das filosofias políticas modernas? Aonde estão essas filosofias políticas? Elas estão diretamente atreladas a: 1) soberba; 2) orgulho; 3) vaidade.

As ideologias são filhas da soberba, o narcisismo é um filho do orgulho e o aplauso irrestrito e bobo é filho da vaidade. E é justamente isso que se transformou o que nós chamamos de política no mundo contemporâneo. É só isso.

E qual o contraste que se estabelece disso com a teoria clássica da lei natural? É que nesta concepção, a dimensão inefável do ser humano supõe instituições jus políticas que são organizadas não em razão da soberba, do orgulho e da vaidade, não em razão das ideologias, do narcisismo e do aplauso irrestrito. Mas elas são organizadas em razão do florescimento dos bens humanos que leva à relação necessária entre a dimensão visível e a dimensão inefável presente no próprio ser humano. Isto porque o ser humano é visto como inefável. Então são instituições construídas sobre o prisma da humildade e da prudência – que é uma virtude arquitetônica e da prudência construída sobre a virtude da justiça e as suas modalidades, porque o ser humano é um ser de relação.

Veja que o contraste começa de modo sutil na antropologia e se torna explícito nas formas políticas. Fazendo aqui o exercício de sair da premissa maior e dirigir da nossa atenção às conclusões.

6) Profa. Dra. Ana Luiza Braga

Eu me identifiquei muito com a fala do Gustavo porque nós temos uma inclinação pessoal ao jusnaturalismo por uma questão de identidade e, embora haja uma perspectiva clássica da filosofia, nós escolhemos, optamos por estudar autores modernos nas nossas pesquisas de mestrado e doutorado. Então, o Gustavo vinha pensando um pouco a respeito – quase uma leitura jusnaturalista, uma leitura *a la* filosofia clássica do Kant – e eu tentei fazer essa leitura em torno de um autor que foi do meu doutorado, que é o Bernard Williams. Estudando este autor – que dialoga muito com pensadores comunitaristas contemporâneos, muito embora adote uma perspectiva bastante peculiar – quando eu li o texto do Prof. Marcus, eu pensei: acho que temos que levar algumas perguntas e explorar alguns pontos que o prof. Marcus apresenta que são pontos importantes quando estamos em um fórum de direito natural e que não são muito explorados.

Acho que esse nosso ambiente é muito propício a isso porque temos aqui pessoas que estudam autores muito diversos, mas que têm pontos em comum. Então, a pergunta que eu queria colocar e ouvir o prof. Marcus e os colegas é, em primeiro lugar, o que precisamente – e aí vou fazer uma pergunta muito direta porque eu acho que também é uma pergunta que pode esclarecer muitas pessoas que estão nos ouvindo – qual a diferença fundamental entre as teorias do direito natural de tradição clássica e aquilo que chamamos, em uma perspectiva contemporânea, de comunitarismo? Aqui falo de um comunitarismo semelhante ao de autores como o MacIntyre, em cuja obra é muito difícil encontrar qual é o espaço da teoria do direito natural. MacIntyre tem uma frase icônica que diz que os direitos naturais, direitos humanos universais, são uma invenção.

É muito curioso, porque quando lemos MacIntyre, ele está tocando em diversos pontos que são fundamentais à tradição filosófica clássica, especialmente a ideia do ser humano situado no seio de uma comunidade. A primeira pergunta é essa: qual é de fato a diferença e o ponto de divergência real que vemos entre uma tradição clássica e essa tradição comunitarista que toca a tradição clássica em muitos aspectos, mas, em alguma medida, apresenta também um caráter diferente? Para mim não está muito claro.

É interessante quando lemos Charles Taylor em *As fontes do self*, no qual ele trata da construção da identidade moderna. Percebemos que ali há uma defesa de valores modernos como, por exemplo, o valor da autonomia, a partir de uma metodologia que, para mim, é uma metodologia clássica, mas, ao mesmo tempo, chamá-lo de jusnaturalista não cabe.

O segundo ponto que eu gostaria de ouvi-los é e a respeito da *autoevidência*. Bernanrd Williams é um naturalista. Ele não é um jusnaturalista, ele é um naturalista e isso faz toda a diferença. Quando falo que é um naturalista é porque ele tem uma perspectiva ontológica do ser humano que também seleciona só aquela fatia da animalidade humana e que, a partir desse naturalismo, ele desenvolve uma teoria política que ele chama de liberalismo do medo. Ele diz que deveríamos sustentar a perspectiva liberal em termos de limitação do papel do estado – ele está falando aqui em termos de regulação das instituições políticas porque nós estamos quase em um naturalismo hobbesiano, tendendo a uma guerra de todos contra todos – e diz que é melhor garantir a limitação do Estado a partir da perspectiva liberal porque garante que o Estado não vai ser parte do problema que ele procura resolver.

No entanto, me chama a atenção porque ele é um autor que também trabalha a perspectiva de auto evidência. Neste ponto, quero fazer uma provocação (acho que nós que estamos em fórum de direito natural, precisamos fazer um esforço de não ter um debate apenas interno, mas com outras correntes; externas, se não, ficamos nessa exegese. Acho que contribuímos muito com o debate público se a gente faz um debate externo). O Williams diz que se formos olhar para a história do homem e olhar para um ser humano, o que a gente observa de muito evidente é que na verdade temos um ser que está inclinado à busca da satisfação das suas próprias vontades. Basta olhar para a política. Como é que nós responderíamos a isso? Eu entendo essa ideia de uma antropologia jusnaturalista, antropologia clássica, porém isso está muito evidente para nós, mas não para quem está lá fora. Então, como a gente responde a essas objeções em relação a como conceber, de fato, essa antropologia fazendo com que ela faça sentido para pessoas que não estão expostas ao mesmo pano de fundo de valores que nós estamos aqui compartilhando?

Retomando: de que modo a perspectiva do direito natural clássico difere de perspectivas comunitaristas – que levam em consideração também um caráter antropológico? Em segundo lugar, como falamos em autoevidência se isso não é absolutamente evidente para a maior parte das pessoas?

7) Prof. Dr. Leandro Cordioli

Eu estudei com os rawlsianos quatro anos do doutorado e eles tentaram definir quem são os comunitaristas – em que pese a gente colocar alguns autores como, por exemplo, MacIntyre, Michael Sandel, a gente sente uma dificuldade desses autores se assumirem assim. Se pegarmos os dois extremos entre liberalismo e comunitarismo, chegamos à que liberais enfocam uma hegemonia dos indivíduos diante da comunidade. E os comunitaristas, em tese, dariam uma hegemonia – ou peso maior – para a comunidade diante do indivíduo e isso acaba o instrumentalizando. É por isso que quando você vai dizer "você é um comunitarista" a pessoa acaba não querendo assumir esse rótulo. Pelo menos nesse diálogo que eu acompanhei.

O terceiro ponto que cheguei à conclusão – que é distinto dos dois, tanto os liberais como dos comunitaristas, é de que a tradição clássica (Platão, Aristóteles, Agostinho e o próprio Jonh Finnis), entende o bem comum como inerente de cada um dos integrantes dessa comunidade. Então insere o indivíduo na comunidade como alguém de valor. Como diz o Finnis, o bem comum não é o somatório dos bens individuais distintos do bem individual de cada um, mas é o bem de cada um que integra aquela comunidade. Acho que a principal diferença diz respeito à questão do bem comum e como se relaciona a comunidade e o indivíduo.

8) Prof. Dr. Marcus Paulo Rycembel Boeira

São dois pontos muito importantes. Estou inteiramente de acordo com o que o Leandro falou. Eu diria que a grande distinção, talvez, que existe entre duas filosofias políticas modernas muito presentes – que são a tradição liberal e a "tradição comunitarista", consiste justamente na relação entre o bem e o justo. Quem vem antes? O ovo ou a galinha? É mais ou menos isso. Quem vem antes, o bem ou o justo? Dentro dessa prioridade, ou seja, prioridade do bem ou do justo, subsiste o seguinte: qual é o posicionamento do agente humano dentro disso.

A maneira como nós explicamos o ser humano é o que vai definir se há ou não há essa distinção. Ou seja, no fundo, nós voltamos à necessidade de uma resposta antropológica para a questão, porque se pensarmos, por exemplo, que – e isso o Pedro trabalhou muito bem no texto dele –, temas como liberdade e igualdade, são atributos pré-políticos, que antecedem a comunidade humana, então nós teremos muitos desafios pela frente.

Em alguns posicionamentos, sustentados dentro de correntes, nos quais o "eu" tem prioridade sobre o "nós", primeiro partimos de uma divisão para depois perseguirmos uma comunhão. Primeiro somos diferentes e, por convenção, nós chegamos a uma unidade. Isso supõe que essa divisão, ou seja, o eu (o sujeito humano) como ponto de partida, precisa de uma explicação antecedente, a saber, como ele chegou no mundo.

Para além da *fictio juris*, para além da ficção imaginativa que uma eventual narrativa possa procurar apresentar, a acusação primordial sempre será a mesma. Ou seja, o discurso dentro dessa filosofia política está sendo feito *in imedia res* (1:12), ou seja, começamos no meio do caminho porque essa narração tem uma origem e essa origem não foi explicitada. Onde ela está? Então, o grande desafio desses que defendem a prioridade do justo sobre o bem, reside precisamente aí.

Por outro lado, os comunitaristas, que defendem a prioridade do bem sobre o justo, me parece, convergem com a tradição clássica da lei natural no sentido de que, de fato, há um bem que está em todos os seres humanos envolvidos. Agora, a grande questão é: como explicar a causa final? O que é a causa final? Dos atos humanos e do convívio humano. E se essa causa final tem articulação analógica ou não. Ou seja, se os bens humanos são analogicamente convergentes com o bem comum ou se não são.

Esse vínculo que o Leandro bem explicitou, é necessário. E, a isso, um autor nada suspeito chamado Aristóteles, expõe com muita clareza no livro VIII da *Ética a Nicômaco*, ou seja, existem bens úteis, necessários, aprazíveis. Existem o bem comum e, para além do bem comum, existem bens inefáveis. E há, portanto, uma hierarquia dos bens. Essa hierarquia dos bens se vê nos modos de determinação da vida humana. Vamos falar com os idealistas alemães: quando eu suponho um mecanismo de autodeterminação do sentido, minha existência no tempo e na história – dentro de uma visão historicista, o que eu estou fazendo? Eu estou requerendo uma noção objetiva antecedente dos modos de determinação e autodeterminação, o que no fundo supõe, como diz o grande professor Ernildo Stein, um mecanismo de autoconsciência, porque essa autodeterminação é também uma autoconsciência. Essa autoconsciência supõe uma autocompreensão de quem eu sou no processo.

Se partirmos de uma matriz fenomenológica vamos acabar, aqui e acolá, em lugares vizinhos. Ou seja, a tradição clássica da lei natural converge, em parte, com a tradição comunitarista, mas dela diverge, me parece, quanto ao âmbito justificativo da causa final. O que são os bens? Quais são eles? Qual é o limite dessa lista?

Aqui me dirijo a segunda questão que tu trazes. Eu, assim como tu e como o Gustavo, também compartilho desse ceticismo saudável em relação aos graus de evidência da lista dos bens básicos. Acredito que é necessário atentar para essa "elasticidade" da lista dos bens básicos quando nós usamos um termo que é mais tapa furo do que qualquer outra coisa chamada: lista exemplificativa e não taxativa.

A minha reação a isso é esta: qual é o grau exato de evidência e por que isso não pode sugerir em razão do tempo em que vivemos, uma desconfiança quanto a esse grau de evidência do tipo, são realmente evidentes? Mesmo dentro do paradigma clássico nós poderíamos perguntar se não seria a razão prática capaz de demonstrar o modo explicativo de alguns dos mecanismos de reação dos bens humanos. Seria uma pergunta desde o ponto de vista clássico.

Do ponto de vista moderno, nós poderemos lançar muitos desafios a isso. Do tipo, por exemplo, pessoas que não tem esse grau de evidência. Isso é um problema de que ordem? É um problema? Não, não é um problema segundo uma outra matriz filosófica. Então, vamos responder alguns dilemas. Por exemplo, o dilema psicológico. Você está observando pessoas que têm problema psicológico. Pois bem. Por que isso é um problema? Vamos levar à raiz do naturalismo e do ceticismo radical. E, se nós levarmos às últimas consequências, chegaremos à conclusão de que as ciências humanas não tem nenhuma estatura científica. E, portanto, elas não são ciências humanas e não merecem esse nome. E, em vez de, como os alemães, chamarmos isso de ciências do espírito, nós deveríamos chamar isso de especulações do espírito.

Se admitirmos que problemas de ordem psíquica existem e outros, nós vamos dizer que há ali naquele caso, a ausência do que seria o normal. Mesmo que nós não usemos a palavra bem, usemos a palavra "normal", estaremos com um calcanhar de Aquiles atingido e não seremos capazes de sair facilmente dessa chave porque teríamos que justificar porque o normal não é bem. E, se o normal não é bem, então por que merece atenção e o anormal não?

Então, vamos destruir os presídios, os hospícios, vamos destruir tudo. Aliás, as instituições humanas, para que existem? Não existe ordem, não existe nada. Existe o ceticismo e o naturalismo radical. As pessoas só agem por auto interesse. Mas por que o auto interesse é algo desejável? Se nós levarmos às últimas consequências de modo investigativo usando a razão proposicional a favor dessa inquirição, chegaremos à conclusão de que nada, absolutamente nada, nenhum conceito será capaz de justificar de um modo analiticamente preciso qualquer premissa cética e naturalista.

9) Prof. Dra. Ana Luiza Braga

Voltando ao Finnis, eu tenho a impressão de que, quando ele fala dessa autoevidência, para haver uma evidência intelectual é necessário mais: é necessário um trabalho. Tenho a impressão de que isso pode ser uma resposta interessante a essa pergunta da autorreferência no sentido de que as pessoas precisam ser, em primeiro lugar, expostas a esses bens humanos básicos, e precisam ser ensinadas a cultivá-los.

Você fez uma crítica ao Finnis no início, mas tenho a impressão de que essa pode ser uma saída. Quando ele fala que não há uma autoevidência no intelecto, é no sentido de que isso precisa ser trabalhado racionalmente. As pessoas precisam ser expostas, em primeiro lugar, mas para elas incorporarem isso ao seu modo e agir, é preciso que haja um trabalho aí.

10) Prof. Dr. Marcus Paulo Rycembel Boeira

Creio que uma boa resposta foi dada por Paul Ricoeur. Ou seja, como é que realizamos esses bens? Como florescemos? Nós florescemos com uma espécie de vínculo entre o eu e o eu mesmo. Quem é o eu mesmo? É esse ser que em alteridade – então, somos seres em alteridade e a alteridade é uma condição absolutamente fundamental para isso, é o que nos leva da nossa natureza à nossa condição.

Então, é esse vínculo entre a natureza e a condição humana. A alteridade é o lugar para a realização dos bens humanos, por isso eu creio que essa interpretação que o professor Ernildo Stein também dá é muito plausível no sentido de que eu vou tendo evidência maior dos bens humanos à medida que vou florescendo. Não é algo puramente intelectivo, não é especulativo, não é um ato da razão especulativa, é um ato da razão prática e, portanto, envolve uma reta razão de agir. Eu preciso mover-me na direção disso. E isso se dá com causa exemplar, ensino e educação. O ensino é fundamental e não se dá apenas com as artes liberais, mas também com as artes mecânicas, com o esporte e com outras dimensões da vida.

11) Prof. MSc. Rafael Cronje

Recentemente, eu fiz algumas investigações no que se chama, dentro dos estudos Aristotélicos, o procedimento *diaporético*. Tem também um outro nome mais difundido culturalmente, popularizado pelo Prof. Olavo que é a *teoria dos 4 discursos*. As duas coisas são praticamente idênticas. O fundamento do procedimento diaporético em Aristóteles que é o modo pelo qual o homem procede na ciência, o fundamento é a perfeição; infalibilidade. Os sentidos são infalíveis, então o homem capta a realidade mesmo que não compreenda, mesmo que não entenda.

Talvez uma das saídas para a questão da evidência esteja aí, a infalibilidade do senso de percepção. Infalibilidade essa que só se ameniza por defeitos físicos ou psicológicos que impeçam a conclusão do processo. Infalibilidade essa que dá a todo homem subsídios suficientes para que forme imagens acerca da realidade, uma memória, um imaginário da realidade e, a partir desse imaginário informe, por sua vez, da coleção de imagens forme experiências na qual, a partir desse nível, ele já consegue dizer o que é e o que não é.

Então, já tem um nível racional, um conhecimento evidente do bem, em alguma medida. Mesmo que não articule as causas, mesmo que não articule de acordo com todos os fins, mas tem um conhecimento evidente do bem. Uma sabedoria de vida popular muito bem sedimentada que você encontra nos interiores, principalmente no Nordeste.

Às vezes o sujeito é analfabeto mesmo, mas a vida bem vivida, de uma maneira minimante ordenada, dentro de costumes, de um ensino moral católico, forneceu para ele algumas conclusões bem sedimentadas na experiência da sua vida e nas experiências da sua comunidade. Coisas que ele viu acontecendo naquela sua comunidade e o coloca em um patamar de sabedoria impressionante em relação a quem cresce em uma cidade e está acostumado a um modo de vida muito mais racionalista.

A partir desse nível da experiência, da coleção das imagens acerca da realidade e da capacidade de dizer aquilo que é. Você pergunta para qualquer dessas pessoas o que é certo e o que é errado, ele pode não dar a justificativa, mas vai dizer que o certo é isso. E as razões as vezes são experienciais. Quando eu era pequeno, aconteceu determinada situação e percebi que era injusto. E é a partir desse nível que começa propriamente dentro do esquema aristotélico a investigação acerca das causas, que é quando se tem, quando começa a se adquirir a ciência. É a partir da ciência que os graus mais elevados do intelecto são atingidos e uma investigação mais profunda acerca da realidade que começa a ser feita.

Mesmo nesse nível da experiência você consegue dizer que existe uma evidência e não apenas confirmável individualmente, porque qualquer pessoa madura que minimamente se dedica à observação da realidade consegue chegar a essas conclusões com alguma variabilidade. Mas se você sai um pouco da vida das cidades grandes e vai para vidas mais simples, você vê evidência em conjunto. É uma comunidade que se preserva da desordem, não com base em raciocínios, em ideologias, mas com base na sua experiência comum.

A partir disso, dá para pensar algumas questões sobre esse problema da evidência e que, puxando para o jusnaturalismo, talvez explique algumas lacunas explicativas em Aristóteles e também ajude a entender melhor as diferenças com o pensamento moderno.

Um dos cernes do pensamento ético e político aristotélico é a noção colhida pela percepção em primeiro nível, a noção de ato e potência. Você olha para as coisas, você vê as coisas, você vê as plantas, os animais, você vê os seres animados dotados de alma, você vê os seres humanos na sua vida e percebe, por exemplo, uma criança de dois a seis anos muda de tantas maneiras. E, quando você observa outras crianças, ou porque sejam seus vários filhos ou porque são as crianças da comunidade, você percebe padrões. Percebe um caminho para esse desenvolvimento. E, depois, quando você adquire a idade da razão, você começa a perceber isso em você mesmo. Para onde você se direciona, o seu desenvolvimento tanto biológico quanto espiritual, mesmo intelectual, que, uma vez reunidas essas informações bem colhidas da realidade e confirmadas nos diálogos comuns, na literatura, na poesia, nos modos de vida comum de uma comunidade, você consegue dizer que existem caminhos mais ou menos balizados para dizer o que é o desenvolvimento humano a partir não de uma noção, não em primeiro lugar de uma definição dos fins, mas em primeiro lugar de uma percepção das coisas como acontece e de perceber na realidade, nas coisas que existem, não apenas no momento daquelas coisas o recorte temporal, mas perceber a soma de todas os momentos, perceber a potencialidade que já existe ali e a normatividade dessa potencialidade, obrigações ontológicas que surgem a partir disso.

Em uma *live* de algum tempo, essa me pareceu a principal diferença entre alguma parte do pensamento jusnaturalista clássico e, por exemplo, o pensamento do Miguel Reale. É possível dizer que ele chega muito próximo com fato, valor e norma. Chega próximo de uma harmonização perfeita desses aspectos dentro de uma visão do desenvolvimento humano nessa relação de ato e potência, mas que ele meio que para na porta. Aí entra a minha pergunta. Você chegou a pensar nessa formulação específica do problema e o que você acha? Você acha que realmente tem essa incompatibilidade por causa desse problema de adoção de um outro modo de compreender a relação do homem que não seja por ato e potência – da natureza mesmo no pensamento do Miguel Reale e se ainda assim é possível compatibilizar?

12) Prof. Dr. Marcus Paulo Rycembel Boeira

Eu vou responder a tua questão em dois momentos. Um primeiro momento fazendo uma reflexão em torno do que é a aporética e qual lugar ela tem nisso. E segundo, se seria possível pensarmos a tridimensionalidade em vínculo com a tradição clássica da lei natural sem um olhar acerca do modo como Aristóteles e a tradição entenderam a natureza. É uma ótima pergunta. Certamente ela não poderá ser respondida por completo aqui porque ela excederia. Uma resposta necessária a essa pergunta exigiria muito mais tempo.

Existe uma diferença entre os modos de conhecer em Aristóteles e a divisão das ciências que decorre dos modos de saber. Ou seja, há uma divisão entre os modos de conhecer e há uma outra divisão entre os saberes. Os modos de conhecer são dois basicamente. O modo de apreensão mediata e o modo de apreensão imediata.

A apreensão mediata que é a mais usual no âmbito das ciências e das artes, supõe um processo que começa nos sentidos, dos sentidos ao sentido comum, do sentido comum a imaginação, da imaginação – Aristóteles não falou assim, quem falou foi Tomás e Alberto, mas Aristóteles dá indícios disso, da imaginação o objeto vai ao modo particular para o intelecto e daí ele ganha uma acepção universal que dá pelo conceito, pelo verbo. Esse é o modo de apreensão mediata. É como nós conhecemos naturalmente as coisas. E esse modo de apreensão mediato que supõe um vínculo da percepção ou dos sentidos, supõe que a formulação do conceito e, portanto, da ciência e o vínculo disso com a ciência é a sabedoria, parte do contingente ao universal, diferentemente do outro modo de apreensão que é o que o Aristóteles chama no deanima de modo de apreensão imediato. O que nós chamaríamos grosso modo de intuição, mas o Aristóteles não chama, nem tampouco o Tomás. Quem na verdade chama isso de intuição é o Duns Scotus.

O modo de apreensão imediato é o que o próprio Tomás chama de objeto da primeira virtude intelectual, que é o intelecto e que tem o mesmo nome da faculdade. Intelecto é faculdade, intelecto é virtude intelectual, que não é o hábito dos primeiros princípios especulativos, mas é o que o antecede. É o modo como essa potência se dispõe (no hábito), a adquirir um aperfeiçoamento, isto é uma atualidade. E essa atualidade se dá pela evidência necessária do ser aqui tomado como princípio de predicação, porque eu não poderia pensar os princípios evidentes como não contradição, identidade etc., sem o ser – para o Aristóteles.

Isso supõe uma distinção entre os dois modos de conhecer. A divisão dos saberes das artes e das ciências, converge com isso, mas, em vez de olharmos de baixo para cima, do contingente para o Universal, quando olhamos para a divisão dos saberes nós fazemos o processo justamente inverso olhando para o Universal primeiro e depois para o contingente. Por isso o Tomás e Alberto sabiamente ao comentarem o deanima e os analíticos, costumam partir disso. Ou seja, primeiro eu tenho o intelecto como virtude intelectual, depois eu tenho a sabedoria que tem quatro definições, mas uma delas é a partir de premissas universais e tende a conclusões universais, e há uma ciência para isso chamada metafísica e uma outra virtude intelectual que parte de premissas universais ou semiuniversais e tendem a conclusões contingentes. Como é o nome disso? O nome disso é ciência. E o nome dessa virtude é *episteme*.

As relações das premissas universais com a contingência do mundo partindo do universal ao contingente se dá de três modos ou com conclusões certas – ciência, ou com conclusões certas do ponto de vista produtivo – arte, ou com conclusões prováveis do ponto de vista de um juízo deliberativo – prudência. O que supõe uma articulação entre a demonstração e a dialética. Esse é o modo como o Aristóteles explica o conhecimento da natureza.

Ou seja, a relação da potência com atos supõe como se isso estivesse no *background* do conhecimento de qualquer objeto. Sem o que nós não seríamos capazes de fazê-lo e sem o que não teríamos sequer uma teoria da lei natural porque uma teoria da lei natural só é possível "aporeticamente" se e somente se nós partirmos desses pressupostos. Isso posto eu responderia agora a tua segunda pergunta.

Não é possível um vínculo da teoria da lei natural com a teoria tridimensional se nós ignorarmos essa aporética que antecede a própria teoria da lei natural porque ela não existiria e não existiria tampouco uma teoria tridimensional. Isso não significa dizer que a natureza é a única imagem do mundo cognoscível. De modo algum é isso o que estou falando. Mas que a natureza desempenha um amplo espaço dentro do *ordo cognitionis*, dentro da ordem do cognoscível, disso não há a menor dúvida.

Isso supõe que um vínculo entre a natureza e o artifício, entre o mundo natural e o mundo artificial, depende de uma aporética porque a aporética nada mais é do que a revelação do *framework* mental e linguístico do qual nós partimos para construir qualquer teoria. É um método. O que o Aristóteles fez no *Organon* é explicitar o método. Nada mais nada menos. E nisso há muita coincidência com o que o Kant fez. Por isso o esforço do Gustavo me parece muito importante. É esse de ver no Kant o que há, por exemplo, de lógica categorial ou lógica dos predicáveis. Isso é um esforço muito relevante.

13) Prof. Dr. Marcos Paulo Fernandes de Araújo

Eu queria fazer primeiro uma pergunta porque eu não sou versado em Kant e falou de um eu intencional quando estava explicando o modo de conhecimento da lei segundo o Kant. Eu queria perguntar se existe alguma ligação entre isso e aquela distinção entre Wille e Wilkur. Eu não sei se essa distinção não é análoga à distinção entre *volnutas ut natura e voluntas ut electio* no tomismo. Não sei se é parecido ou se tem algo a ver.

Em relação a segunda parte que foi a discussão introduzida pela Profa. Ana Luiza em relação ao comunitarismo, me parece que essa preocupação por debater, embora seja importante, não deveria ocupar o centro das nossas preocupações. Por quê? Porque, nesse ponto, eu assumo a crítica do MacIntyre ao liberalismo. O liberalismo é uma ideologia do debate. Ele é uma ideologia do debate interminável que nunca chega a lugar nenhum. Então, assim, preocupar-se primordialmente em debater com a ideologia do debate, levará, fatalmente, a sermos absorvidos nessa ideologia do debate.

O que me parece e acho que o comentário do Cronje e com a premissa colocada pelo Prof. Marcus Paulo Rycembel Boeira, sobre a evidência segundo uma comunidade, ela é fundamental nesse debate. Eu acho que a partir dessa percepção, a preocupação dos jusnaturalistas deveria ser – e eu acho que está sendo – a preocupação central deveria ser a integração em uma comunidade de virtudes mediante instituições. É o que eu acho que estamos tentando fazer aqui.

Em segundo lugar, debater ou tentar nos fazer entender porque, segundo me parece, todo modo de pensamento que se tornou hegemônico desde o início da modernidade, a princípio o liberalismo que, no pano de fundo, é hegemônico ainda, e o marxismo durante um tempo, todos eles se valeram de grupos de estudos e de difusão literária dos seus pensamentos e princípios. Acho que esse é o caminho sobretudo.

Não se trata de ficar tentando achar agulha no palheiro. Será que aqui eu consigo encontrar uma semelhança entre o que eu penso e o que o fulano de tal pensa. Às vezes o fulano de tal está até datado, que parece ser o caso do Reale, não tanto do Kant. Acho que o Reale está mais datado do que o Kant. Está mais ultrapassado do que o Kant. Será que é isso que a gente não deveria fazer em vez de se preocupar em buscar pontos de contato que as vezes são tão ínfimos que o esforço acaba não valendo a pena. Será que o foco deve ser esse? Parece-me que não. Isso deve ser uma preocupação sim, é uma preocupação legítima, mas não deve ocupar o centro dos nossos esforços.

14) Prof. Dr. Fábio Cardoso

O nível do debate está elevadíssimo e espero que não fiquem chateados comigo porque eu quero dar uma rebaixada nos *standards* lembrando um pouco Strauss como fez o Bruno ontem. Em parte, por limitações minhas, em parte, porque entendo que há responsabilidades nossas enquanto juristas que também impõem que a gente se dedique a assuntos que talvez sejam mais urgentes.

Mas evidentemente não vou fazer isso sem buscar uma conexão com o que estamos aqui discutindo e sem também buscar um respaldo no teu texto para isso, para ser gentil contigo, porque evidentemente tu mereces toda essa nossa consideração.

Tu fazes algumas considerações ali no texto sobre a questão da liberdade. Tu dizes assim: a concepção de liberdade na teoria clássica da lei natural envolve uma articulação entre a liberdade para agir (*freedom*) e a liberdade para ter condições de agir (*liberty*). Ou seja, entre a ação enquanto tal e o modelo teleológico que pretende perseguir. E para tal é fundamental considerar essa causa final dos atos humanos o bem. Nas concepções modernas, por outro lado, a condição de agir parece atrelada apenas ao modelo de limite estatal.

Eu acho que nós que nos filiamos a filosofia prática aristotélica, enfim, à concepção clássica da ética do Direito, da política e os comunitaristas também, talvez até ainda mais, tenhamos uma tendência a menosprezar essas tais liberdades porque, afinal, isso seria coisa do constitucionalismo moderno e nós somos mais bacanas.

Agora, quando o mundo está desabando e me parece que ele começa a desabar, a relevância dessas liberdades se escancara. A criticidade dessas liberdades se escancara e é algo que a gente já não pode a partir daí desconsiderar. Evidente que não estou falando daqueles direitos de septuagésima quarta geração. Eu concordo com o Pedro quando ele se insurge contra esse constitucionalismo dos direitos como se nós tivéssemos deixado de ser um Estado de Direito para ser um Estado de direitos, que de Direito já não tem mais nada e que, para além disso, inclusive, põe em risco essas liberdades porque eu tenho uma visão pelo menos de que esse enorme predomínio desses novos direitos, que me parecem mais objetivos políticos, acaba por vir em detrimento das velhas liberdades. Esses novos direitos, na minha visão, colocam em perigo as velhas liberdades e eu acho que a gente está vendo isso acontecer hoje.

Então, eu queria provocar se vocês acharem que não é demais, certa reflexão sobre o status jurídico filosófico dessas velhas liberdades, desses direitos de primeira geração no âmbito do jusnaturalismo clássico, no âmbito dessa nossa tradição porque eu acho que nós precisamos também estar atentos a essas liberdades já que elas são tão críticas assim. Eu penso que essas velhas liberdades – como estou chamando aqui, encontram na filosofia prática e na filosofia política clássica um fundamento até mais forte, mais consistente do que encontram no próprio constitucionalismo moderno, na filosofia prática moderna. Mas acho que é algo a ser melhor explorado por nós e me parece algo relevantíssimo no nosso momento.

15) Prof. MSc. Marcelo Pichioli

Confesso que vim mais entusiasmado ainda para esse debate de agora. Não só pela relatoria do Prof. Boeira, como também por um tema que eu acho que é fundamental daqui em diante. Eu percebo que, como o Prof. Gustavo França, acho que houve no início uma primeira metade mais entusiasmada com a possibilidade de um diálogo entre as teorias modernas e a teoria clássica, e o debate começa agora a se fechar com menos entusiasmo, principalmente a partir da pergunta do Cronje. Eu acho que estou no lócus correto e queria dar alguns exemplos práticos mesmo de como isso reverbera na roupagem dogmática.

Como essa estruturação filosófica descamba na roupagem dogmática, o que prova mais uma vez aquela fala do

Corção: eu não tenho medo da bomba atômica, tenho medo do convento filosófico que vai lançá-la.

Quando eu fiz as perguntas, lembro bem de colocar neokantismo também. É claro que, assim como fez o Prof. Boeira ao mencionar que falaria de teorias modernas por uma economia de linguagem e questão prática. Então, eu falo de neokantismo aqui e isso abarca todas as escolas, mas é um lócus de modernidade.

O que eu acho que é incompatível e eu concordo muito com o Cronje nesse ponto é o velho corte ser e dever ser tão frequente entre os neokantistas. Acho que posso ir além. É um corte metodológico também e enciclopédico das causalidades aristotélicas. Então elas ficam como que isoladas e daí sucede uma negação da metafísica também, o que é muito próprio do positivismo.

Nos anos 70, começou a surgir entre os penalistas uma grande preocupação – válida, é verdade, com teorias da conduta e com critérios de imputação. Então, a imputação objetiva que tanto falamos hoje que influenciou o Supremo no mensalão. Vejam, não estou menosprezando o valor das teorias, mas elas focavam tanto no aspecto normativo da conduta que lenta e gradualmente o dolo deixou de ser um aspecto lógico objetivo de realidade, do homem de carne e osso – como até escrevo provocativamente com o Cronje no nosso texto e passou a ser algo somente normativo.

Então, são os critérios de imputação a ponto de um dos maiores expoentes, o Claus Roxin, ter dito que o direito penal não iria mais se preocupar com o nexo de causalidade, tamanha a desconfiança dos juristas com a ontologia. Por isso digo que há esse estancamento literal, agora, de ser e dever ser. Eu queria só fazer essa provocação final, tentando contribuir com um talvez o jusnaturalista faça essa oxigenação um pouco mais elegante das quatro causas.

Quer dizer, alguém que tenha a posse de boa-fé merece o ressarcimento de uma benfeitoria útil não porque está no Código Civil, também porque está no Código Civil. O *neokantista* dirá é legítimo, mas tem que estar no Código Civil. Esse é um exemplo de corte. Queria só dar essa razão prática mesmo à discussão.

16) Prof. Dr. Renato Moraes

Belo texto, bela exposição. Então só algumas coisas até que depois no decorrer da própria discussão já foi até esclarecendo, eu queria só reiterar que eu acho muito importante quando nós falamos de bens evidentes. De fato, eu acho que depois você já matizou em certo sentido. Você falou do Ernildo Stein, essas ideias de que bens evidentes são evidentes e não é como algo matemático. A pessoa precisa de fato já ter virtudes para que aquilo fique claro para ela. Se não, ela simplesmente não enxerga. Eu passei aqui no corredor antes da nossa reunião e o pessoal estava discutindo sobre o Peter Singer. Então realmente é um caso de um autor que hoje tem um peso enorme, muita influência, é muito discutido e, para ele, certamente não estaria claro o que nós estamos colocando com bens. Ele acharia que muitas vezes não teria simplesmente sentido.

Então, aí eu uso aquela ideia toda – acho que o MacIntyre fala disso, a ideia de que você da virtude para poder enxergar o próprio bem. A partir disso vai ficando mais claro. Então eu diria que é uma evidência relativa.

Daria para, de algum modo, conjugar isso com o Finnis? Talvez desse. A maior crítica que eu faria ao Finnis com relação a esses bens básicos é que ele não admite uma hierarquia entre eles. Isso eu acho que não dá. Lendo Aristóteles, Tomás, parece-me claro que há uma hierarquia. Também não é que eles sejam todos incomensuráveis como ele coloca, mas, de qualquer modo, não tiro a importância do que ele está fazendo e a genialidade mesmo. Quando lemos o Finnis e outros autores mais recentes, a distância é brutal.

Uma coisa que surgiu aqui – que o Marcos Paulo me fala do modo dele irônico provocativo – é o perigo de a gente ficar um pouco pedindo migalha. Um pouco de pedido de reconhecimento; a gente existe, nos escutem. Tem um pouco esse perigo. A gente não deve cair nisso, tampouco em uma postura soberba de que nós sabemos e o resto do pessoal não sabe nada, ninguém sabe nada. Nem uma coisa, nem outra. Temos que realmente tentar com base na verdade. Surgiu aqui como fazer isso? Realmente é difícil.

Às vezes pegamos livros que já começam ST primeira parte, segunda parte. Para alguém que não é da linha já é um baque. O próprio São Tomás diz: o que importa não é o que os filósofos disseram, mas a verdade das coisas. A incoerência performativa. Claro que o filósofo é um caminho, é um guia, mas discutir filósofo não pode ser o mais importante da nossa tarefa. O jusnaturalismo (eu não gosto de pensar em nós como uma escola porque não é isso que queremos ser. Não é que vão dizer que se tem várias opções e que se pode escolher antes uma espécie de menu intelectual. Você é kantiano, você é marxista, você é existencialista, vocês os Naturalistas.) nós acreditamos que é uma verdade. Vários nem acreditam nisso, então é normal que eles se fechem e fiquem naquilo. Mas para nós não teria sentido. Lembro do Pieper e ele diz que se disséssemos para Tomás que ele era aristotélico, ele ficaria estranhado. Eu busco a verdade.

A verdade é a nossa maior preocupação. Também aproveito o que comentamos das escolas, como tratar com elas, se são todas iguais. De fato, elas são muito diferentes. Hoje se tem essa discussão da modernidade contra o clássico e, de fato, eu não sei se as vezes a gente não pode ser um pouco superficial e simplesmente separar modernidade de clássico. No próprio pensamento clássico, o estoicismo vamos colocar onde? É um pensamento clássico. O epicurismo é um pensamento clássico. Então você tem certas coisas que seriam mais próximas da modernidade do que seria um Aristóteles e de pensadores contemporâneos a eles.

A própria modernidade tem tantas escolas que é impossível falar de todas. Eu comentei aqui do Peter Singer. Ele é uma espécie de utilitarista elevado as últimas consequências, então realmente onde ele chega é uma coisa muito diferente. Agora vamos pegar um utilitarista como Stuart Mill – já é uma coisa diferente. Stuart Mill em algum momento começa a não se julgar utilitarista. O princípio do prazer é o principal, porém é preferível ser Sócrates morrendo do que um porco satisfeito. Em certo sentido ele não tem como justificar essa afirmativa, mas ele está correto.

O próprio Stuart Mill sendo um utilitarista não dá para colocar no mesmo pacote que um outro utilitarista como é o Peter Singer.

Kant com relação ao utilitarismo é tão distante. Também existem tantas interpretações e acho que é assim porque ele é autor que estava sempre em construção. Ele estava tentando achar alguma coisa que eu acho que ele nunca conseguiu achar totalmente. Porém, não deixa de ser admirável a sinceridade, pois ele é um homem que nunca facilitou as respostas. Ele me parece de uma integridade total. Eu discordo de muita coisa dele. Tem muita gente na modernidade que está procurando e acha muitas coisas como Kant achou e que permite que o Gustavo tenha uma interpretação como a dele e que, de fato, em certos aspectos você aproxima.

A ideia da razão também chama atenção o quanto Aristóteles e Tomás falam de razão como o critério da ação humana. Então, realmente, não é o mesmo modo de ter razão, mas tem uma aproximação.

Há muitas escolas diferentes, há muitas visões. Eu acho que não podemos, de modo algum, ter uma espécie de complexo de inferioridade. Temos que apresentar de uma maneira que seja atraente rigorosa. Mais do que buscar alguma coisa que confirme o que eu falo em outros autores, aprofundar também na nossa própria tradição. Não é o caso de fazer uma escolinha, mas na verdade das coisas. Claro que Aristóteles e Tomás não foram capazes de esgotar a verdade e certas coisas hoje têm mais realce do que tinham na época deles e temos que enfrentar isso. E tantas coisas que eles se preocuparam, para nós não faz muito sentido. Ninguém vai falar hoje que a escrivão é natural. Embora lógico que até entender isso no Aristóteles é diferente.

Eu vejo com muita esperança o futuro do jusnaturalismo simplesmente porque ele é verdadeiro. E ele é verdade não porque é uma escola, mas porque é uma descrição melhor do que a gente vê que funciona o Direito, a vida das pessoas, a busca de um bem. Agora, apresentar isso não querendo ser uma escola, uma erudição aristotélica ou tomista. Podemos usar todos esses, os outros autores modernos e tentar ver o que há de bom. É um trabalho difícil, é longo.

17) Prof. Dr. Bruno Coletto

Eu estou um pouco atordoado com a profundidade de todos vocês e tentando trazer um pouco para um plano mais jurídico, mas de novo interagindo com teu texto da mesma forma que o Fábio fez agora há pouco.

No parágrafo 14 tu dizes mais ou menos o seguinte: a articulação entre o Direito e a política é um ponto decisivo para o Estado constitucional, tanto para a concepção clássica de lei natural, como para muitas das modernas teorias do Direito. A definição sobre os espaços, a linha que atribui autonomia à ordem política e jurídica é uma questão fundamental. A tirania de um espaço sobre o outro resulta na instabilidade institucional e na ausência de segurança jurídica, erodindo as paredes que dividem o político e o jurídico.

Lendo essa passagem eu lembrei de duas coisas. A primeira, o teu mestre também, do Pedro e de tantos de nós aqui, o professor César Saldanha fazendo lá no primeiro semestre um quadrinho e dizendo o seguinte: o Direito é conectado à moral por meio da política. A política é uma ponte entre o Direito e a moral, ética, enfim. Qual o problema moderno e acho que vem um aspecto de verdade do jusnaturalismo aqui. A teoria do direito natural é uma teoria que reconhece o espaço da política e é isso o que temos perdido na modernidade e essas teorias modernas todas jogam uma cortina de fumaça no âmbito da política.

Acho que esse é um projeto jusnaturalista, o resgate do espaço da política. Um autor que o Saldanha citava é o Charles McIlwain, aquele constitucionalismo antigo e moderno.

Como é que ele explica e o que ele diz que é o constitucionalismo moderno? É uma tensão que se consolida na modernidade com a condição de que é necessário um controle jurídico sobre a política. Então o controle da política é feito pelo Direito. Esse é o *Rule of Law*, esse é o Estado de Direito.

Não seria o problema nosso e às 74 gerações de direitos. O nosso problema quando ampliamos demais o Direito, ou seja, para dizer com todas as letras, nós transformamos em Direito aquilo que não é Direito, aquilo que é política. Nós colocamos em uma linguagem jurídica aquilo que não é jurídico. E acontece isso que tu referes aqui, que erodimos as paredes que dividem o político do jurídico.

Talvez o problema seja que na terminologia *mainstream* da filosofia jurídica e que é filha desse debate moderno. Será que não transformamos o controle jurídico da política em um controle político da política? O que nós fazemos por meio hoje de um controle de constitucionalidade que usa direitos fundamentais, sociais, que usa todas essas terminologias dos direitos. Não é uma forma de fazer um controle político, mas escondido sobre um manto de suposta técnica jurídica sobre aquilo que é a política e, portanto, estamos perdendo a política e, ao perder a política, estamos perdendo o âmbito do Direito também. Estamos justamente esfarelando essas paredes que a teoria do direito natural sempre reconheceu e valorizou.

No texto do Pedro ele cita tanto o Fernando Atria como o Hayek. O Atria tem uma passagem genial em que ele demonstra muito claramente que direito social não é direito. O direito social que é a segunda geração não é direito, quiçá o da 74ª geração. Certamente também não é Direito. Mas o Hayek, já que falamos um pouco do liberalismo, no *Direito, legislação e liberdade*, ele tem uma frase que é genial, que resume o que eu estou dizendo. Ele diz o seguinte: direito constitucional não é Direito. Por quê? Porque é política, é organização do poder. É uma discussão sobre alocação distributiva dos bens de uma sociedade que não são parte de um raciocínio jurídico. São parte de um raciocínio político.

A juridicização da vida, como os neoconstitucionalistas fazem, o próprio Min. Barroso usa essa expressão, não é um modernismo exacerbado que é consequência de uma mentalidade jurídica moderna que, por meio de uma técnica jurídica, se pretende racional, mas que na verdade está escondendo aquele que é o âmbito mais fundamental da teoria do direito natural que é o reconhecimento do espaço da política.

18) Prof. Dr. Marcus Paulo Rycembel Boeira

Eu vou responder primeiro ao Renato dizendo que concordo com todas as observações que ele trouxe. Compartilho a mesma percepção. A minha inclinação afetiva me leva a um pessimismo, mas ela é contrastada com meu otimismo.

Vou responder diretamente ao Marcos e depois ao Marcelo e depois vou conjugar as duas respostas às reações do Fábio e do Bruno porque elas são próximas.

Resposta direta ao Marcos. Então são três perguntas ponto que tu trazes. Primeiro, o ego, a unidade sintética de percepção, o ego intencional para o Kant. O que é isso? Isso é ponto de partida do sujeito cognoscível. O acesso à lei universal pela razão supõe uma noção acerca do "eu" em que consciência e intencionalidade se encontram. Eu preciso justificar essa intencionalidade. De onde ela vem? Ela vem de um eu que tem consciência. Mas esse eu que tem consciência tem uma raiz mais profunda que o antecede. Isso para o Kant. E esse antecedente, esse sujeito antecedente implica duas conclusões.

Primeiro, que ele é uma unidade sintética e não analítica no sentido de que a primeira coisa que ele toma – aí sim notório por evidência, é a própria condição dele enquanto sujeito pensante. E a segunda é o fato de que este eu consciente tem faculdades que supõem um envolvimento com os objetos. E o envolvimento com os objetos supõe uma forma de representação desses objetos. Essa representação acontece onde? Onde é que se dá o armazenamento disso? O armazenamento disso começa na estética e termina na lógica. Ele começa em uma representação intencional dos objetos por categorias de tempo e espaço. Aqui entra em jogo as categorias, algo muito semelhante ao Aristóteles em certo sentido.

Esse armazenamento que há do objeto representativo na imaginação quando salta a razão, esse salto traz consigo certas determinações. É semelhante ao fantasma, mas a diferença é que aqui, o objeto cognoscível não é exatamente o objeto empiricamente verificado pelos sentidos. É o objeto tal como repousa na imaginação. É essa independência epistemológica do objeto representativo em relação ao objeto "fenomênico". Então isso seria basicamente a unidade sintética de apercepção para o Kant na *Crítica da razão pura*.

A segunda questão que tu trazes que é muitíssimo importante é que o Kant responde no início da fundamentação da metafísica dos costumes, é a distinção entre vontade e arbítrio. Por que são diferentes? Porque a vontade é o veículo de determinação que a razão se vale para determinar o arbítrio. O arbítrio continua, mas essa continuação recebe uma determinação. Essa determinação é o que confere – chamemos assim, grosso modo, da medida do sentido do arbítrio enquanto tal. Eu só consigo concebê-lo como arbítrio para o espectro; para o horizonte da lei natural na medida em que eu suponho esse vínculo do arbítrio com a vontade, sem o que não seria possível encontrar sentido nisso.

Talvez isso explique, de algum modo, os pressupostos epistemológicos da terceira questão que tu trazes que é a discussão em torno do que antecede bem ao justo, do justo ao bem e dentro da tradição liberal teríamos um diálogo interminável em relação a isso, sem dúvida. É mais ou menos um mistério que jamais será sondado, nós estamos aqui mais por vaidade intelectual buscando essas coisas, buscando respostas que nos satisfazem. Mas isso não supõe dizer que o diálogo como tal não seja uma forma de acessar determinadas decisões que são decisivas não apenas para a nossa inteligência, mas para a nossa própria existência, o nosso próprio sentido de vida, porque lembremos que o ser humano é ser de relação.

Esse seria meu ponto na terceira parte da tua reação.

Vou fazer um salto em cima do que o Fábio colocou e ir direto no Marcelo e depois volto para ele porque vou articular a questão dele com a do Bruno. Estou inteiramente de acordo contigo. Sem uma teoria das causas é impossível explicar a relação ser dever ser adequadamente. Sem uma teoria das causas a única alternativa possível é um corte arbitrário entre esses mundos. Mas como vamos justificar esse corte arbitrário e, portanto, a origem do dever ser sem que nós não façamos um outro corte arbitrário antecedente que é o de começar o nosso discurso – de novo eu uso a expressão do Virgílio – *in media res*; no meio do caminho. Mais ou menos assim, isso é dado, não interessa a origem, interessa o que nós vamos escrever a partir daqui. Podemos tomar essa premissa, mas ela continua sendo arbitrária. Ela ainda padece do vício de origem, ela tem nulidade *ipso juri*.

O modo como vamos sair disso vai exigir um olhar aporético sobre a relação da natureza com o mundo. E essa relação da natureza com o mundo, no meu ponto de vista, é imprescindível. Não apenas para a teoria clássica da lei natural, mas para a filosofia analítica segundo os seus próprios pressupostos. E, ninguém mais, ninguém menos do que Alfred Whitehead e o próprio Bertrand Russell procuraram enxergar a origem do conhecimento humano tendo em vista esse problema de origem.

Então, eu estou inteiramente de acordo com o teu ataque a esse corte que é metodológico. Do ponto de vista metodológico ele pode servir para a divisão das ciências demonstrativas, para a divisão dos saberes jurídicos, ele é muito útil sem a menor sombra de dúvida. O problema está na origem. Não no método em si.

Agora eu vou voltar à questão que o Bruno e o Fabio trazem. O Fabio faz um apontamento sobre a distinção que eu trago e que tem reflexos no mundo atual, entre o que eu chamo de liberdade para agir e liberdade para ter condições de agir.

A palavra *freedom* tem uma raiz etimológica na língua bárbara. E nessa língua havia uma expressão que é o antecedente radical dessa expressão na língua inglesa que é *freihals ou frihals,* que é uma coleira que é presa ao pescoço da pessoa. O ato de libertar essa correia é chamado *freihals*, ou seja, é a libertação dos grilhões da língua bárbara. É daí que vem a palavra *freedom*. Ou seja, *freedom* é uma ação empreendida no tempo e no espaço sem qualquer limitação física. Por exemplo, eu me dirijo até ali para pegar um café. *Freedom*, liberdade de ir e vir pura e simples. Outra coisa é *liberty*. A origem etimológica de *liberty* vem do velho e bom *status libertatis* do Direito Romano. Quem tem condição para agir e abster-se de agir em certas circunstâncias.

Uma reflexão em torno das condições de agir envolve uma filosofia moral e política do tipo: por que esse sujeito tem condição de agir? Sob quais circunstâncias? Para realizar quais fins? Sob quais meios?

Vejam que a diferença entre a mera ação e uma reflexão em torno das condições para ação supõe uma reflexão mais profunda em torno da posição no mundo. Qual é o tipo de ordem jus política na qual estamos, em que as condições para agir – e a própria ação em si mesma – são conjugadas.

Usando essa distinção, eu vou usar a posição do Bruno e voltar uma conclusão ao Fabio e ao próprio Bruno dizendo assim: o Charles McIlwain, no *Ancient and Modern Constitutionalism*, trata-se de uma obra clássica do Direito Constitucional, todo aluno do Prof. Cesar Saldanha é obrigado a ler este livro e ele traz uma noção de que existe um constitucionalismo antigo muito presente nos regimes/reinos medievais feudais, qual seja, há uma distinção entre funções que são desempenhadas dentro dos reinos.

A função de *juris dictio*: aplicar o Direito e a função de gubernáculo, garantir e conservar a ordem política. Duas funções diferentes. Ao longo da história do constitucionalismo, isto implicou em diferenças entre instituições. As funções foram se tornando instituições.

O parlamento inglês, por exemplo, depois da Magna Carta. O poder judiciário, a magistratura – que na Inglaterra ganhou independência em 1701. O Montesquieu que viajou a Inglaterra e em 1748 escreveu o *Espírito das Leis* e chamou o lugar dentro do *Espírito das Leis*, o título do livro XI, capítulo VI, quando ele analisa a separação de poderes, o título que ele dá: Da Constituição da Inglaterra. Ele observou o sistema inglês e o adaptou a um país que tem tradição de legalidade e não de tradição de *common law*. Ou seja, ele adaptou a teoria da separação de poderes a esse modelo de legalidade.

O que isso tudo quer dizer? Quer dizer que a história do constitucionalismo tem como seu reflexo moderno o chamado Estado de Direito. E o Estado de Direito é um modelo de ordem jus política que exige uma separação entre o jurídico e o político. Uma autonomia entre o que o meu amigo Fabio Machado chama em seu livro de a diferença fundamental entre *lex* e *jus*. Entre aquilo que se determina o bem comum e aquilo que, por outro lado, requer uma ordem espontânea que supõe uma atuação judicial para garantir e conservar essa mesma ordem por meio de decisões que refletem as expectativas que os indivíduos deveriam ter pensado e não pensaram quando erraram ao fazê-la.

Essa distinção entre a ordem política e a ordem jurídica será mais visível e melhor organizada na medida em que as instituições do Estado Constitucional se organizarem desse modo. É o que o grande professor Cezar Saldanha, como outros também, expuseram na chamada teoria da hexapartição de poderes. Existem níveis deliberativos da razão prática no âmbito das instituições políticas e existem níveis deliberativos da razão prática no âmbito das instituições jurídicas. Claro que eu acompanhei de perto quando o professor Cezar pensou essas coisas e fez esse livro lá no final dos anos 90, quando, naquela época, nós estudamos dois autores muito importantes, um é o Luc Heuschling e outro é o Karl Loewenstein na sua teoria da Constituição que envolve uma distinção entre três níveis deliberativos. Isso o Loewenstein na coloca no livro: *Police control, police determination e o police execution.* As distinções entre quem deve dirigir a ordem política para os seus fins últimos, quem deve dirigir a política para os seus fins intermediários e quem deve dirigir a política para os seus fins próximos; os espaços deliberativos da razão prática.

Será um Estado constitucional melhor organizado quando tiver maior atinência com esses níveis e será menor o seu nível de organização quanto mais distante estiver disso. O modelo de separação de poderes que temos na América Latina tem mostrado problemas dessa natureza há pelo menos 20 anos, para não dizer 30 anos. Não me refiro apenas ao Brasil, mas a todas as nossas democracias latino-americanas que têm cartas de direitos muito boas e até notáveis em alguma medida, tem uma forma de apresentação dos direitos que é realmente notória.

Mas quando expõe a sua organização dos poderes, peca por essa falta de atenção aos limites entre o jurídico e o político. E o resultado disso não poderia ser outro. Quando esses limites não estão claros, a tendência é a politização da justiça – o que foi a luta dos primeiros constitucionalistas modernos lá da Revolução Francesa etc., revolução americana. Quer dizer, não podemos permitir a politização da Justiça, então vamos estabelecer limites claros e, inclusive, vamos consagrar uma área do Direito para lidar com a política chamada direito político, porque o direito constitucional não tinha esse nome, o nome era direito político.

Somente no século XX, final do século XIX, é que a expressão direito constitucional, salvo o caso americano que é sui generis, mas no mundo da tradição romano-germânica, só recentemente passamos a usar a expressão direito constitucional no sentido que empregamos hoje, porque ele era um direito político, um direito da política. E o que aconteceu? O pêndulo veio tão fortemente para o lado de cá que nós não atentamos para isso e o resultado é que agora vivemos o justo contrário. Toda a política se transforma em objeto do Direito. A Suprema Corte americana durante muito tempo discutiu isso, a doutrina das chamadas *political questions*.

Lembro na época da faculdade que tínhamos lá no grupo do professor Cezar, o Barzzoto e quantas vezes discutimos isso aí, o Elton, o Gustavo Sander e outros amigos, sobre essa questão das *political questions*. Quando o *judicial review* e o controle difuso de constitucionalidade, embora muito bonito no papel e muito interessante do ponto de vista instrumental, nos EUA ele funciona bem, o quanto ele seria arriscado quando cumulado com o controle abstrato de normas porque você poderia abrir a porteira para a judicialização completa e absoluta da política. O resultado foi que paulatinamente nos últimos anos 20 anos nós vimos essas fronteiras serem erodidas aos poucos.

Creio que um bom debate seria esse de pensarmos o Estado de Direito perguntando assim: qual seria uma separação dos poderes mais adequada ao momento presente e qual seria o tipo de separação de poderes no qual os poderes pudessem manter o *fairness* tão desejado, mas uma coisa que é esquecida, a autocontenção.

Tem que ter um diálogo produtivo, frutífero, florescente entre os poderes. É importante para uma democracia e para o Estado de Direito. Agora, é importante também a autocontenção. Quando nós falamos do *fairness*, mas não falamos da autocontenção, então temos um problema gravíssimo, que é o problema que ambos trouxeram nas reações de vocês. Ou seja, quando não temos esses limites claros, então estamos com um grande problema na mão.

Do meu ponto de vista, o termômetro disso é a tese – que considero uma das teses mais brilhantes que eu já vi nesse assunto – que é a tese do meu amigo Pedro Moreira. Ou seja, quando a deferência à lei de parte dos agentes públicos é algo prescindível, é uma medida relativa de comparação com todo o resto, isso apresenta um grave sintoma de que as instituições precisam de um olhar mais atento dos agentes públicos.

19) Prof. Dr. Leandro Cordioli

Eu queria responder aquelas considerações a respeito dos bens humanos básicos e começar uma discussão a respeito.

Primeiro ponto, eu não sou exatamente um advogado do Jonh Finnis. Esse era um papel para ser cumprido principalmente pelo meu amigo Prof. Elton Somensi, que é, de fato, um defensor e advogado nomeado pelo Prof. John Finnis para representar seus interesses aqui no Brasil. Contudo, eu recebi uma procuração conferida pelo Pedro para fazer essa defesa.

Em que pese não ser um advogado do Jonh Finnis, porque tenho algumas divergências com ele, nesse ponto, eu acho que ele tem razão. Então, estou disposto a defendê-lo nesse ponto e corrigir algumas incompreensões a respeito dos bens humanos básicos.

Primeiro ponto que eu gostaria de esclarecer é que a expressão lei natural, sendo o sentido da lei o de diretrizes para a ação do homem e natural em John Finnis. Quer dizer, da razão por que a natureza humana é racional, é uma expressão analógica. Quando a gente está falando em lei natural, estamos falando muitas vezes em muitas coisas e isso traz incompreensões. Os problemas filosóficos nascem quando a linguagem entra de férias e aqui, a linguagem entra de férias muitas vezes porque a lei natural – mesmo na obra do Prof. Jonh Finnis, e, às vezes, quando a pessoa vai começar a estudar a obra dele não entende isso –, ela quer dizer, primeiro, o conhecimento da lei natural, segundo a Constituição da lei natural e terceiro, a aplicação da lei natural.

Então, por exemplo, críticas que o Prof. John Finnis recebe de um professor italiano, Fulvio di Blasi de que os bens humanos básicos, em que pese serem alegadamente pré-morais, já são desde sempre morais, porque você nunca pode agir contra um bem humano básico ainda mesmo antes das exigências da razoabilidade prática. Elas, na verdade, não se sustentam porque a pré-moralidade se dá, por exemplo, em bens humanos básicos no que diz respeito ao conhecimento desses bens, porque na ação, eles, de fato, vêm já em um raciocínio em que serão moralizados de fato.

Mas, enquanto conhecíveis, por exemplo, a amizade pode ser um bem humano básico que pode ser perseguido de forma razoável – no nosso café ou almoço e jantar ontem ou na torcida do futebol e é o modo razoável de experimentar ou participar do bem humano básico amizade –, mas também de um modo não razoável, como favorecer amigos em concursos públicos e isso fere uma exigência da razoabilidade prática.

Nesse sentido, conhecer e aplicar ou constituir a lei natural, são planos diferentes de uma mesma expressão que é lei natural e é distinto e tem uma relevância teórica e prática distinguir essas coisas.

Começando, então, a respeito dos bens humanos básicos, eles não são intuições a partir do nada. O Prof. Jonh Finnis diz o seguinte: nós, seres humanos, temos inclinações, mesmo quando crianças. São inclinações para o prazer, para o amor, o ódio, inclinações de fugir da dor, mas temos assim atrações para algumas coisas. Por exemplo, uma inclinação que temos é a curiosidade. Dessas inclinações que temos que nos dirigem a alguns objetos, todos têm a capacidade, mas, em geral, tem que se alcançar a idade da razão e já tem aquilo que o Aristóteles chamaria de *spoudaios,* talvez o já ser maduro. É possível que ainda não se tenha a filosofia a respeito, mas já se tem maturidade sobre certas coisas da vida e você é capaz de reconhecer que algumas dessas inclinações são, não apenas prazer, nem fugir da dor, nem apenas emoção ou sentimento, mas elas têm algo em si mesmas que é algo inteligível como algo bom. É aquilo que falta em Kant. Ou seja, a razão prática do Kant não conhece a bondade dos bens porque, de fato, se perdeu no iluminismo. E isso nem é de fato do Prof. Finnis, é do Germain Grisez, retomando esse aspecto de reconhecer algo como inteligivelmente bom é uma capacidade do ser humano.

O que é inteligivelmente bom atrai não o ser humano pelo prazer nem pela emoção, mas atrai pela sua característica de ser algo que a razão compreende como bem. Por exemplo, a vida, a amizade, o casamento, a família, a própria razão prática: ordenar bem as tuas ações. A religiosidade ou a religião, não aqui em virtude diretamente em um sentido metafísico, mas como um motivo da ação do ser humano agir em função de algo que está para além do ser humano, que dá sentido para a própria vida do ser humano.

Tem uma obra em que o German, Finnis e o Boyle escreveram (um artigo), em que eles dão como exemplo: é agir em função da religião enquanto um bem humano básico a ação de um ativista do Greenpeace que coloca uma lancha na frente de um baleeiro que vai caçar baleias e arrisca a própria vida para salvar a vida das baleias. Ou seja, a inteligibilidade da ação dessas pessoas só se faz à luz de um princípio que reconhece uma fonte de normatividade/ de valor para além da existência humana e isso é um bem humano básico. O ser humano reconhece a si, aos outros e algo para além da humanidade como digno de ordenar as tuas ações como um fim razoável.

Reconhecidos os bens humanos básicos a partir das inclinações, o que o Finnis reconhece muito é que a gente vai fazer um *insight* do intelecto (a palavra *insight* Elton e eu preferimos não traduzir essa palavra), ou seja, o nosso intelecto faz um *insight* em algumas coisas, oportunidades que vivenciamos. Por exemplo, vivenciamos ficar doente como algo ruim, ficar saudável como algo bom.

O professor Jonh Finnis diz que, em determinado momento, o ser humano é capaz de se dar conta de que essa satisfação é verdadeiramente boa, é algo realmente bom.

Não é apenas prazeroso, nem afetivamente atrativo, mas é algo verdadeiramente bom e que é bom para si próprio, mas que para os outros seres humanos que são iguais a essa própria pessoa, também é uma oportunidade de se desenvolver enquanto ser humano, ou seja, buscar o conhecimento é algo que é verdadeiramente bom, razoável para o ser humano. Buscar o prazer pode ser algo interessante e bom, mas muitas vezes não leva a coisas boas e muitas vezes não é um bem em si mesmo no sentido cognoscível e pode trazer consequências ruins, como, por exemplo, pela utilização das drogas. Não é inteligente fazer isso, mas buscar o conhecimento não tem uma medida de quanto mais conhecimento ter, vai te trazer um mal. Assim como família, religião, razão prática, amizade, trabalho, como uma experiência estética e como fazer as coisas. Pegar um Michelangelo que faz um Davi, que coloca de si na obra que ele constrói, é algo que chega a ser sublime. Algo do humano que transforma a matéria pedra em algo sublime.

Quando a pessoa se dá conta de que é um bem para si e bem para os outros, que é uma oportunidade verdadeira para o ser humano – é não apenas um valor humano básico, mas é um princípio de ação e é um princípio último porque não reconduz a outros princípios mais gerais. Esse é um primeiro princípio de ação ou um bem humano básico que a finalidade última do ser humano é, como diria o Aristóteles, da *eudaimonia*, que busca as coisas em função da felicidade, mas não a felicidade em função de outra coisa. Ela é o que o justifica e unifica no caso do professor Jonh Finnis tem essa pluralidade de bens que se unifica no florescimento, mas é mais plural. Talvez falte uma semelhança – que eu acho que Aristóteles tem na *eudaimonia*, mas fica essa pluralidade.

O que acontece? Como são bens últimos, eles são evidentes por si mesmo porque eles não são derivados de princípios mais gerais porque você os conhece não a partir do nada ou de intuição. Como você experimentou verdadeiramente na sua vida uma relação com o sagrado, com a amizade, com a família, e, a partir daí, é necessário que se faça um juízo do intelecto dizendo ser inteligente e bom mesmo. Então você extrai esse conteúdo intelectivo. Isso é uma operação da racionalidade prática, da razão prática, a partir da extração desse conteúdo e daí – do espaço além, da universalização que está disponível para todos, aí você encontra os bens humanos básicos e mais.

Um ponto interessante aqui é que não precisa necessariamente ser a partir das experiências, segundo o Prof. Jonh Finnis, mas você, por exemplo, diz ele na lei natural, direitos naturais, você vê a vida de Sócrates, você vê a vida do Aristóteles que dedicaram a vida inteira deles, não é a mesma coisa que ir na cracolândia e ver os usuários. Eles estão desperdiçando uma oportunidade única que eles vão ter de viver e se desenvolver enquanto ser humano. Sócrates, Aristóteles, Platão, não fizeram isso. São pessoas que nós admiramos exatamente por terem se realizado.

Então, temos várias formas de chegar ao conhecimento da lei natural e elas são incomensuráveis, ou seja, como elas são fins últimos e bens verdadeiros para o ser humano, a gente não tem uma medida comum para dizer quanto de vida justifica a liberdade ou a amizade. Vamos estudar ou vamos ser amigos? Vamos nos dedicar à família ou ao estudo? Nossas escolhas envolvem privilégios a cada um desses bens diante das oportunidades das circunstâncias. Mas também uma coisa que eu vi assim e parece que vocês pensam ser arbitrárias essas listas. Uma outra qualidade delas, como são conhecidas em si mesmas e não a partir de nada, mas o Prof. Jonh Finnis usa *insights* nos dados da experiência que eu dei o exemplo, elas são conhecidas em si mesmas a partir desses dados da experiência armazenados na memória, pode-se criar essas listas e normalmente não são arbitrárias em dois sentidos.

Primeiro, as listas de bens humanos básicos, em geral, podem ser aumentadas diante do que vamos analisando e experimentado enquanto bens humanos básicos. Segundo, em geral, você não consegue suprimir porque esses bens humanos básicos são conhecidos em si mesmo, mas são defensáveis. Existem formas de argumentar para defendê-los. Alguém tentar suprimir o conhecimento como bem humano básico da lista que o Prof. John Finnis apresenta, ele vai dizer que você vai acabar entrando em contradição prática. Ou seja, você age em função do conhecimento e diz que ele não é um bem humano básico. Então, as razões dialéticas são a forma apropriada de defender os bens humanos básicos.

Eu participei de um evento com o Prof. Elton e o Prof. Carlos Ferraz, a convite deste, e eu sustentei a tese do Prof. Jonh Finnis. Um professor do Rio de Janeiro tentou mostrar que os bens humanos básicos eram arbitrários. Ele começou assim: alguém que nega a vida, resolve ser ermitão, diz que não acredita em Deus etc., e, no final, se mata, não nega os bens humanos básicos? Todo mundo disse assim: o cara é o testemunho de que ele se privou de todo valor na vida dele. A vida dele perdeu exatamente a capacidade e ele não floresceu. Deixou de ser humano.

20) Prof. Dr. Marcus Paulo Rycembel Boeira

Não há desacordo entre o que tu falaste e o que nós dissemos. A questão não é o desacordo. Eu teria duas objeções. Primeiro, sobre o posicionamento do Kant. Do meu ponto de vista, Kant não diz assim. Segundo, não há desacordo quanto a esse ponto. A questão é a definição de evidência. Não de que o Finnis fala isso, pois sabemos que ele fala. A questão é justamente o tipo de evidência envolvida.

21) Prof. Dr. Gustavo França

Eu gostaria de fazer uma pequena contribuição para esse debate a respeito dos bens humanos básicos da concepção do Finnis, a qual eu considero muito rica, mas também com alguns problemas.

Eu escrevi um artigo chamado Finnis entre Aristóteles e Kant. A concepção do Finnis de bens humanos básicos me parece carecer de uma unificação antropológica, de um conceito – como é o conceito de *eudaimonia* em Aristóteles, que unifique esses bens humanos básicos. Eles não são arbitrários e na obra do Finnis eles não são apresentados como arbitrários pois estão baseados nas inclinações. Mas, a partir do momento que a gente propõe que são uma lista de sete, mas que não tem uma unificação, justificamos uma pluralidade sem uma unidade principalmente. Quando o Finnis defende essa ideia muito esquisita – acho que essa é a ideia mais esquisita de toda a obra dele – de que não há prioridade ontológica entre os bens humanos básicos. Não há uma prioridade ontológica entre a vida e o jogo. É muito esquisito.

Mas, independentemente disso, me parece que o Finnis, sobretudo quando ele usa o conceito de verdadeiro florescimento humano ou florescimento humano, aqui poderíamos entrar com o conceito de dignidade humana. E aqui é onde entra Kant na jogada porque a dignidade humana é o cânon material da ética em Kant. É a segunda fórmula do imperativo categórico da humanidade como um fim em si mesmo.

Então, me parece que o primeiro princípio – não podem ser sete – é a dignidade humana. A primeira razão é o pleno desenvolvimento da humanidade. Ou seja, tudo aquilo que honra e desenvolve, leva à perfeição, à essência, natureza humana. Isso é o que o Kant traz.

O Finnis só teria a se beneficiar se colocássemos os bens humanos básicos depois de uma ideia de dignidade humana. Kant não vai usar a ideia de bens básicos, mas ele desdobra a fórmula da humanidade em dois, a dignidade humana tem dois aspectos: a perfeição e a felicidade. Ele não entende a felicidade como *eudaimonia*. Ele tem um conceito de sumo bem que é justamente a combinação entre a plena perfeição moral e a plena felicidade, sendo esta a plena satisfação.

Então, o sumo bem de Kant é a *eudaimonia* de Aristóteles. A felicidade não, e ele próprio reconhece isso. A humanidade tem esses dois aspectos, a perfeição e a felicidade que são os fins necessários de todo ser humano. Todo ser humano tem esses dois fins obrigatórios que são desdobramentos do fim em si mesmo que é a humanidade: a perfeição e a felicidade. No caso da ética, a própria perfeição, porque você não pode buscar a perfeição dos outros e a felicidade alheia. A sua própria perfeição não é um dever porque já é uma inclinação natural, todo mundo está inclinado à felicidade. O dever é buscar a felicidade dos outros e, a partir daí, ele vai derivar os deveres morais. Acho que aqui cabia um novo desdobramento da perfeição e da felicidade em bens básicos, a partir de uma investigação antropológica do que significa dignidade humana, ou seja, do que significa perfeição da natureza humana. Essa é a tese que eu defendo nesse artigo. Essa é a concepção que eu proponho.

Nesse artigo chego a comentar como Finnis poderia se aproximar mais disso se ele fosse um leitor mais atento de autores fora da tradição dele, no caso, Kant, pois em *Fundamentos de ética*, ele chega a comentar essa passagem do Kant e diz que os conceitos de perfeição e felicidade do Kant não atingem o que ele quer, com base em alguns argumentos muito esquisitos. Ele diz que a perfeição em Kant seria só uma perfeição da razão, isso seria só um bem humano básico que é razoabilidade prática, eu até falo no artigo que não faz nenhum sentido. A razão em Kant não é a mera razoabilidade prática. A razão é a sede da unidade da pessoa humana. Kant fala que a perfeição é o pleno desenvolvimento de todas as capacidades humanas, inclusive as empíricas. Kant diz isso na metafisica dos costumes.

É o grande telefone sem fio da filosofia, é aquilo que me parece que é uma ausência de disposição de ouvir e entender autores que estão fora de determinada tradição, o que vale para os dois lados.

QUARTO CICLO DE DEBATES

NO BRASIL, QUAL É O FUTURO DO DIREITO NATURAL, EM TODOS OS ASPECTOS, A CURTO, MÉDIO E LONGO PRAZO? QUAL É O NOSSO PAPEL DAQUI EM DIANTE?

ENSAIO DE RELATORIA

NO BRASIL, QUAL É O FUTURO DO DIREITO NATURAL, EM TODOS OS ASPECTOS, A CURTO, MÉDIO E LONGO PRAZO? QUAL É O NOSSO PAPEL DAQUI EM DIANTE?

Rafael Cronje Mateus

Marcelo Pichioli da Silveira

***

... de que me serve conhecer os horários dos trens se não tenho a menor ideia do destino da viagem e da estação em que devo embarcar?[1]

---

1. VILLEY, Michel. *Filosofia do direito*. Tradução Márcia Valéria Martinez de Aguiar. São Paulo: Martins Fontes, 2008. p. 7.

Fomos provocados para a resposta de duas delicadas perguntas. A *primeira* é objetivamente mais complexa, por envolver questões alheias às nossas vontades (o futuro de um objeto de estudo, e talvez do tecido social, submetido ao devir circunstancial e aleatório ditado pelo tempo e pelas contingências); a *segunda*, por sua vez, acentua uma dificuldade subjetiva, abarcando, como se diz, o *nosso papel* daqui em diante.

Acreditamos, porém, que as duas perguntas trazem respostas que se completam mutuamente.

O ensino jurídico de qualidade supõe, necessariamente, uma boa formação filosófica. No entanto, sem abrir mão de tal premissa, é necessário lembrar que as *dogmáticas* ocupam um papel central na formação acadêmica atual. A literatura dita *doutrinária* é, muitas vezes, o momento de "encontro intelectivo" dos graduandos. Ademais, ela tem, necessariamente, grande vazão prática. A doutrina de um tempo pode resultar numa mudança de jurisprudência (seja por ineditismo, seja por superação [*overruling*], seja por distinção [*distinguishing*]); ela será o fio condutor de votos de Ministros e de decisões judiciais. Além disso, um arranjo doutrinário pode fomentar a provocação de tutela jurisdicional de variados níveis: basta que haja uma especulação jurídica tida como "válida" no âmbito da comunidade de intérpretes.

Analogicamente, é como se o direito natural precisasse, também, de um corpo, cuja sanidade cabe, em suma, ao profissional da medicina. Da alma cuidam os sacerdotes que, na nossa ponte analógica, são como os filósofos do direito. Pois bem: médicos e padres têm missões diferentes, mas ambas tendem, igualmente, ao bem. As coisas se passam da mesma maneira nos âmbitos que lhes seriam respectivos, dentro de nossa linguagem: *doutrinadores* (os "médicos") e *filósofos* (os "padres").

Não seria o caso de pensarmos que há escassez não somente de formação filosófica, *mas também de formação doutrinária*? Não seria nosso papel, afinal, dar mais atenção aos textos dogmáticos? O *locus* do Direito Natural não poderia ser, precisamente, os tradicionais troncos jurídicos (Direito Civil, Direito Processual, Direito Constitucional, Direito Administrativo, Direito Penal etc.)?

Pense-se na civilística e nas monumentais obras de Direito Privado. Não há, aí, pujante potencial de presença do Direito Natural? O velho estudo da "inatacável" teoria teutônica da relação jurídica ("personalidade e a capacidade jurídicas possuem valia basilar para toda a disciplina civil e tradicional"[2]), por exemplo, é espaço adequado para especular-se, filosoficamente, o papel da pessoa humana e as causas finais dos atos jurídicos em geral.

Como algo que nos é tão caro, o direito à vida, vem sendo tratado pelos constitucionalistas mais recentes? Vejamos uma passagem de um dos autores mais lidos de muitas gerações presentes neste evento: José Afonso da Silva. Ele escreveu o seguinte:

> **DIREITO À VIDA** [...]. ***A vida como objeto do Direito***. Não intentaremos dar uma definição disto que se chama "vida", porque é aqui que se corre o grave risco de ingressar no campo da metafísica supra-real, que a nada nos levará.[3]

A (absurda) definição não traz consequências práticas? Não leva o estudante da graduação a menoscabar, *ex ante*, qualquer vazão metafísica inerente aos institutos mais tradicionais do Direito?

---

2. *Cf.* NOGUEIRA DA GAMA, Guilherme Calmon. *Direito civil*. Parte geral. São Paulo: Atlas, 2006. p. 11.

3. SILVA, José Afonso da. *Comentário contextual à Constituição*. 6. ed. São Paulo: Malheiros, 2008. p. 66.

Veja-se outro exemplo. Ingo Wolfgang Sarlet aponta que o fato de o direito positivo reconhecer o direito à vida como direito humano e fundamental não justificaria, necessariamente por isso, que tudo o que daí decorrer seriam necessidades correspondentes aos direitos naturais.[4] A tese pode até fazer sentido para quem não é adepto do jusnaturalismo. No entanto, chama atenção como a postura costuma ser exatamente esta: ao trazer a premissa segundo a qual o direito positivo não abarcou uma lei natural, I. W. Sarlet já acrescenta que não é seu intento, naquela altura do texto citado, fazer uma digressão segundo a perspectiva do direito natural.[5] Em suma: *sou pretensamente dogmático; interessa-me só o constitucionalismo moderno; não é minha pretensão estudar o direito natural; mas digo, de antemão, que dele divirjo*. Aí não há espaço para nossas réplicas ou mesmo tréplicas? Qual o nosso papel, enfim, para completar-se esta saudável dialética acadêmica?

Pense-se no drástico problema da teorização acerca da interpretação da Constituição. Um dos métodos mais festejados pelos alemães, sobretudo após contribuições de N. Hartmann,[6] foi a proposta (quase?) aristotélica de Theodor Viehweg, na obra *Topik und Jurisprudenz*. Em suma, Viehweg reconheceu que todo aplicador-interpretador apoia-se num ponto de vista (*topoi*), cada qual sujeito à prova de opiniões contrárias ou favoráveis, o que descortinaria, enfim,

---

4. SARLET, Ingo Wolfgang. Direitos fundamentais em espécie. *In:* SARLET, Ingo Wolfgang; MARINONI, Luiz Guilherme; MITIDIERO, Daniel. *Curso de direito constitucional*. 2. ed. São Paulo: Revista dos Tribunais, 2013. p. 361-362.

5. *Ibidem*, p. 362.

6. A rigor, "foi Nicolai Hartmann o pensador que no campo filosófico contrapôs modernamente duas modalidades fundamentais de pensamento: o sistemático e o aporético", abrindo ele "caminho à restauração da tópica, como aconteceu, com mais vigor na esfera da ciência jurídica, a partir da década de 50, graças à obra de Viehweg" (BONAVIDES, Paulo. O método tópico de interpretação constitucional. *In:* CLÈVE, Clèmerson Melin; BARROSO, Luís Roberto. *Doutrinas Essenciais – Direito constitucional*. v. I. Teoria geral da Constituição. São Paulo: Revista dos Tribunais, 2011. p. 1111, rodapé n.º 1).

o sentido do texto constitucional e a interpretação mais conveniente para um dado problema.[7] Daí se falar em **tópica**, vista como verdadeira "arte de invenção" (*inventio*) ou, com outras palavras, uma "técnica do pensar problemático".[8] Aí fica evidente o cariz aristotélico da proposta, pois "o pensamento tópico fora familiar a Aristóteles, que já o contemplava como um meio de lograr o consenso ou a evidência da verdade, ou seja, 'o que a todos, ou à grande maioria ou aos doutos se lhe afigurava verdadeiro'".[9]

E aqui reside mais uma pergunta para reflexão: *onde está o nosso "topoi dogmático"*? Quais são os nossos civilistas, processualistas, constitucionalistas, administrativistas?

Ainda que a mensagem não seja de agrado de todos, o fato é que o *status* da arte, no Brasil, em termos de controle de constitucionalidade, resulta na atribuição da palavra final, em praticamente todos os casos – isso se os juízes tiverem autocontenção[10] –, pelo Supremo Tribunal Federal. Pelo rol atual, não poderíamos sonhar com uma legitimidade ativa para postular a declaração de constitucionalidade ou de inconstitucionalidade de um ato normativo (vide art. 103 da Constituição da República). No entanto, não é o caso de pensarmos num mecanismo institucional que nos dê voz filosófica e dogmática? Não é o caso de agirmos como *amicus curiae* nas causas que nos interessarem? Não é o caso

---

7. CANOTILHO, José Joaquim Gomes. *Direito constitucional e teoria da Constituição*. 7. ed. Coimbra: Almedina, 2003. p. 1211.

8. *Ibidem*.

9. BONAVIDES, Paulo. O método tópico de interpretação constitucional. *In:* CLÈVE, Clèmerson Melin; BARROSO, Luís Roberto. *Doutrinas Essenciais – Direito constitucional*, v. I. Teoria geral da Constituição. São Paulo: Revista dos Tribunais, 2011. p. 1112.

10. Outro ponto excelente para pensar-se na *necessidade de estímulo às virtudes judiciais* ou, até num sentido mais abrangente, às virtudes dos "operadores do direito" em sentido lato (advogados, promotores de justiça, defensores públicos, assessores etc.).

de gestarmos, enfim, um *corpo teórico, técnico, dogmático e filosófico* capaz de oxigenar as fontes do direito?

Ousamos dizer que forjar bons filósofos do direito é ofício tão importante quanto o gestar boas produções dogmático-jurídicas. O nosso papel reverbera consequências em todo o tecido social. Se somos adeptos de um jusnaturalismo, clássico ou não, é certo que somos também os autores dessa história.

Com alguma adaptação linguística, calha lembrar que juristas como Pedro Lessa tratavam as dogmáticas como *artes*. Não há, pois, a "ciência processual", por exemplo. Há a "arte processual", i.e., a produção intelectual de um jurista preocupado com os problemas forenses sob vieses que, em suma, indicam a busca das *causalidades finais* do Direito. "Nada julga ele [*Pedro Lessa*] mais indiscutível e fecundo do que o indutivismo de Mill [*por isso salientamos a necessidade de algum recorte linguístico, nesse tanto*], com a discriminação entre a *Ciência*, fundada em processos indutivos, e a *Arte*, elaborada segundo inferências dedutivas, a partir dos princípios e leis postos pela primeira. Fiel a essa distinção, recusa Pedro Lessa categoria científica à Jurisprudência, tal como é tradicionalmente entendida, ou seja, como conjunto de processos interpretativos de textos legais e ordenação sistemática de institutos: não seria mais do que uma *Arte*, e, menos do que isso, 'a explanação de uma *Arte*'. A tal espécie de estudo é que, no seu entender, deve ser reservada a denominação de *Dogmática Jurídica*"[11]

Ora, a **epistemologia** é a **doutrina da ciência** ("episteme" vem do grego: ἐπιστήμη, i. e., *ciência*). A epistemologia jurídica, portanto, pode ser conceituada como *o estudo crítico dos conceitos e dos princípios universais do Direito*. É,

11. REALE, Miguel. Pedro Lessa e a Filosofia positiva em São Paulo. *Revista da Faculdade de Direito de São Paulo*, v. 54, n. 2, 1959. p. 53.

portanto, um estudo que procura a **universalidade lógica do Direito**, indagando o valor da ciência jurídica.

É bem verdade que alguns autores preferem chamar a epistemologia jurídica de "Ciência do Direito"; outros falam de "Lógica Jurídica"; de "Doutrina Geral"; "de Gnosiologia Jurídica" etc. Nossa preocupação, aqui, não chega a ser exatamente essa, embora a linguagem seja sempre importante. A chave para entender-se nossa posição é a seguinte: *as dogmáticas jurídicas guardam inúmeras oportunidades para que o jusnaturalismo atravesse a barreira da abstração, ganhando sustentáculo imanental, visível para o homem de carne e osso.*

Nessa ótica, nossa epistemologia jurídica procuraria definir o que se deve entender por "Direito", ligando-o às suas causas finais e ao bem comum. Mas esta nossa epistemologia jurídica não se limita a defini-lo. É que, determinado logicamente o que é o Direito, surge inevitável indagação de outros conceitos fundamentais. Alguém desatento poderá pensar: "são os ramos jurídicos – Direito Civil, por exemplo". Errado! O que mencionamos, aqui, são conceitos lógico-objetivos mais abrangentes, válidos para todas as disciplinas jurídicas. *Exemplos*: sujeito de direito; objeto do direito; relação jurídica; pessoa jurídica; contrato; negócio jurídico; obrigação; norma; regra; mandamento etc. Luís Recaséns Siches chamava esses conceitos de "**conceitos categoriais**". E é sobre eles que devemos pungir a oxigenação jusnaturalista.

Sendo assim, superamos também a dicotomia entre o lado "só" político e o lado "só" jurídico. A lei obedece, sempre, a determinado processo de elaboração e, ao mesmo tempo, obedece a determinada forma. A maneira de produzir o Direito e a forma pela qual o Direito se produz, tudo isso envolve problema do Direito. O político, no momento em que legisla, tem de tomar alguns cuidados, pois a obra de legislar não é uma obra puramente jurídica, mas em hipótese alguma pode deixar de ser também jurídica. Legislar é um ato político e complexo, abrangendo aspectos jurídicos.

Da mesma forma, o dogmata precisa ter seus cuidados, sendo mister pensarmos, como já dito num rodapé acima, no estímulo às suas virtudes humanas. Não pretendemos dizer, aqui, que o jurista, aceitando a norma como dado o direito positivo, deva necessariamente impugná-la, como quem investisse quixotescamente contra o texto da lei (sob pena de criação de teses *contra legem*, algo que, em linha de princípio, decerto repudiamos).

Na nossa ótica, o jurista deve interpretar a força lógica do preceito, comparando-o com os demais preceitos da legislação vigente, num cotejo que sempre leve em consideração a causa final da Ética e o bem comum do tecido social. Daí em diante, deverá *ordenar*, *construir* e *sistematizar* a ciência jurídica. O Direito, nesta visão, é uma espécie de "arquitetura das ciências sociais", porque ordena as formas de conduta (ação e omissão), sempre tendo em função um fim (justiça). E quais são nossos arquitetos? Temos civilistas adeptos do jusnaturalismo? Já tivemos tempo de observar o que vem sendo produzido em textos de constitucionalistas? Já ousamos criar livros e obras para oxigenar este mundo das dogmáticas?

Immanuel Kant chegou a declarar que o jurista pode dizer aquilo que é legal, mas não pode dizer o que é "o jurídico". O jurista poderia, assim, dizer se um ato está ou não de acordo com a lei, se uma situação é ou não lícita; mas não pode dizer o que devemos entender pelo termo "Direito". Até em outras obras, Kant emprega expressões que se tornaram clássicas, afirmando que o jurista "pode, certamente, conhecer e declarar o que venha a ser o direito (*quid sit iuris*), ou seja, o que as leis, num certo lugar e numa certa época, prescrevem ou prescreveram, mas se é justo o que estas leis prescrevem e o critério universal por meio do qual é possível reconhecer em geral o que é justo ou injusto (*iustum et injustum*), permanece-lhe completamente obscuro, a menos que abandone por um certo tempo esses princípios empíricos, e (ainda que possa servir-se daquelas leis como excelentes fins condutores), busque as origens desses juízos na razão pura, como único fundamento de qualquer legislação positiva possível".[12] Logo, o jurista pode dizer *quod sit iuris*, ao passo que só o filósofo do Direito pode dizer *quod sit ius*. Será que não levamos essas conclusões kantianas longe demais? A dogmática também não tem a finalidade de ditar *quod sit ius*, sendo a Filosofia do Direito igualmente importante para reconhecer-se o *quod sit iuris*? Afinal, não há uma influência recíproca entre esses dois níveis de linguagem?

Ora, "a Teoria Geral do Direito distingue-se da Filosofia do Direito por ser um estudo que por inteiro se desenvolve ao nível das diversas formas do conhecimento positivo do Direito, cujos conceitos e formas lógicas ela visa a determinar de maneira global e sistemática", sendo que falharam as tentativas de diferenciar as dogmáticas jurídicas das teorias gerais, na medida em que "a Dogmática Jurídica não é senão a Teoria Geral do Direito sob o prisma da Ciência Jurídica, como *teoria do ordenamento jurídico e suas exigências práticas*".[13] Abstraído o problema da aparente cisão entre os campos da filosofia e da dogmática, não é o caso de pensarmos *também filosoficamente* sobre as exigências práticas de cada nicho do Direito?

A doutrina jurídica, digam os positivistas o que quiserem, é e sempre será fonte do direito, na medida em que ilumina e guia a interpretação e a aplicação da legislação – e, em alguns casos, cria ou resgata realidades jurídicas

---

12. KANT, Immanuel. *A metafísica dos costumes*. São Paulo: Edições Profissionais, 2003. p. 76.

13. REALE, Miguel. *Lições preliminares de direito*. 25. ed. São Paulo: Saraiva, 2001. p. 313-314.

que não estão presentes na legislação, mas que se tornam elementos da prática jurídica por causa do trabalho doutrinal. Não poderia o jusnaturalismo descer a esse grau de determinação e mostrar que sua vocação última é a de dizer o que é justo em cada caso?

REFERÊNCIAS

CANOTILHO, José Joaquim Gomes. *Direito constitucional e teoria da Constituição*. 7. ed. Coimbra: Almedina, 2003.

CLÈVE, Clèmerson Melin; BARROSO, Luís Roberto. *Doutrinas Essenciais* – Direito constitucional, v. I. *Teoria geral da Constituição*. São Paulo: *Revista dos Tribunais*, 2011.

KANT, Immanuel. *A metafísica dos costumes*. São Paulo: Edições Profissionais, 2003.

NOGUEIRA DA GAMA, Guilherme Calmon. *Direito civil*. Parte geral. São Paulo: Atlas, 2006.

REALE, Miguel. *Lições preliminares de direito*. 25. ed. São Paulo: Saraiva, 2001.

REALE, Miguel. Pedro Lessa e a filosofia positiva em São Paulo. *Revista da Faculdade de Direito de São Paulo*, v. 54, n. 2, 1959.

SARLET, Ingo Wolfgang.; MARINONI, Luiz Guilherme; MITIDIERO, Daniel. *Curso de direito constitucional*. 2. ed. São Paulo: Revista dos Tribunais, 2013.

SILVA, José Afonso da. *Comentário contextual à Constituição*. 6. ed. São Paulo: Malheiros, 2008.

VILLEY, Michel. *Filosofia do direito*. Tradução Márcia Valéria Martinez de Aguiar. São Paulo: Martins Fontes, 2008.

TRANSCRIÇÃO DO QUARTO CICLO DE DEBATES

NO BRASIL, QUAL É O FUTURO DO DIREITO NATURAL, EM TODOS OS ASPECTOS, A CURTO, MÉDIO E LONGO PRAZO? QUAL É O NOSSO PAPEL DAQUI EM DIANTE?

1) Prof. MSc. Marcelo Pichioli

Pela primeira vez eu vejo que há uma sensação de alteridade, empatia de todos pensarmos que estamos em um drama humano e que todos podemos fazer alguma coisa. Eu ficava um pouco cansado dessa atitude de o Direito acabou e vou lavar as mãos. Quando eu vejo um corpo teórico, orgânico, acadêmico sendo estruturado, podemos ser sal da terra e luz do mundo.

Queria dizer, em primeiro lugar, que é muito satisfatório ver pessoas que se uniram e que, cá entre nós, as divergências que eu vi aqui hoje são tão acidentais e pequenas e o dia que essas divergências forem o grande problema nosso, será ótimo. Não é esse o problema ainda, infelizmente. Esse é um problema interno ainda.

Como diria o Jordan Peterson em seu livro *12 regras para a vida*, se comparássemos quem éramos há alguns anos, talvez um evento deste porte, há 10 anos fosse impensável e olha quantas pessoas estão aqui. Eu acho que já tive uns 15 graduandos me procurando para fazer TCC em direito natural. É algo formidável e passa pelo trabalho de todo mundo aqui. Por isso eu queria responder especificamente sobre essa pergunta: fazer alguma coisa. Certa vez eu vi uma palestra do Ibsen Noronha e toda graduação tinha que ter uma sala discutindo que o que é a justiça. E eu vi a sala aqui hoje. Pela primeira vez eu vi realmente uma discussão de altíssimo nível.

Qual seria o papel da doutrina do Direito (que é uma fonte jurídica)? Não é uma fonte cogente, mas é uma fonte importante. Pelo menos na minha época, as grandes editoras do Sul e do Sudeste forneciam os manuais que mais tarde influenciavam toda uma geração. Na Saraiva, por exemplo, nós tínhamos Silvio Rodrigues, Maria Helena Diniz, Carlos Roberto Gonçalves. Mas não dá para negar que isso forja o jurista. A molecada que hoje está no quarto, quinto ano de Direito, daqui a cinco, dez anos, serão nossos colegas acadêmicos, do foro ou dos dois. Então, não podemos menoscabar o pessoal que vem.

Por que eu acho que a doutrina é um lugar importante para ganharmos corpo, para sairmos um pouco da abstração e ganhar uma imanência concreta? Eu pensei aqui em alguns exemplos. Eu me sinto mais à vontade para falar de um deles. Eu fiz o mestrado em direito negocial e falei do embrião. E ali especulei, do ponto de vista metafísico, quem é a pessoa. O que é a pessoa. Não o embrião enquanto deve ser, mas enquanto é. E se isso reverbera ou não na teoria do Direito. Há muitos anos eu não vejo a civilística preocupada com isso, com quem é a pessoa natural. Olha que espaço formidável para nós aparecermos e trazermos uma explicação de quem é a pessoa; o lócus central das relações jurídicas. Quem é o indivíduo, a pessoa.

Alguém aqui falou de equidade. Será que a gente não pode teorizar também, por exemplo, o que é uma redução equitativa da cláusula penal? Um exemplo do dia a dia de concretos. Será que o jus naturalismo não pode ganhar uma roupa a partir disso? Que são esses poros de entrada de comunicação.

Outro exemplo que parece bobo, mas não é. A fixação de honorários advocatícios. Quando o juiz fixa por equidade. A gente pode fomentar uma discussão teórica sobre isso. Não estou falando que o direito natural é isso, mas ele também é.

Eu citaria um pouco a questão das virtudes e concordo muito com o que o Daniel trouxe ontem. Acho que as falas do Renato são as que eu mais me identifico hoje como estudante e do que venho estudando. Eu acho que é mais pelo caminho dele. Gostaria de deixar isso claro. E por que eu estou falando de virtudes e tal? A gente discutia ontem sobre como vamos segurar o ímpeto de um Ministro do Supremo? Eu não acho que vai ser por meio de uma emenda constitucional. Só vai mudar quando as potências da alma mudarem e se atualizarem. Quando ele ler o que ele Barroso, escreveu e entender que não é isso. E, talvez, sentir vergonha do que escreveu um dia.

Qual o nosso papel a curto, médio e longo prazo? Os problemas contingenciais e os problemas do dia a dia e tudo que nos corrói internamente, acho que isso também não é um privilégio nosso. Eu tenho um canal no YouTube em que estudo a patrística com dois amigos. É impressionante perceber que a Igreja sempre teve problemas. Eu sei que isso aqui não é um congresso de direito religioso, estou falando de uma instituição que sempre lidou com heresia, com problema, mas a vida segue e temos que tomar as rédeas e jogar o jogo. Não adianta só lavar as mãos e simplesmente entregar de bandeja aquilo que não concordamos.

Por fim, sobre colocar a mão na massa, eu perguntei hoje aqui se o Instituto tem CNPJ. Parece uma bobagem, mas se ele for uma associação, tendo 1 ano de organização, ele pode mover uma ação civil pública. Se um parlamento maluco invadir uma igreja fazendo arruaça durante a missa, cabe tutela inibitória contra esse indivíduo e o Instituto tem legitimidade. É um exemplo. Mas se tiver uma ADIN que nos interessa, não temos legitimidade ainda para ADIN, nem ADPF, mas podemos ser *amicus curie*. Podemos falar alguma coisa, podemos tentar mostrar que era uma opinião, agora tem dez. Tem dez livros de doutrina.

Aliás, uma pergunta, onde estávamos quando o direito atual se forjou também? Onde estávamos quando se permitiu por jurisprudência uma analogia *in malam partem* que eu não vou falar qual é? Estávamos em uma abstração. Estávamos em um fã clube, talvez. Talvez seja a hora de colocar a mão na massa e cada um ter o seu papel na doutrina também. Acho que se ainda dá tempo de mudar alguma coisa, a doutrina – e todas elas, de direito civil a ECA, tudo pesa agora.

2) Prof. MSc. Rafael Cronje

Quero começar citando um adágio moderno e que, a meu ver, sintetiza o espírito das muitas conversas que eu e Marcelo tivemos nos últimos meses. O adágio é o seguinte: *nemo bonus jurista nisi bartolista*. Com esse adágio popular se queria dizer que ninguém era um jurista em determinada época 1400 até 1700 e tanto, se não fosse Bartolista. E quem era Bártolo? Era um jurista, um doutrinador muito fundamentado no pensando escolástico, filosófico, tomista e no pensamento vigente da época. Ele escrevia tratados jurídicos, comentários à legislação da mais diversa natureza. É um caso curioso que ele tem um tratado todo sobre o fenômeno do aluvião. Quem escreveria um tratado hoje sobre aluvião? Ninguém, mas Bartolo escreveu.

Bartolo e também Acúrsio foram dois homens contra os quais ninguém menos do que Marques de Pombal já no meio do século XVIII se insurgiu e contra os quais ele batalhou ferrenhamente sendo que nem vivos mais eles eram. Isso para que a reforma jurídica que ele empreendeu no reino de Portugal abandonasse completamente essas que eram fontes jurídicas – fontes jurídicas doutrinárias, não eram produzidas pelo reino, porque não existia Estado – tão difundidas que elas colocavam um limite na ação jurídica mesmo de um sujeito tão poderoso quanto Marquês de Pombal.

A meu ver, o nosso trabalho daqui para frente, nos próximos anos, precisa, ao menos em parte, focar na doutrina. Focar nisso que põe limite ao poder sem ser poder em sentido formal. Como disse brevemente ontem no final da palestra do Pedro, o jurista teme mais do que qualquer outra coisa a opinião dos outros juristas. É assim em toda instituição social. O juiz não teme a opinião do povo, até que chegue às últimas consequências – o que ninguém deseja, mas o jurista não teme a opinião do povo, o acadêmico não teme a opinião de alguém que está fora da academia, mas o consenso da opinião dentro de determinados círculos, é, no final das contas, o que guia a ação mesmo daqueles que sequer pararam para pensar no que irão fazer.

É possível dizer sem erro que a doutrina é fonte do Direito em alguma medida porque se você pensa (e tomo como exemplo eu mesmo) no advogado que tem um prazo de quinze dias para escrever uma petição, um recurso, e precisa encontrar argumentos que sejam viáveis juridicamente, a quem ele recorre? Não são aos livros de Filosofia do Direito – que têm o seu papel formativo inquestionável – a mas o prático do direito e não apenas no sentido do operador, mas o político quando vai fazer um projeto, quando seu assessor vai fazer um projeto ou quando vai combater um projeto malicioso dentro das casas legislativas, ele não recorre ao teórico puro, ele recorre ao teórico que se debruçou sobre a prática. Ele recorre à doutrina, ao comentário e à legislação. Esse comentário e doutrina informam de tal modo a sua prática como o grande argumento.

Você pode escrever uma petição com base na legislação dando a sua interpretação. Mas de que vale a sua interpretação individual se ela não tiver apoio na doutrina e na jurisprudência? E o que forma a jurisprudência também é a doutrina, porque ela fundamenta as decisões dos magistrados.

Estamos focando na doutrina porque me parece ser uma das grandes lacunas. Nós temos obras excelentes sobre filosofia do direito, direito público, teoria política, sobre aspectos específicos da teoria política. Não temos nenhuma doutrina civilista, penalista, administrativa e mesmo constitucional escrita da perspectiva jusnaturalista. Quando digo da perspectiva jusnaturalista não é fazer de uma obra de direito civil um tratado filosófico sobre jusnaturalismo. Mas o contrário. É trabalhar o direito civil dentro dos cânones daquilo que entendemos na nossa sinceridade pessoal perante cada um e perante os outros, e também perante Deus, como aquela teoria que é a mais verdadeira.

Não é uma briga de poder em primeiro lugar. Não é uma questão de colocação social, é uma questão de sinceramente acreditar que ela pode oferecer melhores soluções, do ponto de vista prático, para o ordenamento social. O nosso trabalho, a meu ver, nos próximos anos, precisa passar pela escrita de doutrina e de comentários à legislação e dessas obras mais práticas a fim de que essa opinião ganhe algum espaço dentro do meio jurídico. É isso que nós achamos que é possível ser feito agora. Talvez a ação prática na realidade seja mais impedida, mas isso talvez dê para fazer e, se fizermos isso, creio eu, estaremos seguindo a tradição jusnaturalista de maneira muito próxima. Não estaremos nos afastando dela de modo algum porque grandes jusnaturalistas fizeram isso.

3) Prof. Dr. Venceslau Tavares

Parabéns pela relatoria. Esse papel da doutrina precisa passar por uma reflexão e, até do ponto de vista de uma pessoa que faz doutrina de direito civil, eu tenho um livro de direito de família e até fiquei constrangido quando o nosso Rafael disse que não tinha doutrina em direito civil com a perspectiva jusnaturalista. É uma preocupação minha que a doutrina em direito civil e acho que alcança outras áreas e na filosofia do direito também. Eu vejo muita diferença no manual de introdução ao Direito aqui no Brasil, a média do manual de introdução ao Direito e do manual de introdução ao Direito da Alemanha, um manual que tem um tom mais prático. Isso é um problema que se repete em direito civil, qual seja, a abstração, que tem a ver com os princípios.

Ficamos no céu dos princípios, na abstração e não se discutem problemas concretos. Às vezes se discutem os *hard cases* que são questões irreais do tipo clonar a célula de uma múmia e aí implantaram no útero de um camelo e quer saber se a criança que nasceu disso vai ter direito de herdar o tesouro de Tutancâmon. O debate de Direito Civil hoje, com um pouco de exagero, é nesse nível. Pouco se discutem cláusulas do contrato e compra e venda, regime de bens, é até um tema meio brega e que as pessoas não querem estudar. Entretanto, é o nosso cotidiano, são os problemas reais.

Não somente para quem faz dogmática, mas para quem faz filosofia do direito, não podemos ficar em um debate principalmente no mundo ideal. Lênio Streck tem seus vícios, mas tem a virtude de estar sempre no debate tratando de problemas práticos. Logicamente acaba falando demais e quem fala demais invariavelmente termina errando, mas é um papel que nós precisamos começar a fazer.

Acho que o Instituto Ives Gandra pode ajudar e temos um grupo muito valoroso aqui. Mas me preocupo com a necessidade de voltar a esse papel da doutrina que é um papel que também não é de subserviência em relação a jurisprudência. Esse é um problema aqui no Brasil porque a doutrina diz que vai esperar a jurisprudência. É uma doutrina que não doutrina, e aí está tudo errado, pois é a jurisprudência que quer doutrinar. Pelo menos do ponto de vista do meu ativismo que é no direito de família, pela associação que faço parte é a gente vem mantendo uma interlocução muito boa com o Congresso Nacional e que é uma turma tolerante, democrática, que nos escuta. Os parlamentares geralmente abrem espaço para nós colaborarmos nos projetos de Lei e acho que nessa interlocução, realmente temos muito a ganhar.

4) Prof. Dr. André Borges Uliano

Queria parabenizá-los, pois foi muito boa a exposição e acho que isso passa um pouco pelo que eu devia ter tratado mais até na minha exposição, que é o caráter eminentemente prático do Direito. Então, precisamos fugir um pouco só da discussão extremamente teórica e gostaria até de compartilhar que o próprio Finnis sentiu a necessidade de que alguns alunos saíssem da área da teoria do direito e se dedicassem mais ao direito constitucional para trabalhar a parte dogmática e ter maior impacto prático. Concordo que há essa lacuna. Várias pessoas até me procuram pedindo indicação de doutrina e falo que, em primeiro lugar, não tem e em segundo lugar, são todas iguais.

Então, você pode comprar qualquer uma por causa desse último problema que o Venceslau mencionou que as doutrinas se tornaram compêndios de jurisprudências recentes.

5) Prof. Dr. Fábio Cardoso

Eu acho que o que vocês estão trazendo é de uma importância transcendente, porque, de fato, nós somos os antigos. Então, o nosso papel diante disso tudo é dizer que isso não poderia estar assim, que não é possível etc. A nossa tendência aqui é ter uma atitude reativa no sentido de ficar reagindo ao que está acontecendo. É até meio natural que a gente não se coloque nesse papel do jurista que traduz o Direito que aí está para alguém compreendê-lo, aplicá-lo melhor etc., porque esse "Direito que aí está" é uma coisa nos causa espanto, angústia.

Lembrei do exemplo que o André deu. Será que nós podemos dizer que lá em NY o aborto é juridicamente proibido?

Eu me deparei pensando em um problema prático. Eu, Pedro e André vamos escrever um manual de direito constitucional. Como vamos escrever esse manual que não seja uma pura oposição a tudo o que estão fazendo? Bem ou mal a nossa Constituição foi sendo destruída. O próprio professor Ives mencionou isso ontem. Foi sendo destroçada e reescrita em termos tais que não dá para dizer que o que aí está não está entranhado já no nosso Direito a ponto de ser o nosso Direito.

Esta é uma provocação para todo mundo aqui. Como fazemos isso? Porque um manual que apenas critica, que apenas opõe, a rigor não será um manual, não será explicativo. Eu não acho que o manual não deva conter críticas, pelo contrário. Eu fui assim na minha primeira fase acadêmica. Eu me apaixonei pelos manuais de processo civil do professor Ovídio Araújo Baptista da Silva precisamente pela perspectiva crítica que ele trazia. Não era apenas um relato da lei ou da jurisprudência. Ele trazia o processo para um âmbito maior, mais abrangente. Ele fazia a crítica do sistema ao mesmo tempo que exercia esse papel de uma maneira soberba do doutrinador do processo civil.

Hoje, a coisa está tão distante daquilo que imaginamos que deveria ser, que fica difícil. Eu não sei a resposta. Talvez somente colocando a mão na massa mesmo para a gente ver se dá ou não, e como seria e qual seria o resultado. Mas, é difícil. Fico com essa sensação, por exemplo, de que no âmbito do direito constitucional seria muito difícil escrever um manual que nos satisfizesse.

Talvez devêssemos ser mais flexíveis, no sentido de explicar a coisa tal como ela está em termos que sirva para o operador, com pitadas de apreciação crítica, não sei. É uma angústia que estou compartilhando e também uma dúvida.

6) Prof. MSc. Rafael Cronje

Para que as minhas palavras sejam melhor compreendidas e as possíveis injustiças que parece terem sido cometidas, sejam afastadas, não é que não exista absolutamente doutrina. Existem boas doutrinas. Tem a do Dr. Ives sobre a Constituição em 15 (quinze) volumes. Eu mesmo li alguma parte dela durante a faculdade.

Mas, quando vemos o mercado editorial e as obras que estão presentes, é como disse o André, todas elas são muito parecidas, até idênticas. Acaba que a doutrina é um trabalho que precisa ir sendo refeito porque existem modificações legislativas, modificações sociais também que precisam ser atualizadas dentro de uma mesma perspectiva.

Então, não é fingindo que não existe nada antes. Mas, é pensando que precisa continuar existindo também depois. Enquanto conversávamos essa semana, o Daniel falou também que são necessários manuais introdutórios. Temos o do Montoro que é muito bom, mas precisa de mais manuais. E aí entro em outro ponto e que talvez ajude a responder essa questão do Fábio.

Quanto tempo demorou para que a opinião jurídica vigente se instaurasse e quantos autores precisaram contribuir para que ela se colocasse? E até mesmo as coisas absurdas fossem tomadas como normais. Quanto tempo demorou? Eu acho que do nosso lado – que estamos tentando fazer algo bem fundamentado e razoável, a gente tem que ter alguma esperança de que pode dar certo também. E também pensar que a doutrina atual não se impôs com uma obra. Não foi um livro do Barroso que foi escrito, não foi o livro do Alexandre de Morais que foi escrito, não foi um livro de cada doutrinador. A mudança que se deu pelo trabalho conjunto, mas desarticulado, que gerou uma opinião. Então, o trabalho é mais ou menos assim mesmo, não é algo unificado.

7) Prof. MSc. Marcelo Pichioli

Fábio, embora eu tenha usado a palavra Manual, eu não me referia sobre aquela coisa capa a capa, cansativa, que ano a ano fica desatualizado com uma facilidade impressionante. Eu me refiro a obras pontuais, talvez obras de teoria geral do direito. E aí, leia-se teoria geral do delito, teoria geral do direito privado. Monografias. Equidade no processo civil. Contraditório.

8) Prof. Dra. Angela Gandra da Silva Martins

Eu queria agradecer muito esse evento, essa reflexão que é velha e nova, perene, mas esquecida muitas vezes, não trabalhar assim cientificamente. Eu acho que trazer isso como filosofia mesmo é espetacular.

Estou muito feliz de que o Instituto vá abrangendo tantas cabeças para que pensem por conta própria e colocar essas sementes faz com que cada um de nós possa pensar como defender a nossa natureza hoje, os valores humanos e o que depois vem de uma possível democracia, liberdade etc., a partir desses mesmos valores constitutivos. Agradeço muito a esse evento e cumprimento vocês.

9) Prof. Dr. Pedro Moreira

O Instituto Ives Gandra tem se tornado um lócus; um ambiente de debates sérios e genuínos, onde podemos falar aquilo que enxergamos de uma maneira articulada. Pode ter o direito de errar também, tranquilamente e ser confrontado da mesma forma.

Em relação ao ponto do Rafael Cronje e do Marcelo, eu concordo integralmente com vocês. A preocupação da doutrina. Aceito o desafio do Fábio de fazer um manual de direito constitucional junto com o André Borges Uliano.

Eu queria somente fazer uma observação no seguinte sentido, no fundo, a exortação de vocês, o convite que vocês estão nos fazendo é para que nós saiamos um pouco da zona de conforto. Quando eu falava em clube, era mais ou menos no sentido de que se é para fundar um clube de juristas jusnaturalista e nós nos encontrarmos e fumar um cachimbo, tomar um vinho, é ótimo. Eu aceito. Mas parece que a pretensão é maior.

No fundo, o que vocês estão nos propondo e eu acho que devemos aceitar, é um convite para que nós abandonemos algumas covardias constitutivas da nossa profissão. O que tem me incomodado é que o custo do silêncio está maior do que o eventual custo de falar aquilo que a gente enxerga. Temos discutido muito isso. O custo de ver a degeneração do Direito, está alto. E no fundo, o que o direito natural tenta restaurar é um pouco a noção de ordem e uma ordem que antecede, por exemplo, um projeto constitucional de engenharia institucional via hermenêutico, interpretação etc. E parece que nisso ninguém aqui discorda.

A pergunta que eu faço para todos é: o que temer? O que, efetivamente, temos a temer? Eu tenho me perguntado muito isso. A única coisa que eu posso responder na minha própria pergunta passa um pouco pela minha experiência acadêmica como professor. Eu recebi inúmeros conselhos para não abordar qualquer tipo de tema polêmico. E isso, no fundo, é um conselho para que você não aborde a prática jurídica, o Direito como prática social.

Mas quando foi fácil? Em 2019, não tínhamos essa preocupação com censura. Era outro tipo de censor. No fundo, era a censura do jovem. Nós estávamos preocupados com a censura do aluno. O Barzotto me indicou o livro do Mark Lilla, aquele progressista do ontem e do amanhã, e na esteira daquele eu li outros tantos e pensei que isso tinha que estar no programa final de alguma das disciplinas que eu acabei ministrando. Foi um privilégio.

Nós lemos o Mark Lilla juntos e fizemos todas as perguntas incômodas que poderiam ser feitas. Na minha avaliação veio uma ou outra reclamação, mas foi muito bom. Pode ser que algum dia tenha um custo, pode ser que algum dia a recepção não seja tão boa. Eu tive um professor na Espanha, um liberal progressista, que escreveu um livro sobre labirinto do gênero para mostrar que ideologia de gênero não tem sentido algum. Um professor de filosofia do direito e muitas vezes foi impedido de apresentar por ativistas. Observar a integridade que ele tinha diante disso é muito inspirador. E a integridade do corpo de juristas que assinaram e que não concordavam com ele, mas que muitas vezes assinaram manifestos em sua defesa.

Às vezes eu tenho a impressão de que no Brasil, se alguém fizer isso, vai ficar sozinho. Essa é a única coisa que eu temo. Mas acho que não estamos mais sozinhos e que é possível fazer as coisas com generosidade e integridade, principalmente em relação aos mais jovens, porque ninguém é obrigado a chegar às mesmas conclusões que nós chegamos depois de tanto tempo maturando.

Sempre temos o que perder, principalmente quem trabalha com a prática. Mas me parece que o custo do silêncio está muito maior. Então, eu queria dar esse testemunho e agradecer o convite que vocês estão fazendo e acho que nós todos estamos dispostos a aceitar. E cada um na sua, naquilo que tem para dar. Cada um dá aquilo que tem, mas é importante dar aquilo que tem. É importante enxergar, dizer aquilo que vê, porque até quando vamos ficar escondidos?

10) Prof. Dr. Bruno Coletto

Vendo casos concretos de amigos que participaram de concursos ou que estão tentando algum tipo de publicação nessa linha dessa provocação de dogmática jurídica que vocês estão levantando, eu advogo e trabalho bastante com direito público e administrativo, então tenho lido muita doutrina sobre direito administrativo. O que acontece? Os principais administrativistas hoje começam o seu livro com "o Direito vive uma mudança de paradigma e que agora é preciso reinterpretar o Direito com base em um paradigma neoconstitucionalista etc.". Então, a legalidade agora é juridicidade e estão mudando todos os conceitos do direito administrativo. E o mesmo ocorre com as áreas de atuação de todo mundo.

Talvez o direito público seja mais próximo da teoria jurídica em alguma medida porque envolve um pouco de política e talvez eu enxergue isso de modo mais presente, mas o professor Venceslau falava antes de direito de família, vocês falaram no direito civil clássico. Imagina, a fundação da civilização ocidental passa pelo direito privado. Nós estamos revolucionando, por meio de uma teoria jurídica, a prática jurídica que foi e é uma das bases da civilização ocidental.

Em alguma medida essa provocação de vocês não deixa de ser uma reação. Nós estamos reagindo a uma mudança que já está sendo feita e basta ler as introduções dos principais manuais para enxergar. Não é uma mudança feita por essa visão de mundo da qual a gente discorda aqui, ela não é feita nas entrelinhas. Não é algo escondido, é algo confessado. É um projeto específico e que está sendo levado a cabo a 20, 30 anos talvez e de algum modo mais intenso nos últimos 10, 15 anos no Brasil.

A minha pergunta para vocês é com a questão dos artigos, revistas científicas e concursos públicos. Não só dos concursos, mas da posição de professores de Direito nas principais universidades e, em especial, nas próprias universidades católicas ou que tenham algum tipo de vinculação com religiões de modo geral. É onde se presume que seria o local onde professores de teoria jurídica, de teoria do direito natural poderiam ter algum espaço e me parece que não é isso o que ocorre.

Esse seria um primeiro ponto, sobre como essa institucionalização das posições acadêmicas também refletem um projeto de poder de determinada filosofia política e do Direito. Acho que não temos sabido jogar esse jogo, assim como não temos sabido jogar o jogo dos concursos públicos que envolvem, por via de regra, publicações acadêmicas em revistas bem qualificadas que acaba sendo também um fator de desempate dos concursos públicos das posições de doutrina de doutrinador jurídico.

Vou dar um exemplo pessoal. Eu estou com um artigo que foi escrito com o meu orientador, é a melhor coisa que eu já pude escrever na vida. Eu tenho alguns artigos publicados, como muitos aqui, nenhum está perto desse. E já foi rejeitado três vezes. Nós não conseguimos publicar. Estamos tentando publicar em revistas que são bem-conceituadas. Mas essas revistas bem-conceituadas não aceitam fazer a discussão nos termos que nós estamos propondo. Aquela terminologia, linguagem, bibliografia, não faz parte do paradigma vigente. Portanto, se torna um texto irrelevante para fins de publicação acadêmica e, consequentemente, prejudica um possível candidato Bruno em um concurso porque não publicou. Se publica um livro, não vale nada. Se publica um artigo, ele tem peso para um concurso.

Para finalizar, talvez colocar em termos teóricos o que vocês trouxeram no texto de vocês e na fala, nada mais é do que um valor fundamental para a teoria do direito natural que é a ideia de que cada um faz aquilo que tem condições de fazer. Se eu sou administrativista, vou olhar para o Direito do ponto de vista do direito administrativo. Aqui no Instituto nós temos os grupos vinculados na atuação do Dr. Ives. Tem um grupo de direito tributário. Tem um grupo que está estudando na prática do direito tributário. Essa noção da subsidiariedade como um valor fundamental da teoria do direito natural é o que ilumina um pouco.

11) Profa. MSc. Simone Mayara

Eu vou muito no caminho do Bruno, com uma experiência mais pessoal e, te ouvindo falar, achei incrível, pois é um trabalho que eu estou tentando realizar nessa parte mais política, que é esse interesse de sair do esconderijo. Então, dentro da ciência política, como alguém que atua efetivamente no “TQQ” – terça, quarta e quinta – dentro do Congresso e alguém que lida com esse pessoal todo, de fato há espaço para um crescimento político. Academicamente realmente está bem difícil, mas atuando politicamente, eu digo que há espaço para quem pensa diferente. Não é tão fácil quando você sai dessa sombra.

Em um trabalho de análise de cenário que é uma parte importantíssima do meu trabalho e já fiz para todos os clientes, o Congresso dos próximos anos abre um espaço para essas discussões. Não digo para essas aprovações, mas, principalmente no Senado, vamos ter um espaço muito interessante. Por que digo isso? Há espaço. Eu gosto muito da teoria gramcista e gosto muito porque Gramsci foi genial ao criar um megafone. Gramsci não criou um conteúdo. Ele criou um jeito do conteúdo entrar pelos ouvidos, olhos, até o ponto que estar no seu DNA e não tem mais como escrever um manual de constitucional sem eu ter que falar disso.

O megafone está criado e você pode colocar o que quiser nele. E quando você fala nos doutrinadores fazerem os manuais, você está falando a longo prazo. Isso é Gramsci. O que eu posso fazer a curto prazo é conversar com o próximo Congresso para a gente, se não passar coisas boas, evitar males maiores.

Podemos pensar a médio prazo. Começar a trazer o pessoal de graduação em Brasília para trabalhar no Congresso. Para podermos montar gabinetes de parlamentares que não estejam sitiados por *hashtags* da moda. Então, não sou uma doutrinadora do Direito, mas fico muito feliz em ver que vai ter gente preparando doutrina e vai ter gente nos tribunais brigando por aquilo.

O que eu queria ratificar é que existe tanto espaço e ele está sendo ocupado, então não se furtem a luta. Estou muito feliz de ver que tem gente que quer levar o pensamento e a discussão.

12) Prof. MSc. Macelo Pichioli

Eu não sou administrativista, mas posso te dar um exemplo de que nem tudo está perdido. Quando eu estava na graduação, tive que ler Celso Antônio Bandeira de

Mello de capa a capa. Quando a Malheiros ainda existia. Tinha algo ali, pedra angular do direito administrativo: supremacia do interesse público sobre o privado. E isso caiu como tendência doutrinária por esses manuais novos aí que de virtuosos têm alguma coisa.

Talvez isso deslegitima um poder de polícia mais ácido e não proporcional. Então, nem tudo está perdido. Sobre as revistas, eu não sou do meio acadêmico *stricto sensu* e nem quero ser por isso. Mas que a gente faça 10, 12, 30 revistas que alcancem o nível. É óbvio que não acontece da noite para o dia, isso acontece lenta e gradualmente. Mas você, Bruno, não lavou as mãos. Você está aqui hoje, está inconformado.

13) Prof. MSc. Rafael Cronje

Eu falei de Bartolo e de sinceridade para não parecer contracultural demais. Obviamente que tem muito o que dá para se aproveitar dessas técnicas, mas falei de Bartolo para dizer que não é novo que a doutrina tenha um papel fundamental na prática jurídica. Então, não estaríamos rompendo, não estamos sendo revolucionários, cedendo demais etc., fazendo boa doutrina, sincera, honesta, fundamental, bem fundamentada sobre esses temas. Pelo contrário, estamos seguindo uma tradição já muito bem consolidada.

Concordo com a Simone de que dá para fazer muita coisa, e que tem muita brecha. Não é questão de abandonar o que já foi feito ou o que fazemos hoje. Mas é ao contrário. Não abandonar a doutrina, mas trabalhar nesses novos locais que precisam ser preenchidos.

14) Prof. MSc. Daniel Damasceno

Eu queria remeter à primeira fala do Cronje falando da reforma pombalina. Ela é interessante porque eu lembro do que estava lendo anteriormente de que a reforma pombalina foi uma reforma legislativa que tinha propósitos jurídicos. Isto é, modificar a educação jurídica e modificou o estatuto de Coimbra. Modificou a educação jurídica.

O que podemos tirar disso, embora, talvez a intenção fosse criar uma nova doutrina legal com uma ideia racionalista do Direito, o fato é que ainda com as ordenações revogadas ou ultrapassadas, elas continuam sendo aplicadas na prática do Direito, porque aquilo era a forma como as pessoas entendiam que era o Direito.

O que estava escrito nas ordenações refletia mais a prática social propriamente do que a lei da boa razão que é uma lei relativamente curta e que não traz muitos aspectos. É interessante porque você vê que esses juristas – e eu falava ontem da doutrina do juiz perfeito, do advogado perfeito – elas não foram colocadas de escanteio porque eram inúteis, porque não eram aplicadas. Foram escanteadas porque houve uma revolução jurídica; uma nova ordem jurídica que aparentemente não se adequava mais a elas. Então, essa ideia de virtudes ou do intérprete do juiz, do advogado, aparentemente é incompatível com uma nova ordem jurídica moderna e que estava sendo gestada ali com a visão de códigos e a visão iluminista do Direito que estava sendo construída. Aí vem o ponto que vocês estão colocando sobre a doutrina. É importante nós escrevermos sobre doutrina, mas também é importante escrever sobre as virtudes profissionais do bom advogado, do bom juiz.

Existe um livro sobre as virtudes fundamentais de um bom Presidente da República? Vocês conhecem algum livro escrito sobre isso? Livro sobre virtudes do rei, do príncipe tem. Existe uma literatura vastíssima sobre as virtudes de um governante. Hoje, quem escreve sobre virtudes do governante? Por quê? Talvez porque pressupõe uma visão hiper formalista do Direito.

Não há uma doutrina sobre os membros do Ministério Público, dos advogados públicos etc. Existem livros de ética profissional, mas são abordagens mais deontológicas. E as virtudes e os hábitos morais que cada um desses profissionais precisa ter para interpretar o Direito? Tem essa lacuna nesse aspecto. Quais são as virtudes morais e intelectuais que um professor do Direito e outras profissões precisa possuir para ensinar, transmitir o conhecimento para o seu aluno. É uma lacuna que está aí porque ninguém escreve sobre isso.

Talvez por causa dessa nossa visão ainda moderna do Direito enquanto forma positivada pelo Estado. Discutimos muito as leis e o que está escrito ali e as vezes esquecemos da cultura jurídica que da interpretação moral e jusfilosófica daquele texto que está escrito.

Pegando um pouco da fala da Simone, pelo menos como eu enxerguei esse seminário, houve uma divergência entre a turma das virtudes e a turma das instituições. Institucionalismo virtuoso e rachou ao meio.

As instituições são fundamentais. Se pudermos aprovar uma emenda constitucional que altera as competências do STF e tornem um Tribunal Constitucional ou delimite melhor o papel do juiz constitucional, é interessante. Mas, o modo como entendo e como extraio de conclusão do que foi dito aqui, é que essas reformas legislativas são para dar soluções de curto prazo para o problema que temos hoje. Mas a longo prazo é preciso realmente criar doutrina. Criar doutrina legal, mas também criar uma doutrina ética, moral dos intérpretes do Direito para que eles não venham corromper essa nova ordem jurídica, essas novas instituições que seriam elaboradas de acordo com uma ordem social que entendemos como mais justa ou mais adequada.

15) Prof. Dr. Renato Moraes

Antes de tudo, parabenizar o Marcelo e o Rafael. Parabéns também pelo livro que vocês fizeram, vemos tantos artigos que foram citados vieram daquela coletânea. Esse é o começo já de um trabalho bem interessante.

Uma coisa a partir do que vocês comentaram, essa ideia de fazer uma doutrina ligada a áreas concretas, práticas do Direito, com uma base jusnaturalista, é muito importante. Nós estamos muito longe mesmo, mas realmente é um caminho muito promissor.

Todos nós já tivemos essa sensação. Vai ministrar uma disciplina na faculdade e não tem manuais para usar, precisamos reescrever. Talvez em parte seja bom porque nos obriga a avançar. Vocês comentando, eu lembro que meu mestrado foi em direito civil. Tema técnico. O que me solucionou o problema? Foi um trecho da *Ética a Nicômaco*, do Livro 5, em que ele fala do sinalagma voluntário e involuntário. Naquele momento, eu pensei, contrato é um sinalagma voluntário. Então, se você entende o contrato como sinalagma voluntário, perceba que voluntário é o adjetivo. O principal é sinalagma. Significa que toda teoria dos contratos tem que ser feita não em torno de uma questão de acordo de vontades, mas é de uma questão de troca de bens.

Então, você vai pegando todas as instituições que temos no Direito contratual, proibição de usura, lesão etc., qual o fundo delas? É isso. Uma boa visão de filosofia jusnaturalista te permite compreender muito melhor os institutos mais básicos do Direito. Você vê que esse mesmo trecho da *Ética a Nicômaco* serviu de base para quem? Para as *institutas* de Gaio, que vai ser a base do artigo do código civil brasileiro quando vai falar quais são as fontes das obrigações. Vai falar são os atos involuntários, os delitos e os contratos. Então, está tudo junto.

Eu comecei a tentar escrever um curso de direito civil em torno disso. Uma das primeiras conclusões que eu tive é que era juventude, mas eu manteria isso. Parte geral é bobagem. A parte geral atrapalha de você entender o Direito. Eu sei que é meio radical falar isso, mas ela atrapalha. A ideia de negócio jurídico é uma ideia falsa. Ela só funciona em algumas coisas. Veja, todo sistema de nulidade do casamento é diferente. Então, você tem, em tese, negócio jurídico de família, casamento, negócio jurídico contratual. Só que na hora que você vai regulamentar concretamente, você tem que fazer uma nova teoria porque não funciona a teoria geral das nulidades. Isso vale para muita coisa.

É uma base filosófica. Penso em direito penal, você comentou do dolo. O problema do não entendimento do dolo é que não se entende o que é o ato humano. Você teria que ler em Aristóteles, pegar São Tomás, aí você vai falar o que é ato humano. A parte interior subjetiva é parte da própria essência do ato. O ato não é só uma coisa física. Então, é um grande trabalho para se fazer. E, realmente, temos a oportunidade de trazer uma grande contribuição.

Vocês comentaram e realmente não seremos vencedores. Acho que qualquer pessoa que queira fazer algo verdadeiro e inovador, a tendência é que ele vai ser marginalizado. Por quê? Eu acho que isso é até o Rousseau que fala. A verdade é uma, o erro é múltiplo. Então, o fato de você falar algo que é verdadeiro, você não vai poder modificar um pouco para agradar as pessoas, enquanto o erro se modifica para poder agradar a moda do momento. Claro, mudou o ar, o ambiente intelectual daquela época, o erro já deixa de ser aquele erro atraente e tem que surgir outro, enquanto a verdade vai se manter sempre.

Então, eu não vejo como uma questão de a gente desanimar, mas também acho que é difícil em algum momento sermos a maioria. Mas acho que não tem problema. Vamos melhorar as coisas. Como o Bruno falou, no caso do administrativo, uma teoria que também não é tão boa neutralizou um outro erro diferente e assim vai. E vamos tentando navegar nisso.

Nós estamos querendo fazer o que é certo, fazer o melhor possível e eu acho que realmente, pensar no direito natural como base para todas as áreas, imagine só. tributário, constitucional, vamos ver. Imaginem pensar o direito constitucional a partir de um ponto de vista do direito natural, como seria rico, muito mais razoável, mais legítimo. Tem que ser feito esse trabalho.

16) Mariana Mendes, aluna do grupo de estudos de Filosofia do Direito do Instituto Ives Gandra

É um privilégio enorme estar aqui. Eu acho que ainda não entendo a magnitude desse evento e acho que mais adiante vou entender isso. Quando entrei na faculdade, tive também um pouco a influência dessa antiacademia e mandei até mensagem para o professor Marcus Paulo Rycembel Boeira e eu perguntei: "professor, o que eu faço?" são muitas vozes e cada uma apontando para um lado. E o professor Boeira me respondeu com um áudio que eu já ouvi várias vezes. Foram conselhos muito práticos e precisos.

E eu tenho uma pergunta. Para a categoria de base, o que nós, da graduação, podemos fazer? Eu sei que existem planos de longo prazo, mas o que as pessoas da graduação podem fazer diante de todas essas discussões que foram levantadas aqui?

O que os alunos de vocês poderiam fazer? O que vocês consideram importantes?

17) Prof. MSc. Marcelo Pichioli

Eu acho que ela não se refere a produção acadêmica, ela se refere a dia a dia. Ser prudente, abaixe a cabeça e faça o que precisa ser feito. Por enquanto é isso. Há bons e maus professores. Alguns aceitam conversar e outros, nem tanto. Jogue o jogo. Por enquanto é isso.

18) Prof. MSc. Rafael Cronje

Eu acho que a postura necessária a um aluno de graduação é a mais humilde possível. Eu realmente não vejo sentido aluno de graduação querer debater com professor, tão ruim quanto seja, que sabe mais do que ele.

O conselho é ser humilde, cultivar as virtudes sinceramente e buscar a verdade de coração aberto. Não tem outra coisa a se fazer. Como é que você entende o jusnaturalismo se não for, em primeiro lugar, você mesmo buscando a verdade e a justiça na sua alma. Não tem como.

Todo jusnaturalismo que não tem esse fundamento, ele, em alguma medida, é falso. É ser sincero consigo mesmo para daqui alguns anos ter condições espirituais e pessoais de fazer um trabalho que beneficie os outros.

19) Prof. Dr. Fábio Cardoso

Pedro, Marcelo, Rafael, Renato e outro aqui nos fizeram, entre outras coisas, uma exortação à coragem. Isso é importante porque nós temos, de certa forma, a sensação de ser uma minoria oprimida. Acho que muitos de nós, e não estou falando em um contexto jurídico ou político, estou falando em um contexto cultural. Mas, quem somos nós, de verdade, no contexto atual?

No período eleitoral, estava rolando um vídeo do Lula em que ele dizia que a pauta dos valores não está com nada. Basicamente isso. Só que há dezenas de milhões de brasileiros que não concordam com isso e que acham que sim, que a pauta dos valores é importante e talvez até a mais decisiva e é preciso dar voz a essas pessoas que, como nós, pensam que a pauta dos valores importa e nos vários campos.

A Angela Gandra da Silva Martins está lá brigando pela pauta dos valores no campo político. E nós somos quem? Nós somos parte dos representantes dessas dezenas de milhões de brasileiros no campo intelectual. É isso o que somos. Só isso.

Há pouco manifestei angústias minhas sobre o que fazer. Não deixa de ter um aspecto terapêutico o que estamos fazendo aqui. Ficamos naturalmente muito angustiados sobre o que fazer. Só que, como quer que seja e quaisquer que sejam as muitas coisas que a gente ainda possa fazer, nós estamos todos fazendo coisas. Eu sou parte de um grande escritório corporativo. Nós somos advogados de metade do PIB do mundo. Eu estou advogando lá. Algo nós estamos fazendo.

Eu estava lendo um livro do Glenn Back que é sobre o *Great Reset*, que é a ideologia globalista progressista do momento. Ou uma espécie de tradução atual dessa ideologia globalista. O autor sustenta que o que está por trás desse *Great Reset* que é um movimento global avassalador e quem não está no mundo corporativo não tem ideia. Mas eu posso dar o testemunho porque eu estou. Ele sustenta que isso é um novo fascismo e que tende a se implementar no mundo mediante o mercado financeiro, das grandes corporações e assim por diante. Mas o que importa dessa leitura é que lá no final ele se pergunta o que os cidadãos americanos podem fazer para salvar as nossas instituições, as velhas liberdades etc. Depois de dar uma série de dicas, ele cita o grande autor de O *Arquipélago Gulag*, e o Glenn Beck transcreve uma parte de um texto dele que se chama não viver pela mentira ou pelas mentiras. Eu não conhecia esse texto até ler neste livro. Existe esse texto online.

Estamos falando de alguém que está em um contexto totalitário mesmo. Enquanto não atingirmos cinco mil seguidores nas redes sociais, o Alexandre de Moraes não vai nos incomodar e a gente pode falar. Pelo menos esse é o corte que chegou a mim que existe.

O que importa? Nós estamos aqui e, bem ou mal, o nosso ambiente não chega a ser totalitário, pois podemos estar aqui, por exemplo, falando entre nós e para tantas pessoas que nos assistem. Se nós adotarmos essa postura que o Alexandr Soljenítsin sugere já é grande coisa. E ele diz que não vai permitir viver pela mentira, o que significa dizer que eu não vou permitir que a mentira viva através de mim. Ele, de alguma maneira, desdobra isso em algumas condutas e a primeira delas é eu não vou dizer, escrever, subscrever nada que de maneira nenhuma, até onde seja possível para eu compreender possa ser uma mentira. Então, se nós em tudo o que fazemos e ainda temos por fazer, levarmos a sério de não deixar nenhuma mentira passar por nós, nenhuma mentira – de alguma maneira – reverberar através de nós, a gente já vai estar fazendo grande coisa.

E como sei, nesse contexto confuso, o que é verdade e o que é mentira? Bem, aí não tem jeito. A gente tem que ter esse cuidado de estar buscando a verdade. Existe uma frase que eu acho que é de Platão que diz que por onde a verdade me levar, é por aí que eu vou. Então, pega essas duas coisas, por onde a verdade me levar é por aí que eu vou e eu não vou deixar que nenhuma mentira viva através de mim, isso já é revolucionário, ainda mais em um contexto como o nosso.

20) Prof. Dr. Pedro Moreira

Eu não ia falar sobre isso, mas como foi muito legal a pergunta da Mariana, além de tudo o que o Cronje e o Marcelo falaram, eu acho também que tem uma coisa de respeitar os professores que parecem malucos. Isso é muito legal.

Quando eu entrei na faculdade, um professor que o Boeira já citou aqui e que é nosso querido mestre, o Professor

Saldanha, ele nos era apresentado pelos veteranos como se fosse um tipo excêntrico meio maluco e coisas piores. Eu já tinha um pouco mais de idade e desconfiava daquilo.

Boa parte daquela turma hoje diz que aquele velho tinha razão. E as coisas que ele nos mandava ler e nos obrigava, inclusive nas férias e obrigava a trazer fichamento, no fundo, era amor que ele tinha por nós.

Eu não tenho contato com ele há muito tempo, mas brincamos na turma que ele é onipresente. Acho que o aluno tem que se entregar em um sentido modesto e o professor entregar aquilo que ele tem. E o que ele tem é muito mais do que o conteúdo, pois o que ele tem é ele mesmo.

Se me permite um conselho é esse. Muitas vezes temos lições didaticamente muito bem dadas, são da moda etc., mas não são verdade. E às vezes, tem alguém pulando no chão, gritando, como era exatamente o caso, e você vê que ali tem alguém que está tentando dizer aquilo que enxerga. O que sabemos, sabemos entre todos. Às vezes, você vai para um lugar e as pessoas sonegam.

Uma outra coisa, uma frase do Scruton que eu acho que se aplica aqui. Ele estava tratando dos males do matrimônio, problema do divórcio, da flexibilização da ideia de casamento e alguém pergunta, o que fazer? E ele diz que não tem nada para fazer. Tem que dar o exemplo. Viver a tua vida e dar o exemplo. O teu casamento tem que ser um testemunho de alguma coisa que as pessoas olhem e a comunidade observe, afinal de contas essa é a dimensão pública do casamento e a comunidade observe e diga: olha, é possível. Da mesma forma o professor. E vai ter sempre gente que vai acompanhar e se inspirar.

Para finalizar, um ponto estratégico para dialogar um pouco com a Simone. Eu acho que os tribunais também estão carentes, não só o parlamento. Tribunais, Ministério Público, Defensoria, não tem só gente cooptada por essa mentalidade antiformalista, desconstrucionista no Direito. Talvez, as altas cúpulas. Às vezes você vê uma decisão absurda dentro de um tribunal de justiça – eu estava estudando algumas nos últimos dias – e você vê os votos minoritários, os outros desembargadores do pleno, praticamente em um grande esforço para mostrar uma outra visão sobre aquela situação, o Direito etc.

Talvez possamos também entrar por aí. As vezes penso que as cúpulas desses poderes e órgãos são eternas, e não são. No dia em que a coisa ficar muito abusiva e se ficar para todos, as coisas mudam. Não temos controle sobre os acontecimentos. Às vezes é orgânica a mudança. Talvez, dentro do Ministério Público precise haver uma espécie de revolução virtuosa. Dentro do Judiciário da mesma forma, para que o controle venha por dentro. Não com espírito de corporação, mas porque foram despertados pela necessidade de recuperar as virtudes que informam, na verdade, a natureza da sua função.

21) Prof. Dr. André Borges Uliano

Concordo inteiramente. Eu diria ainda que nas duas instâncias inferiores o clima ainda é bem mais técnico. Uma dica bem prática para quem está na graduação, vocês precisam aproveitar o tempo. Uma, se isso está te inquietando, a primeira coisa é formar um grupo de estudos e criar uma espécie de pessoas que saíram da *matrix* e ir atrás dos bons professores. Em geral, você encontra em todos os ambientes acadêmicos esses tipos de pessoas.

22) Prof. Dra. Angela Gandra da Silva Martins

A repercussão dos elementos do conservadorismo foi maravilhosa. A partir do que o Pedro falou do silêncio, hoje ele é omissão. E omissão não é uma atitude humana. Existe um adágio que diz: "o que vês, escrevas. O que lês, escrevas ou fales." O que nos incomoda não tocou no nosso coração a troco de nada. Nós temos que ir atrás e nos manifestar.

Às vezes, nós ficamos procurando artigo a ser publicado em revistas de Qualis alto, mas, olha, publica. Se a gente não consegue lá em cima, publica, porque uma vez na internet é um caminho para formação e reflexão. É importante a gente publicar, escrever, colocar até mesmo nos jornais. Então, que a gente busque os canais em que nós podemos falar, fazer.

Mariana, muito legal a tua preocupação. Agora, eu penso que o aluno tem um papel na vida do professor que é questionar. Toda vez que nós levantamos uma hipótese, o professor já fica inseguro. As pessoas hoje em dia são acríticas praticamente, então elas ouvem, principalmente quando estamos nos contrapondo em algum elemento conservador. Ao mesmo tempo é o que o Pedro falou. Nós defendemos os direitos humanos, temos que fazer de forma humana. Forma bélica não adianta nada.

Nós vivemos em uma sociedade plural e precisamos nos abrir ao diálogo também e conversar e ouvir porque o outro pensa de outra forma. E, ao mesmo tempo, eu penso sempre com muita caridade, com muito carinho pelas pessoas. Isso eu vi muito na vida do meu pai. Ele não ataca pessoas, ataca ideias, mas trata com muito carinho as pessoas.

O Renato, que já saiu, falou que a verdade é única e o erro é multifacetado. E é verdade também que a verdade é desinteressada e o erro é auto interessado. Então, o erro manipula, tem o seu jogo. Mas falo que essa verdade desinteressada é assim, o que a gente ganha com o que estamos fazendo? O que nós queremos com o que estamos fazendo? Não sei o que ganhamos, mas não tem nada a perder. E se pensamos no que nos move, é o amor à natureza humana, ao ser humano. É o que eu quero para o meu filho mais à frente. Para a próxima geração. Então, no fundo, o que nos move é o amor. E o amor não teme. O amor também não tem nada a perder.

Eu acho também que é bem interessante o que a Simone falou, pois há um aparelhamento muito grande. Podemos aproveitar a metodologia de Gramsci porque eles têm metodologia, tem aparelhamento.

Nós não queremos nos aparelhar, mas temos que ser espertos. Temos que estar presentes. Eu fico pensando que todos nós temos missão. Eu dei aula agora sobre o capítulo 5 de *Natural Law and Natural Rights* de Finnis e ele fala das escolhas racionais e essas escolhas fazem parte de um projeto pessoal. Qual é o meu projeto pessoal? Vou mudar o mundo através da academia, através da política e estou mudando o mundo. Agora, quando a gente busca essa verdade, é primeiro não viver na minha mentira existencial. Na minha omissão. O que é o meu papel nesse jogo? Nós temos um papel e uma escolha diária nesse sentido e pensar em como fazer a diferença.

Além das ideias racionais, o porquê. Finnis chega a isso de certa forma. O amor é o que me move. Eu persevero, não tenho medo porque quero mudar esse mundo por amor ao ser humano. E aí vamos enfrentando e fazendo o nosso papel.

Aqui é realmente uma terapia, mas tem que sair uma resposta pessoal desses eventos e que nós continuemos e envolvendo. Uma pedra caída no lago que vai trazendo e trazendo, movimentando outras pessoas.

23) Prof. MSc. Rafael Cronje

Agradeço a todos em meu nome e do Marcelo. Eu acho que o que dá para resumir desse congresso em última instância é que, no final das contas, a única salvaguarda que temos para a ordem pública é a salvaguarda da nossa própria ordem moral e interior. Talvez o Gustavo discordasse, mas acho que não.

Mas a conclamação à atividade que nós fizemos parte desse princípio de tentar fazer alguma coisa, mesmo que não tenha um fruto. Mesmo que não tenha um fruto visível e mesmo que a influência não seja muito grande. Mas é tentar cumprir o papel de Atalaia, no final das contas. Levar a verdade e o evangelho em alguma medida, mesmo que ninguém ouça, sob pena de condenação própria se não falar. Agradeço especialmente a professora Angela por ter vindo.

24) Prof. Dra. Ana Luiza Braga

Bem, já encerrando nosso evento, gostaria de dizer que quando nós pensamos nele, pensamos em qual formato esse evento teria. Eu tinha uma expectativa muito grande de como esse formato iria funcionar, porque este é um formato muito inovador para acadêmicos. Talvez essa troca seja comum em outras esferas, mas na esfera acadêmica, percebemos que são eventos em que existe certo monopólio da fala e percebemos que o tempo para diálogo, para divergências, para troca de ideias fica muito pequeno.

Escolhemos fazer um evento totalmente diferente para que, de fato, houvesse uma horizontalidade na troca de ideias. Isso foi motivado por algo que a Angela sempre nos ensinou: que todas as pessoas têm algo a ensinar, e todos temos algo a aprender com todos.

É por isso que temos professores brilhantes, mas a ideia da relatoria era que não tínhamos conferencistas, mas um diálogo verdadeiro. E fico muito feliz de ver que conseguimos alcançar essa finalidade e conseguimos um evento que passou muito rápido.

Eu queria fazer uma observação de que o tempo todo eu estava aqui no celular acompanhando como é que estava a repercussão nos comentários do YouTube. E achei muito bonito de ver que esse nosso ambiente de fraternidade, de troca de ideias, é uma coisa que contaminou e as pessoas estavam assistindo nas suas casas, de modo que os comentários no YouTube as pessoas se ajudavam indicando obras, respondendo umas às outras, trocando ideias. Então, eu diria que tivemos dois fóruns de discussão. Um no chat do YouTube, que foi muito interessante, e outro aqui. Esse evento é um sucesso e acho que esse formato foi um sucesso e pretendemos, de fato, perpetuá-lo.

Outra coisa que eu queria dizer é que é uma alegria muito grande para nós tê-los aqui na nossa casa. Essa sede foi tão sonhada e ver como ela conseguiu se integrar a um projeto que ultrapassa as barreiras físicas da própria sede e ultrapassa as barreiras territoriais de São Paulo. No chat, tem alunos que estão falando do interior do Piauí, do interior do Rio Grande do Sul e é muito emocionante ver como nós conseguimos projetar esse momento para além do nível local – e a internet nos propicia isso.

Essa nossa escolha de fazer um evento gratuito, aberto para pessoas do Brasil todo se conectarem, reflete o que conversamos aqui. Nós temos um papel não somente perante os nossos pares na academia, mas temos um papel social muito importante a ocupar, porque essas nossas discussões não se encerram em um mero debate acadêmico. São coisas que ouvimos aqui o tempo todo. Reverberam na nossa organização política, na nossa organização social e na vida concreta das pessoas. Na verdade, a gente nem falaria em direito natural se isso não fosse algo que fosse fundamental ao florescimento de cada pessoa que nos assiste.

Com isso, queremos dizer que as pessoas melhoram a si próprias, melhoram suas relações familiares, relações de amizade. E por isso acreditamos que deveríamos passar aqui dois dias discutindo o espaço do direito natural de fato. Existe, sim, uma forma correta de discordar das pessoas e de discordar de ideias e essa forma correta é marcada por um senso profundo de caridade e respeito pela opinião do outro, pela diversidade. O que não significa necessariamente que a gente tenha que concordar. E foi isso o que vimos aqui com professores discordando e debatendo e isso nos dá muita alegria.

Em nome do Instituto Ives Gandra, só podemos agradecer. Esse evento só é possível porque os professores vieram de várias partes do Brasil. Os professores relatores que escreveram seus textos, pegaram avião, é impressionante. Agradecer também a todos que nos acompanham. Tivemos quase três mil inscritos em um evento de Filosofia do Direito e que vão assistir as gravações posteriormente, que receberam os textos, é uma coisa impressionante. Só podemos agradecer. Dizer também que o Instituto Ives Gandra está de portas abertas. Tenho certeza de que estamos começando e acho que existe muito a ser feito.

Muito obrigada a todos e até a próxima.

SEÇÃO III
ARTIGOS ESTREANTES

A HERESIA E A ORTODOXIA JURÍDICA

Gabriella Cabral Gomes

Rômulo Expedito Gomes Leite

INTRODUÇÃO

Diante do crescente desprezo hodierno aos elementos tradicionais (bem como ao mundo antigo), a modernidade tem se insurgido cada vez mais contra a importância dos elementos abstratos e externos ao direito. Diante deste amotinamento contra as abordagens filosóficas e teológicas clássicas, as quais influenciaram a criação de diversos institutos consagrados no âmbito jurídico, traz consigo diversos problemas para o adequado entendimento do que é o direito. Em face deste contexto, eis a descrição de Sertillanges:

> Hoje, tendo a filosofia decaído, as ciências rebaixam-se e fragmentam-se; hoje sendo a teologia ignorada, a filosofia é estéril, nada conclui, exerce uma crítica sem bússola e também sem bússola, estuda a história; é com frequência sectária e destrutiva; é às vezes compreensiva e acolhedora, mas jamais dá um fundamento, jamais esclarece verdadeiramente;

> ela não ensina. E para seus mestres que têm a dupla infelicidade de ignorar e de ignorar que ignoram.[1]

A partir do desprezo mencionado por Sertillanges, notam-se crescentes tentativas de desvincular o direito de sua natureza moral, bem como de sua finalidade, a justiça. Isso se fundamenta por meio da alegação de que tais elementos interdisciplinares não se adequam à "realidade fática imediata" do cotidiano prático do jurista. Contudo, argumentando, *reductio ad absurdum*, tal justificativa para retirada de tais elementos, como o bem e a justiça, é em suma, incapaz de estabelecer quaisquer fundamentos sólidos para a principal e primária ferramenta do jurista: as leis.

O cientificismo juspositivista moderno é fundado sob uma fórmula jurídica imprecisa ao negligenciar tais aspectos distintos ao direito. Nota-se que o seu alicerce é uma fórmula isenta de conclusões lógicas, tendo em vista a necessidade de que as normas devem possuir uma valoração externa à própria norma posta, sob o pretexto de haver uma definição circular, em que a norma é a justificativa da norma.

Outrossim, sendo o direito uma disciplina essencialmente imperativa, nota-se a hialina necessidade de uma "bússola jurídica", isto é, um ato que delimite o certo do errado, o vício da virtude. Esta dinâmica evidencia a intrínseca relação entre o direito e a ética, a qual desempenha um papel crucial ao estabelecer os princípios orientadores que fundamentam os paradigmas para a criação e aplicação de normas justas.

A falta de rigor lógico resultante do abandono educacional dos conceitos da educação clássica acarreta tanto em uma filosofia jurídica desorientada como também numa profunda crise na compreensão do direito, gerando um ordenamento jurídico confuso. Além disso, esta crise

---

1. SERTILLANGES, Antonin-Dalmace. *A vida intelectual:* seu espírito, suas condições, seus métodos. Campinas: Kirion, 2019. p. 104.

(que pode ser denominada de "Heresia Jurídica") acarreta prejuízos à finalidade e aplicação do direito.

Essa problemática, decorrida do crescente subjetivismo jurídico, caracterizado por tornar o correto em mero reflexo daquilo que é agradável e conveniente àqueles que detêm o poder, acaba por transformar as leis num mero instrumento de ativismo ideológico.

Portanto, diante da perda da finalidade jurídica, e sua substituição por uma finalidade político-ideológica, faz-se necessária a superação do mero aspecto jurídico utilitário e burocrático de correntes reducionistas, de modo a considerar os aspectos mais profundos e filosóficos jurisdicionais para o responsável entendimento do que é o direito e as leis.

Dessa feita, este artigo busca abordar os diversos aspectos que perpassam o estudo da finalidade do direito. Ademais, busca-se analisar a fonte de sua autoridade (bem como o que ocasionou sua perda), cuja operatividade tem se dado no desnorte e abandono da "ortodoxia jurídica da Lei Natural", caracterizada por fornecer algo mais seguro, fixo, imutável e objetivo.

1. A POSSIBILIDADE DE CONHECER O JUSTO

O debate da natureza das leis é, sem dúvida, um constante tema na filosofia jurídica, sendo este um assunto indispensável para a boa compreensão do que é o direito em sua essência. Outrossim, é de vital importância o entendimento adequado dos elementos constitutivos da natureza da lei, sendo este um fator decisivo que impacta diretamente na aplicação final do direito. Neste contexto, é necessária a investigação dos seguintes tópicos inerentes ao fenômeno das leis: i) suas dimensões, tal como sua finalidade; ii) sua medida; iii) o modo como ocorre sua mediação; e iv) perante qual autoridade a obtemos.

Em primeira análise, historicamente, a finalidade do direito foi amplamente debatida, especialmente ante as diversas posições políticas (como o marxismo, liberalismo, anarquismo e conservadorismo), estas visões propõem finalidades distintas para a lei (como a igualdade ou liberdade).

Entretanto, é necessário compreender que, alterada a finalidade da norma jurídica, altera-se também o seu efeito concreto. Essa alteração decorre da natureza imperativa da norma, a qual detém a capacidade fática de determinar mediante a força os atos alheios, coagindo o terceiro por meio de sanções.

A título ilustrativo, suponha-se a partir de uma "visão igualitarista" que a lei promulgada exija a existência de uma igualdade absoluta numa coletividade (isolando cada membro de sua personalidade e liberdade de pensamento). Noutro giro, suponha-se sob uma visão libertária que determinada coletividade seja regida pela "liberdade irrestrita para assassinar outrem" (em resumo, um local onde não há deveres sociais empáticos). Evidencia-se nesses cenários que as referidas normas ferem princípios inegociáveis e direitos indisponíveis (como a dignidade humana e os direitos da personalidade).

Nota-se pelo exposto, que é o aspecto moral quem determina se a norma de um ordenamento jurídico possui uma finalidade correta. Com base nisto, percebe-se a mediação feita pelo aspecto moral no conflito entre bens e valores ideais (tal como a igualdade e liberdade), evidencia que o verdadeiro fim da norma é a busca pela justiça, colocando em primeiro plano o interesse pelo bem moral em oposição ao mal. Nesse sentido, apresenta uma dinâmica hierárquica entre a lei e a justiça da seguinte forma:

> Ora, as leis em suas disposições são capazes de abarcar todos os assuntos, e possuem como finalidade o interesse comum, quer de todos, quer dos melhores ou daqueles que detêm o poder ou

> algo nesse gênero; deste modo, em certo sentido, chamamos de justiça aquilo que proporciona os atos capazes de produzir e preservar, para a sociedade, a boa intermediação entre o divino e o terreno nos elementos que a compõem.[2]

Pelo exposto, nota-se que pela capacidade das normas em abarcar uma imensurável diversidade de bens e valores, a norma jaz em última instância à mercê da autoridade e prevalência da vontade do detentor do poder. No entanto, em que pese a capacidade de imposição unilateral da vontade, é evidente que o interesse subjetivo de quem detém o poder não pode, por si só, ser considerado intrinsecamente justo e insubordinado à realidade.

Isso se deve à compreensão de que a dinâmica dos bens é o que origina o mal. Essa perspectiva serve como critério fundamental para diferenciar o justo (um bem organizado e alinhado) do injusto, que seria um bem desorganizado, eis a lição de Santos:

> Que se entende por bem? Bom é o que convém à natureza de uma coisa dinâmica cinematicamente considerada; mal, o contrário. Tudo quanto é desconveniente, tudo quanto dana a natureza de uma coisa, tudo quanto obstaculiza, afasta o que é conveniente, é portanto, mau. Observando assim, na verdade, tomada em si mesma, nenhuma coisa é má, mas boa. O mal não tem uma consistência positiva, mas opositiva e negativa [...] Como um ente natural, o homem tende para o que corresponde à conveniência de sua natureza, e normalmente procura agastar tudo quanto lhe cria obstáculos ou desvia os bens que poderia obter.[3]

Nesse sentido, o interesse subjetivo de quem detém o poder de modo algum é o que determina se uma norma é justa. Entendido que a justiça pressupõe não a um bem

2. ARISTÓTELES. *Ética a Nicômaco*. Livro IV, 1119b. Tradução María Araújo e Julián Marías. 6. ed. Madrid: Centro de Estudios Políticos y Constitucionales, 1994.

3. SANTOS, Mário Ferreira dos. *Análise de temas sociais*. São Paulo. Editora Minox, 1964. t. II, p. 105.

isoladamente, mas a uma dinâmica cinemática de vários bens paradoxais cuja ordenação hierárquica produz o justo. Esse conceito belamente expresso pelo dístico medieval "*corruptio optimi pessima est*" – a corrupção do ótimo (ou a desordenação dos bens), gera o péssimo (neste caso, o injusto).

Desse modo, ante esta dinâmica fundamental, as justificativas de que a conformidade de um bem isolado gera o justo caem por terra, uma vez que o justo é a ordenação de vários bens distintos e dinâmicos. Entretanto, enquanto a lei é estabelecida pelo interesse comum (sendo esta subordinada à autoridade do legislador, servindo-se de interesses distintos), a justiça objetiva estabelece o padrão firme para nortear a lei ao verdadeiro bem.

Nessa tangente, o alcance de uma justiça objetiva (positivamente imposta mediante as leis) não decorre do mero arbítrio legislativo, mas possuem como termo mediador a *eudaimonia*. Este famoso termo criado por Aristóteles deve ser adequadamente entendido em seu sentido platônico, uma vez que a origem do termo aponta para o livro *O Fedro*, de Platão, onde (δαιμον), aparece como um ser intermediário entre o divino e o terreno.

Ciente, portanto, de que o prefixo (ευ) "bom" assevera uma qualidade deste ser intermediário, o sentido final do termo deve ser entendido como aquilo que possibilita uma boa intermediação entre o real e o desejável.

Sobre este aspecto, a posterior visão cristã, entendendo que Jesus Cristo (o qual possui duas naturezas, a humana e Divina), atua como o perfeito intermediário entre o Divino e o Natural, motivo pelo qual é chamado de Emanuel (Deus conosco), e de mesmo modo, Este em seus ensinamentos, estabelece o paradigma da boa oração, a hierarquia de que se deve "fazer na terra, como é no céu", atribuindo ao céu o divino e perfeito, como o ideal a ser imitado pelos homens na terra.

Nesse sentido, *eudaimonia* é equivalente aos bens ordenados hierarquicamente e a justa hierarquia de diversos bens contidos na natureza direciona a lei humana à justiça objetiva. O estudo destes bens intermediários é o que hodiernamente se chama Direito Natural, o qual busca reconhecer a ordem dos valores morais a serem postos juridicamente. Dessa forma, o interesse comum próprio das leis, segundo o Direito Natural, estabelece-se um paradigma capaz de estabelecer princípios para a melhor e maior adequação à ordenação divina.

Entretanto, é evidente que o Direito Natural não se trata de um "Direito Divino", o qual é caracterizado pela direta adequação do aspecto ideal e divino às leis humanas. O parâmetro presente no Direito Natural se caracteriza pela observância da ordem natural, em que os bens ordenados estão presentes e são passíveis de serem abstraídos pela razão humana.

Portanto, para uma boa ordenação dos bens (*eudaimonia*) às leis, é necessário o emprego da atividade abstrativa humana, ou seja, o exercício das faculdades racionais e contemplativas direcionadas à natureza.

Desse modo, ao ter em vista que se trata da apreensão de algo intermediário, nota-se que a dinâmica abstrativa parte do homem (ser dotado de racionalidade) e dirige-se à natureza (o objeto analisado pelo homem), a qual aponta ao bem supremo (o qual está contido na perfeição de Deus que criou a realidade de forma ordenada). Esse fluxo abstrativo é estabelecido mediante esta tríplice dinâmica, elucidada por Tomás de Aquino na obra *Verdade e conhecimento*:

> [...] (1) o pensamento criador de Deus "dá a medida e não é medido" (*mensurans non mensuratum*), (2) a realidade natural recebe a medida e concede a medida (*mensuratum et mensurans*), (3) e o conhecimento humano recebe a medida e não dá a medida (*mensuratum non mensurans*).[4]

4. AQUINO, Tomás de. *Verdade e conhecimento*. Tradução Luiz Jean Lauand e Mario Bruno Sproviero. 2. ed. São Paulo: WMF Martins Fontes, 2011. p. 88.

Com base nisto, a limitação intelectual do homem ante o infinito, ao contrário do que pareceria de imediato, não invalida a possibilidade do conhecimento dos universais (como a justiça, a verdade e a beleza), uma vez que são bens passíveis de serem percebidos perante uma ordem hierárquica do ser, a saber, na realidade natural. Nesse sentido, Tomás de Aquino dispõe que o pensamento criador de Deus é a inteligência ordenadora da natureza, sendo esta última quem recebe sua a medida da ordem divina. Desse modo, a realidade natural por conter uma medida limitada, traduz na sua possibilidade abstrativa humana por meio da razão (racionalidade).

Nesse contexto, na medida em que ocorre a contemplação objetiva da estrutura da realidade natural pelo homem, há um firme direcionamento à parte da estrutura do Criador, o qual concede a medida de discernimento do que é bom, belo e verdadeiro. Com base nisto, pode-se afirmar que a natureza é uma imitação do ideal final, a saber, a ordem divina. Assim, a racionalidade humana, mediada pela realidade natural, pode chegar ao conhecimento limitado dos universais.

Há de se ressaltar que as verdades inerentes à natureza são imutáveis e eternas, pois refletem sua origem na divindade criadora e ordenadora. Assim, as coisas naturais (*res naturales*) não estão sujeitas à arbitrariedade humana. Neste contexto, estabelece-se a perspectiva do realismo filosófico, sendo o homem (enquanto ser conhecedor) despoja-se de qualquer arbitrariedade legal em sua função de subcriador.

Dessa maneira, embora seja possível compreender o justo por meio da natureza, não há garantia de que um ordenamento jurídico, por si só, esteja alinhado a essa qualidade, uma vez que as normas pertencem à realidade pertinente às coisas artificiais (*res artificiales*), ou seja: algo criado pelo homem.

Dessarte, o fenômeno legal adstrito ao homem tem dentro de sua natureza artificial o que é pertencente às faculdades racionais do homem. Isso permite que se investigue a adequação da lei à justiça por meio dos valores axiológicos, como Tomás de Aquino dispõe em sua questão 90 da Suma Teológica:

> [...] A regra e a medida dos atos humanos é, com efeito, a razão, a qual é o primeiro princípio dos atos humanos, como se evidencia do que já foi dito; cabe, com efeito, à razão ordenar ao fim que é o primeiro princípio do agir, segundo o Filósofo. Em cada gênero, com efeito, o que é princípio é medida e regra desse gênero, como a unidade no gênero do número, e o primeiro movimento no gênero dos movimentos. Daí resulta que a lei é algo que pertence à razão.[5]

Por esse motivo, o estudo do Direito Natural é parte indispensável na formação do jurista, haja vista que a justiça objetiva somente pode ser medida perante a investigação da natureza das coisas. Além disso, a percepção do que se enquadra na justiça objetiva depende do bom uso da inteligência, motivo pelo qual deve ser considerada a possibilidade de deturpação no referido processo intelectivo, o qual promove injustiça mediante as leis.

Portanto, a mera faculdade racional de abstrair verdades objetivamente através da natureza não produz em si mesma a lei jurídica justa, mas pressupõe a contemplação racional humana para adequação da lei ao justo, uma vez que a norma é uma realidade artificial dependente da boa vontade do legislador, que pode fazer o bom uso de sua razão ou de sua estupidez. Com isso, na medida em que ocorre a inadequação lógica entre a lei artificial e a natureza dos universais, faz-se patente o fenômeno da lei injusta.

2. O REINADO HISTÓRICO DA LEI

Desde o nascimento das análises da convivência social, as questões acerca da relevância da lei e sua função dentro

5. AQUINO, Tomás de. *Suma Teológica IX*. 2. ed. São Paulo: Loyola, 2005. p. 522.

do espaço fático sempre foram colocadas em pauta e nunca chegaram a um veredito final. Entretanto, é amplamente reconhecido que o Império Romano foi o paradigma mais próximo para uma estabilidade nesse sentido.

Nessa fase, Roma foi bastante famosa por seus jurisconsultos, cujo trabalho se baseou nos conceitos do jusnaturalismo. Entre seus maiores protagonistas está Cícero, um exímio orador romano, o qual defendeu que a sociedade e todo arcabouço jurídico deveriam seguir e obedecer à lei natural. Em uma de suas passagens, Cícero afirma o seguinte:

> Se o direito se fundasse na vontade dos povos, nos decretos dos príncipes ou nas sentenças dos juízes, seria, então, direito o latrocínio, direito o adultério, direito a confecção de testamentos falsos, contanto que tais atos recebessem os sufrágios ou a aprovação da massa. Pois se a opinião ou a vontade dos insensatos têm tanto poder, a ponto de, por seus votos, transtornar a natureza das coisas, por que não poderiam sancionar que o mau e danoso fosse tido por bom e saudável? Ou, ainda, por que, já que a lei poderia fazer da injustiça direito, não poderia, igualmente, tornar o bom aquilo que é mau? Pois não nos é impossível distinguir a lei boa da lei má senão segundo a norma da natureza [...] Pensar que estas coisas se fundam na opinião, e não na natureza, é próprio de um demente.[6]

Assim, de acordo com a maioria dos juristas romanos (tal como Cícero), a norma não serviria apenas de letra coercitiva para punir todas as anomalias sociais, mas conduzir a sociedade à ordem de forma consciente. Isso decorre pela característica da norma de estar sobre um fundamento que reside muito além do próprio objeto jurídico.

Ressalta-se que o direito natural, sendo um instituto pré-convencional, perpassa pela mentalidade humana desde a Grécia e Egito antigo, atingindo seu cume nas fascinantes proposições dialéticas da Escolástica. Entretanto,

---

6. Cicero (106 – 43 a.C.) *apud* HERRERA, Daniel. *Direito natural contemporâneo:* a renascença do jusnaturalismo no Brasil e no mundo. Londrina: Thoth, 2021. p. 17.

com a chegada do Renascimento Cultural, de modo inovador, os esforços para a ruptura com os valores objetivos, tais como a verdade e a justiça, foi apenas após três séculos que a decadência se tornou explícita, graças ao advento do iluminismo e da Revolução Francesa.

Augusto Comte (considerado o pai das ciências sociais e da sociologia neste período) foi um dos responsáveis por essa forma revolucionária de se pensar, impactando até os momentos hodiernos (especialmente no meio jurídico). Em sua obra *O espírito positivo*, suas ideias têm como enfoque a ação do Estado, Comte destrincha a ação positiva do poder público na vida em sociedade para torná-lo o mais próximo possível de um ideal, nos seguintes termos:

> [...] Sua rápida ascendência prática, reconhecida implicitamente por ambos os partidos ativos, constata cada vez mais, nas populações atuais, o amortecimento simultâneo das convicções e paixões anteriores, retrógradas ou críticas, gradualmente substituídas por um sentimento universal, real apesar de confuso, da necessidade e mesmo da possibilidade duma conciliação permanente entre o espírito de conservação e o espírito de melhoramento, igualmente apropriados ao estado normal da Humanidade. A tendência correspondente dos homens de Estado a impedir hoje, tanto quanto possível, todo grande movimento político encontra-se aliás espontaneamente conforme realmente instituições provisórias, enquanto uma verdadeira filosofia geral não vincular suficientemente as inteligências. Desconhecida pelos poderes atuais, essa resistência instintiva colabora para facilitar a verdadeira solução, ajudando a transformar uma estéril agitação política numa ativa progressão filosófica, de maneira a seguir, enfim, a marcha prescrita pela natureza, adequada à reorganização final, que deve primeiro ocorrer nas ideias para passar em seguida aos costumes e, finalmente, às instituições. Tal transformação, que já tende a predominar em França, deverá naturalmente desenvolver-se cada vez mais em toda parte, tendo em vista a necessidade crescente, em que se encontram colocados hoje nossos governos ocidentais, de manter a grandes custos a ordem material no meio da desordem intelectual e moral, necessidade que pouco a pouco deve absorver essencialmente seus esforços cotidianos, conduzindo-os a renunciar implicitamente a toda presidência séria

> da reorganização espiritual, cedida assim à livre atividade dos filósofos que se mostrarem dignos de dirigi-la.[7]

Assim, segundo Comte, o Estado deveria agir como um grande tecnocrata a dirigir a vida comum, de modo a levar a sociedade para um patamar ideal isolado (por considerar que o homem propriamente dito não existe, havendo apenas a humanidade). Por conseguinte, o fundamento da norma estaria baseado não em uma ordem sublime, contida na natureza, como no paradigma jusnaturalista, mas na ideologia dominante. A lei, por assim dizer, tornou-se necessária apenas para os fins de correção política e não de restauração da ordem.

De mesmo modo, pode-se dizer que foi a partir das ideias de Comte que o positivismo extremo começou a ser erigido socialmente e no meio acadêmico. Por conta disto, o próprio conceito de direito foi se tornando múltiplo e relativo, ao ponto de desvirtuar-se de sua essência. No século seguinte, com esses conceitos borbulhando entre os estudiosos, com uma vasta gama de definições relativistas, a lei perdeu consideravelmente a sua interdependência à ética, tornando-se algo meramente conveniente à ideologia do momento.

À medida que, desde os primórdios, evidencia-se que a finalidade da norma pode ser corrompida segundo aos ditames daquele que institui o ordenamento jurídico, a Revolução Francesa retirou qualquer contrapeso à esta arbitrariedade, ocasionando diversos prejuízos à coletividade. Ademais, percebe-se uma tendência no imaginário da população de crer na infalibilidade do ordenamento jurídico, de modo que todas as regras são impostas para o bem geral. Bastiat, em seu livro "A lei", aborda o aspecto da confusão entre a moralidade e a norma positiva:

---

7. COMTE, Augusto. *Discurso do espírito positivo*. 2. ed. Rio de Janeiro: Editora Globo, 1976. p. 68.

> [...] É impossível introduzir na sociedade maior mudança e maior mal do que a conversão da lei em um instrumento de espoliação. Quais são as consequências desta corrupção? Seriam necessários muitos volumes para descrevê-las todas. Contentemo-nos em apontar as mais notáveis: Em primeiro lugar, apaga da consciência de todos a distinção entre justiça e injustiça. Nenhuma sociedade pode existir se as leis não forem respeitadas até certo ponto, e o modo mais seguro de fazer isso é torná-las respeitáveis. Quando a lei e a moralidade se contradizem, o cidadão tem a alternativa cruel de perder seu senso moral ou seu respeito à lei, dois males de igual importância entre os quais é difícil escolher. É da natureza da lei fazer reinar a justiça, de tal modo que na mente das pessoas ambas são a mesma coisa. Todos nós temos uma forte inclinação a acreditar que o que é legal é também legítimo. Essa noção chega a tal ponto que muitas pessoas acreditam que as coisas são "justas "porque são legais. Assim, para que a espoliação pareça justa e sagrada a muitas consciências, basta que a lei a sancione.[8]

No mesmo sentido, Tomás de Aquino afirma o seguinte: "Ademais, aquilo que é estatuído pela lei, é induzido como justo".[9] Assim, com a corrupção do imaginário popular, as normas sancionadas pelo governo tendem a ser consideradas legitimamente legais e justas, o que está longe da realidade fática.

Dessarte, a falta destes mecanismos para assegurar esta arbitrariedade da norma, trouxe tanto a corrupção institucionalizada como também devastadores abusos contra o próprio povo, tal como a eugenia institucionalizada e a guerra entre civis.

Como se não bastasse, haja vista as manipulações linguísticas (propostas por meio de propagandas ideológicas, notadamente por influência da Escola de Frankfurt), sendo os aspectos confusos da linguagem são determinantes para a formação do imaginário social.

---

8. BASTIAT, Frédèric. *A lei:* por que a esquerda não funciona? As bases do pensamento liberal. Traduzido por Eduardo Levy. Rio de Janeiro: Faro, 2016. p. 36.

9. AQUINO, Tomás de. *Suma Teológica IX*. 2. ed. São Paulo: Loyola, 2005.p. 571.

Dessa maneira ocorre com o arcabouço legal moderno: os operadores da norma, despreocupados com as bases da norma, havendo leis equivocadas, desprovidas de sentido, de uma semântica laxa, e abertas ao subjetivismo daquele que a interpreta.

Analogamente, a linguagem laxa e propagandística, é o campo perfeito para as maiores catástrofes da humanidade, isso pois, conforme explica Jesus Cristo no Evangelho narrado por São Lucas quando disserta acerca da figura do sensato e o imprudente:

> [...] um fez alicerces fortes para sua casa e o outro, sem se preocupar com o futuro, construiu sua moradia em qualquer lugar; entretanto, quando sobreveio a tempestade, como o previsível, a casa do prudente se manteve intacta, enquanto a outra ruiu.[10]

Tudo isso se iniciou com a morte do jusnaturalismo, o qual é fundamental para o correto funcionamento do direito. Do mesmo modo, Villey em sua obra *O direito e os direitos humanos* afirma:

> [...] Objetar-me-ão que uma quantidade impressionante de filósofos modernos aparentemente tratou do direito? Hobbes, Hume, Bentham, Wolff, Rousseau, Kant, Hegel, Durkheim, Max Weber e a sequência dos sociólogos? Respondo que nenhum desses autores parece visar o direito em si mesmo. Cada um deles, construindo seu próprio sistema em função de outros objetivos, empenha-se em resumir o direito a eles. Puderam, então, dar do direito apenas imagens sofisticadas, reduzindo-o todas as vezes ao papel de instrumento de outras disciplinas extrajurídicas. [...] Não é obrigatório que a palavra "direito" corresponda, ao longo dos séculos, a uma mesma realidade. Talvez sejamos livres para construir uma sucessão infinita de definições "nominais" do direito, concedidas às nossas sucessivas ideologias políticas. Só que essa prática conduz à linguagem à incoerência e à confusão, como acabamos de constatar.[11]

---

10. Bíblia Sagrada NVI Leitura Perfeita. Lucas 6:46-49.

11. VILLEY, Michael. *O direito e os direitos humanos*. Tradução Maria Ermantina de Almeida Prado Galvão. São Paulo: WMF Martins Fontes, 2007. p. 19-20.

O problema ora constatado não é a positivação da lei, mas seu conteúdo (sua parte material). Logo, o conteúdo das normas é desatento aos aspectos objetivos, sem os quais jamais poderá haver um ordenamento jurisdicional digno. Assim, com a retirada do firme fundamento do direito, qual seja, o jusnaturalismo, não somente permitiu-se a ventania do absurdo e da loucura, mas a tornou lei.

3. A INSTITUCIONALIZAÇÃO DO ERRO

A tradição jurídica, enraizada em sua sabedoria acumulada, que perpassa desde a antiguidade clássica até o século XIII, foi predominantemente moldada pela perspectiva do jusnaturalismo. Esse paradigma teve como início de seu declínio, a Revolução Francesa, que marcou a transição da visão clássica, para uma abordagem mais subjetiva e pragmática, influenciada pelas ideologias emergentes.

Este marco histórico, nascido do descontentamento imediato com a realidade e impulsionado por sentimentos revolucionários, contraria princípios fundamentais necessários para estabelecer o paradigma da justiça, tão necessária ao direito. Tais incidentes, por meio da coletividade, determina que o interesse primário de uma reflexão, não é a observância da natureza cuja finalidade é buscar valor supremo, mas sim ratificar valores subjetivamente do indivíduo em detrimento do real.

Com as ideologias, abandonaram-se as tentativas de compreender e racionalizar a natureza, para agora, passar a confrontá-la. Desta forma, na medida em que se revolta à realidade, se revolta à própria natureza, não restando alternativa senão estabelecer um novo paradigma à lei na própria lei. Neste sentido, conforme elucida Chesterton, este fenômeno reducionista, traduz-se em desconsiderar o equilíbrio de toda a realidade complexa e paradoxal, impondo a ideia particular favorita e decotada, contra todo o restante da estrutura holística natural, vejamos:

> Todo grande herege sempre exibiu três notáveis características em conjunto. Primeiro, escolheu uma ideia mística do feixe ou do equilíbrio das ideias místicas [...]. Segundo, usou aquela ideia mística de maneira solitária contra todas as outras ideias místicas. Terceiro (e é uma coisa singular), parecia em geral não ter noção de que sua própria ideia mística favorita fosse uma ideia mística, pelo menos não no sentido de uma ideia misteriosa, dúbia ou dogmática.[12]

Dessarte, o interesse subjetivo cumpre um papel de favorecer um bem escolhido por determinada ideologia, o qual levará inexoravelmente ao que chamamos de heresia jurídica. Mister salientar que a referida palavra 'heresia', deve ser entendida em seu sentido semântico originário do grego, onde 'αἵρεσις', traduz-se como "escolha". Logo, é heresia o ato de escolher algum bem particular, elencando-o como mais importante em detrimento de toda sua dinâmica de outros bens igualmente importantes.

Nesse raciocínio, a separação dos estudos metafísicos da filosofia e do direito é uma forma moderna de heresia, uma vez que substitui a ordem do ser pelo mero jurídico, isolando o direito de uma realidade holística da qual este encontra sua finalidade. Desse modo, o reducionismo ideológico, frequentemente elenca conceitos autorreferentes, haja vista, a necessidade de uma superestimação de um valor determinado.

No caso em questão, a visão materialista pragmática, ao negar qualquer sentido de imaterial, tal como os universais, nega a possibilidade de se conhecer a realidade, e, por conseguinte, nega a racionalidade objetiva, cuja função é apreender valores objetivos da natureza.

---

12. CHESTERTON, Gilbert Keith. *A coisa:* porque sou católico. Campinas, SP: Ecclesiae, 2021. p. 35.

Outrossim, esta visão antropocêntrica, ocasiona uma concepção isolada do ser humano, pois desconsideram a ordem do ser. Tais concepções não consideram a ordem natural, ou seja: há uma distorção de como a hierarquia dos bens deve ser estabelecida.

Por conseguinte, o direito se torna incapaz de estabelecer justificativas de sua própria finalidade em valores externos ao homem, invertendo assim, a ordem tradicional anterior, em que a preferência está no objeto externo ao homem, como a natureza, ou a Inteligência Ordenadora.

A inversão desta dinâmica determina que a preferência se dá no sujeito, o qual estabelece a ordem da natureza. Em última análise, isto culmina no interesse subjetivo e ideológico de quem detém o poder que tenta impor à realidade, suas ideias. Portanto, ante a tantas definições, tal como o *homo faber*, tendem isolar em um aspecto a pluralidade da natureza humana, conforme evocado por Guimarães, em seu livro *Direito natural; visão metafísica e antropológica*, o qual contribui imensamente para uma definição plural (e, portanto, menos herética) da ontologia humana, nos seguintes termos:

> Evidentemente tais concepções alijam, por si só, os aspectos puramente ideológicos de sua caracterização, ou seja, aqueles que encararem o homem sob um aspecto meramente voluntarista e racionalista, subjetivamente o considerando e assim não o enfocando na realidade de sua natureza pluridimensional, mas unilateralmente, canhestramente o amputando de toda a globalidade de sua vera essência e existência. Se o homem deve viver segundo o intelecto, não pode olvidar a sua condição humana e o que sobre humano nele contém para transcender a sua condição.[13]

Disso, percebe-se que o homem é um ser dotado de realidades humanas, racionais, biológicas materiais (tal como na definição evolucionista e antropológica), mas não adstritas a

13. GUIMARÃES, Ylves José Miranda. *Direito natural*; visão metafísica e antropológica. Rio de Janeiro: Forense Universitária, 1994. p. 4.

um de seus aspectos isoladamente. Além destas dimensões, o homem também é um ser dotado com dimensões religiosas, metafísicas e universais (como na definição aristotélica, segundo a qual a razão é nossa diferença específica para com os animais, sendo a razão um aspecto imaterial e metafísico). Desse modo, Guimarães dispõe o seguinte:

> Evidentemente tais concepções alijam, por si só, os aspectos puramente ideológicos de sua caracterização, ou seja, aqueles que encararem o homem sob um aspecto meramente voluntarista e racionalista, subjetivamente o considerando e assim não o enfocando na realidade de sua natureza pluridimensional, mas unilateralmente, canhestramente o amputando de toda a globalidade de sua vera essência e existência. Se o homem deve viver segundo o intelecto, não pode olvidar a sua condição humana e o que sobre humano nele contém para transcender a sua condição.[14]

Nota-se que um conceito mais amplo da natureza humana fornece segurança aos fenômenos jurídicos, os quais auxiliam na aplicação da lei submissa à justiça. Ressalta-se que a justiça expressa na natureza é percebida mediante à razão. Esta por sua vez, é determinada por mecanismos decorrentes da linguagem e do imaginário, obtidos justamente por aspectos alheios ao mero jurídico (como o estudo do Trivium, isto é, a gramática, a lógica e a retórica).

Durante séculos, o direito foi visto como a disciplina proveniente da retórica, sendo esta parte de um conjunto de estudos das letras para a compreensão adequada da realidade. Contudo, como se não bastasse a carga ideológica, todo o fator idiomático das línguas modernas tem se mostrado cada vez menos eficiente para uma boa aplicação da lei, justamente por estarem em constante mudança semântica, abrindo margens para interpretações arbitrárias, atribuindo a quem detém a autoridade legal o poder de distorcê-las ao seu bel prazer.

14. *Ibidem.*

Ademais, é hialino que o uso de um idioma estruturado e seguro garante a boa transmissão da realidade percebida pelo intelecto, sendo o aspecto gramatical imprescindível para a claridade da norma. Entretanto, nota-se que este é um forte fundamento que tem sido negligenciado, bem como a falta de abordagem dos idiomas mortos (como o latim e o grego clássico), os quais funcionam como auxiliares semânticos e exegéticos da norma, uma vez que não estão sujeitos a mudanças semânticas.

Isso se nota, com a recorrente abordagem de termos sem significado claro ou fora de contexto, tal como "o espírito da constituição", "o Estado Democrático de Direito", frequentemente tomados como uma justificativa para a interpretação subjetiva do que é justo.

Nesse sentido, o direito natural como filho das concepções clássicas, estabelece os princípios universais capazes de guiar o processo hermenêutico, bem como todo um completo ferramental para uma segura manutenção da norma.

Esses elementos formais são ferramentas fundamentais, não somente para uma melhor interpretação da lei, mas para a sua transmissibilidade e conhecimento axiológico natural, por meio do uso da dialética.

Em contraposição, o positivismo, ao negar exatamente a possibilidade do conhecimento objetivo da justiça, sustenta que a justiça é meramente aquilo que está estabelecido mediante consenso democrático ou autoridade do Estado, independentemente de qualquer consideração moral, ética ou lógico-racional.

A escolha positivista fez com que as leis passassem a ser criadas exclusivamente com base nos critérios subjetivos, como a maioria parlamentar, da vontade do governante ou do consenso entre os juristas, exatamente o interesse comum subjetivo relatado por Aristóteles. Contudo, exemplificativamente, ainda que toda a humanidade (sob uma perspectiva democrática) se juntasse com a finalidade de promulgar uma lei que criminalize a gravidade, tal movimento não alteraria o fato de que todas as maçãs continuarão a cair independentemente do esforço para impor o contrário.

Entretanto, a visão reducionista do direito tem consequências diretas na promoção de leis, as quais, ainda que dispostas com clareza, não consideram a indisponibilidade de certos valores e bens decorrentes da natureza em si, culminando na promoção de normas objetivas e eticamente questionáveis.

A retirada da bússola moral permite que o paradigma do justo objetivo seja sobrepujado pela lei positiva (indiferente à lei natural), a qual é promulgada pela vontade de muitos ou de poucos que detêm o poder, encontra em si mesmo a justificativa. Por consequência, origina-se uma crença vaga e equivocada de que toda lei promulgada é intrinsecamente justa por ser promulgada pela autoridade competente. É exatamente essa medida que origina o caos na coletividade, haja vista a asserção de que uma lei para ser considerada moral, não decorre da maioria social, uma vez que a verdadeira autoridade não é ditada pela sociedade ou por um governante, mas pela moralidade objetiva contida na natureza.

Inexoravelmente, a perspectiva materialista e positivista não poderia chegar a um lugar distinto senão o da injustiça objetiva, como foi evidenciado no período nazista na Alemanha, em que leis foram criadas exatamente para legitimar o extermínio de judeus, ciganos e outras minorias étnicas, mediante a autoridade legítima para tal. A falta de discernimento de uma faceta pré-jurídica foi diretamente responsável por um dos piores acontecimentos da humanidade, o qual ocorreu de forma institucionalizada.

Diante de tal fenômeno, o julgamento dos líderes nazistas no Tribunal de Nuremberg entra em contradição com as justificativas da ideologia positivista, uma vez que esse julgamento seria impossível caso abdicasse dos elementos transcendentes ao mero jurídico. As leis que promoveram o holocausto são injustas por natureza (não por conveniência), pois violam os princípios universais e supra jurídicos do direito natural, para o qual o assassinato deliberado do indefeso inocente é intrinsecamente mal por natureza.

Evidencia-se pelo Tribunal de Nuremberg que a lei não pode ser vista como algo absoluto e isolado, pois precisa ser vista como parte de um sistema mais amplo de valores e princípios metajurídicos que guiam a sociedade. Em outras palavras, a lei não pode ser vista como algo independente, herético e ideológico que desconsidera os aspectos decorrentes da moralidade e da justiça.

Diante deste cenário, é fundamental que se reflita sobre a adequação das leis à justiça, além de se considerar a possibilidade de que uma lei possa ser injusta ou imoral. Portanto, é evidente a necessidade de um retorno ao direito natural como uma fonte objetiva de moralidade e justiça, a fim de que a lei possa cumprir sua função de proteger os indivíduos e a sociedade como um todo de qualquer interesse subjetivo inobservante à moral.

4. O RETORNO À ORTODOXIA

Com base no conhecimento de que é possível determinar uma alternativa ao caos causado pelas lacunas deixadas pelo positivismo puro (a saber, sua falta de fundamentos verdadeiros e incapacidade de sustentar as normas), resta que se aplique este instrumento com base no alinhamento entre a verdade e os instrumentos públicos. Reitera-se que desde o Direito Romano até a Idade Média, toda elaboração jurídica discorria sobre uma base jusnaturalista. Esta base foi descrita pelo escritor e estudioso Lewis em sua obra *A abolição do homem*, em que o autor discorre acerca da depredação humana com o passar dos anos por meio do esquecimento do *Tao* (da Tradição):

> Trata-se da realidade que vai além de todas as situações, o abismo que havia antes do próprio Criador. Trata-se da Natureza, do Caminho, da Estrada, da Via. Trata-se do Caminho pelo qual o universo caminha, do qual emergem as coisas de forma eterna, silenciosa e tranquila para o espaço e o tempo. Trata-se também da Via que todo homem deve trilhar, imitando o progresso cósmico e supercósmico, conformando todas as atividades àquele grande exemplar.[15]

Resumidamente, a lei natural, como Tomás de Aquino aponta, possui elementos pré-convencionais, eternos e universais, de modo que "O direito natural existe desde a origem da criatura racional. Não varia no tempo, e permanece imutável".[16] Em sentido contrário, o atual conceito de direitos humanos permeia dentro de sua terminologia uma imitação do direito natural como a de tentar colocar a objetividade no sujeito.

Esse conceito enxerga a criação estatal como um fundamento garantidor da dignidade humana, e o homem como um ser estático. O direito natural como matéria jurídica busca o reconhecimento das premissas de uma realidade metafísica externa ao homem, novamente evocando a hierarquia de que a preferência é algo fora do subjetivo do homem, qual seja, a natureza.

Ao ser observada a questão semântica do direito, percebe-se que a lei natural é universal e imutável (de modo que o significado no direito também deveria sê-lo). Isso não significa a isenção de avanços gnosiológicos, mas que é necessária prudência ao considerá-los. Eis a lição de Lewis sobre o assunto:

---

15. LEWIS, Clives Staples. *Abolição do homem*. Traduzido por Gabriele Greggersen. São Paulo: Thomas Nelson, 2017. p. 23-24.

16. AQUINO, Tomás de. *Suma Teológica IX*. 2. ed. São Paulo: Loyola, 2005. p. 565.

> O *Tao* admite o desenvolvimento a partir de dentro. Há uma diferença entre o avanço moral legítimo e a mera inovação. Do "Não faça aos outros o que não gosta que façam a você" de Confúcio para o dito cristão. "Em tudo, façam aos outros o que vocês querem que lhes façam" há um avanço real. [...] O primeiro exemplo é um avanço porque ninguém que não tenha admitido a validade da velha máxima poderia ver na razão o motivo para aceitar a nova, e qualquer um que aceite a velha reconheceria a nova como uma extensão do mesmo princípio.[17]

Assim, conforme afirmado por Lewis: "o mundo dos fatos, sem um só traço de valor, e o mundo dos sentimentos, sem um só traço de verdade ou falsidade, justiça ou injustiça, entram em confronto, sem que haja qualquer possibilidade de aproximação".[18]

Portanto, o que falta às leis positivadas é justamente a questão valorativa. Tais leis não teriam apenas um sentido utilitarista, mas um valor que restaure a ordem de fato, corroborando com o bem geral, sendo este alcançado apenas com a observação do "mínimo ético" para convivência e justiça na sociedade. Nesse sentido, há necessidade de ter ciência de que apenas haverá leis fortes e justas se estas estiverem baseadas na única fonte de todos os juízos de valor, conforme lição de Lewis:

> Nunca houve e nunca haverá um juízo de valor radicalmente novo na história do mundo. O que hoje se constituem em novos sistemas ou ideologias, não passam de fragmentos do próprio Tao, arbitrariamente deslocados do seu contexto mais amplo e depois levados à loucura em seu isolamento, sendo que a sua validade continua, ainda assim, a ser devida ao Tao e a ele somente.[19]

---

17. LEWIS, Clives Staples. *Abolição do homem*. Traduzido por Gabriele Greggerssen. São Paulo: Thomas Nelson, 2017. p. 47.

18. *Ibidem*, p. 46.

19. *Ibidem*, p. 44-46.

Logo, com base nas ideias de adequação, há uma distinção entre avanço de compreensão, e revolução. A diferença primordial jaz como na parábola de Chesterton, em que, aquele que muda algo transformando uma árvore em uma cerca, necessita de planejamento, enquanto aquele que exerce uma crítica utilitária para retirá-la sem se questionar o porquê de existir a cerca, a retira por esta não se adequar ao seu projeto de mundo. A diferença de prudência é evidente: enquanto a mudança pressupõe contemplação e razão, a revolução pressupõe um ato apressado e ideológico.

É exatamente por essa razão que a Revolução Francesa foi tremendamente prejudicial à história humana, pois gerou um rompimento abrupto da ordem anterior estabelecida sem racionalidade. Com isso, removeram-se os limites estabelecidos pela ordem anterior e gerou uma abertura propícia à entrada de ideologias que visam a deturpação de uma objetividade. Retirada a cerca, imperou a heresia que é caracterizada por desconsiderar os valores morais, desatando os ferozes lobos, tal como o nazismo institucionalizado, o qual a cerca jusnatural sempre alertou em sua vasta Tradição.

CONCLUSÃO

Portanto, há somente uma saída para a crise política e a jurisdição ocidental hodierna: a restauração da visão de que o direito deve buscar o que é justo. O retorno ao jusnaturalismo é o único instrumento capaz de manter a justiça como uma firme constante na sociedade. Isso determina que, consigo, haja a restauração da razão que abstrai uma verdade. Como afirmou Lewis: “para quem não reconhece a sua racionalidade, nem o consenso universal seria suficiente para prová-lo”.[20]

---

20. *Ibidem*, p. 46.

Desse modo, não há como haver mudança se esta não abarcar todas as peças-chave da própria lei positiva, uma vez que a ortodoxia somente estará presente no ordenamento jurídico moderno quando as suas possíveis brechas forem preenchidas.

Somente nesse cenário prevalece a consciência de que o homem é digno não porque o Estado assim o declarou, mas pelo fato de o ser por natureza. Assim, pensamentos que vão de encontro a qualquer conceito construtivista não são capazes de revelar aquilo de que mais necessita o mundo atual: a ideia de que a verdade está acima de qualquer consideração pessoal.

Desse modo, a restauração do imaginário já corrompido é medida que se faz urgente, bem como a luta por manter o pouco que determina os elementos objetivos do direito, e sua segurança nos aspectos em sua clareza.

Por fim, conclui-se que o direito natural é o grande princípio orientador de toda a atividade jurídica, cuja função é ser responsável por resguardar aquilo que preserva o direito em sua essência, a sua real busca pela justiça.

REFERÊNCIAS

AQUINO, Tomás de. *Suma teológica IX*. 2. ed. São Paulo: Loyola, 2005.

AQUINO, Tomás de. *Verdade e conhecimento*. Tradução Luiz Jean Lauand e Mario Bruno Sproviero. 2. ed. São Paulo: WMF Martins Fontes, 2011.

ARISTÓTELES. *Ética a Nicômaco*. Tradução María Araújo e Julián Marías. 6. ed. Madrid: Centro de Estudios Políticos y Constitucionales, 1994.

BASTIAT, Frédèric. *A lei:* por que a esquerda não funciona? As bases do pensamento liberal. Traduzido por Eduardo Levy. Rio de Janeiro: Faro, 2016.

CHESTERTON, Gilbert Keith. *A coisa:* porque sou católico. Campinas-SP: Ecclesiae, 2021.

COMTE, Augusto. *Discurso do espírito positivo*. 2. ed. Rio de Janeiro: Globo, 1976.

GUIMARÃES, Ylves José Miranda. *Direito natural*; visão metafísica e antropológica. Rio de Janeiro: Forense Universitária, 1994.

HERRERA, Daniel. *Direito natural contemporâneo:* a renascença do jusnaturalismo no Brasil e no mundo. Londrina: Thoth, 2021.

LEWIS, Clives Staples. *Abolição do homem*. Tradução Gabriele Greggerssen. São Paulo: Thomas Nelson, 2017.

SANTOS, Mário Ferreira dos. *Análise de temas sociais*. São Paulo. Editora Minox, 1964. t. II.

SERTILLANGES, Antonin-Dalmace. *A vida intelectual:* seu espírito, suas condições, seus métodos. Campinas: Kirion, 2019.

VILLEY, Michael. *O direito e os direitos humanos*. Tradução Maria Ermantina de Almeida Prado Galvão. São Paulo: WMF Martins Fontes, 2007.

DAS RAÍZES ESTOICAS À PRÁTICA FORENSE: O JUSNATURALISMO ROMANO

Laura Gandra Laudares Fonseca

Lucas de Souza Lima Campos

"Graecia capta ferum uictorem cepit et artes intulit agresti Latio"
Horácio (Ep. 2. 1. 156).

INTRODUÇÃO

Ao refletir sobre a origem do direito, Michel Villey anotou que "toda definição do direito resulta de uma filosofia".[1] É certo que essa filosofia é a de seu próprio tempo, que não vem por geração espontânea, mas embebida de todo conhecimento que lhe era anterior.

Ao nos depararmos com o direito romano, é preciso ter atenção a três detalhes: 1) entendê-lo como um direito de seu tempo; 2) buscar a fundamentação filosófica produzida em Roma; e 3) aprofundarmo-nos nas influências deste

1. VILLEY, Michel. *O direito e os direitos humanos*. São Paulo: Martins Fontes, 2007. p. 55.

pensamento filosófico. É por isso que estudar o direito romano significa não apenas lançar nosso olhar sobre a filosofia romana, mas também no pensamento grego que tanto a influenciou.

É notório que os chamados estoicos romanos, herdeiros diretos do estoicismo clássico e médio, são os principais expoentes da ciência jurídica que em Roma se desenvolveu. Por isso, o artigo buscará na filosofia grega aquilo que os romanos, com seu característico "espírito prático", transformaram em direito.[2]

Têm-se que os estoicos romanos não tinham o desenvolvimento de seu pensamento restrito à filosofia, muito pelo contrário, buscavam dar contribuições práticas ao desenvolvimento jurídico romano. É por isso que, conforme será demonstrado, as influências do estoicismo aparecem como notas distintivas do direito romano: pensar um "Estado" tão grande e um sistema jurídico tão complexo, que estendia direitos a tantos povos, só é possível a partir deste arcabouço filosófico.

Ao traçar as origens e os fundamentos do direito romano, o texto buscará também demonstrar como se desenvolveu uma escola de direito natural no período, diversa do legalismo propagado pelos romanistas modernos.

Assim, evidenciaremos que o direito natural em Roma não se limitou a uma simples abstração, mas influenciou a prática jurídica nos fóruns, demonstrando a possibilidade de aplicação prática do direito natural.

1. DIREITO NATURAL E DIREITO POSITIVO NO PENSAMENTO GREGO

Desde os tempos mais remotos, ainda no pensamento mitológico grego, já se percebia diferentes concepções de

2. MARTINS, Ives Gandra da Silva. *O estado de direito e o direito de Estado*. São Paulo: Lex Editora, 2006. p. 20.

justiça. Sua representação divina era *Dike,* cuja tarefa era o encontro da verdade a partir de um julgamento às claras, por isso era representada com os olhos abertos – não vendados. No seu significado primeiro, a justiça era "a ordem das relações humanas ou a conduta de quem se ajusta a essa ordem".[3] Torna-se evidente, então, que a justiça se relaciona ao comportamento humano, ligado inicialmente a uma noção de retidão, de encaixe em uma ordem. O jogo de ambiguidade entre o mundo divino e o mundo humano, presente em todo pensamento grego, também traz seus efeitos para a concepção de justiça, a experiência do modelo do mundo dos deuses reflete e produz consequências na vida dos homens. Já nas narrativas de Hesíodo e na literatura homérica, a passagem do *caos* ao *cosmos* é feita pelas mãos interventoras dos deuses.[4] Há nas duas representações literárias uma cisão entre justiça e lei, a *Dike* é a referência da ordenação, portanto, do justo; já a *Themis* representa a prescrição de uma lei.

Ainda nos tempos mitológicos, pode-se identificar em Antígona, de Sófocles, uma primeira oposição entre a lei humana e a lei divina, que fundamenta a doutrina do direito natural. Na história, Antígona deseja enterrar seu irmão Polinice seguindo os ritos fúnebres (conforme a lei divina), coisa que não lhe seria permitida pela lei da cidade (lei humana), razão pela qual ela se volta contra o direito positivo, descumprindo a norma imposta. É o que nos relata Paulo Dourado de Gusmão, quando expõe:

> Antes de Cristo, na Grécia, filósofos e dramaturgos cogitaram de um direito acima da lei, independentemente da vontade do legislador, confundido com a justiça. Antígona, personagem de Sófocles, opondo-se ao direito do tirano, invoca o direito imutável,

---

3. ABBAGNANO, Nicola. *Dicionário de filosofia.* edição revista e ampliada. São Paulo: Martins Fontes, 2007. p. 593.

4. PEREIRA FILHO, Gerson; BERNARDO, Isadora Prévide. Justiça e Ética como fundamentos do direito na filosofia antiga. *Sapere Aude*, v. 9, n. 18, 23 dez. 2018, p. 331.

> não-escrito, de origem desconhecida, hierarquicamente superior ao direito histórico.[5]

Disso, cria-se, então, uma cisão entre o justo da lei divina e o justo rigorosamente jurídico:

> O conceito de justiça experimenta na vida ética grega uma primeira cisão, em que cada um desses polos da sua realização, como momentos, real e ideal – em que o ideal é entendido como lei dos deuses posta nos costumes religiosos –, são apresentados numa das mais belas peças da dramaturgia, *A Antígona*, do mesmo teatrólogo grego Sófocles. Instaura-se desse modo uma profunda cisão na substância ética grega: justo é o que dizem as leis do Estado, de um lado, e, de outro, justo é o que determinam as leis dos deuses.[6]

Com a concepção dessa possível duplicidade da justiça, o pensamento mítico já determina as bases de um direito natural, que certamente se refinou nas obras de filosofia.

Há reflexos de tal concepção na filosofia sistemática, mais especificamente na obra de Aristóteles. O autor dividirá a justiça política entre justo natural, aquele ao qual o homem simplesmente se submete sem exercer qualquer influência, e o justo legal, o justo das leis humanas.

> Da justiça política, uma parte é natural e outra parte legal: natural, aquela que tem a mesma força onde quer que seja e não existe em razão de pensarem os homens deste ou daquele modo; legal, a que de início é indiferente, mas deixa de sê-lo depois que foi estabelecida: por exemplo, que o resgate de um prisioneiro seja de uma mina, ou que deve ser sacrificado um bode e não duas ovelhas, e também todas as leis promulgadas para casos particulares, como a que mandava oferecer sacrifícios em honra de Brásidas, e as prescrições dos decretos.

5. GUSMÃO, Paulo Dourado de. *Filosofia do direito.* Rio de Janeiro: Forense, 1999. p. 35.

6. SALGADO, Joaquim Carlos. *A idéia de justiça no período clássico ou na metafísica do objeto:* a igualdade. Belo Horizonte: Del Rey, 2018. p. 79.

> Ora, alguns pensam que toda justiça é desta espécie, porque as coisas que são por natureza, são imutáveis e em toda parte têm a mesma força (como o fogo, que arde tanto aqui como na Pérsia), ao passo que eles observam alterações nas coisas reconhecidas como justas. Isso, porém, não é verdadeiro de modo absoluto mas verdadeiro em certo sentido; ou melhor, para os deuses talvez não seja verdadeiro de modo algum, enquanto para nós existe algo que é justo mesmo por natureza, embora seja mutável. Isso não obstante, algumas coisas o são por natureza e outras, não.[7]

Fica evidente que, para o filósofo, a justiça é uma virtude, e como tal, destinada ao agir humano. O homem tem por natureza a capacidade de agir virtuosamente, contudo, é o hábito que o leva a conseguir agir eticamente.[8] Uma vez que necessita da presença do outro e só pode ser praticada em relação ao outro, a justiça é por excelência a maior das virtudes, aquela que regulamenta essencialmente o conviver humano.

Há de se observar que, para Salgado, existe aqui um primeiro ensaio de unidade entre a cisão outrora estabelecida: a lei da cidade não é fruto de um mero acaso e de uma vontade irrestrita de um legislador. Antes, a própria lei da cidade se submete à lei natural, como seu critério de validade:

> A lei, contudo, não é o produto do arbítrio do legislador político. Tem o seu critério de validade: a lei natural que expressa a própria natureza da ordem política que é uma ordem natural destinada a realizar a *autárkeia* do homem, que isolado não pode consegui-la. A lei que realiza essa finalidade do Estado, que se destina ao bem comum e não a interesses de particulares (governantes ou grupos de governados) expressa a justiça, e agir em desacordo com o seu preceito é injustiça. Há, portanto, uma lei natural (ou direito natural), que é a lei que revela a natureza da

7. ARISTÓTELES. Ética a Nicômaco. São Paulo: Nova Cultural, 1991. p. 111-112.

8. SALGADO, Joaquim Carlos. *A idéia de justiça no período clássico ou na metafísica do objeto:* a igualdade. Belo Horizonte: Del Rey, 2018. p. 132.

> comunidade política, o seu fim, pois que o Estado é uma realidade natural cujo *telos* é a *autárkeia*.[9]

Para Aristóteles, o ato justo é conforme a lei, mas não meramente com a lei positiva. Há dois tipos de lei: uma particular, que pode ser escrita ou advinda dos costumes, que regulamentará a vida de uma cidade, e a lei comum, conhecida de todos os povos. Dessa maneira, segundo Salgado, Aristóteles retoma o tema central da Antígona, a lei natural ou direito natural possui uma validade geral para todos os povos independentemente de sua vontade.[10] O fundamento dessa lei natural é a destinação essencial dos homens a viver em uma comunidade política e com ela estarem comprometidos. Para o filósofo, a justiça é uma virtude, e como tal, destinada ao agir humano. O homem tem por natureza a capacidade de agir virtuosamente, contudo, é o hábito que o leva a conseguir agir eticamente.[11]

Uma vez que necessita da presença do outro e só pode ser praticada em relação ao outro, a justiça é por excelência a maior das virtudes, aquela que regulamenta essencialmente o conviver humano. Ao classificar a justiça, a distingue entre o justo natural e o justo legal. O justo legal é aquele que dá conta da ação conforme as leis da cidade, porém a lei da cidade não é fruto da mera vontade de um legislador, mas decorrência lógica da essência primeva do homem, é superior a todas as formas de justiça. A conformidade das leis humanas ao ditame da lei natural é um elemento fundamental para o conceito de justiça.

O período de florescimento político de Atenas, que marcou a filosofia sistemática, no entanto, logo teria fim. A concentração de poder na mão de um monarca, após a conquista

---

9. *Ibidem*, p. 139.

10. *Ibidem*, p. 140.

11. *Ibidem*, p. 132.

macedônica, retirou dos gregos a autonomia política, fator fundamental para o desenvolvimento do pensamento clássico. Obras como as de Platão e Aristóteles perderam a força e a vitalidade, quase como se não mais servissem aos novos tempos.[12] O homem grego, antes cidadão, tornou-se súdito. A vida nos novos estados independia da vontade daqueles que antes a governavam. Ao homem, era necessária a criação de uma nova identidade. A realidade política, que impôs a ruptura do homem com o cidadão, fez erigir um novo valor que rapidamente se difundiu: o cosmopolitismo.[13]

A alternativa que se criou em face do desaparecimento da pólis grega clássica foi a da cosmópolis, ou seja, uma grande pólis que incluía a todos os homens e todos os deuses, a nova identidade do homem, que já o tornava livre no confronto consigo mesmo, é a noção de pessoa.,[14-15] A ética clássica, onde dominavam as reflexões metafísicas, será substituída por uma filosofia com os olhos voltados à prática. É por esse motivo que nas chamadas Escolas Helênicas, em que se inclui o estoicismo, o centro da reflexão será sempre o pensamento ético.

A história da escola estoica se divide em três períodos: o antigo, que vai do fim do século 4 até todo o século 3 a.C.; o médio, que ocorre entre os séculos 2 e 1 a.C.; e, por fim, a *stoá* romana, período no qual se torna primordialmente meditação moral com fortes cores religiosas.[16] O pen-

12. ANTISERI, Dante; REALE, Giovanni. *Filosofia:* Antiguidade e idade média. São Paulo: Editora Paulus, 2021. v. 1, p. 255.

13. *Ibidem*, p. 256.

14. *Ibidem*.

15. Na tradução utilizada, os autores se valem da palavra "indivíduo". Entendemos não ser o mais correto termo para identificar essa ruptura do homem com o cidadão, uma vez que se associa tal conceito à filosofia moderna. Sendo assim, adotamos "pessoa" ou "homem" ao nos referirmos a ideia do rompimento com a precedência ontológica da pólis sobre o cidadão.

16. ANTISERI, *loc. cit.*

samento é dividido em três disciplinas fundamentais: 1) a lógica; 2) a física ou cosmologia; e 3) a ética.

No pensamento da *stoá* antiga, cabia à lógica fornecer o critério da verdade. Opuseram-se ao pensamento platônico do universal transcendental e também ao aristotélico, do universal concreto. Isso porque o que existe é a pessoa e a ela cabe o estudo dos objetos particulares, que gravam na alma do homem impressões. Esse estudo é o que dá origem ao conhecimento, sendo assim o conhecimento se fundamenta na percepção sensível, mesmo quando se trata das atividades internas do homem. Inicialmente a alma é vista como uma folha em branco e, por isso, a partir das impressões que recebe precisará da sensibilidade para conhecer. Nesses processos internos o que causará tais marcas é a memória.[17]

No aspecto da física, ou cosmologia, os estoicos retomam a ideia de um elemento que dá princípio a todas as coisas. Retiraram dos escritos de Heráclito a doutrina do *logos* e do fogo como substância primeira.[18] Distinguiam dois princípios do universo: um passivo, identificado com a matéria, e outro ativo, a forma ou o princípio formante. As origens, embora distinguíveis, são inseparáveis, o que faz com que o universo seja todo ele feito de matéria e forma. A forma é o *logos* (razão divina). Giovanni Reale traz um testemunho antigo a respeito:

> Segundo os estóicos [*sic*], os princípios do universo são dois, o ativo e o passivo. O princípio passivo é a substância sem qualidade, a matéria; o princípio ativo é a razão na matéria, isto é, Deus, que é eterno, é demiurgo criador de todas as coisas no processo da matéria.[19]

---

17. COPLESTON, Frederick, S. J. *Uma história da filosofia:* Grécia, Roma e Filosofia Medieval. Campinas: Vide Editorial, 2021. v. 1, p. 378.

18. *Ibidem*, p. 378-379.

19. ANTISERI, Dante; REALE, Giovanni., *op. cit.*, p. 283.

Assim, pode-se entender a ideia estoica de logos ou cosmos como um princípio que a tudo governa. Há um compromisso com a unidade, a coesão e a vitalidade desse cosmos, cujo amálgama é o princípio ativo: "Como vimos, a unidade e a coesão são função do princípio ativo Deus ou fogo criador, e a ação deste último é caracteristicamente identificada ao destino".[20] Percebe-se, então, que há no pensamento da escola uma espécie de racionalidade (*logos*) imanente ao mundo (*cosmos*), que o ordena, livrando-o do caos.

Por fim, convém refletir que tamanho compromisso com a ordenação do cosmos gera no pensamento da escola um arrefecimento na noção da autonomia humana. A liberdade de determinação poderia se constituir em elemento causador de desordem. É por isso que a autonomia da pessoa estará sempre submetida à hegemonia da razão divina. Contudo, isso não significa que os estoicos abandonam por completo a concepção de responsabilidade.[21-22]

Ambas as disciplinas apresentadas, a lógica e a física, fundamentam a mais importante, a ética. Os pensadores do pórtico legaram à filosofia ensinamentos acerca do sentido da vida, que é alcançar a felicidade. Diferentemente da doutrina ética eudaimonista até então existente, a de Aristóteles, feliz é aquele que vive de acordo com a natureza. A vida feliz pressupõe uma conformidade da ação humana ou da vontade humana com a lei divina ou vontade divina, ou seja, com a racionalidade ordenadora do logos.[23]

---

20. WHITE, Michael J. Filosofia natural estóica: física e cosmologia. *In*: INWOOD, Brad *et al*. *Os estóicos*. São Paulo: Odysseus, 2006. p. 139-169, p. 154.

21. *Ibidem*, p. 160.

22. A ideia de submissão da autonomia humana à vontade divina como elaborada pelos estoicos traz à filosofia ocidental, pela primeira vez, a noção embrionária de determinismo.

23. COPLESTON, Frederick, S. J. *Uma história da filosofia:* Grécia, Roma e Filosofia Medieval. Campinas: Vide Editorial, 2021. v. 1, p. 385.

A virtude é a prática de uma vida conforme os ditames ordenadores da racionalidade do mundo, leciona Copleston:

> Assim, de acordo com os estóicos [*sic*], a finalidade ética consiste essencialmente na submissão à ordem divinamente estabelecida no mundo, e Plutarco nos informa que era um princípio geral de Crisipo iniciar todas as investigações éticas pela consideração da ordem e arranjo do universo.[24]

A natureza impõe aos animais um instinto primeiro, de autopreservação. O homem, porém, diferentemente dos outros, é dotado da capacidade de pensar e, assim, deve viver de acordo com essa sua essência fundamental. É a razão que conserva a própria sobrevivência da espécie humana:

> Podemos concluir que o estoicismo, se não diferenciou, pelo menos intuiu a distância que separa as leis éticas e as leis físicas, exigindo que o homem, conformado com estas, viva de acordo com aquelas. Só o ser humano é capaz de ações ético-jurídicas.[25]

As noções de bem e mal aparecem na doutrina ética da *stoá:* o bem moral é uma ação que se mostra útil à conservação da vida e incrementa a ordenação do *logos*, enquanto o mal moral prejudica o *logos* e, por consequência, coloca em risco a preservação da espécie.[26]

Uma vez que é necessário praticar o bem, como se distinguiria então as ações úteis? É necessário recorrer ao esforço de conseguir a total e completa independência

---

24. *Ibidem*, p. 386.

25. SOARES DE MOURA COSTA MATOS, A. O pórtico e o fórum: diálogos e confluências entre o estoicismo e o Direito Romano Clássico. *Revista Brasileira de Estudos Políticos*, v. 98, p. 295-336, 1 jul. 2008, p. 313.

26. ANTISERI, Dante; REALE, Giovanni. *Filosofia:* Antiguidade e Idade Média. São Paulo: Paulus, 2021. v. 1, p. 288.

dos elementos externos. O sábio estoico, figura que pratica ações morais em seu ápice, é aquele liberto das paixões.[27-28]

O ser sábio não teme a dor, uma opinião errada e nem mesmo a morte. Embora a ética estoica se volte completamente para o interior do homem, a outro lado no qual os pensadores sabiam que, por essência, viver em sociedade é um imperativo da razão, entra aí a noção do cosmopolitismo na filosofia prática do pórtico: "o sábio é um cidadão não deste ou daquele Estado em particular, mas do mundo".[29] Há uma natureza comum ao ser humano, "todos têm uma só lei e uma só pátria".[30] É por causa disso que não há ninguém, nem mesmo escravos ou inimigos, que não tenham o direito à boa vontade. A ética da *stoá* fundamenta um pensamento no qual a igualdade entre os seres humanos nunca antes vistos, é decorrência necessária da razão que se trate da mesma maneira (e sob a mesma lei) qualquer pessoa independentemente de sua condição.

2. AS INFLUÊNCIAS DO ESTOICISMO GREGO EM ROMA

A escola estoica, fundada por Zenão de Cítio, em Atenas, no ano 300 a.C., conforme explicitado, detinha como uma de suas premissas basilares a compreensão da filosofia de forma sistemática e subdividida em três partes

27. COPLESTON, Frederick, S. J. *Uma História da Filosofia*: Grécia, Roma e Filosofia Medieval. Vol.1. Campinas: Vide Editorial, 2021. p. 388.

28. Diferentemente do que se pode pensar, nem todo estado corpóreo é mau. Entre o bem e o mal há o indiferente, decorrente de aspectos físicos e biológicos do homem, tanto positivos (saúde, riqueza...), quanto negativos (doença, pobreza...). Em si, tais manifestações corpóreas nada tem de bom ou ruim, são moralmente indiferentes. Ao sábio, cabe a capacidade de lidar com indiferença às condições indiferentes, contribuindo com a preservação da espécie e o incremento do *logos*.

29. COPLESTON, Frederick, S. J., *op. cit.*, p. 389.

30. *Ibidem*, p. 389.

fundamentais: a física, a lógica e a ética. A relação entre estas partes é explicitada mediante a metáfora da árvore, na qual a física corresponderia à raiz, a lógica ao tronco e a ética aos frutos.[31]

A partir disso, segundo Danilo Marcondes, é possível extrair que:

> Portanto, a parte mais relevante é a ética: são os frutos que podemos colher da árvore do saber, porém não podemos tê-los sem as raízes e o tronco. Essa concepção reflete-se na estreita relação que o estoicismo vê entre a física e a ética. O homem é um microcosmo no macrocosmo, ou seja, é parte do universo, da natureza. Para ter uma conduta ética que assegure sua felicidade, suas ações devem estar de acordo com os princípios naturais, com a harmonia do cosmo, que dá equilíbrio a todo o universo, inclusive ao homem. A boa ação, de um ponto de vista ético, é portanto uma ação de acordo com a natureza. São três as virtudes básicas para os estóicos [*sic*]: a inteligência, que consiste no conhecimento do bem e do mal; a coragem, ou o conhecimento do que temer e do que não temer; e a justiça, o conhecimento que nos permite dar a cada um o que lhe é devido.[32]

É notória, desde a antiga *stoá*, a compreensão da justiça enquanto virtude capaz de atribuir certas proporcionalidades corretas da vida social ("o dar a cada um o seu [...]"), o que se segue e alcança Roma em momento posterior, tornando explícita a relação entre a concepção estoica de justiça e a maneira de entender o justo que detinham os jusfilósofos e os juristas romanos.

Ulpiano (séc. II-III), por exemplo, em célebre fórmula, define: "Justiça é a vontade constante e perpétua de atribuir a cada um o seu direito" *(Iustitia est constans et perpetua voluntas ius suum cuique tribuendi) (D., I, I, 10).* Cícero, por sua vez, no séc. I a.C., já assertava em seu *De*

---

31. MARCONDES, Danilo. *Iniciação à história da filosofia:* dos pré-socráticos a Wittgenstein. 13. ed, rev. e amp. Rio de Janeiro: Jorge Zahar, 2007. p. 91.

32. *Ibidem*, p. 91.

Inventione: "Justiça é o hábito da alma que, para conservar a utilidade comum, atribui a cada um a sua dignidade" (*Iustitia est habitus animi communi utilitate conservata, suam cuique tribuens dignitatem*) (*Inv. 2. 160)*; e em seu *De Officiis*:

> Videndum est enim, primum ne obsit benignitas et iis ipsis, quibus benigne videbitur fieri, et ceteris, deinde ne maior benignitas sit, quam facultates, tum ut pro dignitate cuique tribuatur; id enim est iustitiae fundamentum, ad quam haec referenda sunt omnia (*Off. 1. 42*).
>
> Cuide-se primeiro para que a benignidade não prejudique aqueles em favor dos quais pareçamos agir bondosamente, nem aos outros; em seguida, que o benefício não ultrapasse as possibilidades, dando-se também a cada um segundo o seu merecimento. Eis aí o fundamento da justiça, à qual todas essas questões se referem.

Ainda, além da intelecção acerca do justo, também a depreensão sobre o caráter do homem ante a realidade, isto é, de sua necessidade de adequação à natureza e de sua manifestação enquanto microcosmo integrado ao macrocosmo, é pensamento que não se restringiu aos gregos[33] e alcançou, igualmente, os romanos. Isso se faz perceptível em Cícero, o qual, ao expor os deveres que decorreriam da justiça, disserta:

> Sed iustitiae primum munus est, ut ne cui quis noceat, nisi lacessitus iniuria, deinde ut communibus pro communibus utatur, privatis ut suis (*Off. 1. 20)*.
>
> O primeiro dever imposto à justiça é não fazer mal a ninguém, a menos que se tenha de repelir uma ofensa; o segundo é usar em comum os bens de comunhão e tratar como próprios somente os que nos pertencem.

---

33. Conforme Diógenes Laércio, "Zenão foi o primeiro, em sua obra Da Natureza do Homem, a definir o fim supremo [τέλος] como viver de acordo com a Natureza, ou seja, viver segundo a excelência [ἀρετή], porque a excelência é o fim para o qual a Natureza nos guia" (D.L. VII. 87). *In:* SANTOS, Rogério Lopes. Sobre a origem do 'viver de acordo com a natureza' em Zenão de Cítio. *Sofia*, Espírito Santo, Brasil, v. 8, n. 2, p. 111-127, 2019, p. 112.

E, entre os alicerces concernentes ao segundo dever, Cícero apresenta a inegável realidade de que não se nasce sozinho, sendo, portanto, o ser humano, parte integrante de uma sociedade, a qual possui como guia a natureza:

> Atque, ut placet Stoicis, quae in terris gignantur, ad usum hominum omnia creari, homines autem hominum causa esse generatos, ut ipsi inter se aliis alii prodesse possent, in hoc naturam debemus ducem sequi, communes utilitates in medium adferre, mutatione officiorum, dando accipiendo, tum artibus, tum opera, tum facultatibus devincire hominum inter homines societatem (*Off. 1. 22*).
>
> Segundo os estoicos, todos os produtos da terra destinam ao uso dos homens, e os próprios homens são criados por seus semelhantes, a fim de que possam se ajudar uns aos outros; devemos, por isso, tomar por guia a natureza, colocando nossas faculdades a serviço de um comércio recíproco de boa vontade, empenhados tanto em dar como em receber, empregando nossos talentos, nossa indústria, em assegurar os laços sociais.

Essa compreensão torna-se ainda mais cristalina em seu *De Amicitia*, quando, ao versar sobre a realidade humana, depreende-a como naturalmente subdividida em sociedades: "A mim parece, com efeito, que a natureza nos moldou para vivermos em sociedade e tais laços se estreitam na medida em que estamos mais próximos uns dos outros" (*Amic. 5. 19*); e também em seu *De Officiis*, no qual, ao versar sobre a virtude da benemerência, explicitamente discorre sobre os aspectos naturais do homem, que servem à sua integração em sociedade:

> Optime autem societas hominum coniunctioque servabitur, si, ut quisque erit coniunctissimus, ita in eum benignitatis plurimum conferetur. Sed quae naturae principia sint communitatis et societatis humanae, repetendum videtur altius. Est enim primum quod cernitur in universi generis humani societate. Eius autem vinculum est ratio et oratio, quae docendo, discendo, communicando, disceptando, iudicando conciliat inter se homines coniungitque naturali quadam societate (*Off. 1. 50*).

> Muito bem se preservará a sociedade e a união dos homens se nos mostrarmos mais benignos para com aqueles que nos forem mais próximos. Parece, contudo, que devemos antes investigar quais princípios da natureza são próprios da comunidade e da sociedade humana. E o primeiro é o que notamos no concerto universal do gênero humano. Seu vínculo é a razão e a palavra que, ensinando, aprendendo, comunicando, discutindo e julgando, conciliam entre si os homens e agrupam-nos em uma comunidade natural.

Sêneca, igualmente reconhecendo a necessidade de conformação do homem à sua natureza, em crítica àqueles que, por amor aos vícios, vivem uma vida desregulada, externa, aconselhando a Lucílio, que:

> Nolunt solita peccare quibus peccandi praemium infamia est. Hanc petuntomnes isti qui, ut ita dicam, retro uiuunt. (19) Ideo, Lucili, tenendanobis uia est quam natura praescripsit, nec ab illa declinandum: illamsequentibus omnia facilia, expedita sunt, contra illam nitentibus non aliauita est quam contra aquam remigantibus (*Ep. 122. 18-19*).
>
> Rejeita os pecadilhos comuns porque depende das perversões para alcançar a sua triste reputação, e tal reputação é tudo quanto pretendem da vida estes indivíduos que vivem, por assim dizer, às avessas. Em conclusão, Lucílio, prossigamos na via que a natureza nos prescreveu sem dela nos apartarmos um passo. Se a seguirmos, tudo nos parecerá fácil ao nosso alcance. Tentar viver ao contrário é a mesma coisa que remar contra a maré.

E isso se dá, pois, nas palavras do próprio filósofo, "todos os vícios são hostis à natureza, todos eles evitam a ordem natural das coisas" (*Omnia uitia contra naturam pugnant, omniadebitum ordinem deserunt*) (*Ep. 122. 5*).

Ante isto, desvela-se que, mesmo separados por um considerável lapso temporal, assim como por uma não tão breve distância geográfica, circunstâncias estas que infligem sobre os homens diferentes ânimos, caráteres e culturas, o pensamento da *stoá* clássica conservou sua espinha dorsal em Roma, atingindo-a e influenciando-a.

Não obstante, vencidos estes anos de fundação, doravante a conquista romana sobre o território grego, a escola estoica alcança um novo estágio, denominado de estoicismo médio, cujos principais representantes foram Panécio de Rodes (séc. II a.C.),[34] aluno de Antípatro de Tarso e admirador de Aristóteles, e seu discípulo Possidônio de Apaméia (séc. II – I a.C.).

É nesse momento que as lições estoicas se integraram de caracteres romanos, tornando-se ecléticas, em uma posição mais crítica aos mestres gregos da primeira *stoá* – muito em virtude das reprimendas a ela direcionadas por adversários, tal e qual o acadêmico Carneades –, sem, contudo, abdicar das originais fontes gregas que lhe serviam de alicerce.[35]

Vencendo seus opositores, entre os quais Catão,[36] o Censor, contrário a imersão de pensamentos externos à

---

34. A influência de Panécio na filosofia romana se faz explícita, por exemplo, na obra *De Officiis* de Cícero, quando este, sob um olhar praxiológico, utilizando-se dos ensinamentos daquele, aprimorando-os, investiga a relação entre o útil e o honesto nos momentos de resolução prática (*Off. 1. 9-10*). Nesse sentido, disserta Angélica Chiapetta que "a obra de Cícero seguiu de perto foi o famoso tratado Sobre o dever (*Peri toû kathékontos*), de Panécio, o aristocrata ródio que viveu aproximadamente entre 180 a 109 a.C., visitou Roma, foi professor e colaborador de Cipião Africano Emiliano e tornou-se chefe da escola estoica de Atenas por volta de 129 a.C.". *In:* CHIAPETTA, Angélica *apud* TAVARES, Júlia Meyer Fernandes. *A filosofia da justiça na obra de Marco Túlio Cícero.* Dissertação (Mestrado em Filosofia do Direito) – Pontifícia Universidade Católica de São Paulo, SP, 2012. p. 57. Na mesma direção, Maria da Glória Novak, segundo a qual: "Certamente é para Roma que Panécio escreve o seu Perì toû kathékontos, que influenciará o ciceroniano De officiis. (Kathékon é o "comportamento conveniente".)". *In:* NOVAK, Maria da Glória. *Estoicismo e epicurismo em Roma.* Letras Clássicas, [S. l.], n. 3, p. 257-273, 1999. p. 266.

35. MATOS, Andityas Soares de Moura Costa. *O estoicismo imperial como momento da ideia de justiça:* universalismo, liberdade e igualdade no discurso da Stoá em Roma. 2009. 416f. Tese (Doutorado em Filosofia do Direito) – Faculdade de Direito, Universidade Federal de Minas Gerais, Belo Horizonte, 2009. p. 23

36. Tamanha fora a vitória e considerável o acolhimento que, diz-nos Maria da Glória Novak: "A oposição nacional à assimilação da cultura helênica, manifestando-se tanto contra a filosofia em particular como contra todas as influências em geral, nada pode fazer em face do processo, que é irreversível. Assim é que a obra de Catão, o Velho (234-149), arauto da oposição, traz marcas de estilo helênico". *In:* NOVAK, Maria da Glória. *Estoicismo e epicurismo em Roma.* Letras Clássicas, [S. l.], n. 3, p. 257-273, 1999. p. 261.

cultura romana, em especial o grego,[37] o pensamento estoico, abraçado pelo círculo de Cipião Emiliano,[38] avança sobre o território e as mentes de Roma, conduzindo-as, por meio de um exercício socrático, a conhecer a sua essência e a si próprias, convocando-as a desempenhar seu papel ante o mundo conquistado, a orbe:

> As teses estoicas exigiram dos romanos uma tomada de posição socrática pela qual, conhecendo a si mesmos, os cidadãos de Roma puderam também conhecer o mundo de que já eram os amos. Do mesmo modo, foram convocados a cumprir os seus deveres para com o orbe, o que, obviamente, se configurará como uma missão civilizatória de séculos, com avanços e retrocessos e cujo fruto maduro será o edifício imperecível do Direito Romano, base fundamental da civilização ocidental.[39]

Esse caráter civilizatório é notadamente percebido em Cícero, que, em seu *Da República*, afirma: "em nada se aproxima tanto o nume humano do divino como ao fundar novas nações ou conservar as já fundadas" (*Rep. 1. 12*).

Tamanha a importância, e consequente inafastabilidade, deste dever para o homem virtuoso que, demonstra entender Cícero, se fosse absolutamente necessário escolher entre o ócio reservado à erudição e uma vida destinada aos negócios públicos, "apesar de parecer mais feliz a vida pacífica e santa, passada tranquilamente na solidão dos estudos e das artes, eu julgaria certamente mais louvável e

37. MATOS, *op. cit.*, p. 55-56.

38. Segundo Andityas Matos, compreendem fatores essenciais à considerável aceitação da doutrina estoica em território romano, o seu caráter respeitoso às tradições, assim como o fato de as lições proferidas por esta escola "se preocupar[em] em primeiro plano com a virtude social (*decorum*), enxergando a vida como uma longa série de deveres (*officiis*) a serem cumpridos", em clara oposição ao individualismo exacerbado e ao racionalismo mecânico inerentes ao epicurismo. MATOS, Andityas Soares de Moura Costa, *op. cit.*, p. 59.

39. *Ibidem*, p. 57.

ilustre a vida cívica, na qual brilham tão grandes homens, como Cúrio" (*Rep. 3. 4*).

Não por outra razão, defendia que "o homem veemente prefere, embora seja chamado de louco e a necessidade não o obrigue, arrostar as tempestades públicas entre suas ondas, até sucumbir decrépito, a viver no ócio prazenteiro e na tranquilidade" (*Rep. 1. 1*).

Além do dever civilizatório dos romanos, marca esse período o esforço empenhado por Panécio para, em um desígnio de conformação da doutrina estoica com o caráter eminentemente prático dos romanos, restaurar naquela o seu conteúdo político.[40]

Interessante é perceber, nestas circunstâncias, que, ao contrário do que afirma considerável parcela dos estudiosos – que somente os gregos influenciaram os romanos, mas não o contrário –, Panécio de Rodes, um grego, fora influenciado, em certa medida, pela mentalidade romana, quando, em seus escritos, buscava harmonizar os estudos das virtudes ao caráter ativo dos romanos. Isso é observável, por exemplo, ao ter sido o primeiro filósofo estoico a dispor sobre a distinção entre as virtudes teóricas e as virtudes práticas.

Sobre isso, destaca Maria da Gloria Novak que:

> O que a Vrbs, voltada desde sempre para a política e o direito, assimila do estoicismo de Panécio é principalmente a idéia [*sic*] de virtude ("autodisciplina, autodomínio"), pedra angular da moral

40. Conforme Barnes e Gourinat, "seu pensamento é notável, sobretudo em dois aspectos: ele se esforçou por adaptar a ética estoica aos costumes romanos, de modo a formar uma moral prática (o tratado Dos Deveres de Cícero, muito lhe deve)". *In:* BARNES, Jonathan; GOURINAT, Jean Baptiste. *Ler os estoicos*. Tradução Paula S. R. C. Silva. São Paulo: Loyola, 2013. p. 26. *Apud* CARREIRO, Záira Caroline Dutra. *Virtus, prima inter pares:* a ética estoica em Cícero e a proposta de identidade filosófica em Tusculanae Disputationes. 2019. 125 f. Dissertação (Mestrado em Letras – Estudos Literários) – Faculdade de Letras, Universidade Federal de Juiz de Fora, Juiz de Fora, 2019. p. 29.

> romana. O sábio é o que possui a uirtus, o que tem uma regra de ação. Na verdade, o sábio, como explica Dumont, é ao mesmo tempo um homem que medita e um homem que age: meditando, compreende as razões da harmonia universal; agindo, concorre para essa harmonia (Dumont, 1968, 114). Convencido de que há uma vontade universal e de que a sua vontade a reflete, o estóico [*sic*] sente-se indicado para governar.[41]

Assim, sob a perspectiva praxiológica, caracteriza-se este momento da *stoá* por um estágio de elevada busca da harmonia entre o homem e a natureza, coadunando-se e guiando o agir humano com o que lhe é naturalmente inerente pela razão humana, em plena correlação entre o pensar e o agir virtuoso.

Devido a isso, "o homem necessitaria alinhar seu pensamento aos seus atos, pois ao cidadão romano não caberia apenas se dedicar ao desenvolvimento do intelecto, mas também através de exemplos, à contemplação das ações".[42] Isso é destacado por Cícero, em seu *Da República*, quando explicita o dever de o justo governante submeter-se às mesmas leis que aplica aos governados, pois detém como função primacial servir de exemplo ao seu próprio povo:

> virtute vero gubernante rem publicam, quid potest esse praeclarius? cum is qui inperat aliis servit ipse nulli cupiditati, cum quas ad res civis instituit et vocat, eas omnis conplexus est ipse, nec leges inponit populo quibus ipse non pareat, sed suam vitam ut legem praefert suis civibus (*Rep. 1. 52*).
>
> Que é mais admirável do que esse governo, quando o que manda não é escravo de paixão alguma e dá o exemplo de tudo o que ensina e preconiza, não impondo ao vulgo leis que é o primeiro a não respeitar, mas oferecendo, como lei viva, a própria existência aos seus compatriotas?

41. NOVAK, Maria da Glória. *Estoicismo e epicurismo em Roma*. Letras Clássicas, [S. l.], n. 3, p. 257-273, 1999. p. 266.

42. Júlia Meyer Fernandes. *A filosofia da justiça na obra de Marco Túlio Cícero*. Dissertação (Mestrado em Filosofia do Direito) – Pontifícia Universidade Católica de São Paulo, SP, 2012. p. 58.

De igual forma, sublinha este momento da *stoá* a influência de Possidônio[43] sobre Roma, em especial a Pompeu e Cícero, com os quais conviveu, servindo a este último, inclusive, de fonte intelectual na escrita do livro III de seu *De Officiis:*

> Cícero devia sabê-lo desde o início, pois, ao explicar a Ático sua necessidade de material para o Livro III, informa que já havia solicitado uma obra, sobre o assunto, de Posidônio, discípulo preferido de Panécio, e pedido a um filósofo estóico [*sic*] contemporâneo um resumo, ao que parece da mesma obra.[44]

Tal solicitação está presente em sua Carta XVI a Ático, na qual Cícero expõe que, embora Panécio tenha feito uma divisão da investigação dos deveres em três partes – a primeira, quando deliberamos se algo é honesto ou vil; a segunda, entre o útil e o inútil; e a terceira, como devemos decidir quando há um conflito entre o honesto e o útil – e prometido sobre as três escrever, apenas concluiu as duas primeiras, de modo que restou a Possidônio a finalização da terceira:

> Eum locum Posidonius persecutus est. Ego autem et eius librum accersivi et ad Athenodorum Calvum scripsi, ut ad me ta\ kefa\ laia mitteret; quae exspecto. Quem velim cohortere et roges, ut quam primum (*Att. 16. 11. 4*).
>
> Possidônio levou adiante este tópico: mas eu pedi seu livro e escrevi a Atenodoro Calvo para me enviar uma análise dele, e isto eu estou esperando. Eu gostaria que você o estimulasse e pedisse para ele me deixar tê-lo o mais rápido possível.[45]

---

43. Possidônio fora citado, também, por Sêneca, em sua Carta 88 à Lucílio, no momento em que ele cuida do papel das artes liberais no alcance da virtude: "Posidónio considera que há quatro tipos de artes: as vulgares e inferiores, as recreativas, as educativas e as liberais" (*Ep. 88. 21)*

44. CHIAPETA, Angélica. *In:* CÍCERO, Marco Túlio. *Dos deveres.* Tradução do latim: Angélica Chiapeta; revisão da tradução: Gilson César Cardoso de Souza. São Paulo: Martins Fontes, 1999. p. XXI.

45. Tradução livre, por nós realizada, de: "Posidonius took up that topic: but I have ordered his book and written to Athenodorus Calvus to send me an analysis of it,

Sucede-se que com o cair da República e o erigir do Império em Roma, a doutrina estoica adquire novas faces. Já aceita pelas mentes de Roma, influenciando-as e, como exposto, por elas influenciada, a *stoá,* imbuída de seus caracteres práticos, torna-se eminentemente romana.

É nesse contexto, denominado estoicismo imperial, que, relegando, a uma posição secundária, a física e a lógica, alça-se ao mais alto *status* o estudo da ética. Essa nova direção em muito decorre das circunstâncias históricas que permeavam o momento: é Roma, sob um regime de terror.[46]

É o período no qual, à exceção de Augusto, sucedem-se os tiranos Tibério, Calígula, Cláudio e Nero, os quais, apesar de imersos em um cenário de confluência de ideias e já consubstanciado o pensamento estoico, o relegam ou o desvirtuam:

> Nas relações entre o estoicismo e o *imperium* é preciso distinguir os casos. Augusto encorajava os filósofos na esperança de que os estudos pudessem renovar a vida. Tibério recebeu os ensinamentos dos estoicos, mas cedeu ao poder, e o fim de seu reinado assistiu ao exílio do filósofo Attalus. Sob Calígula, os filósofos cresceram na representação junto à aristocracia. Quanto a Cláudio, exilou Sêneca por razões pessoais. Nero reteve apenas a retórica como ensinamento de seu mestre Sêneca.[47]

Era característico na época os exageros humanos, os desequilíbrios, o que poderia ser denominado, nos termos estoicos, de uma dissociação do homem de sua natureza,

---

and that I am expecting. I wish you would spur him on and beg him to let me have it as soon as possible". *In:* CICERO, Marcus Tullius. *Letters to Atticus.* With an English translation by E. O. Winstedt, Vol. III. Cambridge: Harvard University Press, 1961. p. 409

46. NOVAK, Maria da Glória. *Estoicismo e epicurismo em Roma.* Letras Clássicas, [S. l.], n. 3, p. 257-273, 1999. p. 268.

47. VENTURINI, Renata Lopes Biazotto. Estoicismo e imperium: a virtus do homem político romano. *Acta Scientiarum*, Education, Maringá, v. 33, n. 02, p. 175-181, dez. 2011, p. 179.

tomado pelos vícios e pelas paixões. Sêneca, principal expoente desse período, relata:

> Non privatim solum sed publice furimus. Homicidia conpescimus et singulas caedes: quid bella et occisarum gentium gloriosum scelus? Non avaritia, non crudelitas modum novit. Et ista quamdiu furtim et a singulis fiunt minus noxia minusque monstrosa sunt: ex senatus consultis plebisque scitis saeva exercentur et publice iubentur vetata privatim. Quae clam commissa capite luerent, tum quia paludati fecere laudamus (*Ep. 95. 30-31*).
>
> [...]
>
> Homo, sacra res homini, iam per lusum ac iocum occiditur et quem erudiri ad inferenda accipiendaque vulnera nefas erat, is iam nudus inermisque producitur satisque spectaculi ex homine mors est (*Ep. 95. 33*).
>
> É que hoje a loucura não se limita à vida privada, invade igualmente a vida pública. Nós punimos os assassínios, castigamos um homem que mata outro: então e as guerras, os criminosos massacres de populações, que são tomados como motivo de glória? A ganância e a crueldade não conhecem limites. Ainda assim, menos nocivas e menos monstruosas elas são quando exercidas às escondidas e por particulares: hoje, é através de decretos senatoriais e de plebiscitos que se exerce a ferocidade, é a lei que manda fazer-se em nível do Estado o que proíbe a nível particular! Um crime que, cometido às ocultas, incorreria em pena capital, suscita louvores quando praticado por militares!
>
> [...]
>
> O homem – que para o homem devia ser coisa sagrada – é exposto à morte apenas para servir de divertimento; já era sacrilégio treinar homens para ferirem e ser feridos – agora atiramo-los para o circo nus e inermes, basta-nos a simples morte como espectáculo!

Por força de intempéries como essas, os estudos desse período concentraram-se na reordenação dos homens ante a virtude, trazendo-os de volta ao caminho conforme a natureza, e afastando-os dos vícios e das paixões.

Fazia-se necessária uma filosofia que, reinserindo nos homens as noções estruturantes do natural, livrando-os do desejo desenfreado pelo prazer e do culto às paixões, os direcionasse ao caminho virtuoso, rumo à plena busca da felicidade:

> In hac ergo morum perversitate desideratur solito vehementius aliquid quod mala inveterata discutiat: decretis agendum est ut revellatur penitus falsorum recepta persuasio. His si adiunxerimus praecepta, consolationes, adhortationes, poterunt valere: per se inefficaces sunt. Si volumus habere obligatos et malis quibus iam tenentur avellere, discant quid malum, quid bonum sit, sciant omnia praeter virtutem mutare nomen, modo mala fieri, modo bona. Quemadmodum primum militiae vinculum est religio et signorum amor et deserendi nefas, tunc deinde facile cetera exiguntur mandanturque iusiurandum adactis, ita in iis quos velis ad beatam vitam perducere prima fundamenta iacienda sunt et insinuanda virtus. Huius quadam superstitione teneantur, hanc ament; cum hac vivere velint, sine hac nolint *Ep. 95. 34-35).*
>
> Por conseguinte, uma tal perversão de costumes exige uma técnica mais vigorosa do que o habitual para conseguir dominar estes vícios enraizados: temos de inculcar princípios capazes de extirpar por completo as falsas convicções em vigor. Se, concomitantemente com os princípios, usarmos também preceitos, consolações, exortações, talvez aqueles possam vir a prevalecer: só por si serão ineficazes. Se queremos manter os homens obedientes aos princípios, se queremos arrancá-los aos vícios que os dominam, há que ensinar-lhes primeiro o que é o mal e o que é o bem, há que dar-lhes a saber que, exceptuando a virtude, todas as coisas podem mudar de qualificativo, e merecerem umas vezes serem consideradas como más e outras como boas. Na vida militar, o mais forte vínculo é o respeito à hierarquia, o amor às insígnias, o repúdio da deserção; nestas condições é fácil conseguir tudo o mais que se queira dos recrutas que prestaram juramento. Do mesmo modo, nos homens que desejamos aliciar para a verdadeira felicidade, devemos inculcar os princípios de base, devemos meter dentro deles a virtude. É necessário que se sintam ligados a ela como por um temor supersticioso, é preciso que a amem, que queiram viver com ela, que não possam passar sem ela.

Não obstante aos percalços políticos, bem como aos vícios privados e aos públicos execrados por Sêneca, é possível considerar este período como o apogeu do estoicismo romano, visto que é este o momento da *stoá* em que sua produção se radica nos solos de Roma, tornando essa a sua fonte primeira.

Tamanha era a produção estoica em Roma, assim como a sua difusão que "não havia mais, nesse momento, uma 'escola' estoica institucionalizada, mas sim numerosos professores estoicos que ensinavam a doutrina em toda parte".[48]

Assim, diferentemente dos outros períodos – o de fundação e o médio – cujos autores eram gregos, a *stoá* imperial é capitaneada por romanos. Tem-se, como seus principais expoentes, Quinto Sextio e seu filho, Caio Musônio Rufo, o já citado Sêneca, Epicteto e Marco Aurélio.[49] É a consagração do espírito romano e de sua *práxis* sobre uma filosofia externa, é o momento no qual o conquistado intelectual age sobre o conquistador, deixando sobre ele, igualmente, suas marcas.

3. O DIREITO NATURAL E O DIREITO POSITIVO NO PENSAMENTO ROMANO

É o direito um dos principais legados romanos à civilização ocidental. Sua origem não é precisamente determinável, em que pese ser de nossa ciência que é "relacionada com a vida quotidiana e com a religião, e que foram os sacerdotes os primeiros a exercer a justiça, cujo código mais antigo foi compilado pelos decênviros na Lei das Dozes Tábuas".[50]

Além desse direito positivado, convencional, os romanos possuíam, ainda, uma outra forma de direito, oriunda

---

48. TAVARES, Júlia Meyer Fernandes. *A filosofia da justiça na obra de Marco Túlio Cícero*. Dissertação (Mestrado em Filosofia do Direito) – Pontifícia Universidade Católica de São Paulo, SP, 2012. p. 59.

49. NOVAK, Maria da Glória. *Estoicismo e epicurismo em Roma*. Letras Clássicas, [S. l.], n. 3, p. 257-273, 1999. p. 268.

50. SANTOS, Maria do Rosário Laureano. *Aspectos culturais da concepção de justiça na Roma Antiga*. Cultura, 2012. v. 30, p. 141-147, p. 142.

dos filósofos gregos, e cujos fundamentos estavam, mormente, nas lições estoicas:

> Os estóicos [*sic*] acreditavam que o ser humano deveria viver de acordo com a natureza, que tem leis que englobam todos os homens, mesmo que não estejam escritas. Estes filósofos acreditavam na existência de uma ordem racional e intencional no universo, estabelecida pela divindade, e o direito natural, que conduzia as acções de acordo com a virtude, era o meio pelo qual um ser racional viveria em conformidade com a ordem do universo. Em Roma, estas teorias filosóficas tiveram uma grande aceitação entre os juristas, que as consideravam mais próprias e mais sábias, pelo que o direito natural serviu de base ao direito canónico.[51]

Assim, em meio a todo esse cenário de influência grega, os romanos desenvolveram sua noção de direito natural, conforme leciona João José Pinto Junior:

> O jus naturale romano foi-se constituindo pouco a pouco, e desenvolveu-se progressivamente desde o tempo dos pretores até os últimos jurisconsultos do eríodo imperial. Elle partio de uma noção, por assim dizer, concreta da natureza, como se vê da definição de Ulpiano; e sob a influencia das ideas philosophicas da escola estoica [*sic*].[52]

As escolas helênicas, notadamente o estoicismo, centraram as reflexões filosóficas na *práxis*. Se os filósofos da *stoá* grega cuidaram de aplicar os ditames da razão a uma série de ciências, os romanos aprofundaram a aplicabilidade da filosofia e, em virtude do espírito universal, descobriram a razão epistêmica.[53]

---

51. *Ibidem*, p. 143.

52. PINTO JUNIOR, João José. *Curso elementar de direito romano*. Recife: Typographia Economica, 1888. p. 100.

53. SALGADO, Joaquim Carlos. *A idéia de justiça no período clássico ou na metafísica do objeto:* a igualdade. Belo Horizonte: Del Rey, 2018. *p.*149.

A cientificização do direito romano não pode nos conduzir ao comum equívoco de que Roma legou ao direito uma espécie de legalismo.[54] O que se entendia por direito na Grécia passou por enorme sofisticação com a ciência criada em Roma. O nível de abstração deu à ciência jurídica ares de universalidade com o objetivo de permanecer no tempo e se estender mundialmente.[55]

A procedimentalidade, característica da justiça formal, não gera por si só conteúdo axiológico do direito. Isso só pode advir da cultura, elemento material do justo. Ambos os momentos, material e formal, se expressam de forma acabada na lei.[56] Os romanos elaboraram dois elementos de exteriorização racional do direito e da justiça:

> A *lex* ou direito posto pela autoridade ou, em primeiro lugar, no sentido dado por Gaio [...], e o *jus* ou direito vai sendo elaborado racionalmente pelo jurista. A *lex* é a forma de expressão do *jus*, e o *jus* é a forma de expressão da *recta ratio* ou da razão jurídica, da *justitia*.57

A reta razão, expressão romana da razão prática descoberta pelos gregos, é o que dará conteúdo ao direito. Em outras palavras, a lei deve estar em conformidade com os ditames de uma razão universal que cuida do agir humano. O que garante à lei uma submissão à justiça é seu conteúdo. Conforme leciona Salgado, "a lei tem de ter razão de ser e tem de ter como medida a razão. É a razão que legitima como justa a lei".[58]

---

54. VILLEY, Michel. *O direito e os direitos humanos*. São Paulo: Martins Fontes, 2007. p. 53.

55. SALGADO, *op. cit.*, p.151.

56. *Ibidem*, p. 88.

57. *Ibidem*, p. 88.

58. *Ibidem*, p. 89.

Essa razão universal, que é a natureza, é exposta por Cícero no livro I de seu *De Legibus*:

> lex est ratio summa, insita in natura, quae iubet ea quae facienda sunt, prohibetque contraria. Eadem ratio, cum est in hominis mente confirmata et <per>fecta, lex est. Itaque arbitrantur prudentiam esse legem, cuius ea uis sit, ut recte facere iubeat, uetet delinquere (*Leg. 1. 18-19*).
>
> Quod si ita recte dicitur, ut mihi quidem plerumque uideri solet, a lege ducendum est iuris exordium. Ea est enim naturae uis, ea mens ratioque prudentis, ea iuris atque iniuriae regula (*Leg. 1. 19*).
>
> A lei é a suprema razão, inerente à natureza, que determina o que se deve fazer e proíbe o seu contrário. Esta mesma razão, quando consolidada e aperfeiçoada na mente do homem, é a lei: portanto, diz-se que a lei é prudência, cuja força existe para que imponha fazer o certo e proíba o delinquir.
>
> [...]
>
> Se isto está bem dito, e me parece que em sua maior parte está, o exórdio do direito está nessa lei. Ela, com efeito, é a força da natureza, o pensamento e a razão dos prudentes, a regra do justo e do injusto.

A reta razão, portanto, guia da conduta jurídica desde sua elaboração até sua aplicação, é o que garante que a lei não seja fruto de um mero arbítrio de um legislador. Desse modo, tem-se que a "*recta ratio* é bivalente: é boa enquanto reta, pura, capaz de definir a conduta boa, e é reta no sentido de ser capaz de encontrar o bem na realidade, de dirigir-se a ele, de valorar o real".[59] É a reta razão enquanto reguladora da conduta humana que garante à lei uma vontade justificada enquanto vontade de todos.

A ideia de jusnaturalismo está sobretudo relacionada à perfeita racionalidade da lei natural. Uma vez que o direito positivo romano encontra limites naquilo que a reta razão

---

59. SALGADO, Joaquim Carlos. *A idéia de justiça no período clássico ou na metafísica do objeto:* a igualdade. Belo Horizonte: Del Rey, 2018. p. 89.

dita como seu conteúdo, pode-se falar em um direito natural que não só existe, como que inspira o ordenamento positivo.

> Nota-se, em adição, na teoria desse jurista romano [Gaio], fundamentos de natureza racional ao direito natural, em que o logos universal grego ou a *ratio naturalis* romana se projetam, ou melhor, se introjetam no ser humano e formam uma *ratio* humana jurídica.[60]

Dessa maneira, não compreende o direito natural uma mera abstração, pertencente, tão só, ao campo das ideias, mas é fonte prática, é dever a ser observado, é critério de validade ao direito positivo:

> Como o direito da cidade precisa *espelhar* a natureza, não pode ser reduzido a pacto de utilidades sem apoio na "lei verdadeira e primeira" (lex vera atque princeps, *Leg. 2.10*) ou mesmo a ela contrário: "E com razão Sócrates costumava execrar o primeiro que tinha separado a utilidade do direito" (Recteque Socrates execrar eum solebat, quis primus utilitatem a iure seiunxisset, *Leg. 1.33*).[61]

Em razão disso, somente o é verdadeiramente direito, justo em seus fins, aquele conforme à natureza, não bastando a sua decretação pela autoridade ou positivação nos códigos para que assim o seja considerado:

> Iam uero illud stultissimum, existimare omnia iusta esse quae s<c>ita sint in populorum institutis aut legibus. Etiamne si quae leges sint tyrannorum? Si triginta illi Athenis leges inponere uoluissent, et si omnes Athenienses delectarentur tyrannicis legibus, num idcirco eae leges iustae haberentur?
>
> [...]

60. SZANIAWSKI, Elimar; SANTANA, Luiz Joaquim. O direito natural em Roma. *Revista da Faculdade de Direito UFPR*, Curitiba, v. 24, p. 45, dez. 1987.

61. LACERDA, Bruno Amaro e MIOTTI, Charlene Martins. *In:* CÍCERO, Marco Túlio. *Sobre as leis (De Legibus)*. Tradução, introdução e notas Bruno Amaro Lacerda, Charlene Martins Miotti. Juiz de Fora-MG: UFJF, 2021. p. 9.

> Est enim unum ius quo deuincta est hominum societas et quod lex constituit una, quae lex est recta ratio imperandi atque prohibendi. Quam qui ignorat, is est iniustus, siue est illa scripta uspiam siue nusquam. Quodsi iustitia est obtemperatio scriptis legibus institutisque populorum, et si, ut eidem dicunt, utilitate omnia metienda sunt, negleget leges easque perrumpet, si poterit, is qui sibi eam rem fructuosam putabit fore. Ita fit ut nulla sit omnino iustitia, si neque natura est <et> ea quae propter utilitatem constituitur utilitate <a>lia conuellitur (*Leg. 1. 42*).
>
> Sem dúvida, é totalmente insensato considerar que tudo o que está decretado nas instituições ou nas leis dos povos é justo. Também se forem leis de tiranos? Se aqueles Trinta de Atenas tivessem desejado impor leis, ou se todos os atenienses fossem seduzidos por suas leis tirânicas, por acaso aquelas leis seriam consideradas justas?
>
> [...]
>
> Único, com efeito, é o direito a partir do qual a sociedade dos homens foi congregada, e una a lei que o constituiu, lei que é reta razão ao obrigar e proibir. Quem a ignora, é injusto, esteja ela escrita em algum lugar ou em nenhum. Se a justiça é obediência às leis escritas e às instituições dos povos, e se (como dizem aqueles mesmos aos quais me referi) todas as coisas devem ser medidas pela utilidade, negligenciar as leis e as destruirá, se o puder, aquele que assim julgá-lo vantajoso para si; do que se segue que absolutamente não há justiça, se esta não é fundada na natureza, e a que se constitui por causa da utilidade é deteriorada por essa utilidade.

Logo, apenas a partir da natureza é que se é possível validar o convencionado, isto é, tão só diante de um olhar ao direito natural, o qual é reta razão, que se torna possível extrair o melhor direito positivo. Cícero nos deixa isto claro quando elucida:

> Atqui nos legem bonam a mala nulla alia nisi natura<e> norma diuidere possumus. Nec solum ius et <in>iuria natura diiudicatur, sed omnino omnia honesta et turpia. Nam, <ut> communis intellegentia nobis notas res eff<e>cit easque in animis nostris inchoauit, honesta in uirtute ponuntur, in uitiis turpia: haec autem in opinione existimare, non in natura posita, dementis est (*Leg. 1. 44-45*).

> De toda forma, nós não podemos discernir a lei boa da má por qualquer outra norma, se não a da natureza. Não somente o direito e a injustiça distinguem-se por natureza, mas todo o conjunto das coisas honestas e desonrosas; assim, pois, a natureza produz em nós as inteligências comuns e as insere em nossas almas, para que as coisas honestas sejam baseadas na virtude e as desonrosas nos vícios: porém, considerá-las com base na opinião, e não na natureza, é coisa de quem perdeu o juízo.

Sucede-se, contudo, que o ato de correlacionar o direito à natureza, se não bem esclarecida a relação, leva a compreensão de algo abstrato e distante, fato que não é presente na mentalidade romana, sempre voltada para a *práxis*.

Direito natural para os romanos não se consubstancia com noção puramente ideal, restrita a uma esfera tão somente religiosa, em que pese dela derivada, nem se confunde com a simplória compreensão de que seja manifestação do instinto humano, reservado a ordem natural biológica. Ao contrário, o direito natural romano, direcionado à prática cotidiana, surge de aspectos presentes na realidade social humana:

> Por "natureza", explica Biondi, não se deve entender a realidade física ou biológica comum aos seres vivos, erro que o próprio Ulpiano parece ter cometido ao definir o direito natural como "aquele que a natureza ensina a todos os animais"("Ius naturale est, quod natura mania animalia docuit") (D., I, I, 3), mas mais propriamente a realidade que interessa ao direito, na medida em que este tem em vista "a disciplina das relações sociais, sendo a natureza, pois, "a realidade mesma das relações humanas na convivência social" (BIONDI, 1958, p. 303).[62]

O próprio conceito ciceroniano de direito natural transparece esta noção prático-social a ele inerente: "segue-se, portanto, que fomos criados pela natureza para interagir uns com os outros e ter em comum entre todos o direito; e

62. LACERDA, Bruno Amaro. Roma e a ideia de justiça. *Revista Paradigma*, Ribeirão Preto-SP, a. XXI, v. 25, n. 1, p. 206-216, jan.-jun. 2016 ISSN 2318-8650. p. 211-212

isto é o que quero que, em toda essa discussão, se entenda quando digo que o direito é natural" (*Leg. 1. 33*).

Dessa definição se extrai uma importante consequência: é o direito natural um algo prático e é esta natureza, contida na realidade social, da qual ele deve ser extraído. Por isso, "a natureza que demanda atenção do jurista não é a física, mas a social; e ele a observa não somente para fins compreensivos ou descritivos, mas visando à ação, à melhor regulação da situação problema".[63]

Segundo Villey, isso compreenderia:

> um convite feito aos juristas para procurar uma proporção certa para a qual tende a arte jurídica (*aequabilitas*) no uso, no costume, nos hábitos, por meio da observação das realidades sociais. O direito não é um produto da Razão pura, a projeção de um ideal que a nossa mente teria gerado. Sendo ele coisa, procura-se através das coisas.[64]

A própria diferenciação entre o direito e a justiça presente nos romanos é fato que a isso corrobora. Como é sabido, "em Roma, a justiça está diretamente relacionada com o direito, mas é distinta dele: a justiça é primitivamente uma divindade, depois adquire um valor moral e filosófico; o direito é sempre um conjunto de normas a aplicar".[65]

A justiça é virtude e enquanto virtude serve ao direito.[66] Bruno Lacerda, ao analisar as já citadas fórmulas da justiça de Ulpiano e de Cícero, expõe-nos, alicerçado em

---

63. *Ibidem*, p. 212.

64. VILLEY, Michel. *O direito e os direitos humanos*. São Paulo: Martins Fontes, 2007. p. 57-58.

65. SANTOS, Maria do Rosário Laureano. *Aspectos culturais da concepção de justiça na Roma Antiga*. Cultura, 2012. v. 30, p. 141-147, p. 141.

66. Nas palavras de Lacerda, "dessas observações se conclui também que, para os romanos, a determinação do direito é uma realidade primária, ao passo que a justiça, ou vontade de atribuir os direitos de cada um, é uma realidade secundária, que segue o direito" (LACERDA, Bruno Amaro, *op. cit.*, p. 213).

Biondi, que as expressões "vontade constante e perpétua" e "hábito da alma" nelas presentes explicitam o caráter prático da jusfilosofia romana, isto é, "a jurisprudência romana não se contentou com enunciações filosóficas ou moralistas 'inertes', mas buscou, ao contrário, verdadeiras orientações práticas".[67]

Cícero, ao definir a lei, chama-a de prudência, vez que é esta a virtude apta a discernir o bom e o mau, o que é permitido e o que não é. Contudo, a justiça vai além, servindo-se da compreensão teórica da prudência, coloca-a em prática, molda-a à realidade cotidiana, e torna-a útil à *práxis* social.

Essa utilidade, contudo, não é egoística ou escusa, como já exposto, mas voltada à consecução do bem, aplicável a todos os homens e, consequentemente, a toda sociedade. Dessa sorte, a utilidade se transparece na consagração do verdadeiro direito, que é, em última instância, "a regulação conveniente e justa das relações sociais".[68]

Em virtude disso, vislumbra-se que os romanos depreendiam a existência de ambos os direitos, o positivo e o natural, os quais, em conjunto, formavam o direito geral. Todavia, não os dissociava, mas antes harmonizava-os, de forma que o direito positivo nada mais era do que a plena compreensão, por meio da reta razão, do direito natural presente realidade prático-social humana.

> Ergo ut illa divina mens summa lex est, item quom in homine est perfecta in mente sapientis. Quae sunt autem varie et ad tempus descriptae populis, favore magis quam re legum nomen tenent. Omnem enim legem, quae quidem recte lex appellari possit, esse laudabilem qui<bus>dam talibus argumentis docent. Constare profecto ad salutem civium civitatumque incolumitatem vitamque hominum quietam et beatam inventas esse leges, eosque qui

67. *Ibidem*, p. 208.

68. *Ibidem*, p. 214.

> primum eiusmodi scita sanxerint, populis ostendisse ea se scripturos atque laturos, quibus illi adscitis susceptisque honeste beateque viverent, quaeque ita conposita sanctaque essent, eas leges videlicet nominarent (*Leg. 2. 11*).

> Logo, assim como aquela mente divina é a suprema lei, do mesmo modo, quando existe no homem, foi desenvolvida por completo na mente do sábio. Aquelas que, no entanto, são mutáveis e ficadas circunstancialmente pelos povos, têm o nome de leis mais por favor do que por realidade. Toda lei, pois, que se possa chamar adequadamente de lei, ensinam (os sábios) ser digna de elogio por meio dos seguintes argumentos: é fato firmemente estabelecido que as leis foram inventadas para a salvaguarda dos cidadãos e das cidades, assim como para a incolumidade, vida, tranquilidade e felicidade dos homens, e os que pela primeira vez tenham sancionado decretos dessa ordem, mostraram aos povos as normas que eles deveriam escrever e propor, com as quais, uma vez aceitas e reconhecidas, poderiam viver honesta e felizmente, e as que fossem assim compostas e sancionadas chamavam, é claro, de leis.

Dessa maneira, diferentemente da compreensão que muitos detêm do direito natural nos dias atuais, os romanos trouxeram à tona o seu caráter prático, enquanto fonte primeira do direito positivo, bem como expressão da reta razão inerente a todos os indivíduos, a partir da qual, se é possível conduzir o agir, em um ânimo constante e perpétuo, de dar a cada qual o que lhe é devido.

CONCLUSÃO

Dos gregos herdamos principalmente a filosofia, dos romanos, o direito. A obra de Aristóteles inaugurou uma espécie de descrição racional da justiça como virtude. O justo advinha dos ditames da razão prática como hábito aperfeiçoado no fazer virtuoso, sendo delineado pela razão. Evidencia-se que todo o direito não pode estar contido somente no justo legal. Ao lado deste, dando-lhe fundamento, há o justo natural.

As escolas helênicas, vivenciando a perda da liberdade política, centraram a filosofia no interior do homem. O estoicismo se propôs a uma escola sistemática, na qual todas as disciplinas informaram à principal: a ética. O justo passou a não estar mais restrito aos muros da *pólis*, mas difundido em uma *cosmópolis* universal. A ação virtuosa era guiada pelo *logos*.

Como se expôs, os estoicos influenciaram todo o pensamento jurídico romano. A criação da ciência do direito não abriu mão de uma fundamentação filosófica que lhe conferisse validade. A prática do direito foi sofisticada pelas técnicas desenvolvidas. Tal como no pensamento de Aristóteles, aqui, novamente, a lei humana deveria estar submetida à lei natural.

O que se observou foi que o direito natural para os romanos estava longe de se configurar como uma abstração distante, mas fazia parte do dia a dia jurídico e legislativo.

Se o estudo da história do direito natural romano não necessariamente nos remete a uma aplicação hodierna, têm-se, no entanto, consagrado por autores como Pietro Costa, que ele nos remete ao diferente e abre nossos olhos para outras alternativas.[69] Nem sempre os juristas apregoaram por um primado do positivismo, não para sempre precisam fazê-lo.

APÊNDICE

Neste trabalho foram utilizadas as obras de Cícero: *De Re Publica, De Officiis, De Legibus, Laelius de Amicitia, De Inventione*70 e *Epistulae ad Atticum*.

69. COSTA, Pietro. *Soberania, representação, democracia:* ensaios de história do pensamento jurídico. Curitiba: Juruá Editora. 2010, p. 77.

70. Quanto a esta obra, servimo-nos apenas de um trecho, cuja tradução extraímos do seguinte trabalho: LACERDA, Bruno Amaro. Roma e a Ideia de Justiça. *Revista Paradigma*, Ribeirão Preto-SP, a. XXI, v. 25, n. 1, p. 206-216, jan.-jun. 2016.

Servimo-nos, na ordem das obras citadas, das seguintes traduções: CÍCERO, Marco Túlio. *Da República.* Tradução Amador Cisneiros. 3. ed. São Paulo: Edipro, 2021; CÍCERO, Marco Túlio. *Dos Deveres.* Tradução e Notas de João Mendes Neto. São Paulo: Edipro, 2019; CÍCERO, Marco Túlio. *Sobre as Leis (De Legibus).* Tradução, Introdução e Notas por Bruno Amaro Lacerda e Charlene Martins Miotti. Juiz de Fora: Editora UFJF, 2021; CÍCERO, Marco Túlio. *Da Amizade.* Tradução Gilson César Cardoso de Souza; revisão de tradução João Carlos Cabral Mendonça, Mariana Sérvulo da Cunha; notas Homero Santiago. 2. ed. São Paulo: WMF Martins Fontes, 2012; e CICERO, Marcus Tullius. *Letters to Atticus.* With an English translation by E. O. Winstedt, Vol. III. Cambridge: Harvard University Press, 1961.

Igualmente foi utilizada a obra *Epistolarum Moralium ad Lucilium* de Lúcio Aneu Sêneca, servindo-nos como tradução a obra: SÊNECA, Lúcio Aneu. *Cartas a Lucílio.* Tradução J. A. Segurado e Campos. Lisboa: Fundação Calouste Gulbenkian, 2009.

Para os textos em Latim, tanto os de Cícero, quanto os de Sêneca, utilizamos como fonte o The Latin Library, disponível em: https://www.thelatinlibrary.com/.

REFERÊNCIAS

ABBAGNANO, Nicola. *Dicionário de filosofia.* edição revista e ampliada. São Paulo: Martins Fontes, 2007.

ANTISERI, Dante; REALE, Giovanni. *Filosofia:* Antiguidade e Idade Média. São Paulo: Paulus, 2021. v. 1.

ARISTÓTELES. Ética a Nicômaco. São Paulo: Nova Cultural, 1991.

BARNES, Jonathan; GOURINAT, Jean Baptiste. *Ler os estoicos.* Tradução Paula S. R. C. Silva. São Paulo: Loyola, 2013.

CARREIRO, Záira Caroline Dutra. *Virtus, prima inter pares:* a ética estoica em Cícero e a proposta de identidade filosófica em Tusculanae Disputationes. 2019. 125 f. Dissertação (Mestrado em Letras – Estudos Literários) – Faculdade de Letras, Universidade Federal de Juiz de Fora, Juiz de Fora, 2019.

CÍCERO, Marco Túlio. *Da amizade.* Tradução Gilson César Cardoso de Souza; revisão de tradução João Carlos Cabral Mendonça, Mariana Sérvulo da Cunha; notas Homero Santiago. 2. ed. São Paulo: Editora WMF Martins Fontes, 2012.

CÍCERO, Marco Túlio. *Da República.* Tradução Amador Cisneiros. 3. ed. São Paulo: Edipro, 2021.

CÍCERO, Marco Túlio. *Dos deveres.* Tradução do latim de Angélica Chiapeta; revisão da tradução: Gilson César Cardoso de Souza. São Paulo: Martins Fontes, 1999.

CÍCERO, Marco Túlio. *Dos deveres.* Tradução e notas de João Mendes Neto. São Paulo: Edipro, 2019.

CÍCERO, Marco Túlio. *Sobre as leis (De Legibus).* Tradução, introdução e notas por Bruno Amaro Lacerda e Charlene Martins Miotti. Juiz de Fora: Editora UFJF, 2021.

CICERO, Marcus Tullius. *Letters to Atticus.* With an English translation by E. O. Winstedt. Cambridge: Harvard University Press, 1961. v. III.

COPLESTON, Frederick, S. J. *Uma história da filosofia:* Grécia, Roma e Filosofia Medieval. Campinas: Vide Editorial, 2021. v. 1.

COSTA, Pietro. *Soberania, representação, democracia:* ensaios de história do pensamento jurídico. Curitiba: Juruá Editora, 2010.

GUSMÃO, Paulo Dourado de. *Filosofia do direito.* Rio de Janeiro: Forense, 1999.

LACERDA, Bruno Amaro. Roma e a ideia de justiça. *Revista Paradigma*, Ribeirão Preto-SP, a. XXI, v. 25, n. 1, p. 206-216, jan.-jun. 2016.

MARCONDES, Danilo. *Iniciação à história da filosofia:* dos pré-socráticos a Wittgenstein. 13. ed. rev. e amp. Rio de Janeiro: Jorge Zahar, 2007.

MARTINS, Ives Gandra da Silva. *O estado de direito e o direito de Estado*. São Paulo: Lex Editora, 2006.

MATOS, Andityas Soares de Moura Costa. O pórtico e o fórum: diálogos e confluências entre o estoicismo e o Direito Romano Clássico. *Revista Brasileira de Estudos Políticos*, v. 98, p. 295-336, 1 jul. 2008.

MATOS, Andityas Soares de Moura Costa. *O estoicismo imperial como momento da ideia de justiça:* universalismo, liberdade e igualdade no discurso da Stoá em Roma. 2009. 416f. Tese (Doutorado em Filosofia do Direito) – Faculdade de Direito, Universidade Federal de Minas Gerais, Belo Horizonte, 2009.

NOVAK, Maria da Glória. *Estoicismo e epicurismo em Roma*. Letras Clássicas, *[S. l.]*, n. 3, p. 257-273, 1999. DOI: 10.11606/issn.2358-3150.v0i3p257-273. Disponível em: https://www.revistas.usp.br/letrasclassicas/article/view/73765. Acesso em: 14 maio. 2023.

PEREIRA FILHO, Gerson; BERNARDO, Isadora Prévide. Justiça e *ética como fundamentos do direito na filosofia antiga. Sapere Aude*, v. 9, n. 18, p. 329-350, 23 dez. 2018.

PINTO JUNIOR, João José. *Curso elementar de direito romano*. Recife: Typographia Economica, 1888.

SALGADO, Joaquim Carlos. *A ideia de justiça no período clássico ou na metafísica do objeto:* a igualdade. Belo Horizonte: Del Rey, 2018.

SANTOS, Maria do Rosário Laureano. Aspectos culturais da concepção de justiça na Roma antiga. *Cultura* [*on-line*], v. 30 | 2012, posto online no dia 24 setembro 2014, consultado o 15 maio 2023. URL: http://journals.openedition.org/cultura/1643; DOI: https://doi.org/10.4000/cultura.1643.

SANTOS, Rogério Lopes. Sobre a origem do 'viver de acordo com a natureza' em Zenão de Cítio. *Sofia*, Espírito Santo, Brasil, v. 8, n. 2, p. 111-127, 2019.

SÊNECA, Lúcio Aneu. *Cartas a Lucílio*. Tradução J. A. Segurado e Campos. Lisboa: Fundação Calouste Gulbenkian, 2009.

SZANIAWSKI, Elimar; SANTANA, Luiz Joaquim. O direito natural em Roma. *Revista da Faculdade de Direito UFPR*, Curitiba, v. 24, dez. 1987. Disponível em: https://revistas.ufpr.br/direito/article/view/8937. Acesso em: 13 maio 2023.

TAVARES, Júlia Meyer Fernandes. *A filosofia da justiça na obra de Marco Túlio Cícero*. Dissertação (Mestrado em Filosofia do Direito) – Pontifícia Universidade Católica de São Paulo, SP, 2012.

THE LATIN LIBRARY. *M. TVLLI Ciceronis de Legibvs Libri Tres*. Disponível em: https://www.thelatinlibrary.com/cicero/leg.shtml. Acesso em: 28 junho 2023.

THE LATIN LIBRARY. *M. TVLLI Ciceronis de Officiis ad Marcvm Filivm Libri Tres*. Disponível em: https://www.thelatinlibrary.com/cicero/off.shtml. Acesso em: 28 junho 2023.

THE LATIN LIBRARY. *M. TVLLI Ciceronis de Re Pvblica*. Disponível em: https://www.thelatinlibrary.com/cicero/repub.shtml. Acesso em: 28 junho 2023.

THE LATIN LIBRARY. *M. TVLLI Ciceronis Laelivs de Amicitia*. Disponível em: https://www.thelatinlibrary.com/cicero/amic.shtml. Acesso em: 28 junho 2023.

THE LATIN LIBRARY. *L. Annaei. Senecae Epistularum Moralium ad Lucilium Liber Quartus Decimus et Quintus*

Decimus. Disponível em: https://www.thelatinlibrary.com/sen/seneca.ep14-15.shtml. Acesso em: 28 junho 2023.

VENTURINI, Renata Lopes Biazotto. Estoicismo e imperium: a virtus do homem político romano. *Acta Scientiarum*. Education, Maringá, v. 33, n. 02, p. 175-181, dez. 2011.

VILLEY, Michel. *O direito e os direitos humanos*. São Paulo: Martins Fontes, 2007.

WHITE, Michael J. Filosofia natural estóica: física e cosmologia. *In:* INWOOD, Brad *et al. Os estóicos*. São Paulo: Odysseus, 2006. p. 139-169.

DEBATE ENTRE A DOUTRINA CLÁSSICA DO DIREITO NATURAL E A ESCOLA MODERNA

Luís Guilherme Netto Andrade

INTRODUÇÃO

Este trabalho científico terá por finalidade analisar comparativamente a tradição clássica do Direito Natural e a chamada Escola Moderna do Direito Natural para a construção da ciência e filosofia do Direito. O estudo pretende averiguar quais são as definições e diferenças entre as duas escolas de Direito natural, suas origens e suas especificidades. Também investigará a importância histórica e os principais autores do tema.

Ademais, tem por objetivos específicos: revisar a bibliografia em Direito Natural com enfoque no aspecto comparativo das duas visões; revisar a bibliografia a respeito do Direito Natural no que tange ao desenvolvimento científico e analítico do tema. Buscou-se levantar os pontos convergentes e divergentes e trazer os autores para o debate.

Assim sendo, este artigo será dividido em quatro tópicos. O primeiro explicará a trajetória histórica desde a origem da ciência do Direito Natural até o fechamento na Escolástica. O segundo se propõe a dar as noções básicas da tradição clássica do Direito Natural à luz dos principais autores contemporâneos sobre o tema. O terceiro observará a doutrina da chamada Escola Moderna do Direito Natural, sabendo-se que não se trata de uma escola organizada, mas de diversas correntes convergentes surgidas a partir da renascença e desenvolvidas na modernidade com rompimento da tradição antiga. Por sua vez o quarto tópico se propõe a verificar as diferenciações e pontos divergentes em relação a ambas as escolas e suas aplicações na ciência do Direito. Por fim, a conclusão enumera os motivos pelos quais se nega a Lei Natural e as possíveis causas.

Para alcançar o desiderato científico proposto, será utilizada a metodologia de análise dos fundamentos teóricos e empíricos conforme as definições dadas em ambas as escolas e seus principais autores, bem como o sistema de jurídico e suas próprias definições, além da análise bibliográfica de estudiosos contemporâneos do tema.

Outrossim, terá como marcos teóricos os institutos jurídicos do Direito Natural, da natureza da pessoa humana, inclusive a história das definições jurídicas e filosóficas.

Por fim, o objeto deste trabalho científico será analisar a relação entre a Tradição Clássica e a Escola Moderna, observando a necessidade dos parâmetros exigidos para os estudos de ambas as escolas.

1. BREVE HISTÓRIA DO DIREITO NATURAL

A teoria e a práxis do Direito Natural possuem dois modos de transmissão: a tradição filosófica e a tradição jurídica. Até a codificação no século XIX, a tradição jurídica se transmitiu pelos comentários nas primeiras passagens do *Digesto romano*, incluído o *Corpus Iuris Civilis*, e o Decreto de Graciano, componente do *Corpus Iuris Canonicii.*[1]

A noção de Direito Natural, tal como chegou até nós, é resultado de duas contribuições fundamentais: a filosofia grega – com sua continuação romana – em que criou elementos básicos para a construção do Direito Natural, e o pensamento cristão, que contribuiu para sua compreensão ao aclarar uma série de conceitos vitais (noção de pessoa, transcendência divina etc.).

No período mítico o homem entendia que as leis anteriores às leis da pólis eram mandados dos deuses, mas não compreendia como intrínsecas à sua natureza. Portanto, a história do Direito Natural começa com a filosofia grega, com aquele modo de observar e conhecer a realidade.[2]

A página mais famosa e mais citada é o episódio de Antígona na trilogia tebana, em que invoca a justiça dos deuses em face das leis humanas. Sófocles coloca um dilema de todos os tempos: o que fazer diante do mandado da autoridade que contrapõe à lei divina, manifestada nos ditados da própria consciência? Há de obedecer à lei divina antes que a humana.

A transição entre o mítico e o filosófico não tem datas determinadas, mas são os pré-socráticos que podem ser considerados os primeiros filósofos, todavia, são os sofistas que marcam o começo da história do Direito Natural, segundo Hervada.[3]

Por sua vez, os pitagóricos esboçaram a primeira teoria grega de justiça e a ideia de regularidade do universo. Entre

1. GALVÃO DE SOUSA, *José Pedro. Direito natural, direito positivo e estado de direito.* São Paulo: Revista dosTribunais, 1977. p. 3.

2. HERVADA, Javier. *Historia de la ciencia del Derecho natural.* Pamplona: Eunsa, 1996. p. 27.

3. GALVÃO DE SOUSA, José Pedro. *Direito natural, direito positivo e estado de direito.* São Paulo: Revista dos Tribunais, 1977. p. 40.

eles, Archytas de Tarento divide as leis escritas e as não escritas, dos deuses, cuja transgressão traria castigo e desgraça.

A primeira ideia que se encontra é a distinção do justo por natureza e o que é justo por lei. Para os sofistas os termos da divisão se encontram contrapostos que utilizavam para colocar o que a ordem estabelecida pelas leis da cidade não se ajustava à ordem estabelecida pela natureza.[4]

Vemos também por outra via, não filosófica mas a dos juristas, que a tradição clássica remonta ao Decreto de Graciano em que dizia que o gênero humano se rege por dois direitos: natural e positivo

> *Humanum genus duobus regitur, naturali vedlicet iure et moribus.*[5]

A expressão *duobus regitur* (duas ordens) indica a divisão do direito em natural e positivo, sendo ambas partes do sistema jurídico. Essa é a ideia central do realismo jurídico clássico. Nesse sentido, há três avanços históricos: Aristóteles, os juristas romanos e Tomás de Aquino.

Aristóteles é chamado de pai da ciência do Direito Natural. Destacam-se as obras *Metafísica* e a *Ética a Nicômaco* para sua filosofia, que são as bases do Direito Natural e as que contém as categorias aludidas. Aristóteles foi um filósofo aclamado ao longo da história, gozando de observação e realismo, em que observou a realidade e a ela adequou sua inteligência. Nunca pretendeu criar seu sistema, mas desvelar as coisas centrando nelas a atenção reflexiva. Ele é chamado por muitos como pai do Direito Natural, vez que

---

4. FESER, Edward. A Última Superstição: *Uma refutação do neoateísmo*. [trad. Eduardo Levy]. Belo Horizonte,MG: Ed. Cristo Rei, 2017. p. 164.

5. "O gênero humano é governado por duas coisas, a saber, pela lei natural e pela moral." *Apud*. HERVADA, Javier. *Lecciones propedéuticas de Filosofía del Derecho*. Pamplona: Eunsa, 2000. p. 488.

trouxe para o pensamento humano as categorias científicas para um conhecimento depurado do Direito Natural.[6]

O aporte de Aristóteles à teoria do Direito Natural foi a noção metafísica da natureza, estabelecendo as bases para compreender a existência de um verdadeiro "*dever ser*" intrínseco ao ser, sem cair em uma falácia naturalista[7] e sem confundir o Direito Natural com pressupostos, requisitos e condicionamentos necessários do Direito Positivo.

Hervada explica que a filosofia captou a existência de uma ordem cósmica, ao que por analogia com a ordem social humana chamou justiça (*díke*), legalidade universal (*pánton nómikon*) e de outras maneiras.[8] Dentro desta ordem se entenderam incluídas as ordens política e moral, ao menos por uma série de filósofos.

Em todo caso, a maioria dos pensadores gregos falaram da existência de uma ordem humana universal, existindo, segundo eles, uma lei universal humana que transcende a normativa da pólis. Essa justiça é norma, critério ou lei da natureza. Ao dizer lei queriam dizer que se apresenta como *dever ser*, como imperativo da natureza. Mas que natureza é essa?

O "*dever ser*" não pertence à ordem dos fatos, é certamente algo real que pertence ao ser do homem, mas distinto dos fatos empíricos. É algo real que está além do físico, é metafísico. Trata- se da essência como princípio de operação. Com isso Aristóteles esclareceu a noção fundamental do natural e natureza que se aplicam ao Direito Natural.

---

6. HERVADA, Javier. *Síntesis de historia de la ciencia del Derecho Natural*. Pamplona: Eunsa, 2006. p. 54.

7. HERVADA, Javier. *Historia de la ciencia del Derecho Natural*. Pamplona: Eunsa, 1996. p. 55.

8. *Idem. Síntesis de historia de la ciencia del Derecho Natural*. Pamplona: Eunsa, 2006. p. 57.

Mais além do que nos ensinam os sentidos, além do físico, os seres têm uma estrutura e uma entidade radicais e fundamentais que são inteligíveis, mesmo que não experimentais, mas as capta nossa inteligência. São dados captáveis com os sentidos, porém, os sobrepassa, pois estes são incapazes de compreender os aspectos mais profundos do ser.

Aristóteles traz para o Direito a questão dos universais apreensíveis pela experiência sensível, isto exige um passo do singular e do geral ao universal, uma dedução que os sentidos são capazes de fazer, porque procede de uma captação do real além do sensível, ou seja, do metafísico pela inteligência.

Para tanto, deve-se compreender a finalidade de determinada parte no contexto da finalidade total do ser humano e da insuficiência deste. Portanto, para entender a finalidade que exige o conhecimento do universal, se faz um ato de inteligência, não dos sentidos, isso é o conhecimento metafísico. Hervada aduz que o Direito Natural e a justiça são em sua raiz uma questão metafísica.

As consequências da redução ao empírico é que determinada lei emanada em conformidade com os requisitos formais é igual a qualquer outra lei disposta nas mesmas circunstâncias, qualquer que seja seu conteúdo, justo ou injusto.

A compreensão aristotélica do metafísico nos faz entender que a justiça e o Direito Natural não são ideais ou arquétipos, ou o que conhecemos como Direito não se trata de um Direito ideal, mas um universal que está no nosso entendimento como um produto da captação de uma essência que está em todo o direito, seja positivo ou natural.

A justiça e o Direito Natural são proporção e Direito que se fundamentam não em um ideal, mas na metafísica da realidade humana. Desta maneira, a ideia ou o conceito não é o arquétipo ideal, mas representação de uma realidade.

Aristóteles, ao falar dos princípios metafísicos do ser, nos dá uma noção depurada de natureza à essência enquanto princípio de operação, e entre as causas ou princípios do ser, inclui a causa final. Com esta estabelecia o fundamento do Direito Natural (o justo natural).

Princípios da ética estão de acordo com a finalidade do homem, de tal maneira que a suprema lei ética do homem é a realização de sua própria essência ou natureza. São boas as ações conforme a natureza humana, ao passo que as más são as que contradizem esta natureza.

Adiante, vemos que dentro da natureza o princípio determinativo é a forma e no caso do homem, o princípio formal é a razão, a conformidade do operar humano com a natureza humana se mede pela sua racionalidade. É dizer que o bem supremo da vida é conformar-se com a reta razão, e essa conformação é o justo meio entre o excesso e o vício.

Com efeito, é o fim que mede o bem, pois a natureza da coisa é precisamente sua finalidade. A finalidade do comer é nutrir, come mal quem como menos do que deveria ou em excesso, para tanto a virtude é a temperança.

Como se vê o bem agir para Aristóteles não é um ideal, mas o bem concreto e praticamente alcançável. Aristóteles fala de Direito Natural[9] no contexto da virtude da justiça. Suas ideias principais foram encontradas na *Ética a Nicômaco*, em que não faz uma filosofia da lei, mas sim uma filosofia sobre o justo (*to dikaion*) como objeto da virtude da justiça (*dikaiosyne*). O justo é a coisa justa, aquela ou aquelas coisas que, por corresponderem a um sujeito, lhe são devidas. O que Aristóteles queria enxergar ao falar do direito natural não era como eram aplicadas as leis, mas como era aplicada a virtude da justiça. A virtude da justiça

9. ARISTÓTELES. ***Ética*** *a Nicômaco*. Tradução Mário da Gama Kury. Prefácio de José Reinaldo de Lima Lopes. São Paulo: Madamu, 2020. p. 37.

se refere à partilha de bens que existe na sociedade e aos intercâmbios destes.

Nesse contexto a justiça é uma virtude que visa aos demais e consiste em operar segundo uma igualdade ou proporção entre as coisas que se partilham, se atribuem ou se intercambiam. O direito, portanto, não é uma lei ou uma faculdade moral, mas sim uma coisa: o que justamente se deve receber ou dar.

A justiça trata da partilha dos bens que se dá em uma sociedade para que seja justa, ou seja, igual ou proporcionalmente igual, segundo se trate de intercâmbios ou distribuições. Que ninguém receba mais do que lhe é devido, nem menos.

Há na sociedade que parte do justo é natural e outra é legal (que tem origem na lei positiva). Aristóteles marca essa distinção dentro do livro *Estado*.[10] Nesse contexto, o que é o Direito Natural? É aquela coisa que, em uma relação de sujeitos distintos (alteridade), é devida por um ao outro em razão de igualdade ou de proporção que é medida pela natureza das coisas e não pela convenção dos homens.

Por sua vez, os juristas romanos tiveram sua importância na observação da prática forense de Roma, verificando soluções práticas para o direito, fazendo pequenas teorizações. O *Ius civile* começou a apresentar problemas quando houve a expansão do império, em que foi necessário encontrar um direito a ser aplicado tanto aos cidadãos romanos e estrangeiros, bem como humanizar o *Ius Civile* adequando-o às novas necessidades. Para tanto, os juristas romanos recorreram à *ratio naturalis* ou *aequitas*, que pode ser entendida pelo Direito Natural.[11]

---

10. HERVADA, Javier. *Historia de la ciencia del Derecho Natural*. Pamplona: Eunsa, 1996. p. 5.

11. *Ibidem*, p. 84.

O Direito Natural era o direito comum que a razão implanta entre todos os homens e povos, e, assim seria aplicável às relações entre cidadãos romanos e estrangeiros e entre estrangeiros entre si, como direito vigente.

Na aplicação interna o direito civil poderia ser adaptado por soluções mais racionais e coerentes com a *ratio naturalis* quando as soluções fossem pouco adequadas à realidade social ou pouco humanas. Um exemplo se dá em relação à *captis diminutio* nas Instituições de Gaio, em que deveria ser afastada em determinados casos quando afetasse a Lei Natural.[12]

A concepção clássica se identifica com a romana como se vê no tratado de Gaio, citado por José Pedro Galvão de Sousa:[13]

> Todos os povos que se governam por leis e costumes usam em parte seu direito peculiar, em parte comum de todos os homens, pois o direito que cada povo estabeleceu para si, é próprio da cidade e se chama direito civil, ao passo que a razão natural estabelece entre todos os homens – observado por todos – o chamado direito das gentes. Assim pois o povo romano usa em parte seu próprio direito e em parte o comum de todos os homens.

Cícero no *De Legibus* conceitua o justo natural: "A lei verdadeira e primeira, tanto para obrigar para proibir é ditada pela reta razão", em que o justo natural "é aquilo que é devido ao homem em virtude de sua essência".[14]

Essas definições foram sobrevivendo frente às invasões bárbaras que destruíram o império romano ocidental,

---

12. GALVÃO DE SOUSA, *José Pedro. Direito natural, direito positivo e estado de direito*. SãoPaulo: Revista dosTribunais, 1977. p. 9.

13. *Ibidem*, p. 10.

14. SACHERI, Carlos Alberto. *A ordem natural*. Título original: *El Orden Natural*. Edições Cristo Rei, 2014. p. 49.

mas foram recuperadas ao longo da alta idade média pelo império carolíngio e pelo império bizantino. Característica desta tradição jurídica foi ser escassamente sensível às tradições filosóficas que pouco apareceram nesta codificação. Não são os filósofos a serem analisados, mas sim os juristas.

Na idade média foi concebido (com Isidoro de Sevilha) que a lei natural seria participação da lei eterna. As fontes greco-romanas aproveitadas pelos canonistas e teólogos são unânimes quanto ao princípio geral de conduta da própria natureza humana.[15]

A ciência do Direito Natural teve seu desdobramento para a escolástica sintetizada em Tomás de Aquino em que trouxe a distinção de *ius naturale* e *lex naturalis*, em que o último é o ordenamento racional para o bem comum com base na natureza humana, ao passo que o primeiro é o objeto da justiça, o justo por natureza.

O Aquinate entende que a ordem do universo é a participação da ordem divina, em que o homem possui uma ordem impressa em seu ser: a ordem de operar enquanto homem que é a ordem moral. Essa ordem é balizadora do agir humano, em que se busca evitar o mal e praticar o bem. Além disso, por possuir um ser objetivo e na medida em que a ordem moral é a ordem do ser, a moralidade consiste em uma ordem objetiva, não um produto imanente da consciência. São exigências objetivas da natureza humana, exigências de bem e de justiça expressas na lei natural.

Retoma-se o princípio da finalidade em que a moralidade se fundamenta no fim dos atos humanos em relação a essa ordem expressa na lei natural. Toda ordem é expressão de uma inteligência ordenadora para determinado fim. A ordem do agir humano, do qual é regra a lei natural, reside no fim do homem. Ou seja, tudo o que está de acordo

15. GALVÃO DE SOUSA, *op.cit*, p. 9.

com os fins próprios do homem por natureza é reto moralmente e a desordem moral é apartar-se desses fins.

O Direito Natural fala de preceitos da Lei Natural que versam sobre relações sociais, em que a lei seria a medida do justo. É direito realmente vigente pleiteável perante o fórum e objeto da práxis judicial, em que se refere ao chamado de direito das gentes, em que o direito se dá pela coisa justa que é algo devido a um sujeito que é seu titular e tal coisa é adequada ao sujeito segundo certo critério de igualdade, que é o que a faz justa. Nesse sentido, as coisas são adequadas ao homem por sua natureza de onde se deduz o critério fundamental, e primário do Direito Natural: a adequação ao homem. Para ele, os direitos naturais são aquelas coisas que segundo sua natureza são adequadas à natureza humana, isto é, o justo respeito da natureza humana.

Com Tomás de Aquino se fecha o ciclo genético da doutrina clássica do Direito Natural, em que as doutrinas subsequentes irão se debruçar e se desenvolver a partir destas. A continuação oferecerá certa amplitude ao tema à luz dessa doutrina, a qual corresponde ao realismo jurídico clássico.

2. DOUTRINA CLÁSSICA DO DIREITO NATURAL

A cultura moderna foi perdendo gradualmente o sentido de ordem, à medida que a filosofia foi-se desvinculando da realidade cotidiana para refugiar-se em um jogo mental, sem contato com as coisas concretas. Como consequência desse processo histórico, o homem foi substituindo os dados naturais da experiência pelas construções da razão e da imaginação. Alberto Sacheri destaca doutrinas que negam uma ordem natural.[16]

16. SACHERI, Carlos Alberto. *A ordem natural*. Campinas: Edições Cristo Rei, 2014. Título original: *ElOrden Natural*, p. 33.

O materialismo positivista: em que tudo é matéria, o único princípio, que está em constante movimento cujas partículas estariam se combinando em um imenso acaso. O relativismo nega uma ordem pois nega a existência de qualquer realidade permanente. Qualquer ordem é relativa a determinado tempo, a determinado lugar e a determinadas pessoas. Tudo muda tudo se transforma sem que se possa falar de uma ordem essencial. O existencialismo traz o subjetivismo radical. O homem não teria uma natureza e por não ter uma natureza ele é o "*projeto de sua liberdade*".

Todos esses conceitos da realidade apontam um erro, segundo Sacheri,[17] que é a negação de uma natureza, ordem ou essência. Negam por negarem uma estabilidade da realidade, e não conseguem explicar a mudança.

Em toda transformação há um elemento que permanece e outro que muda. Na natureza temos vários exemplos como: uma semente de pereira irá crescer e se tornar uma pereira que dará peras e não maçãs. Se não permanecesse nada, haveria que dizer que são três seres diferentes.

Ou seja, para que algo mude há de haver um sujeito da mudança. A evidência da mudança pressupõe uma natureza. Pereiras nunca darão maçãs. Isso é apreensível pela experiência cotidiana. O contato com as coisas mostra a essência de cada ser: uma formiga age como formiga, ao passo que o João-de-barro age como tal.

Não é fruto de um cego acaso, a natureza possui uma ordem, uma harmonia e uma hierarquia. A observação nos mostra que há leis naturais que presidem fenômenos físicos e humanos.

A ciência moderna prova uma ordem natural e universal, não um acaso. Nem o cego acaso do materialismo, relativismo ou subjetivismo existencialista explicam a ordem

---

17. *Ibidem.*

assombrosa do cosmo físico e da vida humana. Sacheri aduz que a incoerência é evidente, vez que tudo é relativo exceto o relativismo. Entre essa negação da ordem natural se vê a negação da Lei Natural. A Lei Natural visa o bem humano como tal. Não se trata de conhecimento abstrato, mas que supõe conceito experimental da natureza humana, verificando o que há de permanente e variável nela.

O Direito Natural, para a tradição clássica, corresponde à essência de um ser, esta é nos dada pela reta razão. O bem humano é o que propriamente corresponde à inclinação do homem, quais sejam a preservação, alimentação, liberdade etc. Pela Lei Natural é assegurado ao homem o direito à vida, à preservação da vida, entre outros, uma vez que correspondem às inclinações naturais do homem (não instintos).

O positivismo jurídico não distingue as doutrinas clássica e moderna do Direito Natural, negam, assim, o Direito abstrato, ideal, moderno. Voltam-se contra esse direito imutável em todos seus aspectos. Apregoam o relativismo jurídico ao longo da história reduzido na fórmula "ou há um direito natural invariável ou não há um direito natural", mas José Pedro Galvão de Sousa contrapõe essa argumentação dizendo que é falha visto que a lei natural é imutável nos primeiros princípios, *in verbis*:

> Mas a argumentação é falha. Não basta confrontar com as observações dos fatos sociais somente os sistemas de direito natural que têm a pretensão de estabelecer um tipo perfeito e imutável de toda a ordem jurídica positiva. Segundo a genuína concepção de direito natural, os predicados de universalidade e imutabilidade valem para os primeiros princípios, mas à medida que se vai descendo ao particular e contingente, nas aplicações da lei da natureza, mais variável e relativa se torna esta.[18]

18. GALVÃO DE SOUSA, José Pedro. *Direito natural, direito positivo e estado de direito*. São Paulo: Revista dosTribunais, 1977. p. 14.

O direito natural clássico compreende que um dos tópicos que mais preocupa a doutrina se dá pela falsa noção de imutabilidade, mas aqui se fala na influência da condição histórica.

O direito natural não só existe como é direito vigente, direito que se usa no fórum. Hervada[19] aduz que o direito natural se apresenta como universal em duplo sentido: por ser comum a todos e porque sempre dita o que é justo e bom, em contrapartida o direito positivo se refere ao útil.

Outro aspecto que merece destaque é que o Direito Positivo não pode contrariar o Direito Natural, pois o Direito Natural obedece às finalidades essenciais da natureza humana captadas pela razão natural ao passo que o Positivo decorre da convenção humana.

A natureza humana é a essência do homem enquanto princípio de operação, a essência é aquilo cuja virtude o homem é precisamente homem. Logicamente a essência não pode estar sujeita à mudança histórica, pela simples razão: se a essência tivesse dimensão histórica de mudança mudaria o homem enquanto homem, o sujeito da mudança seria a humanidade, e assim, não se falaria em homem, mas de um ser distinto.[20]

A mudança histórica não muda a natureza, mas radica nela, pois é dimensão natural: o tempo existe na natureza. Para tanto, dois princípios merecem destaque: a história não afeta o fundamento dos direitos naturais (não se é mais pessoa na idade adulta que na infância); a história não afeta a titularidade dos direitos naturais, pois o título é inerente à natureza humana.

19. HERVADA, Javier. *Lecciones propedéuticas de Filosofía del Derecho*. Pamplona: Eunsa, 2000. p. 495.

20. *Ibidem*.

Afetará à modalidade do direito a bens naturalmente influenciados pela historicidade.

Exemplos: idade do direito a casar-se muda.

No tocante aos primeiros princípios, a Lei Natural é universal e imutável em si mesma. O primeiro princípio da sindérese, "Fazer o bem e evitar o mal", tem nada mais verdadeiro no campo da ordem prática.[21]

José Pedro Galvão de Sousa comenta que a Lei Natural é conforme a natureza e, assim, conforme a reta razão. Desta forma, devemos agir racionalmente, em que é senhor de si e sendo livre e responsável a razão aponta para o cumprimento da obrigação fundamental: conformar à lei de sua natureza.[22] O conhecimento da natureza humana é comum a todos os homens, advém da experiência, de que o homem empírico é fruto do meio.

O Direito Natural é redutível aos primeiros princípios da moralidade, que se vê de evidência imediata. A partir de aí pode-se tirar algumas conclusões, como a inclinação do homem a conservar a própria vida, daí resulta o direito de propriedade[23] etc.

> Desses preceitos podemos tirar conclusões ainda mais particulares. Assim, por exemplo, uma das inclinações naturais do homem é para a conservação da própria vida. Daí resulta a propriedade como um direito conforme à lei natural, pois a vida humana não se pode manter sem que exerça o homem sobre as coisas da natureza, um domínio que lhe permita apropriar-se delas para satisfazer às suas necessidades pessoais."

---

21. GALVÃO DE SOUSA, José Pedro. *Direito natural, direito positivo e estado de direito* cit., p. 7: "Deve-se fazer o bem e evitar o mal: eis o primeiro princípio da lei da natureza".

22. *Ibidem*, p. 14: "Livre e responsável, está sujeito a obrigações, e a razão aponta como obrigação fundamentalde se conformar à lei da natureza".

23. GALVÃO DE SOUSA, José Pedro. *Direito natural, direito positivo e estado de direito* cit., p. 7: "Deve-se fazer o bem e evitar o mal: eis o primeiro princípio da lei da natureza".

Ordenar a vida é objeto da moral, e o objeto do direito natural coincide com o da moral na parte em que esta trata dos deveres de justiça e na moral social, pois a moral cuida do íntimo do homem, ao passo que o Direito trata da parte social[28]. Portanto, o Direito Natural compreende um conjunto de princípios e normas que todo homem e por ser tal pode considerar que exigir como seu, algo que lhe é devido.

O homem tem como fim pessoal a felicidade, a qual somente pode conseguir com o auxílio dos semelhantes pelo que deve viver em sociedade respeitando os direitos dos outros homens e satisfazendo as exigências da vida comum (sociabilidade).

O homem é sujeito às leis da física e às leis biológicas, mas distingue-se dos demais seres pela razão, a qual obedece à lei moral. A lei moral é a lei dos costumes, ou seja, a lei que rege os costumes, de essência natural (segundo sua própria natureza). Nesse sentido, Hervada vem discorrer das condições para estudo da concepção clássica do Direito Natural.[24]

A condição primeira se dá que o Direito Natural é o verdadeiro direito. Com esse não podemos somente dizer que existe o Direito Natural, mas também possui natureza especificamente jurídica. Ele é parte do direito vigente, sendo essa a ideia fundamental da concepção clássica do Direito Natural. Esta é a concepção encontrada por Aristóteles numa conhecida passagem da Ética a Nicômaco.

Todos os povos que são governados possuem direito peculiar da cidade. Ao passo que a todos os homens, a razão natural identifica o direito das gentes. É um direito que se usa, vivo, que se aplica na vida e no ambiente forense. É também parte do direito vigente. Em Aristóteles

---

24. HERVADA, Javier. *Lecciones propedéuticas de Filosofía del Derecho*. Pamplona: Eunsa, 2000. p. 501.

foi exposto o que se viu na realidade, e Gaio na prática jurídica romana.[25]

Na tradição clássica: há a concepção do direito natural que é de uma classe de direito vigente, esta concepção permaneceu viva pelos canonistas até hoje, em que pese o rompimento dos kantistas e do positivismo.

A natureza jurídica do direito natural tem algum fundamento racional? Tradição assumida acriticamente, ou existem argumentos racionais? Hervada responde de pronto:[26] Na natureza do homem há um núcleo natural de juridicidade, e explica:

Sabemos que o Direito Positivo é realidade cultural, obra do homem. Mas o problema em sua totalidade é um efeito humano. O Direito Positivo é apenas cultural, contudo, não há feito cultural sem uma base natural.

Para que o homem faça algo, este tem que ter capacidade para isto. E a natureza lhe dá os pressupostos necessários. Se não tivesse capacidade para ver não haveria pintura, artes plásticas, artes visuais, televisão etc.

Por isso é elementar que para existir o fenômeno jurídico deve existir o núcleo natural de juridicidade. Observe-se que não é suficiente qualquer potência ou capacidade para existir um fato cultural. Se não houvesse juridicidade natural no homem não haveria direito positivo.

Qual o núcleo natural de juridicidade? Deve-se observar que por um lado, esse núcleo precisa da existência de uma dimensão jurídica da pessoa humana e sua potência natural necessária para ser titular de direitos.

---

25. ARISTÓTELES *apud*. HERVADA, Javier. *Introducción critica al derecho natural*. 51. ed. Pamplona: Eunsa, 1988. p. 21.

26. HERVADA, *op. cit.*, p. 21.

Contudo, somente é possível se o homem estiver totalmente estruturado como ser dominador de seu próprio ser e seu entorno. O que lhe faz ser pessoa, e, para ser pessoa implica o domínio no seu próprio ser. Se o homem é dono do próprio ser este é titular de algum direito: ao do próprio ser. O qual quer dizer que naturalmente não é capaz de direitos, mas titular de direitos.

Por outro lado, o núcleo supõe a estrutura natural da pessoa para ser regulado por leis sociais, as quais supõem uma Lei Natural. Em suma: pode estabelecer que se não existe direito natural não existe Direito Positivo.

A segunda convicção da concepção clássica consubstancia por entender o Direito Natural pelo verdadeiro direito vigente é o Direito Natural, este não forma um ordenamento separado do Direito Positivo. Ao admitir que o Direito Natural e o Direito Positivo fazem parte de um mesmo sistema jurídico e normativo, verifica-se uma série de consequências, as quais Hervada[27] destaca duas:

Em primeiro lugar, é vicioso para o jurista clássico que haja uma solução de Direito Natural e outra solução de Direito Positivo no tocante à mesma situação concreta. Isso é uma consequência de seguir o método positivista para interpretar o Direito Positivo ou é uma má interpretação.

Sendo os dois direitos partes do direito vigente, em cada caso concreto somente haverá uma solução. É a solução de comungar harmonicamente os fatores naturais e positivos.

Também resulta em um equívoco ao fazer a distinção do Direito Natural e Direito Positivo dizendo que o primeiro é o direito que deve ser ao passo que o segundo o direito que é. Há de se dar conta que essa afirmação é típica da escola racionalista do Direito Natural.

---

27. HERVADA, Javier. *Lecciones propedéuticas de Filosofía del Derecho*. Pamplona: Eunsa, 2000. p. 503.

O terceiro aspecto elencado por Hervada se dá pela relação entre o direito natural e direito positivo na ordem de interpretação do direito. O Direito Positivo não pode prevalecer sobre o Direito Natural, em caso de conflito, o Direito Positivo deve se reconduzir ao Direito Natural. Causa de escândalo dos positivistas, este se dá pelo desconhecimento deste princípio. Há que se observar que este princípio acarrete consequências extremas como: desobediência civil, objeção de consciência, resistência ativa etc. Sabendo-se que essas atitudes podem ser a única solução justa perante determinadas disposições da Lei Positiva diretamente contrárias à Lei Natural.

Trata-se, todavia, de casos escassos e pontuais. No normal o princípio da prevalência leva a uma tarefa interpretativa que conduz o direito positivo a uma interpretação em conformidade com o Direito Natural. A regra da prevalência não gera nenhum cataclisma no ordenamento jurídico nem ataca os princípios da segurança jurídica e certeza, mas um princípio de humanização do direito, implantação da justiça e do reconhecimento dos direitos fundamentais da pessoa humana.

José Pedro Galvão de Sousa complementa essa explicação ao afirmar que a lei não é mero arbítrio do legislador, mas há uma justiça anterior e superior a esta. A lei estabelece o que é justo e determina os direitos subjetivos.[28]

> Esta justiça e estes direitos, que não dependem das prescrições da ordem jurídica positiva, fundamentam-se na lei natural.

Portanto, chegamos às seguintes conclusões a respeito das premissas do Direito Natural para a tradição clássica. A justiça, então, é superior e anterior à lei escrita, ou seja,

---

28. GALVÃO DE SOUSA, José Pedro. *Direito natural, direito positivo e estado de direito* cit., p. 5.

há direitos que precedem as normas promulgadas, os quais fundamentam-se na Lei Natural. Nesse sentido, é verdade dizer que toda lei se ordena para um bem, em que ordena o que é preciso e o que é proibido fazer.

Os direitos naturais devem ser exercidos na ordem social em que vive o homem e a qual também corresponde a uma inclinação da sua própria natureza. Não se trata de um hipotético estado de natureza, mas de um verdadeiro direito.

Não há conflito entre o direito positivo e o direito natural, pois, são aspectos do mesmo ordenamento jurídico. O direito positivo constitui conjunto de condições restritivas da liberdade humana para tornar possível a coexistência.

> Dizemos que o direito natural é um direito essencialmente moral porque tem por fim o bem do homem enquanto homem. Ao passo que o direito positivo tem por objeto o bem humano social.[29]

Por fim, o direito natural para a tradição clássica tem grau de cognoscibilidade que é captado espontaneamente pela consciência do indivíduo e pela reta razão, como a malícia do ato e o bem.

3. ESCOLA MODERNA DO DIREITO NATURAL

O jusnaturalismo moderno tem seu início no deslocamento do eixo geográfico da Espanha e Itália para Alemanha, Países Baixos, Inglaterra e França. Após o esgotamento da escolástica e o advento do chamado pensamento moderno mudaram diversos setores na cultura europeia, de forma que a teoria do Direito Natural sofreu influência no século XVIII. Essa posição mais dominante foi denominada

29. GALVÃO DE SOUSA, José Pedro. *Direito natural, direito positivo e estado de direito* cit., p. 9.

Escola Moderna do Direito Natural.[30] Essa corrente foi chamada também de jusnaturalismo, como uma doutrina que se opõe ao positivismo modernamente.

Entre esses autores iniciais temos: Pufendorf, Thomasio e Wolff. Junto a esses também tiveram pensadores que trataram do direito natural dentro seu contexto cultural como Hobbes e Spinoza. Merecem destaque também outros pensadores que fundamentaram suas teorias nessa nova noção de direito natural, quais sejam: Leibniz, Locke e Rousseau.

Hervada destaca uma característica marcante do racionalismo iluminista em relação ao Direito Natural, em que se pretendendo se separar da teologia, Grocio escreve a *obra De Iure Belli ac Pacis* como forma de encontrar pontos para convivência pacífica após as guerras de religião na Europa do século XVII.[31]

Um ponto importante era que, antes disso, Grocio não se deu conta que a escolástica espanhola já havia desenvolvido o estudo do direito natural como ordem reguladora entre os povos cristãos e os autóctones da América.

José Pedro Galvão de Sousa aduz que na modernidade, houve doutrinas que desviaram o Direito Natural da tradição clássica (séc. XVIII): o voluntarismo, racionalismo e o individualismo. O voluntarismo nega o bem e o mal em si mesmos, em que a Lei Natural seria decreto arbitrário da lei divina. O racionalismo divide a Lei Natural da Lei Eterna dizendo que a Lei Natural seria decorrente somente da natureza humana. Por sua vez, o individualismo se funda não no fundamento objetivo da Lei Natural, mas nos direitos naturais subjetivos individuais. Não são correntes opostas entre si, em que pese alguns autores discordarem em determinados pontos.

---

30. HERVADA, Javier. *Síntesis de historia de la ciencia del Derecho natural*. Pamplona: Eunsa, 2006. p. 75.

31. *Ibidem*, p. 81.

Grócio, que é tido como fundador do direito natural moderno, excede em abstração que gera um descolamento da humanidade ao indicar que o homem é o mesmo em todos os tempos. Todavia, repete ensinamentos tradicionais ao acentuar o caráter social do direito, contrariando os individualistas.

> Há, porém, em grande número dos autores que se filiam à "escola do direito da natureza e das gentes", ou ao Naturrecht dos alemães, alguns traços que embora não sejam constantes em todos eles, nem permitam chegar a uma síntese completa e harmoniosa, caracterizam de certa maneira os novos sistemas, especialmente em oposição ao direito natural clássico.

O Direito Natural moderno trouxe o Direito Natural à posição de ser uma moral social carecendo de peso jurídico. Hervada[32] diz que basta observar os tratados da Escola Moderna como os de Pufendorf (De Officio) em que há os deveres com os outros e deveres consigo mesmo. Ou seja, são temas próprios da moral, não do direito.

Outro aspecto foi a tomada do Direito Natural como instrumento para transformação das estruturas básicas da sociedade em que as ideias de Lei Natural e Direito Natural foram invocadas segundo o interesse de cada autor e fundamentadas como "luzes da razão". Foram defendidos o absolutismo, constitucionalismo, liberalismo e o socialismo primitivo. A ciência do Direito Natural foi deslocada para a filosofia política ou social.

O jusnaturalismo racionalista concebia o Direito Natural como conjunto das leis racionais que ordenam a sociedade em virtude da natureza. A ideia de que o universo teria leis imutáveis e universais alheias às mudanças históricas faria com que as leis se aplicariam à sociedade

32. HERVADA, Javier. *Síntesis de historia de la ciencia del Derecho natural*. Pamplona: Eunsa, 2006. p. 74.

humana fazendo um sistema completo de normas reguladoras da atividade social.

O Direito Natural representava um novo direito da Era Iluminista que iria substituir o Direito de raízes medievais. O ideal racionalista do século XVIII terminou por ser a exaltação do "*direito racional*" em um dos corpos legais. Assim, o Direito Positivo e o racional seriam ordens distintas. Contudo, esta distinção conduziu a negação do Direito Natural como vigente, uma vez que não há garantias judiciais e normativas, nem como coação.

O Direito Natural teria características próprias do Direito Positivo, de tal modo que não seria Direito. Seria ética ou moral, conclusão racionalista. Entender o Direito Natural como moral ou ética social não é a Tradição Clássica, mas sim uma derivação da escola racionalista do Direito Natural. Existe uma ética social e natural, mas este não é o Direito.

A propriedades do Direito Natural na visão racionalista se dá pela imutabilidade de forma diferente da visão clássica. A Tradição Clássica sempre considerou a imutabilidade associada à história, mas para a visão racionalista as leis são universais e imutáveis, de forma que o Direito seria um código de conduta rígido e a-histórico. Não se considera a diferença de parte essencial e acidental.

Houve uma transmutação do conceito de Direito Natural. Nos âmbitos racionalistas e iluministas essa mudança foi acolhida com maior aceitação. Ocorre que com a negação dos universais por meio do nominalismo, passou-se a entender que não existe nada mais que os indivíduos, sendo apenas meros conceitos "sociedade", "direito" etc. Não há fatos naturais, o Direito emana somente do consentimento dos homens.

Com isso, o fundamento da sociedade é o contrato social que desloca a origem da sociedade da natureza dos homens para o consentimento ao criar o pacto de união ou de sujeição,[33] como pretenderam Hobbes e Spinoza no primeiro pacto e Locke e Rousseau no segundo.

Outra contribuição para o Direito Natural moderno foi feita por Immanuel Kant ao inaugurar a filosófica racionalista, em que o centro de atenção é deslocado do objeto conhecido para o sujeito cognoscente, o qual muda a interpretação filosófica da realidade. Essa atitude se chamou idealismo crítico. Para Kant há dois fatos que se impõem por si mesmos à consciência racional: um especulativo e outro prático, o primeiro se referindo à conhecimentos ao passo que o segundo às obrigações morais.

Kant fala de princípios *a priori* da razão para guiar a ação. Na escolástica e na escola espanhola o centro da moral era o bem, em que a boa ação seria aquela ordenada ao bem, ao passo que para a tese kantiana o critério está dentro do próprio sujeito independente da experiência. Havendo moral heterônoma, esta se destruiria porque o homem buscaria o hem e toda busca do bem é essencialmente egoísta por definição.

O direito não fundaria em valores materiais, como o bem comum, mas em virtude de um imperativo absoluto e incondicionado: fazer tão somente porque é obrigatório. Houve, portanto, uma mudança em que o Direito natural pode ser deduzido apenas da razão, retirou-se o Direito da metafísica de forma que passou para a natureza racional do homem social.

É uma característica comum da Escola Moderna serem contratualistas, conforme preleciona Miguel Reale:[34]

> De uma forma ou de outra, no entanto, o dado primordial passa a ser o homem mesmo, orgulhoso de sua força racional e de sua liberdade, capaz de constituir por si mesmo a regra de sua conduta.

---

33. *Ibidem*, p. 82.

34. REALE, Miguel. *Filosofia do direito*. São Paulo: Saraiva, 1987. p. 645-646.

> É por isso que surge, desde logo, a ideia de contrato. O contratualismo é a alavanca do Direito na época moderna. Por que existe a sociedade? Porque os homens concordaram em viver em comum. Por que existe o Direito? O Direito existe, respondem os jusnaturalistas, porque os homens pactuaram viver segundo regras delimitadoras dos arbítrios.

Vê-se a negação de qualquer Lei Eterna ou ordem natural, trazendo para o imanentismo o Direito Natural, em que se passou a seguir uma concepção voluntarista da lei e uma busca de finalidade prática de transformação da realidade.

O imanentismo filosófico passou dar espaço a uma série de correntes de pensamento em que se abandona a metafísica que repudia a concepção transcendente do homem, da sociedade, e do Direito. O Direito é puramente cultural.

Por fim, buscou-se um afastamento entre Direito e moral em que determinou o foro de julgamento da consciência e o foro externo, cabendo o primeiro à moral e o segundo ao Direito.

4. DEBATE ENTRE A TRADIÇÃO CLÁSSICA E A ESCOLA MODERNA DO DIREITO NATURAL

O Direito Natural, a partir do positivismo do século XIX, enfrentou duas classes de negação: por um lado, a negação da existência de ordem moral jurídica natural ou de qualquer elemento não posto pelo homem que limite ou condicione o direito positivo – Direito Positivo extremado. Por outro lado, há a negação do Direito Natural como uma classe de direito vigente unida a afirmação de existência de algum fator moral condicionador do Direito que supostamente seria o Direito Natural – o objetivismo jurídico.

É bem sabido quais teorias abarcam o objetivismo jurídico: correntes kantianas e neokantianas que falam de forma *a priori* do direito como ideia ou ideal do direito.

Condicionam a interpretação de direito positivo de condições anteriores que supostamente seriam Direito Natural, apenas como condicionante.

Para a ciência jurídica clássica, o Direito Natural é classe de Direito vigente, é próprio Direito vigente. Por sua vez, direitos naturais se referem a verdadeiros direitos do homem que são defensáveis em juízo. Falam-se em preceitos de permissões e proibições da razão natural que forma parte do direito vigente da sociedade.

As doutrinas modernas do Direito Natural passaram a ser excessivamente abstratas e constituídas pelo abuso do método dedutivo, o que favoreceu o excesso do subjetivismo.[35] Contudo, a tradição clássica reconhece o Direito Natural baseado na evidência dos primeiros princípios do conhecimento, resultante de uma análise objetiva da natureza racional do homem.[36]

As críticas ao Direito Natural são apenas feitas ao jusnaturalismo abstrato e unicamente dedutivo, mas ocorre a negação sumária de todo Direito Natural por desconhecimento. Há teorias do Direito Natural que são excessivamente abstratas e dotadas de subjetivismo. Nestas ocorre o abuso do método dedutivo, do arquétipo de homem ideal e imutável. Como se verifica em Grócio, Puffendorf, Rousseau e Kant.

A concepção moderna do Direito Natural e do direito positivo como duas ordens distintas é imbuída de ideias racionalistas, deduzido das "luzes da razão", em que o direito natural deduzido da razão e o Direito Positivo da legislação.[37]

---

35. GALVÃO DE SOUSA, José Pedro. *Direito natural, direito positivo e estado de direito* cit., p. 17.

36. *Ibidem*, p. 16.

37. *Ibidem*.

Um deveria ser exemplo do outro, não coexistentes. O Direito Natural seria separado dos debates forenses e sistema de garantias que seriam próprias somente do sistema do Direito Positivo é reduzido a um conjunto de normas morais, mas não jurídicas.

O Direito Natural foi relegado à filosofia moral de maneira implícita ou explicita. Desaparecido o jusnaturalismo moderno, especialmente com influência de Kant e da Escola Histórica, a tese das duas ordens jurídicas desapareceu em grande parte da doutrina. A tese dos dois sistemas não é correta, pois leva ao entendimento de que o direito natural seria apenas uma norma ética despojado de sua índole jurídica.

Com dois sistemas, aduz Hervada,[38] que para a tradição clássica do Direito Natural caso haja colisão de normas (positiva e natural) haverá uma inutilidade de uma delas, ou se anulam mutuamente, fazendo com que uma delas prevaleça. Não se pode haver fundamentos dúplices de direito. Em cada contexto social somente pode haver uma ordem jurídica.

Nem o Direito Natural nem o Direito Positivo são sistemas jurídicos completos. Em cada contexto social dotado de um sistema jurídico, deve haver uma unidade que é em parte natural e em parte positiva.

Todo apriorismo foi rejeitado pelo surto empirista do século XIX, desconsiderando o processo dedutivo. Houve surto das ciências experimentais, rejeição do apriorismo escolástico, e o progresso da técnica.

O processo indutivo usado para as ciências naturais seria agora a única opção para as ciências humanas, fazendo

38. HERVADA, Javier. *Lecciones propedéuticas de Filosofía del Derecho*. Pamplona: Eunsa, 2000. p. 504.

com que o método indutivo seja o único método para averiguar princípios sobre o homem e a sociedade.

Nesse sentido José Pedro Galvão de Sousa traz um quadro comparativo:[39]

Conceito clássico	**Sistemas racionalistas e individualistas**
a) Primeiros princípios da moralidade, cujas aplicações supõem um conhecimento objetivo e experimental da natureza humana. Caráter permanente e variável do direito natural, conforme se trate dos princípios primeiros ou de suas aplicações	a) Sistema completo, universalmente válido e imutável, deduzido de uma noção abstrata de natureza humana.
b) Fundamento do direito positivo	b) Ideal do direito positivo
c) Primado da lei natural, fundamento objetivo do direito	c) Predomínio dos direitos naturais subjetivos

Os cientistas do direito que exaltam o positivismo e o neoconstitucionalismo, ao se oporem ao Direito Natural moderno, acabam por se aproximar da tradição clássica do Direito Natural.

Por fim, a Escola Moderna de Direito Natural trouxe um aspecto diferenciador da tradição clássica em relação ao entendimento do Direito Natural e a liberdade.

Para a Escola Moderna, a liberdade natural é vista como a ausência de vínculos e a esfera de poder que tem o homem de virtude sobre as forças naturais. A lei passa a ser tida como opositora da liberdade enquanto limitadora.

Ao passo que o Direito Natural deixava de ter seu caráter ético e de corresponder às finalidades do homem para

39. GALVÃO DE SOUSA, José Pedro. *Direito natural, direito positivo e estado de direito* cit., p. 17.

designar seu poder físico e o conjunto de forças humano, a liberdade natural não era a lei, mas a ausência de lei. Nas palavras de Hervada:[40]

> Según esta tendencia, en el tránsito del estado asocial al estado civil o de sociedad, realizado mediante el pacto social, la razón dicta las reglas básicas del estado civil y esto es lo que recibe el nombre de ley de la naturaleza o ley de la razón. Como puede observarse, esta ley natural o ley de la razón no es un conjunto de normas que reflejan los fines y tendencias de la naturaleza humana, sino prescripciones propias de la razón en orden al adecuado establecimiento del estado de sociedad. Son un mero produto de la razón. La tendencia que acabamos de describir es la que siguen, com apreciables diferencias en cuanto al conjunto del sistema, Hobbes, Spinoza, Locke y Rousseau.[41]

A liberdade não seria o pleno exercício das finalidades essenciais do ser humano, mas a ausência completa de normas de forma que os homens seriam totalmente sujeitos aos movimentos concupiscíveis, e essa seria a sua completa liberdade.

O individualismo se destacaria, pois a norma se dá dentro como apenas um limitador das liberdades individuais de forma que não incomodem os outros. O que foge totalmente da finalidade essencial da natureza humana.

O objeto principal da ciência do Direito Natural é a exposição do sistema de direitos naturais. Não se trata de

---

40. HERVADA, Javier. *Síntesis de historia de la ciencia del Derecho natural*. Pamplona: Eunsa, 2006. p. 54.

41. Tradução livre: Segundo esta tendência, na transição do estado associal para o estado civil ou sociedade, realizada através do pacto social, a razão dita as regras básicas do estado civil e é a isso que se chama lei da natureza ou lei da razão. Como se vê, esta lei natural ou lei da razão não é um conjunto de normas que refletem os fins e as tendências da natureza humana, mas prescrições próprias da razão para estabelecer adequadamente o estado da sociedade. Eles são um mero produto da razão. A tendência que acabamos de descrever é a que seguem Hobbes, Spinoza, Locke e Rousseau, com diferenças apreciáveis em termos do sistema como um todo (HERVADA, Javier. *Síntesis de historia de la ciencia del Derecho natural*. Pamplona: Eunsa, 2006. p. 54).

rotular de revolucionários ou conservadores, o Direito Natural se propõe a dizer o justo natural, que é fato objetivo. A ênfase foi deslocada da ordem natural para os direitos subjetivos oponíveis em prol do seu pleno exercício de liberdade e igualdade.

A diferença se dá na ênfase da Tradição Clássica no realismo jurídico em que fala de coisas adequadas ao homem, enquanto o jusnaturalismo moderno se situa no subjetivismo e entende os direitos naturais como direitos subjetivos: faculdades. O justo natural para a tradição clássica não é um direito subjetivo, mas sim os bens ou coisas adequadas ao homem, as coisas devidas pela natureza humana.

CONCLUSÃO

A Tradição da Lei Natural foi durante muito tempo considerada pelas tradições jurídicas até o advento do positivismo jurídico e as doutrinas modernas do Direito.

A raiz dessa tradição é a ideia de que a lei é algo maior que a convenção ou comando de um poder governante. A tradição do Direito Natural considera o direito natural é um fato existente, e o direito é algo além da convenção ou comando do poder vigente.

Está na essência do homem enquanto ser. Não é um comando imposto dirigido ao homem para que ele possa agir em virtude desse comando, mas sim decorre da própria natureza do agir do ser humano.

Porém o Direito Natural é frequentemente visto como obsoleto, em que J. Budziszewski diz que:[42]

42. BUDZISZEWSKI, J., VENTRELLA, J. *Natural law for lawyers*. J. Budzisewski and Alliance Defending Freedom, Inc., 2019 p. 9.

> Você ouvirá na faculdade de direito que vivemos em uma comunidade política "pluralista" na qual ideias polêmicas como padrão de realidade criada não pode mais servir como base da ordem jurídica pública.

Ou seja, uma ordem natural seria impossível. Porém mesmo na sociedade moderna que nega o Direito Natural, verifica-se que ainda que haja a tolerância supostamente desmedida, sempre haverá condutas que não podem ser toleradas, o que se chega à conclusão de que a verdadeira tolerância não é tolerar qualquer coisa. Evidência é de que há padrões morais desejados mesmo que se queira permitir tudo em prol da liberdade.[43]

Outra visão que se tem quando se fala no Direito Natural, é que este seria, segundo J. Budziewski, um sonho, pois esse suposto acordo moral racional é simplesmente inatingível, não apenas sobre os detalhes da moralidade, mas até mesmo sobre o básico.

Porém, alguns dos deveres morais mais elementares são frequentemente vistos como indispensáveis, tais como honestidade, manter promessas, fidelidade conjugal, cuidar dos mais necessitados.

Até mesmo para coisas horrendas, há uma necessidade de uma explicação moralmente razoável. Por exemplo, os regimes totalitários precisaram de toda uma propaganda baseada em utilizar termos com significado indicativo de boas intenções para fazer valer as suas ideias genocidas.

Ou seja, muitos veem que existe um senso de moralidade para algumas coisas, mesmo que sejam relativistas morais. Pois há coisas que não se pode ser neutro, mesmo que haja visões morais distintas. São exemplos de coisas que não precisam de muita explicação para serem vistas tais quais são: um adolescente que atira indiscriminadamente em uma

43. *Ibidem*, p. 11.

janela pois para ele aquelas pessoas que vivem naquela casa não existem. Ou um sádico que tortura sua esposa até a morte porque na sua visão: dor é prazer. Um escravocrata que tortura escravos por não considerar vida humana.

Então, tudo indica que há certa moral universal. Por exemplo: os males do nazismo, o racismo, a mentira etc. ou o direito à vida, liberdade entre outros. Há um consenso a respeito desses direitos independente de uma outorga de direito, como a lei promulgada, convenção ou determinação de órgão internacional.

Há aqueles que dizem que a moral é relativa ou cultural, que aquilo que me obriga não pode obrigar a outro e vice-versa, não havendo Lei Natural. Nada mais absurdo, pois sequer se tocam da existência de uma ordem natural, da relação dos atos com suas respectivas consequências.

Há os que acham que acreditam que a Lei Natural não pode ser imposta a todos pois é desconhecida por ser demasiado obscura, cheia de dilemas e difícil de compreender. A base moral seria desconhecida pelos legisladores, sendo que não podendo conhecer uma base moral, as leis devem ser neutras, a-morais.

Consideram que as leis públicas têm que premiar com igual preocupação e respeito por todos os fins possíveis, aspirações e concepções de modo de vida, e somente assim seria possível deixar de buscar a base comum moral e as discussões morais para todos viverem em sociedade. Eleger determinadas condutas morais privilegiaria determinadas camadas da sociedade e ofenderia outras. Partem do princípio do respeito mútuo e igualitário como ponto de partida da base da moralidade.

Todas essas ideias também são absurdas, tendo em vista que a própria Lei Natural segundo a Tradição Clássica, é aquela que remete aos princípios básicos da moralidade. Além disso, não é possível ser neutro e tolerante ao erro, como por exemplo não tem neutralidade quanto à malignidade de um homicídio.

Esse é um raciocínio perigoso, conforme explica Budziszewski,[44] pois a maior parte das vezes o senso moral está equivocado, uma vez que ao querer se desvincular de uma base moral definida, com a ideia de que "já que não se sabe o que pode ser certo ou errado, toda conduta não condenada é boa" pode-se admitir condutas ruins. É o mesmo que admitir que um atirador assassino tenha direito de atirar em uma multidão porque talvez não atinja ninguém.

Vemos, portanto, que a base moral é regida por uma lei, e que a lei e a política não podem ser neutras, uma vez que a neutralidade pode ser arbitrária na ausência de limitações morais. Assim, embora a neutralidade afirme reconciliar pontos de vista concorrentes sem decidir qual deles é verdadeiro, ele secretamente supõe a verdade de um deles, mas se poupa do trabalho de demonstração. Onde isso nos leva? Isso nos leva onde começamos: o único terreno comum possível é o terreno moral comum, a Lei Natural.

Hervada, ao falar da natureza humana, usa a comparação que cada coisa tem sua natureza e finalidade.[45] Porque é normativa a natureza humana e não o é a natureza dos demais seres.

Pode parecer, em efeito, que o razoável é tratar a cada coisa segundo sua natureza: não parece razoável querer navegar com um automóvel ou usar um carro Fórmula 1 para arar os campos. Não será razoável tratar o homem – ou que o homem opere – segundo sua natureza, do mesmo modo que o tratar as coisas ou animais dessa maneira?[46]

---

44. BUDZISZEWSKI, J., VENTRELLA, J., *Natural law for lawyers* cit., p. 11.

45. HERVADA, Javier. *Introducción Crítica al Derecho Natural*. 11. ed. Pamplona: Eunsa, 2011. p. 19.

46. HERVADA, Javier. *¿Qué es el derecho?* La moderna respuesta del realismo jurídico. Una introducción al derecho.Pamplona: Eunsa, 2011. p. 68.

A Lei Natural não é opinável, vez que há coisas que certamente não são passíveis de opinião. É uma exigência da própria natureza, que faz que sejam deveres as condutas que tendem a que o homem consiga seus fins naturais e que estejam proibidas as condutas contrárias.

Modernamente se tem discutido qual seria a norma fundamental da norma fundamental. Por ser a base, as leis positivas se assentam na Lei Natural, ou seja, derivam dela. Todo o feito humano cultural deriva de um dado natural. Exemplo disso é o direito à saúde que é positivado na legislação do sistema de saúde e seguridade social.

Nesse sentido, as leis naturais limitam a atuação legislativa positiva, e por conta disso não é impossível ao homem promulgar leis injustas. Todavia, a ciência jurídica relega o Direito Natural somente a uma teoria abstrata.

As doutrinas modernas do Direito Natural reduzem o Direito Natural a um sistema imutável deduzido de um conceito abstrato da natureza humana. O Direito natural seria um direito ideal que deduz o que deverá ser escrito na lei positiva.

Há um sistema de Direito natural baseado na evidência dos primeiros princípios do conhecimento, e resultante de uma análise objetiva da natureza racional do homem. Nessa doutrina se encontram os jurisconsultos romanos e os filósofos gregos.

A negação sumária do Direito Natural ocorre antes na filosofia do que no próprio direito. A negação ao Direito natural ocorre devido ao conhecimento exclusivo da teoria moderna do Direito Natural, o qual é extremamente abstrato e dedutivo, que se distanciou ao longo dos séculos da Tradição Clássica do Direito Natural.

REFERÊNCIAS

ARISTÓTELES. *Ética a Nicômaco*. Tradução Mário da Gama Kury. Prefácio de José Reinaldo de Lima Lopes. 1a. ed. São Paulo: Editora Madamu, 2020.

BUDZISZEWSKI, J. *Natural law for lawyers*. ACW Press and The Blackstone Legal Fellowship, 2006.

FERNÁNDEZ GARCÍA, E.; PECESBARBA, G. (org.). *Historia de los derechos fundamentales*. Tomo II. Siglo XVII, v. I: El contexto social y cultural de los derechos. Madrid: Dykinson/Universidad Carlos III, 2001.

FESER, Edward. *A última superstição:* uma refutação do neoateísmo. Tradução Eduardo Levy. Belo Horizonte, MG: Ed. Cristo Rei, 2017.

GALVÃO DE SOUSA, José Pedro. *Direito natural, direito positivo e estado de direito*. São Paulo: Revista dos Tribunais, 1977.

HERVADA, Javier. *Historia de la ciencia del Derecho natural*. Pamplona: Eunsa, 1996.

HERVADA, Javier. *Lecciones propedéuticas de Filosofía del Derecho. Pamplona*: Eunsa, 2000.

HERVADA, Javier. *Introducción critica al derecho natural*. 51. ed. Pamplona: Eunsa, 1988.

HERVADA, Javier. *Síntesis de historia de la ciencia del Derecho natural*. Pamplona: Eunsa, 2006.

REALE, Miguel. *Filosofia do direito*. 12. ed. São Paulo: Saraiva, 1987.

SACHERI, Carlos Alberto. *A ordem natural*. Campinas: Edições Cristo Rei, 2014.

SEGURA ORTEGA, M. El iusnaturalismo racionalista: Thomasius y Wolff. *In:* FERNÁNDEZ GARCÍA, E.; PECESBARBA, G. (org.). *Historia de los derechos fundamentales*. t. II, Siglo XVII, v. I: El contexto social y cultural de los derechos. Madrid: Dykinson/Universidad Carlos III, 2.